宁海年鉴

2023

宁海县地方志编纂委员会　编

方志出版社
Publishing House of Local Records

图书在版编目（CIP）数据

宁海年鉴. 2023 / 宁海县地方志编纂委员会编. 北京：方志出版社，2023. 12

ISBN 978-7-5144-5990-6

Ⅰ. ①宁… Ⅱ. ①宁… Ⅲ. ①宁海县—2023—年鉴 Ⅳ. ①Z525. 54

中国国家版本馆 CIP 数据核字（2023）第 253132 号

责任编辑：李丝雨
责任校对：张玉霞
责任印制：梅中英
出 版 者：方志出版社
地　　址：北京市朝阳区潘家园东里 9 号（国家方志馆 4 层）
邮　　编：100021
网　　址：http：//www. zgfzcb. cn
发　　行：方志出版社图书营销中心（010-67110500）
印　　刷：福州印团网印刷有限公司
开　　本：889 毫米×1194 毫米　1/16
印　　张：22. 75
字　　数：863 千字
版　　次：2023 年 12 月第 1 版
印　　次：2023 年 12 月第 1 次印刷
定　　价：200. 00 元

编辑说明

一、《宁海年鉴（2023）》（以下简称本年鉴）以马克思列宁主义、毛泽东思想、邓小平理论、“三个代表”重要思想、科学发展观、习近平新时代中国特色社会主义思想为指导，坚持辩证唯物主义和历史唯物主义的立场、观点和方法，努力把握时代脉搏，突出地方特色，立足于当前，服务于发展，借鉴前人、谋划未来，真实、全面、准确地反映2022年度宁海的自然风貌和经济社会发展状况。

二、本年鉴收录范围以宁海县行政区划为界，力求如实记载宁海县域自然、政治、经济、文化、社会等方面情况，以资各级党政机关、研究机构和社会各界人士及中外投资者了解、研究宁海之用。

三、本年鉴起讫时限为2022年1月1日至12月31日，根据需要个别条目适当上溯或下延。凡文中直书月日的，均指2022年内的日期。“上年”均指“2021年”。

四、本年鉴体例采用分类编辑法，设置类目、分目、条目三个基本层次，除特载等类目采用综合性文章外，主体均用条目体。全书注重图、表、文并茂，力求体现时代特点，突出地方特色。

五、本年鉴采录的数据，原则依据《宁海县统计年鉴（2022）》，因数据统计来源、统计方法或使用角度不同，不同部门提供的数据或有出入，引用时请注意。

六、本年鉴数字用法、标点符号用法分别采用国家标准《出版物上数字用法》（GB/T 15835-2011）、《标点符号用法》（GB/T 15834-2011），计量单位采用国家技术监督局1993年12月发布的《量和单位》系列国家标准。考虑到社会使用习惯，“亩”与“公顷”并用。文中文件等名称，首次出现时用全称，必要时括注简称。文中未标明党派的“省委”“市委”“县委”，分别指“中共浙江省委”“中共宁波市委”“中共宁海县委”，“党员”均为“中共党员”（各民主党派内容除外）。

七、本年鉴所载内容由宁海县各有关单位专人负责撰写，照片由供稿单位提供，经供稿单位审核后，由《宁海年鉴》编辑部统一定稿刊印。

城市名片

☆ 中国古戏台文化之乡
☆ 中国旅游日发祥地
☆ 国家级生态示范区
☆ 首批国家全域旅游示范区
☆ 国家生态文明建设示范区
☆ 全国县城新型城镇化建设示范县
☆ 第三批全国“绿水青山就是金山银山”实践创新基地
☆ 全国休闲农业与乡村旅游示范县
☆ 全国十佳生态旅游城市
☆ 全国重点产茶县
☆ 国家卫生县城五连冠
☆ 国家园林县城
☆ 中国模具产业基地
☆ 国家外贸转型升级宁海模具基地
☆ 国家级妇幼健康优质服务示范县
☆ 入选全国文明城市提名城市、国家县城新型城镇化示范县建设名单
☆ 入围国家现代农业产业园创建名单
☆ 全国综合实力百强县第 47 位，较上年进 1 位
☆ 全国综合竞争力百强县（市）
☆ 全国县域高质量发展百强县
☆ 全国“两山”百强县，连续 5 年蝉联全国第二
☆ 中国工业百强县（市）第 47 位，较上年进 11 位
☆ 中国县域经济百强（赛迪）县第 48 位，比上年上升 4 位
☆ 中国创新百强县（市）第 34 位
☆ 全国制造业百强县（市）
☆ 中国营商环境百佳示范县（市）
☆ 投资潜力百强县（市）
☆ 入围中国县域电商竞争力百强榜
☆ 全国科技创新百强县
☆ 全国科技创新百强县市第 61 位
☆ 全国绿色发展百强县市第 44 位
☆ 全国县域旅游综合实力百强县第 32 位
☆ 中国婚嫁文化之乡
☆ 宁波市首个国家生态县
☆ 国家可持续发展实验区
☆ 中国民间文化艺术之乡
☆ 长三角最佳文旅融合城市
☆ 中国天然氧吧
☆ 全省唯一的国家级制种大县
☆ 国家水土保持生态文明县
☆ 全国科普示范县
☆ 全国茶业百强县
☆ 中国十佳运动休闲城市
☆ 中国文具产业基地
☆ 国家外贸转型升级专业型示范基地
☆ 国家级农村儿童早期发展服务试点县

2022 年 1 月 23 日，宁海县第十九届人民代表大会第一次会议在宁海国际会展中心开幕

2022 年 1 月 22 日，中国人民政治协商会议第十一届宁海县委员会第一次会议在宁海国际会展中心开幕

2022 年 1 月 25 日，新当选的县人大常委会主任、副主任、委员、专委会组成人员进行宪法宣誓

2022 年 1 月 25 日，新当选的县人民政府县长、副县长、县监察委员会主任、县人民法院院长进行宪法宣誓

2022 年 1 月 24 日，县十一届政协主席、副主席及秘书长与委员们见面

2022 年 1 月 1 日，宁海县第一医院医疗集团大佳何分院新大楼投入使用

2022 年 1 月 4 日，宁海“古韵前童”入选首批“浙江文化标识”培育项目，图为前童元宵行会

2022 年 1 月 6 日，宁海县中医医院医疗集团桑洲分院搬迁至新大楼

2022 年 1 月 18 日，“宁波最美精品线路”——宁海森林温泉大道深甽段

2022 年 2 月 9 日，宁海县重大项目集中开工仪式举行

2022 年 2 月 23 日，浙江省单体最大的“绿色充电宝”正在建设中

2022 年 3 月 14 日，“翰墨风骨”潘天寿文化周启动暨“高风峻骨画人生”潘天寿书画展在宁海县文物保护管理所举行开展仪式

2022 年 3 月 25 日，建设中的大庄山谷·乡根一叶项目

2022 年 3 月，永信汽车部件开启换挡器智能时代

2022 年 5 月 19 日，庆祝“中国旅游日”2022 年浙江省主会场暨第 20 届徐霞客开游节活动举行

2022 年 5 月 26 日，数字化南美白对虾育繁一体化养殖项目远眺

2022 年 5 月，“渔光互补”发电项目实现“双产双收”

2022 年 5 月，骆家坑村露营区一角

2022 年 6 月 16 日，下枫槎村新景

2022 年 6 月 28 日，宁海获评 2021 浙江文旅助力探索共同富裕新路径十佳县

2022 年 6 月 28 日，宁海清溪水库工程正式开工建设

2022 年 6 月，隐匿于苍山绿海的黄坛镇逐步村

2022 年 7 月 5 日，刚通过验收的宁海森林温泉大道（G527 线梅林至深甽段）配套工程

2022 年 7 月 6 日，宁海县三门湾现代渔业园区“渔光互补”发电项目航拍图

2022 年 7 月 12 日，新建的体育公园

2022 年 7 月 26 日，宁海县（大佳何）方孝孺纪念馆开馆暨宁海研学线路发布仪式举行

2022 年 8 月，华灯初上的下渔村

2022 年 8 月，望府楼山日出

2022 年 9 月 15 日，第十五届中国民间文艺山花奖颁奖典礼在余杭举行。宁海葛招龙的木雕作品《人生·戏台》获奖

2022 年 9 月 21 日，经过二期改造的天明湖公园

2022 年 9 月，前童镇持续深化人居环境整治取得显著成效

2022 年 10 月 21 日，智能数字化工厂助力企业腾飞

2022 年 11 月 11 日，天明中路全线通车

2022 年 11 月 15 日，前童入选全国乡村旅游重点镇

2022 年 12 月 29 日，胡陈戊己湿地公园数十亩水杉在湖水包围中

2022 年 12 月 30 日，在盛宁线力洋至胡陈交界一带，上千亩西兰花成熟

目　录

特　载

专　记

大事记

宁海概貌

中国共产党宁海县委员会

宁海县人民代表大会

宁海县人民政府

中国人民政治协商会议宁海县委员会

中共宁海县纪律检查委员会　宁海县监察委员会

群众团体

法　治

军　事

经济管理

农业·农村

工业·园区

经济贸易

交通运输·邮政·电信

金　融

综合管理

城乡建设和管理

环境保护·自然资源和规划

文化·旅游·体育·传媒

科学技术·教育·卫生健康

社会民生

乡镇（街道）

附　录

矢志革新 聚力“双优”
满怀信心开启中国式现代化县域先行新征程

——在县委十五届三次全体（扩大）会议上的报告

（2022 年 12 月 23 日）

中共宁海县委书记 滕安达

这次全会的主要任务是：坚持以习近平新时代中国特色社会主义思想为指导，深入学习贯彻党的二十大精神，按照省委十五届二次全会、市委十四届三次全会的部署要求，总结县委十五届一次全会以来的工作，审议通过《中共宁海县委关于全面学习贯彻党的二十大精神，坚定捍卫“两个确立”、坚决做到“两个维护”，在奋力推进中国式现代化县域先行新征程中深化五大革新共创光明前景的决定》，推动全县上下进一步深刻领悟“两个确立”的决定性意义，矢志革新，聚力“双优”，满怀信心开启中国式现代化县域先行新征程。

下面，我代表县委常委会作报告：

一、关于县委十五届一次全会以来的工作

县委十五届一次全会以来，县委常委会团结带领全县上下深学笃行习近平新时代中国特色社会主义思想，把迎接党的二十大胜利召开、学习宣传贯彻党的二十大精神作为首要政治任务，坚决落实中央和省委、市委决策部署，革新求进开新局，苦干巧干抓落实，迈出了建设现代化“双优”新宁海的坚实步伐。

这一年，让我们备受鼓舞的是党的二十大胜利召开。我们把喜迎盛会的激动转化为保驾护航的行动，认真贯彻“疫情要防住、经济要稳住、发展要安全”的重大要求，统筹打好稳进提质、除险保安、塑造变革“三大攻坚战”。前三季度，全县完成地区生总值 646 亿元，总量位列全省区（县、市）第 29 位，较去年进位 2 位，三季度当季增速分别高于全国、全省、全市平均 1.9、1.6、0.9 个百分点，实现了平安护航党的二十大“六个零发生”目标。大会胜利闭幕后，先后召开全县领导干部会议、县委理论学习中心组专题学习会等进行集中学习，组织开展“六学六进六争先”学习实践活动，高标准抓好学习研讨、宣讲辅导、宣传报道等工作，以实干实效推动党的二十大精神落地生根。

这一年，让我们倍增动力的是省、市主要领导的勉励厚望。省委、省政府和市四套班子主要领导先后来宁海调研，都给予了充分肯定。中央政治局委员、时任省委书记袁家军勉励“宁海发展前景光明”。省长王浩点赞宁海工业势头强劲。书记彭佳学在宁海宣讲省党代会精神，要求我们“勇挑重担、勇开新局、勇争一流、勇闯新路”。市长汤飞帆在宁海召开全市新一轮制造业“腾笼换鸟、凤凰涅槃”攻坚行动现场会，鼓励我们争做“生态县里的经济最强县，百强县中的生态最优县”。这些寄语，饱含期望，蕴含机遇，我们迅速抓好学习转化，以全会决议明确共创宁海发展光明前景的九方面具体要求，让全县干部心中有前景、工作有

方向。

这一年，让我们倍添干劲的是“五大革新”立柱架梁、系统推进。立足新班子开局、站位新五年全局，举全县之力推进产业、城市、社会、制度、自我“五大革新”，深研细抓引领性目标、突破性抓手、支撑性项目。单体投资最大的年产“15吉瓦N型电池+15吉瓦组件”项目拿地即开工，“光伏+储能”千亿级产业链蓄势待发，南滨经济开发区一派欣欣向荣之势，“东美丽、西通达、北时尚、南文化”的城区新图景渐次展开，谋划20年的清溪水库开工建设，信访积案、项目梗阻、民生欠账等一批多年想解决而未解决的难题得以破解，全国“人民满意的公务员集体”、全国优秀人民警察、全省“人民满意的公务员”等先进典型不断涌现，“五问五破、五比五先”作风建设在真抓实干中持续加强，全县上下呈现出昂扬向上的奋进姿态、革新争优的发展状态。

具体来讲，主要抓了七方面工作：

（一）坚定捍卫“两个确立”、坚决做到“两个维护”

严格落实县委常委会会议“第一议题”和县委理论学习中心组专题学习“首要内容”制度，及时、全面、深入学习贯彻习近平总书记重要讲话、重要指示精神。今年以来，县委理论学习中心组、县委常委会分别开展集中学习14次和22次。学深悟透笃行习近平总书记对浙江、对宁波特别是对宁海工作的重要指示精神，高质量推进总书记到过的3个村（社）发展提升。建立党史学习教育常态化长效化机制，打造宣讲大联盟，推动党的创新理论入脑入心、走深走实。以“七张问题清单”为牵引，严肃抓好上级巡视、审计、环保督察等反馈问题整改，省委巡视“回头看”反馈问题整改完成率达到90.3%，入选省级典型案例数量全市最多。

（二）以超常规力度推动经济企稳向好

积极应对超预期因素的冲击和挑战，在承压奋进中稳住经济基本盘。农林牧渔总产值和增加值增速持续领跑全市，入围国家现代农业产业园创建名单，获评全省首个国家级制种大县，超额完成粮食种植任务。工业逐季向好、强力支撑，7月以来连续5个月当月规模以上工业增加值增速列全市前二，跻身中国工业百强县（市）第47位、较去年进位11位，工业全域治理再拆160万平方米，新建120万平方米。开展有效投资再提升、“学清溪、促三提”行动，新开工10亿元以上项目、新签约亿元以上项目数量和投资总额均创历史新高，1—11月高新技术产业投资、制造业投资分别增长30.2%、35.9%。多措并举促消费稳外贸，发挥消费券撬动作用，餐饮、零售、住宿、旅游等逐步回暖，外贸“一站式”综合服务平台运营上线。坚持政企同心渡难关，制定一揽子惠企政策，打好助企纾困组合拳，实施新生代企业家“青蓝行动”，常态化召开政企恳谈会，鼓励广大企业坚定信心、聚焦主业、立足宁海、与时俱进，1—11月完成减负降本26.2亿元，新设市场主体增长19.5%，市场主体变化情况指数列全省第五位。

（三）切实抓好各领域改革创新

调整优化改革工作机制，创新大数据、数改一体化运行模式，数字化改革省综合评价连续3次获评五星，5个项目入选市“最系列”成果，3个项目获跨省、市推广复用，党群同心圆、“艺术振兴乡村”应用场景入选全省“一地创新、全省共享”一本账S0，数量全市最多。迭代升级“141”基层治理体系，实质性运行县级社会治理中心，推进现代社区建设“八大改革”“十二大行动”，全面完成融合型社区拆分“清零”。民生实事项目人大代表票决制实现省级立法，《村务管理》三项国标发布实施，36条多跨场景应用线上支付率大幅度提升。聚焦资源精准高效配置，财政政策、征地拆迁、招商引资、土地管理等领域制度重塑扎实推进，划定国企七大集团经营赛道。市场经营主体实行属地服务管理。出台人才发展规划、工作规则、系列政策，举办种业强县论坛、产业人才发展交流大会、百名侨商走进侨梦苑、浙江党外知识分子服务拟上市企业等活动，入围国家级人才数创历史新高，中乌、海洋种业、生物医药、绿色低碳等创新平台各有突破性进展，入选省可持续发展创新示范区建设单位。

（四）统筹抓好城乡风貌和品质提升

坚持先规划后实施、整体规划分步实施，推进中心城区全面统筹发展，南宋红妆乐园、蒲湖公园等项目顺利开工，城隍庙商圈正在全面招商，环天明湖区域日益彰显新城气派。新增2个省级城乡风貌样板区、5个省未来乡村、4个省未来社区创建，省美丽城镇创建实现全覆盖，“精特亮”工程“串珠成链”、连片成景，连续六年获全省深化“千万工程”建设新时代美丽乡村工作优胜县。推进全域旅游再深化工程，百万网友“云看”徐霞客开游节，省AAA级旅游景区镇实现全覆盖，入选浙江首批“乡村文旅运营团队”培育名单家数全省最多，连续5年列全国“两山”发展百强县第二位。新建环三门湾30千米沿海绿道，再捧省“大禹鼎”银鼎，创成省首批“无废城市”、省无违建县，获评全省十佳存量违建处置示范典型。扎实推进国土空间总体规划编制，经批复的城镇开发边界面积扩大到现状面积的1.45倍，扩大系数全市第一。全县人民期待已久的G15沈海高速宁海段改扩建开工在即，高效连接中心城区与南滨经济开发区的“一横”开工建设，成为全省首批交通强国试点县，获评全省唯一的农村客货邮融合式发展五星级样板县。

（五）纵深推进法治宁海平安宁海建设

疫情防控大战大考交出优异答卷，“全国一盘棋”倾力驰援，“全县一条心”阻断输入，三年来我们一起经历了应急性超常规防控、常态化防控和完善优化防控3个阶段，涌现出许多抗疫英雄、感人事迹和有效经验。深刻汲取“8·11”民房火灾事故教训，铁腕推进消防安全大排查、大整治，以“一拆一建两整治”为突破口，痛下决心开展全域自建房综合整治大行动。建立运行信访工作10项机制，1—11月四级信访走访总量同比下降49%，信访生态得以系统性重塑。稳步推进社会治安“打防管控”一体化建设，有效警情、治安案件、电信诈骗、道路交通亡人数均实现两位数下降，1—11月扫黑除恶打处绩效全市第一。有效应对“轩岚诺”“梅花”连续台风和罕见高温干旱不利影响，公共视频“一张网”等做法在实战中日益成熟。制定实施法治宁海建设规划和法治政府建设实施纲要，连续两年获评法治浙江（法治政府）建设优秀单位，法治建设社会满意度居全市第一。

（六）持续增进群众福祉

前三季度城乡居民人均可支配收入增长6.2%，收入比进一步缩小，城镇登记失业率保持全市低位。“一村一策”实施村级集体经济持续提升行动，区镇联动打造南部海洋经济产城共富试验区，成立全市首个共富博士工作站、共富直播站，集士驿站获评全省首批共同富裕最佳实践。高度关注“一老一小”，首家AAAAA级居家养老服务中心正式投入运行，入选全省首批普惠托育基本公共服务试点。城西幼儿园、桃源二中、县第三医院、县精神康复中心等教文卫项目有序推进，县第一医院完成“三乙”等级评审，教育满意度连续三年居全省前五，实现全国卫生县城五连冠。文明城市创建成为全民共同行动，文明实践集市入选“浙江有礼”典型案例。“何以缑城、缑城何以”引发热议、广受认同，开展纪念柔石120周年诞辰系列活动，1个作品获中国民间文艺山花奖，2个作品入选省“五个一工程”，公共文化服务现代化发展指数居全省第8位。霞客体育公园二期竣工投用，体育运动蓬勃发展，全民健身蔚然成风。

（七）全面加强党的建设

纵深推进全面从严治党，落实落细“五张责任清单”，着力打造新时代党建高地和清廉建设高地。高质量完成省委意识形态工作专项检查“回头看”整改，系统推进意识形态领域建章立制，全域排查整治宗教和民间信仰场所，融媒指数保持全省前列。着眼干部队伍长远建设，制定实施“五强”领导班子建设实施意见，出台“1322”储育工程、“456”优源工程等制度，深化“五大革新”赋能培训、周末课堂、导师帮带等载体，完善专班攻坚机制，创新开展履职大比拼，全覆盖完成换届“双优”回头看，推动队伍结构、干部能力进一步优化提升。红色根脉“两高”强基工程扎实推进，定期发布强基指数“红黑榜”，“3630”强基示范创建扎实开展，居民小区、网格实现党组织全覆盖，村（社）党员正负面清单全面推行。压紧压实党风廉政建设主体责任，严格落实“三交底”廉政谈话，创新实施“清风卡”“十必谈”等制度，严肃开展十五届县委三轮常规巡察和一轮村（社）巡察，涉纪信访量和检举控告量大幅下降至五年来最低值。严格落实中央八项规定，一体推进“三不腐”，坚持风腐同查同治，着力营造良好政治生态。圆满完成团县委、县工商联、县残联换届，加强党管武装，高规格举办县委统战工作会议，有效凝聚各方合力。

新一届县委常委会坚持率先垂范，认真制定并严格落实县委工作规则、县委常委会工作要点和关于加强自身建设的19条意见，重点难题领衔攻坚、重大行动带头冲锋，全力支持人大、政府、政协和法院、检察院依法依章程履职尽责，带领全县党员干部同舟共济、共克时艰，营造“团结紧张严肃活泼”的工作氛围，倡树“苦干巧干系统干”的工作方法，干出“新班子新担当、开新局谋新篇”的工作业绩。

同时，我们也清醒地认识到工作中还存在一些短板和不足，主要有：创新和人才对高质量发展的支撑还不够有力，产业链供应链韧性和竞争力有待提升，企业生产经营面临不少困难，腰部企业数量不多、支撑不强。城市开放包容程度、市民文明素养、管理精细化水平都有待提升，城镇化率较低，人口导入亟须加快。交通、市政、环保等基础设施建设还有欠账，基本公共服务不够优质均衡，消防等重点领域仍存在风险隐患。谋发展和抓工作的系统性有待加强，因体制不顺、机制不活、管理交叉等因素造成的资源浪费、要素错配、责任空转问题需要重视。干部运用创新思维、法治手段、市场机制解决问题的能力有待提升，基层党组织战斗堡垒作用发挥不够，“四风”问题仍有反弹隐患。对于这些问题，我们高度重视，已经研究采取一系列措施加以解决，今后必须进一步加大工作力度。

二、完整准确全面领会党的二十大精神，增强推进中国式现代化县域先行的思想行动自觉

党的二十大是在全党全国各族人民迈上全面建设社会主义现代化国家新征程、向第二个百年奋斗目标进军的关键时刻召开的一次十分重要的大会。大会期间和闭幕后，习近平总书记发表了一系列重要讲话，提出“五个牢牢把握”和“全面学习、全面把握、全面落实”等重大要求，为我们学习贯彻党的二十大精神指明了科学路径、提供了根本遵循。我们要按照习近平总书记的要求，深刻领悟党的二十大关于党和国家事业发展大政方针和战略部署的历史逻辑、理论逻辑、实践逻辑，切实把思想和行动统一到党中央决策部署上来。一要深刻领悟“两个确立”的决定性意义。党的二十大取得的所有成果中最重要最根本的是，再次宣示了“两个确立”的决定性意义，明确了最大的政治、最大的大局、最大的原则。我们要深刻认识“两个确立”是引领新时代10年伟大变革的根本所在、是历史和人民的必然选择、是中华民族伟大复兴道路上应对一切风险挑战的根本保证，不断提高政治判断力、政治领悟力、政治执行力，始终忠诚核心、拥戴核心、紧跟核心，始终在思想上、政治上、行动上同以习近平同志为核心的党中央保持高度一致。二要深刻领悟习近平新时代中国特色社会主义思想的世界观和方法论。党的二十大旗帜鲜明作出“归根到底是两个行”的重大论断，深刻揭示了习近平新时代中国特色社会主义思想的理论品格和鲜明特质，赋予了当代中国共产党人不断谱写马克思主义中国化时代化新篇章的历史责任。我们要坚持不懈用习近平新时代中国特色社会主义思想凝心铸魂，深刻把握“六个必须坚持”的立场观点方法，在新时代新征程上推进更大的实践创新、理论创新、制度创新、模式创新。三要深刻领悟以中国式现代化全面推进中华民族伟大复兴的使命任务。党的二十大提出了党的中心任务，阐释了中国式现代化的五方面中国特色和九方面本质要求，强调了前进路上必须牢牢把握的五个重大原则，充分体现了党对发展大势的科学把握，对机遇挑战的敏锐清醒，对“三大规律”的深刻洞察。我们要坚定不移大道直行，坚决扛起新发展阶段历史使命，集中精力办好自己的事，推动认识不断深入、战略不断成熟、实践不断丰富，在宁海大地奋力书写中国式现代化的生动实践。四要深刻领悟全面建设社会主义现代化国家的战略布局。党的二十大科学把握我国发展面临的新的战略机遇、新的战略任务、新的战略阶段、新的战略要求、新的战略环境，充实完善了全面建设社会主义现代化国家战略布局，明确了中华民族从站起来、富起来到强起来的清晰思路和战略抓手。我们要把党的二十大精神转化为干事创业、争先进位的强大动力，以正确的战略策略应变局、育新机、开新局，做到既为一域增光、又为全局添彩。五要深刻领悟以党的自我革命引领社会革命的赶考动员。党的二十大对新时代全面从严治党伟大实践作了深刻总结，对党所处历史方位、党情发展变化进行了深刻分析，并明确了坚定不移全面从严治党，深入推进新时代党的建设新的伟大工程的形势任务。我们要全面落实新时代党的建设总要求，健全全面从严治党体系，全面、系统、整体落实党的领导，坚持不懈把全面从严治党推向纵深，在新的赶考路上交出高分答卷。六要深刻领悟发扬斗争精神、增强斗争本领、坚持团结奋斗的时代要求。党的二十大站在新的历史起点上，郑重告诫全党做到“三个务必”，强调要弘扬伟大建党精神，深刻揭示了以什么样的精神状态奋进伟大征程、实现伟大梦想的根本问题。我们要持续激发精神力量、保持昂扬精神状态，从思想上行动上把敢于斗争、善于斗争融入团结奋斗全过程，最大限度地把各方面的智慧和力量凝聚起来，共同开创事业发展新局面。

学习贯彻党的二十大精神是一个学思践悟、知行合一的过程。当前及今后一个时期，要把推进中国式现代化县域先行作为学习贯彻党的二十大精神的宁海行动。置身全局，推进中国式现代化县域先行使命重大，我们要扛起责任、探路先行。党的二十大报告特别赋予“东部地区加快推进现代化”的重大使命。省委明确了“两个先行”的奋斗目标，提出要奋力谱写中国式现代化浙江篇章。市委提出要以“两个先行”引领现代化滨海大都市建设，奋力打造中国式现代化市域样板。县域现代化是中国式现代化的基础。宁海地处长江经济带发展、

长三角一体化发展等国家战略范围，要主动扛起为全国、全省、全市探路先行的使命担当，在县域层面积极探索推进中国式现代化的有效路径，努力形成更多可推广可复制的制度性、标志性、突破性成果。回顾过去，推进中国式现代化县域先行实践丰富，我们要保持定力、砥砺先行。迈入新时代的十年，宁海经济规模增长了1.39倍，高于全国的1.11倍、全省的1.14倍、全市的1.13倍，全国县（市、旗）排名从百名开外进位到第61位，全省区（县、市）排名五年进位12位，并在产业转型、生态文明、乡村振兴、基层治理等领域创树了一批“宁海经验”。尤为难得的是，宁海没有临沪近杭的区位优势，没有上级重大平台、重大政策的特殊加持，没有优渥的工矿资源，在习近平新时代中国特色社会主义思想的指引下，在全县干部群众的共同努力下，我们坚持不懈地发展实体经济，坚定不移地走“两山”转化之路，一步一个脚印真抓实干，一年一个台阶追赶跨越，这样的发展历程很具代表性和说服力。面向未来，推进中国式现代化县域先行前景光明，我们要阔步向前、革新先行。县委研究制定了《关于全面学习贯彻党的二十大精神，坚定捍卫“两个确立”、坚决做到“两个维护”，在奋力推进中国式现代化县域先行新征程中深化五大革新共创光明前景的决定》，在县党代会报告、县委二次全会决议、“十四五”规划以及今年“五大革新”实践成果的基础上，对标党的二十大战略决策，着眼未来五年，进一步强调、深化、提升了一批工作目标、工作载体、工作举措，提交全会审议。我们要以中国式现代化引领“五大革新”迭代升级，先行打造现代化经济强县，先行建设现代化中等城市，先行创造现代化品质生活，先行构建现代化治理体系，先行锻造现代化建设力量，在县域先行的更高追求中共创宁海发展光明前景。立足当前，推进中国式现代化县域先行迎来“机会窗口”，我们要满怀信心、奋发先行。2023年是全面贯彻落实党的二十大精神的开局之年，也是国家持续优化疫情防控政策、推动经济运行整体好转的机遇之年。宁海县“五大革新”历经一年实践，到了由起步开局、系统布局转入重点突破、纵深推进的新阶段。县委把2023年定为“五大革新突破年”，抢抓疫情后经济社会发展全面复苏的契机，更加坚定地把发展作为首要任务，满怀信心、满格状态真抓实干，聚力谋划推进一批事关全局、牵一发而动全身的重大抓手，为加快建设现代化“双优”新宁海注入更强劲动力。

基于明年的特殊意义、有利条件和宁海县的工作布局，要努力实现“四大突破”：一是经济实力突破跨越，重大项目加快放量，有效投资特别是工业投资快速增长，中心城区、西店卫星城、南滨经济开发区、三门湾现代农业开发区提质提效提能级，主要经济指标总量进位、增速领先，GDP向千亿迈进。二是城市气质突破蜕变，促进文明共创、文化共享、文旅共兴，创成全国文明城市，树起缑城人文精神标识，建成投用一批重大文化地标，全域旅游全面复苏发力，争创中国最具幸福感城市。三是空间治理突破攻坚，高质量编制完成国土空间总体规划，工业、自建房“两个全域整治”纵深推进、取得决定性成果，打造形成一批示范点、示范片区，建立健全长效机制，切实提升统筹发展与安全水平。四是实践成果突破提升，紧扣“八八战略”实施二十周年、“千万工程”实施二十周年、习近平总书记首次考察宁海二十周年3个特殊节点，创新实施和总结提炼一批具有宁海辨识度的革新实践，成为伟大思想引领伟大实践的县域窗口。

三、聚力推进“五大革新”突破年，开启中国式现代化县域先行新征程

准确把握中国式现代化内涵，立足宁海发展实际，着眼长远谋当下，明确现阶段产业革新、城市革新、社会革新、制度革新、自我革新各自的重点方向，精准发力、纵深推进，放大优势、塑成胜势，迈好推进中国式现代化县域先行的第一步。

（一）聚焦集聚度深抓产业革新

宁海是浙江工农业大县和33个县中的经济规模最大县，提升产业集聚度是大县走向强县的关键一步。要坚持把发展经济的着力点放在实体经济上，立足比较优势，有所为有所不为，以发展优势产业为主导推进产业结构优化升级。一要坚定实施制造强县战略。坚持制造业优先发展、“光伏+储能”首位发展，培育壮大“发电、储能、输送、应用、制造”新能源全产业链，聚力打造环三门湾清洁能源及装备制造基地核心区，加快文体办公、电子信息、汽配及模具等特色产业向高端化、智能化、绿色化转型升级，激发中小企业“智改数转”内生动力，推动数字经济体量做大做强、赛道做精做深，突出用最优保障加快重点项目竣工达产，加快成为甬南崛起新增长极。二要

建设现代化农业强县。坚持政策围绕要素集成、要素围绕企业集聚，全力争创国家级农业现代化示范区，高标准建设国家现代农业产业园和国家级制种大县，深入实施农业“双强”行动，大力推进种植规模化、养殖工业化、营销品牌化、产品绿色化。坚决守住粮食安全底线红线，提高重要农产品稳产保供能力，加快建设保障性蔬菜基地，提前完成“十四五”永久基本农田集中连片建设任务，逐步把永久基本农田全部建成高标准农田。下洋涂区块要加快呈现万亩良田、百里绿道、稻乡渔歌、农文体旅融合发展的壮美场景。三要大力发展现代服务业。更好发挥服务业贯穿生产、流通、分配、消费各环节，促进各产业融合发展的作用，科学编制服务业产业规划，推动能级跃升、结构优化。实施生产性服务业补短板行动，做大“工业设计+”产业链，推进现代物流空间拓展和企业招引，促进电子商务、邮政快递高质量发展。加强生活性服务业高质量供给，把恢复和扩大消费摆在优先位置，推进城隍庙、五街汇等特色商圈运营和改造提升，创新常态化促消费、跨区域吸引消费举措，积极发展轻旅行、微度假、夜经济等业态，内容与营销并重，变“流量”为“留量”，促进城市繁荣兴旺。四要打造教育、科技、人才共同体。突出创新链与产业链深度对接，联动争创省“科技创新鼎”、浙江制造“天工鼎”，启动省级高新技术产业园区创建，完善“孵化—加速—产业化”全链条创新服务体系。迭代升级“潮起甬南、智汇宁海”工程，优化人才工作机制、政策体系、服务生态，推动各个创新平台“强基提能造峰”，谋划打造国际人才社区。持续创新和推广产业人才学院模式，探索技工学校强校路径，扩大中高职一体化办学规模，推进职普融通、产教融合、科教融汇，打造产教融合发展高地。提升全民科学素养，营造浓厚的科学氛围，建设以“宇宙、地球、我们”为主题、突出防灾减灾宣传教育的科技馆，争创全国科普示范县。五要营造一流营商环境。以市场主体真实感受为标准，有事必应、无事不扰、有诺必践，实施营商环境优化提升“一号改革工程”，严格规范行政行为，实施包容审慎监管，创新工业社区治理模式，建立“企呼必应”闭环机制，在降成本、保订单、稳预期等方面切实纾困解难，塑造尊企、爱企、助企、暖企环境。深化“215”强企梯队培育，鼓励优质企业上市，支持本土企业增资扩产、扎根宁海，竭诚欢迎缑商回归、反哺家乡，全力保障腰部企业做大做强，研究制定规上工业企业三年破千行动计划，全面增强“链主型”企业带动力，牵引上下游企业精准建链、补链、延链、强链，内外资并重靶向招引适配项目，形成更具韧性和吸附力的产业生态。

（二）聚焦包容性深化城市革新

坚持以城的格局谋划县的发展，推进以县城为重要载体的城镇化建设，全方位塑造开放活跃、包容大气的城市气质，推动实现区域发展融合互通，城乡资源要素自由流动，人与自然和谐共生，新老宁海人不分彼此，人生出彩与城市发展双向奔赴。一要主动融入区域发展大局。创新县际合作、跨区域交流模式，加强与相邻区（县、市）协同互动、共谋发展，立足宁波南向桥头堡定位，促进甬台绍联动发展。充分发挥交通先行作用，加快推进 G228、S314 等国省道工程，启动钓鱼礁码头及航道建设，谋划连接宁波西枢纽的快速通道，争取宁波至宁海轨道交通列入上位规划，全力确保 G15 沈海高速宁海段主体开工建设，靠前布局研究高速互通与城市道路无缝衔接，进一步提升外畅内联水平。二要构建县域协调发展格局。坚持全县“一盘棋”，明晰各地功能定位、主导产业、项目布局，实现县域均衡发展、片区错位发展。全面提高中心城区首位度，项目化推进“东美丽、西通达、北时尚、南文化”，支持跃龙打造千年城关、首善街道，桃源定位城市新中心、发展主战场。加快黄坛、越溪融入城区发展，全面拉开“三山两岸”格局，提升越溪衔接城区与南滨的节点功能。促进梅桥片区融合发展，全面提升集聚高精尖和拱卫主城区的功能。支持前童与岔路相向而行，全域打造工旅融合示范区，提标建设小微企业转型升级集聚点。强化西店卫星城龙头作用、宁北门户优势，联动强蛟、大佳何打造环湾保护、拥湾发展的共同体，促进工业化、城镇化与滨海旅游深度融合。统筹力洋、茶院与南滨一体化发展，打造万亩千亿大平台、产城融合新高地。提升东部乡镇农文旅融合发展水平，连片谋划胡陈港两岸生态风情体验带，支持胡陈打造户外休闲运动特色乡镇，强化长街农业重镇和省级中心镇地位。支持一市建设南部海洋经济产城共富试验区，桑洲打造独具韵味的甬南桥头堡，深甽创建国家级旅游度假区，串联周边提标建设最美精品线路。三要构筑“三生”融合美丽空间。高效转化“三区三线”划定成果，促进耕地规模化集聚，企业向园区集聚。加快城区蝶变升级，系统推进城区基础设施建设和治堵保畅，加快环天明湖区域功能集成、业态植入，实施“连山成景”“清水入城”“串珠成链”等工程，创成省AAAAA级旅游景区城，完成“东美丽”绿道一期，整体性谋划大茶山中央公园。以“千万工程”实施二十周年为新起点，以提升内生动力为导向，着力培育一批可复制可推广的示范村（社）和示范片区，提档建设乡村艺术谷，展现融汇大地景观和生态人文的乡村富美图景。片区式建设“幸福水利”，区块化推进颜公河整治，精心打造白溪24千米综合性滨水绿道，确保三夺大禹银鼎，创成省级四星级“无废城市”。全面推行绿色低碳生活，积极探索固碳增汇路径和碳汇经济发展。四要塑造缑城人文精神标识。坚持以文润城、以城彰文，以缑城文化溯源研究为牵引，续文脉、承传统、忆乡愁、树新风，全面提升宁海城市底蕴和宁海人精神面貌。加强对历史建筑、工业遗存、名人旧居的保护利用，匠心建设缑城文化广场、来in南文化产业园、南宋红妆乐园和系列文化“口袋公园”，促进功能改造、风貌塑造、场景营造与产业再造有机统一。统筹文明培育、文明实践、文明创建，联动实施“在宁海”文化品牌工程和公民道德建设工程，持续破除陈规陋习，传承弘扬正学精神、“四气”精神，彰昂地域文化自信，培育时代新风新貌。以标杆姿态推动文旅共兴，整合打响“自在宁海”城市IP，精心策划、隆重开展“5·19”开游盛宴系列活动，全面提振文旅消费市场，切实提升城市辨识度。五要促进人口导入和结构优化。制定完善差异化人口导入政策，围绕“生、引、留”，完善外来人口本地化、转移人口市民化和降低“三育”成本的配套措施，典型引领讲好新宁海人创业故事，打响“要毕设来宁海”品牌，推进青年发展型县域建设，建设外来人口友好型城市。绘好宁海人口精准画像，研究解决产业集聚区职住平衡、城乡公共服务布局优化等问题，以中心城区为主阵地，南滨经济开发区和西店卫星城为重要支撑，合理引导人口分布。要注重城市文化的多元性塑造，使宁海兼具乡愁味、现代感、国际范，让不同群体特别是年轻人、高素质人才都能找到归属感，享有均等发展机会。

（三）聚焦关切点深抓社会革新

推进“五大革新”，根本目的是为了让群众生活一年更比一年好。要坚持以人民为中心推进中国式现代化，把促进共同富裕摆在突出重要位置，把群众关切点作为工作着力点，真正把群众期待的事，变成我们要干的事。一要办好增收致富的好事。实施“扩中”“提低”行动方案，精准实施重点群体帮扶激励计划，构建高质量就业创业体系，打造覆盖县乡村的“零工市场”服务平台，支持和规范发展新就业形态，推动更多劳动者通过辛勤劳动迈入中等收入行列。深入实施以集体经济发展为主导的强村富民改革，探索国资引领乡村投融资新模式，发挥“集士驿站”和“宁海珍鲜”品牌的叠加效应，完善利益联结机制，让农民参与分享经济效益。二要办好群众最需要的实事。以群众需求为导向票决和办好十方面民生实事工程，解决学位、床位、车位、厕位等社会关切问题，切实增强“宁好”工程的均衡性和可及性。要研究推进“一老一小”整体解决方案，精准配置托位和养老服务资源，建成投用桃源二小、潘天寿艺术中心、宁海文化艺术中心等民生项目，打造更多群众身边的体育场、阅览室，引领全民健身、全民阅读，营造健康向上、充满正能量的社会氛围。三要办好关爱弱势群体的暖心事。健全分层分类的“1+8+X”新时代社会救助体系，加快县、乡、村三级助联体建设，强化困难群体兜底保障和妇女儿童权益保障，促进残疾人事业全面发展。探索构建新型慈善体系，大力拓展有意向有能力的企业、社会组织和个人参与公益慈善事业渠道。建立防范化解因病致贫返贫长效机制，健全低收入人群动态预警机制和多维度识困评估机制。高质量做好东西部协作、山海协作、对口支援、结对帮扶等工作。四要办好关乎平安的每一件事。全面贯彻“以新安全格局保障新发展格局”要求，建立健全大安全大应急框架，健全平战一体、快速激活的作战机制，全力护航亚运，夺取星级平安金鼎。科学精准落实疫情防控优化措施，突出保健康防重症，提高医疗救治各项能力，加快重点群体疫苗接种，全力守护群众健康安全。全面加强消防管理体系和能力建设，实行消防安全事故延伸调查和追责问责制度，最大限度压降火灾事故。推进信访工作“双向规范”，强化社会治安整体防控，常态化开展安全生产综合治理行动，压实食品安全属地管理责任和企业主体责任，守牢金融、债务、环境污染、自然灾害等风险底线，建设更高水平的平安宁海。

（四）聚焦高效率深抓制度革新

制度的力量在于调动各方积极性，制度革新是提升生产效率的有效办法。要坚持问题导向推进体制机制改革和重点领域建章立制，强化系统集成、协同高效，全面提升用制度解决问题、促进发展的能力。一要理顺行政职能。全面优化部门、园区和镇街关系，细化和压实市场经营主体属地服务管理责任，逐步实现乡镇（街道）基本支出和发展经费由县级保障，城乡规划、建设、管理和要素保障由部门统筹。做好基层管理体制改革“后半篇”文章，健全完善运行机制，动态配置编制资源，推动精准扩权赋能。深化司法体制综合配套改革和“大综合一体化”行政执法改革，增强领导干部运用法治素养和法治方式的意识和能力，提升全体公职人员依法行政的自觉和水平。二要释放要素潜能。致力财尽其用，牢固树立“过紧日子”思想，强化集中财力办大事的理念，系统优化财政政策，出台新一轮产业政策，整合各类民生保障政策，使政策目标更聚焦、指向更精准、组合更科学。致力地尽其力，推行新一轮“亩均效益”综合评价办法，全域整治工业低效用地，加大力度“退二优二、退二进三”，有序推进存留地开发，实行招商前置供地，完善地价管理体系，遏制无序竞争。完善全县“一盘棋”的规划、招商、征迁、建设、管理、考核机制，强化要素跟着项目走、要素协调前置于项目计划的制度设计，持续加强政府投资项目的必要性、可行性、科学性、规范性。按照“找准定位、分清赛道、深耕专业、逐步转型”方向，深化国资国企体制机制改革，加强国有资产归集确权和盘活利用。三要强化数字赋能。坚持多跨协同、平战结合，推进综合行政执法指挥中心、应急指挥中心、社会治理中心与大数据中心有机融合。搭建征地拆迁数字化平台，做到信息全量存证、政策全面公开、计划和进度全程跟踪。运行“宁好租”平台，实现自建出租房屋全生命周期管理。上线精准招商信息管理系统，深化公共视频智能化应用，突出管用实用好用导向完善各领域数字化应用，更好地为高质量发展、高品质生活、高效能治理赋能动力。四要激励人尽其能。规范运行改革委、财经委等县委议事协调机构，科学安排工作例会主题和节奏，迭代升级绩效考评体系，高效统筹督查力量，实战导向开展赛马比拼。系统性构建专班运作体系，建立县委重大课题揭榜挂帅、专业功能小组柔性服务、攻坚成效专考专评等制度，推动干部资源与重点工作精准匹配。建立健全“七张问题清单”闭环落实、网络舆情线下源头追查和督促事权单位整改问效等机制，强化问题整改，抓好末端落实。大兴调查研究之风，建立“五大革新”课题池，运行“1+9+X”调研工作联席会议制度，汇聚众智突破发展难题。五要提升治理效能。着力打造践行全过程人民民主的县域典范，汇聚推动县域治理现代化的强大合力。支持保证人大及其常委会依法行使职权，健全吸纳民意、汇集民智的工作机制，把代表联络站打造成为践行全过程人民民主基层单元。发挥人民政协专门协商机构作用，构建“有事好商量”的常态化协商议政机制，深化企情协商平台、民生议事堂等平台建设。完善大统战工作格局，打造铸牢中华民族共同体意识先行县，推进宗教事务治理现代化，做好新时代港澳台侨和“世界宁海人”工作，提高党外知识分子和新的社会阶层人士统战工作水平，提升打造“宁聚力”工作品牌。创新完善基层自治实践，持续提升“36条”制度化规范化数字化水平，进一步增强民生实事票决项目的代表性。

（五）聚焦战斗力深抓自我革新

坚持以自我革命引领社会革命，深入贯彻新时代党的建设总要求，加强斗争精神和斗争本领养成，全面提升政治定力、实干能力、担当魄力，为推进中国式现代化县域先行提供坚强保障。一要旗帜鲜明讲政治，把政治引领作为提升战斗力的第一原则。持续掀起学习宣传贯彻党的二十大精神热潮，引导各级党组织和党员干部深刻领悟“两个确立”的决定性意义，言行一致践行“两个维护”。坚持不懈用习近平新时代中国特色社会主义思想凝心铸魂，完善重大决策前学习制度，健全党史学习教育常态化长效化制度机制，深入开展主题教育，健全规范意识形态领域重大情况分析研判、隐患排查、应急处置、定期通报、数字化全链管控等制度。严明政治纪律和政治规矩，严格执行民主集中制等各项法规制度，深化“四责协同”，落实落细全面从严治党“五张责任清单”，聚焦中心工作推动政治监督具体化、常态化，确保政令通畅、令行禁止。二要突出实干强队伍，把干部赋能作为提升战斗力的关键支撑。以“五强”班子创建统揽干部队伍建设，强化实干不浮躁、苦干不内卷、巧干不折腾的工作导向，锻造三观正、业务精、心态好、状态佳、业绩优的新时代好干部。坚持选贤任能“四个坚持、八个不”具体要求，加快形成能者上、优者奖、庸者下、劣者汰的良好局面，真正激扬正气、激励担当、激发活力。深化启程计划、导师结对、试岗挂职、一线锤炼等年轻干部精准培养措施，争创省标杆引领党校，探索差异化干部资源配置机制，健全完善尽职免责、容错纠错、正名澄清等关心关爱举措，让干部辛苦不心苦、流汗不流泪、吃苦不吃亏。三要理直气壮抓基层，把组织建强作为提升战斗力的坚实基础。抓基层党建不能弱化虚化、畏首畏尾，必须当仁不让、敢抓敢管。要深入实施红色根脉“两高”强基工程，以“红黑榜”倒逼党组织规范运行，建立健全县、乡、村三级基层党建责任清单，规范村级组织工作事务、机构牌子和证明事项。强化抓党建促乡村振兴，巩固提升党建联建机制，深化推进“共富工坊”建设，全面释放片区组团共富效应。要做深做实党建统领网格智治，推动城乡现代社区组织体系、专职社工队伍、精密网格机制“三个优化”，强化物居业协同管理，持续推动互联网等“两新”领域党建有形有效覆盖。开展村（社）干部“届中体检”，建立村（社）干部助推项目赛马机制。四要严明纪律守规矩，把正风肃纪作为提升战斗力的有力保障。坚持党性党风党纪一起抓，锲而不舍落实中央八项规定精神，抓住普遍发生、反复出现的问题深化整治，对隐性变异问题不断加压，对顶风违纪行为严肃惩治，全面清除隐藏在人情往来背后的攀比之风和利益勾兑。探索建立村（社）清廉指数和清廉地图，加大对群众身边不正之风和腐败问题查处力度。增强对“一把手”和领导班子监督实效，坚持“惩治防”有机统一、“三不腐”同时同向发力，大力营造政治清明、政府清廉、干部清正、社会清朗、文化清新的优良生态。

中国式现代化任重道远，先行者更需勇往直前。让我们更加紧密地团结在以习近平同志为核心的党中央周围，不断把学习贯彻党的二十大精神引向深入，不负时代韶华，共赴光明前景，在新征程上持续创新争优、阔步前行，谱写中国式现代化县域先行精彩篇章！

政府工作报告

——2023年1月31日在宁海县第十九届人民代表大会第二次会议上

宁海县县长　楼鼎鼎

各位代表：

现在，我代表县人民政府向大会报告工作，请予审议，并请县政协委员和其他列席人员提出意见。

一、2022年工作回顾

2022年是本届政府履新施政的开局之年。一年来，面对复杂多变的外部形势和新冠疫情冲击等多重挑战，县政府坚持以习近平新时代中国特色社会主义思想为指导，认真贯彻党的十九大、十九届历次全会和二十大精神，坚决落实“疫情要防住、经济要稳住、发展要安全”重大要求，全力推进经济稳进提质攻坚行动，在县委的坚强领导下，以“五大革新”[①]为统领，革故鼎新、奋力争先，实现了现代化“双优”新宁海建设良好开局。难能可贵的是，共同守住了疫情防线，成为全省社会面未破防的两个县（市、区）之一；成功顶住了经济下行压力，地区生产总值等主要经济指标增速高于省市平均。倍感自豪的是，发源于宁海的民生实事项目人大代表票决制实现省级立法，小微权力清单“36条”上升为国家标准。尤为振奋的是，清溪水库“二十年磨一剑”破冰动工，现代农业产业园列入国字号创建名单，千亿级“光伏+储能”产业强劲发展、加速崛起。

一年来，我们坚持稳进提质，着力推动发展更高质量。以确定性举措应对不确定性风险，全面贯彻落实稳经济一揽子政策，第一时间顶格出台稳链助企纾困“30条”、稳经济“15条”和接续政策配套细则，兑现补助资金6.7亿元，减负降本26.2亿元，发放消费券2400万元，着力把利好政策转化为发展动能，推动经济逆势企稳。综合实力再增强。地区生产总值突破900亿元，农林牧渔业总产值增长5.6%、规模以上工业增加值增长4.7%、商品销售总额增长22.4%，增速均居全市前列，货物进出口总额367.69亿元、增长10.9%，本外币存贷款余额分别突破1100亿元和1500亿元，增长17.1%和20.4%。全国综合实力百强县市、工业百强县市均进位至第47位。产业集群再壮大。首位理念全力打造“光伏+储能”产业链，东方日升太阳能组件项目拿地即开工、旗滨高透基材项目破土动工，集聚总投资超400亿元的8个龙头基石型项目，加速串链强链。不断培育壮大“365”产业集群、“215”企业梯队，落地开工制造业重大项目29个，建成投产39个，“365”产业增加值占规模以上工业增加值比重达到78.5%。商贸服务业加快发展，服务业增加值突破400亿元，创成市级跨境电商产业园，上线“宁贸”外贸“一站式”综合服务平台，成为省级内外贸一体化改革试点产业基地（文具）。实施农业全产业链育强工程，引进全国最大单体工厂化对虾养殖基地，华大海昌入选国家种业阵型企业，宁波海洋生物种业研究院正式运营，获评全省唯一的国家级制种大县，创成省级渔业健康养殖示范县。经济质态再优化。高新技术产业增加值占规模以上工业增加值比重突破50%，数字经济核心产业制造业增加值增长10.2%。国家制造业单项冠军示范企业实现“零”的突破，新增国家单项冠军产品1个、专精特新“小巨人”企业3家、知识产权示范和优势企业5家。每千家企业中高新技术企业、科技型中小企业数分别突破20家和100家，均居省市前列。新建院士、博士后工作站8家，国家企业技术中心1家，入围国家级引才工程6人、创历史新高。平台承载再提升。宁波南部滨海经济开发区加快成势，光伏储能、高端汽车零部件、通用航空等特色产业加速集聚，震裕锂电池顶盖、天普橡胶软管等一批重大项目建成或投产。经济开发区功能不断提升，得力电商产业园二期等19个重点项目加速推进。生物产业园新引进生命健康类企业8家，建成投用生物医药研发公共服务平台、生物药中试公共平台。深入推进工业全域治理“攻坚年”行动，处置违法建筑158万平方米，开工新建162万平方米，其中，投产35家31万平方米，新认定3家省级小微企业园，梅林南路工业全域治理工程获浙江省拆改示范典型提名，全市新一轮制造业“腾笼换鸟、凤凰涅槃”行动现场会在宁海召开。

一年来，我们致力变革重塑，

着力推动发展更有效率。突出改革的破难攻坚作用，聚力“五大革新”113项突破性抓手，破立并举、动真碰硬，破解了一批制约高质量发展的瓶颈问题，提速增效一批重点工作重大项目。运行机制更加高效。优化乡镇（街道）权责清单，落实市场主体属地管辖，乡镇事权更加清晰、条块联动更加顺畅。系统梳理征地拆迁制度，制定出台征迁政策、管理办法等13个，重构村（社）集体留地统一储备、统筹开发工作格局，城市开发建设体系更加完善。深化国资国企体制机制改革，出台国企投资基金管理等制度，梳理划定七大集团经营赛道，文旅集团升格为一级集团。推进“大综合一体化”行政执法改革，赋权7个乡镇（街道）实施494项执法事项，实行“一支队伍管执法”。有效供给不断强化。以数字化改革提效各项工作，提升服务发展服务民生的有效指数，形成一批硬核成果，数字化改革连获省五星综合评价。艺术振兴乡村、党群同心圆入选全省“一地创新、全省共享”一本账，数量全市最多。城乡客货邮、“在押后”人员精密智管分别获评全省数字政府优秀案例、数字法治好应用，“智慧托育”等10个项目入选全省典型或试点。创新构建“公共视频一张网”，有力提升社会综合治理和防台防汛能力。深化“一件事一次办”集成改革，打造“15分钟政务服务圈”，实现354个高频事项办理不出圈。“宁好办”访问量位居“浙里办”高频便民惠企服务县级应用全省前三。项目推进持续加快。开展有效投资再提升、“学清溪、促三提”百日攻坚行动，实施重大项目统筹推进、督查专员、专班攻坚等机制，出台政府投资项目全流程管理办法，全年新开工项目150个，固定资产投资增长9.3%，其中新开工10亿元以上项目数量和体量创历史新高，获省政府年度投资“赛马”激励。备受瞩目的G15沈海高速宁海段改扩建工程前期工作全面就绪。探索建立招商机制精准协同“361”体系[2]，精准适配项目信息、土地资源、要素指标，引进产业类项目42个，其中内生型项目15个，实到外资1.29亿美元、内资147亿元。重塑项目用地高效配置机制，盘活“批而未供、供而未用”土地5395亩，保障重大项目用地1538亩。争取政府专项债13.3亿元，获国家政策性开发性金融工具支持5.33亿元。

一年来，我们秉持为民宗旨，着力推动发展更加平衡。内外兼修推进城市内涵式、融合式发展，获评省新时代美丽乡村示范县、大花园建设优秀典型案例，“宁好”工程逐步成为民生服务金名片。突出区域协调。启用“三区三线”[3]划定成果，全面统筹中心城区发展，构建“东美丽、西通达、北时尚、南文化”新空间格局。编制完成“三山两岸”、老城保护与复兴片区规划，形成东美丽、西通达规划建设方案，建成喜来登酒店，贯通天明中路。深化文明城市创建“十大”专项行动，推动文明理念家喻户晓、深入人心。完成华庭家园、朝晖家园等老旧小区改造35个，建成纺织南路、时代西路延伸段等市政道路16条，投用霞客体育公园二期、家门口的“口袋公园”（甬小园）6个，改造提升城区公厕10座，新增公共停车场8个、道路泊位3166个，有序实现无感停车。城乡协调并进，基本完成宁海南部海洋经济产城共富试验区规划，创成前童—岔路省级县域风貌样板区，新增省市美丽城镇样板6个，省级美丽城镇实现全覆盖。启动双水、海头等省级未来社区（乡村）创建10个，获评省市美丽宜居示范村、美丽庭院特色村、美育村等22个。以“精特亮”工程为抓手，滚动实施53个支撑性子项目，“串珠成链”的8条精品线路、彰显魅力的8个特色街区渐入佳境。贯通城乡的S314桃源至力洋段一期等8条道路实现开工或高效推进，入选首批浙江交通强国试点县，获评全省唯一的农村客货邮融合发展五星级样板县。完成对口工作和山海协作。突出优质均衡。“名优师资倍增计划”成效显著，新增省特级教师2名、市级以上名师骨干22名。新前童小学提前投用，城西、浦西幼儿园竣工验收，3所配套幼儿园投入使用，创成省现代化学校7所。全面规范民办义务教育，“公参民”学校成功转制。县第一医院通过三乙综合医院现场评审，第三医院扩建工程竣工，新增市县共建重点学科6个。托育机构实现乡镇（街道）全覆盖，新增托位740个，新建老年食堂16个，完成家庭适老化改造50户，松竹、车河社区入选省首批共富基本单元“一老一小”场景。新获中国民间文艺最高奖山花奖1个，创成全国科普示范县，公共文化服务现代化发展指数居全省第8位，宁海越野挑战赛获评国家体育产业示范项目。突出民生保障。完成职业技能培训2.8万人次，新增城镇就业1.38万人，登记失业率持续保持低位运行，城乡居民收入倍差缩小到1.72。高质量运行产业人才学院，获评全省优秀就业服务成果二等奖。社会保障提标扩面，企业职工基本养老保险净增9903人，城乡居民医保覆盖新宁海人，长期护理保险试点全面推进，快递小哥等新业态劳动者纳入工伤保险，低保边缘儿童首次纳入基本生活保障范围。新增保障性租赁住房3721套。10项人大代表票决民生实事项目全部落地推进。

一年来，我们厚植生态优势，着力推动发展更可持续。始终坚持“绿水青山就是金山银山”，持续推进污染防治攻坚战，再度夺得全省治水“大禹鼎”银鼎，五次蝉联“两山”发展百强县全国第二，成为省可持续发展创新示范区建设单位。“绿水青山”不断“添彩”。治水、治气、治土、治废一揽子推进，整治涉气企业66家，关停17家，统筹实施总投资3.6亿元的135个颜公河水环境治理项目，开建首座工业污水处理厂，农村生活污水治理入选全国示范案例，市控以上断面水质优良率和功能区达标率保持100%，获评省首批三星级“无废城市”。完成森林质量提升1.4万亩，新建环三门湾沿海绿道30千米，杜鹃山生物多样性主题文化绿道开道。中央和省环保督察反馈问题全面整改。“两山”转化不断加快。第二十届徐霞客开游节“云上开幕”，南宋红妆乐园、宁海湾休闲旅游等5个文旅项目开工，森林温泉度假区入围国家级旅游度假区意向名单。实施“微改造、精提升”加快打造“满天繁星”，省AAA级旅游景区镇实现全覆盖，2条精品线路获“浙里田园”重点推介，前童镇获评全国乡村旅游重点镇，驿家坑、下枫槎等成为网红打卡点，获评浙江文旅助力探索共同富裕新路径十佳县。加强文旅企业梯队培育，5家企业入选浙江首批“乡村文旅运营团队”培育名单、全省最多。绿色保障不断夯实。完善三级林长制度，健全生态产品价值实现机制，全市率先开展排污权质押贷款，水库型水源取水权交易模式开全省先河。持续净化空间环境，新增光伏装机容量11.1万千瓦，家庭分布式光伏累计装机量全市第一，创成省“无违建县”和十佳存量违建处置示范典型。

一年来，我们聚焦“除险保安”，着力推动发展更为安全。把社会安定、群众安居摆在重要位置，统筹风险防范、化解和应急处置各项能力建设，完成党的二十大重大安保任务。疫情防控平稳转段。始终坚持人民至上、生命至上，强化科学精准防控，筑牢群体免疫屏障。保持快速平战转换状态，交出了“外防输入、内防反弹”的优异答卷。安全底板承压加固。深入推进“除险保安”大排查大整治、消防安全“百日攻坚”等行动，生产安全事故起数和死亡人数分别下降28.6%和36.4%。实体化运作县消安委办、县房治办④，投用城南消防站，痛下决心开展全域自建房综合整治大行动，大力推进“一拆一建两整治”⑤，积极推广“宁好租”出租房监管系统。连续成功防御“轩岚诺”“梅花”台风。打防并举遏制电信诈骗多发态势，发案数和案损值分别下降20.1%和25.2%。以大食物观保障粮食安全，落实粮食、蔬菜种植23.8万亩和7.8万亩，创成省食品安全示范县。社会治理体系更加完善。实质性运作县级社会治理中心，迭代升级“基层治理四平台”，全市率先试点网格员星级管理，17个新设社区正式挂牌。完善应急管理指挥体系，基本形成城镇“135快速救援圈”⑥。系统性重塑信访生态，四级信访走访总量下降51.8%，徐家小区安置项目等一批问题得到妥善解决。强化基层治理力量联动，扎实推进“警源治理”，建成“共享法庭”410家，有效警情下降20.7%，安薪指数稳居全市前列。与此同时，深化国防动员体制改革，国防动员和后备力量建设不断加强，双拥共建、退役军人、民族宗教、流动人口、外事、气象、侨务和港澳台等工作取得新成效，统计、审计、档案、慈善、红十字会、工会、残疾人、青少年等各项事业实现新发展。我们坚持打铁还需自身硬，切实加强政府系统党的建设，坚决把“上级有部署、宁海见行动，党委有要求、政府抓落实”贯穿工作全过程，高标准推进“七张问题清单”整改。突出执政能力提升，组织参加市周末知行学堂，开展产业革新、城市革新等专题培训，创新“五色图”亮晒⑦、“精准钉”攻坚⑧等抓落实机制，13项工作获省市督查激励。开展“五问五破、五比五先”行动，全市首获全国“人民满意的公务员集体”称号。深化法治政府建设，常态化开展府院、府检联席会议，自觉接受人大、政协和社会各界监督，办理人大代表建议176件、政协提案204件，连续两年获评法治浙江（法治政府）建设优秀单位。持续加强作风建设，严格落实中央八项规定精神，坚持政府过“紧日子”，财政预算全生命周期绩效管理入选省优秀案例。

各位代表，成绩来之不易。这是习近平新时代中国特色社会主义思想科学指引的结果，是上级党委政府和县委坚强领导的结果，是县人大、县政协监督支持的结果，是全县人民团结奋斗、社会各界大力支持的结果。在此，我代表县人民政府，向全县人民，向人大代表、政协委员，向离退休老同志，向各民主党派、工商联和无党派人士、各人民团体，向驻宁单位、驻宁人民解放军、武警部队、消防救援队伍，向所有关心支持宁海发展的海内外朋友们，致以崇高的敬意和诚挚的感谢！

同时，我们更清醒地看到，在

经济整体下行压力下，地区生产总值等少数指标未达预期，实现新时期跨越发展还面临不少困难与挑战：从实体经济看，新兴产业支撑整体偏弱，传统产业转型升级任务艰巨；从城市发展看，一体规划设计、科学组织建设等方面还存在较大优化空间，城市文明素养仍有待提升，城市辨识度未能充分彰显；从群众期盼看，教育、卫生、文体等领域优质公共服务供给仍然不足，公共安全、社会治理等方面依然薄弱，有力、有序、有效应对疫情和实现本质安全还需付出更多努力；从政府自身看，少数干部担当精神和革新意识与新时代要求不相适应，攻坚能力和实干本领还需不断锤炼。对此，我们将高度重视、认真研究，采取更加精准有力的措施，全力加以改进和解决。

二、2023 年工作任务

2023 年是全面贯彻落实党的二十大精神的开局之年，是践行“八八战略”和习近平总书记首次考察宁海的二十周年，是实施“十四五”规划承前启后的关键一年。当前，世界进入新的动荡变革期，不确定难预料因素增多，各种“黑天鹅”“灰犀牛”事件随时可能发生，我们必须增强忧患意识、斗争本领，不断提升防风险、迎挑战、抗打压能力；但新时代也将迎来更多新机遇，以中国式现代化全面推进中华民族伟大复兴的壮美画卷正在徐徐展开，新一轮科技革命、产业变革方兴未艾，“双碳”战略、上海大都市圈、甬台一体化、宁波现代化滨海大都市建设等带来利好叠加，千亿“光伏+储能”产业基地其势初成，宁海发展光明前景未来可期，我们必须坚定信心、乘势而上，加快把更多机遇转化为发展动能，把更多红利转化为发展实绩，持续谱写中国式现代化宁海新篇章。

积跬步以至千里，做好今年工作至关重要。今年政府工作的总体要求是：坚持以习近平新时代中国特色社会主义思想为指导，全面贯彻党的二十大和中央经济工作会议精神，坚持稳中求进工作总基调，完整准确全面贯彻新发展理念，忠实践行“八八战略”、奋力打造“重要窗口”，认真落实中央决策、省委部署、市委要求和县委安排，把促进共同富裕摆在突出重要位置，把高质量发展作为首要任务，把实施扩大内需战略同深化供给侧结构性改革有机结合起来，更好统筹发展和安全，聚力推进“五大革新”突破年，突出提振市场信心和活力，加快经济实现质的有效提升和量的合理增长，推动现代化“双优”新宁海建设取得新突破，为奋进中国式现代化县域先行开好局起好步。

综合考虑发展趋势和目标导向，建议今年全县经济社会发展的主要预期目标为：地区生产总值增长 6%，规模以上工业增加值增长 8%，商品销售总额增长 10%，固定资产投资增长 10%，研发投入强度达到 3.1%，城镇登记失业率控制在 3.5%以内，一般公共预算收入、居民人均可支配收入与经济增长基本同步，能源和环境指标完成省市下达任务。在实际工作中，我们尽最大努力争取最好结果。重点抓好以下七方面工作。

（一）紧扣高质量发展主题，持续提升实体经济能级度

坚定不移推进新型工业化。始终坚持“大抓工业、大兴制造”的强工理念，围绕串链补链强链，梯次招引“光伏+储能”产业链项目 10 个以上，全力打造环三门湾清洁能源及装备制造基地核心区。继续做大做强文体办公等标志性产业链，实施亿元以上制造业项目 50 个，制造业投资增长 15%以上，力争规模以上工业总产值突破 1500 亿元。大力实施数字经济“一号发展工程”，加快传统产业、中小企业数字化转型，新增数字化车间/智能工厂 25 个。旗帜鲜明支持民营经济发展，深入实施“三稳三提”⑨专项行动，分层分类优化筛选培育机制，加快“215”企业实力壮大、潜力型企业规模倍增，推动头部企业、腰部企业和小微企业协同共进，争创国家级制造业单项冠军企业、专精特新“小巨人”2 家以上，推动企业上市 1 家、报会 1 家，新增“小升规”80 家以上，力争规模以上工业企业三年破千家。坚定不移推进工业全域治理，全年处置违法建筑 100 万平方米，开工新建 130 万平方米，建成投用 60 万平方米。加强片区规划，引导岔路湖头、前童黄洋市集聚区和前童未来工业园区相向而行。高标准运营小微企业园，分类制定产业准入标准、负面清单，全面推进园区管理数字化建设，实质性启动打造环象山港工业全域治理示范走廊，建设样板区和精品点 5 个，争创注塑模具国家中小企业特色产业集群。

铆劲发力提升现代服务业。立足服务制造业高质量发展和满足美好生活需求，制定实施服务业发展行动计划，动态建立招引储备库，加快新业态引入、多要素集聚，力争服务业增加值增速达到 7%。致力于产业赋能，大力引进培育现代金融、智慧物流、科技服务、工业设计等高端生产性服务业，加快建设文具设计研发公共平台，探索打造科研成果转化基地，促进制造业与生产性服务业深度融合。着眼高

品质服务供给，做强文化旅游、健康养生等生活性服务业，鼓励轻旅行、微度假、研学游等新业态，既吸引流量人气，更形成流量经济。坚持规投建运一体，梯队培育优质文旅运营企业，联动推进国家级旅游度假区、AAAAA级旅游景区创建，研究谋划大茶山中央公园，扩大徐霞客开游节影响力，打造具有宁海辨识度的文旅新爆点。

一以贯之做优绿色农业。坚持科技强农、机械强农，高质量推进国家现代农业产业园创建，实施总投资近20亿元的25个农业产业和配套项目，打造“一二三产融合、产研加销贯通”的农业现代化高地。加速汇聚新动能，支持东海水产研究所设立宁海渔业创新研究中心，谋划实施智慧农业云平台和下洋涂粮食数字化种植农场项目，新增引入工厂化养殖企业1家，推动工厂化海水养殖加速成链，创成省综合性农业“机器换人”高质量发展先行县，加快打造国家农业现代化示范区。扛稳粮食安全重大责任，严格耕地保护，全力攻坚下洋涂高标准农田集中连片整治工程，启动市级保障性蔬菜基地建设。做深“宁海珍鲜”品牌，加快高端产品研发，严格农产品遴选质量标准，力促品牌增值溢价，让更多农业主体共享品牌红利。

（二）紧扣供需有机结合方向，持续提升县域发展活力度

深化改革强活力。突出系统集成和数字化引领，一体推动重点领域改革，形成更多标志性成果。坚持营商环境也是生产力，以“一号改革工程”的坚定决心，全力优化提升营商环境。探索公平竞争审查机制，力推包容审慎监管和柔性执法，鼓励银行深化无还本续贷，引入REITs[10]等新型融资工具，力争市场主体突破10万户。系统梳理财政政策，迭代升级产业政策，进一步优化园区、部门权责，研究确定新一轮乡镇（街道）财政体制，不断激发内生动力。深化国资国企改革，实质性推进“国企集团化、集团赛道化、赛道实体化”。突出“亩均论英雄”导向，扎实开展全域国土空间综合整治，做实“标准地”改革，规范工业用地二级市场管理，加快消化闲置低效土地。

扩大投资增活力。把更多时间和精力用在项目工作上，谋划实施千亿投资工程[11]，以高质量投资支撑高质量发展。狠抓项目全生命周期管理，活用“一码管项目”，形成“谋划招引、决策落地、建设推进、履约评价”全过程闭环的“一盘棋”项目管理机制。大力开展投资攻坚，全速推进总投资超1500亿元的313个重点工程，全面提升项目开工率、投资完成率，确保民间投资占比保持55%以上。做实项目前期，滚动做大项目储备，争取更多项目获得上级资金、用地、能耗支持。精准开展产业链招商，举办光伏储能高峰论坛，争抢链主型、配套型、税源型项目，关心呵护本土企业，支持回归企业扎根宁海，确保完成实到外资1.3亿美元、内资160亿元。

提振消费激活力。把恢复和扩大消费摆在优先位置，顺应消费升级趋势，引导传统商贸创新转型，优化实体零售业态布局。做精扮靓特色街区、特色商圈，开业城隍庙高品质步行街，投用城西邻里中心，加快形成一刻钟便民生活圈。构建促消费常态机制，精心谋划新消费、新旅游、新生活、新设施等“四新”场景建设，深入开展“一镇一街、一乡一品”工程，用心策划旅游推广，探索跨地区消费引流，加速撬动市场潜力，点旺人间烟火气。谋划建设直播电商基地，壮大社区电商、数字消费等新业态，推动社会消费品零售总额、网络零售额分别增长8%和6%。

开放合作促活力。坚持跳出宁海发展宁海，更加主动融入长三角、接轨都市圈，积极承接基础设施延伸、产业资源转移、科技人才溢出，密切与周边县（市、区）交流合作，在更大格局上积蓄势能、借势而进。积极开展“百团千企万人”拓市场促招引行动，加速组织企业出国参展、出海抢订单，全力支持有能力的企业建设海外仓、打造境外产业园，在更广市场上抢占份额、赢得主动。加快宁波南部滨海经济开发区区镇融合、功能完善、规模跃升，吸引聚集更多“链主型”牵引性项目，打造现代化产业园区；推进宁海经济开发区聚焦主业、盘活资产，建设新型都市工业集聚区和城市经济产业区，在更优空间上聚合要素、蓬勃发展。

（三）紧扣新型城镇化路径，持续提升美好生活可及度

提升城市品质。编制完成国土空间总体规划，统筹推进重点片区及专项规划设计，着力打造宜居、韧性、智慧城市。启动“东美丽”基础设施配套工程建设，沿山串联生态廊道、登山绿道、健身步道；谋划“西通达”空间框架重塑，布局研究高速互通与城市道路高效衔接，推动高铁站前业态协同开发，塑造城市门户新形象；强化“北时尚”环天明湖区域风貌管控、功能融合、业态植入，建成潘天寿艺术中心、县文化中心和天明湖公园二期，不断做靓城市客厅；立足“南文化”山水人文资源，开工建设缑城文化广场等一批设施项目，建成蒲湖公园，不断唤醒老城记忆，激活“三山两岸”，加快打造“甬南智慧谷、文创根据地、缑城老文脉、城市后花园”。鼓励乡镇改善环境、完善功能，因地制宜特色发展，支持环象山港、梅桥、宁西等片区融合互动、优势互补，黄坛越溪融城发展，西店加快新城开发、老城更新。以首创首成的决心，决胜全国文明城市创建，联动城市有机更新和精细化管理，启动老旧小区改造39万平方米、城中村（旧村）改造19.3万平方米，谋划再建一批公共休闲空间、亲水平台，改造提升城区垃圾中转站8座。下大力气治理老旧小区飞线、背街小巷卫生等各类顽疾，持续整治乱停乱放、占道经营等不文明行为，新增公共停车位600个，用绣花功夫把每一寸空间管好用好，让城市更显魅力、更能辨识、更具温度。

推进乡村振兴。建立跨乡镇连片协作的共商共推共享机制，推动农村片区式、组团式发展，支持花园社区、大郑村、柘坑戴村加快振兴。围绕“千村未来、万村共富、全域和美”，因地制宜推动美丽乡村分类创建，提质扩面艺术振兴乡村行动，串点成线打造艺术谷、风景线，新增未来乡村4个、艺术赋能村5个以上、美丽乡村风景线1条。深化“集士驿站”富民工程、乡村旅游促共富等行动，打造一批旅游致富“样板户”，实现乡镇公交邮路全覆盖。以农村人居环境提升为抓手，加大“一户多宅”整治，探索宅基地有偿退出，完善公共服务设施，鼓励因地制宜发展“物业经济”“美丽经济”，推动“资源变资产、资产变资金”，加快村集体经济发展壮大、农民增收致富，让乡村内秀外美、各美其美、美美与共。

完善设施配套。加快交通路网内畅外联，大力推进“一横三环五射”工程，开工建设G15沈海高速宁海段改扩建工程、S314桃源至力洋段二期、城逐线二期前洋至黄坛段、象山港滨海公路一期，加快推进G228西店至桃源段、S314岔路至白溪段等重大基础设施项目，确保钓鱼礁码头工程动工、通用航空机场基本建成。争取宁波—宁海轨道交通列入上位规划。深化城区治堵保畅，加快打通星海小学东侧等7条断头路，竣工投用中大街、北大街等17条市政道路，基本建成客运南站。全面铺开“四好农村路”全国示范县创建，确保100人以上自然村通村公路硬化率100%。统筹抓好水电气等项目，全力推进清溪水库、海塘安澜、小流域治理工程，加速西山、乌石山撇洪渠等防洪排涝设施建设，谋划“清水入城”，开工泉水变等输变电工程4个，建成县电力调度中心、110千伏铁场输变电，铺设天然气管道29千米、供水主管网15千米，“海绵城市”区域增加3平方千米以上，以持续高投入不断完善城乡功能设施，让生活更舒心、更安全、更便捷。

（四）紧扣科教人才支撑，持续提升创新驱动加速度

把完善科技创新体系作为关键。锚定省“科技创新鼎”目标，深入实施夺鼎五大行动[12]，启动省级高新技术产业园区创建，加速创新资源集聚、产创深度融合。强化企业创新主体地位，新认定高新技术企业100家，净增省科技型中小企业200家，力争五年培育一批“链主型”创新企业，实现规模以上企业高新技术企业全覆盖。鼓励企业加大研发投入、强化关键技术攻关，支持领军企业牵头组建产业创新联合体、中小企业专注细分领域研发创新，推动高新技术产业投资增长20%，创建市级以上企业研发机构30家，企业研发费用增长15%以上，宁波市重大科技攻关暨揭榜挂帅项目达到5个以上。深化质量品牌标准建设，加强知识产权保护，力争高价值发明专利突破400件，新增“品字标”企业5家。

把办好高质量教育事业作为根本。坚持教育与发展同频共振理念，推动教育向育人本质回归，让更多创新人才脱颖而出。全面深化“宁好学”工程，高质量投用桃源二中、二小（暂名），启动县幼儿艺术培训中心等10个教育项目。加强名师名校长队伍建设，开展“校长职级制”改革试点，完善家校社协同育人机制，做深“三航”工程品牌，创成省现代化学校6所。大力发展现代职业教育，支持浙江工商职业技术学院宁海学院本土化融合化办学，深化中职本科一体化及中高职一体化长学制改革。

把打造引才用才好生态作为基石。优化升级“潮起甬南、智汇宁海”工程，加快完善全球引才网络，聚力招引高层次人才、创新团队、卓越工程师，力争新建院士工作站2家、博士后工作站3家，自主申报入选国家级、省级人才工程分别3人以上。同步构建高素质人口导入机制，高标准谋划“科技年”“人才月”系列活动，加快建设青年发展型县域，鼓励“家燕归巢”，开展新时代缑城工匠等专项培育，新增高技能人才5000人以上。大力弘扬新时代企业家精神，常态化开展政企恳谈、产智对接活动，创新推出人才创业管家服务，为各类人才施展才华提供广阔舞台。不断完善人才培养激励和评价机制，谋划打造国际人才社区，更好地汇聚人才、凝聚人心。

（五）紧扣绿色发展导向，持续提升生态文明美誉度

绘好绿色画卷争做美丽样板地。持续扮靓生态颜值，全面启动美丽中国样板县建设，谋划建立总投资超300亿元的配套工程项目库。扎实做好环保督察问题整改，一体抓好造绿添彩、生态修复、污染防治等工作，创成省AAAAA级旅游景区城，新增省级森林城镇2个。立足天更蓝，深入开展施工扬尘、工业废气、汽车尾气等专项整治，确保空气质量优良率92.9%以上。立足水更清，加强水源地保护，深化“河长制”，加快“污水零直排区”建设、农污治理，扎实推进颜公河综合治理，全力三夺“大禹鼎”银鼎。立足地更绿，强化土壤环境质量监测管控，开展森林质量提升工程，扩面“无废细胞”创建，推动“无废城市”提档添星。

坚定绿色发展争做低碳示范地。积极稳妥推进碳达峰、碳中和，持续发力绿色制造，落实能耗“双控”管理，淘汰落后产能企业28家，新增市级以上绿色工厂30家、清洁生产企业20家以上。大力发展清洁能源，加快茶山抽水蓄能电站建设，持续做好抽水蓄能资源挖掘和项目前期，整县推进分布式光伏规模化开发试点，力争到2025年可再生能源消费占比超过30%。积极倡导低碳生活，实施全面节约战略，推广建筑节能和绿色建筑，试点超低能耗建筑，新增装配式建筑50万平方米。

迭代绿色治理体系争做制度策源地。严格执行“三线一单”管控制度，把牢产业导向、项目选址、节能减排关口，规范各类开发活动，为未来留下发展空间。建立跨部门跨区域联动治理机制，推行网格化环保管家、企业环保经理人、生态环境议事厅制度，设立企业环保体检中心，完善“公众—企业—政府”环境共同治理新模式。探索生态系统生产总值核算应用，试点VOCs⑬排污权等交易，谋划EOD⑭项目，探索发展碳汇经济，高质量完成“两山”实践创新基地复核，努力让“绿水青山”永续增值。

（六）紧扣共同富裕目标，持续提升品质民生满意度

深化“扩中提低”。全面实施“扩中”“提低”行动，构建高质量就业创业体系，做强产业人才学院，谋划建设覆盖城乡的实体“零工市场”，支持高校毕业生、退役军人、农民工等重点群体就业创业，促进机会公平，鼓励勤劳创新致富。探索多种渠道增加中低收入群体要素收入，推动更多低收入人群迈入中等收入行列，确保低收入农户人均可支配收入增长10%以上。鼓励引导有意愿、有能力的企业和企业家积极参与慈善活动、公益事业。持续做好对口工作和山海协作，加快打造宁海南部海洋经济产城共富试验区，用心做好县内区域帮扶发展，共同富裕路上一个都不掉队。

推进“全龄友好”。聚焦人的全生命周期需求，多维度践行“全龄友好”理念，提升群众认同感和归属感。更加重视健康保障，建设更多群众身边的体育场所，与国家体育总局合作举办首届中国越野“金羚奖”颁奖典礼，认真办好宁海越野挑战赛等品牌赛事。投用县精神康复中心，加强名院名科名医建设，力争创成全国基层中医药工作示范县、省健康县。更加重视“一老一小”和特殊人群，开展养老服务提质行动，落实生育促进支持措施，推进儿童友好空间建设，新增标准化老年食堂10个，争创全国示范性老年友好型社区1个、省级无障碍社区2个，创成省级“医防护”一体化儿童健康管理中心2家。

繁荣城市文化。加强文化基因解码，深度开展“何以缑城、缑城何以”文化探源工程，推进城市记忆和非遗文化传承，做大做实“浙江宋韵·宁海红妆”品牌。坚持以文润城，开业来in南互联网文创园，支持文艺精品创作，讲好宁海故事，创建更多省市公共文化示范项目。深化移风易俗，实施公民道德建设工程，推动明大德、守公德、严私德，涵养文明之风。推广“一人一艺”、全民阅读，新建城市书房4个、文化驿站2个，谋划建设科技馆、博物馆，打造“15分钟品质文化生活圈”40个，精心组织正学讲堂、百姓大舞台等文化活动1500场以上，持续丰富群众精神文化生活。

加强社会保障。实施企业职工基本养老保险提标扩面计划，健全长期护理保险、普惠型商业补充医疗保险，户籍人口养老、医疗保险参保率稳定在99%以上。加强困难弱势群体救助帮扶和关爱服务，低保标准提高5%以上。提升住房保障水平，新建续建保障房安置房项目15个，新增保障性租赁住房2000套以上，探索长租房市场建设，促进房地产业良性循环和健康发展。扎实做好国防动员、双拥共建、退役军人服务等工作。

（七）紧扣安全稳定底线，持续提升社会治理实效度

提高本质安全水平。坚持生命至上，将消防安全布局纳入国土空间总体规划，标本兼治推进各领域安全整治，坚决“遏重大、控较大”。树立“大安全”观，探索建立“五办合一”工作体系⑮，引入县域安全大管家机制，加强数字赋能除险保安，更大力度抓实本质安全提升。纵深推进“一拆一建两整治”专项行动，支持引导高危行业、高危企业、高危岗位加快“机械化换人、自动化减人、智能化无人”。关注老旧小区、地下空间、高层建筑等安全薄弱点，统筹谋划

一批提升城市本质安全的工程项目。扩面提质安全宣传培训，全面提升人的安全素养。

推动社会治理创新。深化“县乡一体、条抓块统”改革，开建城市大脑“一体化指挥中心”，高质量推进城乡现代社区建设，不断压实消防、食品等安全责任，持续优化基层治理体系，构建共建共治共享的社会治理共同体。深化宗教场所减量提质，积极争创宗教治理现代化先行县。坚持和发扬新时代“枫桥经验”，推广岔路“平安之家”模式⑯，持续做好警源、诉源、访源治理，深化基层系列平安创建。

维护社会平安稳定。全力做好亚运会等重大活动安保维稳工作。科学落实防控优化措施，全力提升医疗救助能力，提高疫苗接种率，确保群众健康安全、防治平稳有序。积极推进应急管理体系和能力现代化，强化森林火灾、防台防汛、极端天气等实时监测预警，增强综合应急处置能力。防范化解房地产、非法金融、涉企等领域风险，坚决守住不发生系统性风险底线。始终保持根治欠薪高压态势，常态化开展扫黑除恶，严厉打击电信诈骗、工程串标及食药环等领域违法犯罪，力夺“一星平安金鼎”。

各位代表，民之所望、政之所向。今年我们继续按照“群众提、大家定、政府办”的理念，突出尊重民意、普惠共享、统筹兼顾等原则，在广泛征集、充分论证、反复征求意见的基础上，筛选出13项民生实事候选项目提交审议和票决。我们将根据票决结果，全力以赴抓好组织实施，确保把实事办好、好事办实。

三、加强政府自身建设

重任千钧惟担当。我们将坚持以人民为中心，以抓落实为主旋律，加快推进政府治理体系和治理能力现代化，切实担负起推动宁海跨越发展的使命职责。

（一）兴忠诚实干之风，让每一个目标都落在实际行动上

坚持把政治建设放在首位，全面贯彻习近平新时代中国特色社会主义思想，坚定拥护“两个确立”，坚决做到“两个维护”，自觉在思想上政治上行动上同以习近平同志为核心的党中央保持高度一致，主动把上级决策部署变为宁海实践。坚持把全部心思和精力放在干事创业上，大抓“大走访、大调研、大服务、大解题”活动，心无旁骛、竭尽全力谋事干事成事，不断攀登发展的高线，坚决守住安全的红线，牢牢兜住民生的底线。坚持把工作任务放在闭环清单上，坚决做到“说了就办、定了就干、干就干好”，把一个个目标变成一项项行动，一张张蓝图变成一处处实景。

（二）提创新巧干之能，让每一项工作都干在高效之路上

以变革促效，狠抓“五大革新”，打破惯性思维，重塑性推出一批标志性改革举措，形成更多宁海经验、宁海解法。以服务促效，坚持用户理念，活用数字赋能，做深做实“跨省通办”“一网通办”“一件事一次办”、远程异地多点评标等改革，让办事更方便。以管理促效，善用系统思维，提升政府驾驭复杂局面能力，让案无积卷、事不过夜。健全激励和容错机制，旗帜鲜明地为担当者担当、为负责者负责，让干部想干事、敢干事、能干事。

（三）履法治建设之责，让每一次行政都走在法治轨道上

深入贯彻落实习近平法治思想，严格执行重大行政决策程序，始终坚持依法行政，不断提高运用法治思维和法治方式深化改革、推动发展的能力。坚持重大事项向县委请示报告、向人大报告、向政协通报，自觉接受人大依法监督、政协民主监督和社会各界监督，高质量办好人大代表建议和政协提案。全面落实政务公开，深化“大综合一体化”行政执法改革，力促行政争议发案量和败诉率“双下降”。

（四）行清廉节俭之道，让每一分钱都花在刀刃上

严格履行全面从严治党和党风廉政建设责任，认真执行中央八项规定精神，持之以恒纠“四风”、树新风，全力营造风清气正的政治生态和亲清引领的政商关系。坚持政府过“紧日子”，树立“大财政、大平衡、大绩效”理念，加强公共资源、国有资产、政府采购等重点领域监管，算好政府投资项目的要素账、需求账、经济账。强化预算刚性执行，深化绩效管理运用，进一步压减“三公”经费和一般性支出，集中财力办大事实事要事。

各位代表！蓝图催人奋进，使命责无旁贷。让我们更加紧密地团结在以习近平同志为核心的党中央周围，在中共宁海县委的坚强领导下，牢记重托、笃行实干，迎难而上、勇毅前行，为加快建设现代化“双优”新宁海、奋进中国式现代化县域先行而团结奋斗！

名词解释

1. “五大革新”：“五大革新”行动是县委“一号工程”，是推动工作落实落地、全面争先创优进位的主抓手，包括产业革新、城市革新、社会革新、制度革新、自我革新。

2. 招商机制精准协同“361”体系：“3”即3个招商引资项目全生命周期管理制度办法，“6”即6个招商引资工作研判及运作标准，“1”即1个招商引资风险管控要点，通过一整套管理办法，实现部门协同、资源整合，进而加大招商风险管控、加快招商项目落地、加强跟踪服务和绩效评估。

3. “三区三线”：“三区”即城镇空间、农业空间、生态空间，“三线”即永久基本农田保护红线、生态保护红线、城镇开发边界。

4. 房治办：人居环境大提升暨全域自建房综合整治大行动领导小组办公室。

5. “一拆一建两整治”：“一拆”指城中村、城郊村拆迁改造，“一建”指保障性租赁住房建设筹集，“两整治”指自建房安全大整治和“一户多宅”整治。

6. “135快速救援圈”：“1”即1分钟接警，“3”即3分钟出动，“5”即5分钟到达处置。

7. “五色图”亮晒：对地区生产总值及其支撑性指标，采用五色法定期亮晒指标位次、动态趋势和措施落实情况，从而为精准施策促发展提供依据和方向。

8. “精准钉”攻坚：依托浙政钉平台，对特别关注的事项，由县长直接盯动态、促进度，确保实现工作目标。

9. “三稳三提”：稳预期提信心、稳经营提质效、稳投入提后劲。

10. REITs：不动产投资信托基金。

11. 千亿投资工程：聚焦工业提质和城市提能两大领域滚动推进重大项目建设，三年累计完成投资超千亿元。

12. 夺鼎五大行动：以争创省“科技创新鼎”为目标，实施创新主体培育、创新要素保障、创新能级提升、创新载体夯实、创新亮点打造五大行动。

13. VOCs：挥发性有机物。

14. EOD：指生态环境导向的开发模式，以生态保护和环境治理为基础，采取产业链延伸、联合经营、组合开发等方式，推动生态环境治理项目与关联产业有效融合、一体实施。

15. “五办合一”工作体系：整合统筹安委办、消安委办、工治办、房治办、“三改一拆”办等“五办”工作力量。

16. 岔路“平安之家”模式：融合治保主任团队、派出所民警、农村法律顾问、网格员、阳光志愿者等多支队伍，集矛盾纠纷排查化解、违法犯罪防控、安全隐患排查整治、重点人员管理、公共法律服务、平安建设宣传等多功能于一体的村级基层治理聚合平台。

喜迎中共二十大·缑乡十年

中共十八大以来的十年，是宁海以习近平新时代中国特色社会主义思想为指导，干在实处、走在前列、勇立潮头，经济社会生态人文全面提升的十年。《今日宁海》推出《喜迎党的二十大·缑乡十年》迎接二十大特别报道（记者：戴一、曹维燕、周韵健、黄海清、胡琦、曹维燕、陈俊、方景霞、曹维燕、潘怡帆、何莎莎、潘璐璐、屠以撒、吴立高、娄伟杰、章莉、何莎莎。通讯员：何飞翔 陈柏邑、葛芋君、林颖莹、赖国栋、严倩倩、华建平、胡余灶、周如歆、冯一飞、谢琴琴、陈柏邑、童俊娜、王家园、潘路恒、赖颖薇、刘琼、陈琳等），通过广泛深入采访报道，全面展示宁海十年来的变革性实践、突破性进展、标志性成果，激励人们意气风发地奋进新征程、建功新时代。本篇据此改编而成。

一、宁海生态立县实现绿色发展强劲崛起

——十年“山水画” 十年“绿富美”

宁海一项国字号奖牌让全县人民再次把目光聚焦到宁海生态建设上。宁波市生态环境局宁海分局荣获全国“人民满意的公务员集体”，这是全省环境系统唯一一个获此荣誉的单位。

人民“满意”在于，十年来，宁海以“一张蓝图绘到底”、咬定“青山”不放松的决心，创建了十年“山水画”，十年“绿富美”的佳绩，实现了生态建设荣誉“大满贯”，广大群众喜获“青山”“金山”双丰收。

（一）“人民满意”有多难

这份荣誉有多沉，生态之路就有多长。

十年来，宁海像抓发展根基那样推动美丽崛起。历任党委政府一任接着一任干，压茬推进美丽乡村三个五年行动，壮士断腕大力淘汰落后产能，铁腕推进生态治理组合拳，以“舍弃百亿蒙尘地区生产总值、舍得百亿投资”的果敢治山理水；以“千万工程”排头兵的追求打造美丽宁海、深化“两山”实践；率先打出小微权力清单、七色美丽经济、垃圾“智分类”、“第一书记”全脱产驻村等大治大美组合拳，城乡收入比缩小至1.76；以财富、赋能、友好为主旨探索艺术振兴乡村新路径，农民富了脑袋和口袋。

（二）“产业生态化”有多炫

2016年7月，西店镇政府关停区域内两家规模以上企业——鸿达铝氧化厂、烨光文具装饰厂。2家企业每年贡献数目可观的税收，但因其污染严重，当地政府痛下决心关停，坚决不给生态建设抹黑。近十年，该镇共关闭环保不合格企业120家左右，累计产值超1亿元。

这是全县工业发展融入生态理念的一个缩影。

十年来，宁海产业形态由粗转精，培育新能源、新材料、生命健康等符合绿色导向的战略性新兴产业；空间由碎转整，建设省级产业园、小微企业园、创新综合体、特色小镇等，将10余个园区整合成“一湾一区一带”大平台，文具、模具等产业成为国家和省级转型试点；发展质效由低转高，对部分乡镇历史形成的铸钢产业全面关停转迁，年减少能耗1.1万吨标煤、铸钢废渣1万吨、二氧化硫排放200吨。

（三）“美丽河湖”有多酷

宁海很多河湖都有“凤凰涅槃”的往事。

深甽镇双湖溪曾因上游污染而

发臭，现在却是景色旖旎的美溪：1766米堤防7座堰坝3千米栈道和1.3千米绿道之间，点缀着“乐溪喧波”“枫林坐晚”“高山流水”等景点，美不胜收。

这样的变化，得益于2014年起深甽镇政府打响的“五水共治”攻坚战——关停畜禽养殖，限期停产废铝产业等，实现“污水零直排”；得益于县水利局开展的小流域综合治理工程——着眼于水安全、水生态、水环境、水景观、水文化等，新建堤防、堰坝，打造沿溪栈道、绿道和重要景观节点……

这样的溪流还有很多。宁海县投入上百亿元全面整治470条溪流河道，最终实现全县水环境质量位居全市前列，地表水水质位列宁波第一，境内五大溪流水质常年保持在Ⅱ类以上。有的河流还实现“财色”双收，如白溪流域，上游224平方千米是生态保护红线，中游创建省级风情小镇，下游发展全国最大现代文具集聚区，沿溪打造21千米慢行绿道，培育月光经济。

（四）“能源清洁”有多牛

你听说过“水上发电、水下养鱼”这样的美事吗？

长街镇城塘村“渔光互补”光伏发电站光伏列阵面板下的600余亩鱼塘投放花鲢、鲫鱼等鱼饲料。有“凉亭”遮挡的鱼每年产量可达3万千克，经济收益达20余万元。光伏发电年均上网发电量为2200余万千瓦时，相当于上万户家庭的一年用电量总和，同时，村集体经济可获得每年近30万元的鱼塘租赁收入，一举几得。

这是绿色新能源的魅力。宁海县已建成总装机容量47万千瓦的“渔光互补”光伏发电、环保能源发电等项目，在建总装机容量140万千瓦茶山抽水蓄能电站，成功创建浙江省整县推进分布式光伏试点县和省级绿色能源示范县。

（五）生态宁海　辉煌足迹

2016年

1月，荣获“国家生态县”称号。

2017年

9月，获评“中国天然氧吧”称号。

9月，获评浙江省第一批省级生态文明建设示范县。

2018年

8月，荣获“千万工程”和美丽浙江建设集体三等功。

2019年

3月，建成浙江省首批清新空气示范区。

9月，获评首批国家全域旅游示范区。

11月，获全国“两山”实践创新基地命名。

2020年

7月，宁波市生态环境局宁海分局获评“浙江省最美环保人”。

2021年

9月，连续4年蝉联“两山”发展百强县第二。

10月，获“国家生态文明建设示范区”命名。

2022年

7月，再获“大禹鼎”银鼎、美丽浙江建设（生态文明示范创建行动计划）工作考核优秀县（四获）、浙江省首批“无废城市”。

8月，宁波市生态环境局宁海分局获全国“人民满意的公务员集体”。

二、宁海教育从“学有所教”向“学有优教”目标稳步迈进

办学规模由小到大，教学设施由简到优，校园环境由差到美，教育质量由低到高……十年砥砺奋进，宁海教育用一组组靓丽数据、一个个创新突破、一项项丰硕成果，从“学有所教”向“学有优教”目标稳步迈进。

（一）从“砖瓦房”到“标准教学楼”　最好的资源要留给孩子

从老房子、小操场到高标准教学楼、塑胶运动场；从一块黑板、一支粉笔到现代化的多媒体教学设备……回浦小学的华丽“蜕变”，正是宁海教育事业扩容提质、健康发展的生动写照。如今，在宁海，最美的建筑在校园，最美的风景是学校。

中共十八大以来，宁海县委、县政府始终把教育作为最大民生工程。2019年成立县委教育工作领导小组，以办好人民满意的教育为目标，进一步加大政府的教育投入。从2012年到2021年，全县一般公共预算教育支出共142.50亿元，年均增长约10.74%。自2012年以来，宁海县投入40余亿元新（改、扩）建中小学（幼儿园）50多所，新增建筑面积约70万平方米，新增学位约3万个。大量资金的投入并不只意味着硬件的提升，宁海县还从“互联网+平台”“数字化+管理”“智慧化+校园”发力，着力建构局校一体智慧教育新生态，先后投入9000余万元，实现山区、海岛等偏远地区教育网络全覆盖，让数字化赋能宁海教育更快地实现现代化。

（二）从“新教师”到“名师” 教师是教育高质量发展的关键一环

黄坛镇初级中学陈菲菲老师担任初中科学教学工作14年来，参与县教育部门组织的苗子工程、名师带徒、名师培养对象高级研修班等系列培训，赢得“2022年宁波市骨干教师”称号，她执教的“电路”在教育部“一师一优、一课一名师”活动中获得部级“优课”；她的创新实验获得宁波市一等奖……

这十年，宁海县秉承“教育兴、人才兴”的教育发展理念全力打造一支有理想信念、有道德情操、有扎实学识、有仁爱之心的“四有教师”队伍。针对新教师，宁海县从2012年开始探索“新教师顶岗培养”机制，加快新教师成长速度。新教师通过“三年成长工程”，沿着“新手、苗子、骨干、名师”的路径实现个人成长。在名优教师打造方面，宁海县教育系统创新打造名师培育引领平台。组建17个名师、名校长、创新实践工作室，积极开展教育科学研究，各级获奖课题每年可达150余项，出版10本教育专著。

宁海县成功培养出市级以上名优教师108人，其中，浙江省特级教师7人，宁波市名教师（含专业首席、班主任、校长）27人，市学科骨干教师（优秀双师型、班主任、校长）74人。更涌现出了“最美摆渡人”张翎飞、“最美浙江人”梅建芳、“最美班主任”俞春菲等优秀教师代表。

（三）从“单枪匹马”到“教育共同体” 教育优质均衡发展有了新平台

十年前，实验校区和马岙小学成为教育系统“城乡网络教研同盟”的首批结对成员，得益于宁海县推进城乡教育均衡发展的这一创新举措，马岙小学教师不用离开学校就能异地参加实验校区老师高水准的教研活动，两校老师之间还可以运用QQ、博客等网络技术经常性地开展异地教学研讨，共同促进教学业务水平的提高。

直面教育均衡化的热点、难点、堵点、痛点问题，宁海县花大力气提升薄弱乡镇中心校的办学水平，从2009年开始，相继组建城乡教育共同体。成功组建城乡义务教育共同体28对56所，全县1/3（7所）初中加入城乡教育共同体，2022年底前实现全覆盖。让宁海家长感受到“家门口的好学校越来越多”，也让全县教学成绩稳步提升。高考成绩特殊控制线以上人数连续8年保持在650人以上，2022年再创新高，上线人数728人，创历史最佳。

（四）从“模式单一”到“特色鲜明” 快乐健康成长是基本的追求

宁海县贯彻落实“双减”工作、全面加强素质教育，主动思考，主动创新，为学生减负。十年来，始终坚持德、智、体、美、劳“五育”并举，整合教育资源，让学生在实践中探索，在玩乐中学习。学生在学校就能很好地完成学习任务，还有各种素质托管班，学习和文化素养共同提高。

城东实验小学学生作品，在省、市青少年科技活动中频频获奖；力洋镇中心小学将“山后武术”引入校园，建立武术训练“2+1”模式；前童镇中心小学开创布贴画、舞狮课程；强蛟镇小学、初中女子足球队多次斩获浙江省校园足球联赛等重量级比赛的桂冠……“五育”并举发展学生素质的理念倡导下，各学校广泛开展校园体育艺术活动、劳动教育课等，充分发挥体育劳动育人的综合功能。

深入实施包含“法治思想导航、美好心灵护航、关心关爱助航”三项教育在内的“三航”工程，做好特殊群体学生排查、建档和干预工作；广泛开展品牌内涵提升工程，有40所中小学校成功创建宁波市文明校园、建成2个省级劳动实践基地、14个市级示范学校（基地）、市级示范性资源教室11个、市级标准化资源教室21个……

（五）从“费时费力”到“方便省心” 办好人民满意的教育是永恒的追求

让招生信息“晒”在阳光下，确保招生工作有章可循、有据可依。

公民上学“一件事”改革包含入学、入园、中考优待、高考优待三类共15个事项。秉着力求“让数据多跑路、群众少跑腿”的目标，县教育部门转变原先线下交材料报名、跑多部门办事的方式，实现全程线上联办。利用宁波市教育局统建的报名管理平台，2021年，学前教育阳光招生改革全面开启，已完成义务教育阶段学生入学、幼儿园儿童入园网上报名，打造良好教育生态。

2021年县教育部门深入贯彻“双减”政策，全面实施作业改革、提供课后服务，义务段学校托管全覆盖。“双减”工作开展以来，县教育部门还以“规范一批、整治一批、关停一批”的总体要求，严格整治校外培训机构，集中解决一批涉及培训机构监管的难点、痛点问题，集中查处一批无证办学的校外培训机构，进一步规范校外培训机构办学行为。

站位新起点，展望新征程。县教育部门将持续深化教育体制改革，积极推进教育优质资源供给，努力营造更加公平的教育环境，推动教育事业高质量发展。

三、织密交通网　打造共富路

沿着沿海南线一路向东行驶，两侧企业林立。这是再造一个宁海工业的主战场——宁波南部滨海经济开发区。在南洋港区块，总投资约30亿元的旗滨年产70万吨光伏高透基材及配套深加工生产线项目建设正酣，这离不开园区的专班攻坚，也离不开交通等基础设施的“硬核支撑”。在明港区块，南部滨海新区港口物流与交通产业园项目已投产。

交通便利是项目落户该地块的重要原因，3分钟就能上高速，成为企业发展的最大“砝码”。

宁海县大力推进开发区交通基础设施建设。盛宁线一期、二期先后通车，沿海南线完成改造提升，S38线宁海桥头胡至深甽段改建工程、三门湾大桥及接线工程宁海段（G1523甬莞高速）建成投用，开通宁海至北京南始发高铁……一条条大通道盘活整个区块。此外，这片热土还在打造通用航空机场，谋划推进港口建设，“海陆空”齐备，交通优势、区位优势愈发凸显。

集士驿站线上平台为农产品销售开辟新渠道。从打造驿站网点到开通公交邮路，再到电商运营、抖音带货，“集士驿站”在系统重塑、迭代扩面中不断蜕变。截至9月底，“城乡客货邮”应用累计覆盖63辆客货邮公交车、66个“集士驿站”物流网点，累计公交带货267万件。

“集士驿站”是推进共同富裕的媒介，“四好农村路”是一条条纽带，连接着田间地头和百姓餐桌。每年7月，中堡溪沿岸的桃园里，果压枝头、芳香四溢，果农们忙着采摘、分拣、装车。随后，车辆驶入新盛宁线开往城区，仅20多分钟就能让家住城区的市民品尝到刚摘下来的新鲜水蜜桃。依托四通八达的“四好农村路”，越溪海塘里的对虾、长街滩涂里的蛏子、双峰山区的香榧，都能以最快的速度发往各地、走上餐桌。宁海县已成功创建“四好农村路”省级示范县和“美丽经济交通走廊”示范县，完成“美丽经济交通走廊”创建350千米。

百业兴盛，交通先行。中共十八大以来，宁海县交通部门当好“开路先锋”，大力推进现代综合交通运输体系建设，基本形成内畅外联、日趋多元的大交通格局。十年前确定的“一环八射三纵七连”公路网基本建成，国省道总里程翻番，道路密度从92千米/百平方千米提高到107千米/百平方千米。宁海已构建“二十分钟交通圈”，实现镇镇通国省道、镇镇通一级公路、村村通等级公路。截至9月，宁海县公路通车总里程达1657千米，其中“十二五”“十三五”新增公路里程115千米。

重大交通是“五大革新”的25个任务模块之一。宁海县正大力推进高速西改早日开工、高铁班次持续加密、高铁商圈提档升级，“西通达”未来可期；聚焦G228线西店至桃源段工程、S314线岔路至天台段工程等支撑性项目，着力畅通对外大通道，不断完善“一横三环五射”公路网，打造“三市六县通衢之地”。

四、十年磨砺工业剑　特色产业挑大梁

2022年上半年，宁海县完成规模以上工业总产值623.4亿元，同比增长10%，增速排名全市第三位。在疫情影响下，工业经济稳中有进，这与宁海县深入实施“工业强县”战略分不开。

十年来，宁海做优产业、做强企业、做大平台，加速县域工业经济高质量发展。

十年来，县域标识从“山海城市”到“工业强县”，规模以上工业总产值从500亿元翻番至1100亿元以上。

这十年，宁海产业有什么改变？可以从一串串数字中找到答案。

2012年，宁海县全年实现工业总产值731.9亿元，其中，规模以上工业总产值518.8亿元，迈进省工业经济发展的“第二方阵”；2018年，全县工业总产值破千亿元大关，跻身全省第二方阵上游位次；2021年，全县规模以上工业总产值突破千亿元。十年间，全县工业企业数由8000余家增至1.1万余家，规模以上工业企业从458家增至728家，百亿元级产业实现了从0到5的突破。

十年奋进，不仅产业规模由“小”到“大”，层次也由“低”到“高”。

随着旗滨科技年产140万吨光伏高透基板材料及配套深加工生产线项目、东方日升15吉瓦N型超低碳高效异质结电池片与15吉瓦高效太阳能组件项目不断推进，宁海全链式打造的千亿级“光伏+储能”产业链呼之欲出。

这十年，从立足“6+6”产业体系，到构建起更高质量的“3+3+X”产业体系，再到“十四五”积极谋划打造“365”工业产业体系，做大做强文体办公、电子信息、汽配及模具3个五百亿级产业，以首位理念布局“光伏+储能”产业链，培育壮大生物医药、新材料等新兴产业，宁海在巩固发展传统优势产

业的基础上，加快纵深推进新兴产业的“落子布局”。

（一）经济强不强，主要看企业

这十年，从亩产论英雄到工业全域治理，从技术改造到智能制造，宁海县携手企业，以壮士断腕、猛药去疴的决心，推动企业加快转型升级，实现“凤凰涅槃”。

宁海县以领军企业、“215”、专精特新等企业培育工程为抓手，通过分类培育与重点扶持、整合资源与优化机制相结合的方式，强化精准服务，帮助企业做大做强。并开展“凤凰凤雏凤来巢”三凤行动，助推企业拥抱资本市场实现跨越发展。

十年间，宁海县上市企业由2家增至8家，百亿元企业从0家突破至2家，亿元以上企业由80家增至186家。共拥有国家级专精特新“小巨人”8家，省级专精特新中小企业20家；高新技术企业284家；省级科技型中小企业1453家，每千家企业科技型中小企业数稳居全省县市区第一。

（二）发展快不快，关键看平台

宁波南湾新区、宁海经济开发区及众多小微产业园作为工业经济主战场，发挥着越来越重要的作用。

曾经宁海工业园区呈现出“满天星”的发展格局，散而乱的布局制约发展。这十年，宁海县大刀阔斧整合园区，提高园区的产出率。以宁海经济开发区为例，经三轮整合，开发区规划总面积扩展到66.06平方千米，包括科技区块、新兴区块、辛岭区块、梅桥区块、冠北区块、临港区块及雪坡区块等。开发区内聚集国内外企业近千家，其中，规模以上工业企业357家，规模以上总产值近700亿元。

这十年，从宁海三门湾新区到宁波南部滨海新区，再到宁波南湾新区，平台能级不断提升。新区通过招大引强，深耕产业集聚，引进吉利、奇亿金属等一批龙头企业项目，产业发展水平逐步提升。而小微企业园作为新动能培育孵化器、企业成长加速器，也在迎来壮大和发展。小微企业园已建成14个，在建8家。

五、借船乘风添动能 招商引资促发展

中共十八大以来，宁海县紧扣追赶跨越发展目标，将招商引资作为一号工程，构建投促中心为“指挥部”、园区平台为“主阵地”、相关部门为“配合方”、乡镇街道为“服务队”的“四位一体”招商引资工作新格局，深入践行精准招商理念，高位推进、协同发力，在攻坚克难中借船乘风、破浪前行。

（一）以大招商带来大投资

十年来，宁海县始终牢固树立开放意识和发展意识，以大开放带动大招商，引进外资、激活内资、拉动投资，促进了“光伏+储能”、汽车零部件及模具、新材料等支柱产业的培植，为宁海经济高质量发展注入源头活水。

宁海县打出利用金字招牌、加大宣传力度、创新招商方式等组合拳，县领导带头发扬“四千”精神，坚持“走出去”和“请进来”双管齐下，精心策划组织“春节在外宁海人招商引智座谈会”“宁海国际投资洽谈会”“光伏储能产业高峰论坛”等系列招商推介考察活动。其中，作为徐霞客开游节系列活动之一的“宁海国际投资洽谈会”，在县投促中心的精心组织下，每次签约项目达30个以上，为宁海县内挖潜力、外引活水起到关键作用。

2018年9月22日，在首届世界宁海人发展大会上，宁海和以琳正式“牵手”，签订以琳自闭症康复社区项目框架协议。项目总投资约5亿元，其中外资注册资本500万美元以上。2019年9月2日，以琳康教展能中心正式开学，有效带动宁海人才引进和就业，推动产业链进一步集聚和发展。

2019年以来，新冠疫情对全国经济造成巨大影响。在疫情防控期间，在困境面前，创新采取“云招商”和“云签约”的线上招引模式，宣传投资环境，签约合作项目。先后派驻北京、上海、武汉等驻点招商队伍，并与宁波市投资促进署、上海宁海商会、华夏幸福、储能领跑者联盟等建立战略合作关系，精准发力，多元引资。

2013年至2022年8月，全县累计引进合同利用外资21.83亿美元、实际利用外资12.31亿美元，累计引进浙商回归资金超500亿元、市外内资超600亿元、县外内资近700亿元。曾入围市政府督查激励，并多次获评市级外资工作先进奖、宁波市国内招商引资工作先进奖、宁波市支持浙商创业创新促进宁波发展工作先进奖等。

（二）以大项目支撑大产业

稳增长的关键在于抓投资，抓投资的关键在于抓项目。

十年来，宁海县在项目招引上始终紧扣发展所需、产业所需，坚持首位产业、首先发展，坚持招大引强、招新选优，坚持内促外引，更加注重本土企业扎根宁海。

全数字化南美白对虾育繁一体化项目、景宏医疗微创穿刺器及其他医疗耗材研发及生产项目、中南高科滨海智造产业园、海亮宁海公学等一批项目建成投产（运营）；旗滨集团年产140万吨光伏高透基材及配套深加工生产线项目、震裕

科技年产5亿件新能源动力锂电池顶盖项目、巨杰风电装备结构技术研发基地建设项目、雅彩年产5000万件高性能消毒感控产品生产项目、大庄乡根温泉小镇等一批项目开工建设；东方日升15吉瓦N型高效电池+15吉瓦高效太阳能组件项目、宁波临床前新药评价中心项目、以琳特殊教育学校二期项目、工厂化海水养殖项目等一批项目谈成签约；半导体设备和光伏电池设备生产基地项目、新型细菌性疫苗产业化项目、宁海动漫基地项目等一批项目正在洽谈。

围绕“光伏+储能”产业开展全链式招商，打造千亿级“光伏+储能”产业基地，已落地8个重点产业链项目，涉及总投资超400亿元，已储备8个在谈项目，总投资超200亿元，产业首位度日益凸显。

捷造科技（宁波）有限公司里，员工正在积极进行一期项目的生产准备，该项目的引进有利于宁海县光伏储能产业向上游延伸。这个项目于年初才开始接洽，捷造与宁海县的“闪恋”，既体现出县投促中心、经济开发区等招商队伍的“咬劲”，体现出宁海县光伏储能产业“链式”集聚效应初显。项目计划投资10亿元，共分两期建成。其中一期租赁宁海经济开发区南岙高新汽配产业园10、11号楼厂房，建设生产光伏智能产线设备生产线，年产能2吉瓦的光伏智能产线设备产能，达产后年产值不少于2亿元，年缴纳税收不少于1700万元；二期需用地约200亩，年产能20吉瓦的光伏智能产线设备的产能，达产后预计年产值约50亿元，年缴纳税收不少于3亿元。

这些重大项目的引进、开工、竣工、达产，不仅代表着宁海县经济发展结构进一步优化，更折射出企业对宁海县发展的坚定信心。

（三）以大机制落实大服务

为切实提高招商引资工作质效，构建并实质性运行项目会审、招商例会、工作专班等全生命周期闭环管理服务体制机制，形成信息共享、分工协作、运转高效的良好工作氛围。为确保招商引资工作取得实质性成效，县投促中心会同两办督查室实行“月通报、季分析、半年考核、年终总考核”的常态化考核机制，采取不定期抽查、专题督查调研等方式，构建广角度、全方位的考核体系，有效传导工作压力，进一步提升招商工作质效。

实施“一个项目、一套专班、一跟到底”，落地部门、职能部门积极协作加快项目政策处理进度，压缩较成熟在谈项目转化落地期限。如旗滨集团年产140万吨光伏高透基材及配套深加工生产线项目，在一个半月的时间内进行二十几轮的洽谈，专班成员单位每周至少召开2—3次推进会，以最快速度促成宁海与旗滨集团的“大手笔”合作，随后，落地单位南部滨海新区牵头完成1300余亩土地的征收、供给，1000余户人家的征迁，道路、码头、供水、供电等各项硬件配套的前期规划、设计、建设，以及各项烦琐的审批手续，项目正式开工建设，充分体现“宁海速度”。同时，对已落地的项目积极跟踪服务，帮助企业完成复工复产、税费延期缴纳申报、进口设备退税等工作。

奋进新征程、建功新时代。宁海县将持续保持抓招商的干劲和激情，以更好招商成果、更多优质项目，为现代化“双优”新宁海建设注入不竭动力！

六、以数字化改革牵引撬动各领域系统重塑

“集士驿站”城乡客货邮利用城乡客运公交车的“富余运力”搭载乡村快递，以数字化赋能乡村物流精确布点布链、精准助农共富，这一极富创造性的应用入选交通运输部农村客货邮融合发展典型案例，并获省共富办浙江高质量发展建设共同富裕示范区最佳实践，成为宁海县数字化改革的标志性成果。

（一）宁海拥有良好的数字化改革根基

2013年，宁海打造对企服务数字门户，成立县企服中心平台——“企服通”的前身。2017年开始的“最多跑一次”改革则通过建立业务协同、数据共享机制，打通很多部门间的数据壁垒。2019年，成立县大数据发展服务中心。

有别于政务信息化，数字化改革的本质是一场全方位、系统性的改革，方向是破解影响发展的体制机制问题。

（二）数字化改革首先需要一个基座——一体化智能化公共数据平台

把一个个“信息孤岛”连接成“数字大陆”，管理驱动全县数字资源，为各数改项目提供支持。宁海打造平台的步伐非常稳健，创新打造“公共视频一张网”。9月14日台风“梅花”过境宁海时，通过视频巡查，仅用时10分钟，就通知街道工作人员带离一名处于危险区域的儿童。

完善的一体化智能化平台，为承接贯通省市重大应用打下了良好的基础。按照“大场景、小切口”的思路，打造跨业务、跨部门、跨层级的多跨应用场景，为宁海带来了一场技术上的迭代升级、制度上的破旧立新。

以“一件事”为切口，各部门条块分割、条线孤立的碎片化模式被打破，带来工作效率几何级数的

提高。清溪水库移民安置签约，补偿方案多种、套房组合多样、涉及部门多个、计算方式复杂，工作专班仅用6天时间就开发完成了安置测算系统，移民户只需填报完安置选项，系统就能自动测算出所有明细补助信息，填入住房安置选项即可获取最终的安置补偿方案并自动生成协议完成在线签约。

重大应用必然基于场景模式，随着宁海数字化改革的纵深推进，一批具有鲜明宁海辨识度的标志性成果脱颖而出，公共治理、政务服务、生产生活，因为改革带来的红利，变得越来越便捷、高效。

基于村级小微权力36条多跨场景应用的“监督一点通”，每3个宁海人就有1人注册应用，只需指尖一点，即可了解村级重大事项、资产资源、项目采购、三务公开等事项，还能留言提出意见建议。政务服务“一网通办”，打通500余套部门审批系统，实现近3万个办事数据项、4000份办事材料全网共享，民生小事“指尖办”成为常态。进入数字化企业服务大脑——“企服通”平台，惠企政策、质量检测、融资服务、科技攻坚等8项服务都可“一码办理”……

“一年出成果、两年大变样、五年新飞跃。”数字化改革行至半途，前方还有更多的数字变革、智能生活等着我们解锁。城市大脑、智慧城市、未来社区、未来乡村……一个更具智慧、更有活力，更多幸福感的宁海，正向我们走来。

（三）数字赋能“服务+监管”齐抓共管提升农村食品安全治理水平

随着宁海县已完成66个“集士驿站”网点标准化建设，计划在集士驿站“城乡客货邮”基础上，新增“同城订货”模块，开展农村食品“订单+配送”服务，充分利用城乡公交专线“村村必达”优势，在客车代运邮件快件业务和外运农产品业务的基础上，打通城乡食品配送下乡进城“最后一公里”。

食品经营主体“多小散”、食品保质期易过期……农村食品安全监管难题如何解？县市场监管局紧抓农村食品经营和配送主体，依托数字化改革，积极探索农村食品安全“服务+监管”新模式，共建农村食品配送新机制，着力提升农村食品安全。

年初以来，县市场监管局联合县数改部、县交通局，多次召开农村小食杂店配送研讨会、推进会，对农村小食杂店配送、农村食品安全监管的重点难点、实际需求、线上模块功能构建等内容进行面对面交流，就“货物遗失赔偿责任主体”“退货方式”“物流成本”“如何防范农村小食杂店销售过期食品风险”等方面进行明确。召开3次专题会议，邀请城区5家主要食品配送企业和各辖区10家具有代表性的农村小食杂店、农村食品超市负责人参与现场研讨。从食品销售环节源头入手，结合农村假冒伪劣食品整治、“守查保”专项行动等工作，构建农村食品安全保障网。建立一级食品批发商清单，进一步规范食品销售环节进货查验和销售记录工作，推进“浙食链”应用，促进食品安全追溯闭环管理，严格落实食品安全主体责任，切实保障农村食品安全。

（四）数字宁海　动力澎湃——盘点那些改变我们生活的数字化变革

数字化改革迈入第二年，人民生活发生巨大的改变。曾经需要几个月、几周才能办好的公共政务服务，如今已实现“掌办”“秒办”；过去需要外业人员跋山涉水实地踏看的工作，现在通过视联网就可以一屏掌控；一些在科幻电影里才能看到的场景，正在人们的生活中真实发生。

回顾宁海数字化改革以来走过的轨迹，并为未来的改革寻找方向。

县域公共视频“一张网”，视频资源一网归集，统一管理高效共享。

宁海县政府投资的公共视频监控资源分属于75个单位，由于缺乏统一规划，存在点位分布不合理、资源共享困难等问题。

县域公共视频“一张网”就是将全县公共区域视频监控整合到一张网上，并根据县委、县政府“统归统管、走在前列”的要求，规划建设公共视频监控一体化运营中心，为宁海县视频资源存储提供统一规范、集约环保的场所。

“公共视频一张网”应用到应急指挥平台后，大幅提高了对重点领域、风险点的感知率和应急效率。台风“梅花”影响宁海县期间，视频巡查调度员根据风情、雨情等大数据分析，选择相应的隐患点位进行远程“巡逻”，能够实时发现险情并第一时间通知相关单位排除隐患。

县域公共视频监控“一张网”将成为智慧城市的数据基座，探索支持人脸人体、车辆等高精算法解析和烟火检测、积水检测等多种场景算法解析，实现辅助决策、提前预警功能。

“集士驿站”城乡客货邮，驿站通农家，农货上云端。

农村快递物流需求旺盛，但“最后一公里”不通畅问题则成为制约共同富裕的一大难题。以宁海为例，2020年全宁海乡村快递总量达964.96万件，但民营快递企业进村率却不足55%。

“集士驿站”城乡客货邮就是发挥城乡公交车“村村必达”的优势，利用公交富余运力形成“公交邮路网络”，理顺快递链路，实现快递进村。为此，专门定制全国首批客货邮公交车63辆（前面载人、后面载货），成为全国首家拥有快递经营许可证的公交企业。村庄端则布局“集士驿站”或者“公交邮箱”，优选各村农产品电商从业者、返乡创业青年等作为站长，完成快递进出的服务闭环。

经过数次迭代升级，平台建立了村庄资源、涉农人才专题库，吸引60多家机构入驻，实现快递服务、电商运营、乡村便民服务、农特产品代购代销、农村创业创新“五位一体”功能。该应用累计助力快递进（出）村230.7万件，降低城乡物流成本20%以上；带动农产品销售1000多万元，助农就业1500人以上，充分发挥物流“促富”纽带桥梁作用。

该应用入选交通运输部农村客货邮融合发展典型案例，入围省共富办浙江高质量发展建设共同富裕示范区最佳实践，获评省交通运输厅2022年交通数字化改革基层和社会最佳试点。

“企服通”，企业大小事，一“码”全兜住。

宁海工业企业中，中小微企业占绝大多数，过去普遍存在政策获取信息不通畅、惠企政策兑现不及时的问题。宁海县以县企服中心运营9年沉淀的大量数据为基础，经过数次迭代升级，形成以“平台+大脑”为顶层架构，以1.4万家中小微企业“一企一档”数据库为基础的“企服通”协同应用。

针对企业“提供专业服务、查找匹配资源、兑现惠企政策”需求，通过政策通、质量通、金融通、科技通等核心子场景建设，实现全县中小微企业“一体纳入”，32个涉企部门“一网协同”，数百家优质社会机构“一网参与”，14类260余项涉企服务事项“一码办理”。

应用上线以来，累计解决企业诉求4.69万件，推送政策124万余条，助推企业贷款12.9亿元，引导企业创新投入42亿元。日均点击量超过9700余次。

该应用在全省数字经济系统先后获得了应用场景大赛一等奖、优秀案例、优秀制度成果等荣誉，入选首批多跨应用场景推广目录，起草省级地方标准2项。

村级小微权力36条多跨场景应用，权力全程在线，监督精准有力。

2014年，宁海在全国首创村级小微权力清单36条制度，规范干部用权、便捷群众办事。2021年，以数字化改革为契机，上线村级小微权力36条多跨场景应用和“监督一点通”服务平台，形成“一应用三平台（运行、公开、监督）”的运行格局。

该应用紧盯工程项目、村级采购、资产资源处置和村级用工等8项群众最为关注的村级高频事项，实现权力运行全程在线、相关信息全面公开。同时，破除数字壁垒，打通“浙农经管”平台、省民政大救助系统、县农村产权交易系统等跨部门、跨层级系统。通过信息互通共享和数据碰撞分析，不断迭代升级模块和算法，可自动发现违规线索，并及时预警。应用上线以来，共触发红色预警251条，黄色预警3600余条，挽回经济损失700余万元。

“监督一点通”平台则让群众能够主动参与监督，通过手机实时了解村级重大事项、村级采购、资产资源等信息，还能留言提出意见和建议。上线以来累计收到诉求8401条，办结8341条，好评率超过99%。

该应用被农业农村部办公厅列入第三批全国乡村治理典型案例，入选省纪委省监委小微权力监督一点通服务平台试点和全省纪检监察基层监督数字化改革揭榜挂帅试点，获评2021年度全省改革突破金奖参与奖，村务管理等3项国家标准制订发布。

“党群同心圆”“红马甲”各施所长，“微心愿”一键可达。

“群众说心愿、社区贴心愿，党员去认领。”运行8年的宁海“党群同心圆”，打破原有以单位为主体的党组织结构，将600多个基层党组织近1.4万名机关党员全部纳入，构筑形成以项目、服务地、居住地、37个专业化团队为矩阵的跨部门、跨层级、跨区域的组织新形态，将服务半径拓展到城乡社区，将服务触角延伸到“最小单元”。

应用适应新形势下对党建的新要求，精准匹配机关党员基本情况、专业特长、县委、县政府中心工作和企业群众最大需求，开发出疫情防控“一键直达”、契约化专业服务、“帮帮团”等功能模块，党员“八小时外”在系统“抢单”项目，并对项目质量、服务频次等进行数据亮晒，促进服务进一步优化、功能进一步完善。

自2021年2月应用上架以来，已开展各类志愿服务6500余场次，为全市5个“一地创新、全省共享”场景之一，揭榜省直机关工委“党员志愿服务一件事”，获评全国百佳志愿服务项目和全国党建创新成果十佳案例金奖。

“艺术振兴乡村”，艺术乡建精准赋能，人才乡村双向奔赴。

宁海艺术振兴乡村，以“赋能、财富、友好”为核心理念，通过归集村庄资源、艺术人才、校地融合等关键数据，着力破解艺术村建设立项随意、评价缺位，校地融合设计不接地气、千村一面，艺术人才“引育留用”全生命周期缺乏闭环等核心问题，从而激发村民内生动力，改善乡村风貌，壮大文旅产业，助推乡村振兴。

“艺术振兴乡村”应用针对人才供需不平衡、艺术乡建赋能不充分等问题，构建艺术乡建、艺术人才、艺术服务等5大子场景。艺术乡建方面，从项目准入、过程管理、结果评价3个维度，对乡建项目实现全生命周期管理。从经济发展、土地资源、艺术文化等5个维度，对全县尚未创建的村庄进行整体画像、综合排序；通过评估项目实施带来的产业带动力、村集体经济增加值等数据，对乡建项目成效进行客观评价。艺术人才方面，归集本土人才和县域外高层次人才性别、年龄、擅长领域、研究领域等数据，通过乡村建设需求与人才标签数据碰撞，实现人才和乡建精准匹配。

该应用被列为市数字文化系统第一批优秀应用，为全市5个“一地创新、全省共享”场景之一，已形成理论成果20余篇。

“智慧托育”，托育服务一键可享，家园互动一站可得。

生了孩子谁来带？怎么带？是困扰众多新生儿家庭的一个难题。我国3岁以下婴幼儿入托率仅为5%，宁海却达到了14.5%，比全省高出5.3个百分点。

“智慧托育”的应用，有效破解了家长入托意愿不强、社会办托流程不畅、托育机构良莠不齐等难题。通过该平台，可随时预约探园，托育服务一键可享。入托后，托育服务的全过程被细化成207项数据类目，孩子吃什么食物、喝多少水，以及园内安全检查、消毒卫生、课程活动，家长都可以实时查看。通过数据集成，畅通婴幼儿“出生—落户—入托—入园”全周期信息获取渠道，推动辖区婴育数据共享互认，实现入园前体检、预防接种、成长发育等数据“一库全览”。

该应用入选省卫生健康委2021年基层创新实践案例，上线以来入驻托育机构74家，累计预约入园幼儿4600余人次，报名效率提升60%以上，减少检查检验费用42万余元，实现安全事故“零发生”。

“宁渔促富”，养殖户积分制管理，养殖业智慧化监管。

宁海是全省海水养殖第一大县，养殖面积21.4万亩，年产值达25亿元，但存在养殖模式传统粗放、效益较低，分包转包不规范、养殖户管理缺失、质量监管不精准等问题，带来宁海海鲜品质参差不齐、品牌缺乏影响力等问题，甚至可能会带来食品安全问题。

以海塘租赁和养殖监管为切入口，打造智慧化水产养殖管理的“宁渔促富”场景应用，提升治理和共富效能。对4107口塘、606名发包人、3512名养殖户进行全面排摸并登记在册，建成智慧渔业监管基础数据库，重点打造“养殖档案”“养殖积分”“养殖监管”“养殖服务”4个子场景。在全省率先探索积分制智慧管理，协同农业农村、资规等6个部门和乡镇（街道）多跨审核，形成养殖户信用体系和全流程全方位监管体系，提升养殖产品品质，倒逼形成集约化、标准化、规范化、智慧化养殖模式。

该应用入选省农业农村系统重大改革（重大应用）第一批“先行先试”名单，被列为渔业产业大脑先行先试试点。

“在押后”人员精密智管，教育感化精准化，安置帮教智能化。

聚焦在押人员被拘押后回归社会就业难、待遇未及时停发、从业禁止管控等问题，宁海开发“在押后”人员精密智管应用，构建教育感化、社会保障预处置和从业禁止预警3大子场景。

教育感化方面，构建在押人员多维画像，匹配教育感化方案，落实前置帮扶，为在押人员搭建出所后回归社会的桥梁；通过教育评估和羁押表现，为检察院、法院量刑提供依据。社会保障预处置方面，通过数据共享，人社部门可及时停发在押人员相关保障待遇，减少财政资金流失。从业禁止预警方面则由看守所为法院提供在押人员认罪悔罪、羁押表现相关信息，作为从业禁止判决参考依据，法院作出判决后，自动向有关部门推送风险预警。

该项目获评省数字法治好应用，被列入省数字法治系统2022年重大应用底账、全省数字化改革重大应用“一本账S2”清单和省公安厅重点改革项目之一。

七、宁海县水务集团：畅通城市生命线　谱写生态新华章

宁海，地处东海之滨，北濒象山港，南临三门湾，依山傍水，溪流纵横，水资源总量约17.8亿立方米，水质优良，得天独厚的地理条件赋予了这片神奇而富饶的土地生机与活力。

近十年，宁海县水务集团充分发挥丰饶的水资源优势，大力实施供排水设施民生重点工程建设，全方位强化城乡供水保障能力、提升

污水处理能力、完善管理服务机制，城乡供水逐步实现从“有水喝”到“喝好水”的升级转变，污水处理从“夯基础、见成效”向“高质量、高水平”发展阔步迈进，服务水平从“单项被动”至“双向互动”持续改进。

十年砥砺奋进，一个县级国有企业用自己的实际行动展现着应有的责任与担当。

（一）生态治污共建绿色文明

中共十八大以来，转变发展模式、呵护碧水蓝天、建设美丽中国，成为党和政府的紧迫任务及全体社会成员的共同责任。作为宁海县排水企业，水务集团从源头把好污水处理关，一手抓处理能力扩容，一手抓排放水质提标，水务集团所属排水公司7座污水处理厂全面实现一级A尾水排放标准，为城市水环境提升贡献重要的力量。

十年来，水务集团污水处理能力大幅提升，深甽污水处理厂、西店污水处理厂、长街污水处理厂、宁东污水处理厂、临港污水处理厂、城南污水处理厂分别投产，宁海县最大的城北污水处理厂实现两次扩容，一组数据展现十年来取得的成绩：2012年，集团污水处理厂日处理能力共计6万吨，现今各污水处理厂日处理能力达到15.7万吨，十年间日污水处理能力提升达161.7%。全县各建设主体累计铺设DN200毫米及以上污水管网588千米，集中式污水处理受纳范围覆盖14个乡镇（街道）建成区及大网沿线村庄，受益人口超30万人。

在逐步实现污水处理全覆盖后，污水处理率得到大幅提升，宁海县对污水处理质量和能力提出了更高的要求。

2012年4月，城北污水处理厂配套建成污泥处理厂1座，一期工程为75吨/日，工艺上采用分级分相厌氧消化加深度脱水，可产生沼气发电，处置后的污泥堆置后作为园林绿化土使用。该工艺实现污泥无害化、稳定化、减量化、资源化的目标，获国家“863”示范项目荣誉称号。2018年，宁海县城北污水处理厂再创全国首个技术应用案例，成为国内首家采用枭龙—安奇生物脱氮技术的市政污水处理厂。该技术使得总氮去除率增长20%，污水处理率96.98%，实现减污降碳协同增效。2021年，城北污水处理厂入选全国首批城镇污水低碳运行案例以及重点生态环境保护实用技术和示范工程名录，同时成为全省唯一受邀单位，参与制定国家污水处理领域首个低碳团体标准《污水处理厂低碳运行评价技术规范》。

2017年，根据县政府常务会议精神，水务集团控股环境公司，作为运维单位承担全县农村生活污水处理设施日常运维工作。全县累计接收302个行政村（644个自然村）的农污设施，受益农户14.69万户，对改善区域水环境质量、提高区域内居民生活质量、优化生活环境具有极大的促进作用。2019年，新改造长街镇三岔村，采取循环生物滤池（WRBF）工艺，运行费用低、处理效果稳定，正在申报入选全国农村污水处理示范项目。该工艺在县域开始大面积推广，已经列入计划实施的项目总数为144个。

随着宁波南部滨海经济开发区宁东新城地块入驻企业的增多，为满足工业废水的工艺处理要求，宁海县针对企业排水水质特征，新建一座工业污水处理厂。2022年9月，宁海首座工业污水处理厂（宁东工业污水处理厂）正式动工，工程一期规划实施1.5万吨/日，远期总规划建设规模3.0万吨/日，出水水质执行《城镇污水处理厂污染物排放标准》（GB 18918—2002）中的一级A标准。该工业污水处理厂建成后将极大地提升宁波南部滨海新区绿色能源企业工业污水的有效处理和达标排放，对于促进可持续发展和环境保护具有深远的意义。

水务集团各污水处理厂从加强水质监测、做好设备维护、加强运行巡视、保证污泥处置、完善应急措施等方面着手，实行“一厂一策”管理模式，实现生产运行标准化、规范化。入选全国首批城镇污水低碳运行案例、入选重点生态环境保护实用技术和示范工程名录、参与制定国家污水处理领域首个低碳团体标准《污水处理厂低碳运行评价技术规范》等荣誉是多方的肯定，是水务集团创新发展、勇毅前行、苦练内功，共建生态文明的最好见证。

（二）优质供水产能提档升级

8月，自来水引入长街镇车岙、西岙村中管网，解决2个村600余户共计2000余人的饮用水问题。

中共十八大以来，县水务集团以不断满足人民群众对美好生活的向往为己任，竭尽所能保障城乡居民高品质用水需求。十年来，水务集团已投运6座净水厂，日供水能力达29万立方米，比2012年日供水能力提升48.72%，累计铺设直径75毫米以上供水管网超过1600千米，水表总数达23.8万只，供水范围覆盖全县18个乡镇（街道），受益人口超60万人。

2018年9月，县第三水厂（黄坛水厂）正式运行，与城区二水厂联网供水，形成环状供水管网体系，全县供水保障水平实现了质与量的双提升。

2020年5月，县西林水库正式启用，联合力洋水库以“双水库模式”向宁海东部力洋、茶院、长街、胡陈等乡镇供水，让东部乡镇正式告别了吃水紧张现象，提升了东部乡镇居民饮水水质。

2021年5月，宁海县最后一个未通大管网的乡镇——桑洲镇区正式通水。桑洲受地理位置和气候条件的影响，经常出现旱季缺水、雨季水质发黄等现象。桑洲镇大管网正式通水后，桑洲村民饮水的安全性和稳定性得到有效提升。至此，全县18个乡镇（街道）全部纳入大管网供水，标志着宁海县供水一体化全面形成。

2019年开始，水务集团承担宁海县农饮水统管工作。为实现农村饮水更加安全稳定，水务集团坚持把农村饮水安全工程建设作为头号民生工程来抓，按照“能延则延、能并则并”的要求，最大程度延伸城乡供水大管网，一根管子接到底，一根管子管到底，使宁海县的农村饮水安全工程建设与管理上升到一个新水平。同时，水务集团坚持“城乡同质饮水”标准，推动农饮水运行管理专业化，有效落实水质检测、巡检记录等工作，农村水站出水合格率得到明显提升。

2021年11月，宁海县供水有限公司宁东分公司被浙江省水利厅授予“2021年度浙江省农村供水规范化水厂”称号，成为宁海县不断提升农村供水工程规范化管理水平的强有力见证。

2022年7月以来，宁海县持续高温，此时城区依旧水量充沛、水压稳定。在这“稳稳地幸福”背后，是水务集团踔厉奋发、笃行不怠，实现自我超越的征程。飞速增长的用水量从侧面见证了城市的发展腾飞，纵横交错的供水管网在人们脚下交织出一幅民生普惠的画卷，清澈的水流伴随着人间烟火进入千家万户，产能升级为城市的高质量发展提供了源源不断的助力。

（三）数字赋能服务提质增效

水是生命之源，也是民生之基。如何服务好全县60多万人口的用水安全，是县水务集团工作的重中之重。

为有效提升供水水质，水务集团对出厂水质实行日检，管网水质实行周检，全分析一季度一次，全城管网排污一年二次以上，避免管道因使用时间长结垢，引起水质二次污染。近几年来，全县6座水厂106项全分析检测全部达标，出厂水水质合格率达到100%，管网水合格率达到100%，均优于国家规定标准。水务集团还被省卫生厅授予“浙江省饮用水供水单位卫生监督量化分级A级单位”称号，居民可放心饮用。

水务集团接轨“智慧城市”建设，打造智慧水务平台，构建覆盖生产、服务、管理全领域的一体化管理体系，全面提升集团智慧化服务水平。

全县供水范围内已设置76处压力流量监控点，通过GPRS无线远传至供水管网漏损监测系统，提升内部精细化管理水平，城区漏损率降至5.22%，有力保障供水管网的安全、稳定运行。

为确保宁海县污水管网畅通无阻，我们对中心城区管网分区块开展“地毯式”、“拉网式”、全覆盖的污水管网基础调查，完成城区市政污水管道摸底调查、清淤疏通381千米，检测234千米。收集整理管网基础数据，为污水处理设施一张图打好基础，推进智能排水平台建设。与此同时，水务集团加快污水泵站集中管理系统建设，提升泵站智能运行水平；建成污水处理厂进出水水质信息自动采集系统和手机端小程序，实现重要水质水量数据指标实时在线显示，污水处理厂生产运行管理效率和监管力度得到进一步提升。

十年来，为积极对接群众诉求，水务24小时服务热线由单一报修职能逐渐向集报装、咨询、投诉、跟踪、回访、调度等业务于一体的综合性职能转变，平均每年接听群众来电1.9万人次，高效做好“双联中心110、12345”应急联动平台运行维护工作，为保障安全高效便捷供排水做好配套服务。为快速响应群众需求，水务集团抢修队24小时待命，实现“小修不过夜，大修连轴转”，多年来无惧酷暑严寒，快速修复漏点，以最短的时间、最快的速度恢复正常供水，保障供水管网高效正常运行。

为做优“便民服务”，水务集团坚持以“最多跑一次”为引领，全面推动供水业务电子化办理水平，积极参与“水电气”联合过户平台建设，实现自来水用户过户、更名服务和自来水费缴纳服务的“最多跑一次”改革，持续在“网上办”“掌上办”上有效发力，不断增强线上办件比例，让更多群众享受“零次跑”的便利，有效促进营商环境的优化。

针对特殊群体、困难家庭开展延伸办服务，以党员干部为骨干力量，联合入党积极分子、水质化验员、管线维修等人员组建“清水小队”为残疾人、困难家庭等特殊群体开展温情服务，如对用户供水管道、水表闸门等进行免费检测、义务维修等，不断提升水务服务体验感和满意度。“清水小队”温情服务自2019年7月启动以来，已累计走访慰问221户残障困难家庭。

十年春华秋实，十年砥砺奋进。站在新的时代起点上，水务集团将继续秉承“安全、服务、和谐”的企业使命，不断提升专业化服务能力，加速智慧化服务布局，把准精准化服务方向，为助力宁海县“双优”新宁海建设提供坚实的水务保障。

八、宁海经济开发区：东风万里卷潮来　乘势而上开新局

重大项目加速落地、优质企业加速聚集、产城融合迈出新征程……

走进宁海经济开发区，处处涌动着高质量发展的强劲脉搏。

中共十八大以来，宁海经济开发区坚定先进制造发展步伐，聚焦招商引资、平台创新、队伍建设各项工作，推动经济高质量发展。开发区规划总面积已扩展到66.06平方千米，包括科技区块、新兴区块、辛岭区块、梅桥区块、冠北区块、临港区块及雪坡区块等，成为宁海县经济发展的主引擎。开发区内聚集了国内外企业近千家，其中规模以上工业企业357家，规模以上总产值近700亿元。

（一）产业项目蓬勃发展

环球大厦巍然矗立，点燃数字经济发展的薪火；物联大楼拔地而起，成为宁海县物流实力提升的标志；标准厂房鳞次栉比，成为引来金凤凰的“梧桐树”……宁海经济开发区的面貌日新月异，产业项目更是蓬勃发展。

积极谋划项目攻坚，全力护航“活力园区”。加快产业集聚，激发经济活力。不断深化汽车零部件产业园和精品文具园开发建设，强力推进中乌高端新材料产业园、中瑞生产技术中心、中国科学院项目等合作平台，形成新型都市工业产业集聚区；加快“优二进三”，激活可用要素。利用环保、安全生产等限制性政策，以及资源要素差别化配置等手段，加快落后产能淘汰步伐；鼓励条件成熟的工业企业向南部滨海新区、雪坡区块、宁海湾区块以及县级工业集聚区梯度转移；狠抓项目落地，积蓄发展后劲。紧盯科技园区铁江路北段工程、宁海汽车城综合服务中心（梅桥综合广场）、雪坡工业区二期开发、科技区块23-01地块开发项目、得力电商产业园二期等续建项目建设进度，雅彩年产5000万件高性能消毒感控产品生产项目、东方日升年产吉瓦级储能变流器（PCS）及集成智慧能源研发与制造项目和年产8吉瓦高效太阳能组件生产项目、中车商用车创新工厂与长三角配套产业园项目等县重点项目的服务跟踪，确保项目按期有序推进。

（二）招商引才活力充沛

筑巢引凤，以清晰明确的招商定位，积极主动招引人才，创新平台建设，让开发区谱写高质量发展的新篇章。

招商引资引才持续发力。开发区聚焦重点产业、重大项目和重要楼宇平台，稳步推进数字经济产业招商，加强招才引智重视人才项目，建立健全招商工作机制，为项目的顺利落户提供有力保障。经济开发区稳步推进2022年落地的雅彩项目、熊小米项目等3个重大项目，其中，熊小米主题乐园已经开园，二次招商也有序进行中；持续跟踪往年落地的华孚时尚产业园、海纳节能二期等6个重点项目；加快推进五峰机械等3个在谈项目，其中，南岙高新产业园基本完成招商工作。

支撑平台建设亮点纷呈。经济开发区以多平台建设为载体，进一步发挥项目合作、人才集聚效应。中乌新材料合作平台先后受到省、市领导批示肯定。中乌高端新材料产业园往来工作的乌方专家52人（院士11人），入选国家级引才计划专家3人、省级2人、市杰出人才1人，获中国友谊奖2人、西湖友谊奖4人、茶花奖7人。与宁波艾达金属制品、辽宁轻工科研院、宁波大学等60余家企业、科研院所和高校进行技术交流，积极谋划开展新材料项目合作。中乌展厅已完工投用，接待国内各类专家人才参观考察500余人次；中瑞生产技术中心与国外知名企业开展项目合作，2021年开展机器人上下料项目、涂胶设备项目合作，零配件已计划装箱，发送至国内进行生产装配。电商园引入胡杨网络、麦粒网络等50余家企业，进一步发挥服务业集聚功能。2021年完成销售额30.96亿元，同比增长36%。

（三）党建引领凝聚合力

抓好实体经济的“硬件”外，经济开发区不断提升“软件”，在提升干部素质上出实招，同时自觉加强自身建设，积极打造清廉园区建设，提升软实力。

干事业谋发展，干部是关键。开发区将持续抓好队伍建设，狠抓落实，以“踏石留印、抓铁有痕”的劲头推动开发区各项工作落到实处、见到实效。开发区依托党工委中心组、“周二夜学”、主题党日活动等形式，继续巩固党史学习教育，用党的最新理论成果武装头脑、指导实践，促进干部不断实现自我提升。同时完善专班机制，力争干部队伍“做得实”。落实领导班子八大板块联系包干制度，明确领导班子成员工作分工，为企业生产、项目建设当好服务员。

自觉加强自身建设，清廉园区建设成效明显。开发区成立由党工委书记担任组长的清廉园区建设领导小组，统筹领导清廉园区建设。在招商引资、工程建设等重点领域，分别成立分管领导为组长的监督小组，引入专业的法律顾问团队，开展合同签订、履行的合法性

审查，确保决策规范实施。在科创集团内部，成立了监察审计部，组建一支相对独立的内审队伍，由国资委派财务总监参与，围绕可能存在寻租空间的业务环节，重点开展工程建设项目、资产管理、投融资管理等方面的审计工作，为发现制度漏洞提供有力支撑。

“又踏层峰望眼开，且待佳令破晓来”。展望未来，宁海经济开发区将继续以奋进实干姿态，积极抢占产业、技术、人才、平台制高点，在高质量发展的道路上，展现更大作为！

九、宁波南部滨海经济开发区：工业经济结硕果蓄积发展新动能

基础设施不断完善、重大项目纷至沓来、新兴产业集聚形成，一幅幅气势恢宏的新画卷，在宁波南部滨海经济开发区徐徐展开。

作为宁波南大门、辐射台州的“桥头堡”，宁波南部滨海经济开发区蓄腾飞之势，谋发展之策，求务实之效，以抓项目、强平台为强大引擎，唱响高质量发展“奋进曲”。

（一）筑牢产业发展根基　项目创造“活水之源”

宁波南部滨海经济开发区以高质量发展为导向，狠抓招大引强“一号工程”，主要发展新能源新材料、高端汽车零部件、生物医药、通用航空四大产业。先后引进年产23万吨奇亿金属超薄精密合金材料、吉宁汽车热成型与落料线、领为智能LED车灯、巨杰风电应用装备、健博抗蛇毒血清等一批优质产业化项目。

2020年“碳达峰、碳中和”目标提出以来，开发区抢抓“双碳”发展机遇，大力发展光伏、储能等新能源产业，陆续引进占地759亩总投资30亿元的旗滨年产70万吨光伏高透基材项目，占地238亩总投资16亿元的震裕科技年产9亿件新能源动力锂电池顶盖项目，占地1448亩总投资152亿元的东方日升年产15吉瓦N型电池片与15吉瓦高效光伏组件项目，项目建成后，为宁海县扩投资、优结构、提效益作出重要贡献。

上半年引进首个总投资超百亿元的重大产业项目东方日升年产15吉瓦N型电池片与15吉瓦高效光伏组件项目，这是宁海县近年来引进的单体最大的产业项目。同时，开发区完成推荐申报市“甬江引才工程”项目11个，并推荐3个项目申报国家级启明计划创新创业类项目、1个项目申报省级引才计划创新人才项目。

深挖储备方面，围绕光伏产业链、高端汽车零部件产业和先进装备制造产业，与重点企业洽谈对接，挖掘行业隐形冠军，研判产业链，为后续工作落地做足准备。积极排摸零资源招商项目，挖掘税源型企业，强化税源基础。

（二）争抢速度优化营商　激发发展“活力细胞”

在宁波南部滨海经济开发区南洋港区块，旗滨年产70万吨光伏高透基材及配套深加工生产线项目一个月完成立项、三个月完成政策处理，仅七个月就实现土地填方、挂牌出让。项目建设2条1200万吨光伏玻璃基材生产线，投产后年产值35亿元，年税收约3亿元。

在政策允许范围内，最大限度精简企业审批流程，提高审批时效。为给企业提供全天候、全方位、“零距离”服务，开发区发扬“店小二”服务精神，成立多个重大产业项目服务工作专班，由开发区领导班子牵头，实行“一周一例会、一晒表，两周一分析，一月一总结”，不定期上门服务，为企业大大节省了工期。

在项目服务过程中，专班小组一方面加强与企业的联络，定期召开协调会，做好企业和部门的沟通对接。另一方面，与县级有关部门一道对接上级部门，积极向上争取项目各方面的支持保障。从前期的政策处理、要素保障和各类审批，到项目建设过程中的政企协作，服务专班根据项目实际情况制定对应工作计划，专人专项推进各项工作任务，保证全力以赴抓开工、促进度。

主动跟进、随叫随到，开发区“保姆式”服务瞄准企业的需求，让项目建设跑出加速度，也赢得了企业的好评。

在开发区内有36个重点工程项目，包括16个新开工项目和20个续建项目，产业项目共10个，其中，3个光伏新能源支撑性产业项目年内计划投资14.5亿元，重大项目的建设投产将有效助力开发区扩投资、优结构、提效益，也为开发区实现“三年翻两番五年500亿元”奋斗目标开个好头。

一个个产业项目的落地，一项项政策举措的落实，全面激发了开发区高质量发展的“活力细胞”，也见证着开发区真抓实干、开拓创新的生动实践。

（三）党建联盟共享资源　注入更多“红色动能”

十年来，宁波南部滨海经济开发区始终以高质量党建助力城市经济高质量发展。

近年来，开发区为深入贯彻县“五大革新”行动部署，助力打造千亿级光伏储能产业基地，积极探索“党建引领、项目攻坚、产业崛起”的发展路径，誓以党建引领产业发展，让红色动能在其每一个环节、每一个阶段充分释放和奔涌。

针对产业发展过程中企业联动、项目审批、人才培养、资金通融等方面存在的体制障碍和服务壁垒，宁波南部滨海经济开发区成立党员项目攻坚队伍，创新“党建+产业联盟”模式，推动实现资源共享，为光储产业链招商、重大产业项目推进和企业发展提质增效注入更多红色活力。

2021年，开发区成立政策处理突击队、重大项目攻坚队和产业服务先锋队等3支党员攻坚服务队伍，组织党员干部深入项目建设和企业生产一线，聚焦项目前期攻坚克难和企业良好生产经营，大力开展各项服务。在此基础上组建光储产业发展联盟，各支部分别结对东方日升光伏高效电池和组件、旗滨光伏高透基材、震裕锂电池顶盖等重大产业项目，协同相关单位的党员干部定期碰头，实行部门例会制度和党员攻坚计划，打破部门与部门、部门与企业的沟通壁垒，放大党员先锋模范效应，合力解决项目难点、卡点，助推项目建设。

东方日升、旗滨等重大产业项目用地保障过程中，由开发区和属地乡镇党员充分发挥联盟优势，实行月例会、周亮灯，随时碰头交流、随时奔赴现场，最终顺利完成政策处理1800余亩，有力保障了项目整体进度。

开发区还结合助企“三服务”行动，组织20余名党员干部赴企业上门服务，以“时时放心不下”的责任感指导做好安全生产和疫情防控工作，并主动协助符合条件的企业申报各类纾困政策，做企业的暖心人，帮助企业减负增效。同时，开发区积极发挥群团组织先行作用，指导企业创建工会、团支部等，为后续党组织创建打下基础。借助党、群、团组织联建共建，强化与企业的双向沟通，进一步保障企业效益和员工权益，营造良好的政企关系和发展环境。

十年峥嵘岁月，十年风雨兼程，一代代开发区人以“闯”的精神、“创”的劲头、“干”的作风，书写了令人瞩目的发展答卷。

十、国网宁海县供电公司：书写缑乡电网新篇章

十年，感恩新时代，矢志不渝做好国企担当。国网宁海县供电公司始终以习近平新时代中国特色社会主义思想为指导，践行“人民电业为人民”企业宗旨，在全面服务宁海县经济社会建设、保障高质量发展和助推实现全体人民共同富裕中发挥“大国重器”和“顶梁柱”的重要作用。

十年，书写新篇章，脚踏实地推动企业发展。国网宁海县供电公司党委凝聚各方力量，紧紧围绕政府政策、上级方针、人民所需，开展强基固本专项活动，建设高可靠、高质量的配电网，为人民美好生活护航；持续优化营商环境，为宁海经济高质量发展注入澎湃动力；结合宁海新能源门类全、容量大的特点，着力构筑具有“山海特色”的新型电力系统，为实现“双碳”目标贡献智慧和力量。在宁海大地上，国网宁海县供电公司正用如椽巨笔擘画出电力赋能新时代的壮丽画卷。

（一）强基固本　行稳致远　强化电网护航经济发展

110千伏铁场变位于西店镇，是该镇的第三座110千伏变电站。和以前投运的西店变、岛溪变组成一条电力“大动脉”，将为地域狭长的西店镇提供更加稳定可靠的电力供应。

电力是经济社会发展的“先行官”，适度超前的电网规划建设实现“电等发展”，为承接各类用电需求预留充足的裕量。国网宁海县供电公司深刻认识到电网规划在推动经济社会发展、提升能源安全保障中的重要性，每年承办全县电网建设工作会议，配合政府协调各项电网建设中的“堵点、难点、痛点”，有效推动电力工程落地实施。

这十年，共建成投运220千伏霞客变、新跃龙变两个宁海新“电力心脏”。完成黄坛、凫溪、工贸、冠庄、长街、深甽、益丰等110千伏输变电工程，110千伏变电站由2012年的10座增加至2022年的17座。完成蛇蟠涂99兆瓦光伏电站和光大环保入网工程，打通霞客—桃源110千伏线路等重大工程。为高质量推进宁海县配电网建设，促进城区电网改造升级，提升电网防灾能力，满足日益多元化的用电需求，实现县城配电网发展与城市发展深度融合，国网宁海县供电公司于5月在全大市率先启动《宁海县“十四五”城区电网发展规划专题报告》编制工作，并于9月经国网宁波供电公司评审后通过。

2021年，宁海电网35—220千伏的变电容量为261.85万千伏安，较2012年的165.7万千伏安增长58.03%。35千伏及以上线路长度602千米，较2012年的414千米增长45.41%。10千伏配网线路364条，总长3533千米，供电可靠率高达99.9902%。2022年国网宁海县供电公司完成山区配网线路铁塔化改造共131基，新立水泥电杆680根，新建架空线路97.889千米。

（二）心系民生　干在实处　优化营商助推共同富裕

在前童古镇，行走在寻常巷陌，很少看到空中飞架的电线，目光所及都是古色古香的景色。偶尔在不起眼角落，才能发现有配电箱，已经被仿木栅栏包围，上面还

贴着供电客户经理的二维码名片。结合当地特色差异化改造配电网，是国网宁海县供电公司办实事惠民生的具体行动。

2018年7月26日，浙江省深化“千万工程”推进乡村振兴现场会在宁海召开，把宁海的乡村振兴提到了前所未有的高度。“乡村振兴 电力先行”，面对“千万工程”再深化的重任，国网宁海县供电公司责无旁贷，主动对接乡村用电新需求，快速推出“空中蜘蛛网整治”、配电设备改造美化、乡村用电客户经理等一系列优化营商环境措施，从细节着手，再次提升乡村用电环境和办电便捷性。

7月13日，国网宁海县供电公司电力大篷车再次开进跃龙街道项家村说事长廊，为村民带去“零距离”电力服务。并向村民普及夏季安全用电小知识，宣传节能降耗理念。类似的围绕在群众身边的服务还有红船电力驿站、企业星级客户经理等。不断优化的营商环境、满满的电力“获得感”、科学的用电指导，使得电力在企业发展和乡村产业中发挥不可替代的作用，成为美好生活和共同富裕的助推器。

十年近乎翻一番的全社会用电量是宁海县经济社会快速发展和人民生活持续提升的有力见证。2021年全社会用电量为44.37亿千瓦时，较2012年的22.51亿千瓦时增长97.11%。居民用电量8.76亿千瓦时，年平均增长8.31%。工业用电量28.68亿千瓦时，年平均增长7.02%。

除了全社会用电量，全社会最高负荷也取得翻一番的增长率。2021年宁海县全社会最高负荷90.41万千瓦，较2012年的45.4万千瓦增长99.14%。用电最高负荷的快速增长表明宁海工业用电、居民用电的强劲需求，经济社会在高速发展，也反映了宁海电网的供电能力、承载能力在不断提高。

（三）开拓创新 转型发展 细化运营服务清洁用能

宁海大力发展生态经济，电力作为主要的清洁用能形式，担当起发展转型的“活水”作用。一方面做好电网建设，全面承接各类型的清洁能源；另一方面在需求侧做好科学用能、节能降耗的宣传引导工作，全力服务宁海县生态经济的发展。

十年，宁海县的清洁能源从2012年4万千瓦的小水电装机量，跃升至2021年的52.67万千瓦，增长1216%。其中，风电装机总量10.65万千瓦，光伏装机总量34.91万千瓦，分布式光伏入网数量居宁波全大市前列。清洁能源的爆发式增长，使得宁海电网承受了全接入、全消纳的压力。国网宁海县供电公司通过全面评估光伏、风电新增消纳空间和廊道资源，提升长远规划来引导新能源合理布局、有序发展、科学消纳。一张智慧电网全力服务清洁用能，让缑乡大地“天更蓝、山更绿、水更清”。

发展储能是平衡清洁能源的波动性、间歇性的经由之路。国网宁海县供电公司积极服务茶山抽水蓄能电站，从开工时的基建用电线路到以后的送出线路，都进行详细规划和高质量落地，全面护航工程建设，以实际行动加快构建“源、网、荷、储”全面互动的高弹性电网，为浙江建设国家清洁能源示范省和新型电力系统建设贡献力量。

国庆长假期间，位于宁海县模具城的国家电网金桥充电站售电2.18万千瓦时，同比增长了44.8%。2021年个人充电桩累计报装2456个，总容量1.96万千瓦。2022年完成4个公共充电站项目，逐步形成宁海“10分钟充电圈”。显然在日渐丰富且便捷的充电网络的支撑下，新能源汽车成了人们出行的重要交通工具，绿色出行成了人们的共识。

十年回望，征途漫漫，凯歌嘹亮。“配网强基固本+差异化改造”为宁海电网迭代升级提供坚实的内生动力；山区配网线路铁塔化智能化护航乡村振兴和共同富裕；清洁能源从小水电到现在形成“追风、逐日、踏浪”全面发展的大好局面，并经电网全接入、全消纳后送向千家万户；电能利用从刚性单向执行到弹性多维互动。可以看见，宁海电网发展正以坚定的脚步向着高质量智能配电网、新型电力系统建设和实现“双碳”目标奋勇前行。

十一、县城投集团：风雨兼程十年歌 擘画城市发展梦

十年来，宁海县城投集团聚焦城市建设运营管理需要，持续构建集城市建设、产业开发、投资培育、经营运管于一体的全生命周期产业系统，向先进的城市建设和综合运营服务商积极转型，力争打造主业突出、市场化程度高、管理机制健全、资源配置能力强的国有资本投资公司，在推动宁海经济高质量发展中展现担当、实现作为、贡献力量。坚持高质量党建引领高质量发展，持续推动国企改革走深走实，“一笔一划”将宏伟蓝图变成实景，在新的赶考路上向全县人民交上满意答卷。

（一）聚力项目攻坚 为城市建设添砖加瓦

十年奋进、十年耕耘、十年探索，县城投集团在积极服务于地方战略和经济社会发展的同时，大步迈出开拓城市建设的脚

步，聚焦大型民生项目，用精益求精的匠心创造城市美好，以城市有机更新带动人民生活的美丽升级。

全力打造品质宜居城市。聚焦“两城两片一环”，切实提高城市建设紧凑度。推动新城市中心区全面开发，高标准建设一批商业综合体、商务休闲区、现代居住区，打造成集公共活动、政务服务、商务办公等于一体的城市核心区，重点推进交通局北地块住宅小区等一批住宅项目建设，适时启动城隍庙周边商业街区地块开发项目、新城市中心商业综合体项目、气象北路C12地块商业楼项目等一批商业综合体项目。有序推进老城更新，加快老旧小区改造，重点推进城区中小企业安置区一期工程、东大街北地块安置小区等项目。

县重点民生实事工程新城西幼儿园及邻里中心项目建成后，有效解决周边小区适龄学前儿童“入园难”问题，菜市场和体育健身空间相结合的邻里中心，打造群众满意的“菜篮子”，满足多元化健身需求；国家电力调度中心的建成，有利于电力调度生产、营销服务、运维检修工作的开展，满足电力保障与优质服务的实际需要，完善城市的综合服务功能，加大电力服务辐射范围和力量，促进经济社会发展；未来社区的规划与建设，构建出未来邻里、教育、健康、创业、建筑、交通、低碳、服务和治理九大场景，打造具有归属感、舒适感和未来感的新型城市功能单元，“零碳建筑”双水未来社区展厅建筑的竹结构体系及建造方式通过专家评审，受到一致好评……这些项目的背后，都有城投人挥洒的汗水。

（二）推动城市管理　“绣”出百姓美好新生活

为保障宁海路畅、水清、天蓝、居安，县城投集团积极投身城市精细化管理提升行动，有力有效提升城市运行的品质、效率。

加强智慧城管建设，提升城市管理智能化水平。为了帮助广大车主解决在城区“停车难、难停车、车难停”等一系列的车位紧缺问题，2021年3月，启动智慧停车项目，通过实现智慧化管理，优化资源配置，改善动、静态交通状况，为市民提供更高效、更便捷的出行停车服务。有路边泊位4279个，停车场20个，场库泊位2183个，一定程度上缓解城区停车难问题。充分运用大数据、云计算、互联网、物联网等信息化技术，以5G+建设为契机，积极探索实现“智慧管理、车位预判、停车快捷”的“智慧网”运营模式，加快融入全市智慧停车体系。而升级打造的智慧停车云平台，在防汛防台、疫情防控、创城等工作中也发挥积极作用。

步入公园，随风摇曳的花朵、郁郁葱葱的绿植，踏着平整的石材路面，居民感受到实实在在的舒适与便利。公园设施配套有健身器材、儿童游乐设施，居民每天都到“口袋公园”里健健身、聊聊天，成了日常生活的一部分。县城投集团综合利用城市“金边银角”建设银河社区、泊水塘、车河社区等“口袋公园”，把城市闲置空间通过生态修复、功能完善、文化植入等方式，合理配置体育、休闲娱乐设施，补齐公共设施短板，让居民开门见绿、出门见园，实现城园相融、人城和谐，大大提升百姓获得感和幸福感。同时，按照全人群全周期的理念，根据不同人群健身需求，设计、打造集体育活动、健身休闲、娱乐等多功能于一体的全县最大体育主题公园霞客体育公园，自开业以来已有注册会员约27万人次，县体育发展中心下属篮球、足球、乒乓球等6个体育协会于9月正式入驻，吸引更多体育爱好者，园区日均接待游客超2000人。近几年来，县城投集团还对位于金水路以北、金海开元名都大酒店以东的近60亩花海基地进行了靓化管理，一座集河畅、湖清、岸绿、景美于一体的城市中心花园成为宁海又一张美丽新名片。

（三）聚焦变革创新　争当深化改革先行者

惟改革者进，惟创新者强，惟改革创新者胜。回首县城投集团十年发展之路，为改革创新作出生动诠释，归根到底就是要与时俱进。

积极探索市场化发展。从集团园林绿投公司试水资本市场，逐步转型成为集培育、养护、出租、出售、工程建设于一体的综合性企业，再到成立启迪公司对智慧停车、霞客体育公园进行市场化运营管理，县城投集团通过理念创新，打破常规实现“换道超车”。

国企融资模式推陈出新。面对经济下行压力和新冠疫情冲击，集团严格规范投融资机制，充分利用市场融资工具，畅通融资渠道，创新融资方式。整合优质企业资源，开展企业主体信用等级提升工作，成为宁海县首家AA+企业。

牢固树立“主人翁意识”，发挥规划、建筑设计院专业优势，强化领先一步、走在前头的工作劲头，以雷厉风行的工作速度、严谨科学的工作态度绘出最优方案。“三山两岸”“东美丽、南文化”的美丽蓝图正在展开。

重点围绕聚力推进产业革新、城市革新和社会革新，持续当好“引路人”、练好基本功、答出高分卷，奋力跟进“东美丽”“南文化”建设，助力“城市革新”；持续探索智慧化发展新模式，积极探索多类型停车管理新模式，培育发展智慧停车新业态，加快提升运营管理能力推动智慧停车产业健康发展。把创新的“油门”踩下去，把发展的速度提上来，进一步提升市民群众的获得感和幸福感，为未来抢占先机、赢得主动。

（四）坚持强根铸魂　争当党建引领践行者

十年来，县城投集团坚持党建引领城市建设开发、城市综合运营、城市民生保障三大主业，以高质量党建助推企业生产经营、改革发展，助力企业风险防控，企业资产规模、融资能力、综合实力稳步提升，奏响企业高质量转型发展的最强音。

在疫情防控的战场中，县城投集团“防疫铁军”挺身而出、逆向而行，多措并举、联防联控，确保企业正常复工，携手企业共渡难关；自创城工作开展以来，为持续巩固和扩大创城工作成果，县城投集团全员下沉，随处可见都是身穿红马甲的“城投人”；2021 年 10 月，县城投集团与中国农业发展银行宁波市分行签订党建联盟和战略合作协议，双方将以宁海高质量发展建设共同富裕标杆县为主导方向，重点围绕现代农业开发、水利水务建设、土地全域整治、城乡融合发展、旧城改造提升、城乡生态环境等相关领域，长期开展战略合作，推进农发行事业与宁海县经济社会、生态环境的共同发展。

2020 年 2 月 24 日，县城投集团党支部被评为战“疫”一线党旗飘扬——战“疫”先锋榜之“帮复‘疫’勇军”；2020 年 4 月县城投集团被评为工人先锋号（抗疫情专项）；2021 年城投支部获得县级“先进基层党组织”及“先锋支部”……

十年来，县城投集团党建引领发展大踏步前进，讲政治的意识更加坚定。扬鞭奋进正当时，集团将坚持以习近平新时代中国特色社会主义思想为指导，充分发挥集团党委把方向、管大局、促落实的政治核心和领导核心作用，坚决推动县委、县政府战略部署落实落地，推动各项工作任务高质量完成。

十二、宁海税务：鉴往知来春秋十载　奋楫扬帆岁月新程

过去十年，是党和国家事业发展不平凡的十年，也是新时代税收现代化发展的关键十年。从全面实施“营改增”到国税地税征管体制改革，从减税降费到新的组合式税费支持政策，从线下排队办税到涉税事项网上办、掌上办……十年来，宁海税务始终坚持以习近平新时代中国特色社会主义思想为指导，把加强党的全面领导、全力以赴抓好税收工作的政治责任牢牢扛在肩上，砥砺奋进、勇毅前行，奋力书写助力现代化“双优”新宁海建设的税务答卷。

（一）抓好党务

改革攻坚，何处汲取智慧和力量？便民利企，如何扛起责任与担当？新征程上，怎样坚定道路和方向？十年来，宁海税务不断取得新成绩、新突破，源自始终将党旗高举在税收工作第一线。

这十年，宁海税务持续深化全面从严治党，有力推进“党委书记全面领导、班子成员带头执行、机关党委书记协助统筹、机关纪委书记抓实廉政、支部书记带动推进”五张责任清单。

这十年，宁海税务始终把牢思想政治“引领关”，坚持以上率下“带头学”，依托红色资源“广泛学”，结合税收业务“实践学”，不断引导干部明底线守初心践使命。

这十年，宁海税务以“一体两翼”宁海税务党建工作格局为依托，打造“宁心·炬力”党建品牌，抓牢“品质宁税”“动能宁税”“项目宁税”三项工程，以党建引领为核心推动党建工作和税收中心工作互促并进、深度融合。

（二）税制改革

2012 年 1 月 1 日，营改增率先在上海开始试点，拉开十年税制改革的序幕，之后绿色税制建设、个人所得税改革、企业所得税制度优化、消费税改革等举措应运而生，税收法定的进程也在不断加快。

十年来，税制改革步步推进、层层深入，始终与国家治理体系和治理能力现代化同频共振、同向发力，使得税收能够更好地在国家治理中发挥基础性、支柱性、保障性作用。一直以来，宁海税务人都牢记着“为国聚财、为民收税”的工作宗旨，持续发扬“知难而进、追求卓越、坚守使命”的营改增精神，在一次次税制改革攻坚战中践行中国税务人的使命与担当。

（三）纳税服务

优化纳税服务没有终点。自国地税合并以来，宁海税务聚焦纳税人缴费人急难愁盼问题，用近五年时间打造出一套具有宁海特色的“宁好智税”精细服务体系。几年间，全县所有办税服务厅完成改造升级，第一税务所建设成“宁好智税厅”，并拓展以“宁好智税厅”为中心，跃龙、力洋、西店、梅林 4 个办税服务厅为轴线，24 个自助办税网点为平台的“15 分钟服务圈”。在长街镇便民服务中心探索偏远乡镇“宁好智税站”，持续推动全县域智慧办税进程，让纳税人不只“能办税”，更要“办好税”。

好风凭借力，扬帆正当时。为落实好组合式税费支持政策和便民

办税春风行动，县税务局开展了“慕课展播”直播月活动，推出“甬税助”“云帮办”远程协办服务，实行“简事快办、难事易办、特事特办、网事合办、一事协办”便民服务，深化银税互动助力企业融资畅通等举措，以更简的流程、更优的服务，退到位、缓到位、减到位、免到位，帮助企业降本增效、焕发活力。

（四）税收征管

2017年9月1日起，宁海在西店办税服务厅正式推行“一窗联办、一机联办”，依托信息化手段打通双方局域网屏障，在宁波大市内率先实现了国税、地税业务合并办理。

从“进两家门”到“一窗通办”“一网通办”，从金税三期上线、优化到金税四期启动，这十年间，税收征管流程不断统一、税收征管体制逐步优化、税收征管效能持续提升、税收征管格局走向共治，宁海税务始终紧贴时代脉搏，坚持以创新求变革，以改革促发展，深入落实中办、国办印发的《关于进一步深化税收征管改革的意见》，高质量推进税收现代化。

（五）出口退税

在宁波港口，两艘巨轮满载着集装箱整装待发，映照出对外贸易的繁荣景象。2011年至2021年间，宁海县的出口额由140亿元稳步增长到324亿元，实现出口额翻一番。宁海外贸“量”“速”齐增的背后，既有无数宁海实业家的拼搏奋斗，也折射出税务部门简流程、优服务、提效率的具体实践。

十年间，先退后审、精简申报资料、优化退税流程等措施陆续出台，出口退税平均办结时间由1个月压减至3个工作日。十年间，纳税人办理出口退税逐渐实现无纸化，办理时间更短、速度更快。十年间，宁海税务用精准服务助力外贸企业在海外市场披荆斩棘、一路前行。

（六）机构改革

2018年春，宁海税务听令紧从，有力有序推进国税、地税机构合并。

2018年7月5日，国家税务总局宁海县税务局正式挂牌成立，“三定”方案随之落地，全县办税服务厅全部实现“一厅通办”，“12366”纳税服务热线做到“一键咨询”，纳税人可在办税服务厅、网上办税系统统一办理涉税业务，新税务机构朝着建设事合、人合、力合、心合的税务“四合院”迈进。

（七）文明创建

十年来，宁海税务用辛勤和智慧推动税收现代化建设，深入开展“慈善一日捐”、结对帮扶、“雏鸟行动”等系列活动，积聚向上向善的精神力量，积极参与疫情防控和文明城市创建，成功创建全国巾帼文明岗、全国工人先锋号等各级各类荣誉百余项，用奉献书写税务人的责任与担当。

十年来，宁海税务始终坚持将文明创建工作与税收征管、纳税服务等中心工作紧密结合，将文明创建成果内化为立足岗位、奉献税收的自觉行动，使税收成为集中财力办大事、惠民生、解难题的源头活水。

（八）减税降费

留抵退税政策弥补宁波小吉贸易有限公司资金缺口；“六税两费”减免政策减轻宁波源天再生资源有限公司运营负担；制造业中小微企业缓缴政策提振宁波捷豹振动控制系统有限公司经营信心……

回望减税降费这十年，税惠政策层层加码、步步扩围，县税务局充分发挥税收职能，将政策红利转化为激发市场活力的“潜能”、支持实体经济发展的“动能”和推动社会平稳运行的“效能”，为宁海经济优质高效发展注入强劲“税”动力。

（九）带好队伍

9月，县税务局推出城乡医保培训“实战化”，全局119名青年干部下沉缴费一线，与119个行政村（社）开展结对，为群众解决缴费难题。

百名青年干部进村入社是宁海税务干部队伍奋力干事创业的一个“缩影”。十年来，宁海税务始终坚持用责任促担当，用实干铸铁军，以导师制实现薪火相传，以青年成长手册倡导功在平时，以五层能力培训法和实战化培训引导躬行实践，以“廉情主讲师”凝聚廉洁共识，着力培养一支可堪大用、能担重任、“青蓝”有继的高素质专业化干部队伍，在宁海争创“两个一流”的进程中发挥不可或缺的“税务蓝”力量。

（十）普法宣传

“诚纳税，我争先，偷漏税，法必究，税法宣，从小抓……”在宁海西门城楼前，孩子们身着汉服，和诗以歌。这是宁海税务部门在第31个全国税收宣传月开展的税收普法教育活动，小朋友以童音诵税声，生动演绎税法别样宣传，让法治观念深入人心。

将税法宣传月和法制宣传日作为普法工作的主阵地，围绕“税收·发展·民生”“税收优惠促发展惠企利民向未来”等宣传主题，推出一系列丰富多彩的普法宣传活动，创作一批喜闻乐见的融媒普法作品，在全社会营造良好税法宣传氛围。

十三、跃龙街道

这里是文化底蕴深厚的千年缑

城所在地，这里亦是时尚魅力动感的现代化中心区。淬炼与提升，革新与奋进，十年来，这里跃升城市能级，开创发展新局，一如既往创造幸福生活和美好未来。

十载春华秋实，镌刻非凡印记。十年来，跃龙街道党工委、办事处在县委、县政府的领导下，荣获全国群众体育先进单位、省抗癌爱心单位、省级卫生街道、省生活垃圾分类示范片区，怡惠社区荣获全国学雷锋志愿服务“四个100”先进典型最佳志愿服务组织等荣誉，经济、政治、文化、社会和生态文明建设“五位一体”同步推进，呈现出经济繁荣、社会稳定、人民安居乐业、生态美好的良好发展态势。

大潮激荡，奋斗的脚步永不停歇。如今跃龙街道正以高质量打造现代化“品质”新跃龙为目标，以更加昂扬的姿态，拥抱新时代，开启新征程，干出新作为！

（一）红色党建引领有力　基层发展更有活力

西子国际商圈已成为宁海城市商业的核心区块之一，而在这里，由西子党支部、园丁社区党委、商户党员和辖区部门党组织组建的“红立方”党建品牌，已打造成服务社区、企业、党员群众的基层党建示范点，把商圈党建联盟打造成党员群众的“红色家园”。

作为全县政治、经济、文化中心，街道大力推进社区“大党委”建设，实现社区与辖区单位组织共建、活动共联、资源共享，构建以社区党委为核心，辖区共建单位、党员志愿者共同参与的“1+N+X”党建联盟机制。推动街道4730名在职党员下沉社区报到，构建“社区大党委—网格党支部—微网格党小组”的锋领网格组织体系。街道大工委委员单位5个，15个社区大党委成员147个，通过组织纽带、互利共赢、活动载体、价值取向连接，充分发挥支部组织力、凝聚力和战斗力，把基层党组织政治优势、组织优势、群众优势凝聚成助推经济社会发展的强大合力。

“红色地标”是提高党建工作生命力的关键，跃龙街道已累计投入1000多万元资金，先后对辖区13个社区综合服务设施用房进行改造提升，打造党建活动新阵地，切实让党建成效转化为人民群众的获得感和幸福感。社区各项工作再创新业绩，跃龙街道作为宁波市唯一一个街道参加全国社区服务经验交流暨“暖心工程”推进会，并在大会上作经验交流；“街长制”自治新模式成功入选百个全省城乡社区治理优秀案例。

党建强，发展强，党建引领更描绘着乡村振兴“新蓝图”。7月，跃龙街道白峤村、岙里村、雪坡村党支部共同组建“田园和韵”党建联盟，围绕新时代美丽乡村建设行动，培育集体经济内生动力，推进美丽乡村文旅融合发展，促进联盟成员协同、组团发展。不久前，望府村又和宁波大学医学院附属医院行政一党支部结成党建联盟，结对共建助力乡村振兴。

（二）重点项目扎实推进　三产动能持续激发

从新世纪环岛地块改造到老城区有机更新，从“三改一拆”到“退二进三”，十年来，跃龙街道经历着一轮史无前例的城市革新。坚持“发展为先”“产业为基”“项目为王”，以只争朝夕的精神状态抓好重大项目建设，为加快建设高质量发展建设共同富裕标杆县贡献跃龙力量。

以琳康教展能中心、海亮公学、十里红妆文化旅游开发项目、双水未来社区、坑龙王地块房屋拆迁……为全面推动重大项目建设进程，街道实行“一项目一专班”制度，通过梳理分析当前各项目难点堵点和突破点，落实项目牵头责任领导，形成一个重大项目、一支工作队伍、一张进度计划表的工作推进体系。2022年，街道全力推进实施58个县重点（实事）项目，主动下村走访听民声、用足用活保障政策……在措施有力的工作体系运作下，一支支力量都在全力争取项目早日开工建设。

瞄准高质量，形成新动能。十年来，街道经济发展保持步疾蹄稳，近年来更是力争经济发展在逆势中增创优势。街道加快产业发展，做强实体经济，构建支撑高质量发展的现代产业体系，上半年，规模以上工业企业总产值同比增长12.5%，工业增加值同比增长9.4%。跃龙街道立足主城区的区域优势，大力发展三产服务业。五年来，限额以上服务业营业收入年均增长8.4%，累计实现193.8亿元。农业龙头企业塑品牌、拓市场，品牌特色彰显，“百平黄”山茶油、望府茶等农产品在森博会、农博会等平台上获得金奖7枚，“望府茶”获评第四届中国国际茶业博览会推荐产品，望府红茶荣获“甬优杯”特别金奖。

（三）艺术赋能乡村振兴　城乡携手共同富裕

望府村位于大溪汇入白溪处，2022年在下枫槎举办“望府茶飨”文化节，游客络绎不绝，让这个无人问津的城郊乡村变成远近闻名的城市后花园。作为跃龙街道艺术振兴乡村重点打造的样板村，2021年8月，下枫槎引入中国人民大学艺术学院副教授丛志强团队和多位“乡建艺术家”驻村，依托望府楼山优美风景和望府茶主产区等优势，打造茶文化艺术村，以艺术的方式激活乡村振兴“一池春水”。

跃龙街道辖15个行政村和15个社区，一半是农村，一半是城市，过去重点在城市，乡村发展是短板。立足城乡发展不平衡问题，街道于年初出台的1号文件《跃龙街道村级工程奖补暂行办法》和《关于艺术振兴乡村“村民赋能行动”扶持暂行办法》，加快推进农业农村现代化，积极打造城市后花园。

明确打造方向，水车片实施望府下枫槎艺术特色村、双溪体育休闲小镇、白溪沿线景观工程、兴海路南门大桥至双溪绿道和双溪至水车上明桥绿道连接线、青少年足球训练基地等5个项目，串点连线成片打造休闲娱乐精品线。辛岭片融合独特的人文和自然景观，抓住高速西改契机谋划打造绿色生态精品线。上游有百亩洋亲水平台，废弃发电站变身新晋网红点；下游有白龙潭洋村白龙泽民传说的历史文化、登山步道的自然生态，将打造生态“龙潭乡愁谷”。白峤片致力于打造产业活力精品线，加快雪坡中小企业集聚区建设，与水车片互补联动，与越溪相向发展。

乡村振兴，始于颜值、源于发展、成于可持续。可以想象，跃龙街道的乡村未来图景：一栋栋农家新居焕然一新，一个个产业项目蓬勃发展，一张张村民幸福笑脸灿烂绽放，一条条道路通向美好生活，奔向共同富裕。

（四）品质跃龙共建共享　市民生活美美与共

跃龙街道积极建设社区居家养老服务网络，利用社区这一平台为居家养老提供基本的公共服务和社会支持，让老年人不出社区就可以享受到贴心的养老服务。在县老年公寓（九如城宁海养老综合体）落户后，又投入资金建成首家AAAAA级居家养老服务中心，并委托第三方养老服务企业运营管理，为跃龙街道居家老年人打造提供多样化养老服务的综合体。

优美的人居环境是市民对美好生活的向往，自创建全国文明城市以来，跃龙街道投入近千万元，在17个责任区93个大网格475个小网格，“志愿红”以文明的“软实力”，给予创建全国文明城市最强的“硬支撑”。全面开展垃圾分类，成功创建省市级示范小区30个；凌塘村创建为省级文明村、美丽乡村精品村，白龙潭洋村创建为省市两级美丽宜居示范村、市级文明村……广大群众在文明城市创建中看到了变化，感受到了温度。

高质量发展成果最终惠及民生，街道聚焦“衣食住行、业教保医”等百姓最急最忧最盼的切身利益问题，“宁好”工程深入推进，民生保障水平稳步提升，实现发展成果由人民共享，不断打造高品质生活的中心城区。辖区内202个老旧小区改造有序推进，老城区有机更新项目如火如荼，已推动完成15个老旧小区的改造。同时，大力开展文化礼堂“六进”活动，组织开展“我们的节日”“我们的村运”“百姓大讲堂”等文体活动近千场；安装阅读数字墙27个点位，建成“15分钟品质文化生活圈”6个，让文化惠民“沁人心”。

十四、桃源街道

这里商业崛起、品质住宅林立，繁华不断被刷新；这里重大工程建设热潮澎湃，成为助力全县发展的新势能……历史无声，岁月有痕。这些年，桃源街道政民勠力同心，蓄力谋发展，新城建设框架全面拉开，社会管理机制不断创新、人居生活环境更加和谐，一路风华一路歌，演绎了从城乡接合部到新城市中心的美丽嬗变，书写出别样繁华。

（一）项目攻坚有速度　城市建设大步向前

鱼群嬉戏、白鹭飞翔、小桥流水、亭台楼阁……天明湖公园如翡翠镶嵌于新城市中心。天明湖周边，得力、旗滨、建新、奇精等总部大楼拔地而起，会展中心、中医医院、桃源商务楼等40多个重大项目相继建成，潘天寿艺术中心、喜来登酒店等14个项目有序推进，多个临湖现代化住宅小区相继交付……新城市中心区“城市客厅”功能日益凸显，书写了别样繁华。

而桃源街道作为新城市中心，承担着新城市建设的重任，亦是项目建设的主战场，在城市的雕梁画栋中，谱出了奋进的乐章。

街道承担县重点项目72个，仅2022年新列入县征迁计划的就有30个。年初以来，街道通过年初全面动员部署，专班化推进，全体干部攻坚克难，全力推进征迁工作。4月，街道按照县委“五大革新”要求，再次对任务进行分解，进一步明确责任、细化措施。

“健全机制，专班推进；钉在一线，以上率下；以点带面，重点突破。”说起推进工作的经验，桃源街道常务副主任陈建君用这24个字概括。街道建立“一班两办三片”工作机制形成征迁工作强大推进力，并建立重大产业项目、城中村改造项目等6个工作专班，常态化实行“5+2”“白加黑”工作运行模式，重点集中攻坚，以点上突破带动面上推进，用心用情用力推进项目，展示了桃源铁军担当。

如在中心粮库二期项目攻坚中，街道组建攻坚专班，厘清征地历史脉络，消除社员误解，果断采取村社主职干部停职处理等强力措施，倒逼干部担当作为，逐步解决历史遗留问题。2022 年 5 月更是集全街道之力，全体班子成员一线领办，“一对一”分头上门做 28 户社员代表签字工作，最终啃下中心粮库二期“硬骨头”。

街道新列入县征迁计划的 30 个项目全面启动、有序推进，其中艾美卫信、中心粮库二期、金水西路、泉水变和得力电商产业园（打印机）项目等 5 个关系宁海县重点产业发展、社会关注度高、存在历史遗留问题的项目取得重大突破。

（二）社区治理有态度　民生幸福持续加码

新形势新背景下，如何推进社区治理现代化，一直是桃源街道不断探索的命题。近年来，桃源街道着力做好社区规划布局调整，抓好项目提升，深化“一社一品”工程，抓好老旧改造，推进社区治理现代化，为群众打造安居乐业的幸福港湾。

桃源街道谢豹社区服务中心揭牌成立，标志着桃源街道下桥村成为 2022 年宁海县启动村规调整工作以来首个完成村改社区方案的行政村。该社区挂牌成立，开启桃源街道着力推进城乡社区现代化建设、构建居民幸福共同体的新征程。桃源街道着力优化调整并实施社区布局规划，计划在 2025 年前由 9 个社区增加到 26 个社区。其中，2022 年新建谢豹、竹口、凤逸 3 个社区，原兴海社区分设为兴海、海湖 2 个社区，原湖东社区分设为湖东、学勉、时代 3 个社区，原湖西社区分设为湖西、天明、金水 3 个社区，共计建成 17 个社区。

社区无“小事”，枝叶总关情。着力抓好项目提升，提升服务效能。街道、社区两级社会工作站和社会组织服务中心每年开展居民服务供需对接，申报实施公益创投项目、居民服务类惠民项目以及民政领域社会工作服务项目，为市民提供优质、精准服务。实施党建引领、扶老助残、救孤济困等各类社会工作项目和社会组织公益服务项目 25 个，使用资金 32 万余元，发掘公益骨干近 90 人，志愿者参与达 751 人次，受益达 8300 人次，有力撬动社会资源服务民生，大幅提升群众获得感和幸福感。

街道深抓社区品牌建设、老旧小区改造等民生工作，兑现幸福承诺。街道 9 个社区深化“一社一品”工程，分别从抓党建统领、抓社会治理、抓特色赋能等方面着手，用心烹制幸福“特色菜”，让群众乐享幸福“大餐”。如华庭社区开展以“孝行天下，爱满华庭”为主题的慈孝文化品牌建设；泉水社区根据本社区“群租”型特点，瞄准流动人口这个服务对象“靶心”，多管齐下，打造“新宁海人温馨家园”……

（三）综合治理有力度　此心安处是吾家

美丽如画是桃源街道的外在形象，安全和谐则是关乎居民幸福生活的核心所在。

街道深入开展治安重点地区整治、持续开展反诈宣传、做好群众矛盾调解、推进禁毒和反邪教等，综治各项工作得到有序有效推进，打造平安和谐的人居环境，提升群众的满意度和安全感。

近期，街道 2 位居民因为装修噪声问题，产生矛盾。但是短短几天时间，邻里从剑拔弩张到握手言和。而其中的关键便是“矛调大姐”。“矛调大姐”项目由街道主要领导部署，综合治理办公室牵头，街道纪工委、司法所、社区管理办公室、妇联等多科室共同参与，构建源头防控、排查梳理、纠纷化解、应急处置的社会矛盾化解“闭环”。“矛调大姐”机制破解基层治理矛盾调解的难题，是街道做好人民矛盾调解的一个缩影。上半年，街道各类调解组织共受理民间纠纷 243 起，成功调解 243 起，调解成功率 100%。

建设平安和谐社会，反诈工作是其中重要一环。为推动反诈宣传工作走深走实，街道在 3 月召集 58 个村（社）、社区召开反诈工作部署会，并与各村（社）、社区主职干部及各企业负责人签订反诈责任书，压实各方责任。针对有发案的行政村、社区下发反诈督办单，督促其加大宣传力度，降低案发率。各村（社）、社区共发放“防范电信诈骗温馨提示”万余份，创建豪生公寓和山水小学 2 个无诈示范点，有效提高群众的安全防范意识。上半年，桃源街道电信网络诈骗案件发案率同比下降 26. 48%，损失金额同比下降 8. 72%。

乘风破浪，蓄力扬帆。在如今发展和共富的语境中，桃源街道这方土地从乡村变为城市，城市基础设施更加完善，基层治理更加有效，民众生活水平大幅提高……可以说，看得见的成果显现在每一个居民身上，变得更加丰满有力。

十五、梅林街道

一幢幢高楼拔地而起，一条条公路四通八达，一项项民生工程悄然铺开……

十年来，梅林街道全方位推进高质量发展，辖区上下，党建龙头筑牢根基、产业发展跨越提升、项目建设提速增效、辖区面貌日新月异、民生画卷添姿增色……可以说，在梅林，今昔发展的巨变让生活在这片热土上的群众欢欣鼓舞，一幅精彩绚丽的秀美画卷正在这里次第展开。

（一）党建龙头筑牢根基

“党员怎么在社区经济发展中发挥引领作用?”“工业全域治理对于花园社区来说最大的意义在哪里?”这是梅林街道举行的红色研学活动，目的在于激发街道党员干部比学赶超、创先争优的精气神。

扎实抓好党员干部教育培训正是梅林街道强化党建引领的基础工作之一。十年来，着眼于基层党建工作规范化、制度化，梅林街道大力实施基层党建责任清单工程、联系服务惠民行动和保障激励提升工程，形成制度规范、活动经常、运转良好的基层党建工作机制，引导全街道党组织积极投身到重大项目建设、经济转型发展、社会综合治理、新农村建设中去。同时，街道大力推行“党建+产业发展”“党建+乡风文明”“党建+环境整治”等“党建+”工作模式，着力构建以“优党建”促进融合、强化担当、推动落实、引领发展的工作新格局。

疫情防控、环境整治、消防排查、便民服务……这支实干争先、勇毅前行的梅林街道党建队伍，正以党建“软实力”助推高质量发展的“硬指标”。

（二）产业发展跨越提升

“产品的销路怎么样?”“专利申请需要协调吗?”这是梅林街道真心实意为企业纾困解难的工作常态。

为持续实现产业经济“一路攀升”，梅林树立“做骨干、当标杆”的目标，围绕企业发展的堵点、难点、痛点，不断创新机制和模式，坚持问题导向，细化瞄准问题精度、强化锁定症结准度、优化解决困难力度，推动经济高质量稳步发展。仅上半年，街道21个企服小组，为辖区企业解决融资、用地、环评等问题747件，兑现企业扶持资金1900余万元，同比增长20.1%，惠及企业65家。

主动对接、靠前服务、分类施策、整合资源……在做好企业服务的同时，梅林街道把招商引资工作作为经济发展的战略重点，工作理念上，不断调整和更新；政策实施上，不断推陈出新；推进措施上，不断大胆创新，实现达产项目、续建项目、开工项目、洽谈项目的有序衔接。街道坚持打好“责任牌”“宣传牌”“服务牌”三张牌，主动作为、精准发力，充分发挥辖区内企业的桥梁纽带作用，推行以商招商、以企引企的工作模式，引进相关配套企业，逐步推进产业集群的规模。

（三）项目建设提速增效

一栋栋标准化厂房拔地而起，停车场、孵化基地、消防中心等配套设施正不断完善……经过一年多的“腾笼换鸟”，梅林南路（一期）工业集聚区正蝶变成一个配套齐全、风格统一、标准化管理的现代化工业园。

梅林街道工业起步较早，但“低小散”数量较多，大多聚集于梅林南路两侧。近年来，街道借着工业全域治理的东风，按照“拆旧、建新、提标、提效”四部曲，累计完成梅林南路两侧工业集聚区（一、二期）和大路周工业集聚区（三期）改造提升工程拆旧面积35万平方米。

以拆破局，工业全域治理蹄疾步稳。梅林街道始终保持重大项目工程密集开工、遍地建设的良好态势，年初以来，街道按照“布置任务、加强督促、技术支持、政策把关”的工作思路，全力以赴推项目，取得阶段性成效。上半年，47个重点项目（县级重点项目31个，民生实事工程3个，街道重点项目13个）加速推进，36个征迁工程加速攻坚。

街道对重大项目推进过程中可能引发的风险点实行“一事项一评估”机制，并按周、月分解重大项目，形成周、月进度清单，全程开展“晒账核账”，分析、评估滞后的主客观原因，结果记录在案，通过动态化的督促方式，推动项目抓落实，促进干部求实务实的行动。

（四）城乡品质提档升级

十年来，梅林街道积极回应群众期盼，着力推动城乡建设整体谋划突破。总投资13.5亿元的梅林街道核心区块改造项目，总投资35亿元的九顷区块8个自然村整体搬迁项目……在城乡建设方面，街道以打造更具活力的美丽集镇、更富魅力的美丽乡村为统领，把中心镇区作为统筹城乡发展的龙头来抓，扎实推进一批基础性、功能性、地标性项目建设。同时，跟进基础设施建设步伐，优化城乡综合交通网络，启动梅林区块“白改黑”，加速打通“断头路”，提升城区疏散功能，增强交通通行及承载能力。

城乡品质提档升级离不开乡村环境的破茧蝶变。十年来，梅林街道坚持山水湖一体开发，努力打造文旅融合示范地的美丽之城。在大力推进象西线沿线村庄综合整治，同步加快凫溪两岸景观节点打造，主推雁山养心休闲、凫溪乡村休闲、梅湖休闲商业、文化民宿体验四大板块之外，梅林街道还依托全省首条生态公路——象西线、最美悠谷假日绿道——宁海杨梅岭水库至温泉慢行系统工程，将沿线青山绿水、村庄古道、登山步道有机串联，形成绿道游梅林的乡村旅游新格局。

（五）民生画卷添姿增色

年初以来，梅林街道动员107个各类基层组织，开展创城活动1500余次，发动志愿者、热心群众

2.7万余人次，整治各类不文明现象2300余起，整改3500余处，城镇面貌进一步美化。

聚焦民生实事，十年来，梅林街道着力提升惠民利民工作力度，增强群众的满意度和幸福感。仅今年上半年，街道发放各类村级环境卫生、奖教基金、残疾人、留守儿童救助金等补助共计480余万元。推进居家养老工作，助餐送餐及上门服务达2.3万人次，街道在实现养老服务站全覆盖的同时，建成AAA级养老服务中心1家，AA级养老服务站5家。

着眼于老百姓文化生活，街道联合宁波大学等高校开展“老陶工”“返家乡”等系列活动，发挥高校“艺术振兴乡村”的积极作用，为乡村注入文化新动能。新建1万余平方米体育公园，迭代升级体育设施，全民健身运动蔚然成风。

十载砥砺前行，十载春华秋实。过去十年，梅林街道坚定不移抓党建、促发展、控疫情、惠民生、防风险、保稳定，真抓实干、攻坚克难，各项工作取得了优异成绩。在今后的工作中，街道党工委、办事处将进一步加强党的全面领导，适应新形势，抢抓新机遇，迎接新挑战，以优异成绩迎接中共二十大胜利召开。

十六、西店镇：十年砥砺谋发展　海湾星城展新风

过去十年，西店镇党委政府坚持以习近平新时代中国特色社会主义思想为指引，以美丽城镇创建为契机，聚焦中心大局，把握发展新机，推动镇域基层治理能力不断提升，生态管控同步加强，产业发展空间进一步扩大，文明发展程度同步加速，西店镇成为浙江省第二批小城市培育试点镇，先后荣获国家级卫生镇、国家级人民调解工作先进集体、省级森林城镇（2018年）、省级文明村镇等荣誉。

“村务厅”打通政务服务“最后一公里”，凫溪告别污臭迎回“贵妃香鱼”，路边厂搬进工业园区开拓出发展新空间，文明之风吹尽角角落落的“脏乱差”……

历经十年雕琢，西店正迎来环境美、生活美、产业美、人文美、治理美的新风貌，一座现代化宜居宜业海湾星城正加速崛起！

（一）构建美丽宜居福地　彰显秀美山河环境美

10多年前，西店还有“中国鸭蛋之乡”的金字招牌，五市溪两岸集聚了许多蛋鸭养殖场，臭气熏天。如今产业清退了，绿水青山回来了，在第三方机构出具的西店镇全域15条河流水质监测报告中显示，Ⅲ类水占2/3，全年水质稳定，“劣Ⅴ类”水无一处反弹。

自砸金字招牌，换回绿水青山，这是西店构建美丽宜居福地的信心和决心。西店镇坚持以人为本，持续深入贯彻落实“三改一拆”、“五水共治”、小城镇环境综合整治、美丽城镇等省市县委决策部署，将生态文明融入经济社会发展。

以创建美丽城镇为契机，西店不断擦亮生态格局底色。累计拆违180万平方米，建成基本无违建乡镇。大力开展农业面源污染整治，拆除畜禽养殖场356家，实现全域关停，重现山清水秀田园绿的风光。全面开展“美丽乡村、美好家园”活动，对全镇所有行政村进行美丽乡村洁化、绿化、美化提升工程，岭口、海洋、溪头、尤家、崔家等村被评为省级卫生村、省级美丽宜居示范村。投资2.6亿元铺设污水管网72.8千米，实现自然村生活污水截污纳管全覆盖，成功创建“污水零直排区”，区域水质从劣Ⅴ类全面改善到Ⅲ类。

擦亮底色的基础上，西店还以垃圾分类为重要抓手，为可持续发展助力添彩。通过引进国外先进技术，不断创新“就地减量、就地资源化、就地无害化”的新模式，海洋村成功创建省级高标准生活垃圾分类示范村。

（二）提升共享人居品质　实现共享乐民生活美

十多年来，以“惠民生”为根本，以满足群众需求为导向，从村民房前屋后的小事实事入手，扎实办好与村民生活直接相关的民生实事，民生福祉持续增进。

医疗健康服务水平关乎百姓生命健康安全。近年来，通过专家下沉、设备配置等系列措施，并与宁波市第一医院开展全面托管合作，西店卫生院医疗服务水平大幅提升，升级为县第三医院。许多以往要去宁波等大医院才能看的病，在县第三医院就能实现就诊。而随着服务人口的不断增长，2020年3月5日，县第三医院进行扩建，总投资20355.70万元，已经竣工。该院有宁波第一医院下派专家20余名，同时开设宁波市第一医院耳鼻咽喉科治疗（西店）分中心，打造消化科、心血管内科等重点科室，获全县首家国家级群众满意的乡镇卫生院、浙江省卫生先进单位、宁波市基层平安医院等多项荣誉称号。

生活便利度直接关系到群众生活幸福感。西店镇不断完善生活圈功能设施，构建包括便民市场、运动场地、文化活动中心、社区服务中心、医疗服务机构在内的“15分钟生活圈”，极大方便了镇域居民日常生活和精神文化需求。三江超市、世纪百联、弘基广场等大型商业机构相继开业，望海文化家园实

现图书阅览区（包括电子阅览）、音舞排练区、文艺创作区三区一体，608平方米室内篮球场可供群众尽情竞技，西店人不出镇就能享受餐饮、百货、休闲、体育、娱乐。

生活便利度折射一座城市的烟火气，优质公平的教育足以体现一座城市的吸引力。针对镇域外来务工人员多的现状，西店镇大力发展基础教育，让所有西店人和“新西店人”都能享受优质公平的教育。全镇有初中1所、小学6所、公办幼儿园4处、民办幼儿园8所，其中中心幼儿园为浙江省一级幼儿园，观澜幼儿园被评为市四星级幼儿园，西店初级中学在近三年中考综合成绩均列全县初中前三名。不少外来务工人员表示，为了子女就学，也要在西店多工作几年。

（三）培育发展未来产业　聚力兴业富民产业美

干净整洁的生产车间、高度智能化的生产设备、恒温恒湿的工作环境，还有屋顶停车、光伏发电板车棚的新颖环保节能设计，这是位于西店镇滨海工业园的宁波建新精密模具有限公司。公司创始人邬建兵，从当初村里条件倒数第一的“穷小子”，在西店这片创业热土上逆袭为产值上千万元的企业老板。

西店工业经济发达，特色鲜明，全镇有企业3000余家，其中，规模3000万元产值以上的企业141家，上市公司2家，工业总产值、规模以上工业企业数量等主要工业数据均位居全县第一。为破解土地资源紧张、利用率低等问题，西店镇大力推行建设工业园区，已建成三个工业园区，并对园区风貌进行有序管控，运营进行规范管理。西店工业园区规划面积13.54平方千米，适宜建设面积12.87平方千米，三大园区共入驻116家企业，辖区4487家小微中入驻小微企业园的达3415家，入园率高达76.1%。随着企业入园区，西店镇镇域面貌焕然一新。

作为工业特色型城镇创建样板，还结合工业全域治理，聚焦产业集群、物流基地和研发中心等方面精准发力，着力打造美丽城镇特色产业新业态。随着滨海园区、望海园区等创业创新平台的不断优化和工业全域治理的纵深推进，西店的城镇品质和承载能力显著升级，家用电器、金属制品、文教用品、汽车部件、模具制造等五大主导产业愈发特色鲜明，主导产业集聚产值表现优良。2021年，该镇照明器具类型产值281713万元、模具类型产值53044万元、汽车零部件及配件制造产值137464万元、智能消费设备制造类型产值108305万元、家用电力器具制造类型产值148592万元、电池类型产值137464万元。其中，该镇手电筒占据全国70%的生产份额，是全国最大的移动照明生产小镇，手电筒省级名牌产品达到5个，省著名商标6个，国家级驰名商标1个。

着力于培养产业全面发展，全阶段、全层次表现产业之美。现代农业方面，花果山休闲农业项目，是县内最大一家专业从事基质栽培为主的企业，近年来共带动省内高架草莓种植面积200余亩。旅游业方面，阆风寺、明恩寺等古寺庙历史悠久，广德寺久负盛名，被设为“四明佛画技艺”非遗传承基地，入选宁波市非遗名录，2013年被中国民族建筑研究会授予“中国民族优秀建筑”称号。

（四）保障为民基础权益　凸显善治为民治理美

西店镇颁布基层专项治理行动方案，相继推出“管控队伍”“志愿服务队伍”等基层治理载体，城市管理机制和公共服务体系日趋完善，智慧城管平台高效运行，基层治理实现质的跨越，为群众幸福生活奠定扎实的基础。

综合指挥室是西店镇践行“大数据信息化”“多网合一”理念，适应新型城市化管理而形成的集城市管理、社会治安、综治维稳和民生服务等于一体的基层社会治理综合信息指挥平台。该镇通过对智慧设施的整合和运用，建立健全的全联动机制，使得线上和线下相互融合、相互促进，实现多渠道信息收集，高效处理突发事件，为创建美丽城镇添色。

深化基层网格化管理。针对各种城市乱象，采取加强组织领导、组建网格队伍、突出整治重点、加强内部监察、建立长效机制等措施，全面消除小城镇道路（含机动车道、非机动车道和人行道）上的各种乱停车、乱堆物、乱摆摊、乱开挖、乱建筑、乱竖牌“六乱”现象，提升道路通行环境，实现小城镇道路的“畅通、安全、舒适、美观”。

推动“最多跑一次”改革向农村延伸，在最远的两个村和人口密集度高的两个村试点建“村务厅”，“一站式”办公，集中办理、受理“社保参保登记、兵役登记、各类证明开具”等村级便民服务事项。

组建成立“枫桥式”基层站所，以党建为引领，以发动群众、依靠群众、服务群众为核心，以科技信息化建设为主导，坚持和发展好新时代“枫桥经验”，全力打造“智”安小镇这一西店金名片。

十七、力洋镇：十年春秋写华章　乡村蝶变如画卷

路网结构交错纵横、基础设施

日益完善、项目建设如火如荼、产业发展风生水起……十载春华秋实，镌刻非凡印记。中共十八大以来，力洋镇围绕中心、服务大局，踔厉奋发、笃行不怠，推进生态型现代化滨海新城建设。

这十年，力洋镇民生福祉持续改善；这十年，经济发展持续稳定；这十年，美丽宜居持续推进……如今，徜徉在力洋这个充满活力的城镇，听到的是新城建设的声音，看到的是城乡面貌的巨变，感受到的是群众与幸福相拥的民生温度。

（一）十年跨越　产业发展势头强劲

位于宁波南部滨海经济开发区的海格威液压科技有限公司前三季度公司实现产值 1.4 亿元，订单已经排到 2023 年 1 月。公司专业生产、销售流体连接件，产品品类足足有上万种之多，在行业内已排名全国前五。作为力洋镇招商引资回来的企业，海格威见证着力洋和南部滨海经济开发区的共同发展。

宁波南部滨海经济开发区地处力洋片区，距离镇区只有几分钟的路程，众多辖区企业纷纷在这里落户，直接带动力洋渡头附近及周边百姓的就业。

中共十八大以来，力洋镇全面优化升级产业体系，提升产业发展质量，为推动高质量发展提供有力支撑。

十年来，该镇通过招商引资，相继吸引海格威液压科技、建林模具、好美秋千、储力叉车、海通食品等千万以上投资项目成功落地，新培育规模以上企业 7 家，产值破亿企业 8 家，高新技术企业 9 家，其中迈拓斯和昌成数控 2 家企业核心产品入选浙江省装备制造业重点领域首台（套）产品。

十年来，力洋地区生产总值年均增长 7.8%，财政收入突破亿元大关，各项主要经济指标均达到中高速增长。

在强化工业发展的同时，作为农业大镇，力洋镇还积极引领现代农业高质量发展。十年来，新增市级农业龙头企业 3 家，卡依之食品有限公司变局中转型升级，农户带动效应明显，2021 年产值逆势增长 70%、达到 2.5 亿元。力洋酒业销售快速增长近 1000 万元，获 2 个老字号金奖；发展农业专业合作社 82 家，柑橘种苗、种植、加工全产业链产值超 2 亿元。

（二）十年逐梦　城乡面貌焕然一新

文化中心窗明几净，环境雅致，设有借阅自修区、亲子阅读区、书香咖啡等功能分区。原先是位于力洋中路的临街老旧房屋，镇里对其进行改造提升，打造成周边群众休闲娱乐的好去处，扮靓城镇面貌。

天空不再“蛛网密布”，道路不再“坑坑洼洼”，街巷不再“藏污纳垢”……如今，站在镇区的角角落落，村民感受到的是道路宽阔、井然有序，是环境优美、焕然一新。

推动城乡融合发展的落脚点，在于增进民生福祉。十年来，力洋镇不断完善城市功能、提升治理效能、补齐发展短板，夯实民生“里子”，撑起城镇“面子”，努力建设靓丽、宜居的新家园。高标准完成力洋镇力兴路提升改造、马铁厂地块厂房拆除及改造、综合管线“上改下”等工程项目建设 70 个。依托省级历史文化名村，打造儿童诗研究中心、叶水夫纪念馆、陈巾英剪纸馆等新业态基地，积极落实古宅保护，完成五门大宅、水夫故居等 17 处古宅修缮。

十年来，力洋镇的交通设施建设持续提速。甬莞高速力洋互通的开通以及三门湾大桥、盛宁线二期等交通要道建成通车，力洋进入宁波市“一小时交通圈”。百丈塘至下跳山、力茶线至彭坑、创业路至力胡线等一条条农村公路的相继建成，也让村民的通行环境更加优化，城乡一体化进程不断加快。

（三）十年蝶变　乡村振兴各有特色

水更清了，景更美了，生活更好了……这十年，力洋镇积极推进乡村振兴战略，一幅幅生态宜居、生活富裕的乡村画卷跃然眼前。

力洋孔村历史文化底蕴深厚，是省级文化村。该村以“一个村庄，一部论语”为主题，打造孔子文化艺术特色村，让村庄焕发勃勃生机。村里的孔圣雕像旁，打造“五车竹简”的景观节点；孔村古道上，设立碾盘、马驼竹简雕塑……徜徉在美丽的力洋孔村，处处洋溢着文化气息。

力洋孔村是力洋镇推进乡村振兴的一个缩影。经过多年发展，各村结合自身特色让村庄不断“活”起来：力洋村致力创建“古宅+童诗”艺术特色村；小青村持续推进生态农业观光休闲园建设，建成 AAA 级景区村庄；前横片扎实开展万亩橘园建设，大力推广种植“红美人”等优良柑橘品种……

围绕“产业兴旺、生态宜居、乡风文明、治理有效、生活富裕”的目标，十年来，力洋镇持续推动农业加快升级、农村全面进步、农民持续增收，铺就乡村振兴新画卷，共投入农村基础设施等各项资金 3.7 亿元。

十年来，该镇已成功创建省级美丽宜居示范村 2 个、市级美丽宜居示范村 2 个，美丽乡村示范村 2 个、精品村 2 个。完成西仓溪二期 2.26 千米小流域治理、古渡塘堤线全长2.42千米除险加固、3座山塘水库维修加固，15.6千米河道清淤以及河道整治、水环境治理等一系列水利工程，水生态持续向好。持续开展垃圾分类，投入100余万元专项资金建立健全垃圾分类投放、收集、清运、处理制度，改善农村人居环境。

如今的乡村，一方庭院、开窗见绿、推门闻香，群众乐享社会经济发展带来的红利。截至2021年，全镇超过50%的村庄经营性收入超过20万元，村级集体经济总收入达1348万元。

（四）十年奋进　民生实事绘就幸福底色

这十年是力洋镇经济高速发展的十年，更是民生保障和社会福祉飞速发展的十年。

力洋镇敬老院为公建民营敬老院，引进养老专业服务团队后，推出采摘种植、联谊活动、精神慰藉、临终关怀等特色服务，以满足入住老年人多元化服务需求。

十年来，力洋镇聚焦聚力民生改善，坚持人民至上，努力办好普遍获益的关键实事、眼前紧要的民生难事、温暖人心的身边小事，增进百姓福祉保障更有温度。已累计保障低保对象3416人次，发放低保金2377万余元；全面落实临时救助制度，累计保障448人次，发放资金100余万元；发放优抚对象补助、残疾人“两项补贴”等各类保障资金1963.8万元。

除完善保障体系外，该镇相继完成17个村庄的文化礼堂建设及提升，开展百姓大舞台等文化活动200余场，完成体育公园、健身广场等项目8个，深受市民好评。

校舍宽敞整洁、绿化郁郁葱葱，力洋小学书声琅琅；在兴南小学，新修的教学楼让人眼前一亮……为了满足孩子们的入学问题，十年来，力洋镇投入资金优先发展教育事业，相继完成兴南小学校舍扩建、力洋初中实验室改建、力洋小学外墙改造提升、前横中学外墙改造提升及教室门窗更新、前横幼儿园改造提升。同时实施力洋镇各中小学校厕除臭洁化工程，力洋恒海金湾幼儿园顺利开班招生，力洋村“儿童之家”获评省级示范。

立足百姓需求，十年来，力洋镇共建设农饮水达标提标工程、高标准农田、小型农田水利工程等37个民生实事项目，为营造美丽宜居生活环境提供了有效保障。

十八、岔路镇：立足优势资源　释放发展动能

岔路是全县村级小微权力清单36条、垃圾分类发源地。

中共十八大以来，岔路镇紧紧围绕建设社会主义现代化中心镇的奋斗目标，聚焦争先创优、谋划产业布局、优化城镇管理，相继获“艾里缇斯”奖暨中国美丽乡村特色旅游镇、省级森林城镇、省级卫生镇、第二批浙江省AAA级景区镇、浙江省100个避暑气候胜地，入选浙江省法治化综合改革试点乡镇（全县唯一）、宁波市首批红色旅游融合发展示范区、宁波市文明镇、宁波市“五水共治”工作先进镇、宁波市法治建设示范乡镇（全县唯一）；成功承办全国法治乡村建设工作会议，承办推进“清廉浙江”建设全省现场会，岔路群众的获得感、自豪感、安全感显著增强。

（一）“红旅融合”走出富民强镇新路子

革命文物是鲜活的党史教材，是革命文化的物质载体。梅花村会议旧址，干坑村西南区农代会史迹，山洋革命根据地的被服厂、大后方医院、修械所遗址，上金村县委县政府诞生地旧址……在革命老区岔路，每处历史遗址遗迹的背后都有无数让人感动的故事。如今，历史的硝烟散去，而镌刻在这些历史遗迹上的革命精神，仍散发着光芒，代代传承，成为岔路弘扬红色文化，助力乡村振兴的精神力量。

宁海是首批国家全域旅游示范区，近年来旅游发展势头好，旅游业态丰富。岔路具有丰富的生态资源，也是宁海甚至是宁波市红色文化资源最丰富的乡镇之一。生态立镇、红旅融合是岔路镇这些年始终坚持的发展方向。

通过多年的努力，山洋革命根据地纪念园、梅花村会议纪念馆、干坑村西南区农代会史迹陈列馆、上金村县委县政府成立纪念碑亭等革命遗迹纪念设施相继落成，山洋和梅花双双入选全省52个红色根脉打卡地，率先推出“红色初心”示范线，成功创建“红色西乡”省级国防教育基地，开展沉浸式党性教育特色活动，成为“红动宁海”金牌基地。上金村被县委、县政府批准为“革命老区村”和县爱国主义教育基地，山洋革命根据地纪念园是宁波市爱国主义教育基地和市中共党史学习教育基地，梅花村会议遗址是宁海县文物保护单位、浙江省爱国主义教育基地、第四批浙江省党史学习教育基地。随着这一个个荣誉称号的获得，各个村在加强遗址保护、修缮的基础上大力推进村庄环境整治，村容村貌有了翻天覆地的变化。每年的重要节日和纪念日，梅花、干坑、上金、山洋等村都会有众多市民前去参观，接受革命传统教育。2021年仅“七一”期间山洋村集体经济创收就达到了20余万元。

（二）“艺术赋能”增强农村发展后劲

走进枫湖两岸的湖头村和下畈村，下畈村儿童乐园、枫湖夜市等由12所高校毕业生精心设计的节点散落在村庄各处，让本就环境优美的2个村庄，在环境资源禀赋上更上一层楼。

岔路借助长三角一体化的发展契机，突出岔路镇、村两级党组织的示范引领作用，向江浙沪皖12所设计院校师生团队发出毕业设计邀请，以“高校团队+外籍师生+村民导师”共赢方式，积极探索艺术振兴乡村的人才模式、宁海样本，通过共同合作，2月27日，长三角艺术振兴乡村12所高校“乡聚毕设——2022浙江宁海枫湖毕设行动”在岔路湖头村全面启动。6月22日上午，在下畈村的百年樟树下，一场大学生展示、村民点评的特殊毕业答辩拉开了帷幕。60篇论文57套方案里，既有对村庄重要节点的规划，也有品牌形象的设计，其中部分作品已落地呈现，并且转化为推动乡村振兴的实际项目。枫湖夜市进入试营业，“三夺麦饼”文创设计接近尾声，下畈村艾蒿馒头形成完整产业链，下畈村儿童乐园基础设施不断完善。

在引进高校艺术团队为农村发展赋能外，岔路还注重挖掘民间技艺人才和非物质文化遗产项目代表性传承人。相继发掘民间手工技艺传承人，葛明星、章光辉、葛招龙入选“缑城工匠”，其中，葛招龙团队喜摘中国民间文艺最高奖“山花奖”，并在湖头村建立葛招龙匠乡匠艺馆；建立花堂民俗文化俱乐部、西乡票友俱乐部、上畈左邻右舍、阳光义警文艺团队等民间艺术团队20余支，岔路辖区有省级代表性传承人1人，市级代表性传承人4人，县级代表性传承人5人，多次举办麦饼技能大赛，筛选出民间麦饼师100余名，为岔路妇女创业增收致富开辟新路。

通过深入挖掘深厚的历史文化底蕴，发掘出葛洪在岔路修炼养生的经历，并以此为基础，广邀专家学者进行论证与提炼，并成功举办七届“葛洪文化节”，进一步打响“红色岔路、养生福地”品牌。

（三）“全民共享”推进民生事业发展

中共十八大以来，岔路镇历届党委政府始终坚持“以人民为中心”的工作理念，将有限的资源向民生事业倾斜，奋力推进民生事业发展，让全镇老百姓生活更加幸福。

民生事业发展更有温度。社会保障体系日趋完善，医疗保险、扶贫济困、社会救助等工作全面提质，每年发放民政对象、优抚对象、残疾人补助、临时和大病救助及慈善救助1000余万元。G15沈海高速宁波段改扩建工程、S314线宁海岔路至白溪段改建工程（二期）、宁海天河抽水蓄能电站项目和岔路110千伏输变电工程等一批民生工程稳步推进。水利民生设施日趋完善，完成历时多年的白溪流域岔路段治理工程和沿溪镇区段绿化亮化工程，白溪入围全县唯一的市级河道；县委书记暖心工程——王爱片农村饮用水供水工程的投入使用，让常年缺水的王爱片区的村民们高兴不已。

不断加大教育事业投入，每年发放葛洪奖教奖学金等100余万元，举办多届乡村振兴运动会、山地马拉松越野赛等。坚持文化惠民，扎实推进公共文化服务标准化、均等化。持续推进精神文明建设，擦亮新时代文明实践品牌、提升农村文化礼堂、推行“浙江有礼，暖心有爱”志愿服务。新时代文明实践所（站点）全面提质，下畈村获第六届“全国文明村”，岔路小学入选省文明校园。志愿惠民良性发展，阳光公益服务社、红岩谷服务队等社会公益组织作用发挥明显，“中国好人”娄逢理获评全县首位浙江省道德模范、王乘红入选浙江省最美志愿者、王玉琪入选宁波好人。

十九、强蛟：锚定向海图强　奋力打造滨海特色共同富裕样板

金秋的宁海湾，水蓝湾美、鸟飞鱼跃，一片生机勃勃。立翔工具二期、晶宇晶体项目建设提速，工人争分夺秒抓紧建设；宁海湾滨海休闲示范带加快推进，沿线村落景观节点提升全面铺开；新游客集散中心、居家养老服务中心、文体公园先后建成或投入使用，让半岛小镇居民幸福感满满……

十载春华秋实，十载风雨兼程。处处展新貌，时时见新景，是这十年强蛟镇村面貌变化带给人的最大感受。这十年，强蛟镇围绕海洋经济不断阔步前行，坚持工业产业转型升级，文旅项目建设提质增效，持续深化“南游北工”发展战略，推动“蓝湾绿岛逍遥强蛟”加速追赶跨越，先后获得浙江省生态镇、浙江省“十大春意小镇”“两美”浙江特色体验地、全省小城镇环境综合整治行动突出贡献集体、浙江省AAAA级景区镇等荣誉，勇当“两个先行”和现代化“双优”新宁海发展排头兵。

半岛资源是强蛟的独特优势，是依海而生、向海图强的新空间和新亮点。浙江被赋予高质量发展建设共同富裕示范区的光荣使命，强蛟将以奋进者的姿态开拓创新，坚持党建引领，锚定向海图强，推动

峡山与薛岙两个区块美丽崛起、比翼齐飞，奋力书写滨海特色共同富裕强蛟样板的精彩篇章。

（一）产业强镇逐梦湾区经济高地

这十年，强蛟坚持把发展经济着力点放在实体经济上，推进产业基础高级化、产业结构绿色化，提高经济质量效益和核心竞争力，湾区循环经济产业集群实现低碳、绿色、高质量发展。

循环经济产业集群优势不断增强，工业经济量质齐升。构建以国能宁海电厂为龙头的循环经济产业2.0版，大力推进建材产业转型升级，统筹推进绿色制造体系建设，不断提升价值链。2021年，全镇250家企业实现工业总产值超60亿元，较“十三五”初期增长81%，推动湾区经济高质量跨越式发展实现新突破。

创新赋能产业发展。抢抓“双碳”赋能发展新机遇，协同推进产业融合与科技创新，构建现代产业体系，培育壮大经济发展新动能，开启“滨海特色产业富民”高质量发展新航向。十年间，获评国家高新企业10家，省、市级科技工程中心企业5家，县级科技工程中心企业10家，县级科技工程企业12家，创新优势越来越明显，创新基础越来越扎实。

湾区全域治理激发新活力。围绕“一核引领、两湾支撑、全域美丽”县域空间新格局目标，着力发挥宁海湾区块全域空间优化支撑作用，高标准高质量推进工业全域治理，强势推进“建新、拆旧”行动，引导潜力企业规范化生产，加速谋划临港工业安置园（一期）建设，通过“腾笼换鸟”让老树发新芽，让土地存量变成优质空间增量，加快实现湾区经济可持续高质量发展。

强蛟将进一步聚焦动能培育，深入落实“潮起甬南、智汇宁海”工程，进一步优化营商环境，推动传统产业高端化、智能化、绿色化，激发企业融合发展活力。力争到2025年，实现规模以上工业科技研发全覆盖，构建起“微成长、小升高、高壮大”梯次培育机制，切实形成龙头企业带动、配套企业集聚、产业集群发展新格局。

（二）半岛融湾绘就全域美丽画卷

国庆假期，宁海湾成了不少游客打卡的热门选择。游客码头船来船往，一路沿着斑斓海岸线，渔文化馆、音乐咖啡吧、海洋生物博物馆、文创产品体验区、露营基地，村村有特色。

宁海湾的“出圈”，得益于自在蓝湾风景线的推进建设。该风景线立足滨海资源优势，集滨海旅游、文化休闲、乡村体验于一体，沿途串联起海岛、景区、民俗、村庄等节点资源，成了市民游客体验“诗与远方”的好去处。“精特亮”撬动“滨海美”，吸引游客纷至沓来。

有着海、湾、岛、滩独特资源的强蛟镇，坚持把“精特亮”创建与乡村全域旅游、工业全域治理、全域党建联建、美丽城镇建设等重点工作一起纵深推进，围绕“精品线路”整体打造和业态培育，加大对民宿、农家乐等新业态的支持培育，实现以景兴游、以游促业、以业富民，为地方乡村经济引来源源不断的“活水”。

围绕“一街一巷一园一码头一环线”，持续完善基础设施建设和功能配套，投入1.2亿元打造滨海风情街、演艺公园、旅游厕所等滨海休闲文化环境提升项目，有力促进宁海湾旅游发展及城镇品位提升。2022年强蛟投入2000万元，着力推进“漫步蓝湾”特色街区创建，促进服务功能提升、商业业态引进、基础设施完善，致力打造集休闲、娱乐、餐饮、住宿、水上运动于一体的滨海旅游度假街区。

环湾保护，拥湾发展。强蛟强化镇村联动、要素整合和多维合作，深入挖掘峡山蓝色海岸和薛岙滨海风情，贯穿沿海村庄，串联海岛观光、渔村古迹、四季花海等环岛旅游线，建成9条乡村旅游精品线。同时下足“绣花功夫”，凸显特色化、个性化和原生态，实现“一村一景，一村一韵”，绘就全域美丽新画卷。

（三）文旅富民打造滨海共富样板

7月，在浙江省乡村旅游高质量发展大会暨万户农家旅游致富计划启动仪式上，全省首批乡村旅游促进共同富裕案例名单揭晓，强蛟镇“‘金苹果’模式力促全域村庄组团共富”，入选全省首批乡村旅游促进共同富裕案例，为宁波市唯一。

地处象山港尾的强蛟在发展旅游业上有着独特的资源优势。坚持以旅兴村、以旅强镇、以旅富民，着力做好宁海全域旅游四大板块中的滨海旅游“大文章”，致力于打造“家门口”美丽风景，乡村全域旅游发展迅猛，成为宁波市乡村全域旅游示范区。

为夯实共同富裕基础，积极探索全域村庄共富新模式，从“村庄美”“业态兴”“百姓富”持续推进工作，加快推进乡村全域旅游建设步伐。按照全域旅游大景区的发展定位，推进艺术乡建全域覆盖，串联打造艺术湾，实现村村有特色，村村好风光。以红色党建引领蓝湾发展，全镇九村打破地域界限，打包整合旅游要素，组建共同富裕产业党建联建集群。

以峡山和薛岙“两个美丽”行动为“双核”，围绕骆家坑环线、峡山后脚岭环线、旅游专用道等“三条环线”，打造下渔、骆家坑、峡山古渔村、加爵科日落茶歇“四景”，全面挖掘“高端海岛旅游、研学旅游、户外营地、体育运动、文化产业”等五种业态。

1—9月，全镇旅游收入7200万元、同比增长23%。强蛟在全县首设镇级旅委，突出共建共享共富，通过二产转型升级、三产文旅融合等有效路径，不断推进优环境、聚人气、兴产业，凝聚成助力创业创新的“双创”动力内核，切实把“蓝湾绿岛”的生态优势转化为“金山银山”的发展优势。

随着共富模式的推进，强蛟美丽乡村建设如火如荼。峡山、骆家坑、下渔等村通过“艺术赋能乡村振兴”和旅游业“微改造、精提升”工程，做强做大滨海产业和乡村旅游，成了远近闻名的景区村、网红村，吸引了游客，也鼓起了村民的“钱袋子”。

据不完全统计，近年来强蛟累计培育、新建、改造三产服务业209家，带动相关就业1500余人次，休闲渔船、九珍厨房等实现年均收入20余万元，鱼鲞、风鳗、海苔等海产品销售额超2000万元，全域乡村旅游综合收入上亿元，有力推进乡村振兴促进共同富裕。

二十、深甽镇：底蕴与繁华共舞

十年砥砺奋进，十年春华秋实。中共十八大以来，在习近平新时代中国特色社会主义思想指引下，深甽人民牢记嘱托、勇担使命，踔厉奋发、锐意进取，在改革创新发展上取得了一个又一个胜利、创造了一个又一个辉煌，汇聚成了来之不易、引以为傲的“深甽答卷”。

（一）坚持党建引领　凝聚红色发展力量

思源茶舍、红心桃工坊等开门营业，线路整治工作顺利完成，运动休闲广场和柘坑古祠堂修缮工程基本完工，时光小卖部、36条候车厅等节点相继落地……在深甽镇柘坑戴村，新农村建设全速推进，红旅融合持续引流增收，村集体经济收入不断攀升，持续向着高品质“绿富美”样板村迈进。这是深甽镇党建引领打造“高颜值”新农村中的一景。

深甽镇牢记习近平总书记的嘱托，坚持党建引领，秉承“绿水青山就是金山银山”的理念，立足村庄实际，充分挖掘资源，引领各村走出一条条具有山村特色的发展道路，实现从小康梦再到振兴梦的发展转变。

十年来，深甽扎实推进基层党建基础，坚持全面从严治党，通过破难攻坚常态化、苦干实干导向化、责任清单制度化、干部关爱全程化等举措，全力打造深甽实干型团队，中心工作不断干实干好。同时，该镇不断健全森林温泉小镇大党委体系，深挖总书记足迹、名家名人、红色文化等元素，打造“两山实践・初心追梦”“红韵文旅・泉心筑梦”“乡约智富・匠心织梦”3条党建精品示范带，深化产业集聚、项目牵引、睦邻合作、强村带动等党建联建工作，提升“甽好先锋”机关党建品牌、“红心助企”“两新”党建品牌、“初心为农”农村党建品牌，为深甽高质量发展汇聚红色动能。

（二）推进重大项目　加快国旅创建步伐

“十一”黄金周，宁海安岚“一房难求”，实现常态化疫情防控下逆势上扬。宁海安岚自2019年初营业以来，游客好评率在宁波地区首屈一指，成为深甽“网红”。

2021年以来，深甽镇与度假区管理中心紧密合作，加快推进“国家级旅游度假区”创建工作，以“工作目标化、管理精细化、运作专班化”的方式，全面对标对表旅游度假区等级划分细则，围绕“国创”60项重点工作、98项具体工作任务，已经完成或基本完成87项。7月，宁海森林温泉旅游度假区列入国家级旅游度假区意向名单。

近五年来，度假区建设重点工程30个，其中已建成24个，完成投资42亿元。宁海森林温泉大道（G527线梅林至深甽段）配套工程全面完工；国家级旅游度假区提升工程稳步推进，完成度假区集散中心建设工程、景区木栈道提升改造工程、AAA级旅游厕所建设工程等；大庄山谷・乡根一叶项目11号地块建筑主体结构完成80%；燕山温泉度假酒店项目一期主体结构完成……稳步推进的重大项目建设进一步夯实了“国旅”创建基础。

创建在路上。深甽正在积极推进风情老街建设。深甽村的龙山街历史悠久，有着深厚的文化底蕴和商业痕迹。为恢复老街繁荣的景象，现已完成风情老街一期概念性规划方案，完成南溪路“三线”下地项目，完成龙山街以北地块红线范围内房屋测量。

不断加快特色创建，全力开展国家级旅游度假区和省级特色小镇、省级旅游风情乡镇、省级运动休闲乡镇“一区三镇”创建工作，宁海森林温泉小镇成功列入省级特色小镇第四批创建名单，宁海温泉乐动乡镇成功列入第二批省级运动休闲乡镇培育名单，宁海森林温泉旅游度假区获评省级考核优秀，深岬镇创成第四批省级旅游风情乡镇，并获评浙江省首批 AAAA 级景区镇。

（三）坚持创新发展 驱动经济高质量发展

宁波沃特汽车部件有限公司以“控制臂”为研发方向，成为国内第一家自主开发生产单片式控制臂的企业。自投产以来，“沃特汽车”的单片式汽车底盘控制臂能提供每年超亿元销售额。数据显示，这家国家级“小巨人”企业生产的高强钢单片式汽车底盘控制臂，已占领 70% 以上的国内市场。2021 年，“沃特汽车”总产值 4.3 亿元。

十年来，加快推进产业转型升级，落实落细工业治理，工业企业综合实力不断增强，规模以上企业达到 39 家，产销超亿元企业 8 家。2022 年 1—8 月实现规模以上工业总产值 21.9 亿元，同比增长 5.8%，进出口总额预计达到 7.15 亿元；招商引资工作成效显著，累计完成浙商回归 19.27 亿元、市外内资 18.14 亿元、县外内资 18.14 亿元。

十年来，坚持以创新赋能工业经济高质量发展，镇域企业创新能力不断增强。信豪铝业、兴达旅游等 8 家企业荣获国家高新技术企业，三才五金等 2 家公司列入市级工程技术中心培育项目，五峰机械等 6 家企业列入市级重点技改项目，沃特公司列入省级工程技术中心项目，阿诺丹等 4 家企业列入宁海县“215”工业企业培育工程名单。该镇已累计完成发明专利授权 79 件，实用新型发明专利 456 件，外观设计发明专利 758 件。

为增强发展后劲，积极落实“三服务”“五问五帮”活动部署，大力开展“服务企业大比拼”活动，常态化进行企业走访，不定期邀请税务专家为百家企业解读企业普惠性税收政策，走访指导企业落实安全生产责任，会同生态环境局加强企业环保服务，并为企业生产技改、投资扩建创造条件，着力解决企业发展过程中的困难和问题。

（四）汇聚公益力量 筑就民生共富之路

在深岬镇长洋小学开学之际，乡贤们和多家爱心企业发起成立‘正学教育慈善基金’，用于学校后期的改造提升、奖教奖学和贫困学生救助等。长洋小学经改建后正式开学，放眼新校园，校史馆、长善馆两馆建设出新；教学设施逐步完善；教学楼、实验楼、学生餐厅焕然一新。

大力发展教育、卫生、文化、体育等事业，不断推进民生实事建设，提升群众幸福感和获得感。教育方面，加大教育资金投入，设立“胡三省奖教奖学基金”，累计发放奖教奖学资金 1211 万元。卫生方面，总投资 1.5 亿元的县精神康复中心暨深岬中心卫生院迁建工程主体建筑已完成验收，内部装修已接近尾声。不断加快民生项目建设，镇社会服务管理中心改造、双湖小学改建、大里小学教学楼新建、敬老院改造提升、深岬镇中心幼儿园新建、长洋小学改建等项目已正式投入使用。文体方面，成功举办十二届“十月半”民俗文化节、四届山地马拉松赛，并荣获第四届金汤奖优秀温泉节庆。

全面推进垃圾分类工作，获评国家卫生乡镇、宁波市农村生活垃圾分类处理工作示范乡镇。为切实保障人民群众生命财产安全，该镇全面构建安全生产责任体系，深入开展安全生产“四大会战”回头看工作，全方位组织开展企业员工消防安全培训，不断织密安全生产网。

二十一、胡陈乡：立足资源禀赋 打造特色产业

过去十年，多彩胡陈从宁海众多乡镇中脱颖而出，凭借浪漫的桃花、甜蜜的桃子、口感细腻的土豆、精彩的户外运动赛事，吸引无数爱好户外休闲的游客纷至沓来。

十年来，胡陈乡紧紧围绕建设“多彩农乡、零碳胡陈”的奋斗目标，经济社会各项事业取得重大进展，跃入崭新发展阶段，相继获得中国最美村镇 50 强、中国美丽乡村创建先进镇、国家级卫生乡镇、浙江省休闲农业与乡村旅游示范乡镇、省级水蜜桃特色农业强镇、农业绿色发展省级示范区、宁波市乡村全域旅游示范区、美丽城镇建设市级样板镇等多项荣誉。

（一）锐意开拓加强自身建设 治理效能得到新提升

十年来，始终把加强党的全面领导贯穿到党委、政府工作的各领域、全过程，始终坚持党要管党、全面从严治党，从严从实加强自身建设，全心全意厚植为民情怀，不断提升党委、政府的治理能力和水平，在疫情防控、重大项目建设、文明城市创建、村级组织换届等一场场大战中攻坚克难、勇往直前。

首创的党员积分制管理制度在全县推广，通过特色化打造“七彩课堂”“五味课堂”，常态化举办学习交流活动，推动党员自觉参加党内政治生活，将全面从严治党落实到基层党组织的神经末梢，探索出一条“小积分”管好“大队伍”的党员管理新模式。坚持守纪执纪齐头并进，相继出台政府投资项目资金管理、村级集体临时用工管理等 33 个规范性文件，运用“互联网+”“文化+”“指数+”等手段，畅通群众监督途径，强化监督执纪

问责，拓宽“清廉胡陈”建设维度，为乡域经济社会发展聚集正能量保驾护航。以“双整两全”为目标，相继完成5个村攻坚整转，6个村荣获县级百村立功竞赛奖项。

（二）全力以赴推动产业升级 综合实力实现新跨越

始终把经济发展作为第一要务，十年来，精准施策、靶向发力，全力以赴推动产业升级，经济发展态势稳中向好。

作为农业乡镇，不断巩固农业产业优势，持续强化农业设施建设，以“三农”需求为出发点，做好高标准农田、排涝站建设、下涨塘清淤等项目，为农业生产提供更高安全保障。前段时间又完成了1210亩水稻绿色防控试验工作，建成了抹茶种植基地，国元抹茶生产基地一期项目建成投产。

在优产品的基础上，致力于打响农业品牌，如“七彩胡陈”成功创建省知名商标，“胡陈土豆”入选浙江省名牌农产品，“甬优17”获评2020浙江好稻米金奖，番茄获评市级金奖。在全县首建水蜜桃产业农合联，将水蜜桃生产、经营主体联合起来，实现互助合作，实行统一的生产标准和技术标准、实行一套管理制度，采用同一品牌经营销售，有效拓宽宁海县水蜜桃推广销售渠道，提升水蜜桃市场竞争力。

（三）积极有效抓好融合发展 全域旅游彰显新格局

胡陈自然资源丰富，生态环境好，借着文旅融合的东风，大力发展旅游产业，推进农文体旅深度融合。

成功创建省AAAA级景区镇，入选首批省运动休闲乡镇创建名单和第四批省旅游风情小镇培育名单，打造集山海风光、户外运动、农事体验、特色民宿于一体的发展链条，灵动乡野“8”字形精品线入围浙江省休闲农业与乡村旅游精品线路。

东山桃园，恰如其名，“春来花似海，夏熟果如蟠”，满山桃花是众多游客打卡必到之地，熊小米“萌宠乐园”集当下乡村旅游最热的“本土、亲子、田园”主题于一体，为宁海亲子家庭增加了遛娃新去处。花筑奢·胡陈粮仓轻奢设计酒店、省级白金级民宿星乡无尘，兼具传统建筑和现代简约的装修风格，面朝稻田、背倚茶园，周边附有良田、美池、桑竹，在暮色四合之际，静坐民宿阳台，感受清风跨过湖泊，既可以看露天电影，也可以烧烤，颇受年轻人青睐。永和村滑翔伞体验、岙里王村溪溪里轻奢营地、长山主村露营平台，户外皮划艇等各类户外运动项目覆盖水陆空，全方位欣赏胡陈的阡陌良田、村寨农舍、绮丽山川。

（四）持之以恒改善乡村品质 宜居城乡展现新形象

十年来，胡陈乡域市政建设日趋完善，商业街完成风貌改造，主要道路宽敞亮化。随着盛宁线力胡段全线通车，进入县域“20分钟交通圈”，乡域道路得到提升，成功创建市级“四好农村路”示范乡镇。持续推进“五水共治”和环保专项整治，完成中堡溪美丽河湖工程，成功创建省级美丽河湖，对全域生态河道、小流域、水环境开展系统治理，大力提升群众用水卫生。村容乡貌大展新颜，垃圾分类工作走在全县前列。高质量培育各类特色村、精品村，胡东村获评省级美丽乡村特色精品村，梅山村成功创建省级美丽宜居示范村。2018年，胡陈乡承办了全省深化“千万工程”推进乡村振兴现场会。

（五）坚定不移推进全民共享 民生福祉站上新高地

坚持把民心工程办到百姓心坎上。胡陈乡以需求、问题、未来为导向，按照大民生、小切口的方式，构建涵盖教育、医疗、养老等功能的全方位公共服务体系，让民生保障体系更加完善，让人民群众的幸福指数稳步提高。

2019年，宁海县第一医院医疗健康集团胡陈分院正式揭牌成立，这是宁海县第一个整体迁建的乡镇卫生院，按照集医养结合于一体的甲等卫生院标准建设，实现胡陈老百姓在家门口就能看名医的愿望。

十年来，胡陈乡基本完成大水管网供水到村工程和农村饮用水提标达标工程，切实保障群众饮水安全。积极拓展养老服务，投资250万元建成颐乐居家养老服务中心，新增A级以上居家养老服务站18个。坚持教育优先发展，奖教金发放额逐年增长，胡陈乡中心幼儿园成功创建省二星级幼儿园。

徐霞客开游节 20 周年回眸

2022 年 5 月 19 日是《徐霞客游记》宁海开篇 409 周年纪念日，也是第十二个“中国旅游日”，第二十届徐霞客开游节。

《今日宁海》推出徐霞客开游节 20 周年回眸特别报道（记者：赵燕、戴依、潘怡帆、周韵健　通讯员：邵颖玢），抒写开游节对宁海县产业发展、城市更新、文化浸润等方面带来的深远影响和积极意义。本文据此改写。

一、产业篇

20 年的光阴，已举办 19 届的徐霞客开游节，成就一个著名的节会品牌：中国节庆国际影响力百强、中国最具潜力十大节庆、中国十大人物类节庆、中国节庆活动杰出典范……

开游节为宁海打开一个全景发展的新视界：许家山“沉睡”的石头活了，原是砍柴路的登山步道火了，十里红妆的盖头掀起来了，旅游、文化、体育共奏发展富民交响曲，唱响“绿水青山就是金山银山”的新乐章。

（一）处处皆风景　村村有看点　全域旅游渐入佳境

美丽的山水是宁海发展全域旅游业的天然根基。自 2016 年以来，宁海举全县之力发展全域旅游，先后获得全国十佳生态旅游城市、全国休闲农业与乡村旅游示范县等荣誉称号，2019 年获评首批“国家全域旅游示范区”。

宁海吹响全域旅游再出发的号角，突出“全县一盘棋”，打造形成各美其美、错位发展的乡村旅游发展格局。立足地域特色，构建森林温泉、原乡古镇、滨海运动、农事体验四大板块，建成全国乡村旅游重点村 3 个、省级景区镇 16 个、景区村 200 余个，培育乡村重点节庆 36 个，建成民宿 528 家。充分发挥产业集聚优势，打造形成南山花语、原古石村、汶溪翠谷等乡村旅游集聚区 6 个。其中，强蛟镇发挥宁海湾景区的辐射作用，带动周边的骆家坑、峡山古村集聚起一批网红咖啡、帐篷露营、手工艺坊、滨海民宿等旅游业态，列入市乡村全域旅游示范区创建单位。同时打破地域边界，以 4 条精品线路为依托，跨乡镇合力推进共同富裕。森林温泉大道连接 3 个乡镇（街道）15 个行政村，整合潘天寿故里、河洪长寿村、森林温泉度假区、龙宫古村等优势资源，培育温泉度假、休闲养生、乡村体验、森林康养等业态，形成“村在景中、景在村中”的美丽景象，并获评首批宁波“最美精品线”。

从景区美到处处美，连片成景、连景成画，全域旅游的美丽图景已在宁海大地渐次铺陈。而连续举办 19 届的“中国徐霞客开游节”则是巧借《徐霞客游记》开篇语精心烹制出的一道旅游盛宴，是宁海向世界发出的邀约与集结。

（二）红妆添古韵　人文增魅力　诗与远方天然牵手

走进东方艺术博物馆，非遗民宿、博艺书房、传统手工技坊、大师工作室、青年文创设计室……集生产、展览、休闲“三位一体”的多业态高品质非遗产业园区已初步成形。作为市级培育文化产业园区，该馆已入驻各类文旅商户 20 余家，产业园年销售总额 1200 余万元，成为一个产业特色鲜明、服务体系完善、管理运营规范的文化产业精品园区。

文化是旅游的灵魂，旅游是文化的载体。宁海就像一本厚重的书，一个沉淀的“矿”，等着我们去研读、去深挖。她既是方孝孺、胡三省、潘天寿、柔石等历史名人的故乡，又拥有众多的古镇、古村、古戏台，平调耍牙、十里红妆婚俗、泥金彩漆、前童元宵灯会列入国家级非物质文化遗产名录。

宁海以开游节为契机，坚持“以文兴旅、以旅促文”，历届开游节中的重头戏——开幕式，已成为汇聚宁海民俗风情、展示宁海深厚文化底蕴的舞台。

十里红妆作为宁海地域文化中的一颗耀眼的明珠，宁海以十里红妆婚嫁民俗文化、现代婚庆文化及其衍生的婚俗文化旅游为特色内涵，开发十里红妆文化旅游项目，同时开发红妆主题精品游线，形成以婚俗文化体验、文化养生旅游为主，婚宴美食、手工业体验和节庆旅游为辅的“2+X”文旅产业，助推红妆产业化发展。规划总投资约 18 亿元十里红妆文化旅游开发项目进展顺利。

通过深度挖掘名居、民俗等人文资源，做深宁海平调、泥金彩漆等国家级非遗文章，打造中国历史文化名镇前童和中国文化名村许家山等一系列文化旅游精品，成功打响“中国古戏台文化之乡”“中国婚嫁文化之乡”“中国茶文化之乡”等文化品牌。

文化和旅游深度融合。不仅有开游节，还有各地同步实施的“一镇一节、一乡一品”工程，在全县打造前童行会、胡陈桃花节、岔路葛洪文化节等50余个特色节庆。以“文”为媒、以“旅”引客。文旅产业成为宁海现代服务业的龙头产业和宁海高质量发展的重要产业。

（三）借得青山道　漫步水云间　登山步道点绿成金

登山健身、山地露营，观东方日出、赏沧海桑田。

以霞客为媒，山水为介的开游节，不仅见证了宁海旅游的成长与蜕变，同时也见证了一条步道带来的精彩。在2009年建设的百公里步道的基础上，2012年，总里程达500多千米的登山健身步道全面完工，同时建造休息站、露营区、接待站、报警点、垃圾处理系统等辅助设施，配套户外安全救援体系、太阳能救援杆设备、路标与安全警示标识系统等，步道使用变得更安全、更便利，被国家体育总局命名为“国家登山健身步道示范工程”，并获人民之选——中国新美步道Top10，浙江省运动休闲绿道十佳。

登山步道作为服务全民健身的重要载体，将沿线景区景点、自然景观、古村落、农家乐等各种资源“串珠成链”，引发体育健身、户外运动用品、乡村旅游、经济富民等多重效应。据初步统计，每年在健身步道上锻炼的人数超过300万人次，沿途农家乐接待游客超过200万人次，促进农产品销售累计近10亿元。登山步道激发的登山徒步、冰雪运动、户外救援装备等体育制造产业初步形成。宁海已集聚户外运动用品、健身器材、体育教学用品等体育制造企业200多家，催生体育协会、户外运动俱乐部、赛事运行公司等服务型企业100余家。

借助步道举办的宁海越野挑战赛、千里走宁海等活动，以登山步道为背景拍摄的电影《春天的马拉松》，不仅跑出了体育运动的无限激情，也拉动了餐饮住宿、娱乐休闲产业的发展，一条登山步道让点绿成金成为现实。

从登山步道到景观步道，从公园步道到亲水步道，从街巷步道到健身步道……条条步道上，跑出的都是惠民、富民的“加速度”。

20年的光阴，激起全域旅游的美丽浪花；20年的脚步，踏出千里步道的铿锵足音。20年来，宁海始终坚持生态富县、文旅旺县，以徐霞客开游节为重要抓手，加快发展全域旅游、促进文旅融合，成为全省实现国家级生态环境创建大满贯的两个区（县、市）之一，旅游人次和收入分别从2002年首届开游节的72万人次、3.8亿元增长到2000万人次、200亿元量级水平，分别增长了27倍、52倍。

二、城市篇

400多年前，明代旅行家徐霞客在其游记中说，“癸丑之三月晦，自宁海出西门……”

400多年后，宁海用一本书打开一座城。自2002年举办首届徐霞客开游节始，宁海连续20年，用一个节庆助推城市发展，见证其辉煌成就。

这20年，宁海完成从旧城到新城的转身，实现从颜值到气质的升华，达成绿色与人文的交融，唱响宁海的蝶变之曲，揽胜之曲——实现国家级生态创建大满贯，摘得国家级“两山”实践创新基地、国家卫生城市、国家园林城市、全国县城新型城镇化建设试点、省AAAA级景区城等荣誉……

（一）品质+温度　因节赋能老城蝶变

徐霞客开游节这20年，是宁海老城的蝶变史。而居其首，则是城南的蜕变。

徐霞客选择在西门开篇，宁海也每年把西门作为开游节的主阵地。2010年，占地26.3亩，建筑面积6500平方米的西门城楼拔地而起，青砖黑瓦，朴素大气。

从西门城楼延伸开来，许多建筑因势而起，总长1600多米的徐霞客大道拓宽新建；兴宁廊桥2018年完工，整座桥运用不同色温的光源，营造美轮美奂的夜色美景，成为远近闻名的“网红桥”；拆除重建的南门大桥2022年元旦正式通车，成为宁海南北对外交通的重要枢纽……

因节赋能，城南蝶变加速，兴宁南路打通，跃龙山桥重建，徐霞客公园再焕风华，老化肥厂地块改造、洋溪亲水平台建设、徐霞客大道西段延伸……城南发生翻天覆地的变化。

城南的快速发展，带动整个老城区的涅槃重生。沿着徐霞客大道，往曾经宁海最繁华的桃源桥一路北上，城隍庙地块、西门地块、水角凌地块、西大街南地块等相继启动改造重建。

借国家棚改政策的东风，自2015年至2021年底，宁海县有序推进棚改和老旧小区改造项目，老城区整体征迁改造工程投资近150亿元，改造征迁面积近180万平方米，超7000户群众实现“忧居”到“优居”的转变，历经蝶变的老城区迎来新的发展“春天”。此外，在大力改善老城区基础设施、交通拥堵等方面也可圈可点。

（二）颜值+气质　宜居宜业时尚尽显

随着老城区更新步伐的加快，新城建设展现一片新气象。

沿着天明湖公园看过去，得力、旗滨、建新、奇精等总部大楼拔地而起，会展中心、中医医院、桃源商务楼等40多个重大项目相继建成，潘天寿艺术中心、喜来登酒店、城市阳台周边市政配套工程等14个项目有序推进，多个临湖现代化住宅小区相继交付，新城市中心区“城市客厅”功能日益凸显。十年时间，宁海县主城区建成面积从32.7平方千米扩大到43.34平方千米。

2012年开始，宁海县以“一核带四心、一环联四区”的理念建设新城市中心区，范围东至兴海路，南至金水路，西至兴宁北路，北至高速互通，占地面积约6.3平方千米。以天明湖生态景观功能区域为核心，带动周边4个城市功能中心：行政中心、文化中心、会展中心、商务办公中心，同时以城市商业功能环联系中心区主要功能区块及周边宜居生活社区，并布置公共服务节点。

拥有高颜值的同时，新城市中心区的品质和能级也在不断提升。围绕天明湖核心区域，正在串联周边很多子项目，着力打造高品质的环湖商圈；天明湖核心区块亮化工程进一步提升，都市运动休闲旅游工作进一步培育；天明湖商务核心区块列入首批省城市风貌样板区创建名单。

彰显着现代化城市气质的西子国际、桃源广场、高铁商圈等一批新型商圈，正在成为新的人流聚集地。如今的城之北，正朝着“宁海诗画客厅、宜居宜业高地”的目标，展露腾飞之势。

（三）交通+旅游　诗和远方触手可及

高铁+旅游打开广阔市场，逐渐成为旅行新时尚。通过高铁的链接，中国旅游日的发祥地与中国旅游日的主会场有了美妙的互动。从汽车到高铁，宁海20届开游节，见证了人们出行方式的演变。

近20年，宁海交通有三个重要历史节点，分别是建成投用第一条高速、第一条高铁以及基本形成“一环八射三纵七连”公路网。

2001年12月，抢在首届开游节前半年左右，甬台温高速宁海段通车，自此，宁海实现高速公路从无到有的突破，宁海与长三角周边城市的距离被无限拉近。

2009年国庆节前夕，铁路宁海站投入使用，开启宁海人在自家门口坐高铁出行的新时代。高铁通车，进一步发酵全国各地的游客到宁海的热情。据统计，铁路宁海站可通达近153个城市，疫情之前进出客流日均1.2万人，位居甬台温客专沿线县级站点第二。另外，宁海站还是全省第五个、全市第一个拥有始发列车的县级火车站，已开通宁海至北京、上海、贵阳以及亳州的始发列车，开通南京等地至宁海的旅游专列高铁。

高速公路和高铁是宁海县对外交通大通道，而对内交通，12年前确定的“一环八射三纵七连”公路网基本建成，国、省道总里程翻番，道路密度从92千米/百平方千米提高到107千米/百平方千米。

随着公路主骨架基本成型，县域内的通行水平大幅提升，形成从城区辐射各乡镇、横连东西、纵贯南北的“20分钟交通圈”，实现“镇镇通国省道、镇镇通一级公路、村村通等级公路”的目标。据统计，宁海县公路通车总里程达1672.96千米，其中“十三五”新增公路里程101.3千米。其间，三门湾大桥及接线工程宁海段（G1523甬莞高速）建成通车，宁海自此拥有两条高速，大部分乡镇（街道）可实现15分钟上高速。

G228线南门至下陈段、象西线桥头胡至深甽段、甬临线梅林至山河岭段、盛宁线城区至胡陈段……一条条交通大道的建成投用，见证着宁海这座城市的飞速发展，也引领我们加速奔赴现代化“双优”新宁海。

大事记

1月

2日，宁海召开疫情防控领导小组（扩大）会议，研究部署疫情防控工作。

5日，县政府召开第112次常务会议。

同日，宁海支援北仑抗疫的250名医务人员完成任务凯旋。

11日，宁海开展欠薪投诉集中接访活动。

12日，市水利局局长张晓峰到宁海调研水利工作，并慰问困难群众。

17日，县政府召开第114次常务会议。

18日，县委书记滕安达主持召开县委全面深化改革委员会全体会议暨数字化改革工作推进会。

同日，力洋镇小青村、越溪乡下田村、一市镇西刘村、前童镇上溪村、梅林街道杨梅岭村、黄坛镇后黄村、西店镇吴山村、跃龙街道兴圃社区获评省级“民主法治村（社区）”。

19日，省工商联党组副书记蔡晓春一行到宁海，开展“助企开门红”活动，通过实地走访、交流座谈等方式，了解企业生产经营状况和诉求意见，为企业排忧解难，增强企业发展信心。

20日，全县接入省“智慧医保”平台工作推进会召开。

22—24日，县政协十一届一次会议召开。

23—25日，县第十九届人民代表大会第一次会议召开。

25日，力洋镇东园村99岁的“功夫奶奶”张和仙走进省人民大会堂，讲习武的好处。

26日，市委宣传部副部长任学军一行到宁海，看望慰问“浙江好人”毛黎明、“市优秀志愿者”陈先钱、“省道德模范”娄逢理等道德典型。

29日，县第十五届纪律检查委员会第二次全体（扩大）会议召开。县委书记滕安达在会上强调，要深入学习贯彻习近平总书记重要讲话精神和中央、省、市纪委全会精神，始终保持政治定力、战略定力，以永远在路上的坚定和执着，推进全面从严治党和清廉宁海建设向纵深发展。

是月，“为无名烈士寻亲”行动入选全省党史学习教育百法百例。

是月，跃龙司法所获评省级“枫桥式司法所”，为全县首个。

是月，强蛟镇峡山社区获评省商贸发展示范村。

是月，汶溪获评省级“美丽河湖”。

是月，世界首台全断面硬岩竖井掘进机首次实现井下无人掘进，宁海抽水蓄能电站填补国内竖井自动掘进空白。

是月，桑洲镇新建卫生院投入试运营。

是月，由宁海青年画家孙斌设计的《虎啸扬威》《瑞虎贺岁》等系列虎年生肖邮票珍藏册在县邮政集邮专卖店首发。这是宁海继《潘天寿作品选》特种邮票之后，由中国邮政发行的首套个人绘画作品专题邮册。

是月，宁海深甽镇初级中学姜春杰老师被授予全国自制教具能手称号。

是月，跃龙街道获省高标准生活垃圾分类示范片区，五街汇、璟慧园、枫景园、天景园、东泽园、东景花园、郁金花园、阳光景园8个小区获省高标准生活垃圾分类示范小区。

是月，建新赵氏科技有限公司上榜2021年浙江省创新型领军企业，是全市唯一。

是月，宁海文化基因解码成果获省级优秀，十里红妆、徐霞客开游节、前童古镇、潘天寿书画4个项目被列入省级“优秀解码项目”。

是月，宁海香榧品牌“轩峰”“冬益”荣登浙江省香榧十大品牌。

是月，县妇联获评全国妇联系统先进集体，是全市唯一。

是月，县工商联获评“2020—2021年度全国‘五好’县级工商联”。

是月，宁海以“循环经济创新实践引领县域经济可持续发展”为建设主题，入选新一批省可持续发展创新示范区建设单位，全省共9家，全市仅2家。

是月，县红十字会获评2021年度浙江省红十字工作先进单位。

是月，跃龙街道塔山社区东景花园获2021年度浙江省生活垃圾分类示范小区。

是月，葛招龙的木雕作品《人生·戏台》获中国民间文艺最高奖“山花奖”，是宁海第三个。

是月，宁海县茶山林场和宁波中加低碳新技术研究院有限公司入选全省首批林业碳汇先行创建基地。

是月，县第一医院医生王平获2021年9—12月“宁波好人”称号。

是月，国能浙江宁海发电有限公司、宁海强蛟海螺水泥有限公司、宁海金海开元名都大酒店有限公司、世贸中心小区获评2021年度“浙江省节水标杆单位”。

2月

8日，宁海县重大项目集中开工仪式举行，共28个重大项目开工，总投资128.5亿元，均为一季度计划开工项目，年度计划投资37.4亿元。

9日，市委副书记、市长裘东耀到梅林街道河洪村、大庄乡根·一叶温泉谷项目现场、宁波震裕科技股份有限公司、宁波吉德电器有限公司调研。

10日，宁波电网首台北斗遥控开关在宁海投运。

15日，市委常委、市纪委书记、市监委代主任叶怀贯到宁海调研全面从严治党工作和企业复工复产情况。

18日，新一届县政府召开首次常务会议。

28日，县委书记滕安达主持召开全县领导干部会议。

同日22时开始，浙江省“智慧医保”平台上线，宁海正式进入“智慧医保”时代。平台上线后，前期暂停的医保就医购药结算、医保线上线下经办业务等将全面恢复办理。

是月，宁海县通过国家卫生县城复审，实现“五连冠”。

是月，东方日升股份有限公司首次入选胡润中国500强。

是月，强蛟海岛民宿“蜃海湾”获评2021年度全省等级民宿金宿，是本次全县唯一一家。

是月，县人民教育基金会入选全省百家品牌社会组织，是唯一一家县级组织。

是月，力洋镇海头村入选全省第一批未来乡村建设试点村（100个），为全县唯一。

是月，宁海姑娘王心雨入选冬残奥会中国代表团残奥单板滑雪队，这是浙江籍运动员首次出征冬残奥会。

是月，力洋镇小青村、越溪乡下田村、一市镇西刘村、前童镇上溪村、梅林街道杨梅岭村、黄坛镇后黄村、西店镇吴山村、跃龙街道兴圃社区等8个村（社区）获评省级“民主法治村（社区）”。

是月，由宁海媳妇王媛媛编排的舞蹈亮相北京冬奥会开幕式。

是月，强蛟获评省“五水共治”工作考核优秀乡镇。

是月，跃龙兴圃社区获2021年度省级“民主法治社区”称号。

是月，星海小学获评全国青少年校园足球特色学校。

是月，古稀老艺人韩燕飞一字一句默出整部戏，平调《御笔楼》50多年后再现宁海，在县平调艺术传承中心百花剧场试演。

是月，2021年度浙江省“最美乡贤”人选名单公布，儿童文学作家、诗人雪野名列其中。

是月，国家卫生健康委员会、国家中医药局近日决定对2021年“优质服务基层行”活动中表现突出、服务优质的机构给予通报表扬，宁海长街镇中心卫生院和力洋镇中心卫生院名列其中。

3月

1日，宁海县市民艺校正式开课。

2日，县互联网行业党支部组织生活会暨互联网行业党委工作研讨会召开前，举行省级“文润同心”网络文化家园示范基地揭牌仪式。

8日，宁海召开创建全国文明城市（省文明县）动员大会。

14日，纪念潘天寿125周年诞辰活动之致敬大师——宁海县书画名家作品系列展活动在童衍方艺术馆举行。省文联副主席、市文联党组书记、主席杨劲出席活动并讲话。

15日，县应急管理局举行应急管理行政执法队伍统一着装仪式。

18日，市生态环境局局长林伟明一行到宁海调研，并与县委书记滕安达，县委副书记、县长楼鼎鼎见面座谈。

21日，市中级人民法院环境资源审判普法教学基地在前童镇柘湖杨村举行揭牌仪式，同时还成立宁海首个环境资源共享法庭。

23日，市关工委主任邵孝杰一行到宁海，通过实地走访、座谈交流等形式，调研民营企业关工委建设工作。

24日，省委常委、省纪委书记、省监委主任许罗德到宁海调研清廉村居建设工作，同时督查耕地“非农化”“非粮化”整治情况。

同日，市社科院（联）党组书记、院长、主席傅晓一行到宁海，走访调研基层党建和社科联工作开展情况。

25日，宁海召开创建全国科普示范县动员部署会议。

28日，宁海县“五大革新”动员大会召开。

是月，宁海县获2021年度高质量森林浙江建设目标责任制考核优秀单位，连续2年获评此项荣誉。

是月，县自然资源和规划局不动产登记窗口获评2021年度浙江省不动产登记窗口便民利民服务成绩突出集体。

是月，县自然资源和规划局获评全省“农村宅基地工作成绩突出集体”，系全县唯一获此荣誉单位。

是月，由宁海县人民政府作为第一起草单位主导制定的《村务管理基础术语与事项分类》（GB/T 41374—2022）、《村务管理事项运行流程编制指南》（GB/T 41371—2022）、《村务管理　村务流程化管理实施指南》（GB/T 41372—2022）三项国家标准正式发布，并于3月9日起在全国实施。

是月，浙江省发布《2021年度政务公开第三方评估报告》，宁海在全省县（市）区位列第十，在宁波10个县（市）区排名第一。

是月，县档案馆完成对全县农村土地确权登记颁证档案的移交接收工作。这批档案包括乡镇（街道）级综合类、村级综合类、“一户一档”等档案实体，共计77115卷。扫描电子版、案卷及目录2套、图纸等一并移交进馆。

4月

6日，县政府召开第4次常务会议。

7日，宁海首次启用负压手术室救治“隔离病患”。

14日，县总工会举行第十五届九次委员（扩大）会议，以无记名投票的方式，选举产生王能迭为县总工会第十五届委员会主席。

18日，宁海首个货车司机防疫服务站投入使用，是全省首批82个货车司机防疫服务站之一。

19日，全市首家互联网行业联合工会在宁海成立。

20日，全县市场主体总量突破9万大关。

24日，宁波平安产险宁海支公司与宁海县黄精产业龙头企业宁波道合生物科技有限公司签订黄精干旱气象指数保险协议书，标志着全市首单黄精政策性农业保险落地宁海。

28日，省委书记袁家军一行到宁海下畈村、前童古镇、兴海社区调研。

同日，县政府召开第六次常务会议。

29日，宁海正式印发《宁海县稳链纾困助企若干措施》，共30条，在全面贯彻落实中央、省、市委近期出台的纾困政策的基础上，根据宁海实际情况和行业企业具体诉求，进一步加大对企纾困帮扶力度。

是月，宁海上榜国家级水稻制种大县，系全省唯一。

是月，宁海获评2021年度山区26县结对帮扶优秀单位。

是月，《我是宁海人》《西店团课》等11本读本入选第一批宁波市百本优秀红色读本，“强国必须强军”“没有共产党就没有新中国”等8堂课入选第一批宁波市百堂优秀“红色金课”。

是月，宁海县国家现代农业产业园成功入围国家现代农业产业园创建名单，是宁波市唯一上榜的农业园区，全省仅2个。

是月，宁海火车站旅游驿站、桑洲驿旅游驿站上榜首批省一级旅游驿站。

是月，宁海2021年度全省“无废城市”建设企业满意度位列全市第一，公众满意度位列全市第二。

是月，汶溪翠谷艺术谷民宿集聚区实践案例获评省旅游业“微改造、精提升”2021年度实践案例推介活动最佳案例。

是月，铁沙屿无居民海岛使用权成功出让，这是宁海首宗出让的无居民海岛使用权。

一季度，宁海外贸进出口总额为98.9亿元，与2021年同期相比增长36.6%，增长率居宁波各县（市）区第二位，实现“开门红”。其中，出口91.6亿元，同比增长34.5%，进口7.3亿元，同比增长70.3%。

5月

9日，省委第一巡视组向宁海县委反馈巡视“回头看”情况。省委第一巡视组组长金连山代表省委巡视组分别向宁海县委书记滕安达和宁海县委领导班子反馈了巡视“回头看”情况，省委巡视工作领导小组办公室副主任俞和良向滕安达传达了省委书记专题会议精神，对巡视整改工作提出要求。宁波市委常委、市纪委书记、市监委主任叶怀贯参加反馈会议并就抓好宁海县委巡视整改工作提出要求。滕安达主持向领导班子反馈会议并作表态讲话。

11日，宁海县与中国电建集团华东院举行签约仪式，浙江宁海中电建天河抽水蓄能有限公司揭牌，同时宁海天河抽水蓄能电站建设指挥部成立，强化统筹协调，确保项目顺利推进。

同日，县政府召开第7次常务会议。

12日，省人大常委会副主任李卫宁带队到宁海调研。市人大常委会主任张平、副主任宋越舜，秘书长彭朱刚陪同。

同日，发布宁海创建“全国科普示范县”倡议书。

13日，全体县级领导率先垂范、带头捐款，用实际行动号召全社会共同参与“慈善一日捐”活动。

同日，全县文旅资源普查推进会召开，贯彻落实全省文化和旅游资源普查工作推进会精神，进一步明确任务，系统全面推进文旅资源普查工作，对宁海县普查工作进行再动员、再部署、再推进。副县长龚慧参加。

14日，市委统战部副部长、市工商联党组书记王建云到宁海开展“走企联心助企纾困”专项活动，通过走访企业、座谈交流等形式，深入了解当前疫情对民营企业生产经营造成的影响，帮助纾解民营企业遇到的实际困难。

17日，安徽省蚌埠市龙子湖区委书记倪涛带队到宁海考察乡村振兴、园区建设、产业发展、“双招双引”等方面工作情况。

19日，庆祝“中国旅游日”2022年浙江省主会场活动、“最美风景在路上”夏季自驾游推广季启动仪式在中国旅游日发祥地宁海云上启动，第二十届徐霞客开游节同时云开幕。

同日，县红十字会召开第四届理事会第四次（扩大）会议，副县长郭文魁当选为新任红十字会会长。

23日，宁海开出《电子烟管理办法》施行后全省首张向未成年人销售电子烟罚单。

25日，全国公安系统英雄模范立功集体表彰大会在北京举行，县公安局网警大队副大队长林波被公安部授予“全国优秀人民警察”称号，是全市网警战线的唯一一名民警、全县第5个。

同日，省卫生健康委副主任曹启峰一行到宁海调研基层卫生工作。

26日，宁海县工商业联合会（商会）第十二次代表大会举行，选举产生了县工商联（商会）第十二届执行委员会和领导班子，何建春当选为执委会主席、县商会会长。

是月，宁海首个文物异地迁移保护项目孙升泰旧居迁移工程启动。

是月，张明养纪念馆入选第二批“中国民主促进会会史教育基地”。

是月，宁海县“打造‘集士驿站’服务品牌，推动农村物流集成改革”成功入选全省高质量发展建设共同富裕示范区最佳实践（第一批）“城乡区域协调发展先行示范”领域最佳实践。

是月，交通运输部发布了9个农村客货邮融合发展典型案例。宁海县“集士驿站”+公交邮路协同联动模式成功入选，为全省唯一入选案例。

是月，县回浦小学如意行进管乐团揭牌，标志着宁海首个校园行进管乐团正式成立。

是月，宁海越野挑战赛获评2021年国家体育产业示范项目。

是月，宁海首个生物多样性主题文化绿道——杜鹃山生物多样性主题文化绿道项目建成开放。

是月，县法院联合县妇联，在车河社区挂牌成立家事“共享法庭”。

是月，县实验幼教集团的“篮球小将”和大佳何镇中心幼儿园的“轮滑小将”，在2022年浙江省幼儿体育大会暨浙江省第十四届幼儿特色体育表演大赛中获得一等奖。

6月

1日，市人大常委会主任张平带队走访慰问宁海部分小学和幼儿园。

同日，省文明办副主任刘如文带队到宁海调研移风易俗工作开展情况。

2日，宁海杜鹃山生物多样性主题文化绿道开道仪式暨全县核应急宣传月启动仪式在杜鹃山举行。

7日，2022年全国高考拉开帷幕。宁海县高考报名人数为4521人，比2021年增加445人。设考点5个，考场154个。

8日，以“喜迎二十大档案颂辉煌”为主题的“宁海成就二十篇”档案图片展在县档案馆拉开帷幕。

9日，县政府召开第10次常务会议。

12日，宁海集士驿站电商运营中心揭牌仪式在县集士驿站总店举行，同时成立互联网营销师技能培训实训基地，标志着宁海县“五大革新”任务之一“集士驿站”迭代扩面工作迈入新的发展阶段。县委常委、副县长王辅橡参加。

14日，四川省普格县委副书记、县长刘环宇率党政代表团到宁海考察，并召开东西部协作党政联席会议。

16日，全县制造业高质量发展大会召开。县委书记滕安达在会上强调，要深入贯彻习近平总书记关于制造强国战略的重要论述，认真落实中央和省市有关会议精神，扎实做好助企纾困稳增长各项工作，政企同心、携手革新，合力推进经济稳进提质，共创宁海发展光明前景。

同日，市政协副主席叶剑鸣带队到宁海调研艺术振兴乡村工作，实地走访并召开座谈会。

同日，宁海国际商会第二届会员代表大会举行，审议通过《宁海国际商会章程》和《宁海国际商会换届选举办法》；选举产生了宁海国际商会第二届理事、第二届监事；选举产生了宁海国际商会会长、副会长、秘书长。

20日，市人大常委会副主任宋越舜带队到宁海调研助企纾困工作。

23日，宁海县和中航通用飞机有限责任公司举行签约仪式，签署通航产业战略合作框架协议、宁海通用机场运营管理合资合作协议。

同日，县政府召开第11次常务会议。

28日，全市推进“两个先行”、打造“六个之都”重大项目集中开工活动暨全市水利高质量发展大会举行。清溪水库项目是唯一分会场，省委常委、市委书记彭佳学通过视频连线宣布清溪水库项目开工。县委书记滕安达汇报项目准备情况。

同日，总投资达313亿元的25个重大项目集中开工。

是月，大佳何镇葛家村获评全省首批美育示范村，为全市唯一。

是月，省农业农村系统重大改革（重大应用）场景第一批“先行先试”名单公布，宁海“鱼塘流转”应用场景入选，为宁波市唯一，全省仅德清县、三门县、宁海县3个县入选。

是月，宁海县首次整村颁发农房不动产权证在大佳何镇滨海村发放。

是月，中心城区防洪排涝工程——竹溪工程通过验收。这是宁海首个通过验收的水利世行贷款项目。

是月，浙江公布首批16条主题非遗旅游线路，“红妆黛瓦、匠心工巧”——宁海非遗之旅上榜。

是月，2022年度服务型制造示范企业（平台、项目）（第六批）名单发布，得力集团获评浙江省服务型制造示范企业，成为宁海首家获此荣誉的企业。

是月，由宁海县水果产业协会申报的宁海白枇杷国家地理标志证明商标注册成功。

是月，宁海首个“银辉”共富治村工作室在胡陈乡梅山村成立。

是月，古镇乡韵精品线、胡陈灵动乡野“8”字形精品线入围。2022年“浙里田园”休闲农业与乡村旅游精品线路。

是月，宁波首个标准示范生态海塘——汶溪周塘除险加固工程完工验收。作为省海塘安澜千亿工程项目库首批标准示范海塘之一，该示范生态海塘的建成标志着宁海海塘建设进入高质量发展、打造宁海样板的新阶段。

是月，桃源街道社会组织服务中心案例——“探索‘11NX’模式　构建全方位服务体系”入选省基层社会治理百篇典型案例，也是宁海入选的唯一案例。

7月

1日，中国污水处理领域首个低碳团体标准《污水处理厂低碳运行评价技术规范》（T/CAEP 149—2022）正式实施。县水务集团作为唯一一家浙江省单位参与了编制工作，该集团也是宁波市首家参与制定全国性污水处理领域规范标准的单位。

1—3日，宁海县开展第27届汽车博览会，参展汽车品牌46个，其中，新能源参展品牌达到20多个，3天累计销售559辆，实现销售额8105万元，吸引1.7万人次。

4日，县委组织部、县委老干部局、县人力社保局举行全县规范干部退休工作推进会暨荣誉退休观摩仪式，宁海县31名退休干部获得荣誉退休纪念章。会上，新老退休干部代表在分享荣誉退休感言的同时，倡议全体退休干部积极进社区参与“银辉”志愿服务。

5日，甬同心·跟党走2022年新的社会阶层人士“寻美·宁波”主题活动启动仪式暨“宝藏甬村”助力农旅融合大师进乡村首站走进宁海活动举行。市委统战部副部长娄黛敏出席活动。

6日，省委常委、市委书记彭佳学到宁海县宣讲省第十五次党代会精神并调研稳进提质和除险保安工作。他强调，要深入学习领会习近平总书记重要讲话精神，全面贯彻落实省第十五次党代会精神，牢牢锚定“两个先行”的奋斗目标，在大局中找准定位，在全局中主动作为，奋力交出争先创优进位的高分答卷。

7日，副市长李关定到宁海宣讲省第十五次党代会精神并调研生物医药产业。县委副书记、县长楼鼎鼎，副县长龚慧参加。

10日，浙江万里学院党委书记蒋建军一行到大佳何镇葛家村，考察宁海县乡村共富陪伴式创业实践基地建设和暑期社会实践“村宝创业季”活动。

10—11日，由晴隆县委书记段棚率领的晴隆党政代表团到宁海考察。

13日，中国民主促进会会史教育基地——张明养纪念馆揭牌仪式在深甽镇清潭村举行。全国政协常委、副秘书长、民进中央常务副主席朱永新，省政协副主席、民进浙江省委会主委蔡秀军，市政协主席徐宇宁，市委常委、统战部部长卞吉安等共同为基地揭牌，县委副书记、县长楼鼎鼎致辞，县政协主席叶秀高出席仪式。

同日，民进浙江省委会第六届开明教育论坛在宁海开幕，论坛主题为“谱写新时代‘重要窗口’的美好教育篇章，助力高质量发展建设共同富裕示范区”。全国政协常委、副秘书长、民进中央常务副主席朱永新出席并作主题报告，省政协副主席、民进浙江省委会主委蔡秀军，市委常委、统战部部长卞吉安，市政协副主席、民进浙江省委会副主委、市委会主委刘毅，县领导楼鼎鼎、石雅洁、何建春等出席开幕式。

同日，市人大常委会副主任印黎晴率执法检查组到宁海开展乡村振兴“一法一条例一决定”执法检查。

同日，省公安厅党委委员、副厅长魏明带队到宁海调研指导公安工作。

14日，跃龙街道第三家道德模范工作室——“浙江好人”骆武创道德模范工作室成立。

15日，省体育局党组书记、局长郑瑶率队到宁海考察体育事业发展情况。

同日，2022年度全省体育宣传工作会议在宁海县召开。会议表彰2021年度体坛报体育宣传工作先进集体和个人。金华市、温州市、温岭市、宁海县体育部门代表作经验交流发言。体坛报社有关负责人作工作汇报。

18日，四川省普格县委常委、副县长陈日博率代表团到宁海考察对接，进一步深化两地交流，合力推进东西部协作工作。

19日，丽水市景宁畲族自治县委书记翁志鸿率党政代表团到宁海考察。

20日，市委常委、组织部部长郑敏强带队到宁海调研组织工作。

同日，省委统战部副部长王利月带领省党外知识分子“同心共富”专家服务团到宁海服务拟上市企业。县委书记滕安达主持专题座谈会。

22日，县政府召开第14次常务会议，听取并原则通过关于《宁海县加快推进“大综合一体化”行政执法改革试点工作的实施意见》、《宁海县争创省“科技创新鼎”五年行动方案（2022—2026）》起草情况、2021年预算绩效管理工作情况、《宁海县防汛防台抗旱应急预案》、《宁海县水域船舶污染事故应急预案》修订情况的汇报，还学习了省第十五次党代会精神。

27日，首届国际研究生现代竹结构论坛在宁海举行。

28日，中共宁海县委十五届二次全体（扩大）会议举行。全会听取和讨论了县委常委会工作报告，审议通过了《中共宁海县委关于忠实践行“两个维护”奋力推进“两个先行”共创宁海发展光明前景的决议（草案）》。

29日，中国照明学会宁波（宁海）服务站揭牌成立。

是月，省民政厅发布省基层社会治理百篇典型案例，宁海桃源街道社会组织服务中心案例——“探索‘11NX’模式　构建全方位服务体系”入选。

是月，力洋镇文正村入选2022年度省级美丽宜居示范村创建名单。

是月，省文旅厅公布省公共文化服务高质量发展典型案例名单，宁海县“艺术大咖工作室”成为全市乡村文化建设类唯一上榜案例。

是月，“喜迎二十大奋进新征程”2022年上半年度“宁波好人”名单发布，桑洲小学退休教师章思滚、长街镇浦东村村民王挺、前童镇中心小学教师童攀峰分别荣获助人为乐类、见义勇为类、诚实守信类好人。

是月，宁海县成功创建全省首批“无废城市”。

是月，宁海县荣获2021年度浙江省“五水共治”工作优秀市县“大禹鼎”银鼎，这是继2020年度首次夺得银鼎后再次获此殊荣。

是月，第四届全国县域旅游研究成果《2022全国县域旅游研究报告》暨“2022年全国县域旅游综合实力百强县”名单公布，宁海列第32位。

是月，宁海通过中国汽车零部件制造基地复评。

是月，全市首笔国有金融机构排污权质押贷款落地宁海高格卫浴产品有限公司。

是月，宁波首家水表授权检定机构落地县供水有限公司水表检定实验室。

是月，赛迪顾问县域经济研究中心发布《2022中国县域经济百强研究》，公布2022年赛迪百强县榜单。宁海居全国第48位，与2021年相比，上升4位。

8月

2日，共青团宁海县第十八次代表大会召开。大会选举产生十八届团县委常委，冉诗雅当选为团县委书记。会议还通过工作报告决议以及其他有关事项。

4日，全市调研工作联席（扩大）会议在宁海召开，总结回顾五年来全市调查研究工作情况，交流调研工作经验体会，明确下阶段工作的重点和任务。并于5日走访考察了宁海县第一注塑模具有限公司和岔路镇下畈村等地。

11日，县政府召开第16次常务会议。

12日，副市长、白溪水库市级河（湖）长李关定带队到白溪水库，就湖长制和防汛抗旱工作开展调研指导。

18—19日，省政协副主席周国辉带队到宁海开展关于重点提案《强化0—3岁婴幼儿照护服务供给，夯实“浙有善育”基础》办理情况暨托育工作调研活动。

23日，市政协副主席、民进宁波市委会主委刘毅率队到宁海，调研宁海县“绿领”人才培育工作。

24日，全市首个县级交通运输行业党委在宁海成立。

26日，市机关作风建设专项行动第五督导组到强蛟镇下渔村，对强蛟镇开展的“对标找差距、先行必有我”思想大讨论专题学习会进行现场督导。

27日，杭州市宁海商会第二届第一次会员大会在杭州举行。杭州宁波经济建设促进会副会长兼秘书长林吕建，县政协主席叶秀高，县委常委、统战部部长石雅洁，县人大常委会副主任王能迭，副县长杨钻，县政协副主席、县工商联主席何建春等参加大会。

同日，县急救站黄坛急救点开始运行。

30日，全国“人民满意的公务员”和“人民满意的公务员集体”表彰大会在北京人民大会堂举行，市生态环境局宁海分局获评全国“人民满意的公务员集体”，是全省环境系统唯一获得表彰的单位，也是宁波市唯一获得表彰的集体。

是月，宁海县第四次获美丽浙江建设工作考核优秀县。

是月，在全省临床检验质控工作会议上，宁海县临床检验质控中心被评为2021—2022年度浙江省县（区）级“优秀临检质控中心”，全省仅5家、全市唯一获得者。

是月，县第一医院成为中国创伤救治联盟创伤救治中心建设单位。

是月，长街镇西岙村“多规合一”实用性村庄规划荣获浙江省“乡村造梦师”十佳人气案例第二名，系全市入围的两项规划之一。

是月，2022—2023年度宁海县行政事业单位、社会团体组织机动车辆保险框架协议采购项目在县公共资源交易中心完成开评标，标志着宁海县首个政府采购框架协议项目顺利实施。

是月，宁波华大海昌水产科技有限公司入选国家种业阵型企业名单，系全省唯一入选青蟹破难题阵型的企业，该类型全国仅2家。

是月，东方日升新能源股份有限公司上榜2022浙江民企研发投入100强。

是月，2021年健康浙江考核宁海县获优秀等次，成绩位列全省第十、全市第一。

是月，东方日升新能源股份有限公司210异质结700W伏曦产品系列成功通过全球领先的第三方检测认证机构TV南德意志集团的检测并签发认证证书，成为全球首家获颁TV南德对于210异质结高效薄片化产品认证的企业。

9月

1日起，县自然资源和规划局在全县范围正式实行建设工程规划许可事项线上无纸化办理。

同日，市中小学学科骨干教师、中等职业学校优秀“双师型”教师名单公布，宁海县20名教师上榜。

4日，市委常委、秘书长张文杰，副市长李关定到宁海检查指导台风“轩岚诺”防御工作。

5日，省委防台工作督导组组长、省农业农村厅二级巡视员孙国荣一行到宁海，督查指导第11号台风“轩岚诺”防御工作。

8日，县政府召开第18次常务会议，专题研究了中秋国庆期间疫情防控工作，听取并原则同意于《2022年宁海县东西部协作和山海协作工作要点及任务分解》《2022年宁海县与龙子湖区结对合作帮扶工作计划及任务分解》起草情况的汇报和2022年上半年全县财政预算执行情况的汇报。

14日，省水利厅二级巡视员董福平，市水利局党组成员、二级巡视员翁瑞华，到宁海检查指导台风“梅花”防御应对工作，并召开座谈会听取桥头胡街道汇报防台工作。

16—18日，第三期浙江乡村文旅运营大讲堂在宁海举行。

17日，民政部一〇一研究所与宁海县举行创建绿色殡葬示范县签约仪式。

20日，宁海县2020—2021年度“道德模范——我身边最可敬的人”颁奖典礼在国际会展中心举行，陈学飞、竺义貌、褚勇强、抬车救人团队、尤洪章、童松达、王平、李叶彩、叶全奖、毛黎明、杨贻初11人获评。

25日，严苍山中医文化传承研讨会在宁海召开。

26日，市人大常委会主任张平到宁海开展养老服务执法检查和基本养老服务体系建设专项视察。他强调，要持续合力擦亮“甬有颐养”品牌，不断提升老年群体的获得感和幸福感，确保在共同富裕、幸福生活的路上“一个不掉队”。

27日，市人大常委会主任张平到宁海调研人大工作和基层单元建设情况。他强调，要紧紧围绕中心大局，主动作为、创新有为，持续擦亮标志性招牌、时刻保持争先状态，全力打造全过程人民民主基层单元建设的“宁海样板”。

同日，湖北省浠水县委常委、常务副县长尹小军率队到宁海参观考察，并举行对口合作工作座谈会。

27—28日，县委副书记、县长楼鼎鼎，副县长黄崭率党政代表团赴丽水市景宁畲族自治县考察对接山海协作工作。

29日，由市委、市政府督查专员李浙闽、劳可军带队的市调研组到宁海调研“精特亮”创建和重大项目建设情况。

是月，县民政局向住建局移交住宅区、建筑物群命名更名审批权交接仪式暨“九顷雅苑一区”地名审批通过仪式在县政务办举行，为全市首例地名审批权移交。

是月，宁海颁发全市首本林地经营权和林木所有权证书，宁波泰康红豆杉生物工程有限公司领到林地经营权和林木所有权证书。

是月，桃源街道谢豹社区服务中心举行揭牌仪式，标志着桃源街道下桥村成为2022年宁海启动村规调整工作以来首个完成村改社区方案的行政村。

是月，得力集团获全国慈善会系统爱心企业荣誉，为全市唯一。

是月，由一市成校主办的山海经讲堂“乡村振兴小讲堂　农民致富大舞台”荣获2022年浙江省“终身学习品牌项目”，全市仅有2个品牌项目获奖。

是月，环三门湾新青年创新创业创意大赛在宁海县举办，来自宁海、三门、象山三地的青年创业者，以及宁波、杭州、湖州的高校团队、企业团队，围绕文旅文创、现代化农业、乡村研学、光伏储能等内容，展示他们的创新创意类创业项目。现场百余名青年创业者逐赛，12个项目进入决赛，宁静溪畔数字化平台和航空科普主题日2个创业项目意向落地宁海。

10月

1日，县三门湾现代农业开发区与市商贸集团签订工厂化海水养殖项目投资合作协议。该工厂化海水养殖项目是全国最大单体工厂化对虾养殖基地，占地面积1832亩，投资规模超8亿元，建设工厂化标准养殖水体超45万立方米。项目全面投产后，年产量可达到1万吨，年主营业务收入达3.24亿元，实现利润1亿元以上。

同日，“熊小米PARK”开园暨熊小米影视产业基地授牌仪式在环球中心熊小米综合体举行。

10日，县政府召开第20次常务会议，听取关于近期信访工作情况、宁海县未成年人思想道德建设工作情况、《关于公布宁海县新增综合行政执法事项（2022年）的通知》起草情况的汇报和关于宁海县2022年财政预算调整方案的报告，还讨论了其他事项。

13日，民盟宁海县基层委员会全体委员（扩大）会议召开。会议审议通过尤永成辞去民盟宁海县基层委员会主委、委员职务的请求，推选王宁芳为新主委。

20日，全县首个乡镇“大综合一体化”行政违法自我纠正与协同治理工作室在西店镇揭牌成立。

25日，县委常委会（扩大）会议暨全县领导干部会议召开，传达学习中共二十大精神，研究部署宁海县学习宣传贯彻工作，县委书记滕安达传达并讲话。他强调，要坚持以习近平新时代中国特色社会主义思想为指导，坚决拥护“两个确立”、坚决做到“两个维护”，深入学习领会中共二十大精神，奋力交出各项工作高分答卷。

27日，全县“五大革新”工作例会暨三季度经济社会形势分析会召开，深入学习贯彻中共二十大精神，盘点前阶段“五大革新”工作推进情况，系统分析前三季度经济社会发展形势，明确下一阶段工作重点，夺取五大革新开局胜利，交出争先进位高分答卷。

同日，县残疾人联合会举行第七次代表大会。大会选举产生新一届主席团委员，主席团主席、副主席，出席市残联第八次代表大会代表。郭文魁当选为县残联第七届主席团主席。

是月，宁波如意股份有限公司、得力集团有限公司、东方日升新能源股份有限公司、宁波方正汽车模具股份有限公司、宁波润禾高新材料科技股份有限公司5家企业被认定为浙江省知识产权示范企业。

是月，由浙江大学、浙江生态文明研究院研究的“绿水青山就是金山银山”（以下简称“两山”）发展指数发布，同时发布2022年“两山”发展百强县。宁海特色经济、生态环境、碳中和度、民生指数、保障体系五项指数均为A+，最终以发展指数A+，连续5年位列全国“两山”发展百强县第二，仅次于安吉。

是月，2022年第十届“浙茶杯”优质红茶评审结果揭晓，宁海县深甽镇太阳山茶厂“清影甬红”获金奖，是宁波市在此次赛事中获得的唯一金奖。宁波俞氏五峰农业发展有限公司以及宁海大江茶叶专业合作社选送的红茶获得银奖；宁海县明雾家庭农场、宁海县天顶山茶场、宁海县桑洲镇紫云山茶场选送的红茶获得优胜奖。此外，宁海县“望府金毫”红茶品牌连续3年获评“浙茶杯”金奖，被授予“浙江名红茶”称号，终身免评。

是月，浙江省2023年度城乡风貌样板区试点建设名单公布，其中，宁海西子“商务潮街”城市新区风貌区、宁海深甽—梅林“森林温泉”县域风貌区入选。该批试点拟于2023年底前建成。

是月，宁海县城乡教育共同体签约仪式在城西校区举行，新增的21对学校参加仪式。

是月，浙江省首批300个共同富裕现代化基本单元“一老一小”场景正式公布，宁海县松竹社区和车河社区入选。

是月，宁海海洋生物博物馆获评全市首批生物多样性体验地。

是月，宁海出台全省首创的《宁海县涉路施工活动许可“一件事”改革实施方案（试行）》。

是月，得力集团有限公司入选国家级单项冠军企业示范企业，宁波震裕科技股份有限公司的电机铁芯高速级进冲压模具入选国家级单项冠军产品。

是月，宁海首个基层医疗机构血透中心在县第一医院医疗健康集团北部医院开始运行。

11月

3日，宁海县成功创成省级渔业健康养殖示范县。

7日，宁波工人大学宁海学院授牌仪式暨2022年秋季新生开学典礼在县职工业余学校举行。

8日，市人大常委会党组副书记、副主任宋越舜带队到宁海调研全过程人民民主基层单元建设情况，交流2023年人大代表、财经工作思路。

9日，温州银行宁波宁海支行开业。

9—10日，县委副书记、县长楼鼎鼎率宁海县党政代表团赴四川省普格县考察对接东西部协作工作，深入学习贯彻中共二十大精神和习近平总书记关于东西部协作的重要指示精神，真抓实干扛起政治责任，真情实意呵护两地缘分，全力打造有效合作载体，努力推动东西部协作取得更大成效。

10日，市委常委、秘书长张文杰到宁海宣讲中共二十大精神。

12日，上海市宁海商会成立大会举行，上海市政协原副主席、上海市宁波经促会会长陈正兴，上海市社会科学界联合会主席王战、上海市工商联副主席杨茜、上海市合交办副主任强鹏程等领导、宁海乡贤代表到场祝贺。县委书记滕安达为大会致贺信，县委常委、统战部部长石雅洁到会致辞。上海今海企业发展（集团）有限公司董事长陈国宝当选为会长。

16日，宁波市首例个体工商户经营者变更登记在宁海县行政服务中心市场监管窗口办理成功，并现场颁发营业执照，

17日，市督导组到宁海指导“大综合一体化”行政执法改革工作。

22日，“潘天寿杯”浙江省首届青年书法篆刻展开幕式在童衍方艺术馆新馆举行。

24日，县政府召开第22次常务会议，会议学习习近平总书记对河南安阳市凯信达商贸有限公司火灾事故作出的重要指示和《总体国家安全观学习纲要》，听取《关于全县人居环境大提升暨全域自建房综合整治大行动的实施意见》《宁海县声环境功能区划分方案》《宁海县法治政府建设实施纲要（2021—2025年）》《宁海县自然资源价格体系建设成果方案》和政府工作报告起草情况的汇报。

同日，省关工委副主任江坪、陈仲方一行到宁海调研指导关心下一代工作。

25日，县新农人联谊会成立大会暨“强农兴农”爱国奋斗报告会举行。

25—26日，天河抽水蓄能电站预可行性研究报告审查会召开，审议并通过了预可行性研究报告，标志着宁海第二座抽水蓄能电站项目的前期工作迈出了关键一步，为后续可研阶段的开展、项目核准和开工建设打下了坚实基础。

30日，省信访局副局长章朝平到宁海调研信访等相关工作。

同日，市委常委、宣传部部长金彦到宁海开展调研工作。

同日，副市长李关定到宁海开展食品安全包保督导，检查食品安全“两个责任”落实情况。

同日，市检察院党组书记、检察长何小华到宁海，就检察机关服务保障乡村振兴、企业发展等工作情况进行专题调研。

同日，“我心向党——学习二十大、奋进新征程”全省职工红色走读活动启动仪式在岔路镇举行。

是月，文化和旅游部发布第二批全国乡村旅游重点镇（乡）名单，前童镇入选，系宁波唯一。

是月，宁海获评“2021年度无违建县”和“2021年度十佳存量违建处置示范典型”。其中，森林温泉大道获评“省级绿化美化精品道路”和“省级特色精品道路”，梅林老工业区拆改项目获“十佳拆改示范典型”提名。

是月，东方日升新能源股份有限公司获评国家知识产权示范企业，宁海县第一注塑模具有限公司、宁波兴宝华刷业有限公司、宁波润禾高新材料科技股份有限公司、建新赵氏科技股份有限公司获评国家知识产权优势企业。

是月，省抽查小组到宁海检查落实粮食安全责任制情况。

是月，《光明日报》刊发《2022年中国中小城市高质量发展指数研究成果》，宁海入选2022年度全国综合实力百强县市，位列第47位，较2021年提升1位；还同时位列全国科技创新百强县市第61位，全国绿色发展百强县市第44位，均较2021年实现争先进位。

是月，宁海县获评全省农村客货邮融合发展五星级样板县，系全省唯一。

是月，宁海在全省率先实现文具行业“GM2D”（全球二维码迁移计划）。

是月，大佳何镇葛家村“桂语7号”民宿的“布偶小玩具”获浙江省第三届民宿伴手礼大赛综合奖，为本届比赛中宁波地区唯一获奖作品。

是月，《光绪宁海县志》（点校本）出版发行。

12月

2日，副市长金珊带队到跃龙街道人大代表联络站开展主题接待活动，围绕“助企纾困”主题，听取人大代表意见建议。

4日，县留联会英国分会成立，是全市成立的首个留联会海外分会。

6日，城乡客货邮应用入选省数字政府系统优秀应用（第三批）案例。

8日，市委常委、秘书长张文杰带领市级相关部门负责人到宁海开展“三稳三提”企业服务专项活动，深入贯彻落实中共二十大精神，全面了解企业发展情况，帮助企业打通难点、堵点，提振企业发展信心，助推经济高质量发展；开展食品安全包保督导、巡河并会见相关人才。

9日，宁海县乡镇（街道）志、村（社区）志编纂推进大会举行，回顾总结近年来全县乡镇（街道）志、村（社区）志编纂工作情况，研究部署今后一个时期工作任务。《西店镇志》同步首发。

同日，全省首个县级退役军人就业创业促进会在宁海成立。

12—13日，全市食品安全基层治理体系建设推进会在宁海举行，以进一步健全完善宁波市食品安全基层治理体系，强化落实食品安全“两个责任”。

23日，中共宁海县委十五届三次全体（扩大）会议举行。

28日，县政府召开第25次常务会议，会议学习《浙江省安全生产条例》，听取关于疫情防控工作、全县“河长制”工作情况的汇报和关于2022年国民经济和社会发展计划执行情况与2023年国民经济和社会发展计划草案、2022年民生实事票决确定项目完成情况及2023年民生实事候选项目形成情况、2022年度县政府质量奖评审活动以及《宁海县2022年预算执行情况和2023年预算初步安排方案》《宁海县2023年春运工作方案》《宁海县农贸市场提质升级三年行动实施方案（2022—2024年）》《宁海县道路交通事故应急预案》起草情况的汇报。

是月，宁海入选省首批普惠托育基本公共服务试点。

是月，全县首个商户功能性党支部在桃源街道兴工二路商户党支部挂牌成立。

是月，宁海农村商业银行发放全省农商银行系统首笔“尝鲜”数字人民币应用小额贷款。

是月，宁波如意股份有限公司入选2022年浙江省省级工业设计中心（第六批）认定名单。

是月，纪录片《美美乡村》和歌曲《头雁》入选省“五个一工程”奖。

是月，宁海县连续第6次获全省农村生活垃圾分类处理工作优胜县。

宁海概貌

综　述

宁海位于浙东中部沿海，濒临象山港和三门湾，海湾优势明显，呈“七山二水一分田”分布，是国家级生态示范区、国家可持续发展实验区、国家卫生县城、国家生态县、国家园林县城、国家级妇幼健康优质服务示范县、全国重点产茶县、全国制造业百强县（市），成功创建省文明县城、省文化先进县、省教育强县、省科技强县、省旅游经济强县、省级生态县、省卫生强县。

宁海人文底蕴深厚。晋代建县，至今已有1700多年历史，是方孝孺、胡三省、潘天寿、柔石等历史名人的故乡，也是明代大旅行家徐霞客所著《徐霞客游记》开篇之地和“中国旅游日”发祥地。悠久的历史积淀了丰富的文化，宁海拥有众多的古镇、古村、古戏台，是全国首个“古戏台文化之乡”“婚嫁文化之乡”。前童、许家山、龙宫村入选中国历史文化名镇名村。宁海平调、十里红妆婚俗、泥金彩漆、前童元宵行会列入国家级非物质文化遗产名录。2021年入选中国民间文化艺术之乡。

宁海资源环境绝佳。生态环境良好，森林覆盖率达62.5%，水质优良率和空气优良率均在85%以上，生态环境质量公众满意度连续4年位居宁波市第一，被列为首批“浙江省美丽县城试点县”，成功创建“全国休闲农业与乡村旅游示范县”，荣获“省级美丽乡村示范县”称号。培育壮大步道经济，共建成国家登山健身步道500千米，通过步道发掘户外运动资源，举办全国山地户外运动挑战赛、锦标赛和亚洲山地户外运动挑战赛等一系列大型体育赛事活动，被评为中国最佳户外运动基地，中国运动休闲大会也永久落户宁海县，宁海国家登山健身步道系统获得“2013中国全面小康十大民生决策”奖，该步道被授予“中国登山协会2019年度推荐登山健身步道”称号。

宁海水能、风能、潮汐能、太阳能资源丰富，具有建设大型抽水蓄能电站和风力发电站、潮汐能发电站、太阳能发电站的选址条件，总装机容量将达到3000万千瓦。茶山抽水蓄能电站等一批新能源项目扎实推进，浙江省最大的陆上风电场——茶山风力发电项目以及中广核一市风电场项目均并网发电，正在积极创建国家绿色能源示范县。

宁海产业特色鲜明。形成了模具、文具、灯具、汽车配件等六大特色优势产业和生命健康、新能源等六大战略性新兴产业，总部经济、会展节庆等新兴服务业蓬勃兴起，拥有中国模具产业、文具产业、汽车橡胶部件产业、压铸产业和汽车零部件制造五大“国字号”基地，构建形成了“二区八园”产业布局。作为省级平台的宁波南部滨海经济开发区，是环杭州湾产业带和温台沿海产业带相连接的一个重要节点，包括宁海东部长街、胡陈、力洋、茶院、一市、越溪6个乡镇，总面积721.58平方千米，总人口近20万人。无论是土地、淡水、港口资源，还是太阳能、潮汐能等均极为丰富，在全市、全省乃至全国沿海地区都是一块不可多得的战略要地、资源宝地和能源高地。随着甬台温高速公路复线三门湾大桥及接线工程的开工建设，新区的战略地位和区位优势将进一步凸显，构建起“北有杭州湾、南有三门湾”的发展格局。

2022年，面对复杂多变的外部形势和新冠疫情冲击等多重挑战，县委、县政府坚持以习近平新时代中国特色社会主义思想为指导，认真学习贯彻党的十九大、十九届历次全会和党的二十大精神，坚决落实“疫情要防住、经济要稳住、发展要安全”重大要求，全力推进经济稳进提质攻坚行动，实现现代化“双优”新宁海建设良好开局。守住疫情防线，成为全省社会面未破防的两个县（市、区）之一；顶住经济下行压力，地区生产总值等主要经济指标增速高于省市平均。发源于宁海的民生实事项目人大代表票决制实现省级立法，小微权力清单36条上升为国家标准。尤为振奋的是，清溪水库“二十年磨一剑”破冰动工，现代农业产业园列入国字号创建名单，千亿级“光伏+储能”产业强劲发展、加速崛起。2021年经济增速在全市率先由“负转正”，经济总量列全省县（市、区）第30位。跻身全国综合实力百强县第48位，全国县域高质量发展百强县第八位，中国工业百强县（市）第86位，建制县高质量发展排名全国第七，地区生产总值跻身全国县市前70位，连续4年占据全国“两山”发展百强县第二位，跃居全省绿色发展指数第五位。在各领域争先创优，实现国家级生态环境创建“大满贯”，在“两山”理念提出15周年、“千万工程”实施15周年、首次全国法治乡村建设工作会议、全国推进县乡人大工作会议等重要节点和场合交流“宁海经验”，纪念潘天寿120周年诞辰系列活动在北京举行，全省基层公权力、宗教治理、农村物流、旅游、药监、海防、人防等领域工作会议在宁海召开，2022年央媒报道数量从百余篇增加到近千篇，宁海的影响力和美誉度持续提升。

自然环境

【气候】 2022年，年平均气温18.1℃，较常年偏高0.7℃；年降水总量1392.7毫米，较常年偏少近两成；年光照总时数1543.8小时，较常年偏少5.7%；年平均相对湿度75.3%，较常年偏低3.2%；年平均风速2.0米/秒，最大风速21.2米/秒，最多风向为北风、频率16%。2022年宁海县主要气象灾害有低温雨雪冰冻、夏季高温热浪、气象干旱、台风和强对流天气（包括梅汛期、强雷电和短时强降水过程）等，其中台风“轩岚诺”“梅花”对宁海县造成了较严重的风雨影响。

全年平均气温18.1℃，较常年平均偏高0.7℃。上半年平均气温较常年平均偏高0.7℃；下半年平均气温较常年偏高0.8℃。冬季平均气温较常年平均偏高0.3℃；春季平均气温较常年平均偏高1.0℃；夏季平均气温较常年偏高1.4℃；秋季平均气温较常年平均偏高0.8℃。

全年降水总量1392.7毫米，较常年减少17.8%。上半年降水总量较常年平均增多1.5%；下半年降水总量较常年减少34.3%。冬季降水总量较常年平均增多11.8%；春季降水总量较常年平均增多16.3%；夏季降水总量较常年平均减少42.4%；秋季降水总量较常年平均减少29.9%。

全年光照总时数1543.8小时，较常年平均减少5.7%。上半年光照总时数较常年平均减少13.5%；下半年光照总时数与常年基本持平。冬季光照总时数较常年平均增多1.7%；春季光照总时数较常年平均减少5.8%；夏季光照总时数较常年增多15.1%；秋季光照总时数较常年平均减少46.3%。

主要气候事件及其影响

强对流天气 由于副高边缘对流条件较好以及副高控制下局地热对流的激发，宁海县雷雨大风、强雷电、短时强降水等强对流天气频发。汛期宁海县共有35天出现强对流天气过程，2天出现11级以上雷雨大风（7月12日岔路11级、7月24日强蛟白石山11级）。其间，县气象台共发布5次冰雹橙色预警信号，7月12日、7月24日发布大风红色预警信号。7月12日、7月17日、7月21日和7月24日宁海大部分地区出现短时强降水、雷雨大风等现象，影响范围较广，对农业生产、人民财产造成严重破坏。

梅雨 宁海县6月10日入梅，6月26日出梅，梅期16天，较常年平均23天偏短7天。梅雨期降雨量130.2毫米，其中城区梅雨量105.0毫米，比常年（282.5毫米）偏少62.8%，最大骆家坑238.6毫米、长田头238.0毫米、杨梅岭水库236.0毫米。2022年的梅雨具有分散性、突发性、局地性、极端性等特点。入梅、出梅均提早，梅期偏短雨量少。

台风 汛期期间有2个台风影响宁海县，分别是2211号台风“轩岚诺”、2212号台风“梅花”。台风“轩岚诺”生成后一路西行，在台湾以东洋面发生“V”形转向，这种“V”形怪异路径是有气象记录以来首次出现。“轩岚诺”8月28日生成后短短36小时完成台风等级四连跳，从热带风暴级增强为超强台风级；累计维持超强台风级时长达106小时，维持强台风及以上级别时长达180小时。9月1日20时至5日20时其对宁海县造成超长时间影响，过程面雨量101.6毫米，雨量超过120毫米的有14个测站，超过150毫米的有4个测站。宁海县沿海和高海拔地区8~10级，内陆地区7~9级，最大前童百鸟岩25.5米/秒。

台风“梅花”于9月8日在菲律宾以东洋面生成，而后分别在舟山普陀、上海奉贤、青岛崂山以及大连金州沿海登陆，成为我国有气象记录历史上首个4次登陆不同省（区、市）的台风，同时为2022年首个登陆华东沿海且登陆我国最强的台风，正面袭击宁海县，对宁海县造成严重影响。11日20时至15日8时，受其影响宁海县过程面雨量216毫米，雨量超过250毫米的有24个测站，雨量超过300毫米的有10个测站，单站最大力洋茶山421毫米。宁海县沿海和高海拔地区出现9~12级，内陆地区7~9级大风，17个测站出现10级以上大风，最大前童百鸟岩12级（33.6米/秒），城区9级（21.2米/秒）。

夏季高温热浪 2022年盛夏（7—8月）共出现三轮（7月5—17日、7月20—27日、7月31日至8月26日）大范围、持续性的罕见高温热浪过程。7—8月平均气温31.4℃，较近年同期偏高2.4℃，创历史同期新高。全年35℃以上高温日47天，破历史最多纪录，40℃以上酷热天气3天；宁海站极端最高气温40.8℃（8月20日），破历史最高纪录（2005年7月4日40.7℃）。

气象干旱 出梅以后（6月26日至8月31日）宁海县降水异常偏少，全县面雨量209.3毫米；宁海站累计降水量131.3毫米，较常年同期（539.8毫米）偏少75.7%，为历史同期第二少。降水偏少导致气象干旱持续发展，各镇（乡、街道）先后出现中度到重度气象干旱，个别南部地区出现特旱。为有效缓解气象干旱，县人影办于7月17日和8月26日实施人工增雨火箭作业和地面烟炉作业，有效增加水库蓄水，为缓解旱情起到一定积极作用。

寒潮 2022年初和岁末冷空气活动频繁。11月29日至12月2日强寒潮影响，宁海县日平均气温过程降温幅度13~15℃。1—2日最低气温平原降至0~3℃，高海拔山区-4~0℃局部有薄冰；29日夜里一市山上方出现10级阵风（24.6米/秒）。12月16—19日寒潮影响，宁海县出现了强降温、大风和低温冰冻的天气。其中，16日夜里至17日上午局部高海拔山区有雨夹雪或雪；最低气温平原地区-6~-3℃，高海拔山区-9~-5℃。沿海海面出现9~10级偏北大风，沿海和高海拔地区8~10级，内陆5~7级。

【地域】 宁海县位于北纬29°05′36″~29°31′29″、东经121°09′26″~121°48′57″，地处浙江省东部沿海、宁波市南部，东接象山县，东南临三门湾，南与台州市三门县接壤，西南与台州市天台县、西北与绍兴市新昌县相邻，北连奉化区，东北濒象山港。辖区东西最大距离64.1千米，南北最大距离44.15千米，全县辖区面积1928平方千米，其中，陆域面积1755平方千米、海域面积173平方千米。距杭州211千米，宁波65千米（均为径距）。地域构造属华南台块浙闽隆起带东南沿海断裂褶皱区，新华夏系一级第二隆起带东北端。地质简单，断裂发育，属滨海丘陵地带。西部和西南部山岭连绵，属于天台山脉中段，自华顶山、括苍山分别从西北、西南蜿蜒入境。最高峰蟹背尖海拔954米。东部以低丘和冲积平原为主。主要山脉有天台山、四明山。全县地势，自西向东南倾斜。北部、东南部和南部各有小块平原。

【水文水资源】 境内河道属白溪、中堡溪、凫溪、清溪等四大流域，其中白溪流域面积627平方千米；中堡溪流域面积198平方千米；凫溪流域面积188平方千米；清溪流域面积164平方千米。主要河道有一级河白溪、中堡溪、凫溪、清溪、茶院溪、颜公河等14条，总长288.5千米；二级河大溪、大松溪、混水溪等21条，总长237.7千米；三级河道盈坑、龙眼溪、里岙溪等7条，总长61.1千米。河流总长度607.4千米，河网密度0.34千米/平方千米，径流总量16.4亿立方米，年排涝量3.3亿立方米，年最大排涝量4.6亿立方米。境内最大河流为白溪，从天台县华顶山北麓流经境内黄坛镇、岔路镇、前童镇、跃龙街道，从白峤港入海，长66.5千米，流域面积627平方千米，年均流量21.9米^3/秒，主要支流有清水溪、浑水溪、大溪等。海岸线全长166.48千米，有港湾6处、岛屿44个、礁55个，海域面积244.4平方千米，东南沿海滩涂广阔，平原地区河港纵横。

宁海县多年平均降水量为1649.9毫米，折合水量30.41亿立方米，水资源总量17.8亿立方米。2022年区域平均降水量1531.4毫米，折合水量28.223亿立方米，水资源总量约14.60亿立方米，比多年平均水资源总量减少约18%。全县7座大中型水库（包括白溪水库）年末蓄水总量2.138亿立方米，年末蓄水总量比年初减少0.496亿立方米。

2022年，全县总供水量1.7992亿立方米（不包含环境配水量0.169亿立方米），其中地表水源供水量1.7981亿立方米，地下水源供水量0.0011亿立方米。全县总用水量1.7992亿立方米，同比增长10%，其中，农业用水0.891亿立方米，占49.5%；工业用水量0.2541亿立方米，占14.1%；生活用水量0.6036亿立方米，占33.6%；生态环境用水量0.0505亿立方米，占2.8%。

【土地资源】 以2019年12月31日为标准时点汇总数据，全县第三次全国国土调查总面积186120公顷。根据《中华人民共和国土地管理法》分类，其中，农用地151009公顷，占81.14%；建设用地17262公顷，占9.27%；未利用地17849公顷，占9.59%。农用地、建设用地、未利用地占比约为8：1：1。根据土地权属分类，国有土地面积40883公顷，集体土地145237公顷。国有土地与集体土地占比约为2：8。

根据第三次全国国土调查一级地类分类，主要涉及八大类，分别为耕地21404公顷，占比11.50%；园地11768公顷，占比6.32%；林地101400公顷，占比54.48%；草地1427公顷，占比0.77%；湿地12773公顷，占比6.86%；城镇村及工矿用地14190公顷，占比7.62%；交通运输用地3584公顷，占比1.93%；水域及水利设施用地17929公顷，占比9.63%。

【森林资源】 宁海现有林地总面积11.03万公顷，森林总面积10.75万公顷，森林覆盖率64.12%，林木蓄积量667.45万立方米，森林面积、森林蓄积量、森林覆盖率等持续稳定增长。

有五山林场、茶山林场2个国有林场，国有林地总面积0.51万公顷，占林地总面积的5.03%；国有森林面积0.50万公顷，占森林总面积的4.65%。

拥有浙江双峰国家森林公园、南溪温泉省级森林公园和桃花溪省级森林公园等3个自然保护地，总面积4484公顷。

【湿地资源】 根据第三次全国国土调查数据，全县湿地总面积12784公顷。其中，内陆滩涂451公顷，占比3.55%；沿海滩涂12333公顷，占比96.45%。

【矿产资源】 根据往年地质矿产勘查成果，宁海县有磁铁矿、钼矿、锰矿、铜矿、铅锌矿、黄铁矿、明矾石、地开石、萤石、水晶、褐煤、珍珠岩、沸石、陶土、高岭土、膨润土、叶蜡石、地热资源、饰面石材、普通建筑用石料21个矿种。其中矿产地12处，包括磁铁矿矿点2处，铅锌矿小型矿床1处，明矾石、地开石矿点各1处，陶土大型矿床2处，叶蜡石中型矿床1处、矿点1处，地热资源（温泉）1处，饰面石材矿床2处。宁海县区域矿床资源特点：普通建筑用石料资源丰富，地热资源、陶土、叶蜡石资源较丰富，其他金属、非金属和能源矿产资源贫乏。

金属矿产 主要有铅锌矿、磁铁矿等矿种，但多属矿点、矿化点，仅有桥头胡储家铅锌小型矿床，但品质低。

非金属矿产 主要有普通建筑用石料、饰面石材、明矾石、地开石、萤石、水晶、珍珠岩、陶土、高岭土、膨润土、叶蜡石、石材等矿种。其中，普通建筑用石料资源丰富；饰面石材、叶蜡石、陶土等矿种有一定的资源储量，可供开发利用；其他多为矿点，无工业价值。

能源矿产 主要有地热资源。宁海县地热资源以构造裂隙型带状热储为主，地热资源的赋存主要受构造活动在火山岩类、花岗岩类地层内形成的断裂破碎、节理裂隙以及其原生、次生裂隙控制。揭露的地热资源均位于深甽镇南溪南侧的沟谷内，水温在36~47℃，属于低温地热资源温热水。深甽地区地热水属HCO_3-Na型淡水，化学感官性状好，色度<5，透明，无嗅，水质良好，pH值8.0，为弱碱性水；总硬度（以$CaCO_3$计）16.3~21.17毫克/升，为极软水，溶解性总固体283.14~423毫克/升。氟离子含量为8.6~13.0毫克/升，偏硅酸含量为54.08~61.36毫克/升，均达到理疗热矿水命名矿水浓度标准。且同时含有24.3~52.4Bq/L的放射性水氡，平均38.1Bq/L，达到有医疗价值浓度标准。

【海洋资源】 全县大陆及海岛岸线总长213.65千米。其中，大陆岸线总长175.63千米，海岛岸线总长38.02千米。全县175.63千米大陆岸线中，自然岸线为49.30千米，占比28.07%；人工岸线为125.22千米，占比71.30%；河口岸线为1.11千米，占比0.63%。全县38.02千米海岛岸线中，自然岸线长度32.38千米，占比85.17%；人工岸线长度5.64千米，占比14.83%。

全县共有海岛42个。其中，有居民海岛3个（白石山岛、横山岛、铜山岛），占海岛总数的7%；无居民海岛39个，占海岛总数的93%。

【土特产】

长街蛤蜊 长街海洋文化历史悠久，该地坐落在天台山脉和四明山脉之间，濒临三门湾，常年有大量淡水注入，海水咸淡适宜，海港风平浪静。海域面积275平方千米，海岸线长达176千米，形成了2.6万公顷的浅海滩涂，滋养着无数海鲜，有许多的肥美海产品。长街蛤蜊在宁海八鲜之中有“鲜绝天下”的美誉，且被誉为“长街三宝”。长街蛤蜊主要产区为三门湾沿岸，又称铁蛤、青蛤，喜生活于潮间带中下区及浅海沙滩中，贝壳厚而坚，略呈三角形，蛤肉鲜美，具有滋阴润燥、利尿消肿作用，营养价值也很高，含有丰富的蛋白质和维生素，属于低热能、高蛋白、少脂肪的健康食材。长街蛤蜊系捕捞自然生长品种，清明前后为旺季，量多体肥，一般日捕5~10千克，根据长街沿海群众的习俗，清明祭祖必备蛤蜊。全县一般年产量约100吨，高产年约200吨。2003年长街蛤蜊荣获浙江省博览会金奖。1995年开始以传统方式刮苗养殖，2007年人工育苗成功，开始大面积养殖，2008年发展到10305亩，产量8350吨。2009年，有17个乡（镇）的131个村、107万户和2个国有场、2个乡办场从事养蛤生产，当年放养1.89万亩，养殖总面积2.99万亩，产量9352吨，占当年海水养殖产量的70%，占水产品总产量的37.3%，分别占全市的60%和66%。

长街泥螺 长街泥螺养殖历史悠久，早在南宋嘉定年间（1027年前后），宁海学者写的《风俗篇》中记载："近则采螺蚌蛏哈之属，以自赡给或载往他郡为商贾。"该地坐落在天台山脉和四明山脉之间，濒临三门湾，常年有大量淡水注入，海水咸淡适宜，海港风平浪静。海域面积275平方千米，海岸线长达176千米，形成了2.6万公顷的浅海滩涂，滋养着无数海鲜，有许多的肥美海产品。泥螺也称吐铁，属腹足纲，阿地螺科，鲜美醇香，营养价值十分丰富，同时味甘咸，性寒，且具有补肝肾、益精髓、润肝、明目、生津之功能，是宁海县沿海区域的一大传统产品。尤其是宁海长街镇生产的泥螺更具有肉嫩、体大、舌软（无沙性）的特点，味道特别鲜美，在沪甬和港台地区享有盛誉，被称为"长街泥螺"。长街泥螺不仅生长快，而且特别肥壮，大的体大如鲜蚕豆，小的胜过青皮豆，一般160~170粒就有0.5千克。每年可旺收二季，即麦黄泥螺和桂花泥螺，前者较优。过去长街泥螺都是采捕野生资源的，由于自然采捕量少又不稳定，不能满足市场需求。1989年伍山、山头乡渔民，采集海涂上的"泥螺蛋"（卵群）筑土塘蓄水孵化，培育成幼螺，开创人工养殖泥螺的先例。1990年长街月兰村村民黄金富，用刮苗暂养分苗疏养方法养殖成功，三门湾沿海村民纷纷仿效，1997年养殖面积达1.5万亩，产鲜泥螺750吨，产值2000万元。1998年养殖面积15900亩，产量750吨。2008年养殖面积8340亩，产量590吨。2010年养殖面积18000亩，产量1200吨，产值2800万元。2001年1月18日，长街镇被浙江省水产渔业局授予"泥螺之乡"。

长街蛏子 长街蛏子产业是长街镇的主要农业经济产业，2021年养殖面积达2.48万亩，年产量超7300吨，其中90%的蛏子以鲜销为主，实现总产值约1.45亿元。自2006年起已成功举办16届"蛏子节"，通过各级新闻媒体宣传造势，打响了长街蛏子地标品牌，并带动了当地特色农产品、旅游业等各项经济的发展。

岔路黑猪 岔路黑猪作为优质地方品种，是宁海"6+6"主导特色产业之一，也是宁波市唯一的地方猪种、浙江省14个地方良种猪之一和27个省级畜禽遗传资源保护品种之一，为浙江省猪肉十大名品、浙江省优质无公害农产品、宁波市绿色农产品。它体形中等，体质结实，结构匀称，背腰平直，多为单背，胸较深，被毛全黑。具有肉质细嫩、醇香浓郁、味道鲜美等优良特性。1992年，宁海县人民政府拨专款85万元，在离县城9千米的梅林镇附近建成"宁海县岔路黑猪良种繁育场"开展选育，并于1994年6月经省农业农村厅验收，确定为一级种猪场。2003年12月与宁波市振宁牧业有限公司合股成立宁海县绿生牧业有限公司。2005年岔路黑猪存栏1836头，出栏2615头。截至2017年底，"宁海县岔路黑猪良种繁育场"养殖岔路黑猪逾8万头。2020年12月5日，岔路黑猪种质资源基地建设项目开工。

岔路黑猪 省级原种场项目位于岔路镇高塘村西山桃园，投资3900万元，完成土地征用22.684亩，按照"布局合理、技术领先、设施先进、管理智能、美丽生态"的现代化种猪场标准建设，建成后可容纳存栏母猪600头，年出栏商品猪万头以上。"4·16"宁波市人才日，宁海农业畜牧专场活动以"保种未来·续良品"为主题，邀上海农科院有关专家团队为岔路黑猪这一地方优质种质资源的保护、利用和发展提供技术支撑、人才保障。此次活动中，县政府、县农业农村局、上海市农科院、上海市农科院畜牧兽医研究所、宁波瑞农牧业有限公司、上海祥欣畜禽有限公司等有关方分别签订乡村振兴院县战略合作协议、《宁海岔路黑猪中长期发展规划》编制协议、"岔路黑猪产业研究所"共建协议、"宁海种公猪站"共建协议。活动还授牌成立上海市农业科学院乡村振兴科技支撑行动科技引领示范基地、上海市农业科学院乡村振兴科技支撑行动专家工作站。在随后举行的专家论坛上，上海市农科院专家团队以岔路黑猪发展规划及产业化开发、地方猪种质资源保存与基因库建设、岔路黑猪的育种与现代化生产等为主题发表主旨演讲，并与企业、农户代表开展座谈，为岔路黑猪深度发展出谋划策。

梅林鸡 宁海梅林鸡是畜牧业农产品地理标志，以"公司+基地+标准+农户"的生产模式，实行统一苗鸡、统一投入品、统一管理、统一收购、统一销售的“五统一”管理，充分利用当地的山区自然资源优势，以放养方式和采用科学的配套综合疾病防治技术进行饲养管理，推行养殖良种化、技术标准化、防疫规范化，先后获得国家级农业标准化示范基地、国家无公害农产品、浙江省绿色农产品、浙江省优质农产品金奖等荣誉称号。

枇杷 据明崇祯《宁海县志》载，宁海在370年前已种植枇杷。1985年开始在古渡、前童、岔路等地进行规模化种植，面积1200余亩，品种有大红袍、软条白沙、夹脚、洛阳青等。1987年全县面积1984亩，幼树多，产量少。1989年进入生产期，产量224吨。1990年前后，一市镇利用良好山地资源开始发展枇杷，1993年初产。1994年在一市村枇杷园发现一株白沙枇杷，性状表现突出，果大、味甜、品质佳，此后几年在县农林科技人员和种植户的共同努力下，该单株得到迅速繁育和扩展，2000年开始在全县推广。2003年经国内专家鉴定为优质白沙枇杷新品种，定名为宁海白枇杷。该品种2004年通过国家林木良种认定，成为宁波市首个全国果树推广良种。2013年，全县枇杷种植面积达14000亩，产量2000余吨，宁海一市镇获“浙江枇杷之乡”称号。至2008年宁海白枇杷推广至全国12个省、市，成为中国白沙枇杷主栽品种之一。2004—2007年宁海白枇杷分别认证为无公害农产品、有机食品和绿色食品，2007年获宁波市名牌产品、宁波市十大名果和“中华名果”称号。由宁海县农林局研究员冯健君主持完成的“宁海白枇杷品种选育及基地建设”项目于2004年获宁波市科技进步二等奖，2008年作为主要成果之一获浙江省科学技术奖二等奖，优秀论文《枇杷品种“宁海白”的特性》在国际刊物上发表。宁海县枇杷生产技术水平居国内先进行列。2019年2月，宁海白枇杷获得国家农产品地理标志登记保护。其保护范围包括一市、越溪、跃龙街道、茶山林场等13个乡镇、4个街道、1个林场，种植面积1.5万亩，全产业链年产值约1.3亿元，通过多年选育推广及品牌建设，宁海白枇杷在省内外果业界具有较高知名度。近年来，对自然灾害（冻害等）、土壤树势退化及市场销售不畅等多个难题开展技术革新，拓宽销售渠道，提高产业效益，已成为宁海农业一张“金名片”。2020年宁海白枇杷产量700万千克，产值1.2亿元，一市镇政府首次尝试直播带货模式，进一步提高“宁海白”枇杷的知名度与美誉度，为当地果农赢得更好的经济效益。

麻糍 宁海的气候和土壤为宁海糯米的生长创造了优良的自然环境，糯米外形椭圆，颗粒饱满均匀，色泽白里透青，具有香、软、柔、韧的综合特性，是最适合制作宁海麻糍的主要原料。据记载，宁海麻糍早在南宋时期已成为地方特色食品，有每逢清明、四月八等传统节气就要捣麻糍的习俗。相传，东仓上宅叶梦鼎丞相幼时酷爱读书，每每点灯夜学，父母恐其挨饿，常备点心供其食用。丞相独爱其母制作的麻糍。21世纪以来，胡陈乡先后举办麻糍节、成立麻糍文化体验馆，令其更加发扬光大。在胡陈乡已形成产业化经营。

麦饼 宁海麦饼历史悠久，据《宁海塔山童氏谱志》记载，早在南宋时期人们在出游和劳作时携带麦饼为主食，延续至今。另据史料记载，明代旅行家徐霞客从宁海出西门三十里，夜宿梁皇驿，对香气浓郁的宁海麦饼赞不绝口。宁海麦饼和徐霞客出游挂上了钩，因此也被称为“霞客饼”。宁海麦饼的主要原料是来自宁海的地产小麦，辅以宁海岔路黑猪肉为佐料，经过手工制作而成。麦饼其外观多为较薄圆形，表面微焦、色泽焦黄。小麦是宁海传统种植物之一，《徐霞客游记》开篇中写道，在宁海王爱山岗一带“可见随处种麦”。由于宁海的土壤、气候、日照时间原因，宁海的面粉蛋白质和酶活性含量高于普通面粉，具有面团拉伸、稠度强的特性，在加工麦饼过程中可随意拉伸都不破裂。一旦选用非地产原料和佐料，就明显失去昔日的味觉记忆，口感大打折扣。

马铃薯 俗称洋芋，胡陈洋芋是宁海县胡陈乡传统特色农产品之一，已有300多年的种植历史。由于具有独特的砂性土壤、适宜的气候环境，因此造就了胡陈洋芋的独特品质——皮色较黄、淀粉含量适中、低脂肪、高蛋白、粗纤维，色香味美，为大众喜爱。长期以来，胡陈洋芋是一旱一水的栽培模式。境内土壤pH值在5~6之间，施肥主要以农家肥为主，化肥辅助，土壤自然肥力高。胡陈本地洋芋品种多为东仓小黄皮，洋芋可作蔬菜也可作粮食，生长季节短，胡陈乡春秋两季洋芋的种植面积达0.7万余亩，年产洋芋0.87万余吨，其中符合国家级绿色食品A级产品标准的洋芋为2500吨。胡陈乡多次组织洋芋种植大户探索开发大型蔬菜市场、超市等，主要销往上海、杭州、宁波、舟山等地。胡陈洋芋曾获得多种荣誉，2004年被认定为国家级绿色食品A级产品，标志编号：LB-15-1308117318A。胡陈洋芋荣获省级农业博览会优质奖。2017年胡陈洋芋入选“全国名特优新农产品”名录，受农业农村部权威推介。2018年荣获浙江名牌农产品。“七彩胡陈”商标荣获浙江省著名商标，胡陈土豆成功入选农业农村部编制的“全国名特优新农产品”目录，获评浙江名牌农产品。2019年，胡陈乡春秋两季洋芋种植面积4000亩，洋芋产量4700吨，农民总收入5640万元。

2022年，胡陈乡春洋芋产量约780万千克。胡陈尝试播种新品种紫洋芋，种植面积约40亩，售价约20元每千克。紫色洋芋个头较大，呈椭圆形，外观很像紫薯，一个紫洋芋约有半斤重。切开来看，洋芋肉呈紫黑色，切面还有紫黑色液体渗出。紫洋芋营养价值高，很受市场欢迎。和普通的胡陈黄皮洋芋相比，紫洋芋每亩可增收万余元。

香榧 双峰香榧种植历史悠久，是天然无公害农产品，主要分布在黄坛镇的榧坑、逐步、中央村、里塘等村。其中，建村于洪武元年的榧坑村以榧为村名。为了大力发展香榧，宁海县成立发展香榧领导小组，规划在双峰乡建立万亩香榧生产基地，于1991年建立双峰香榧苗圃园，采摘当地木榧（香榧的一个品种）为种子，繁殖苗木。1999年，双峰育出10万株香榧苗木，在杨染村、榧坑村进行嫁接。至2008年，双峰地区10余个村已发展香榧5000余亩、15000多株，64%的树可结果投产。榧蒲每千克16元，干榧每千克160元。2012年，双峰香榧基地面积7300亩。2015年，黄坛镇的双峰国家森林公园被评为“浙江最美森林”，为当地发展香榧产业与生态旅游提供了契机。截至2017年底，黄坛现有香榧面积1.2万亩，其中挂果面积3500余亩，年产香榧鲜蒲200余吨，是宁波市唯一的香榧产业基地。双峰有山外山农业发展有限公司、东盛林业专业合作社、补兴香榧合作社等6家专业合作社经营香榧产业。

注册“双峰香榧”品牌为公用品牌，并在2017年2月获得国家监督检验检疫局生态原产地产品保护证书，2017年7月28日黄坛镇香榧产业协会委托浙江龙华知识产权服务公司代理“双峰香榧”地理标志商标的申请办理工作，2019年7月28日成功注册地理标志证明商标。2019年黄坛镇种植香榧1.3万余亩、木榧627.5亩。全镇百亩以上香榧基地28个，投产面积达0.75万余亩，全年鲜果产量为130万千克，香榧生产值超5000万元。2020年，黄坛镇与县市场监督管理局联合出台《“双峰香榧”地理标志公用品牌使用与管理办法》，规范“双峰香榧”地理标志商标的使用行为。

2022年，宁海香榧品牌“轩峰”“冬益”荣登浙江省香榧十大品牌。

牡蛎 俗称蛎黄，宁海西店盛产的是褶牡蛎，有700多年的历史。褶牡蛎，贝壳小，薄而脆，大多为三角形，养殖以褶牡蛎为主。据清代《光绪宁海县志》载“宋进士冯唐英避乱隐此，见岩边牡蛎盛生，教居民聚石养之”，并有“牡蛎出铁江尤佳”之赞语。铁江位于象山港尾西店，尤以西店牡蛎为著名，驰名江、浙、沪一带，海水养殖中的主产品之一。宁海西店，是浙江省最大的牡蛎基地，2008年西店牡蛎养殖面积24870亩，产量28600吨。西店牡蛎素有“海牛奶”之称，并富含蛋白质、维生素、核黄素等营养成分。2001年被浙江省海洋与渔业局授予“牡蛎之乡”。

锯缘青蟹 俗称青蟹，主产于一市、西店、大佳何等三门湾和象山港区域，清代《光绪宁海县志》称蝤蛑，尤以一市青蟹为佳，营养价值大，俗称“三只蝤蛑顶只鸡”。宁海一市镇毗邻三门湾，盛产青蟹，自然条件优越，尤其是拥有天然的砂石底质，附近海域天然青蟹苗种富有。宁海青蟹运用野生、纯天然的鱼饲料进行科学喂养，是宁波市海水养殖水产品的第一个有机品牌。1985年，西店樟树村养殖户在低坝高网塘养殖青蟹，1990年以后，全县青蟹养殖面积不断扩大，成为池塘生态养殖的主要品种之一。

青蟹养殖面积在4万亩以上，拥有“蟹大人”“一市”等商标品牌。一市青蟹壳薄肉细，鲜嫩可口，是宁波海水养殖水产品中第一个有机产品，获得国家生态原产地认证标志。

宁海珍鲜 2018年面向社会征集确定了白枇杷、青蟹、蛏子等9大类首推产品。之后，运营团队联合各乡镇（街道）走访产业规模较大、产品质量较好的农业主体。2019年9月，宁海通过“宁海珍鲜”商标注册代理招标，标志着宁海全产业农产品区域公用品牌第三方运营正式启动。首批入选“宁海珍鲜”的筛选标准确立，包括参选的农业龙头企业、专业合作社等主体具有一定的生产经营规模，产品符合“三品一标”质量要求，品牌具有一定知名度、认可度等。同时，“宁海珍鲜”的相关专题宣传和群众意见征求工作启动。

在此过程中，宁海珍鲜搭建了宁海县首个农产品“一站式”数字化解决方案平台——宁海珍鲜数字化平台，开发网络系统、智能提货系统，整合防伪溯源系统、企业微信商城、基地可视化监控、抖音企业账号，解决了品牌在数字化建设过程中多套系统并行使用导致的效率低下、成本高昂、数据汇总困难等问题，累计销售额达2090万元，其中新开拓渠道实现销售200余万元。

2020年8月开始，宁海珍鲜与省农业科学院数字农业研究所签订技术服务协议，推进农产品防伪溯源体系建设，经多次征求部门、乡镇（街道）以及农户意见，并结合商业化需求，防伪溯源码从1.0版本提升至3.0版本，实现防伪、溯源、查询、一件一码、按件服务等功能，对“宁海珍鲜”品牌授权受用单位实行防伪溯源管理。同时，与中国移动宁海分公司合作推进宁海珍鲜放心消费基地项目，完成茶叶、青蟹和对虾3家试点基地可视化监控网络设置。利用数字赋能，不仅做强品牌，还可以让消费者了解宁海本地人文景观，立体式展现宁海形象。2020年底，“宁海珍鲜”商标通过国家知识产权局注册，成为全宁波大市首个全品类“区域+产品特性”农产品区域公用品牌，标志着“宁海珍鲜”商标将正式受到法律保护。

8月，由县供销联社与一根火柴（北京）文化传播有限公司联合出品的“宁海珍鲜”区域公用品牌故事宣传片《挚爱山海》在强蛟镇开机。

望海茶　望海茶自2016年成功注册地理标志证明商标后，宁海相继制订出台《望海茶系列地方标准》《望海茶质量管理办法》《望海茶品牌授权使用实施细则》《望海茶地理标志产品保护管理办法》等，形成较为完善的地理标志产品质量管理体系，同时，改造一批低能、低效茶厂，建立一批高标准的生产基地，产业化水平得到显著提高。

第十一届“中绿杯”中国名优绿茶质量评比中，宁海县选送的绿茶喜获金奖6个、银奖3个和6个特别金奖，获奖数量位居全市第一。由望海茶1号品种所制茶样共有8个，全部获奖。其中，4个获特别金奖，3个获金奖，1个获银奖。

在2022年浙江省农业博览会上，“望府·绿茶”“山里向·笋干”“力洋呛皮烧·白酒”“百平黄·山茶油”获“2022浙江农业博览会金奖”，“望海峰·望海茶”“花蕊·蜂蜜”获“2022浙江农业博览会优质奖”。

2022年宁海县茶园面积5万余亩，其中，无性系良种核心基地2万亩，茶叶总产量5823吨，涉茶总产值6.8亿元；名优茶产量791吨，产值约2亿元。

钟观光蓟　2020年5月，宁海县科技局邀请数十名资深新食品原料审评专家在科创中心召开新食品原料学术论证会，开展钟观光蓟（山岩参）申报新食品原料论证活动。钟观光蓟（山岩参），别名钟氏蓟、杭蓟，在宁海民间有数百年的食用历史。在大佳何、桥头胡等乡镇（街道），有在立夏时节用山岩参煮鸡蛋的风俗，在力洋、胡陈等乡镇，有用山岩参炖母鸡作滋补品食用的传统。为了更好地推广山岩参，宁波宁蓟农场在政府各部门的大力支持下，开展山岩参的人工栽培试验和推广，历经10多年的艰辛探索，宁蓟农场已有55亩的种植面积。

2022年国民经济和社会发展

【概况】　地区生产总值。经初步核算，2022年全县经济总量突破900亿元，达900.72亿元，按不变价计算，同比增长4.3%。分产业看，第一产业实现增加值54.52亿元，同比增长5.6%；第二产业实现增加值436.49亿元，同比增长3.9%；第三产业实现增加值409.72亿元，同比增长4.6%。三次产业之比为6.0∶48.5∶45.5。按常住人口计算，全县人均地区生产总值为12.71万元（按年平均汇率折合1.89万美元），同比增长3.4%。

2022年宁海县分行业增加值情况统计表

表1

行　业	增加值（亿元）	增速（%）
农林牧渔业	56.76	5.6
工业	386.56	3.6
建筑业	51.77	5.8

续表1

行　　业	增加值（亿元）	增速（%）
交通运输、仓储和邮政业	30.79	2.7
批发和零售业	88.43	7.7
住宿和餐饮业	14.13	4.8
金融业	50.51	10.4
房地产业	79.48	-2.8
其他服务业	142.29	5.3
营利性服务业	75.77	9.3
非营利性服务业	66.52	1.2

财政收支。全年全县实现财政总收入97.10亿元，同比下降9.9%，其中一般公共预算收入62.47亿元，同比下降9.0%。全县完成一般公共预算支出102.49亿元，同比增长9.6%，其中城乡社区事务、社会保障和就业支出、科学技术支出和卫生健康支出同比分别增长50.9%、33.5%、18.1%和13.6%。全力助企纾困，全年兑现补助资金6.7亿元，减负降本26.2亿元。

市场价格。据国家样本反映，全年全县居民消费价格同比上涨2.3%，其中服务价格同比上涨0.8%，工业品价格同比上涨3.7%，消费品价格同比上涨3.2%，商品零售价格同比上涨3.6%。

2022年宁海县CPI同宁波、全省比较情况（上年=100）统计表

表2

指　　标	宁海县	宁波市	全　　省
居民消费价格指数	102.3	102.3	102.2
食品烟酒	102.8	103.1	102.6
衣着	100.8	99.7	100.4
居住	101.0	100.4	100.7
生活用品及服务	102.7	101.0	101.8
交通通信	105.3	105.8	105.1
教育文化娱乐	101.7	102.2	103.1
医疗保健	100.0	101.8	100.3
其他用品及服务	102.4	101.5	101.8

就业创业。年末全县城镇登记失业率为1.31%。城镇新增就业人员1.38万人，6939名城镇失业人员实现再就业，其中困难人员926人。新增创业实体18911个，创业带动就业人数75644人。新设各类市场主体18670户，净增市场主体11290户，累计实有各类市场主体97839户。

【农业、美丽乡村建设】 农业。全年全县实现农林牧渔业增加值54.76亿元，同比增长5.6%；粮食种植面积达23.8万亩，粮食总产量9.46万吨，同比增长4.8%；禽肉总产量0.11万吨，同比下降7.7%；水产品总产量18.31万吨，同比增长5.5%，其中海水产品产量17.04万吨，同比增长5.7%。绿色优质农产品比例达60.9%，获评全省唯一的国家级制种大县，成功创建省级渔业健康养殖示范县。

美丽乡村建设。全年全县新增省级美丽乡村示范乡镇（街道）2个、省级美丽乡村特色精品村5个，省级高标准农村生活垃圾分类处理示范村6个，累计分别达到9个、33个和20个。启动海头村、许民村等5个省级未来乡村建设。新改建农村公厕172座。

【工业、建筑业、用电】 工业。全年全县实现工业增加值386.56亿元，同比增长3.6%。规模以上工业增加值279.24亿元，同比增长4.7%，其中“246”产业实现增加值203.10亿元，同比增长6.6%。实现规模以上工业产值1271.71亿元，同比增长8.8%，其中新产品产值498.07亿元，同比增长19.7%，新产品产值率达39.2%。规模以上工业企业实现销售产值1218.60亿元，同比增长6.5%；营业收入1385.87亿元，同比增长12.4%；利润总额55.88亿元，同比下降7.9%；研发投入36.60亿元，同比增长14.1%。规模以下工业增加值同比增长3.1%。工业全域治理成效显著，新认定省级小微企业园3家，实现国家制造业企业单项冠军示范企业“零的突破”，新增国家单项冠军产品1个、专精特新“小巨人”企业3家。

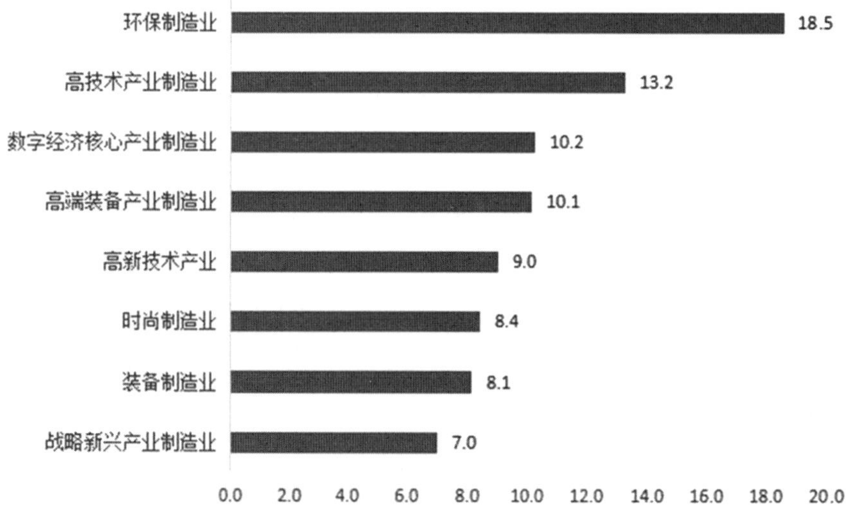

图1　宁海县规模以上重点产业增加值增长情况图（单位:%）

建筑业。全年实现建筑业总产值137.95亿元，同比增长21.8%，从业人员平均人数3.69万人。

用电量。全年全社会用电量46.95亿千瓦时，同比增长5.8%。其中，第一产业用电量0.64亿千瓦时，同比增长16.1%；第二产业用电量41.54亿千瓦时，同比增长0.2%（工业用电量28.43亿千瓦时，同比下降0.9%）；第三产业用电量6.62亿千瓦时，同比增长9.6%；城乡居民用电量10.81亿千瓦时，同比增长23.5%。

【固定资产投资、房地产业】 固定资产投资。全年固定资产投资同比增长9.3%，其中，民间投资占比59.9%，制造业、交通运输业、项目民间、高新技术产业和生态环保、城市更新和水利设施投资等5个结构性指标增速远高于省市平均，荣获年度全省投资“赛马”激励。

2022 年宁海县固定资产投资主要领域增速统计表

表 3

主要领域	同比增长（%）
工业投资	45.9
房地产投资	-14.1
基础设施投资	26.5
民间投资	3.2
制造业投资	35.5
交通运输投资	11.3
项目民间投资	33.1
高新技术产业投资	32.6
生态环保、城市更新和水利设施投资	68.6

房地产业。全年全县商品房施工面积 438.55 万平方米，同比下降 17.2%；竣工面积 128.58 万平方米，同比增长 23.4%；商品房销售面积 59.72 万平方米，同比下降 24.4%。

【贸易、交通、旅游、会展】 贸易业。全年全县实现社会消费品零售额 320.66 亿元，同比增长 5.2%。其中，限额以上社会消费品零售额 82.49 亿元，同比增长 9.2%。实现网络零售额 202.9 亿元，同比增长 2.6%。累计实现跨境电商出口额 74.51 亿元，同比增长 29.1%。

2022 年宁海县限额以上主要商品增速统计表

表 4

主要指标	同比增长（%）
汽车类	7.7
文化办公用品类	9.5
服装、鞋帽、针纺织品类	-4.2
粮油、食品类	-36.9
石油及制品类	-35.9
家用电器和音像器材类	7.4
金银珠宝类	10.3
饮料类	-23.8

交通运输。年末全县公路总里程达 1648.54 千米，公路密度 89.4 千米/百平方千米。全年完成旅客

运输量19.7万人次，同比下降51.1%，旅客周转量0.34亿人千米，同比下降16.8%；货物运输量1293.86万吨，同比下降5.0%，货物周转量76.29亿吨千米，同比下降1.7%。年末全县拥有各类营运车辆2756辆、船舶40艘，其中，公交运营车辆633标台，运营线路183条，全年完成客运量2489.16万人次，同比下降19.6%。年末全县共有互联网租赁自行车0.8万辆，全年累计租车443万辆次。年末全县共有出租车278辆。

旅游业。全年全县实现旅游总收入52.12亿元，同比增长1.0%。接待游客330.83万人次，同比增长3.1%。创建省A级景区村庄100个，其中AAA级景区村庄5个；新增民宿15家，其中精品民宿5家，培育金银宿级民宿2家。获评浙江文旅助力探索共同富裕新路径十佳县，前童镇入选全国乡村旅游重点镇。

会展业。全年全县举办各类展会3个，参展企业115家，展览总面积3.24万平方米，人流量4.5万人次，成交额1.12亿元。举办“中国旅游日”2022年浙江省主会场暨第二十届徐霞客开游节活动，首次启动“云开幕”，直播观看量超百万次。

【对外经济】 货物贸易。全年全县实现货物进出口总额367.69亿元，同比增长10.9%。其中，出口总额339.79亿元，同比增长9.1%；进口总额27.90亿元，同比增长39.3%。机电和高新技术产品进出口总额263.49亿元，同比增长11.7%。全年全县完成对“一带一路”共建国家合计进出口额88.59亿元，同比增长23.7%，其中，出口总额81.82亿元，同比增长17.3%。

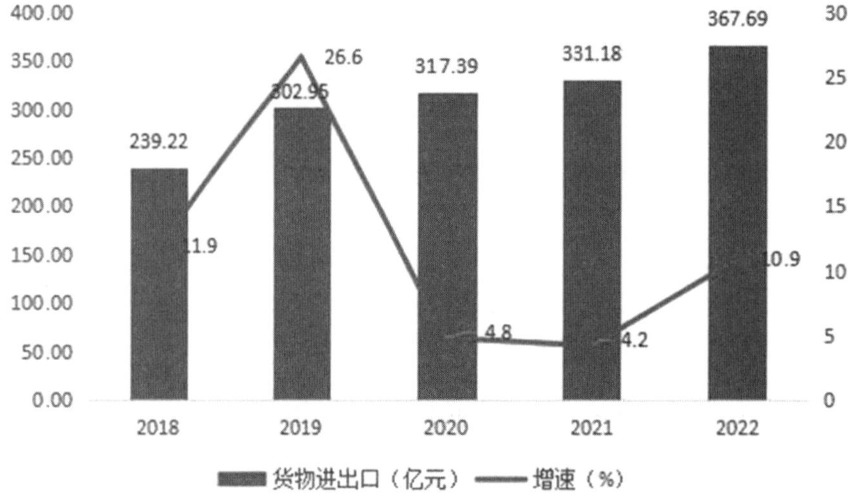

图2 2018—2022年货物进出口总额情况图

招商引资。全年全县共新批外资企业8个，增资项目4个，实际利用外资1.29亿美元，同比下降14.7%。浙商回归资金100亿元，市外内资131.2亿元。

【银行、证券、保险】 银行业。年末全县拥有银行业金融机构27家，其中政策性银行1家，大型国有银行6家，股份制商业银行11家，城市商业银行7家，村镇银行1家，农商银行1家。年末银行业金融机构不良贷款率0.20%，同比下降0.27个百分点。

2022年末宁海县金融机构存贷款情况统计表

表5

主要指标	实绩（亿元）	同比增长（%）
本外币存款余额	1112.59	17.1
其中：住户存款	523.34	18.4

续表5

主要指标	实绩（亿元）	同比增长（%）
非金融企业存款	444.04	27.1
人民币存款余额	1065.15	18.1
本外币贷款余额	1563.06	20.4
其中：住户贷款	502.78	9.8
企（事）业单位贷款	1060.26	26.1
人民币贷款余额	1558.42	20.8

证券业。全县共有上市企业8家，新三板挂牌企业2家，新增甬股交挂牌企业27家，累计188家。年末拥有上市梯队培育企业30家。

保险业。年末全县共有保险机构35家，其中，产险机构20家，寿险机构15家。全年保费收入23.26亿元，同比增长5.9%，其中，财产险保费收入9.05亿元，同比增长11.2%；人身险保费收入14.21亿元，同比增长2.7%。全年累计赔付支出7.74亿元，同比增长0.7%，其中，财产险赔付支出5.67亿元，同比增长0.3%；人身险赔付支出2.08亿元，同比增长1.8%。

【科技、教育、人才】 科技创新。全年全县完成专利授权5686件，其中发明专利262件，全县有效专利拥有量19076件，其中有效发明专利1588件。新增有效高新技术企业71家，累计拥有有效高新技术企业356家。创新主体研发能力持续增强，拥有国家级企业技术中心4家，省级企业研究院12家，市级企业研究院3家；省级高新技术企业研发中心71家，市级工程技术中心88家。实现技术交易额22.1亿元，同比增长121%。

教育事业。年末全县共有中小学80所，在校学生总数10.79万人。其中，普通高中8所，在校学生1.08万人；职业中学4所，在校学生0.69万人；初中22所，在校学生2.24万人；小学50所，在校学生4.41万人；幼儿园83所，在校学生2.35万人。学前三年入园率达99.7%，义务教育入学率和巩固率均达100%，初中毕业生升入高中段学校比例为99.9%，适龄“三残”儿童学前段、义务段入学率达100%。公办学校接纳外来民工子女1.79万人。学科类校外培训机构“再次转型”压减率达100%。全年发放各类助学奖金4500万元。

人才开发。年末全县人才总量达17.3万人，其中，博士37人、硕士289人。新增大学生就业人数1.1万人。新建国家级博士后科研工作站1家和省级博士后工作站5家。积极开展企业职业技能等级认定工作，新增职业技能等级认定企业110家，累计培训技能人才2.8万人次，新增高技能人才6651人。

【文化、卫生、体育】 文化建设。新增省级非遗代表性项目2个、省级非遗代表性传承人3名，年末全县累计拥有国家省市级非遗项目12项、代表性传承人28人、传承基地19个。新建城市书房2家、文化驿站1个、“15分钟品质文化生活圈”90个。成功创建全省首届最美公共文化空间2家，全市首批“一人一艺新空间”和“天一书房”3家。新获中国民间文艺最高奖山花奖1个，成功创建全国科普示范县。

卫生健康事业。年末全县共有医疗机构490家，床位数3038张，卫生技术人员6157人，其中，执业（助理）医师2580人，注册护士数2755人。每千人拥有执业（助理）医师数3.64人，每千人拥有护士数3.89人。年末县域就诊率93.9%，基层就诊率70.1%。县第一医院通过“三乙”综合医院现场评审。

体育事业。新建体育公园1个，全民健身广场2个，多功能运动场2个，笼式足球场1个，百姓健身房5个，累计分别达4个、14个、8个、10个和23个。人均体育场地面积2.73平方米。宁海籍运动员在省运会上收获22枚金牌、6枚银牌、8枚铜牌。宁海越野挑战赛获评国家体育产业示范项目。

【城市建设、环境保护】 城市建设。全县城市建成区面积达44.11平方千米。全年完成市政项目投资10.7亿元，共实施市政基础设施项目32个，其中重点项目17个，新开工建设12条市政道路。城市绿地率、绿地覆盖率分别达39.5%和42.5%，人均公园绿地面积14.3平方米。完成华庭家园、朝晖小区等老旧小区改造35个。积极推动双水未来社区、塔山未来社区等6个未来社区项目建设。新增公共停车场8个、道路泊位3166个，有序实现无感停车。

生态建设。全年城区空气质量优良天数比率为92.3%，PM2.5浓度均值为23微克每立方米。市控以上断面水质功能区优良率保持100%。秸秆综合利用率达97.5%，病死动物无害化处理率100%。整治涉气企业66家，关停17家，投入3.6亿元实施135个颜公河水环境治理项目，开建首座工业污水处理厂，市控以上断面水质优良率和功能区达标率保持100%。荣获全省首批三星级“无废城市”，连续5年位列“两山”发展百强县第二，连续2年获得“大禹鼎”银鼎和美丽浙江建设考核优秀县称号。

【人口、居民生活、社会保障】 人口规模。年末全县拥有户籍人口629770人，其中，男性人口324047人，占比51.5%，性别比为106（%女性为100）。全年出生人口3200人，出生率为5.14‰；死亡人口4249人，死亡率为6.74‰；人口自然增长率为-1.6‰。年末全县常住人口为70.9万人，城镇人口占总人口的比重（即城镇化率）为63.7%。

居民收入。全年全县居民人均可支配收入60691元，同比增长4.2%。按常住地分，城镇居民人均可支配收入72549元，同比增长3.6%；农村居民人均可支配收入42165元，同比增长5.8%。城乡居民人均可支配收入倍差为1.72，比上年缩小0.04。全县居民人均生活消费支出41704元，同比增长5.4%。按常住地分，城镇居民人均生活消费支出47601元，同比增长5.0%；农村居民人均生活消费支出32491元，同比增长6.3%。

社会保险。年末县内本地户籍人员养老保险参保人数50.07万人，参保率为99.7%。医保户籍参保率超过99.5%。工伤保险、失业保险参保人数分别达到23.54万人、15.88万人。符合条件贫困人员养老保险参保率达100%。

民生保障。全年全县共有低保对象8960人，特困对象655人，低保标准从每月1005元提高至1181元。全年共发放低保金1.1亿元，特困供养金1820.1万元，临时救助金594.6万元。低收入农户人均可支配收入同比增长15.5%。全县拥有养老机构22家，总床位数5918张，每万老年人持证养老护理人员31人。全年新增保障性租赁住房3721套。

“平安宁海”建设。全年全县发生各类安全生产事故10起，同比下降28.6%。死亡人数7人，同比下降36.4%，造成直接经济损失84.9万元，同比下降54.9%。其中，道路交通事故起数6起，同比下降25.0%，死亡人数4人，与上年持平。

注：1. 本公报为初步统计数。

2. 生产总值、各行业增加值总量按现行价格计算，增长速度按可比价格计算。

3. 规模以上工业指年主营业务收入2000万元及以上的工业企业。

4. 限额以上批发和零售业指年主营业务收入2000万元及以上的批发业、年主营业务收入500万元及以上的零售业。

5. 限额以上住宿和餐饮业指年主营业务收入200万元及以上的住宿和餐饮业。

6. 年营业收入2000万元及以上服务业法人单位。包括：交通运输、仓储和邮政业，信息传输、软件和信息技术服务业，水利、环境和公共设施管理业三个门类和卫生行业大类。

年营业收入1000万元及以上服务业法人单位。包括：租赁和商务服务业，科学研究和技术服务业，教育三个门类，以及物业管理、房地产中介服务、房地产租赁经营和其他房地产业四个行业小类。

年营业收入500万元及以上服务业法人单位。包括：居民服务、修理和其他服务业，文化、体育和娱乐业两个门类，以及社会工作行业大类。

7. 固定资产项目统计范围为计划总投资500万元及以上的固定资产投资项目。

8. 资质建筑业企业主要包括施工总承包和专业承包。

9. 根据上级文旅部门统一部署，旅游业的统计方法和口径有调整。

中国共产党宁海县委员会

综　　述

县委十五届一次全会以来，县委常委会团结带领全县上下深学笃行习近平新时代中国特色社会主义思想，把迎接中共二十大胜利召开、学习宣传贯彻中共二十大精神作为首要政治任务，坚决落实中央和省委、市委决策部署，革新求进开新局，苦干巧干抓落实，迈出建设现代化“双优”新宁海的坚实步伐。

把喜迎盛会的激动转化为保驾护航的行动，认真贯彻“疫情要防住、经济要稳住、发展要安全”的重大要求，统筹打好稳进提质、“除险保安”、塑造变革“三大攻坚战”。前三季度，全县完成地区生总值646亿元，总量列全省区（县、市）第29位，较2021年进位2位，三季度当季增速分别高于全国、全省、全市平均1.9、1.6和0.9个百分点，实现平安护航中共二十大。中共二十大胜利闭幕后，先后召开全县领导干部会议、县委理论学习中心组专题学习会等进行集中学习，组织开展“六学六进六争先”学习实践活动，高标准抓好学习研讨、宣讲辅导、宣传报道等工作，以实干实效推动中共二十大精神落地生根。

省委、省政府和市四套班子主要领导先后到宁海调研，都给予充分肯定。中央政治局委员、时任省委书记袁家军勉励“宁海发展前景光明”。省长王浩点赞宁海工业势头强劲。市委书记彭佳学在宁海宣讲省党代会精神，要求宁海“勇挑重担、勇开新局、勇争一流、勇闯新路”。市长汤飞帆在宁海召开全市新一轮制造业“腾笼换鸟、凤凰涅槃”攻坚行动现场会，鼓励宁海争做“生态县里的经济最强县，百强县中的生态最优县”。这些寄语，饱含期望，蕴含机遇，宁海迅速抓好学习转化，以全会决议明确共创宁海发展光明前景的九方面具体要求，让全县干部心中有前景、工作有方向。

“五大革新”立柱架梁、系统推进。立足新班子开局、站位新五年全局，举全县之力推进产业、城市、社会、制度、自我“五大革新”，深研细抓引领性目标、突破性抓手、支撑性项目。单体投资最大的年产15吉瓦N型电池+15吉瓦组件项目拿地即开工，“光伏+储能”千亿级产业链蓄势待发，南滨经济开发区一派欣欣向荣之势，“东美丽、西通达、北时尚、南文化”的城区新图景渐次展开，谋划二十年的清溪水库开工建设，信访积案、项目梗阻、民生欠账等一批多年想解决而未解决的难题得以破解，全国“人民满意的公务员集体”、全国优秀人民警察、全省“人民满意的公务员”等先进典型不断涌现，“五问五破、五比五先”作风建设在真抓实干中持续加强，全县上下呈现出昂扬向上的奋进姿态、革新争优的发展状态。

坚定捍卫“两个确立”、坚决做到“两个维护”。严格落实县委常委会会议“第一议题”和县委理论学习中心组专题学习“首要内容”制度，及时全面深入学习贯彻习近平总书记重要讲话、重要指示精神。全年县委理论学习中心组、县委常委会分别开展集中学习14次和22次。学深悟透笃行习近平总书记对浙江、对宁波特别是对宁海工作的重要指示精神，高质量推进习近平总书记到过的三个村（社）发展提升。建立党史学习教育常态化长效化机制，打造宣讲大联盟，推动党的创新理论入脑入心、走深走实。以“七张问题清单”为牵引，严肃抓好上级巡视、审计、环保督察等反馈问题整改，省委巡视“回头看”反馈问题整改完成率达90.3%，入选省级典型案例数量全市最多。

推动经济企稳向好。积极应对超预期因素的冲击和挑战，在承压奋进中稳住经济基本盘。农林牧渔总产值和增加值增速持续领跑全市，入围国家现代农业产业园创建名单，获评全省首个国家级制种大县，超额完成粮食种植任务。工业逐季向好、强力支撑，7月以来连续5个月当月规模以上工业增加值增速列全市前二，跻身中国工业百强县（市）第47位、较2021年进位11位，工业全域治理再拆160万平方米，新建120万平方米。开展有效投资再提升、“学清溪、促三提”行动，新开工10亿元以上项目、新签约亿元以上项目数量和投资总额均创历史新高，1—11月高新技术产业投资、制造业投资同比分别增长30.2%、35.9%。多措并举促消费稳外贸，发挥消费券撬动作用，餐饮、零售、住宿、旅游等逐步回暖，外贸“一站式”综合服务平台运营上线。坚持政企同心渡难关，制定一揽子惠企政策，打好助企纾困“组合拳”，实施新生代企业家“青蓝行动”，常态化召开政企恳谈会，鼓励广大企业坚定信心、聚焦主业、立足宁海、与时俱进，1—11月完成减负降本26.2亿元，新设市场主体同比增长19.5%，市场主体变化情况指数列全省第五位。

抓好各领域改革创新。调整优化改革工作机制，创新大数据、数改一体化运行模式，数字化改革省综合评价连续3次获评五星，5个项目入选市“最系列”成果，3个项目获跨省市推广复用，党群同心圆、“艺术振兴乡村”应用场景入选全省“一地创新、全省共享”一本账S0，数量全市最多。迭代升级“141”基层治理体系，实质性运行县级社会治理中心，推进现代社区建设“八大改革”“十二大行动”，全面完成融合型社区拆分清零。民生实事项目人大代表票决制实现省级立法，《村务管理》三项国标发布实施，“36条”多跨场景应用线上支付率大幅提升。聚焦资源精准高效配置，财政政策、征地拆迁、招商引资、土地管理等领域制度重塑扎实推进，划定国企七大集团经营赛道。市场经营主体实行属地服务管理。出台人才发展规划、工作规则、系列政策，举办种业强县论坛、产业人才发展交流大会、百名侨商走进侨梦苑、浙江党外知识分子服务拟上市企业等活动，入围国家级人才数创历史新高，中乌、海洋种业、生物医药、绿色低碳等创新平台各有突破进展，入选省可持续发展创新示范区建设单位。

统筹抓好城乡风貌和品质提升。坚持先规划后实施、整体规划分步实施，推进中心城区全面统筹发展，南宋红妆乐园、蒲湖公园等项目开工，城隍庙商圈正在全面招商，环天明湖区域日益彰显新城气派。新增2个省级城乡风貌样板区、5个省未来乡村、4个省未来社区创建，省美丽城镇创建实现全覆盖，“精特亮”工程“串珠成链”、连片成景，连续6年获全省深化“千万工程”建设新时代美丽乡村工作优胜县。推进全域旅游再深化工程，百万网友“云看”徐霞客开游节，省AAA级景区镇实现全覆盖，入选浙江首批“乡村文旅运营团队”培育名单家数全省最多，连续5年位列全国“两山”发展百强县第2位。新建环三门湾30千米沿海绿道，再捧省“大禹鼎”银鼎，创建省首批“无废城市”、省无违建县，获评全省十佳存量违建处置示范典型。扎实推进国土空间总体规划编制，经批复的城镇开发边界面积扩大到现面积的1.45倍，扩大系数全市第一。G15沈海高速宁海段改扩建开工在即，高效连接中心城区与南滨经济开发区的“一横”开工建设，成为全省首批交通强国试点县，获评全省唯一的农村客货邮融合发展五星级样板县。

纵深推进法治宁海平安宁海建设。疫情防控交出优异答卷，“全国一盘棋”“全县一条心”，三年来，经历了应急性超常规防控、常态化防控和完善优化防控3个阶段，涌现出许多抗疫英雄、感人事迹和有效经验，是全省两个疫情未破防的县（市、区）之一。深刻汲取“8·11”民房火灾事故教训，铁腕推进消防安全大排查大整治，以“一拆一建两整治”为突破口，痛下决心开展全域自建房综合整治大行动。建立运行信访工作10项机制，1—11月信访走访总量同比下降49%，信访生态得以系统性重塑。稳步推进社会治安“打防管控”一体化建设，有效警情、治安案件、电信诈骗、道路交通亡人数均实现两位数下降，1—11月扫黑除恶打处绩效全市第一。有效应对“轩岚诺”“梅花”连续台风和罕见高温干旱不利影响，公共视频“一张网”等做法在实战中日益成熟。制定实施法治宁海建设规划和法治政府建设实施纲要，连续2年获评法治浙江（法治政府）建设优秀单位，法治建设社会满意度居全市第一。

持续增进群众福祉。前三季度城乡居民人均可支配收入同比增长6.2%，收入比进一步缩小，城镇登记失业率保持全市低位。“一村一策”实施村级集体经济持续提升行动，区镇联动打造南部海洋经济产城共富试验区，成立全市首个共富博士工作站、共富直播站，“集士驿站”获评全省首批共同富裕最佳实践。高度关注“一老一小”，首家AAAAA级居家养老服务中心正式投入运行，入选全省首批普惠托育基本公共服务试点。城西幼儿园、桃源二中、县第三医院、县精神康复中心等教文卫项目有序推进，县第一医院完成“三乙”等级评审，教育满意度连续3年居全省前五，实现全国卫生县城五连冠。文明城市创建成为全民共同行动，文明实践集市入选“浙江有礼”典型案例。“何以缑城、缑城何以”引发热议、广受认同，开展纪念柔石120周年诞辰系列活动，1个作品获中国民间文艺山花奖，2个作品入选省“五个一工程”，公共文化服务现代化发展指数居全省第八位。霞客体育公园二期竣工投用，体育运动蓬勃发展，全民健身蔚然成风。

全面加强党的建设。纵深推进全面从严治党，落实落细“五张责任清单”，着力打造新时代党建高地和清廉建设高地。高质量完成省委意识形态工作专项检查“回头看”整改，系统推进意识形态领域建章立制，全域排查整治宗教和民间信仰场所，融媒指数保持全省前列。着眼干部队伍长远建设，制定实施“五强”领导班子建设实施意见，出台“1322”储育工程、“456”优源工程等制度，深化“五大革新”赋能培训、周末课堂、导师帮带等载体，完善专班攻坚机制，创新开展履职大比拼，全覆盖完成换届“双优”回头看，推动队伍结构、干部能力进一步优化提升。红色根脉“两高”强基工程扎实推进，定期发布强基指数“红黑榜”，“3630”强基示范创建扎实开展，居民小区、网格实现党组织全覆盖，村（社）党员正负面清单全面推行。压紧压实党风廉政建设主体责任，严格落实“三交底”廉政谈话，创新实施“清风卡”“十必谈”等制度，严肃开展十五届县委三轮常规巡察和一轮村（社）巡察，涉纪信访量和检举控告量大幅下降至五年来最低值。严格落实中央八项规定，一体推进“三不腐”，坚持风腐同查同治，着力营造良好政治生态。完成团县委、县工商联、县残联换届，加强党管武装，高规格举办县委统战工作会议，有效凝聚各方合力。

新一届县委常委会坚持率先垂范，认真制定并严格落实县委工作规则、县委常委会工作要点和关于加强自身建设的19条意见，重点难题领衔攻坚、重大行动带头冲锋，全力支持人大、政府、政协和法院、检察院依法依章程履职尽责，带领全县党员干部同舟共济、共克时艰，营造“团结紧张严肃活泼”的工作氛围，倡树“苦干巧干系统干”的工作方法，干出“新班子新担当、开新局谋新篇”的工作业绩。

县委重要会议

【全县领导干部会议】 2月28日，县委书记滕安达主持召开，学习传达市第十四次党代会精神，并就做好学习贯彻落实工作进行动员部署。强调，全县上下要把学习宣传贯彻市第十四次党代会精神，作为当前和今后一个时期重要的政治任务，在传达上突出“快”，在氛围上突出“浓”，在贯彻上突出“实”，确保市党代会精神在宁海落地生根、开花结果，推动全县上下形成争先创优进位的良好局面，为宁波建设现代化滨海大都市凝聚强大合力。

会上，滕安达介绍市第十四次党代会情况，传达彭佳学书记代表市委所作的题为《胸怀两个大局　服务国之大者　勇担时代大任为加快建设现代化滨海大都市而努力奋斗》的报告以及汤飞帆参加宁海代表团审议时的讲话精神。汤飞帆对宁海提出争当“生态县里经济最强县、百强县里生态最优县”的要求，为宁海明确努力方向。

滕安达强调，全县领导干部要抓好市党代会精神的学习贯彻落实，要领悟、把握精神实质。各级各部门要原原本本学习党代会报告全文，紧扣加快建设现代化滨海大都市奋斗目标，找准自身角色定位，努力为宁海发展争取更大红利，为全市发展作出新的更大贡献。全县各级党组织要高度重视、精心组织各式各样的宣传活动，确保市党代会精神传达到每一个基层党组织，落实到每一项具体工作。各级各部门要把贯彻市党代会精神，与当前正在抓紧推进的争取一季度“开门红”、安全生产等重点工作结合起来，以实际工作成效来体现贯彻落实成果，全力奋进现代化“双优”新宁海建设新征程。

10月25日，县委常委会（扩大）会议暨全县领导干部会议召开，传达学习中共二十大精神，研究部署宁海县学习宣传贯彻工作，县委书记滕安达传达并讲话，强调要坚持以习近平新时代中国特色社会主义思想为指导，坚决拥护“两个确立”、坚决做到“两个维护”，深入学习领会中共二十大精神，奋力交出各项工作高分答卷。县委副书记、县长楼鼎鼎主持，县领导徐真民、叶秀高等出席。

全县各级党组织和广大党员干部要认真学习、全面把握中共二十大精神，特别是习近平总书记的重要讲话精神，坚决把思想和行动统一到党中央大政方针和决策部署上来。要深刻理解把握二十大主题是统摄全局的“纲”与“魂”、过去5年工作和新时代10年伟大变革的重大意义、习近平新时代中国特色社会主义思想的世界观和方法论、以中国式现代化推进中华民族伟大复兴的使命任务、以伟大自我革命引领伟大社会革命的重要要求、团结奋斗的时代要求，做到以思想自觉引领行动自觉，以忠实践行彰显忠诚担当。

学习好、宣传好、贯彻好中共二十大精神，是当前和今后一个时期的首要政治任务。全县上下要按照党中央要求和省市统一部署，切实抓好组织谋划，迅速掀起学习宣传贯彻热潮，把学习贯彻中共二十大精神的成果体现到宁海发展的实际成效上，奋力交出各项工作高分答卷。

要学深悟透，深刻领悟丰富内涵，把学习过程转化为统一思想认识、坚定理想信念的过程，切实把思想和行动统一到中共二十大精神上来，真正推动入脑入心、见行见效。要精心组织，广泛掀起学习热潮，切实抓好学习宣讲，多载体、多角度、全方位开展学习，加快形成学习宣传二十大精神的强大声势和浓厚氛围。要学以致用，全面推动工作落实，对照目标要求，统筹抓、抓重点，全力以赴打好今年收官战，谋好明年工作思路，用过硬的工作实绩展示学习贯彻的最大成效。

【深化推进村级小微权力清单三十六条工作领导小组（扩大）会议】 3月7日，县委常委、纪委书记、县监委主任周初波主持召开。县委书记滕安达在会上强调，要聚焦短板、久久为功，进一步推动村级小微权力清单36条持续迭代升级，不断增强宁海基层治理水平和治理能力。

滕安达在肯定36条深化推进工作成效后指出，各地各有关部门要坚持对标看齐，闻令而动，坚定持续深化36条的决心。要对标发展大局认准站位，推动权力在阳光下运行，把36条作为建设“清廉宁海”和加快共同富裕的重要抓手，作为推动基层治理创新的重要实践，持续抓深抓细，为打造共同富裕标杆县、建设现代化“双优”新宁海夯实基层基础。要对表任务分工认领职责，以更加主动、更加积极的态度履行好领导小组成员单位的职责。要对焦发展现状认清短板，切实查漏补缺、立行立改。

滕安达强调，要坚持有的放矢，靶向攻坚，突出持续深化36条的重心。要在数字赋能上持续用力，强化多跨协同，更加重视场景建设的成果运用，大力做好推广普及工作，不断提高注册率、点击率，提升36条数字化应用水平。要在规范执行上持续用力，以更加丰富的形式有效提高36条规范化执行水平，同时制度上要更加健全、追责上要更加有力，敢于挥起问责的大棒，真正让村干部对制度产生敬畏感。要在拓展延伸上持续用力，强化系统整合，进一步拓展群众反馈渠道，以及36条的应用领域，不断实现公权力监督全覆盖。

滕安达强调，要坚持久久为功，各负其责，凝聚持续深化36条的信心。要坚持党委牵头抓，主要负责同志要将深化36条工作作为“一把手工程”进行思考和谋划，分管领导要花更大精力把责任和工作抓紧抓实。要坚持协调同步抓，职能部门要主动介入、主动参与、主动谋划，各乡镇（街道）要认识到位、深研细抓，形成多层次、立体化推进36条建设的好态势。要坚持锲而不舍抓，突出精细精准，强化责任落实、考核评价，确保工作推进的进度和质量。

【创建全国文明城市（省文明县）动员大会】 3月8日，县委副书记、县长楼鼎鼎主持召开，会议以电子政务视联网视频会议方式召开。

县委书记滕安达强调，各地各部门要高度重视，思想上紧绷起来、工作上紧张起来，全面进入战时状态、实施战时举措，上下一心奋力打好全国文明城市创建这场硬仗，确保达成“首创首成，高分创成”的既定目标。徐真民、叶秀高等全体县级领导干部出席，县委常委、宣传部部长徐旭东部署文明创建工作。

滕安达指出，认识上要高站位。要充分认识到创建全国文明城市是服务中心大局的使命担当、打造共同富裕标杆县的重要实践、提升宁海城市竞争力和美誉度的有效载体、对干部队伍战斗力和凝聚力的全面检验，切实提高使命感、紧迫感、责任感，把全国文明城市创建当作当前工作的重中之重，当作锤炼自身的一次重大历练，全面进入战斗状态，集中精力、一抓到底，全力让宁海这座城市从形象到内涵都焕然一新。

工作上要高标准。要抓好问题整改，拿着放大镜、打着探照灯去找问题，找到问题后揪住不放地改问题，一条一条抓落实，一项一项抓提升，确保每个点位都做到最好，每项指标都获得高分。要抓好文明智治，强化数字赋能、整体智治，探索构建一批管用实用群众爱用的数字化场景应用，争取在这条新跑道上跑出宁海速度，赛出宁海风采。要抓好素养提升，改变与现代社会不相符的陈规陋习，深化文明实践，培养文明习惯，引领文明风尚，提高宁海城市的包容性、多元化和现代性。

推进上要高协同。创城指挥部与各地各部门之间要高效协同，创城指挥部要不断提升统筹协调水平，各地各有关部门要按照要求主动落实责任，杜绝推诿扯皮。部门与部门之间要高效协同，填补管理真空、提高协作效率，专题研究、专项推进。部门与属地之间要高效协同，细化任务、压实责任，健全闭环机制，推动文明城市创建成效实现整体跃迁。政府与群众之间要高效协同，积极推进基层文明创建，大力鼓励引导群众共创共享文明城市，构建全域创建的良好格局，形成人人尽责、天天坚持、事事落实的良好氛围。

楼鼎鼎强调，要深化认识奋力争先，把创城工作作为一项中心工作来推进落实，迅速进入战斗状态，为跻身国测名单前列、实现“首创首成，高分创成”夯实基础。要聚焦重点大抓落实，对照指标体系和任务清单、责任清单，抓好组织领导、人员队伍、任务分解、工作机制“四个落实”，并把创城工作与各项中心工作紧密结合起来，同向发力、系统推进。要全民参与共建共享，争当创城表率，引导广大市民深入参与到创城工作中来，进一步营造“人人关注、人人支持、人人参与”的浓厚氛围。

【传达学习全国两会精神暨县委中心组理论学习（扩大）会议】 3月14日，滕安达主持召开。强调，要深入学习贯彻习近平总书记重要讲话和全国两会精神，全面领会市第十四次党代会提出的目标要求，做到学干并重、知行共进，奋力推动宁海发展。在二十大召开之年、新班子起步之年全面争先进位，展现新气象。

滕安达传达全国两会精神，指出这次全国两会是在进入全面建设社会主义现代化国家、向第二个百年奋斗目标进军新征程的重要时刻召开的一次重要会议。习近平总书记在全国两会期间发表一系列重要讲话，为全县做好当前和今后一个时期各项工作提供遵循、指明方向。全县上下要深入学习贯彻习近平总书记重要讲话和全国两会精神，全面领悟精髓要义、把握实践要求，推动全国两会重大部署在宁海落地生根、开花结果。

滕安达围绕市党代会报告提出的“建设充分彰显硬核力量、极核功能、滨海形态、优良生态、文明典范、国际风范的大都市”这一目标进行发言。他指出，一要对标硬核力量，坚定信心、奋发有为，加快打造重大平台，推进重大项目、重大产业集群建设，不断壮大经济实力，当前要聚力抓好“开门红”，确保各项经济指标稳中有进。二要对标极核功能，切实提升城镇化水平、基础设施通达化水平、区域合作一体化水平，带动宁波南部版块崛起，促进南北协同，成为宁波向南辐射的高能级大门户。三要对标滨海形态，大力推进“环湾保护、拥湾发展”，以问题整改为导向推动绿色发展，将三门湾区域打造成宁海未来发展的最大增量，同时进一步展现美丽成色，形成海陆联动的美丽建设格局。四要对标优良生态，进一步将生态优势转化为发展优势，建设生态县里的经济最强县、百强县中的生态最优县。五要对标文明典范和国际风范，全力推进全国文明城市创建，不断提升人的素养和城市的文明水平，同时全面提升营商环境，形成各方面投资宁海、支持宁海的发展局面。

【县委全面深化改革委员会第二次全体（扩大）会议】 3月18日，滕安达主持召开。会议听取产教融合、“浙里艺术村”“浙里帮宁”等应用改革实施方案的汇报，听取高质量发展建设共同富裕标杆县阶段性工作情况和2022年工作计划，以及“五大革新”行动方案的汇报。与会人员书面审议《中共宁海县委全面深化改革委员会办公室关于调整县委全面深化改革委员会成员和专项小组构成及组成人员名单的通知（意见征求稿）》《中共宁海县委全面深化改革委员会2022年工作要点（意见征求稿）》，并就上述改革实施方案深入分析、充分探讨，提出了许多建设性意见建议，会议开得务实、高效。

滕安达强调要紧抓改革重点，一头紧扣全国两会精神、省市重点工作和市县党代会报告精神，一头立足宁海实际，深入思考谋划改革项目，充分交流探讨，取得实在的效果。要争创最佳实践，一手抓好既有改革品牌的持续迭代升级，一手全力增创新的改革亮点，力争打造一批具有宁海辨识度的标志性成果，全力争取改革突破奖，全力打造一批省市最佳应用。要凝聚革新合力，在党政干部、企业家乃至全社会层面营造积极向上的正能量；县领导和各单位“一把手”要以上率下，带领全县干部站位全局、聚焦中心、放手干事，真正把“五大革新”作为推动各项工作争先进位、促进干部能力重塑提升的突破性抓手，为引领甬南加快崛起、奋力建设现代化“双优”新宁海提供强劲动力。

【创建全国科普示范县动员部署会议】 3月25日召开。安排部署全国科普示范县创建相关工作。

宁海科普工作势头良好，成效明显，2017年成功创成省科普示范县，又入选2021-2025第二批全国科普示范县（市、区）创建单位名单，是全市2个创建单位之一。宁海将围绕县委县政府中心工作，着力构建以县域为重点，乡镇（街道）和村（社区）为主阵地的全域科普体系，整合社会力量，加强基础设施建设，增强要素集成，提高服务能力，深入开展科普示范县创建，全面提升基层科普公共服务能力，提高公民科学素质，为高水平建设现代化“双优”新宁海提供有力支撑。

要突出“快”“实”“全”三个重点，全面提升创建工作水平。严格按照责任分解要求，抓紧组织实施，层层分解任务，做到人员、任务、经费、时间“四落实”；坚持“围绕中心、服务大局、以人为本、面向基层”的要求，吸纳一切可以吸纳的科普力量，将群众转变为科学知识的倡导者、传播者、践行者；加强全领域的宣传，坚持科普宣传教育与实践培训相结合，多渠道、多层面加强科普知识教育，努力提高社会公众的科学素质。要强化保障，牢固树立一盘棋思想，密切配合、加强沟通，尽快制定考评办法和细则，加强日常检查通报，确保创建工作有序推进、见实见效。

【“五大革新”动员大会】 3月28日，楼鼎鼎主持召开。滕安达在会上强调，要坚持以习近平新时代中国特色社会主义思想为指导，深入贯彻省市要求，聚力开展产业革新、城市革新、社会革新、制度革新、自我革新，奋力打好“五大革新”组合拳、奏响争先进位最强音，携手共创一个辉煌美好的“新宁海”。

滕安达指出，开展“五大革新”，与中央和省市的要求一脉相承，就是要增强对标落实的政治自觉，进一步融入大局、服务全局；就是要保持接续奋斗的战略定力，进一步继承创新、与时俱进；就是要构建纲举目张的工作体系，进一步理顺关系、提高效率，就是要昂扬勇立潮头的豪情壮志，进一步比学赶超、加快发展。全县上下要统一思想、形成共识、凝聚合力，不断把“五大革新”架构图完善、衍生，把架构图做成任务库、课题库、项目库，为宁海一个时期的发展打下坚实基础。

要坚定引领性目标，加快建设现代化“双优”新宁海，引领甬南加快崛起。要重塑标志性成果，通过产业革新，挺进全国县市五十强；通过城市革新，打造现代化中等城市；通过社会革新，建设共同富裕标杆县；通过制度革新，争创最佳实践案例；通过自我革新，提升塑造变革能力。要紧盯突破性抓手，聚焦25个任务模块、112项抓手清单，聚力12项重点制度性创新事项，大抓实抓、早见成效。要狠抓支撑性项目，为全县高质量发展提供硬核支撑。

“五大革新”是县委“一号工程”，必须举全县之力加以推进。要切实增强担当意识，满腔热血干出最强战斗力，不断激扬干事创业的斗志和热情，众志成城谋革新、抓革新，同时加强检查督促、广泛宣传，真正传递压力、激发动力。要切实增强效率意识，一刻不松跑出最快加速度，着力细化工作颗粒度、时间颗粒度，把“五大革新”彻底抓实抓细抓落地。要切实增强比拼意识，争先恐后赛出最大正能量，着重抓好例会推进、季度张榜、年度评价、结果应用等措施，形成良性的互学互促氛围。要切实增强答卷意识，全面奋进创出最好成绩单，大力推动每条战线、每个岗位、每项工作敢于打破陈规、善于推陈出新，努力干出先人一步、胜人一筹的新业绩。

楼鼎鼎强调，要精心精细抓落实，在行动方案和架构图的大框架下，细化子跑道，找准发力点，推动工作责任再细化、任务举措再细化、时间节点再细化，确保每项工作落实到位。要提速提效抓落实，强化攻坚破难、争先创优、督查指导，落实专班推进，实施挂图作战，在“五大革新”大舞台上赛马比拼、勇争一流，争做最佳实践、最佳清单、最佳专班，交出更优异的答卷。要同向同力抓落实，与上级要求相衔接，推动“五大革新”相贯通，实现各方力量相融合，共同塑造标志性成果，努力实现引领性目标。

会议以电子政务视联网视频会议方式召开，各乡镇（街道）、县直各单位设分会场。

【县城市革新暨“三山两岸”整体规划建设工作领导小组（扩大）会议】 4月2日召开。楼鼎鼎在会上强调，要搭好架构图，细化实施方案，大抓“城市革新”，扮靓“三山两岸”，奋力推动宁海向现代化中等城市迈进。

县住建局重点围绕“东美丽”“北时尚”，分享兴海路以东片区和新城市中心区开发建设思路；县交通局重点围绕“西通达”介绍重大交通项目推进情况；县自然资源和规划局重点围绕“南文化”介绍“三山两岸”工作设想及相关工作机制。与会领导围绕城市革新和“三山两岸”整体规划建设工作，提出加强规划前瞻性、加快文旅融合发展、注重生态富美、完善功能布局、统筹民生配套项目建设、重视资金平衡等许多建设性意见建议，为相关职能部门工作指明方向。

城市革新事关宁海能否成功向现代化中等城市迈进，事关人民群众未来城市生活的幸福指数。每个人都要秉着对宁海负责、对老百姓负责的态度，谋深谋实、认认真真做好这项工作。要坚持把空间重塑作为首要课题，加快构建“四梁八柱”。注重观念理念、体制机制、方式方法重塑，紧盯现代化中等城市这一标志性成果，以城的站位谋划推进县的发展，进一步打开思路，在规划、建设、管理等多领域进行创新，加快构建东美丽、西通达、北时尚、南文化的空间格局。要坚持把生态富美作为最佳名片，着力塑造“四季尽美”。要治山理水，持续推进治水治气、无废城市创建，消除生态不和谐因素；要显山露水，把好山好水好风光融入城市，以景区化来打造整个城市，一年四季皆有景；要“增值山水”，真正把宁海打造成旅游目的地，切实把绿水青山转化为金山银山。

要坚持把美丽城镇作为重要载体，协同推进“四创联动”。要统筹推进城区、城镇、乡村、家庭四个层面的创建联动，通过“四创联动”各美其美、“精特亮”工程有机串联，美美与共，从量变到质变，最终实现蝶变，整体提升城市品质。要坚持把重大交通项目作为战略支撑，更好实现“四通八达”。目标上把握好内畅与外联的关系，时序上把握好轻重缓急的关系，效益上把握好经济效益、社会效益与民生效益的关系，全力把“三市六县通衢之地”这张蓝图变成现实。要坚持把文明素养作为内涵品质，全力打好“四大会战”。要把“三山两岸”的历史文化资源挖掘好利用好，并以全国文明城市创建为抓手，提高人文素养，丰厚城市精神，真正提升城市软实力。

【县委常委会（扩大）会议】 4月13日，楼鼎鼎主持召开，传达市两会精神。县委书记滕安达强调，全县上下要迅速掀起宣传学习市两会精神热潮，全力抓好贯彻落实，不断推动会议精神往深里走、往心里走、往实里走，凝聚干事创业强大合力，交出争先进位高分答卷。

各级各部门要把学习宣传贯彻市两会精神作为一个时期重要的政治任务，速度要快、氛围要浓、效果要实，形成全县上下争先创优进位的良好局面，为宁波建设现代化滨海大都市凝聚强大合力。要把市两会精神落实到具体工作中、体现在实际成效上。一要纲举目张大抓五大革新，蹄疾步稳推进112项突破性抓手，全力攻坚16个支撑性项目，尽快取得突破性进展，各位县领导要真正挂帅出征，确保五大革新抓出实实在在的成效。二要稳中求进紧抓经济发展，深入分析研究，紧盯关键指标加强经济运行调度，逐一找准问题症结、逐一制定办法举措、逐一压实工作责任，全力冲刺“半年红”，确保“双过半”。三要立行立改狠抓问题整改，着重抓好省委巡视“回头看”问题、中央和省委生态环保督察反馈问题的整改工作，进一步强化整改成效，建立长效机制，努力创建问题整改正面典型案例。四要如履薄冰严抓平安维稳，聚焦积案化解，狠抓动态清零，加强对社会治安、道路安全、安全生产等各领域的风险排查、专项整治，坚决守牢平安底线。五要众志成城共抓文明创城，狠抓环境卫生、设施维护、动态管理等关键环节、重点部位，探索建立常态长效管理机制，以更实的工作、更浓的氛围打好全国文明城市创建攻坚战。

6月27日召开，传达省第十五次党代会精神、市委十四届二次全会精神，研究部署宁海县贯彻落实意见。县委书记滕安达主持，县领导楼鼎鼎、汪志、方勤、王辅橡、石雅洁、姚国中、陈锦杰、徐旭东出席。县人大常委会主任徐真民，县政协主席叶秀高列席。

会议指出，省第十五次党代会，是浙江迈入高水平全面建设社会主义现代化、高质量发展建设共同富裕示范区新征程召开的第一次党代会，具有重大政治意义和战略意义。省党代会深入贯彻习近平新时代中国特色社会主义思想，绘就了未来五年浙江发展的宏伟蓝图，选举产生了新一届省委、省纪委班子，是一次高举旗帜、继往开来、求是创新、催人奋进的大会。袁家军书记代表十四届省委所作的报告，全面总结过去五年我省九方面历史性成就、八条规律性认识，系统梳理阐释习近平总书记对浙江工作重要指示精神，明确了今后五年的总体要求、奋斗目标和主要任务，是省委团结带领全省人民接续奋斗的政治宣言，是指导浙江走好新时代赶考路的行动纲领。

会议强调，学习好、宣传好、贯彻好省党代会精神，是一个时期的重要政治任务。要深刻理解把握大会主题、“五大战略指引、十一方面重要遵循”的内涵、“八八战略”的理论体系、“两个先行”奋斗目标、“八个高地”具体目标、“五大工作导向”“十个着力”重点任务，深刻领会加强中共全面领导和全面从严治中共重大部署，深学细悟，笃行实干，切实把思想和行动统一到省党代会部署要求上来。要加大宣传力度，统筹宣传资源，创新宣传方式，及时做好传达学习工作，迅速掀起学习宣传贯彻省党代会精神的热潮。

会议还传达了市委十四届二次全会精神。会议强调，要将学习宣传贯彻省党代会精神与市委全会精神结合起来，推动学习宣传贯彻走向深入，确保大会精神落细落地落实，将学习成果体现到工作实践上，凝聚起宁海县加快推进“五大革新”、建设现代化“双优”新宁海的磅礴力量，全力以赴推动各项工作取得新的更大成效，为我省推进“两个先行”、我市加快建设现代化滨海大都市作出更大贡献。

8月15日召开，系统全面学习贯彻习近平总书记关于统筹发展和安全的重要论述精神、省市领导有关批示指示精神，汲取教训、举一反三，进一步强化底线思维，严格防范化解各类风险隐患，全力抓好安全生产和消防安全各项工作，全面提升人居环境，坚决把“疫情要防住、经济要稳住、发展要安全”真正落到实处。县委书记滕安达主持并讲话，县领导楼鼎鼎、汪志、方勤、王辅橡、周初波、曹继木、石雅洁、姚国中、陈锦杰出席。县人大常委会主任徐真民，县政协主席叶秀高列席。

要深刻学习领悟习近平总书记关于统筹发展和安全的重要论述精神，必须对安全生产工作时时放心不下，始终牢记安全责任重于泰山，时刻绷紧安全这根弦，增强防范意识、危机意识、底线意识，以如履薄冰、如临深渊的态度扎扎实实抓好安全生产工作，确保人民群众生命财产安全，实现高质量发展和高水平安全良性互动。

要立行立改，铁腕推进消防安全大排查大整治大宣教大培训工作。要狠抓专项整治，地毯式开展出租房（民房）、经营性自建房消防安全综合治理和电动车消防专项整治，对飞线充电等问题快查快改、立查立改，推动隐患“动态清零”。要狠抓各领域消防安全，对人员密集场所、工业企业、合用场所、高层建筑等重点对象和火灾易发高发领域开展细之又细的排查整治。要狠抓全员宣传教育，常态化组织开展安全教育和应急演练，并巧用数字化技术，不断提高消防工作水平。

要着眼长远，全面提升人居环境。谋划推进人居环境提升暨全域自建房规范整治大行动，加强专班攻坚，加力推进“一拆一建两整治”，堵疏结合、建管并重、标本兼治，有效治理风险隐患，努力让城市更安全更美好。要提振精神，持续抓好发展和安全。保持清醒头脑，严而又严打好除险保安攻坚战，统筹抓实抓细疫情防控、经济稳进提质、重大项目攻坚、全国文明城市创建、数字化改革、信访维稳、“七张问题清单”等工作，努力交出更优答卷，为中共二十大胜利召开营造良好环境。

8月26日，滕安达主持召开县委常委会扩大会议，传达学习省委副书记、省长王浩在宁波、宁海调研时的指示精神，研究部署贯彻落实措施。县领导楼鼎鼎、徐真民、汪志等参加。

近期，党中央和国务院对经济发展作出了一系列部署。7月28日，习近平总书记主持召开中央政治局会议，研究分析当前经济形势，部署下半年经济工作，强调“经济大省要勇挑大梁，有条件的省份要力争完成经济社会发展预期目标”。8月16日，李克强总理主持召开经济大省政府主要负责人座谈会，要求经济大省发挥稳经济关键支撑作用。8月24日，李克强总理主持召开国务院常务会议，提出要在落实稳经济一揽子政策同时，再实施19项接续政策，形成组合效应。此次，王浩省长专程来宁波、宁海走访调研并作出指示，为全县更好贯彻党中央决策和省委部署，进一步抓产业、扩投资、稳增长、促发展，指明了方向、提供了遵循。我们要深入学习领悟习近平总书记重要讲话精神，认真贯彻党中央、国务院和省委省政府、市委市政府决策部署，全面落实王浩省长的指示精神，全力抓好下半年稳进提质各项工作，以优异成绩迎接中共二十大胜利召开。

会议强调，一要全力巩固经济企稳回升势头。加强预警提醒、及时精准施策，打好助企纾困“组合拳”，抢抓最新政策红包，全面落实党中央和省市县稳经济一揽子政策，切实帮助企业渡过难关，通过稳市场主体，夯实稳经济的基础。二要全力扩大有效投资。把项目谋划建设作为经济工作的主抓手，推动招商项目提质扩量、在建项目提速增效、新建项目提前开工、竣工项目早日达产，争取释放更多实物工作量。同时，提前谋深敲实明年项目盘子，努力为经济稳进提质赋能加码。三要全力推动创新转型。加大企业培育力度，建立健全协同创新体系，引导企业突破关键技术、研发拳头产品，不断增强核心竞争力，持续提高市场占比份额，推动宁海产业发展提质增效，全力争夺浙江制造天工鼎和省科技创新鼎。四要全力谋划推进事关长远的战略性工程。以首位理念发展千亿级“光伏+储能”产业链，努力把宁波南部滨海经济开发区打造成为“万亩千亿”平台，凝聚共识建设环三门湾清洁能源基地核心区，争取把基地打造成为浙江建设共同富裕示范区、促进甬台绍一体化的标志性工程，同时站位全局推进重大交通工程，为宁海发展提供更强的交通支撑。五要全力抓好除险保安。及时排查化解各领域风险隐患，上下同欲开展人居环境提升暨全域自建房综合整治大行动，加强社会治安、信访维稳、意识形态、网络舆情等工作，筑牢疫情防控底线，科学防范极端天气，保供水、保供电，确保群众生活和经济发展安全平稳有序。

8月26日县委常委会扩大会议之后，召开县委常委会，传达学习中央统战工作会议精神，研究宁海县贯彻落实意见。县委书记滕安达主持会议并讲话。县领导楼鼎鼎、汪志、方勤、周初波、曹继木、石雅洁、姚国中、陈锦杰、徐旭东出席。县人大常委会主任徐真民列席。

此次中央统战工作会议上，习近平总书记的重要讲话，深入分析新时代统战工作的历史方位，明确提出做好新时代统战工作的指导思想、基本任务、工作重点和政策措施，为做好新时代统战工作指明前进方向、提供根本遵循。全县上下要强化思想政治引领，坚决把思想和行动统一到党中央和省市县委决策部署上来。要在学深悟透中央统战工作会议精神上下功夫，把思想和行动统一到习近平总书记重要讲话精神上来，切实做到学思用贯通、知信行统一。要多层面、全覆盖地开展传达学习宣传贯彻，引导广大统战成员坚决拥护“两个确立”、始终做到“两个维护”，把旗帜鲜明讲政治贯穿到统一战线的方方面面。

要聚焦服务中心大局，广泛调动统战成员的主动性助力“五大革新”。要充分用好统战资源、激发统战优势，发动组织统战成员各展所长、各尽其能，全面参与“五大革新”行动，聚力做好助推经济稳进提质、助力共同富裕等重点工作，为宁海践行“两个先行”贡献力量。要时刻紧绷防范化解风险隐患这根弦，盯紧抓牢除险保安工作，为中共二十大胜利召开营造良好氛围。

要全面加强中共领导，巩固完善各部门、各领域协调配合的大统战格局。要深入贯彻落实《中国共产党统一战线工作条例》，发挥好县委统一战线工作领导小组牵头抓总作用，巩固完善党委统一领导、统战部门牵头协调、有关方面各负其责的大统战工作格局。统战系统要切实加强自身变革，打造更多具有宁海辨识度的工作品牌，教育引导统战干部践行忠的品格、严的纪律、专的能力、高的水平，展现新的气象。

9月9日召开。强调，要深入学习贯彻习近平总书记关于统筹发展和安全的重要论述精神，不折不扣落实“疫情要防住、经济要稳住、发展要安全”的重要指示要求，增强“时时放心不下”的责任感，进一步抓好大安全工作，坚决筑牢安全稳定基石，全力保障人民群众度过一个平安祥和的中秋、国庆佳节，以实际行动迎接中共二十大胜利召开。楼鼎鼎、徐真民、叶秀高、汪志等全体县级领导干部出席。

要坚决守住平安底线。要着力防范网络舆情，加强意识形态阵地建设和管理，营造清朗网络环境，同时通过“五大革新”等载体抓手，讲好宁海发展故事。要加强重点人员稳控，坚持守土有责、守土尽责，真正把管控措施落到实处。要动态清零重点不稳定问题，落实稳控措施、加大攻坚力度，坚决维护社会稳定。要大力消除重点社会治安问题，重点防范电信网络诈骗，抓好道路交通安全，切实保障群众人身财产和出行安全。要全面整治重点消防安全问题，以自建房综合整治大行动和消防安全四大会战为抓手，强化重点领域管控，滚动抓好隐患整改措施，确保问题不反弹、不回潮。要持续抓好防台防汛，做好防御“轩岚诺”的工作复盘，严而又严、实而又实抓好防台防汛各项工作。

要全面落实全省清廉浙江建设推进会精神，压紧压实管党治党政治责任，纵深推进清廉宁海建设，营造风清气正的政治环境，努力创造好局面、形成好经验。要牢牢稳住经济基本盘，保持定力、精准发力，坚决有力打好稳进提质攻坚战，进一步巩固经济回升向好态势。要上下同心抓好文明创城工作，坚持领导带头、属地协同，压实责任链，全员齐发力，不断提升城市文明程度和市民文明素养。

9月26日召开，学习贯彻习近平总书记关于做好安全生产工作的重要指示批示精神，研究宁海县贯彻落实举措。县委书记滕安达主持并讲话，县领导楼鼎鼎、方勤、周初波、姚国中、陈锦杰、徐旭东出席，县政协主席叶秀高列席。

国庆假期临近，中共二十大召开在即，做好安全生产工作、维护安全和谐稳定极端重要。各地各部门要深入学习贯彻习近平总书记关于统筹发展和安全的重要论述精神，全面落实党中央、国务院及省委、省政府，市委、市政府的部署要求，牢固树立“安全无小事”的政治警觉、“时时放心不下”的责任意识、“100-1=0”的底线思维，坚定清醒绷紧除险保安防线，坚决主动守牢安全发展底线，以优异成绩迎接中共二十大胜利召开。

会议就做好安全生产工作强调三点意见。一要提高政治站位。树立“事事连着政治”的敏感性，坚决克服麻痹思想、侥幸心理、松懈情绪，加强全县域、全领域、全过程、全要素严格管控，坚决防止安全生产风险向政治领域传导，确保政治安全、社会安定、百姓安宁。二要狠抓排查整治。持续深化“除险保安百日攻坚”行动，聚焦重点领域，加强风险隐患排查整治，聚焦本质安全，有效落实补短板、强弱项、堵漏洞的针对性措施，切实加强数字赋能，迭代完善安全生产风险识别与闭环管控机制，不断夯实基层基础，努力把风险发现在早、处置在小、化解在萌芽状态，同时严格落实疫情防控措施，持续巩固防控成果。三要严明纪律规矩。加强作风建设，增强“群众过节、干部过关”的使命意识，把落实安全生产责任作为“五问五破、五比五先”作风建设专项行动的重要检验场，引导广大党员干部在特殊阶段展现特殊状态、特殊担当，切实交出大战大考高分答卷。

9月26日召开，传达学习省市防御“轩岚诺”“梅花”台风工作复盘评估报告有关精神，听取县安委办、县消安委办工作汇报，研究部署有关工作。县委书记滕安达主持并讲话，县领导楼鼎鼎、方勤、周初波、姚国中、陈锦杰、徐旭东出席，县政协主席叶秀高列席。

会议强调，各地各部门要深入学习贯彻习近平总书记关于防汛救灾工作的重要论述，用好省市复盘经验，切实做到“打一仗进一步”，全面提升防灾减灾现代化水平。强调安全生产、消防安全这根弦，须臾不可放松。

11月29日召开，传达学习中共中央政治局常务委员会11月10日会议重要精神，研究部署宁海县贯彻落实举措，县委书记滕安达传达并讲话。县领导楼鼎鼎、方勤、王辅橡、周初波、曹继木、石雅洁、姚国中、陈锦杰出席。县人大常委会主任徐真民，县政协主席叶秀高，副县长郭文魁、黄崭、俞其列席。

会议还传达学习贯彻习近平总书记对河南安阳市凯信达商贸有限公司火灾事故作出的重要指示精神。会议强调，消防安全工作是安全生产工作中的重中之重，要深入贯彻习近平总书记关于安全生产的重要指示批示精神，切实提高政治站位，聚焦本质安全，狠抓消防安全排查整治，坚决防范化解重大安全风险，守好安全底线。

会议还就做好近期寒潮天气防范应对，对农业、交通、民生、海上渔船作业等相关工作进行部署，要求全县各地各部门抓实寒潮天气应对、疫情防控和民生服务保障等工作，切实维护群众生命财产安全。

【全县扩大有效投资推进会】 5月30日滕安达主持召开。强调，全县上下要深入贯彻习近平总书记重要讲话精神，全面落实中央、省、市决策部署，重点聚焦进度滞后项目，分析问题、细化措施、压实责任，全力推动重大项目建设提速提效，加快有效投资放量增长，确保夺取投资高分报表。县委副书记、县长楼鼎鼎作具体部署，县领导陈锦杰、王辅橡、杨钻、龚慧参加。

召开此次推进会，是贯彻落实省市会议精神，也是立足宁海实际，对今年以来的重大项目建设情况进行阶段性盘点。扩大有效投资是推动发展的强大动力，补齐短板的内在需求，和共同富裕的重要支撑。重大项目建设，则是扩大有效投资的重要抓手和主攻方向。各地各部门要切实提高站位，把握形势，严肃态度，必须紧起来、急起来，紧盯目标任务，全力以赴做好抓项目、扩投资各项工作，为全县经济稳进提质提供强有力支撑。

要紧盯政策处理、土地指标落实、项目审批等各领域关键环节，为扩大有效投资提供全链条服务。要加快完善项目统筹推进机制，加强项目管理，推动项目提速提质提效，高质高效做好项目落地、开工、建设的协调服务，确保项目前期更深入、建设服务更到位、进度监管更有力。要把牢项目门槛，分门别类认真研究，依法办事，进一步把项目做实，着力提高投资效益，切实加快项目进度，提高项目开工率。

要求各相关单位盯牢一切可能的投资增量，紧盯省市重点建设项目、民间投资项目、政府投资项目、招商项目和储备项目，把握机遇和节奏，争取项目早开工、投资多放量。要提升一切可能的工作质量，重点做好政策处理、要素保障、统计入库工作，在依法依规的前提下，想方设法、千方百计做到能快则快、能早则早。要汇聚一切可能的攻坚力量，健全体制机制，压实工作责任，强化督查考核，协同作战、大干快上，全面掀起抓项目、扩投资的热潮。

会上，县发改局汇报了今年以来宁海县扩大有效投资、推进重大项目建设情况和下阶段工作安排；重大项目督查组汇报了项目推进情况。

【县委十五届二次全体（扩大）会议】 7月28日召开。会议主题是：坚持以习近平新时代中国特色社会主义思想为指导，深入学习贯彻省第十五次党代会精神和市委十四届二次全会精神，总结县委十五届一次全会以来的工作，动员全县党员干部群众干在实处、走在前列、勇立潮头，担当示范奋进“两个先行”新征程，革新争优共创宁海发展光明前景。全会听取和讨论了县委常委会工作报告，审议通过了《中共宁海县委关于忠实践行“两个维护”奋力推进“两个先行”共创宁海发展光明前景的决议》。

县委常委会主持会议。县委书记滕安达代表县委常委会作工作报告。县领导楼鼎鼎、汪志、方勤、周初波、曹继木、石雅洁、姚国中、陈锦杰、徐旭东在主席台就座。

全会指出，省第十五次党代会是我省迈入高水平全面建设社会主义现代化、高质量发展建设共同富裕示范区新征程召开的第一次党代会。袁家军书记代表十四届省委所作的报告，全面总结过去五年全省开启系统性变革、实现历史性跨越的生动实践，系统梳理阐释习近平总书记对浙江工作的重要指示精神，明确提出了在高质量发展中实现中国特色社会主义共同富裕先行和省域现代化先行“两个先行”的奋斗目标，是指引浙江迈向新征程、开创新未来的行动纲领。市委十四届二次全会系统阐述了省党代会精神内涵，提出了宁波要全力打造十个方面担当示范的重大成果，向全市发出了在全省“两个先行”新征程中勇扛历史使命、勇当探路先锋的集结号、动员令。

全会强调，要学深悟透笃行省第十五次党代会和市委十四届二次全会精神，做到深学一层、胜人一筹。要绝对忠诚、感恩奋进，把坚决拥护“两个确立”、坚决做到“两个维护”作为最高政治原则，坚决做到“总书记有号令、上级有部署、宁海见行动”。要服务大局、对标奋进，迅速找准“两个先行”的宁海定位、宁海路径和宁海举措，更加主动服务现代化滨海大都市建设全局，在新征程中担当实干、贡献力量。要系统重塑、革新奋进，推进各方面工作由“事”向制度、治理、智慧提升，实现工作理念、方式、手段全方位创新，形成“五大革新”层层递进、层层放大的效果。要牢记初心、为民奋进，始终把人民放在心中最高位置，坚持以人的现代化为核心，加快建设共同富裕美好社会。要自我革命、砥砺奋进，引领全县党员干部自觉做“红色根脉”的坚定守护者、“八八战略”的忠实践行者、“重要窗口”的优秀建设者、共同富裕和现代化的先行探路者、干在实处走在前列勇立潮头的不懈奋斗者，不断开辟“两个先行”的新境界。

全会强调，要把贯彻省党代会和市委全会精神与贯彻省委袁家军书记、市委彭佳学书记对宁海的指示精神结合起来，以“两个先行”统领“五大革新”和现代化“双优”新宁海建设，着力在九个方面持续用力，推动光明前景早日落地为现实场景。一要守好“红色根脉”，展现知行合一、深学笃行的政治定力。永葆政治忠诚、筑牢政治信仰、严守政治规矩，以“红色根脉”守护者的标准，增强“四个意识”、坚定“四个自信”、做到“两个维护”。二要壮大实体经济，展现创新驱动、制胜未来的硬核实力。鲜明产业地标、突出创新引领、重塑资源配置机制，不断提高“稳”的质量、增强“进”的效率、催生“新”的动力。三要重塑城市格局，展现整体大气、细节精致的全域空间。全面融入区域一体化，加快实现城区蝶变，统筹推进“环湾保护、拥湾发展”，全域提升空间利用效率和功能品质。四要放大生态优势，展现山清水秀、三生融合的美丽样板。全力夯实生态基底，发展壮大美丽经济，全面推进低碳转型，努力成为更具全国影响力的山海和美城。五要创新社会治理，展现四治融合、平安和谐的基层善治。加强民主法治建设，创新基层社会治理，推动全时全域平安建设，不断提升治理现代化水平。六要争创最佳实践，展现数字赋能、系统集成的改革场景。深化数字化改革，抓实各领域改革，打造标志性成果，形成引领未来的新模式新能力。七要增强文化自信，展现守正创新、健康向上的精神风貌。挖掘地域文化底蕴，提升全民文明素养，繁荣文化事业和文化产业，用文化厚度、文明温度支撑发展高度。八要增进民生福祉，展现浙里宁好、群众称好的幸福生活。加快建设橄榄型社会、全龄友好型社会、发展均衡型社会，加快推动社会全面进步和人的全面发展。九要深化全面从严治党，展现凝心聚力、风清气正的干事氛围。加强党建统领，夯实基层基础，提振干事状态，巩固政治生态，全面提升中共建设质量。

全会强调，要以更大决心抓好稳进提质，用心用情服务企业，着力抓招商、抓进度、抓谋划，加快推进项目建设，切实稳住内外贸市场，开源节流、降本增效，全力争先进位，推动经济加快回升向好，为全年稳、全年进打下坚实基础。要以更高标准落实除险保安，以“时时放心不下”的责任感，抓好疫情防控、信访维稳、安全生产、防汛防台、意识形态和舆情工作，筑牢政治安全、社会安定、人民安宁的坚固防线。要以更实举措促进共同富裕，关注重点人群，深入推进“宁好”系列民生工程以及年初确定的各项民生实事工程，抓实各项重点指标，不断提升群众的获得感、幸福感和安全感。要以更优作风推动革新争优，开展“五问五破、五比五先”助力“五大革新”机关作风建设专项行动，形成抓作风促工作、抓工作促作风的良性循环。

全会号召，全县党员干部要更加紧密地团结在以习近平同志为核心的党中央周围，在“两个先行”新征程中奋力展现“革新”作为、彰显“双优”风采，共创宁海发展光明前景，以优异成绩迎接中共二十大胜利召开。

全体县委委员、候补委员，县纪委委员；其他县级领导干部；各乡镇党委书记、乡镇长，各街道党工委书记、办事处主任；县直及部省市属各单位党政正职，县委组织部、县委宣传部、县委统战部、县委政法委、县法院、县检察院机关第一副职；县人大常委会工委主任、县政协专委会主任；县委巡察组组长；曾担任过县级领导职务的离退休老同志出席会议。部分党代表应邀列席会议。

【“五问五破、五比五先”思想大讨论专题学习会】 8月19日召开，贯彻市县机关作风建设专项行动有关要求，对标先进、查摆不足、振奋精神，以更加务实高效的作风抓好大文明、大安全、大发展各项工作。县委书记滕安达主持并讲话，市“五问五破、五比五先”机关作风建设专项行动第五督导组组长周忠贤到会指导。楼鼎鼎、徐真民、汪志等县委理论学习中心组成员作交流发言。

要纵深推进“五问五破、五比五先”机关作风建设专项行动，带头找差距、补短板，下决心、提信心，引领全县干部群众振奋精神，以优良作风狠抓工作落实、交出高分答卷。要以“时时放心不下”的忧患意识狠抓大安全。大力推进消防安全大排查大整治大宣教大培训，谋划推进人居环境提升暨全域自建房规范整治大行动，聚焦“一拆一建两整治”，系统性解决一批顽疾。要统筹抓好各领域安全工作，坚决筑牢疫情防控铜墙铁壁，严阵以待防范应对极端天气，不断织密维稳安保防线，以除险保安的优异成绩迎接中共二十大胜利召开。

要以较真劲头促进大文明。要强化问题导向，聚焦一批乱象难题，一线排查，立查立改，系统破难，闭环高效地解决问题，做到标本兼治。要树立极致标准，带着“放大镜”去找问题改问题，进一步提升城市精细化管理水平。要加强换位思考，多站在群众的角度考虑问题，确保实施的项目、出台的制度、工作的方式最大限度得到群众的理解和支持，全面提升人居环境，不断提高城市文明水平和群众文明素养。

要以争先精神推动大发展。要争先进位，增强“全国争一流、省市争先进”的勇气和魄力，保持攀高奋进的雄心壮志，大力打造千亿级“光伏+储能”产业链，推进服务业提质，努力再造一个新宁海。要静下心来深研细抓，深入调查研究，切实理清思路，实干苦干，科学巧干，充分发挥比较优势，集思广益推进建设环三门湾清洁能源基地核心区、“何以缑城”宁海历史的考证等重大课题，共同开创宁海光明前景。

周忠贤对宁海县机关作风建设专项行动开展以来取得的成绩表示肯定。他说，宁海动员部署及时、工作安排有序、形式载体多样，紧扣主题、紧贴实际找差距、提效能，成效初显。下一步工作中，规定动作要做到位，严格按照时间节点完成各项任务。自选动作要有特色，结合本地区、本单位实际，创新载体，多样化抓实专项行动。作风建设要抓常态，问得透彻、破得有效，比出动力、争出先进，切实推动作风大转变、能力大提升。

【宁海县“五问五破、五比五先”助力“五大革新”机关作风建设专项行动第二次工作会议】 11月2日召开，盘点前阶段重点任务推进情况，分析问题短板，并结合中共二十大精神学习，研究部署下步工作重点。县委常委、组织部部长方勤出席会议。

在机关作风建设专项行动开展的3个月时间里，县工作专班、各督导组和牵头单位职责明确、条抓块统、高点定位、系统谋划，牢牢抓住“问题大起底、服务大提质、能力大提升、发展大提速、精神大提振”五大行动，协同联动、合力推进作风建设各项任务落实。

就做好下阶段工作，方勤要求对标对表，推动作风建设走深走实，持续抓好中共二十大精神学习宣传、重点问题整改、履职比拼、警示教育以及先进典型的学习，以“抓铁有痕”“踏石留印”的过硬作风，再接再厉，确保作风建设各项任务落到实处、抓出实效；要服务中心，推动作风建设提质增效，紧盯“五大革新”赛马榜单“五色图”、七张问题清单、“学清溪、促三提”重大项目百日攻坚行动、年度考核的排名位次等四张重点清单，让作风建设专项行动成为各级各单位抓指标、争进位的强效“助推剂”，更好形成抓作风促工作、抓工作强作风的良性循环；要压实各方责任，推动作风建设常态长效，抓深抓实单位主体责任、“一把手”第一责任和分管领导责任，形成各牵头单位和专班各组工作合力，总结提炼好的做法经验，强化典型选树，努力打响一批具有宁海辨识度的作风建设品牌。

会上，县委办、县府办、县纪委县监委机关、县委组织部、县委宣传部、县直机关工委等6家县机关作风建设专项行动重点牵头单位、10个督导组依次进行了汇报发言。

【“学习宣传贯彻中共二十大精神”专题学习（扩大）会】 11月8日

召开，县委理论学习中心组认真贯彻习近平总书记“全面学习、全面把握、全面落实”的重要指示精神，按照省委、市委部署要求，深刻领会、准确把握报告中的重要思想、重要观点、重大战略、重大举措，推动中共二十大精神在宁海落地见效。滕安达主持并讲话，楼鼎鼎、方勤、王辅橡、姚国中作交流发言，叶秀高等县委理论学习中心组其他成员出席会议。

【县委十五届三次全体（扩大）会议】 12月23日召开。全会的主要任务是：坚持以习近平新时代中国特色社会主义思想为指导，深入学习贯彻中共二十大精神，按照省委十五届二次全会、市委十四届三次全会的部署要求，总结县委十五届一次全会以来的工作，审议通过《中共宁海县委关于全面学习贯彻中共二十大精神，坚定捍卫“两个确立”、坚决做到“两个维护”，在奋力推进中国式现代化县域先行新征程中深化五大革新共创光明前景的决定》，推动全县上下进一步深刻领悟“两个确立”的决定性意义，矢志革新，聚力“双优”，满怀信心开启中国式现代化县域先行新征程。

县委常委会主持会议。县委书记滕安达代表县委常委会作工作报告。县领导楼鼎鼎、汪志、方勤、王辅橡、石雅洁、姚国中、陈锦杰、徐旭东在主席台就座。

全会指出，中共二十大是在全党全国各族人民迈上全面建设社会主义现代化国家新征程、向第二个百年奋斗目标进军的关键时刻召开的一次十分重要的大会。全县上下要完整准确全面领会中共二十大精神，增强推进中国式现代化县域先行的思想行动自觉。要深刻领悟“两个确立”的决定性意义，深刻领悟习近平新时代中国特色社会主义思想的世界观和方法论，深刻领悟以中国式现代化全面推进中华民族伟大复兴的使命任务，深刻领悟全面建设社会主义现代化国家的战略布局，深刻领悟以中共自我革命引领社会革命的赶考动员，深刻领悟发扬斗争精神、增强斗争本领、坚持团结奋斗的时代要求。要把推进中国式现代化县域先行作为学习贯彻中共二十大精神的宁海行动，坚决扛起责任、探路先行，保持定力、砥砺先行，阔步向前、革新先行，满怀信心、奋发先行，努力实现经济实力突破跨越、城市气质突破蜕变、空间治理突破攻坚、实践成果突破提升“四大突破”，成为伟大思想引领伟大实践的县域窗口。

全会强调，要聚力推进“五大革新”突破年，开启中国式现代化县域先行新征程。要聚焦集聚度深抓产业革新，坚持把发展经济的着力点放在实体经济上，坚定实施制造强县战略，建设现代化农业强县，大力发展现代服务业，着力打造教育、科技、人才共同体，营造一流营商环境，形成更具韧性和吸附力的产业生态。要聚焦包容性深抓城市革新，坚持以城的格局谋划县的发展，主动融入区域发展大局，构建县域协调发展格局，构筑“三生”融合美丽空间，塑造缑城人文精神标识，切实促进人口导入和结构优化。要聚焦关切点深抓社会革新，办好增收致富的好事、群众最需要的实事、关爱弱势群体的暖心事、关乎平安的每一件事，让群众生活一年更比一年好。要聚焦高效率深抓制度革新，理顺行政职能，释放要素潜能，强化数字赋能，激励人尽其能，提升治理效能，全面提升用制度解决问题、促进发展的能力。要聚焦战斗力深抓自我革新，旗帜鲜明讲政治，突出实干强队伍，理直气壮抓基层，严明纪律守规矩，全面提升政治定力、实干能力、担当魄力，为推进中国式现代化县域先行提供坚强保障。

全会强调，要把学习贯彻县委全会精神与贯彻中共二十大精神、中央经济工作会议精神，以及省市全会和经济工作会议精神有机贯通起来，推动各项部署落地见效。要扎实做好岁末年初各项工作，全力抓好疫情防控平稳转换，奋力打好“收官战”、确保实现“开门红”，保持社会大局平安稳定和谐，扎实做好民生保障，积极做好相关会议筹备工作，持续推进党风廉政建设，昂扬奋进、革新争优，全力把光明前景落地为现实场景。

全会充分肯定了县委十五届一次全会以来县委常委会的工作。全会认为，县委十五届一次全会以来，县委常委会团结带领全县上下深学笃行习近平新时代中国特色社会主义思想，把迎接中共二十大胜利召开、学习宣传贯彻中共二十大精神作为首要政治任务，坚决落实中央和省委、市委决策部署，革新求进开新局，苦干巧干抓落实，迈出了建设现代化“双优”新宁海的坚实步伐。

全会号召，全县党员干部要更加紧密地团结在以习近平同志为核心的党中央周围，不断把学习贯彻中共二十大精神引向深入，不负时代韶华，共赴光明前景，在新征程上持续革新争优、阔步前行，谱写中国式现代化县域先行精彩篇章。

全体县委委员、候补委员，县纪委委员；其他县级领导干部；各乡镇党委书记、乡镇长（候选人），各街道党工委书记、办事处主任；县直及部省市属各单位党政正职，县委组织部、县委宣传部、县委统战部、县委政法委、县法院、县检察院机关第一副职；县人大常委会工委主任、县政协专委会主任出席会议。部分党代表应邀列席会议。

组织工作

【概况】 全县组织系统在县委的坚强领导和中央、省、市委组织部的有力指导下，深入践行新时代党的组织路线，发挥组织优势、履行组织职责，奋力担当、奋战攻坚，为各项事业发展提供了坚强保证。

县委组织部获评全国组织系统信息报送先进单位，信息、宣传均获全市系统先进。“党群同心圆”应用揭榜“一地创新、全省共享”一本账S0，2项应用入选全省数字组工“四个好”系列，入选数全市最多。五强领导班子建设、智汇宁海项目获评“五大革新”最佳单项，模范部门建设不断纵深推进。

县委编办稳妥推进“大综合一体化”行政执法改革，强化编制资源精准调度和高效使用，创新做法多次被省委编办肯定推广。县委老干部局精心策划银辉党建系列活动，相关做法在全市离退休干部党建工作推进会上作交流发言。县委党校争创省级“标杆引领类”县级党校，全力打造一流红色阵地，荣获全省党校系统成绩突出集体。

【自身建设】 旗帜鲜明讲政治，思想铸魂更加坚定坚决。把学习宣传贯彻中共二十大精神作为头等大事，县委书记以上率下，3次赴基层支部宣讲，为中青班上开班“第一课”，示范带动2000余名基层党组织书记上讲台，机关、教育、卫

2022年6月29日，“锋领网格”启动仪式举行

生、国企各领域分层推进，将中共二十大精神传递到每个支部、每名党员。全覆盖开展中共十九届六中全会和省党代会精神轮训，高质量组织44期“五大革新”系列主体班次，以个性化定制课程推动入脑入心。结合换届“双优”回头看，针对习近平总书记对组织工作提出的12方面要求逐条对账，闭环推进落实。高质量完成省委巡视“回头看”反馈问题整改，强化党员干部先锋模范作用发挥，入选省级整改典型案例。

【保障大局】 紧贴大局强保障，护航中心更加有力有效。全完善专班攻坚机制，精准调度组织资源投向中心大局，180余名县管干部、优秀中青年组团攻坚，做好2场疫情防控工作，推动清溪水库提前3个月开工建设。发布基层党组织“五个一”行动指引，3个月完成全域自建房综合整治消防安全达标4万户，获县委、县政府主要领导批示

2022年5月20日，宁海种业强县人才发展论坛举行

肯定。聚焦共富主题，27 名县级领导挂点联系、134 家共建单位结对帮扶，103 个县级百村立功竞赛项目加速竞拼，党建联建机制、“共富工坊”引领致富创富新赛道，实现村级集体经济总收入 50 万元以下、经营性收入 30 万元以下行政村全部清零。

【干部选育】 架柱搭梁抓重塑，干部选育更加实用管用。着眼长远建设，全覆盖开展 18 个乡镇（街道）和 73 家机关部门“四度”评价，针对性出台“五强”领导班子建设实施意见、“1322”储育工程、“456”优源工程等一批纲领性文件，搭稳干部队伍建设“四梁八柱”。紧盯源头储备，建立县管正副职储备库，聚焦“五大革新”，高质量举办中青班、产业革新、城市革新主题研修班，深入实施“启程计划”，优质足量储备专业型干部、紧缺型人才。牵头推进“五问五破、五比五先”机关作风建设专项行动，创新开展履职大比拼、专班大竞赛，延伸举办“云上大比拼”，全县干部线上线下赛马打擂，全国“人民满意的公务员集体”、省“人民满意的公务员”、省、市担当作为好干部等先进典型竞相涌现，干部状态全面激活。

【固本强基】 坚定不移打基础，基层根基更加坚实坚固。深入实施红色根脉“两高”强基工程，发布“两高”强基指数，每月下发“红黑榜”，督促 18 个乡镇（街道）对标对表强基固本。探路破局党建引领基层治理，统筹推进现代社区建设“八大改革”“十二大行动”，全面完成 5 个融合型大社区大单元拆分清零，有序推动 5 个“四类村”撤村建居，6600 余名体制内党员、退休老党员“码上报到”，实现 109 个小区 1021 个网格党建全覆盖。全面加强基层队伍建设，发布党员“六争做”清单，村社干部大专学历较换届前提升 20%，每村储备 40 周岁以下“一肩挑”后备人选，新发展党员平均年龄连续三年下降至 34.2 周岁。

【招才引智】 错位竞争揽英才，招才引智更加出彩添彩。充分发挥宁海比较优势，率先打通中东欧引才渠道，新引进特定国别专家及家属 15 人，全市最多，获得中组部、省委组织部批示肯定。入选国家级、省级引才工程数均创历史新高，新增博士生实现翻番。立足县域产业特色，围绕千亿元级光伏产业布局人才链，集聚产业人才 3000 余人，以种业强县、旅游旺县、文化兴县专项办法招引特色人才，高规格举办种业论坛，支撑农业领跑全市。大力推动产教融合，成立产业人才发展服务联盟，产业人才学院深度融合 30 所高等院校、93 家实训基地，“四方联动”新增高技能人才排名全市第一。

宣传工作

【概况】 坚持以习近平新时代中国特色社会主义思想为指导，紧紧围绕学习宣传贯彻中共二十大精神主题主线，贯彻落实省、市、县党代会精神以及省委、市委文化工作会议精神，积极开展全县宣传思想文化系统“双争”行动，充分展现“守正创新”的奋进姿态、切实履行“揭榜挂帅”的责任担当、全面实现“塑造革新”的迭代升级，为推动现代化“双优”新宁海建设提供坚强思想保证和强大精神力量。

【理论学习教育】 推动落实县委常委会“第一议题”和县委理论学习中心组专题学习“首要内容”制度，及时全面深入学习贯彻习近平总书记重要讲话、重要指示精神。打造宣讲大联盟，推出中共二十大精神“宣讲动车”活动，第一书记宣讲团、楼长宣讲团等近百支宣讲队伍深入基层宣讲，推出“宁海青年说”“67890 开讲啦”等云端微

2022 年 4 月 20 日，宁海成立全市首家互联网行业联合工会

宣讲，“精神快递员走楼入户”登上人民日报客户端，掀起学习宣传贯彻中共二十大精神热潮。高质量完成省委意识形态工作专项检查“回头看”整改，系统推进意识形态领域建章立制，分层开展专门部署、专题培训、专项检查，意识形态领域形势向上向好。

【宣传舆论引导】 超额实现宣传报道“10万+”天天见、“百万+”月月有年度目标，打造“独臂猴星星”等新闻爆款。中国国家电视台（CGTN）连续聚焦宁海，“雄狮少年”等视频，在海外传播过程中，得到外交部发言人华春莹评论点赞。深化县级融媒体改革，坚持移动优先战略，以“看宁海”App客户端为主阵地，策划举办“优秀短视频大赛”等互动活动，发放数字人民币、消费券推广等福利，融媒指数从全市倒数第二名攀升至全市第二名，浙报融媒共享联盟合作传播力榜单排名居全省县级媒体第一梯队。“看宁海”注册用户首次超过30万人，融媒指数位列全省30名，客户端指数位列全省14名，实现第一梯队目标。牵头实施“何以缑城”文化探源工程，谋划启动缑城文化广场前期工作，建设“来in南”互联网文创园、南宋红妆乐园等一批重点文化项目。开展“村宝创业季”“高校毕设季”等共富行动，“艺术振兴乡村”应用场景入选全省“一地创新、全省共享”一本账，列入省级共富典型案例清单。策划开展纪念潘天寿125周年诞辰、柔石120周年诞辰等系列文化活动。木雕作品《人生戏台》获中国民间文艺最高奖“山花奖”，纪录片《美美乡村》、歌曲《头雁》等获省“五个一工程”奖。推进全域旅游再深化，宁海是全市第一家成功创建省AAAAA景区城，省AAA级景区镇实现全覆盖，百万网友“云看”徐霞客开游节。

短视频创作成绩斐然。短视频联盟成员作品包揽2021年度“NB轰红”短视频大赛冠亚军，2022年《听，古镇的声音》《桥城宁波》等多个作品获月度及单项冠军。作品《我的师傅是功夫奶奶》获中央网信办指导的“看见美丽中国”全国短视频大赛“最佳人气奖”。

【网络管理】 加大网上正面宣传力度。全力营造宣传学习贯彻中共二十大精神网上宣传舆论氛围，在宁海新闻网、“看宁海”App、微博宁海等网站平台开设《喜迎二十大》《学习宣传贯彻党的二十大精神》等重大主题网上专栏专题，共推出中共二十大相关新闻报道1600余篇。用好“短视频+”等网络传播手段，精心制作《美丽中国　浙江宁海》《大美宁海　欢度国庆》等原创视频稿件37篇，累计阅读量近2000万人次。

提升网上正能量作品深度。县委网信办与上海音乐学院师生隔空协作的原创拍摄《花》受到浙沪两地多家媒体关注转发，浏览量超千万次。

凸显网信领域党建引领广度。K369网络文化家园完成优化升级，获省委宣传部常务副部长来颖杰，市委常委、组织部部长郑敏强等省、市领导肯定，并在全市党建工作会议上作典型发言。在K369网络文化家园基础上，结合县委提出的“南文化”定位，倾力打造“来in南”互联网文创园项目，正有序推进。成立全市首家互联网行业联合工会和互联网行业团工委，行业成员“蟹大人”陈仲获得“大国农匠”殊荣，“白猫瑾长”入围第六届“中国青年好网民”终选环节，“公益E家”党支部书记“宁海好哥”登上央视节目。牵头组建的“E起富”网络公益助农服务队，策划“长街蛏子”“一市白枇杷”等富农网络助销活动，单次活动就实现网上销售金额超百万元，受到《人民日报》、央广网等中央及省级媒体关注。组织开展“守护红色根脉”红色电影下乡村、“仲夏消暑夜”青年夜市等网络文化系列活动25场次，互联网企业、网络组织及网上活跃人士的凝聚力不断增强，党建引领优势不断凸显。

网络综合治理深入推进。先后开展“清朗行动”“之江净网”“清雷”“千百工程”等专项行动。

系统推动网络行政执法。制发《宁海县互联网内容“分业分层监管联合联动执法”工作机制》，联合公安网警依法对违法违规网站平台负责人进行约谈处置3次。“团伙非法侵犯公民个人信息”入选“浙江网安重磅发布十大典型案例”及宁波市网信办公布的一批涉网典型案例。

网络安全筑牢坚强防线。高度重视，强化责任落实。先后召开网络安全暨依法治网工作会议、全县网络意识形态工作培训会，组织全县党员干部系统学习中央《党委（党组）网络安全工作责任制实施办法》，进一步提升全县党员干部的网络安全意识和舆情应对水平。

紧扣重点，强化风险排查。县委网信办联动公安网警持续开展网络安全检查专项行动，抽查重点部门（单位）20余家，累计检查互联网企业630余家，约谈县传媒集团等3家单位部门主要负责人，第一时间处置。开展全县大安全风险排查，对发现的131项防护安全风险，县大数据中心以“点对点”的形式将其转交给18家单位一把手，确保迅速整改。开展全县重点工控企业安全检查与评估工作，对东方日升新能源股份有限公司等6家企业进行工业控制系统信息安全诊断。

全面动员，强化网安宣传。县委网信办一以贯之重视指导对各地各部门领导干部的网安教育，同时县互联网行业党委建立“网安公益服务队”，对全县文教、模具、电商等50余家行业对象开展网络安全主题培训。组织开展网络安全宣传周系列活动，联合教育局、公安网警开展“开学第一课”青少年网络安全宣传教育活动。选送的短视频《千万别刷单》获得2022宁波市网络安全宣传周短视频大赛“最佳音乐奖”。

2022年9月，社科普及进农村活动举行，图为前童镇官地严家村活动现场

【县社科联】 坚持理论引领，深化政策宣讲，积极营造社科理论工作良好氛围。联合县委宣传部召开宣传社科理论工作研讨会，布置了全年社科理论学习、宣传、研究的重点。积极发挥县委讲师团的作用，制定宣讲菜单，深入机关单位、乡镇（街道）进行宣讲。全年累计宣讲1100余场次，受众达3万余人次。开展社科进农村文化礼堂活动。开展中共十九届六中全会精神、中共二十大精神、“共同富裕”、县“五大革新”工作等理论政策巡展进文化礼堂活动，全年累计开展活动1000余场次。围绕中共二十大提出的新思想新论断、作出的新部署新要求组织全县理论社科界召开“学习贯彻党的二十大精神”座谈会，并在《今日宁海》以专版形式刊出。

组织课题调研，不断提升社科学术研究的整体水平。围绕高质量发展、城市品质提升、服务业发展、创新驱动、乡村振兴、人才支撑等重要领域，拟定相关课题10个，面向有研究专长及学术积累的个人和组织对课题进行研究和理论研讨，并首次在市社科网站上对课题项目进行公开发布。与县委党校合作的“习近平总书记两次考察宁海理论溯源工程”，系统梳理习近平总书记对宁海作出的重要指示，展现思想伟力，凝聚奋斗共识。完成与宁波卫生职业技术学院合作的“文明城市创建常态化长效化工作机制对策研究”“打造未来农村文化礼堂的探索研究”课题，为宁海县的城市建设提炼了具有实践性、操作性的对策与思路。

加强基地建设，打造活动亮点，有效扩大宁海县社科普及工作的影响力。9月27日，在前童镇官地严家村，组织开展了以“喜迎二十大　奋进新征程”为主题的社科进农村活动，学会（协会）通过义务咨询、社科普及、志愿服务等形式，免费发放各类书籍和宣传资料3000余份，深受群众欢迎。新增宁海县图书馆为市社科普及基地。

县社科联荣获2021年、2022年度市级群团（社团）测评优秀单位，2022年度省级测评优秀单位。

【精神文明建设】 进一步建立健全创城责任区作战体系，高标准推进飞线整理、楼道整治、占道经营、违章停车等创城重点项目，文明城市创建成为全民共同行动。探索推行“街长制”“房东监督团”等新举措，发动广大党员干部群众参与创建累计33万余人次。浙江全域文明数智通平台位列全省第六、全市第一，在省级测评综合成绩处于前列。持续打响文明实践集市品牌，打造“文明实践集市”2.0版本，为群众提供组团式志愿服务，相关经验做法入选“浙江有礼”省域文明新实践先进典型案例。

坚持一盘棋布局、一张图谋划、一体化推进，推进全国文明城市创建工作，大力培育和践行社会主义核心价值观，持续深化文明创建、文明培育和文明实践，着力弘扬时代新风、培育时代新人，为推进现代化“双优”新宁海建设提供了强大的精神力量和丰润的道德滋养。

文明创建在巩固中提升。深化创城责任区作战、“四大会战”、乡镇全覆盖整治提升行动，完善创城责任区作战体系，调整责任区，细化点位清单、责任清单，先后召开高规格全县创城动员会议 3 次。建立定期协商机制、“四位一体”督导体系，主要领导带头督查，县领导督导累计 167 人次，印发督查通报专报 24 期，开展第三方测评 4 期。组建 1000 余名文明创建网格员队伍，建立健全问题“发现—流转—处置—评价”工作闭环管理机制，浙江数智文明创建应用贯通居省市前列。推进小区楼道、空中飞线、“一跨六乱”等 10 个重点项目，完成老旧小区改造 21 个，楼道专项改造 232 个，全域开展城区飞线整治，创建基础不断夯实。新增公益景观小品 6 个，测评点位公益广告宣传实现全覆盖。常态化开展“我为创城添光彩”、第 34 个爱国卫生月、“五月会战 · 百日攻坚”等活动，发动广大党员干部群众参与创建累计 38 万余人次。加强全媒联动，累计报道 1488 篇，创城氛围不断浓厚。命名表彰县级文明村 41 个，县级以上文明村镇实现全覆盖；启动新一轮县级文明单位创建申报；推荐评选市级文明家庭 9 户；推荐评选省级文明校园 1 家。

文明实践在深化中出彩。开展第三批示范型新时代文明实践所（站点）申报评选工作，命名表彰第二批示范型新时代文明实践所 3 个，实践站 11 个，实践点 26 个。制定了宁海县新时代文明实践所（站、点）建设项目补助资金管理办法。实施“浙江有礼 · 宁海标杆”市民文明素质养成行动，接受省级评估总体成效良好。“一月一主题”策划开展春节、元宵、清明、端午、七夕、中秋、重阳等文明实践活动，擦亮“文明实践集市”项目品牌，入选“浙江有礼”省域文明新实践先进典型案例，相关经验做法在中宣部《思想政治工作研究》中刊登、《人民日报》头版报道。制定出台了《宁海县志愿服务礼遇激励办法（试行）》《宁海县志愿服务优秀典型奖励专项资金管理办法》等文件，启动实行志愿服务积分兑换。组织开展“学雷锋”志愿服务月活动，举办了第三届志愿服务项目大赛，摆渡人护苗“三重奏”——助力海岛儿童成长志愿服务项目获宁波市志愿服务项目大赛优胜奖。开展 2021 年度宁海县新时代文明实践志愿服务先进典型宣传推选活动，共推选出优秀志愿者、最佳志愿服务工作者、最佳志愿服务组织、最美志愿服务村（社区）先进典型各 10 个。

2022 年 9 月 29 日，以“喜迎二十大　金秋庆双节”为主题的文明实践集市活动在宁海县新时代文明实践中心举行

公德建设在落实中促新。命名表彰 2020—2021 年度“道德模范——我身边最可敬的人”11 例、2022 年度宁海好人 26 例，入选“浙江好人”1 人，“宁波好人”12 人。组织慰问困难道德典型 8 人，落实慰问金 2.3 万元。建成道德模范主题宣传一条街。印发《2022 年宁海县未成年人思想道德建设工作实施方案》，深入开展 2022 年“我们的节日”“扣好人生第一粒扣子”等主题活动，入选市级新时代好少年 1 人。加强乡村复兴少年宫建设，入选全省未成年人思想道德建设宣传联动网 1 所。印发《“移风易俗树新风”主题活动方案》，以遏制“礼金过高、天数过长、场面过大”等问题为主要目标，重点开展常态宣传“进万家”、督导巡查“正风气”、深化殡改“遏还潮”、积分评议“提素质”四大行动。建立“移风易俗树新风”督导巡查工作机制，开展“活人墓”等突出问题整治，加强农村道德评议会建设，实行乡风文明积分管理、媒体开设移风易俗专题专栏等措施，开展督查 3 批次、公示相关事宜 15 人次、整治违法坟墓 14 处，推出专题文章 12 篇，村级道德评议会建设实现全覆盖，评议活跃度达 100%。贯彻落地中央《关于进一步加强家庭家教家风建设的实施意

见》，实施“缤城家事”五大行动，评选“好媳妇、好婆婆、好邻里”典型60例。

文明城市创建成效显著。深化文明城市创建十大专项行动，推动文明理念家喻户晓、深入人心，文明城市创建成为全民行动。

文明实践创新做法成绩斐然。3月，《思想政治研究》杂志报道宁海文明实践集市相关做法；6月，宁海县文明实践集市相关做法入选浙江有礼省域文明新实践典型案例；10月12日，《人民日报》头版报道宁海文明实践集市相关活动。

2022年5月24日，宁海县新的社会阶层人士助力推广宁海白枇杷

统一战线工作

【概况】 在县委的坚强领导下，宁海县统一战线秉持“统战工作做好了是凝聚力、做强了是生产力、做优了是竞争力”的要求，坚持系统谋划、同轴运转、深耕主业、数字赋能，初步形成了全县上下、部门之间、线上线下、县内县外、新老领域全面推进的统战工作格局。新生代企业家培育工作得到中央统战部推广，宗教事务治理工作得到省委常委、统战部部长邱启文批示肯定，选育用管全链条党外干部队伍建设得到市委常委、统战部部长卞吉安批示肯定；理论创新成果荣获全省二等奖；信息工作位居全市统战系统第一名，获评成绩特别突出单位；雪野获评“最美浙江人·最美乡贤”。

【重塑工作体系】 强化机制提能，积极参谋县委发挥统筹作用，县委常委会研究统战工作8次，县委书记出席统战活动、作出批示18次。出台县委统一战线领导小组运行机制系统性重塑方案，梳理落实领导小组成员单位、镇村两级书记、统战委员、民宗专管员统战职责5张清单，形成“五张清单一张网”工作架构。

强化数字赋能，增强数字思维和变革思维，将统战工作纳入县委“五大革新”重点内容，建立统战系统革新架构图，确定7项变革任务，全部高质量完成既定目标。全系统推进“浙统云”应用，谋划特色应用，录入完善人物库3744名，“和谐用工一件事”列入全省数字化改革重大应用“一本账S3”版本，“宁波帮·帮宁波”云家园（会务活动）应用场景基本完成开发。

【夯实政治基础】 聚焦学习宣传二十大和统战百年主题，全面实施“甬同心·宁聚力·跟党走”思政品牌。

搭好平台，在社院开设“宁聚力大讲堂”和统战理论教研室2个实体平台，举办12个统一战线主体班次，开展宣讲教学14场次。

建强阵地，整合形成2条统战初心之旅和34个统战工作驿站组成的同心引领阵地体系，累计接待580余批、1.6万余人次。其中，张明养纪念馆成功创建第二批民进中央会史教育基地。

多线引领，开展强农兴农爱国奋斗报告会、看绿色能源发展台青交流会、宁海籍在港青年线上交流等系列活动23场次参与3000余人次，全面提升统一战线成员听党话、跟党走的思想自觉和行动自觉。

【化解风险隐患】 处置化解有方，建立统一战线风险隐患管理机制，及时处置各类隐患54条。

减量提质有序，制定出台《宗教活动场所注销实施办法（试行）》，注销宗教场所7个，民间信仰场所退出3个。指导县佛协平稳有序换届，领导班子中宗教院校毕业教职人员达2/3。

【聚力资源集成】 汇智献策助富，承办省党外知识分子“同心共富”专家服务团助企上市活动，为拟上市企业提供高端精准专业服务；发挥党外代表人士参政议政作用，认领共富课题9个，开展专项民主监督6次，编印《宁聚力直通车》专刊7期。

项目导入助富，建设“宁波帮·帮宁波”家园宁海分园，高质量举办百名侨商走进侨梦苑宁海中心等，新引进项目12个，总投资32亿元，促成县统战社团与10个集体经济相对薄弱村结对共建。探索建立区域性乡贤组织，新排摸市外新乡贤共788人，建成乡村振兴项目库、慈善公益项目库，乡贤捐助共富资金超过700万元。

同心公益助富，举办统一战线同心公益服务十周年暨“宁聚力·公益助富”再出发活动，成立4个同心公益服务团和9个同心公益服务基地，建设统战各领域慈善基金项目20余个，共7000余万元。

推进示范带建设，举行同心共富示范带发布仪式，首批发布“我和我的村庄”文旅融合、“拥湾发展”乡情筑梦、“古镇乡韵”创业创新“两带一片”可看、可感、可互动样板。

2022年5月23日，统战百年座谈会召开

【打响“宁聚力”品牌】 聚力“护航两个健康”，开展助企纾困大走访活动，全年走访企业361家。出台“护航民企五大机制”，分别由县委政法委、公检法司5个部门对应建立合作长效机制，全面深化企业法治服务。举办“宁新学堂”9期参与1100余人，赴成都举行专题研修班，新生代企业家参与率由35%提高到66.7%。

聚力“亲清政商关系”，县委、县政府联合出台《宁海县亲清直通车·政企恳谈会制度》，举办恳谈会7场，直接督办企业所提问题建议29个。系统推进“三维”清廉民企创建工作，制定《清廉民企建设风险防范指导手册》《清廉民企建设参考范本》，系统构建做法被《中国统一战线》杂志刊用。

2022年11月11日，召开县“四美场所”现场观摩暨宗教中国化场所建设推进会

聚力“6G星空”品牌提升，承办全市新的社会阶层人士“寻美·宁波”主题活动启动仪式暨“宝藏甬村”助力农旅融合大师进乡村首站走进宁海活动，由县新联会制作的主题视频《寻美中国·浙里是宁波宁海》获评“寻美浙江”短视频优秀作品二等奖。设立“宁海珍鲜”同心共富直播站助销农产品100余万元。

【党外队伍建设】 培育党外干部队伍，召开组统联席会议，制定出台《宁海县党外干部队伍建设五年规划》，基本实现党外干部队伍建设“双突破、三达标、五更加”。全县共配备县管及以上党外领导干部45名，其中，市管干部6名、县管干部39名。共配备163名党外中层干部，其中，正职76名、副职87名。

建强党外代表人士队伍，会同县委组织部、县政协党组协同开展县政协换届选举工作，产生新一届委员276名，推荐安排16名社会各界优秀代表人士担任市政协委员，全面优化委员界别设置和结构素质。指导工商联做好换届工作，新一届工商联班子平均年龄49岁。

激活统战社团，出台《“争星升级”打造活力统战社团活动实施方案》，县台联会完成新老交替，新成立县新农人联谊会，评出五星级2个、四星级6个、三星级3个。

2022年11月11日，开展宗教场所消防安全演练

【民族宗教工作】 深化民族团结进步创建，促进各民族交往交流交融。把铸牢中华民族共同体意识教育纳入国民教育、干部教育、社会教育全过程，特别重视加强青少年民族历史观教育，促进人心归聚、精神相依。开展民族团结进步重点单位培育，重点指导前童镇、跃龙街道东观社区等单位强化阵地建设、培育壮大队伍，积极探索“民族团结进步+非遗”的融合发展新平台，以融合兴传承，以创新促发展。全县已有国家级民族团结进步示范单位1家，省级民族团结进步重点单位2家，市级民族团结进步重点单位2家。

开展岔路镇高塘村、前童书驿、西店法庭等一批“之江同心·石榴红”家园、工作室的培育工程，丰富各民族共有精神家园的内涵，促进各民族群众深入开展交往、交流、交融。开展少数民族流动人口“四微”服务，支持少数民族自主创业，认真排摸、筛选专项发展项目5个，持续做好对口支援、东西部协作、山海协作和定点帮扶等一系列工作，促进各民族群众和睦相处、和谐发展、共同繁荣。

坚持宗教中国化方向，聚焦“喜迎党的二十大”，组织开展全县宗教界“感党恩、听党话、跟党走”“我看宁海新发展”等五大系列主题活动，开设“宗教中国化”大讲堂，迭代升级宗教场所“六进”活动，组织举办全县民族宗教界“喜迎二十大”暨政策法规专题培训班，进一步凝聚全县民族宗教界的智慧和力量，不断增进“五个认同”。创新开展“四美”场所创建活动，建成20家“建筑环境美、管理规范美、文化内涵美、公益服务美”的宗教活动场所，成为全县推进宗教中国化的生动实践。

深入实施“五大革新”创建宗教事务治理现代化先行县项目，修订《宁海县民族宗教突发事件应急预案》，建立健全宁海处置民族宗教突发事件应急机制。探索宗教活动场所第三方安全巡查机制，制定出台《宗教活动场所负责人管理实施细则》，建立完善宗教教职人员信息基本数据库。不断提升全县宗教活动场所财务规范化管理水平，

2022年6月17日，县第八次佛教协会代表大会召开

重要场所视联网接入工程基本实现全覆盖。“强化整体协同 坚持系统施策——宁海县积极创建宗教事务治理现代化先行县”的主要做法获省委有关领导批示肯定。

全面开展宗教领域三级四轮“除险保安”大检查、消防安全大演练等专项行动，各宗教和民间信仰活动场所安全负责人参与率100%，实现问题隐患整改率达100%，可燃气体报警装置安装率100%、灭火器合规率100%，全方位筑牢宗教活动场所安全生产屏障，增强管理实效。

面对新形势新任务，坚持目标导向、问题导向、结果导向，通过完善各项管理制度、加强民族宗教团体建设、推动全面从严治教。支持和引导宗教界加强自我教育、自我管理、自我约束。

开展“争星升级”打造活力统战组织活动，宗教领域参与社会事务、服务社会的积极性显著提升。召开县第八次佛教协会代表大会，完成县佛协换届选举。全县各宗教团体扎实开展“崇俭戒奢”主题教育，弘扬中华民族传统美德，发扬各宗教优良传统，秉持俭朴理念，切实整改突出问题，着力健全规章制度，坚决纠正和遏制宗教领域的不良风气，促进宁海宗教健康传承。

决策咨询

【概况】 县决策咨询办在县委、县政府领导下，着眼长远、谋划全局，充分发挥智库作用，用优质的咨询成果服务县委、县政府决策，为助力“五大革新”、建设现代化“双优”新宁海提供智力支撑。

2022年4月29日，县委书记滕安达（右二）调研咨询委工作

【提升咨询成果质量】 围绕县委、县政府的中心工作，咨询委在充分酝酿、深入思考、广泛听取意见的基础上，确定“深化两湾区域保护利用的对策研究”“提升现代服务业发展质量的对策研究”“促进宁海山区经济高质量发展助推共同富裕标杆县建设的对策研究”“加强县城区高质量高颜值建设的对策研究”4个研究课题。坚持问题导向和目标导向，分别形成的研究报告和咨询报告、咨询建议都得到了县委、县政府主要领导的批示。

围绕改革发展，发挥个人专长建言献策。咨询委的顾问、委员、专家较好地发挥各自领域的专长，围绕宁海改革发展存在的问题和发展目标，全年编报决策咨询建议15篇，被县委、县政府领导批示批转。其他委员也比较好地履行决策咨询职责，形成良好的咨政建言氛围。

围绕社会热点，编报各地先进经验参考。咨询委办公室围绕当前全县社会各界议论比较多的热点舆论和各级各部门比较关注的难点问题，编报以各地先进工作经验为主的咨询参考22篇，为宁海经济社会发展提供参考。人才引进培育、基层治理改革等方面的咨询参考，受到县委、县政府领导的较高关注。

【发挥桥梁纽带作用】 咨询委作为新型智库，除了直接出谋划策，还要充当好党委政府同社会各界人士及其他智库之间桥梁和纽带，切实为智库研究提供一线信息资料，为政府决策提供优质咨询服务。

加强合作，提升理论高度。为了弥补自身缺少高端的智力资源的短板，咨询委坚持同高校等研究机构紧密合作。利用研究机构的高端智力，把咨询委了解的一些基层状况，以较高的理论层面进行提炼总结，深入分析在新形势下出现一些新问题、新情况的具体原因，为咨询委把握新阶段、新格局，提供新角度、新思路的咨询成果提供有力的理论基础。

深入基层，倾听群众心声。调查研究是咨询工作开展的重要手段，咨询委始终如一地深入基层开展调研，真正把社会各界群众的真实想法、利益诉求客观地汇聚起来、反映出来。全年开展调研、座谈活动33次，召开论证会4次。尤其是山区经济发展的课题，咨询委课题组深入一线，聆听基层声音，为高质量咨询报告的出炉打下良好基础。

2022 年 9 月 16 日，加快宁海高质量服务业发展课题论证会召开

【提升履职能力】 坚持以人为本，着力优化队伍结构。按照《宁海县决策咨询委员会的设置方案》的有关规定，咨询委开展第二次换届工作，第三届决策咨询委委员调整到48名，调整名单经决策咨询委主任办公会议讨论通过后，送县委审定，统一颁发县委、县政府的聘书。同时，根据各位委员的工作经历和专长，将48名委员分成综合经济、城乡建设、党建和基层治理、社会发展4个工作组。经过本次换届，决策咨询委队伍有所扩大、结构有所优化、专业能力有所提升，对决策咨询工作水平和服务能力的提升都有不小的促进作用。

坚持学习培训，着力提升工作水平。为了进一步加强咨询委全体领导干部的履职能力，县咨询委逐步建立学习培训体系，通过新委员培训、工作组交流，两年一次表彰、一次讲座等形式，抓好培训学习，切实提高研究能力，使队伍始终保持思想解放、眼界开阔、观念先进和较好的决策咨询能力。3月召开新委员培训班，在了解咨询委的工作职责和任务分工之后，新委员快速进入角色，切实履行起职责。

坚持求真务实，着力解决实际问题。咨询委秉持“不唯书、不唯上、只唯实”的精神，始终坚持贴近实际、贴近群众，把对党委政府负责与对人民群众负责统一起来，敢于讲真话、说实话，使决策咨询工作既代表最广大人民群众的根本利益，又体现大局观，契合宁海整体利益。编辑报送给县委、县政府领导的报告、建议，都是“小中见大，大中有小”，以解决宁海经济社会发展实际问题为出发点的优秀咨询成果。

机关党建

【概况】 2022 年，县直属机关党工委在县委坚强领导下，贯彻落实中共二十大精神，深入实施“清廉机关、模范机关”创建活动，以机关党建高质量发展助力“五大革新”，推进现代化“双优”新宁海

2022 年 3 月 24 日，县决策咨询委第三届全体咨询委员培训会议召开

建设。

【组织强基】 强化政治机关属性，建设“让党中央放心、让群众满意的模范机关”，坚定不移做“两个确立”忠诚拥护者、“两个维护”示范引领者。

压实党建主体责任。通过头部示范强化党建责任传导，总结提炼县委抓机关党建“六个直接”工作法，即党建工作书记直接抓办、工作思路常委会直接研究、部门党建常委直接联系、党建工作县委直接督导、党建问题县委直接通报、机关作风县委直接问效，形成的“打造机关党建责任传导‘增压泵’”获评第十轮全省机关党建工作创新成果。将抽象的县委领导责任转化具体的履职清单，带动全县各级机关党组织主动担起机关党建主体责任。举办2022年度党组织书记抓党建工作述职评议会，对全县75个基层党组织书记履职情况进行统一打分量化，党建督导第四梯队一把手上台表态，有效增强党组织书记“第一责任人”意识。

2022年4月18日，召开党组织书记抓党建工作述职评议会

深化优秀典型评选。持续夯实党全部工作和战斗力的基础，深化机关党建标准化建设，持续运行《宁海县机关党建工作标准化体系》，指导基层党组织规范组织换届、组织生活、党费收缴、党员发展等工作程序和文本档案，事事有标准、处处见规范。以激活基层组织细胞和提升组织功能为目标，对405个所属党组织开展年度星级评定，推动落实“九个到支部”工作法，并以示范先行带动整体提升，开展“先锋支部”评选，评选出第二批“先锋支部”20个，评选表彰“双建”创建示范单位10家，十佳机关党务干部10名，县卫健局、税务局2个单位支部主题党日活动案例入选市级优秀“红点案例”。

2022年6月30日，在潘天寿广场举办“宁好我行我报到”主题服务月暨“锋领网格”启动仪式表彰十佳精品学堂

全面落实推进问题清单销号。以“七张问题清单”为统领，全面查找机关党建问题。完善《机关党建督导评估清单》，探索实施定性定量相结合的评估方式，形成督导评估统一标准。借力打好专项集中整治、县委巡察和机关党建督导评估组合拳，以2年为一轮滚动式督导，2022年对58家单位完成督导，精准发现机关领域存在的问题，形成“一对一”问题清单及督导评估报告。根据督导评估结果将机关部门、乡镇（街道）机关分列4个梯队，县领导对位列第四梯队单位的党组（单位）书记进行约谈，工委以“回头看”等方式跟踪整改成效，其他单位则对照问题清单进行整改，书面报告整改情况，全面抬高机关党建底板。

【自我革新】 聚力政治素养提升。紧紧围绕习近平总书记重要讲话精神及党的二十大精神、十九届六中全会精神、省市县党代会精神等重要内容，全年推出“周二夜学”必修课程30余期，联合县纪委、县委组织部、县委宣传部对“周二夜学”开展落实情况进行联合督查，通报督查结果。从制度执行情况、特色亮点、学习成效等方面综合评定等维度对机关部门及乡镇（街道）机关“周二夜学”品牌进行表彰，评选表彰首批10个“周二夜学”十佳精品学堂，在宁海机关党建微信公众号巡礼展示。联合打造“宁青学堂”青年理论学习品牌，构建“领学、讲学、研学、比学、践学、督学”的六位一体大学习体系。

2022年8月22日，县委党校举办2022年县直机关党务干部培训班

聚力党务能力提升。实行党务干部资质准入机制，开展第二批党务红领资质认证工作，从源头上杜绝部分单位把党务工作岗位作为安置性岗人员配备从低的问题。全面开展党务干部队伍情况分析，形成主题报告，围绕党务外包、非党人员从事党务工作等3个方面内容进行全面清查整改。持续通过“理论+实践”模式提升党务干部专业能力，将党务干部培训班纳入县委主体班次，设置了省党代会精神宣讲、干部情绪压力传导、党建品牌建设、党务实务操作等多门课程，170余名党务干部参加为期3天的集中培训，8名专职副书记抽调参与机关党建督导评估，既督又学，党建业务能力得到快速提升。

【数字赋能】 强化数字支撑。“党群同心圆”应用服务端和治理端分别独立上架“浙里办”“浙政钉”，由活动汇、微心愿、帮帮团、契约服务、应急集结等5个交互功能模块及3个辅助功能模块组成。其中，“应急集结”为增量开发模块，通过建立闭环管理流程和专班集结、单位集结、属地集结3种集结模式，实现应急状态下“一键直达、一刻集结”，实现应用平战迅速转换。注册基层党组织600余个、党员干部13800余名，在“浙里办”端月均访问量10万人次以上，位居全市各类应用TOP20，构筑以项目、服务地、居住地、专业化团队为矩阵的组织新形态，推动与发展形态、社会形态、治理形态更加耦合融合。“党群同心圆”应用被列为首批宁波市党建统领整体智治系统特色应用，成功纳入“一地创新、全省共享”“一本账”S0，上架省组“红色根脉强基工程”应用，在双月例会上得到省委改革办和党建统领整体智治组的肯定，省工委寄发表扬函，市委常委、组织部部长郑敏强批示肯定。

2022年6月30日，在潘天寿广场，县直机关工委副书记周绍宏发布“锋领码”，启动机关党员社区报到工作

推进城乡共同富裕。实施“锋领网格”推进基层治理体系和治理能力现代化，全面启动机关党员到

社区报到领责工作，推出机关党员报到“锋领码”，发动全体机关党员“上线+线下”形式赴居住地社区报到，充分发挥机关党员的政治优势、专业优势，成为社区治理的重要组成力量，97个机关企事业单位6963名机关党员进网入格，报到率100%，“党群同心圆”平台推出各类服务项目10360个，机关党员参与33263人次，构建党建引领社区治理新格局，“党群同心圆”构建锋领服务矩阵助推社区治理精准高效获评全省数字组工“好案例”。开展新一轮“百家机关村村帮”城乡结对共建，帮助村级实现党组织规范提升、重大项目落地实施、基层治理有序规范、集体经济发展壮大。持续助力对口帮扶地区实现共同富裕，“‘党群同心圆’党建引领汇聚脱贫攻坚社会合力——宁波市宁海县东西部协作社会帮扶案例”被评为宁波市2022年东西部协作优秀案例（全市共12个），在全市东西部协作干部专题培训班上进行了现场展示。以“课桌圆梦”行动为题材的短视频《课桌上的种子》荣获全市党员教育课件观摩交流活动三等奖。

【廉政护航】 以制度严明导向。联合推进“五问五破、五比五先”机关作风建设专项行动，积极参与县委专项行动方案的制定，抽调精干力量参与专班工作。推行机关部门小微权力清单管理试点制度，在科技局、交通局、资规局、妇联等8家单位推行小微权力清单管理试点工作，梳理“共性+个性”清单570余条，真正将权力关进制度笼子。联合县纪委开展2022年机关“作风效能”专项检查，对集中办公点机关干部上班迟到早退、擅离职守，不按规定时间在食堂就餐，上班时间看电影电视、玩游戏、长时间上网聊天以及离岗、缺岗等问题开展检查，检查发现6个问题已移交党风室。

以先进示范带动。举办“叩问初心，与廉同行”第二届清廉机关十佳示范案例展示大比拼活动，县政府办公室等10家单位分管领导走上擂台，全面展示清廉机关建设的经验做法、特色亮点。市直机关纪检监察工委副书记刘丰点评，肯定了活动成效。该活动得到《宁波日报》、浙江新闻客户端、央广网、中纪委网站等关注报道，进一步推动了清廉机关高质量建设。总结提炼的清廉机关建设案例编印成合辑，制作的案例展板在桃源商务楼等集中办公地点巡展。启动2022年度满意机关排行榜活动。

以文化滋养正气。综制作推出廉政好书荐读短视频，倡导优良家教家风，制定出台《机关党员干部家庭家教家风建设实施意见》，召开“争当廉内助、把好廉洁关”家庭助廉会，推进领导干部廉洁家庭建设。落实干部身心健康“六个一”举措（开展一次分级家访、提供一次心理健康服务、组织一场文体活动、帮助解决一个具体困难、设置一个干部关爱阵地、配备一套日常医疗器械），举办全县机关党员干部职工诗词培训班、第四届诗词大会，组织开展机关工会联合会趣味运动会，打造“担当有为、快乐工作”机关文化。

机构编制管理

【概况】 宁海县委编办认真贯彻落实县委编委的部署要求，在县委组织部的归口管理下，紧扣“服务中心大局”主线，有力推进了基层管理体制变革、“大综合一体化”行政执法改革、城乡现代社区管理体制改革等各项工作，为宁海经济社会高质量发展提供有力体制机制保障。

【思想政治建设】 深刻领悟“两个确立”的决定性意义、坚决做到“两个维护”，坚定不移站稳政治立场。推动中共二十大精神落地生根。将学习宣传贯彻好中共二十大精神作为一个时期的首要重大政治任务，组织开展“知识竞答”“原文诵读”“交流研讨”等多形式学习活动。一把手、支部书记、分管领导带头到乡镇（村社）、党支部、分管科室宣讲中共二十大精神，掀起学习热潮。结合贯彻落实省、市、县党代会精神，县委“五大革新”等重点任务，盘点总结年初26项工作计划、7项调研课题、14项重点任务完成情况，以实干实效推动中共二十大精神落地生根。健全上级重大决策部署量化闭环。围绕县委、县政府中心工作和上级重要决策部署，制定清单，推动闭环管理融入工作各环节。深化“五强”领导班子建设。坚持和加强党的全面领导，完善和落实民主集中制、重大事项请示报告等各项制度，提升决策水平。立足新发展阶段，贯彻新发展理念，进一步开阔思路、创新方法，牢牢把握党管机构编制原则，将机构编制工作放到全县发展大局中谋划和推进。

【服务中心大局】 围绕县委、县政府中心工作，聚焦健全党的全面领导体制机制、完善机构职能体系、深化基层管理体制、优化机构资源配置等重点任务，推动机构编制各项工作再上新台阶。推进重点领域体制机制改革。

推进基层管理体制改革。重塑乡镇（街道）机构职能，统筹人员编制职数，建立编制、职数双周转制度；创新“172”编制测算法，盘活乡镇（街道）编制存量，核增3个乡镇（街道）31名事业编制，核减8个乡镇共36名事业编制，并核定乡镇（街道）事业编制周转事业编制50名；编制岗位清单目录，实行人员岗位管理，推动人员编制向基层倾斜。

推进“大综合一体化”行政执法改革。坚持实事求是、稳步推进的原则，有序整合精简4部门的执法队伍，构建“1+8”行政执法体系。按照接得住、管得牢的原则，合理确定7个赋权乡镇和494项赋权事项，科学设定人员下沉方式，完成执法力量下沉85%的目标。开展下沉人员经济待遇倾斜方案调研，起草《执法力量下沉人员经济待遇倾斜的实施细则（草案）》，对“1+8”部门下沉人员分类进行统计测算。

深化城乡现代社区管理体制改革。厘清社区与街道的职责边界，梳理编制城乡社区工作事项目录清单201条为社区减负，科学核定社区专职社工配备数量，助力现代社区建设。

【优化管理】 推进制度软实力建设。修订完善县委编委工作规则、编办工作细则，拟定《宁海县级党政部门职责管理办法》《宁海县县属事业单位机构编制管理办法（试行）》等配套管理制度，有效规范编制使用管理。

统筹优化编制资源使用。保障编制资源向共同富裕、重点领域和一线倾斜，持续助力县委“五大革新”、教育、卫生、高层次人才引进等用编300多名，占年度用编60%以上；制定中小学教职工编制管理优化方案，提升教育质态；推动两所“公参民”学校转公，有效解决教育资源紧缺问题；设立登记宁海渔业创新研究中心，助力提升新型研发机构科技创新能力。

理顺职责优化运行。沟通协调自然资源、住房建设、综合执法、交通运输等部门认领行政检查和处罚争议事项，达成监管事项认领率100%的年度考核目标。优化调整农业农村局、科协、国资管理中心等单位的机构和职责，以适应新形势、新变化下的部门业务需求。

【“数智编办”建设】 形成“数智三定”职责管理平台方案。以《宁海县县级党政部门职责管理办法》为依据，形成部门“三定”职责为总体框架、权责清单为细化补充的“数智三定”职责管理平台方案。

建设“宁编e点通”数字化档案应用。聚焦历史沿革，依托实名制系统，以“一单位一档案”的形式，全面梳理2698个文件，完成宁海90家部门单位的机构编制历史沿革，构建数字化六维分析论证体系，为科学配置机构编制资源、理顺职责体系提供决策参考。

开展机构编制数智监管应用。对各部门实名制数据质量、机构编制政策制度执行情况、事业单位登记管理等进行全面核查，对“预警问题清单”逐条逐项修改完善，确保信息更新及时准确。

【推进法定化】 定期开展常态化监督检查。协同县审计局对县农业农村局、县市场监管局、长街镇等13家单位进行“双责联审”。做好新一轮全县机关和事业单位机构编制核查，确保各单位在职责履行、机构设置和中层职数使用等都按规定执行。

做好问题整改。根据省委编办组织开展的十四届省委巡视发现问题整改情况“回头看”工作的督查和上级有关文件精神，开展全县机关事业单位机构编制专项监督检查工作，对所有部门的实名制数据质量、机构编制政策制度执行情况以及编外用工管理等情况进行全面核查，摸清机构编制管理工作底数。

建立整改闭环管理机制。探索机构编制问题“三色”预警机制，实行机构编制问题整改“挂销号”制度。针对县委巡察经常点到的编外超指标配备、超标准发放福利等焦点问题，对18个乡镇（街道）编外人员岗位类别调研排摸，将全县编外用工经费标准由人均4万元/年调整为4.5万元/年。

【加强事业单位监管】 做好事业单位法人年度报告公示工作，指导全县256家事业单位法人登记事项、年度报告公示情况、履职情况等信息公示，开展事业单位“双随机、一公开”抽查，发现并整改问题9例。

开展事业单位绩效考核工作。完成除科教文卫等领域外的事业单位章程制定（修订）工作，推动事业单位按章办事，规范运行。完善事业单位监管机制，制定《宁海县事业单位登记管理办法（试行）》，明确事业单位登记设立、变更、注销等方面要求，形成相关部门联合监督、信息互通、共同研判、一体整改，推动事业单位监管常态化。

做好事业单位法人登记服务。编印事业单位政策汇编，对历年各类事业单位登记管理相关政策法规进行梳理成册，明确登记部门、举办单位、行业管理部门的权力义务，划清事业单位登记管理的底线。

【自身建设】 全面从严治党。切实履行管党治党主体责任和“一岗双责”要求，严格落实“五张清单一张网”制度，完善廉政风险防控措施，拟定全办各岗位廉政风险点，层层签订责任状。完善“三重一大”民主决策制度，防范决策风险。组织条例规章学习和警示教育展活动8次，不断强化干部遵规守纪意识，筑牢拒腐防变思想防线。依法规范各项权力运行，定期开展监督检查，高标准做好省委巡视整改和“回头看”，守牢机构编制红线。

机关党建工作。做深做实“四全一亮·锋领编办”党建品牌，以“五问五破”作风建设专项行动为契机，深化干部队伍“五优五提”，搭建“人人讲堂”“品书会”等平台载体，提升全办干部能力素养。落实意识形态工作责任制，定期进行舆情分析研判，扎实筑牢意识形态工作防线。2021年获评五星级党支部、先锋支部、全县十佳精品学堂等荣誉，连续5年荣获志愿服务先进党组织。

干部选拔任用。建立常态化干部考察考核制度，着力提升干部选拔任用科学化水平，总体来讲干部队伍综合素质较高、战斗力强、作风踏实。特别是在“四全一亮”工作法推动下，干部队伍有效提档升级，全年选派1名干部参与省委选人用人专项检查累计1个多月，获得省里表扬，选派2名干部参加全县中青年干部培训班和年轻干部培训班。

打造编办铁军队伍。深入推进全员研学，做好全年任务安排并抓好组织落实；深度开展全员调研，突出调研立办，注重调研成果落地转化成工作举措，形成7篇调研课题，其中，2篇在省级以上杂志刊发；深化落实全员联系制度，结合全市编办智管优配数字化场景建设，建立走访档案，定期召开全员联系情况交流会；全力推动全员攻坚，对照年初工作计划和任务清单，实施“挂图作战”，推动全办精神提振、能力提升、服务提质、发展提速。

党校工作

【概况】 在县委、县政府坚强领导和县委组织部关心支持下，宁海县委党校不断提高政治站位，主动服务中心大局，紧紧围绕创建全省“标杆引领类”县级党校，贯彻落实县委“五大革新”部署要求，立足当前、踔厉奋发、踏实苦干、创新突破，扎扎实实推进办学格局整体优化，教育质量整体提升，队伍素质整体突破，获评2022年度全省党校（行政学院）系统成绩突出集体。

【政治建设】 坚持党校姓党，旗帜鲜明，把讲政治落实到党校工作全过程各方面。以中共二十大为主题主线，聚焦主业主课，积极备课讲学，开发中共二十大宣讲课程13门，扎实推进中共二十大精神进课堂、进基层党校，覆盖所有专题班和轮训班，切实加强思想教学、党性教育、党史教学。切实推进县党政领导干部到党校讲课、作报告、与学员座谈制度，所有县领导都到党校讲课一次以上。民政局、应急管理局等部门“一把手”进党校上讲台，切实把党校作为传播县委执政理念、统一发展共识、锻造干部现代化能力的重要阵地。

【质量立校】 在积极应对疫情影响前提下，合理布局全县干部教育培训工作，共举办干部培训主体班36个班次43期，社会主义学院12个班次。共计培训学员7260人次，委托办班60个班次，培训学员5362人次。坚持严以治校、严以治教、严以治学，探索运用数字化教学管理系统，加强校风教风学风建设。做精做优城市革新和产业革新两大专题“周末课堂”培训班，运用“党性+专业能力”培训模式为打造专业化干部赋能。着重加强中青年干部培训，组织开展了为期2个月的中青年干部培训班。积极同北师大合作，系统培训56名宁海本地心理骨干队伍，推动宁海干部心理素质提升中心平台高水平建设。发挥社院阵地作用，设立统战理论教研室，打造“宁新学堂”“乡贤客厅”“党外干部赛马场”等系列“宁聚力”大讲堂品牌，加大统战人才教育培养。推进学校特色发展，立足宁海创新实践亮点，加强与高等院校、科研院所、职能部门建立课题协作机制，开展理论研究，开发村级小微权力清单、艺术振兴乡村等专题特色课程。

【构建完善宁海红色教育网】 主动对标省标杆引领类党校，积极融入市委党校系统共同体建设，借势借力、主动作为、全面争先，整体提升办学实力。用好管好乡镇（街道）党校，所有乡镇（街道）党校按照“七有”要求完成党校建设，制定健全《宁海县乡镇（街道）规范化建设评估办法》，切实管好用好基层党校阵地。同时，因地制宜打造乡村特色基层现场教学点，乡村治理中心教学基地、梅花村会议纪念馆、山洋革命根据地、“乡愁旅居”古镇党建基地等被评为第一批市级示范教学基地，逐步构建“县委党校、乡镇（街道）党校、基层现场教学点”三级联动的县域“红色教育阵地”网络体系，实现师资库、课程库、现场教学库等教育教学资源全域性互联共享。

【推进“教研咨”一体化】 致力于师资招引培养培训，着力打造一支政治过硬业务精良，“善学、能讲、会写”的学者型、研究型教师队伍。

完善教师业务提升机制。加强教师业务练兵，深化“周二夜学”教师集体备课讲课评课，轮流试讲，集体点评，精益求精，让每位教师都拥有自己专长的讲课课题，建成30多门课程库，可供不同班次和基层党校“点单”。通过“拜师”“压担”“赛马”等途径，加强青年教师的培育，在教研实践中加快青年教师成长。2021年党校教师案例教学课获市委党校案例精品课评比优秀奖，实现精品课评比“零”的突破。

加强“红色智库”建设。创办宁海党校《资政参阅》,《关于完善宁波市基层干部心理健康服务的对策建议》在宁波市委党校《资政参阅》刊发，并获省委常委、市委书记批示。《迭代升级艺术振兴乡村 打造文化共富图景》刊发在中央党校《行政改革内参》,《数制法治：小微权力法治监督的逻辑与实践——基于浙江宁海小微权力“36条”数字化改革的分析》刊发在南大核心期刊《江汉论坛》。2022年共计完成调研课题20项、论文22篇，其中2篇发表于核心期刊，多篇课题成果获得省、市党校系统决策咨询成果奖。

【打造校园文化】 持续推进红色校园、绿色校园、书香校园、温暖校园建设，发挥校园环境和校园文化“无言之教”作用。推动管理服务和校园运行提质升级，着力提高管理智能化、人性化、精细化程度，为学员营造严谨、温馨的学习环境，获评全省党校系统“三星级”绿色学校。加强校园文化建设，结合党校红色氛围和宁海生态环境特色，突出红色元素，建设“书香党校”。加快篮球场、网球场等健身场所建设，丰富学员培训生活，积极为学员营造舒适安心的学习环境。加快推进“数智党校”建设，探索无纸化办公应用场景，提升党校整体智治水平。

老干部工作

【概况】 2022年，县委老干部局在市委老干部局的精心指导下，以“喜迎二十大、银辉助革新”为主线，深化“银耀缤城”品牌建设，突出党建引领强基、作用发挥赋能、服务管理提质、阵地优质发展等重点，各项工作取得新成效，为建设现代化“双优”新宁海提供“银辉”力量。

【思想引领】 对标传承“红色根脉”，思想引领根基更加牢固。

开展喜迎二十大系列活动。紧扣中共二十大主线，开展“喜迎二十大·银辉助革新”主题系列正能量活动，通过“银辉守初心、展望二十大”“银辉助革新、献礼二十大”“银辉乐晚年、共享二十大”三大板块20项主题活动，为中共二十大胜利召开营造良好氛围。二十大召开后，第一时间组织“银辉共富说”宣讲团开展宣讲策划会，按照“六学六进六争先”要求，进机关、进学校、进企业、进村社、进网络，宣讲二十大精神100余场次。

深度融入城市基层党建。充分发挥“银辉”党建研究中心宁海分中心的“智库”作用，形成《城市社区“银辉”党建调研报告》。在调研基础上，制定《全面推进离退休干部党建深度融入城市基层党建工作的实施方案》，探索组织人员、教育管理、作用发挥、关爱激励、机制保障等五大融入新路径。进一步部署开展离退休干部进社区报到暨“银耀缤城”志愿服务月活动，老干部到社区报到参与率明显提高。跃龙街道、桃源街道完成社区“银辉”党组织换届，并新成立2个社区“银辉”党支部，社区“银辉”党支部组建率达100%。推动“银辉”党支部向老干部聚集领域进一步拓展，县老干部活动中心、富艺长泓居家养老服务中心等新建“银辉”党支部。

推动银辉支部规范化建设。全面推进离退休干部党支部规范化建设，新建省级规范化支部15家，截至年底共有规范化支部55家。赋能银雁队伍，开展“学习新精神、赋能银力量”教育培训，举办离退休干部党支部书记中共二十大精神培训班，及时向老干部通报中共二十大精神，学习“银辉”党建等业务知识。举行首届“宁好我行、银雁争先”支书论坛，提升离退休党支部书记履职能力。

【银辉助力】 对标“五大革新”，银辉助力中心更加彰显。

银辉助力共同富裕。开展“宁好银辉助力共富”行动，推出15条具体措施。发挥老干部政治优势，组建“银辉共富说”宣讲团，成立“银青”宣讲联盟，推动“银辉”与青年讲师结对帮带。发挥老干部经验优势，开展“走基层、看变化、助共富”活动，围绕光伏产业发展等积极建言献策。发挥老干部威望优势，组建“缑银”共富智帮团，打造红色智宣、社会智治、科技智扶、健康智享、文明智播、成长智育、关爱智助等7个团队，为推进“共富”助力添彩。推动支部共富结对，组织县老干部活动中心“银辉”党支部和局机关离退休党支部分别与深甽镇柘坑戴村、胡陈乡梅山村党支部开展结对共建，建立“银辉”共富治村工作室，结对成立“‘渔’你奔共富·幸福在白茇”校村共富基地，共助乡村振兴。

“银聚网格”服务社会革新。紧扣县委关于推进城乡现代社区建设部署要求，会同县委组织部、县社会治理中心对银辉党建融入社区治理工作作出具体部署。“七一”期间发布倡议书，广泛开展“宁好我行我报到，银辉党员进网格”行动，并为5支专业化银辉志愿服务队进网格授旗，推动银辉力量覆盖到网格，助力基层治理。把老干部所能与网格职责、群众所盼相结合，开展银辉助力红色宣讲、社区治理、文明创城、平安建设、文化传承、护航成长等六大行动。

“宁好银耀”志愿服务。运用数字化理念，开发“宁好银耀”志愿管理服务系统，建立码上注册报到、码上项目发布、码上领办服务、码上服务亮显的全流程管理体系，方便离退休干部就近就便参加志愿服务，提高银辉志愿服务智慧管理水平。特别是创城期间，开展“创城共助力、银辉在行动”志愿服务，力所能及地助力做好全国文明城市创建的实践者、宣传者、督导者。强化县、镇、乡三级联动，在梅林街道长寿村河洪举行“同行共富路、银辉耀缤城”大型志愿服务活动，并在该村建立“银辉”党建共享基地。制定《“银辉”志愿服务“时间银行”实施办法（试行）》，形成志愿服务“时长—积分—兑换”闭环通道，让老干部得荣誉、得信用、得实惠。开展“宁好我行，银辉最美”寻访推荐，表彰了10个最美离退休干部党组织、10名最美老支书、10个最美“银辉”志愿服务团队和20名最美“银辉”志愿者。

【服务管理】 对标“幸福老龄生活”，服务管理更加优质。

建立荣誉退休制度。以我国建立退休制度40周年为契机，完善干部教育管理闭环体系，会同县委组织部建立干部荣誉退休制度，举行全县规范退休工作推进会暨荣誉退休观摩仪式。重点通过组织一次专题谈话、举办一场荣退仪式、开展一次“银青”对话、颁发一套荣退纪念，进行一次工作对接、落实一批关爱措施、加强一系列纪律教育等举措，从实从细规范干部退休工作。

开展孝亲敬老系列服务。健全完善县委老干部局机关全员联系制度，开展“联老走亲尽孝”，走百家门、访百家情、问百家计、解百家难，发放老干部“银发连心卡”，及时解决困难诉求。定期开展“爱在红七月”“爱在重阳节”“爱在暖冬日”等“爱在”系列走访慰问活动，充分体现党委政府的关心关怀。重阳节期间，开展“快乐生活、孝亲敬老”离退休干部孝亲服务节，首次开设孝亲集市，通过“喜迎二十大、重阳话清廉”游园活动、保健咨询、中医理疗、品味重阳美食等服务。

“一人一策”精准服务。以全周期服务理念，开展离休干部“一人一策”精准服务。实施“红色传承·情暖夕阳”结对离休干部志愿服务项目，组建“银辉志愿者+党员志愿者”服务团队，“一人一策一卡一团队”提升服务水平，“红色传承·情暖夕阳”帮帮团荣获省级百佳服务项目。在中国人民解放军建军95周年之际，组织离退休干部和青年退役军人，结对开展“军魂不褪色、银辉映初心”主题党日活动，为离休干部拍摄《热血军魂不褪色，银辉闪耀映初心》纪录片，讲述红色故事，留存红色经典。开展“银龄共富·幸福长伴”公益摄影，为离休干部夫妻拍摄结婚纪念照，记录晚年幸福时光。

【阵地建设】 对标乐学乐活，阵地转型推进更加有力。

建成运行老干部活动中心。总面积4100平方米的老干部活动中心新大楼于2021年9月投入使用，2022年起按照“基础设施完善、运行机制健全、服务菜单丰富、孵化功能凸显、亮显工作到位、共建共享有效”要求，正式运行活动中心。制定《县老干部活动中心管理细则（试行）》，规范管理、活动、运行等机制。建立活动中心主题党日菜单式预约服务制，推出四大套餐，开展“百个退休支部进驿站、千名银辉党员共提升”系列活动。搭建正能量作用发挥平台，建立“银辉”志愿者联合会、“银辉”党建研究中心、“党群同心圆”帮帮团等工作室，凝聚志愿服务团队。立足文化休闲需求，首次开设县级老领导茶艺、桥牌等文化养老班，开办书法、乒乓、舞蹈、唱歌等4个退休干部兴趣小组培训班。立足健康需求，设立“夕阳红”保健室，医疗系统老专家入驻，定期开展健康义诊。县老干部活动中心获评宁波市“银辉之家”示范点。

四大校园建设初显成效。县委高度重视老干部工作，县委书记滕安达带领县四套班子分管领导参加老年大学建校30周年大会并致辞。总结30年四大校园建设办学经验，表彰一批“银蚕奉献奖”“银龄乐学奖”“优质分校奖”，举行文艺汇报演出和诗词书画教学成果展。打造红色校园，构建“党总支、系支部、班级小组”的“银辉”党组织体系，将“三项建设”融入教学活动中。打造示范校园，建立校委会齐抓共管、学委会自主管理、班委会自我运转机制，荣获省级示范学校。2021年新教学楼落成使用，2022年争取推进新老校区一体化建设工程，总投资近3000万元的项目立项。建立县、镇、村三级教学网络，全市率先实现乡镇街道老年大学全覆盖，并拓展村社教学点，全年新增4个“宁好学”家门口教学点，同乐老年学堂获评全省首批30家优质老年学堂（全市仅3家），探索社会力量办学的相关经验做法得到省委老干部局副局长卢群星批示肯定。坚持数字赋能，逐步建设智慧校园，开发教学管理报名系统等。打造满意校园，倡导“向学、向上、向善”校园文化理念，组织“发挥正能量、服务全社会”志愿服务活动，成为银尚乐为的常青高地。

党史和地方志工作

【概况】 宁海县委党史研究室围绕“存史、资政、育人”三大职能，以坚决守好“红色根脉”、忠实践行“八八战略”的政治自觉、思想自觉、行动自觉，围绕全县“五大革新”工作大局，打开大门办史志，扎实推进“为党存史立言、续写‘红色家谱’”各项工作，奋力在重点攻坚中锤炼作风能力，在真抓实干中砥砺初心使命。

【理论学习】 按照“学懂弄通见真章、学深悟透下功夫、学以致用出实效”的要求，利用“周二夜学”“宁好学堂”等载体，通过原原本本学原文、聆听各级宣讲团宣讲、干部学习体会大分享、史志团队沙龙等形式，第一时间深入学习党的二十大报告、新修订的党章和省第十五次党代会、市第十四次党代会以及省、市党史工作会议精神。

深入开展“六学六进六争先”学习实践活动，研究谋划将党的二十大精神融入校本教材《我是宁海人》；启动对花园社区、柘坑戴村、大郑村的研究，深入挖掘习近平总书记到这3个村（社）调研时的指示精神、县委对指示精神的落实情况、3个村（社）党组织带领村（社）民贯彻落实指示精神、高质量发展建设和取得的成绩；室领导面向史志研究会、新四军历史研究会宣讲3次；积极为县委理论学习中心组专题学习、“红色印迹”现场学、“强国复兴有我”系列群众性主题宣教等县级学习宣传活动提供史志力量；召开全体干部会议2次、座谈会7次，全面分析宁海史志工作存在的问题短板，共同商讨针对性解决办法，对下一步工作进行了再谋划。

扎实推进党史学习教育常态化长效化。提升以山洋革命根据地、梅花村会议旧址为代表的地域红色文化研究水平，在重大节日、纪念日等时间节点，组织党员干部群众走进党史学习教育现场致敬革命先烈，拜访慰问老革命、老党员、老战士等，开展红色基因传承活动；积极参与红色根脉“两高”强基工程和“五问五破、五比五先”助力“五大革新”机关作风建设专项行动，全年共参与50余次党群同心圆活动。

【史志编研】 党史三卷方面，坚持“领”字为先，高效率推进编撰工作。班子成员发挥“领头雁”作用，分编负总责和统筹安排统稿。坚持“学”字为基，高标准推进编撰工作。认真研学已出版地区的党史三卷，借鉴先进经验和典型做法；召开业务研讨学习会，互相学习好做法好经验。坚持“统”字为方，高要求推进编撰工作。实行“挂图作战”“挂号诊断”模式，以章为单位将任务落实到人，编研组通过周例会、月交流、季对账，第一时间交流协调解决编写和统稿中发现的问题、遇到的困难等，实现工作项目清单化，做到抓实抓深抓具体。完成1978—2002年部分的初稿；又根据中共十九届六中全会通过的《决议》，对原已编好的党史三卷纲目、结构、内容进行重新调整，并续编2002—2012年十年的内容（这部分的纲目于2022年7月20日通过评审），初稿基本完成。

志鉴方面，推进《西店镇志》编纂，并于7月出版；走访长街、岔路、前童、跃龙等乡镇（街道），听取对编修志书的意见建议，商讨启动乡镇（街道）志编修工作；全县首部“民资官修”的村志长街镇《大湖村志》送交出版社进入出版程序；西店镇《团堧村志》编修，完成班子搭建进入初稿编写阶段；深入推行基层志“一部一品”，着重体现行业特色和地域特征，特别是将本地本单位首创或独有的内容单独成编成章，记录好改革发展路程上的每一件事。持续推进年报资料征集工作，完成106家单位500余份图文资料的分类归档；深化地方特色的资料编辑，形成具有宁海辨识度的专记5篇；《宁海年鉴》送出版社审读，年底完成出版；报送《宁波月鉴》稿件125篇。

【史料征编和资政研究】 建立制度，及时保存县委重大工作史料。初步建立全县史志资料年报制度、重要史料征集制度、基层党史联络员制度等。第一时间全过程征集“五大革新”工作相关资料，并进行分类整理和研究，在适当时机出版研究成果。

组建专班，深入挖掘“何以缑城”历史内涵。第一时间组织相关地方文化研究专家成立临时专班并召开研讨会，通过查阅各个时期的国史、地方志、族谱、古籍、文学诗歌等资料和上门走访专家学者以及在《今日宁海》“缑城史话”公众号等平台媒体和网络媒体广泛征集，运用版本比对、资料考证等方法，初步整理出“纪念方孝儒说”“军事要塞说”“缑氏山说”“猴城说”4种说法，正在进行梳理论证和进一步搜集资料。

抢抓口述史记录研究，做好老一辈革命家的史料留存。完成《邵明回忆文集选》编写，全面介绍邵明在宁海及周边地区工作、生活情况，进入出版程序；内部出版《红色官地》，介绍官地如何一步步成为“红色堡垒村”；内部出版《武工队长杨国宾》，系统回顾杨国宾的一生。

加大资政研究。谋划启动将县委的主要工作、重大成就以专题形式体现出来，客观呈现县委带领全县人民实现共同富裕的奋斗历程，为县委决策提供参考，书名暂定《中共宁海县委施政实录》，确定26个专题，召开编写培训会，对各个专题进行专门辅导，计划2023年出版。

【党史宣传】 修订宁海首部地方党史地情教材《我是宁海人》，设置千年宁海、宁海风云、红色宁海、宁海乡贤、宁海名胜、宁海风俗、宁海新貌7个章节，内容涵盖中共宁海党史、历史沿革、风俗物产、名人名胜、经济发展、社会建设等。该书列入全县小学六年级教学内容（每周安排一节课进行授课），并在小升初考试中以连线题的形式检验教学成果。各校开展以“我眼中的宁海”为主题的征文、书画、手抄报等活动，进一步激发学生主人翁意识、增强文化自信，提高学生的自豪感、归属感和家乡认同感。

高效运维微信公众号“缑乡史话”。该微信公众号下设《红色记忆》《宁邑旧事》《史海钩沉》《宁海先贤》《缑乡风华》《走遍宁海》6个子栏目，内容涵盖宁海地情、史志动态、红色故事、风俗风貌、名人乡贤、各地风光等。截至2022年底，共推出文章313篇，阅读量超10.5万人次，影响力指数在全市党史系统和全县同类微信公众号中均名列前茅。

坚持办好《宁海史志》内部刊物，通过《宁海史志》征集一部分史料的同时，还团结一批史志爱好者，为全县党史地方志研究者、爱好者提供互相交流学习、探讨研究的平台。

【革命遗址保护利用】 按照“打造一个、精品一个”的要求，结合美丽乡村建设，全年累计投入近200万元，吸引县内外3000余批6万余人前来接受党史国史学习教育。大佳何镇涨坑村老屋“爱吾庐”修复提升工程完成招投标，全面进入提升修缮；范金镳故居完成现状测绘，进行方案设计，计划年底前完成方案论证和招投标。

打造红色游线（阵地）。统筹规划，推动红色游线联动发展。将红色文化融入休闲度假旅游等其他旅游产品中，形成形式多样的复合型旅游产品和线路，增强整体吸引力和竞争力，使“绿色旅游区”“传统文化旅游区”与“红色旅游区”形成共建共荣的局面。如在西片把梅花村会议纪念馆、山洋革命根据地纪念园和前童古镇区块等串联起来，东片把象宁抗暴游击队指挥部旧址、长街革命烈士陵园和伍山石窟区块等串联起来。加强协作，打造具有地域特色的红色文化品牌。2022年与县宣传、文旅等部门对统一红色旅游发展规划布局做了探索，计划实施红色阵地“精品名牌”战略，打破乡镇（街道）之间的属地界限，统筹建设“一片一红色核心区”，打造一批全省知名的红色阵地、游线和产品。

档案工作

【概况】 以习近平总书记关于档案工作重要指示批示精神为根本遵循，牢记“三个走向”，聚焦档案工作“四个好”“两个服务”的目标要求，以数字化改革为牵引，档案安全为落脚点，干部队伍集约化管理为突破口，扎实推进档案工作整体智治、档案工作服务基层社会治理和分组联片等工作，各类档案事业取得长足发展。

【档案监管】 持续推进档案巡查工作，借助县委巡察之力，不断增强档案监管刚性，完成县体育中心、县委党校等12家单位的档案专项巡察工作。

探索“分组联片”工作，借鉴乡镇街道“联村干部”工作模式，集中全馆力量，分管领导带头、各业务科室分片负责日常指导和监管，推进档案工作由监督指导科单线指导，各业务科室单打独斗向集约化管理转变。

推进“线上+线下”档案年检工作机制，按机关档案基础好坏分类实施线上或线下检查，督导并举，全年完成实地年检37家，网上抽检50家。

加强“村档镇管”管理，引进第三方服务，开展村级档案归档培训会，全面完成桃源街道、长街镇等11个乡镇的档案工作服务基层社会治理市级试点推广验收工作。

重视档案工作队伍建设，举办初任档案员培训会、企业归档业务培训会等，不断提升档案人员业务能力。举办档案中介服务机构负责人座谈会，进一步规范档案服务标准。

【档案资源体系建设】 丰富和优化档案馆藏，依法开展档案移交进馆工作。加强进馆工作指导，完成65家单位档案进馆，全年共接收文书档案51601卷48920件、照片312卷15830张，会计档案244卷，实物档案26件。

加强“两类档案”管理，做好疫情防控档案、脱贫攻坚档案数据汇交，共汇交疫情防控档案5147件，脱贫攻坚档案53422件。

贯彻执行《关于做好高质量建设共同富裕示范区档案、数字化改革档案和实施“碳达峰、碳中和”行动档案接收、归集工作的指导意见》，开展县直相关单位、部门专题档案归档指导。

继续实施宁海记忆工程项目，开展宁海老手艺非物质文化遗产微视档建设，完成力洋剪纸等老手艺微视档6部，完成《育婴堂》《档案见证共富路：宁海胡陈乡十里桃林打开致富路》档案文化作品拍摄。

加强档案征集工作，设立档案征集顾问徐培良工作室，征集家谱族谱和地方文献110余册，照片3000余张。

【档案安全】 加强档案管理信息化建设，完成智能馆藏系统和宁海县虚拟档案室系统升级改造，解决卷内文件搜索时无法直接点开全文、下载页面兼容模式下无法下载等系统问题。

加强规范化数字档案室创建，建成省级规范化数字档案室22家，“五星级档案室”和“四星级档案室”各一家，完成省档案室业务建设评价21件。

加强馆藏数据共享，完成西店镇、前童镇、茶院乡的数据共享92167条，原海洋渔业局档案8116卷333件。

加强馆藏档案数字化加工，完成条目著录50.62万条，档案扫描166.67万页。

加强档案实体及信息安全管理，启动库房档案消毒、盘库及特藏室档案复制件制作等工作，开展虚拟档案室系统涉密档案安全自查、2022年度重要档案数据馆际异地备份和综合档案馆信息安全风险评估等工作。

【档案利用】 依法推进馆藏档案公开，完成馆藏1993—1996年中共宁海县委、宁海县人民政府、城关镇等121个全宗6464卷档案的开放鉴定，其中开放3135卷，文件级开放80525条。

推进查档现代化建设，全面实施无证照查档。依托机关查档直通车、“浙里办”App掌上查档等平台，推进档案利用服务从实体向数字、现场向网上的转变，群众利用现代化手段查档率逐年提高。

发挥档案文化阵地作用，以“喜迎二十大、档案颂辉煌”为主题举办宁海成就20篇档案图片展。接待参观7000余人次。党性主题教育室、数字档案体验馆成为党性教育、学生“研学游”打卡地。

宁海县人民代表大会

综　述

2022年，是党和国家历史上具有里程碑意义的一年。胜利召开第二十次全国代表大会，开启全面建设社会主义现代化国家、向第二个百年奋斗目标进军的新征程。县人大常委会在县委的坚强领导下，坚持以习近平新时代中国特色社会主义思想为指导，认真学习贯彻中共二十大精神，全面贯彻落实中央人大工作会议精神，聚焦新时代人大工作的新定位新任务，强化政治引领，践行初心使命，依法履职尽责，扎实开展工作。

坚定不移地强化政治建设，第一时间作出关于助力“五大革新”的决定，以实际行动助力现代化“双优”新宁海建设。坚持农业农村优先发展，坚决贯彻落实乡村振兴战略，在促进共同富裕、提升城镇品质上持续加大支持力度。聚焦“一老一小”等民生问题，建议政府加快启动新残疾人康复中心的选址和建设，增强残疾人工作合力，进一步提升残疾人服务保障水平。认真做好人大信访工作，坚持以法治思维、法治方式推动矛盾化解，全年共受理群众信访56批114人次，及时进行交办督办。

支持和服务代表依法履职，加强和改进代表建议工作，推进基层单元建设，提升履职能力。举行6次主任接待日活动，形成《代表反映》8期，开展视察调研116次，参与代表2590人次。完成2022年版《宁海县人大工作手册》整理编印，将过去5年建立完善的一系列制度机制巩固形成创制性成果，为依法规范开展人大工作提供遵循。

全年共召开常委会会议9次、主任会议14次，听取和审议专项工作报告32项，开展执法检查2次，作出决议决定13个，备案审查规范性文件10件，任免国家机关工作人员48人次，完成宁海县第十九届人民代表大会第一次会议确定的各项任务。

人大监督

【服务改革发展】 坚定不移地强化政治建设，坚持理论学习“第一议题”制度，党组中心组共组织19次集中学习，深入学习贯彻习近平新时代中国特色社会主义思想，及时传达学习中央重要会议、重要文件精神，召开专题读书会认真交流研讨贯彻党的二十大精神，忠诚拥护“两个确立”，增强“四个意识”、坚定“四个自信”、做到“两个维护”，牢牢把握人大工作正确政治方向。认真贯彻县第十五次党代会精神，第一时间作出关于助力“五大革新”的决定，以实际行动助力现代化“双优”新宁海建设。

坚持党管干部和人大依法任免相统一，依法高效任命新一届国家机关工作人员。主动担当县委交办的大郑村发展建设任务，举人大常委会机关全体之力，高质量推进大郑村组织建设、环境提升、产业发展。

【助推经济高质量发展】 面对新冠疫情的持续影响和国内外严峻的经济形势，常委会认真贯彻“疫情要防住、经济要稳住、发展要安全”的大政方针，积极展现人大担当。

认真审议国民经济和社会发展计划执行情况的报告，开展半年度经济运行情况调研，推动政府深入践行高质量发展理念，全力保持经济平稳运行。

主动靠前服务，深入乡镇街道和园区专题调研全县工业用地要素保障情况，全面梳理分析第一手资料，提出强化本土优质企业发展保障、提高亩均产出效益等对策意见，助推加快构建现代产业体系，进一步激发发展活力。

开展“助企纾困·经济稳进提质”专项行动，动员全体人大代表深入一线服务，及时精准代言企业诉求，督促政府加快提升助企政策的实效性，强化要素保障的公平和效率，进一步优化营商环境，实打实推动解决了一批企业急难愁盼问题。

组织代表开展重点工程和民生实事项目建设专题视察，要求政府量力而行、尽力而为，注重有效投资，优化投资结构，做深项目前期，强化施工安全和质量管理，确保项目按时保质完成。

【助推公共财政可持续发展】 针对近年来财政收入增长乏力、收支平衡压力不断加大的情况，常委会密切关注全县公共财政运行态势，着力管好“钱袋子”。

调研助推，与第三方专业团队合作，专题调研税源经济发展情况，通过各类经济数据、产业政策的横向、纵向对比分析，形成综合调研报告，为党委政府科学决策提供参考，助力地方税源经济高质量发展。

围绕促进公共财政健康运行，开展半年度财政运行情况调研，依法审查批准政府预算调整方案，听取全口径政府债务情况的报告，加强对财政预决算的审查监督，常态化开展财政专项资金绩效评价，实地检查部分重点项目整改情况，组织代表通过“线上+线下”方式开展部门预算编制情况问询，对过去五年审计查出问题整改情况进行集中“回头看”，构建全过程全覆盖的预算绩效管理体系。

听取和审议国有资产管理情况的报告，重点关注国有自然资源资产管理情况，建议政府完善管理工作机制，加强国有自然资源保护利用，强化规划管控，加大“供而未用”和低效用的处置力度，提高土地使用效益。

【助推乡村振兴】 坚持农业农村优先发展，坚决贯彻落实乡村振兴战略。

以“一法一条例”检查为重点，开展乡村振兴专项监督，赴象山、淳安等地学习考察农村闲置用房盘活、山区共同富裕建设等实践经验，针对宁海县乡村产业发展、公共设施建设等方面存在的问题，建议政府进一步重视“三农”工作，加强乡村发展要素保障，提高闲置土地、宅基地盘活利用水平，促进乡村一、二、三产融合发展。

加强乡村传统文化保护，审议批准许家山历史文化名村保护规划修编，要求政府正确处理传承保护与挖掘利用的关系，以文化保护留住乡韵乡愁。

支持城乡协调发展，作出批准胡陈乡、茶院乡、越溪乡行政区划调整的决议，要求政府严格按照法定程序，积极稳妥推进撤乡设镇，在促进共同富裕、提升城镇品质上持续加大支持力度。

【助推生态环境高质量发展】 秉持“绿水青山就是金山银山”理念，坚决贯彻习近平生态文明思想。

认真审议政府年度生态环境状况和生态环境保护目标完成情况的报告，针对污染治理工作开展不平衡、环境基础设施质量和运行效率不高、产业和能源结构调整力度不够等问题，要求政府加快生态环境治理体系重塑，高标准打好污染防治攻坚战，加强环境基础设施建设，促进绿色低碳发展。

开展固体废物污染防治工作情况专题视察，督促政府深入贯彻相关法律法规，加快推进固废“三化”工作，加大违法行为执法力度，营造全社会共同治理格局，切实提高“无废城市”创建质量。

听取和审议建筑垃圾处置工作情况的报告，针对宁海县建筑垃圾处置基础设施较为薄弱、收运体系仍未完善、资源化利用相对滞后等问题，提出一系列有针对性的审议意见，特别是要求政府抓紧完成建筑渣土消纳场二期建设，解决久拖不决的问题。

【着力促进民生改善与法治保障】 聚焦宜居城市建设。推进“城市让生活更美好”，是常委会始终坚持的努力方向。

助推城市品质提升改造，开展城市美学规划调研，要求政府和相关部门在城市规划建设中提升城市美学理念，重视城市风貌打造，突出城市品质内涵。审议批准 14 个地块改造项目补充列入国民经济和社会发展年度计划。

持续关注“拉链路”影响市民生活和城市品质问题，专题听取城市地下管线规划布局情况的报告，建议政府加强牵头协调，实行统筹规划、统筹建设、统筹运维，保障城市安全有序运行。

高度关注城区局部内涝问题，听取和审议城区沿山防洪工程建设情况的报告，针对沿山防洪工程建设中规划统筹不够、体制机制不畅、项目进展不快等问题，提出审议意见。县政府高度重视，牵头建立部门联席会议制度，加快西山、乌石山、东山撇洪渠等防洪工程建设，切实提高城市防灾减灾能力。

持续跟踪“停车难”问题，监督推动人民医院东侧、宁海中学南大门等停车场加快建成启用。

“人大+检察”联动开展农产品质量安全专项监督，通过明察暗访、随机抽检、广泛听取意见等方式找准问题，针对菜市场在售农产品溯源体系不健全、违规使用“生鲜灯”等问题，发出公益诉讼诉前检察建议，并就群众关心的质量检测、违法案件移送等工作提出意见，保障人民群众“舌尖上的安全”。

【聚焦“一老一小”等民生问题】保障公共服务优质共享，是人大及其常委会的重要职责。

顺应“老有所养”这一民生期盼，通过“审议专项工作报告+专题视察+问卷调查”等方式，深入开展居家养老工作情况专题监督，建议政府进一步理顺工作机制，统筹推进城乡社区养老服务设施布局和建设，加大财政投入、加强队伍建设，多措并举提升服务质效，加快构建幸福养老服务体系。

围绕办好人民满意教育，开展义务教育优质均衡发展专题询问，针对优质师资总量不足、教师编制管理和调配机制不完善、教育资源分布不均衡、小学科教育薄弱等问题，提出6条审议意见，督促政府认真研究办理。跟踪监督学生权益保护工作，潘天寿夜间广场舞噪声干扰周边学校、学生餐质量不高、部分学校门口交通拥堵等问题得到有效解决。

围绕健康宁海建设，在上一届持续推进县级公立医院可持续良性发展基础上，听取和审议全县基层医疗机构运行情况的报告，要求政府进一步重视乡镇卫生院建设，切实解决功能布局、医技能力、绩效管理、债务化解等方面的问题，方便群众就近享受优质医疗服务。围绕保护特殊群体合法权益，实地检查残疾人教育、康复、就业、无障碍设施等情况，听取宁海县残疾人事业发展情况的报告，建议政府加快启动新残疾人康复中心的选址和建设，增强残疾人工作合力，进一步提升残疾人服务保障水平。

【聚焦县域治理现代化】 发挥法治建设一线作用，支持和促进“一府一委两院”依法行政、依法监察、公正司法。

听取和审议法治政府工作情况的报告，通过线上问卷调查、线下座谈走访等多种方式全面征集意见建议，特别是注重从行政败诉、行政复议后行政行为被确认违法、裁定撤销等案件中找准问题线索，有针对性提出5条审议意见，督促政府严格规范执法行为，不断提高依法行政能力水平。

开展“大综合一体化”执法改革专项监督，建议政府从实际出发，充分考虑乡镇（街道）的承接能力，进一步完善综合执法、专业执法和乡镇（街道）执法“三张清单”，在事权划转、人员机制保障上强化统筹，稳妥有序构建权责统一的行政执法职责体系。

开展本届首轮工作评议，通过“代表+群众”“线上+线下”等方式广泛听取意见建议，全方位“把脉”县经信局、县教育局、县民政局、县住建局、县水利局等5个政府部门依法履职情况，当场公布满意度测评结果，推进被评议部门认真解决问题、改进工作、促进发展。首次听取和审议县监委专项工作报告，开展重点领域监察监督和提出监察建议专项工作情况调研，建议县监委进一步压实主体责任，强化日常监察，进一步规范基层小微权力运行，提升监察实效。

开展家事审判工作情况专题调研，要求县法院加快家事审判工作理念转变和机制改革，加强家事纠纷普法宣传，以婚姻家庭和谐促进社会和谐。

密切关注市人大关于加强检察公益诉讼工作决定的实施情况，要求县检察院认真履行法律监督职能，充分运用诉前检察建议、督促起诉、支持起诉、提起诉讼等方式，依法推进公益诉讼工作，切实维护国家利益和社会公共利益。

首次听取和审议规范性文件备案审查情况的报告，积极参与地方立法，成立新一届法律及立法联系咨询小组，加强对基层立法联系点的指导和帮助，配合省、市人大开展16部地方性法规的立法调研，整理汇总立法建议127条，充分反映基层意见。

认真做好人大信访工作，坚持以法治思维、法治方式推动矛盾化解，全年共受理群众信访56批114人次，及时进行交办督办。

内部建设

【支持和服务代表依法履职】 推动代表深度参与常委会工作。突出人大代表作为国家权力机关组成人员的地位，进一步密切常委会同代表的联系。

畅通代表知情知政渠道，完善代表列席常委会会议、重要情况通报会、代表“进两院”等机制，保障代表知情知政。

举行6次主任接待日活动，认真听取代表意见建议，形成《代表反映》8期，及时回应社会关切。

坚持代表参与常委会重大活动制度，精心组织“文明创城·代表助力”“六访六促”共富示范区等系列活动，指导代表中心组、代表小组围绕新农村建设、经济发展、民生项目建设等，开展视察调研116次，参与代表2590人次，汇聚代表助推发展的智慧与力量。

提高代表活动专业化水平，组建6个“代表+群众”的专业小组，高频次深度参与立法意见征集、监督等工作，提高人大工作质效。

依法做好代表补选工作，共补

选县、乡级代表12名。

【加强和改进代表建议工作】 推动建议办理工作进一步见行见效。深化完善重点督办建议办理工作机制，督促政府领导亲自研究审定办理方案、亲自协调堵点难点、亲自与代表面商、亲自审定答复文件、亲自抓好承诺事项落实，示范推进面上建议办理提质增效。

首次实行“双公开”阳光办理工作机制，2021年大会提交的181件建议及办理情况全部在人大、政府门户网站公开，其中15件重点督办建议通过报纸专版摘要公开，办理过程和办理结果满意率分别达89.5%和84.5%。

坚持跟踪问效，加强闭环监督，针对上一届重点督办和2021年政府承诺解决的151件代表建议，集中开展“回头看”专项工作，有力推动解决了一批群众关心、社会关注的重点问题。

加强会前培训辅导和合议会商，首次实行代表建议“预提交”办法，切实提高代表建议提出质量。

【推进基层单元建设】 围绕深化拓展“联、商、督、促、智”五大功能，全面迭代升级代表联络站，构筑践行全过程人民民主的基层单元体系。

各级人大代表全员编组进站，公开身份信息、联系方式，采取“线上+线下”“站内+站外”“固定+流动” “接待+活动”等多种方式，进一步密切代表同人民群众的联系。组织代表全员参与社会治理，打造“代表履职微网格”。推进立法意见征集、监督调研、执法检查等核心业务、工作力量“双下沉”，承接做好市人大8个联系点工作，在长街、黄坛、跃龙、桃源等乡镇（街道）设立乡村振兴、立法、社会建设等专业联络站，将人大工作的触角进一步延伸到基层。健全县领导进代表联络站制度，明确每月10日、20日为固定活动日，全年共有17名县领导进站听取代表意见。以县人大代表履职服务中心（代表联络总站）为示范，指导各代表联络站围绕民生关键小事，认真开展代表督事、民生实事项目征集、代表建议征集等工作，组织发动人大代表、人民群众有序参与管理国家经济社会事务。

【提升履职能力】 加强守正创新。正确处理继承与发展的关系，持续推进人大工作的总结、继承、完善、提高。完成2022年版《宁海县人大工作手册》整理编印，将过去五年建立完善的一系列制度机制巩固形成创制性成果，为依法规范开展人大工作提供遵循。

建成民生实事票决制展览馆，率先夯实征集环节民意基础，宁海县加强和改进票决制工作的系列做法得到省人大充分肯定，为票决制规定的地方立法提供了宁海经验。

数字化改革成效明显，被列为全省民生实事数字化应用建设试点地区，省民生实事“一件事”工作专班以宁海模式为基础，迭代升级开发全省统一的票决制线上系统。

出台监督公开试行办法，树立“公开是常态、不公开是例外”理念，推动人大监督从选题公开、过程公开到结果公开、效果公开，让人民群众更加关注、更多参与人大工作。

举办县乡人大干部履职能力提升专题培训班，安排4次法治讲座，提高人大干部适应新形势、担当新使命的能力水平。

【作风建设】 按照锻造一流作风、争创一流环境的要求，深入开展“五问五破、五比五先”作风建设专项行动，将作风建设与解决问题、促进工作结合起来，推进作风建设取得实实在在的成效。

坚持问题导向、目标导向、效果导向，选题先调研、选题必调研，科学安排年度监督议题。

强化监督工作闭环管理，对过去五年政府在审议意见办理工作中承诺解决而未落实、社会关注度高的事项，集中开展“回头看”专项工作，进行再跟踪、再审议、再交办、再落实，提升监督实效。

加强协同联动的工作机制建设，在票决制项目征集、工业用地保障情况调研、助企纾困等工作中，打破条线界限，各工委分工协作、密切配合，展现了良好的团队精神。聚焦“五问五破”查问题、找差距、抓整改，形成11条整改清单，推进常委会及机关政治建设、思想建设、组织建设、作风建设、纪律建设全面提升。

【乡镇（街道）人大联系指导】 深化实施“三张清单”制度，不断夯实人大工作基层基础。

以基层单元建设为载体，更新完善“三张清单”内容，形成乡镇（街道）人大工作手册，不断推进乡镇（街道）人大工作制度化、规范化、特色化发展。

坚持每季度召开工作例会，总结交流经验，促进工作落实，提升县乡人大工作整体水平。

按照依法规范、简化程序、创新形式、注重实效原则，出台指导意见，推动6个乡镇、街道年中人民代表大会、居民议事会年中会议首次听取审议法治政府建设情况的报告，提高乡镇人民代表大会、街道居民议事会质效。

县人民代表大会及人大常委会会议

【宁海县第十九届人民代表大会第一次会议】 1月23—25日在宁海国际会展中心召开，267名代表出席会议。会议听取和审议县人民政府代县长楼鼎鼎所作的政府工作报告，听取和审议县人大常委会主任徐真民所作的县人大常委会工作报告、县人民法院代院长郑松所作的县人民法院工作报告、县人民检察院代检察长张飞忠所作的县人民检察院工作报告，审议县发展改革局、县财政局受县政府委托分别提请的关于宁海县2021年国民经济和社会发展计划执行情况与2022年国民经济和社会发展计划（草案）的报告、关于宁海县2021年预算执行情况和2022年预算（草案）的报告，并作出各项决议，审查批准2022年国民经济和社会发展计划、2022年本级预算；会议听取县人民政府关于2021年县政府民生实事项目完成情况报告，以投票表决方式确定了2022年县政府民生实事项目10项。

会议共收到代表10人以上联名提出的议案3件，大会主席团决定本次会议收到的议案不列入会议议程，全部作为建议、批评和意见，连同大会收到的178件建议、批评和意见，一并授权县人大常委会整理归类后交有关机关、组织研究办理并负责答复代表。

【县十八届人大常委会第四十四次会议】 1月10日，县人大常委会主任徐真民主持会议召开，副主任王能迭、赵秀萍、潘红月、范建军、柳正维及委员共30人出席会议。

会议分别听取、审议并提请县十九届人大一次会议主席团会议通过《关于县十九届人大一次会议筹备和有关事项情况报告》《关于县十九届人大一次会议主席团和秘书长名单（草案）》《计划预算审查委员会名单（草案）》《各代表团召集人名单（草案）》《列席人员名单（草案）》《关于宁海县人大常委会工作报告（稿）的起草说明》《关于宁海县2021年国民经济和社会发展计划执行情况与2022年国民经济和社会发展计划（草案）的报告》《2022年重点实事工程安排情况报告》《2021年宁海县民生实事票决确定项目完成情况及2022年民生实事候选项目形成情况的报告》《关于2022年房屋征收拆迁编制情况的报告》《关于2021年预算执行情况和2022年预算初步安排情况的报告》。

会议审议并表决通过常委会2022年监督议题安排。会议还向县十八届人大常委会组成人员征求关于政府工作报告（稿）、法院工作报告（稿）、检察院工作报告（稿）的意见。

听取和审议县政府《关于对宁人大〔2021〕56号、57号审议意见研究处理情况的报告》《关于对宁人大〔2021〕52号审议意见研究处理情况的报告》。听取和审议关于开展学生权益保护联合监督情况的报告、关于提请审议任命石慧超职务的议案、关于提请审议陈伟荣等职务任免的议案、关于县政府提请任命人员的基本情况介绍、关于提请审议王照栈等职务任免的报告及说明。会议经过审议，以无记名投票的方式表决通过有关人事任免事项。

县人大常委会主任会议向本次会议作关于调整县十九届人大一次会议召开日期的备案报告。

【县十八届人大常委会第四十五次会议】 1月14日下午，县人大常委会主任徐真民主持召开，副主任王能迭、赵秀萍、潘红月、范建军及委员共28人出席会议。

会议听取县人大常委会王能迭副主任受主任会议委托所作的关于补选叶怀贯、楼鼎鼎为宁波市第十五届人民代表大会代表的议案，投票补选叶怀贯、楼鼎鼎为宁波市第十五届人民代表大会代表。

【县十九届人大常委会第一次会议】 3月21日召开。县人大常委会主任徐真民主持会议，副主任王能迭、王鸿飞、潘红月、范建军、柳正维、石道伟及委员共35人出席会议。

会议听取县政府副县长郭文魁受县长楼鼎鼎委托提请审议有关人事事项的议案。会议经过审议，以无记名投票的方式表决通过有关人事事项。

会议分别听取、审议、表决通过《关于提请通过县十九届人大常委会各工作委员会组成人员的议案》《关于提请设立县十九届人大常委会代表资格审查委员会的议案》《关于提请通过县十九届人大常委会各街道工作委员会组成人员的议案》。

会议听取副县长郭文魁提请审议的县政府关于批准2022年全县政府债务新增部分限额的议案。经审议，会议表决通过了常委会关于批准2022年全县政府债务部分新增限额的决议，决定批准全县2022年部分新增地方政府债务限额为10.9亿元。

会议听取和审议关于《宁海许家山历史文化名村保护规划修编》的情况报告。会议要求，县人大常委会有关工作机构根据会议审议情况梳理形成审议意见，经主任会议研究确定后，交县政府研究处理。

会议听取和审议县人大常委会跃龙街道工委主任叶元合、桃源街道工委主任郑有能、梅林街道工委主任黄晓海、桥头胡街道工委主任华飞分别所作的关于各自人大街道工委2021年度工作情况及2022年度工作计划的报告，表决通过《关于对县人大常委会人大街道工委工作报告的决议》。

会议听取和审议县卫生健康局局长李乃江受县政府委托所作的关于宁人大〔2021〕9号审议意见研究处理情况的报告。常委会组成人员对县政府关于县级公立医院运行情况报告的审议意见的研究处理报告总体上表示满意。

会议听取、表决通过常委会办公室副主任周亚伟所作的关于县人大常委会2022年工作要点的报告。

【县十九届人大常委会第二次会议】 4月28日，王鸿飞主持召开。县人大常委会主任徐真民，副主任王能迭、王鸿飞、潘红月、范建军、柳正维、石道伟及委员共35人出席会议。

会议听取县政府副县长杨钻受县长楼鼎鼎委托提请审议有关人事事项的议案，县监委副主任王照栈受主任周初波委托提请审议有关人事事项的报告，县检察院检察长张飞忠提请审议有关人事事项的报告。会议经过审议，以无记名投票的方式表决通过了有关人事事项。

会议审议宁波市公安局鄞州分局提请的《关于提请对宁海县人大代表娄某斌依法采取强制措施的报告》，审议并表决通过《宁海县人民代表大会常务委员会关于许可对县十九届人大代表娄某斌依法采取强制措施的决定》。

会议听取审议副县长杨钻所作的县政府关于2021年度宁海县生态环境状况和生态环境保护目标完成情况的报告。常委会组成人员认为，2021年宁海县生态环境质量明显改善，环境安全形势趋于稳定，但生态环境稳中向好的基础还不稳固，仍然要高起点、高定位、高要求，在明晰的责任体系中，进一步找差距、补短板，把人民群众关切的环境问题放在突出位置，扎实推动绿色低碳发展，深入打好污染防治攻坚战，持续强化生态保护监管，切实加强生态环境督察执法，加快构建现代环境治理体系，让老百姓在绿水青山中有更多的获得感和幸福感。

会议审议县政府各街道办事处2021年度工作情况和2022年度工作计划的报告。组成人员认为，2021年面对疫情防控严峻形势和经济持续下行压力，4个街道保持了经济健康良好的发展趋势，重大项目有序推进，城市品质不断提升，社会各项事业成效明显，值得肯定；2022年工作计划目标清晰、重点突出、措施扎实；下一步各街道要继续做好抓防疫促安全、抓项目促建设、抓工业促增收、抓民生促共富四项工作，千方百计帮助辖区内企业破解难题痛点堵点，夯实“产业强县”根基，奋力夺取疫情防控和经济社会发展“双胜利”。

会议听取审议县人大常委会各有关工委负责人所作的关于县政府研究处理2021年度常委会审议意见情况的“回头看”调研报告，并就审议意见研究处理情况进行了满意度测评。

会议听取常委会办公室胡家标主任所作的关于《宁海县人民代表大会常务委员会工作评议办法（试行）（草案）》的起草说明、《宁海县人民代表大会常务委员会行使监督权情况向社会公开办法（试行）（草案）》的起草说明。经审议，表决通过了《宁海县人民代表大会常务委员会工作评议办法（试行）》《宁海县人民代表大会常务委员会行使监督权情况向社会公开办法（试行）》。

【县十九届人大常委会第三次会议】 6月29日，王能迭主持召开。县人大常委会主任徐真民，副主任王能迭、王鸿飞、潘红月、范建军、柳正维、石道伟及委员共28人出席会议。

会议听取县政府副县长龚慧受县长楼鼎鼎委托提请审议有关人事事项的议案。会议经过审议，以无记名投票的方式表决通过了有关人事事项。

会议听取常委会代表资格审查委员会副主任委员严义靖所作的《关于建议接受陈模曹辞去县十九届人大代表职务的报告》。会议经过审议，表决通过常委会《关于接受陈模曹辞去县十九届人大代表职务的决定》。

会议听取审议副县长龚慧所作的县政府关于全县法治政府建设情况的报告和常委会监察司法工委主任葛永照所作的相应的调研报告，审议县财政局、县人力社保局、县应急管理局、县审计局、县医保局分别提交的关于2021年度依法行政工作的报告。会议要求，县人大常委会有关工作机构根据会议审议情况梳理形成审议意见，经主任会议研究确定后，交县政府研究处理。

会议听取审议县财政局局长庞建宏所作的关于2021年度财政专项资金绩效评价情况的报告，并对常委会重点关注的“跃龙中学、潘天寿中学、桃源中学、深甽中学、越溪中学5所初中整体绩效评价”

“居家养老服务站建设、管理经费”“内贸产业扶持政策——促进电子商务发展”“档案局（馆）部门整体绩效评价”“技能提升行动”“农产品质量安全”等6个绩效评价项目进行了满意度测评。会议要求，县人大常委会有关工作机构根据分组审议情况梳理形成审议意见，经主任会议研究确定后，交县政府研究处理。

会议听取审议了县审计局局长戴华飞受县政府委托所作的关于2017—2021年审计查出问题整改落实情况的报告和常委会财经工委主任裘德亮所作的相应的调研报告。会议要求，县人大常委会有关工作机构根据会议审议情况梳理形成审议意见，经主任会议研究确定后，交县政府研究处理。

会议听取审议副县长龚慧提请审议批准2022年全县政府债务新增部分限额的议案，审查批准2022年全县政府债务部分新增限额方案。

会议听取审议县水利局局长王永宝受县政府委托所作的关于宁海县城区沿山防洪工程建设情况的报告和常委会农业农村工委主任蒋思才所作的相应的调研报告。会议要求，县人大常委会有关工作机构根据会议审议情况梳理形成审议意见，经主任会议研究确定后，交县政府研究处理。

会议审议并表决通过《宁海县人大常委会关于助力“五大革新”行动的决定》。

【县十九届人大常委会第四次会议】 8月29日上午、30日上午，范建军主持召开。县人大常委会主任徐真民，副主任王能迭、王鸿飞、潘红月、范建军、柳正维、石道伟及委员共32人出席会议。县委常委、常务副县长陈锦杰，副县长郭文魁，县政协副主席邬汝跃，县法院院长郑松列席会议。列席会议的还有：县监委、县检察院负责人，县人大常委会办公室、各工委负责人，县政府办公室、县委组织部及县政府有关部门，各乡镇人大主席、人大街道工委主任，县人大代表8人，群众代表3人。

会议听取县政府副县长郭文魁受县长楼鼎鼎委托提请审议有关人事事项的议案。会议经过审议，以无记名投票的方式表决通过了有关人事事项。

会议听取县政府副县长郭文魁提请审议的关于将老客运总站南2号地块等11个改造项目列入2022年度国民经济和社会发展计划的议案，经审议，表决通过常委会《关于批准有关地块改造项目补充列入2022年国民经济和社会发展计划的决定》。

会议听取常委会代表资格审查委员会副主任委员严义靖所作的《关于建议接受王彪平辞去县十九届人大代表职务的报告》。会议经过审议，表决通过常委会《关于接受王彪平辞去县十九届人大代表职务的决定》。

会议听取审议县财政局局长庞建宏受县政府委托所作的2021年度县级决算草案报告、县审计局局长戴华飞受县政府委托所作的2021年度宁海县预算执行和其他财政收支的审计工作报告，审查批准宁海县2021年本级决算。会议要求，县人大常委会有关工作机构根据会议审议情况梳理形成审议意见，经主任会议研究确定后，交县政府研究处理。

会议分别听取和审议县发改局局长黄建福受县政府委托所作的关于2022年上半年国民经济和社会发展计划执行情况的报告、县财政局局长庞建宏受县政府委托所作的关于2022年上半年财政预算执行情况报告和常委会财经工委主任裘德亮所作的相应的调研报告。会议要求，县人大常委会有关工作机构根据会议审议情况梳理形成审议意见，经主任会议研究确定后，交县政府研究处理。

会议听取审议县综合执法局副局长严文斌受县政府委托所作的关于宁海县建筑垃圾处置工作情况的报告和常委会城建环保工委主任陈剑波所作的相应的调研报告。会议要求，县人大常委会有关工作机构根据会议审议情况梳理形成审议意见，经主任会议研究确定后，交县政府研究处理。

会议听取审议县政府办公室副主任麻春雷受县政府委托所作的关于县十九届人大一次会议代表建议办理工作情况的报告、县综合执法局副局长严文斌所作的本单位关于县十九届人大一次会议代表建议办理工作情况的报告和常委会代表工委主任严义靖所作的相应的调研报告。会议要求，县人大常委会有关工作机构根据会议审议情况梳理形成审议意见，经主任会议研究确定后，交县政府研究处理。

会议听取审议县政府办公室副主任麻春雷受县政府委托所作的关于对宁人大常〔2022〕10号审议意见研究处理情况的报告。常委会组成人员在审议时认为，县政府在保障学生餐食品质量和安全、加强学生心理健康教育、落实特殊学生权益保障和解决校园周边环境等方面做了大量的工作，取得良好的实际效果，对研究处理情况报告表示满意，并要求继续把食堂建设和改造列入学校建设的重要内容，加大对各类学生权益的保障力度。

【县十九届人大常委会第五次会议】 9月28日，王鸿飞、潘红月分别主持召开。县人大常委会主任徐真民，副主任王能迭、王鸿飞、潘红月、范建军、柳正维、石道伟及委员共32人出席会议。

会议听取审议县自然资源规划局局长陈模曹受县政府委托所作的关于2021年度宁海县自然资源国有资产专项报告和常委会财经工委主任裘德亮所作的相应的调研报告，审议县政府关于2021年度宁海县国有资产管理情况的综合报告。会议要求，县人大常委会有关工作机构根据会议审议情况梳理形成审议意见，经主任会议研究确定后，交县政府研究处理。

会议以联组会议的形式举行宁海县义务教育均衡化情况专题询问，播放相关专题片，听取和审议县政府副县长郭文魁所作的相应的报告和常委会教科文卫民宗侨外工委主任郑仕忠所作的相应的调研报告。县人大常委会组成人员和县人大代表就义务教育财政投入、教师编制、边远山区教育质量、小学科专任教师和教学场地保障、学区划分等方面进行了专题询问，县政府办公室、县委编办、县教育局、县财政局、县人力社保局、县自然资源规划局等部门负责人一一作了应询。县人大常委会组成人员30人（应到35人）对应询情况进行满意度测评，并当场通报测评结果。副县长郭文魁作表态发言。最后县人大常委会主任徐真民作讲话。会议要求，县人大常委会有关工作机构根据会议审议情况梳理形成审议意见和询问实录，经主任会议研究确定后，交县政府研究处理。会议有关情况通过适当方式向社会公开。

【县十九届人大常委会第六次会议】 10月31日，柳正维主持召开。县人大常委会主任徐真民，副主任王能迭、王鸿飞、范建军、柳正维及委员共30人出席会议。

会议听取县监委主任周初波提请审议有关人事事项的报告和县法院院长郑松提请审议有关人事事项的报告。会议经过审议，以无记名投票的方式表决通过有关人事事项。

会议听取常委会代表资格审查委员会副主任委员严义靖所作的《关于建议接受周霞等辞去县十九届人大代表职务的报告》。会议经过审议，表决通过《宁海县人民代表大会常务委员会关于接受周霞等辞去县十九届人大代表职务的决定》。根据决定，县人大常委会接受周霞、卢洁琼、徐伟琴辞去县十九届人大代表职务的请求，其代表资格终止；周霞的县十九届人大常委会委员职务、县十九届人大社会建设委员会副主任委员职务、县十九届人大常委会代表资格审查委员会委员职务相应终止。

会议听取审议县监委主任周初波所作的县监委有关专项工作报告。会议要求，县人大常委会有关工作机构根据会议审议情况梳理形成审议意见，经主任会议研究确定后，交县监委研究处理。

会议听取审议县政府办公室副主任陈益鸣受县政府委托所作的关于宁海县基层医疗机构运行情况的报告和常委会教科文卫民宗侨外工委主任郑仕忠所作的相应的调研报告。会议要求，县人大常委会有关工作机构根据会议审议情况梳理形成审议意见，经主任会议研究确定后，交县政府研究处理。

会议听取审议县民政局副局长周俏敏受县政府委托所作的关于居家养老服务工作情况的报告和常委会社会建设工委主任张晓桦所作的相应的调研报告。会议要求，县人大常委会有关工作机构根据会议审议情况梳理形成审议意见，经主任会议研究确定后，交县政府研究处理。

会议听取县政府副县长龚慧提请审议的关于将西门16号地块等3个改造项目列入2022年度国民经济和社会发展计划的议案，经审议，表决通过了《宁海县人民代表大会常务委员会关于批准有关地块改造项目补充列入2022年国民经济和社会发展计划的决定》。

会议听取了县财政局局长庞建宏受县政府委托所作的2022年度预算调整方案报告，经审议，表决通过了《宁海县人民代表大会常务委员会关于批准调整宁海县2022年财政预算的决议》。

会议听取审议县政府办公室副主任吴冰受县政府委托所作的关于对宁人大常〔2022〕32号审议意见研究处理情况的报告。常委会组成人员在审议时认为，县政府在研究处理常委会关于宁海县城区沿山防洪工程建设情况报告的审议意见过程中，行动迅速、措施有力，阶段性成果明显，对研究处理工作表示满意，并要求加快推进城区沿山防洪工程建设，强化工程管护，确保工程长效运行，切实提高人民群众的获得感、幸福感、安全感。

【县十九届人大常委会第七次会议】 11月16日上午，王鸿飞主持召开。县人大常委会主任徐真民，副主任王能迭、王鸿飞、范建军、柳正维、石道伟及委员共33人出席会议。

会议听取审议常委会代表工委主任严义靖受主任会议委托宣读的常委会关于2022年县、乡两级人民代表大会代表选举（补选）的决定（草案）。经表决，会议通过常委会关于2022年县、乡两级人民代表大会代表选举（补选）的决定。根据决定，胡陈乡、力洋镇、越溪乡、桑洲镇、强蛟镇、梅林街道等6个乡镇（街道）有关选区开展县、乡两级人民代表大会代表选举（补选）的日期为2022年12月20日。

会议以联组会议的形式开展常委会2022年度政府部门工作评议。县经信局局长王宏伟、县教育局局长陈开南、县民政局局长储根荣、县住建局局长章武科、县水利局局长王永宝分别作了本部门自查报告，常委会各评议工作组负责人裘德亮、郑仕忠、陈剑波、蒋思才、张晓桦分别作了相应的评议工作报告；会议对上述5家政府部门近三年工作情况进行了满意度测评，常委会组成人员，常委会各评议工作组成员，常委会办公室、各工委副主任，各乡镇人大主席、人大街道工委主任，部分县人大代表，共计72人参加了测评；副县长陈锦杰代表县政府围绕推进各部门下阶段整改工作作了讲话；县人大常委会主任徐真民作了讲话。会议要求，县人大常委会有关工作机构根据会议审议情况梳理形成审议意见，经主任会议研究确定后，交县政府研究处理。

【县十九届人大常委会第八次会议】 12月15日，柳正维主持召开。县人大常委会主任徐真民，副主任王能迭、潘红月、王鸿飞、柳正维、石道伟及委员共26人出席会议。

会议听取县法院院长郑松提请审议有关人事事项的报告。会议经过审议，以无记名投票的方式表决通过有关人事事项书。

会议听取审议县人大常委会监察司法工委主任葛永照所作的关于2022年度规范性文件备案审查工作情况的报告。常委会组成人员在审议时认为，规范性文件的适用对象不特定，涉及面广、政策性强、对社会各方面影响深远，必须予以高度重视。县人大常委会认真贯彻执行宪法和监督法规定，切实履行法定职责，较好地完成了年度规范性文件备案审查任务。县人大常委会要针对有关单位对规备工作思想认识不够到位、审查专业力量和工作合力有待提高等问题，采取有力的改革措施，进一步加强和改进规范性文件备案审查工作。

会议听取审议县人大常委会财经工委主任裘德亮所作的关于工业用地要素保障情况的调研报告。大家在审议时认为，工业用地要素保障是推进宁海县经济稳进提质、行稳致远的最根本、最基础保障，县政府要高度重视，科学谋划工业用地布局，加大盘活存量用地力度，优化土地供应方式，提升监管服务能力努力解决土地要素保障问题。

会议听取审议县人大常委会农业农村工委主任蒋思才所作的关于开展农产品质量安全联动监督情况的报告。会议要求，县人大常委会农业农村工委根据会议审议情况梳理形成审议意见，经主任会议研究确定后，交县政府研究办理。

会议听取审议县人大常委会代表工委主任严义靖所作的关于2022年代表建议办理工作“回头看”专项督查情况的报告。会议要求，县人大常委会代表工委根据会议审议情况梳理形成审议意见，经主任会议研究确定后，交县政府研究处理。

会议听取审议县政府办公室副主任麻春雷受县政府委托所作的关于对宁人大常〔2021〕32号审议意见研究办理情况的报告。常委会组成人员在审议时认为，县政府在研究办理常委会关于宁海县2017—2021年度审计项目整改情况报告的审议意见过程中，思想重视，态度认真，措施有力，阶段性成效明显，对研究办理工作表示满意，并要求常态化开展审计整改联合督查工作，确保审计反映的问题得到有效整改。

会议听取县人大常委会副主任王能迭受主任会议委托宣读的《宁海县人民代表大会常务委员会关于召开宁海县第十九届人民代表大会第二次会议的决定（草案）》，经审议，表决通过《宁海县人民代表大会常务委员会关于召开宁海县第十九届人民代表大会第二次会议的决定》。根据决定，宁海县第十九届人民代表大会第二次会议于2023年1月底2月初召开（召开日期如有调整，授权主任会议确定）。

宁海县人民政府

综　述

县政府坚持以习近平新时代中国特色社会主义思想为指导，认真贯彻中共十九大、十九届历次全会和二十大精神，坚决落实“疫情要防住、经济要稳住、发展要安全”重大要求，全力推进经济稳进提质攻坚行动，在县委的坚强领导下，以“五大革新”为统领，实现现代化“双优”新宁海建设良好开局。共同守住疫情防线，成为全省社会面未破防的两个县（市、区）之一；地区生产总值等主要经济指标增速高于省市平均。发源于宁海的民生实事项目人大代表票决制实现省级立法，小微权力清单36条上升为国家标准。尤为振奋的是，清溪水库“二十年磨一剑”破冰动工，现代农业产业园列入国字号创建名单，千亿级“光伏+储能”产业强劲发展、加速崛起。

坚持稳进提质，着力推动发展更高质量。以确定性举措应对不确定性风险，全面贯彻落实稳经济一揽子政策，第一时间顶格出台稳链助企纾困“30条”、稳经济“15条”和接续政策配套细则，兑现补助资金6.7亿元，减负降本26.2亿元，发放消费券2400万元，着力把利好政策转化为发展动能，推动经济逆势企稳。综合实力再增强。地区生产总值突破900亿元，农林牧渔业总产值同比增长5.6%、规模以上工业增加值同比增长3.6%、商品销售总额同比增长22.4%，增速均居全市前列，货物进出口总额超过360亿元、同比增长10.9%，本外币存贷款余额分别突破1100亿元和1500亿元，同比分别增长17.1%和20.4%。全国综合实力百强县市、工业百强县市均进位至第47位。产业集群再壮大。首位理念全力打造“光伏+储能”产业链，东方日升太阳能组件项目拿地即开工、旗滨高透基材项目破土动工，集聚总投资超400亿元的8个龙头型基石型项目，加速串链强链。不断培育壮大“365”产业集群、“215”企业梯队，落地开工制造业重大项目29个，建成投产39个，“365”产业增加值占规模以上工业增加值比重达78.5%。商贸服务业加快发展，服务业增加值突破400亿元，创建市级跨境电商产业园，上线“宁贸”外贸“一站式”综合服务平台，成为省级内外贸一体化改革试点产业基地（文具）。实施农业全产业链育强工程，引进全国最大单体工厂化对虾养殖基地，华大海昌入选国家种业阵型企业，宁波海洋生物种业研究院正式运营，获评全省唯一的国家级制种大县，创建省级渔业健康养殖示范县。经济质态再优化。高新技术产业增加值占规模以上工业增加值比重突破50%，数字经济核心产业制造业增加值同比增长10.2%。国家制造业单项冠军示范企业实现“零”的突破，新增国家单项冠军产品1个、专精特新“小巨人”企业3家、知识产权示范和优势企业5家。每千家企业中高新技术企业、科技型中小企业数分别突破20家和100家，均居省市前列。新建院士、博士后工作站8家，国家企业技术中心1家，入围国家级引才工程6人、创历史新高。平台承载再提升。宁波南部滨海经济开发区加快成势，光伏储能、高端汽车零部件、通用航空等特色产业加速集聚，震裕锂电池顶盖、天普橡胶软管等一批重大项目建成或投产。经济开发区功能不断提升，得力电商产业园二期等19个重点项目加速推进。生物产业园新引进生命健康类企业8家，建成投用生物医药研发公共服务平台、生物药中试公共平台。深入推进工业全域治理“攻坚年”行动，处置违法建筑158万平方米，开工新建162万平方米，其中，投产35家31万平方米，新认定3家省级小微企业园，梅林南路工业全域治理工程获浙江省拆改示范典型提名，全市新一轮制造业“腾笼换鸟、凤凰涅槃”行动现场会在宁海召开。

致力变革重塑，着力推动发展更有效率。突出改革的破难攻坚作用，聚力“五大革新”113项突破性抓手，破立并举、动真碰硬，破解一批制约高质量发展的瓶颈问题，提速增效一批重点工作重大项目。运行机制更加高效。优化乡镇（街道）权责清单，落实市场主体属地管辖，乡镇事权更加清晰、条块联动更加顺畅。系统梳理征地拆迁制度，制定出台征迁政策、管理办法等13个，重构村（社）集体留地统一储备、统筹开发工作格局，城市开发建设体系更加完善。深化国资国企体制机制改革，出台国企投资基金管理等制度，梳理划定七大集团经营赛道，文旅集团升格为一级集团。推进“大综合一体化”行政执法改革，赋权7个乡镇（街道）实施494项执法事项，实行“一支队伍管执法”。有效供给不断强化。以数字化改革提效各项工作，提升服务发展服务民生的有效指数，形成一批硬核成果，数字化改革连获省五星级综合评价。艺术振兴乡村、党群同心圆入选全省“一地创新、全省共享”一本账，数量全市最多。城乡客货邮、“在押后”人员精密智管分别获评全省数字政府优秀案例、数字法治好应用，“智慧托育”等10个项目入选全省典型或试点。创新构建“公共视频一张网”，有力提升社会综合治理和防台防汛能力。深化“一件事一次办”集成改革，打造“15分钟政务服务圈”，实现354个高频事项办理不出圈。“宁好办”访问量位居“浙里办”高频便民惠企服务县级应用全省前三。项目推进持续加快。开展有效投资再提升、“学清溪、促三提”百日攻坚行动，实施重大项目统筹推进、督查专员、专班攻坚等机制，出台政府投资项目全流程管理办法，全年新开工项目150个，固定资产投资同比增长9.3%，其中新开工10亿元以上项目数量和体量创历史新高，获省政府年度投资“赛马”激励。备受瞩目的G15沈海高速宁海段改扩建工程前期工作全面就绪。探索建立招商机制精准协同“361”体系，精准适配项目信息、土地资源、要素指标，引进产业类项目42个，其中，内生型项目15个，实到外资1.29亿美元、内资147亿元。重塑项目用地高效配置机制，盘活“批而未供、供而未用”土地5395亩，保障重大项目用地1538亩。争取政府专项债13.3亿元，获国家政策性、开发性金融工具支持5.33亿元。

秉持为民宗旨，着力推动发展更加平衡。内外兼修推进城市内涵式、融合式发展，获评省新时代美丽乡村示范县、大花园建设优秀典型案例，“宁好”工程逐步成为民生服务金名片。突出区域协调。启用“三区三线”划定成果，全面统筹中心城区发展，构建“东美丽、西通达、北时尚、南文化”新空间格局。编制完成“三山两岸”、老城保护与复兴片区规划，形成东美丽、西通达规划建设方案，建成喜来登酒店，贯通天明中路。深化文明城市创建十大专项行动，推动文明理念家喻户晓、深入人心。完成华庭家园、朝晖家园等老旧小区改造35个，建成纺织南路、时代西路延伸段等市政道路16条，投用霞客体育公园二期、家门口的口袋公园（甬小园）6个，改造提升城区公厕10座，新增公共停车场8个、道路泊位3166个，有序实现无感停车。城乡协调并进，基本完成宁海南部海洋经济产城共富试验区规划，创建前童—岔路省级县域风貌样板区，新增省市美丽城镇样板6个，省级美丽城镇实现全覆盖。启动双水、海头等省级未来社区（乡村）创建10个，获评省市美丽宜居示范村、美丽庭院特色村、美育村等22个。以“精特亮”工程为抓手，滚动实施53个支撑性子项目，“串珠成链”的8条精品线路、彰显魅力的8个特色街区渐入佳境。贯通城乡的S314线桃源至力洋段一期等8条道路实现开工或高效推进，入选首批浙江交通强国试点县，获评全省唯一的农村客货邮融合发展五星级样板县。圆满完成对口工作和山海协作。突出优质均衡。“名优师资倍增计划”成效显著，新增省特级教师2名、市级以上名师骨干22名。新前童小学提前投用，城西、浦西幼儿园竣工验收，3所配套幼儿园投入使用，创建省现代化学校7所。全面规范民办义务教育，“公参民”学校成功转制。县第一医院通过三乙综合医院现场评审，第三医院扩建工程竣工，新增市县共建重点学科6个。托育机构实现乡镇（街道）全覆盖，新增托位740个，新建老年食堂16个，完成家庭“适老化”改造50户，松竹、车河社区入选省首批共富基本单元“一老一小”场景。新获中国民间文艺最高奖山花奖1个，创建全国科普示范县，公共文化服务现代化发展指数居全省第8位，宁海越野挑战赛获评国家体育产业示范项目。突出民生保障。完成职业技能培训2.8万人次，新增城镇就业1.38万人，登记失业率持续保持低位运行，城乡居民收入倍差缩小到1.72。高质量运行产业人才学院，获评全省优秀就业服务成果二等奖。社会保障提标扩面，企业职工基本养老保险净增9903人，城乡居民医保覆盖新宁海人，长期护理保险试点全面推进，快递小哥等新业态劳动者纳入工伤保险，低保边缘儿童首次纳入基本生活保障范围。新增保障性租赁住房3721套。10项人大代表票决民生实事项目全部落地推进。

厚植生态优势，着力推动发展更可持续。始终坚持“绿水青山就是金山银山”，持续推进污染防治攻坚战，再度夺得全省治水“大禹鼎”银鼎，5次蝉联“两山”发展百强县全国第二，成为省可持续发展创新示范区建设单位。绿水青山不断“添彩”。治水、治气、治土、治废一揽子推进，整治涉气企业66家，关停17家，统筹实施总投资3.6亿元的135个颜公河水环境治理项目，开建首座工业污水处理厂，农村生活污水治理入选全国示范案例，市控以上断面水质优良率和功能区达标率保持100%，获评省首批三星级“无废城市”。完成森林质量提升1.4万亩，新建环三门湾沿海绿道30千米，杜鹃山生物多样性主题文化绿道开道。中央和省环保督察反馈问题全面整改。“两山”转化不断加快。第二十届徐霞客开游节“云上开幕”，南宋红妆乐园、宁海湾休闲旅游等5个文旅项目开工，森林温泉度假区入围国家级旅游度假区意向名单。实施“微改造、精提升”加快打造“满天繁星”，省AAA级景区镇实现全覆盖，2条精品线路获“浙里田园”重点推介，前童镇获评全国乡村旅游重点镇，骆家坑、下枫槎等成为网红打卡点，获评浙江文旅助力探索共同富裕新路径十佳县。加强文旅企业梯队培育，5家企业入选浙江首批“乡村文旅运营团队”培育名单、全省最多。绿色保障不断夯实。完善三级林长制度，健全生态产品价值实现机制，全市率先开展排污权质押贷款，水库型水源取水权交易模式开全省先河。持续净化空间环境，新增光伏装机容量11.1万千瓦，家庭分布式光伏累计装机量全市第一，创建省“无违建县”和十佳存量违建处置示范典型。

聚焦除险保安，着力推动发展更为安全。把社会安定、群众安居摆在重要位置，统筹风险防范、化解和应急处置各项能力建设，完成中共二十大重大安保任务。疫情防控平稳转段。始终坚持人民至上、生命至上，强化科学精准防控，筑牢群体免疫屏障，安全底板承压加固。深入推进“除险保安”大排查大整治、消防安全“百日攻坚”等行动，生产安全事故起数和死亡人数同比分别下降28.6%和36.4%。实体化运作县消安委办、县房治办，投用城南消防站，痛下决心开展全域自建房综合整治大行动，大力推进“一拆一建两整治”，推广“宁好租”出租房监管系统。连续成功防御“轩岚诺”“梅花”台风。打防并举遏制电信诈骗多发态势，发案数和案损值同比分别下降20.1%和25.2%。以大食物观保障粮食安全，落实粮食、蔬菜种植23.8万亩和7.8万亩，创建省食品安全示范县。社会治理体系更加完善。实质性运作县级社会治理中心，迭代升级“基层治理四平台”，全市率先试点网格员星级管理，17个新设社区正式挂牌。完善应急管理指挥体系，基本形成城镇“135快速救援圈”。系统性重塑信访生态，信访走访总量同比下降51.8%，徐家小区安置项目等一批问题得到妥善解决。强化基层治理力量联动，扎实推进“警源治理”，建成“共享法庭”410家，有效警情同比下降20.7%，安薪指数稳居全市前列。与此同时，深化国防动员体制改革，国防动员和后备力量建设不断加强，双拥共建、退役军人、民族宗教、流动人口、外事、气象、侨务和港澳台等工作取得新成效，统计、审计、档案、慈善、红十字会、工会、残疾人、青少年等各项事业实现新发展。我们坚持打铁必须自身硬，切实加强政府系统党的建设，坚决把“上级有部署、宁海见行动，党委有要求、政府抓落实”贯穿工作全过程，高标准推进“七张问题清单”整改。突出执政能力提升，组织参加市周末知行学堂，开展产业革新、城市革新等专题培训，创新“五色图”亮晒、“精准钉”攻坚等抓落实机制，13项工作获省市督查激励。开展“五问五破、五比五先”行动，全市首获全国“人民满意的公务员集体”称号。深化法治政府建设，常态化开展府院、府检联席会议，自觉接受人大、政协和社会各界监督，办理人大代表建议176件、政协提案204件，连续2年获评法治浙江（法治政府）建设优秀单位。持续加强作风建设，严格落实中央八项规定精神，坚持政府过“紧日子”，财政预算全生命周期绩效管理入选省优秀案例。

县政府常务会议

【县政府18届第112次常务会议】 1月5日，县委副书记、代县长楼鼎鼎主持召开。会议学习《习近平法治思想学习纲要》，听取并原则通过县发改局关于2021年国民经济和社会发展计划执行情况与2022年国民经济和社会发展计划草案、2021年民生实事票决确定项目完成情况及2022年民生实事候选项目形成情况的汇报。

听取并原则通过县市场监管局关于进一步加强进口冷链食品疫情防控工作的汇报、县政府办公室2021年春节慰问方案。会议以书面形式听取宁海县人民政府关于对宁人大〔2021〕52号审议意见办理落实情况的报告、宁海县人民政府关于对宁人大〔2021〕56号审议意见办理落实情况的报告、宁海县人民政府关于对宁人大〔2021〕57号审议意见办理落实情况的报告。

【县政府18届第114次常务会议】 1月17日，楼鼎鼎主持召开。会议听取并原则通过县疫情防控办关于2022年春节期间疫情防控工作的汇报、县春运办关于2022年春运工作开展情况的汇报、县政府办公室关于政府工作报告起草情况的汇报。会议以书面形式听取县政府关于提请审议批准2022年全县政府债务新增部分限额的议案。

【县政府19届第1次常务会议】 2月18日，县委副书记、县长楼鼎鼎主持召开。会议听取并原则通过县涉海涉渔安全专委办关于宁海县涉海涉渔领域安全生产“春雷行动”工作推进情况的汇报、县工治办关于大力推进产业革新全面开展工业全域治理“攻坚年”活动情况的汇报、县信访局关于2022年信访工作的汇报、县房屋征收管理中心关于宁海县2022年度土地征收（政策处理）计划的汇报、县人力社保局关于宁海编外聘用人员薪酬福利有关情况的汇报、县大数据中心关于全县公共视频监控一体化运营中心项目后续推进工作情况的汇报。

会议以书面形式听取县妇儿工委办关于《宁海县妇女发展“十四五”规划》和《宁海县儿童发展“十四五”规划》编制情况的汇报，以及相关应急预案修订情况的汇报。

【县政府19届第4次常务会议】 4月6日，县委副书记、县长楼鼎鼎主持召开。县委常委、常务副县长陈锦杰，县委常委、副县长王辅橡，副县长郭文魁、杨钻、黄崭、龚慧、俞其出席，县人大常委会副主任石道伟，县政协副主席石建军应邀参加。

会议听取并原则通过县安委办关于2022年第一季度全县安全生产和消防安全工作情况的汇报。

会议听取并原则通过县农业农村局关于《2022年宁海县东西部协作和山海协作工作要点及任务分工》起草情况的汇报。

会议听取并原则通过县“三改一拆”办关于《宁海县违法建筑分类处置办法》起草情况的汇报。

会议听取并原则通过县金融发展服务中心《关于深入实施“凤凰行动”宁海计划促进经济高质量发展的意见》起草情况的汇报。

会议听取并原则通过县发改局关于《2022年宁海县政府（国企）投资项目计划》编制工作的汇报、县综合执法局《关于公布宁海县新增综合行政执法事项的通知》起草情况的汇报，县房屋征收管理中心提请县政府作出城区零星中小企业华联生活区地块、城区零星中小企业山河岭加油站地块、兴宁南路地块（西大街—环南西路）征收决定的汇报。

与会人员书面学习《河南郑州“7·20”特大暴雨灾害调查报告》，学习3月31日全国安全生产会议精神。会议以书面形式听取县投促中心关于第一季度招商引资工作的汇报。

【县政府19届第6次常务会议】 4月28日，县委副书记、县长楼鼎鼎主持。会议传达学习省、市政府全会精神。楼鼎鼎带头从“肯定成绩、看到问题，切实增强保持经济社会平稳健康发展的责任感和紧迫感”和“提振精气神、奋战二季度，确保‘时间过半、任务过半’”两个方面，深入传达学习省政府第十次全体会议精神，并从“强化对标贯彻意识，迅速推动市党代会、市两会精神落实落地”和“打造高素质专业化政府团队，为推进高质量发展提供坚实保障”两个方面，全面传达学习市政府第一次全体（扩大）会议精神。会议指出，各地各部门要深入学习研究，落实到位。

会议听取并原则通过县发改局关于《宁海县稳链纾困助企若干措施》起草情况的汇报、县发改局《关于进一步落实市场主体相关执法监管责任属地化管理的通知》起草情况的汇报、县财政局关于政府采购管理工作的汇报。

【县政府19届第7次常务会议】 5月11日，县委副书记、县长楼鼎鼎主持召开。县委常委、常务副县长陈锦杰，县委常委、副县长王辅橡，副县长杨钻、龚慧出席，县人大常委会副主任王能迭应邀参加。

会议传达学习全国、省市新冠疫情防控工作电视电话会议精神，全国自建房安全专项整治电视电话会议精神，以及省委书记袁家军在宁波调研时的讲话精神。

会议听取并原则通过县房屋征收管理中心关于《宁海县国有土地上房屋征收补偿、补助、奖励规定》补充意见的汇报、《城中村（旧村）改造推行竞争性拆迁的实施意见（施行）》起草情况的汇报。

听取并原则通过县农业农村局《关于2022年高质量推进乡村全面振兴促进农民农村共同富裕的实施意见》起草情况的汇报、关于《宁海县海洋捕捞渔船安全提质固本工作实施方案》起草情况的汇报。

听取并原则通过县文广旅游局关于《庆祝“中国旅游日”2022年浙江省主会场、“最美风景在路上”夏季自驾游推广季启动仪式暨第二十届徐霞客开游节总体方案》起草情况的汇报。

听取并原则通过县委人才办《关于加快集聚高层次人才团队的实施意见》《宁海县市场化引才奖励实施细则》起草情况、2021年度宁海县高层次人才团队项目评审及市甬江引才工程项目入选情况及《宁海县文化兴县人才保障专项办法》《宁海县种业强县人才保障专项办法》《宁海县旅游旺县人才保障专项办法》《宁海县金融支持人才创业创新九条举措》起草情况的汇报。

听取并原则通过县房屋征收管理中心《关于解决宁海县东大街北拟建小区回迁安置问题的实施方案》起草情况的汇报、县教育局关于宁海县规范民办义务教育发展专项工作推进情况的汇报。会议还以书面的形式，听取并原则通过县发改局关于《宁海县长江经济带生态环境突出问题闭环管理长效机制》起草情况的汇报。

【县政府19届第10次常务会议】6月9日下午，县委副书记、县长楼鼎鼎主持召开。县委常委、常务副县长陈锦杰，副县长郭文魁、杨钻、俞其等参加。

会议传达学习国务院稳增长稳市场主体保就业视频座谈会精神、全国稳住经济大盘电视电话会议精神。与会人员学习《信访工作条例》。

会议听取并原则通过县市场监管局《关于推进电动自行车综合治理集成改革工作实施方案》《宁海县鼓励备案非标电动自行车提前淘汰置换工作实施方案》起草情况的汇报。

会议听取并原则通过县住建局关于《宁海县人民防空工程产权登记和使用维护管理暂行办法》起草情况的汇报、县审计局关于审计工作的汇报、县综合执法局《关于公布宁海县综合行政执法事项扩展目录的通知》起草情况的汇报。

【县政府19届第11次常务会议】6月23日，县委副书记、县长楼鼎鼎主持召开。县领导陈锦杰、王辅橡、郭文魁、杨钻、龚慧、俞其等出席。县人大常委会副主任潘红月、县政协副主席石建军、县人武部政委胡威标应邀参加。

会议听取并原则通过县发改局关于《宁海县扎实稳住经济一揽子政策措施》起草情况的汇报、市生态环境局宁海分局关于《新时代美丽宁海建设（打造“美丽中国建设样板县”）实施方案（2021—2025年）》起草情况的汇报、县经信局关于《宁海县新一轮制造业“腾笼换鸟、凤凰涅槃”攻坚行动方案（2021—2025年）》起草情况的汇报、县农业农村局关于《宁海县村级集体经济持续提升行动计划》起草情况的汇报、县国资管理中心关于《宁海县国有企业投资基金管理暂行办法》起草情况的汇报、县防汛防台抗旱指挥部办公室关于全县2022年汛前准备工作情况的汇报、县综合执法局《关于将部分县级部门行政处罚权交由长街镇等7个乡镇人民政府（街道办事处）行使的通告》起草情况的汇报、县财政局关于宁海县2021年财政决算草案的报告。

与会人员学习了《关于全省2022年汛前准备工作情况的报告》及省、市领导指示批示精神，学习了《中华人民共和国行政处罚法》。

【县政府19届第14次常务会议】7月22日上午，县委副书记、县长楼鼎鼎主持召开。县领导陈锦杰、王辅橡、郭文魁、杨钻、黄崭参加。县人大常委会副主任王鸿飞、县政协副主席石建军应邀出席。

与会人员学习了省第十五次党代会精神。会议要求，各地各部门要坚决把思想和行动统一到省党代会精神上来，深刻领会省党代会精神实质，认真贯彻好省党代会精神，切实把学习成果转化为工作实效，奋力推动宁海经济社会发展争先进位。

会议听取并原则通过县综合执法局关于《宁海县加快推进“大综合一体化”行政执法改革试点工作的实施意见》起草情况的汇报、县科技领导小组办公室关于《宁海县争创省“科技创新鼎”五年行动方案（2022—2026年）》起草情况的汇报、县财政局关于2021年预算绩效管理工作情况的报告、县应急管理局关于《宁海县防汛防台抗旱应急预案》修订情况的汇报、宁波宁海海事处关于《宁海县水域船舶污染事故应急预案》修订情况的汇报。

【县政府19届第16次常务会议】8月11日上午，县委副书记、县长楼鼎鼎主持召开。县领导陈锦杰、王辅橡、郭文魁、龚慧参加。

与会人员学习习近平总书记关于统计工作的重要讲话和重要指示批示精神、《防范和惩治统计造假、弄虚作假重要文件汇编》和《深入学习贯彻习近平总书记关于“三农”工作的重要论述　持续擦亮浙江“三农”金名片实施方案》。

会议听取县投促中心关于《宁海县招商引资项目会审制度（试行）》《宁海县招商引资项目落地后续管理与服务制度（试行）》

《宁海县招商引资项目绩效评估办法（试行）》起草情况的汇报。

会议听取县房屋征收管理中心关于2022年度集体土地征收政策处理整体工作情况的汇报、县民政局关于《宁海县中心城区城市社区布局规划（2021—2035年）》编制情况的汇报、县国资管理中心关于《宁海县国有企业经营投资合规尽职免责实施办法》起草情况的汇报、县房屋征收管理中心关于《宁海县被征收国有工业用地产权置换实施办法（试行）》起草情况和宁海县2022年度房屋征收计划增补事项的汇报、县人民政府关于宁人大常〔2022〕10号审议意见研究处理情况的报告。

【县政府19届第18次常务会议】 9月8日，县委副书记、县长楼鼎鼎主持召开。县委常委、常务副县长陈锦杰，副县长郭文魁、杨钻、黄崭、龚慧、俞其出席。县人大常委会副主任范建军应邀参加会议。

会议听取并原则同意县农业农村局关于《2022年宁海县东西部协作和山海协作工作要点及任务分解》和《2022年宁海县与龙子湖区结对合作帮扶工作计划及任务分解》起草情况的汇报。听取并原则同意县财政局关于2022年上半年全县财政预算执行情况的汇报。会议还研究了其他有关事项。

【县政府19届第20次常务会议】 10月10日，县委副书记、县长楼鼎鼎主持召开。县领导陈锦杰、王辅橡、郭文魁、杨钻、黄崭参加，县人大常委会副主任石道伟、县政协副主席石建军应邀出席。

会议听取县信访局关于近期信访工作情况的汇报、县文明办关于宁海县未成年人思想道德建设工作情况的汇报、县综合执法局《关于公布宁海县新增综合行政执法事项（2022年）的通知》起草情况的汇报、县财政局关于宁海县2022年财政预算调整方案的报告。

【县政府19届第22次常务会议】 11月24日，县委副书记、县长楼鼎鼎主持召开。县领导陈锦杰、郭文魁、黄崭、龚慧参加。

会议学习习近平总书记对河南安阳市凯信达商贸有限公司火灾事故作出的重要指示。会议学习《总体国家安全观学习纲要》。

会议听取县房治办《关于全县人居环境大提升暨全域自建房综合整治大行动的实施意见》起草情况的汇报、市生态环境局宁海分局关于《宁海县声环境功能区划分方案》起草情况的汇报、县司法局关于《宁海县法治政府建设实施纲要（2021—2025年）》起草情况的汇报、县自然资源和规划局关于《宁海县自然资源价格体系建设成果方案》起草情况的汇报、县政府办公室关于政府工作报告起草情况的汇报。

【县政府19届第25次常务会议】 12月28日，县委副书记、县长楼鼎鼎主持召开。县领导陈锦杰、郭文魁、杨钻、黄崭、龚慧参加。

会议学习《浙江省安全生产条例》。新修订的《浙江省安全生产条例》经省十三届人大常委会第三十九次会议审议通过，将于2023年3月1日起正式施行。

会议听取县疫情防控办关于疫情防控工作的汇报、县河长办关于全县“河长制”工作情况的汇报、县发改局关于2022年国民经济和社会发展计划执行情况与2023年国民经济和社会发展计划草案、2022年民生实事票决确定项目完成情况及2023年民生实事候选项目形成情况的汇报。听取了县质量奖评审办关于2022年度县政府质量奖评审活动的汇报、县财政局关于《宁海县2022年预算执行情况和2023年预算初步安排方案》起草情况的汇报、县交通局关于《宁海县2023年春运工作方案》起草情况的汇报、县市场监管局关于《宁海县农贸市场提质升级三年行动实施方案（2022—2024年）》起草情况的汇报、县公安局关于《宁海县道路交通事故应急预案》起草情况的汇报。

信访工作

【概况】 全面贯彻落实习近平总书记关于加强和改进人民信访工作的重要指示精神，紧紧抓住信访工作现代化这一突破口，聚力聚焦平安护航中共二十大主线，扎实开展《信访工作条例》宣传，努力推动信访系统生态重塑。全县信访形势呈现出“总量下降、存量减少、平稳有序、结构向好”的良好态势。

【信访保障】 牢牢守好安全和稳定两条主线，高质量完成护航中国共产党成立100周年、中共二十大和各级党代会、两会信访保障工作任务，切实推进扫黑除恶、除险保安专项工作。部署开展信访矛盾纠纷排查调处专项行动，全力参与常态化疫情防控、全国文明城市创建、村级换届选举等中心工作。

顶格部署落实到位。县委常委会、县政府常务会议先后5次研究信访工作，县委理论学习中心组专题学习《信访工作条例》，县委书记、副书记分别主持召开县委信访工作会议和积案化解等专题会议，全面推进矛盾纠纷、历史积案排查化解等工作。

建章立制督查到位。常态化运作县委书记约谈责任单位“一把手”机制、县领导包案制度、联合督导机制、“三色”预警单制度、工作提示单制度，压实工作责任。2022年以来，联合县纪委、县委组织部等开展专项督查2次，共下发红色预警单3份、橙色预警单4份、黄色预警单13份、工作提示单38份。

接访下访稳控到位。9月1日、9月29日、10月10日梯次压茬启动三、二、一级响应，明确自二级响应起，县党政领导落实每日信访值守接访活动，接待来访群众，切实为群众解决问题、疏导情绪。累计接待来访群众共计69批120人次，专题研究包案信访事项41件次。

信访总量“一降三升”。全县走访总量495人次，同比下降51.8%；来信总量1031件次，同比上升30.5%；网信总量20869件次，同比上升361.9%。“12345”政务热线“民呼我为”系统来电155658件，同比上升41.2%，热线接通率99.9%。

县级走访接访占比有效提高。四级走访中县级走访437人次，占四级走访比例88.3%，同比提高9.9%，县级领导接访占比81.5%。

【访源治理】 严把信访事项“入口、办理、反馈”三个关口，对初信初访、积案化解等办理不规范行为，采取线上线下双重通报等方式督促整改，倒逼事权单位履行职责、妥善处置。建立信访局联系乡镇部门工作制度，以“1+1+X”模式成立督办小组，对信访事项全过程办理严督细查，提升信访事项办理质效。全省率先打造“信访督办管理系统”，对信访事项办理做到全要素建档、全过程管理、全环节监督，用大数据对信访隐患进行起底和“清零”。

【积案化解】 聚焦业务规范下足实功。严把信访事项入口、办理、反馈3个关口，对初信初访、积案化解等办理不规范行为，采取线上线下双重通报等方式督促整改，倒逼事权单位履行职责、妥善处置。复查案件23件、失信评定7人次。

聚焦督办质效下足实功。建立信访局联系乡镇部门工作制度，以“1+1+X”模式成立督办小组，对信访事项全过程办理严督细查，提升信访事项办理质效。

聚焦数字治访下足实功。全省率先打造“信访督办管理系统”，对信访事项办理做到全要素建档、全过程管理、全环节监督，用大数据对信访隐患进行起底和“清零”，有效提升信访风险预警预测能力和处置化解水平。督办系统共计录入575件，闭环495件，闭环率86.1%。

“积案清零”。共有积案377件（国重积案227件、省重积案150件），通过“积案清零”专项行动，一批历时10年以上、涉案亿元以上、群体百人以上的历史遗留问题得以解决，比如蛇蟠涂北区信访事项平稳化解，一市徐家拆迁安置项目实现开工，湖西花园权证办理有序推进。

强化细化责任落实。县委常委会、县政府常务会议专门听取信访积案化解工作情况汇报，专题研究部署县领导包案工作。包案领导下沉指导属地一线化解、约见信访人解心结。针对部分化解滞后的积案，县委主要领导约谈包案县领导和事权单位一把手。

优化深化后续管理。完成再次“清零”目标后，针对国重省重回流积案，要求属地和事权单位严格落实复盘、化解、稳控、终结、打击五项措施，一体推进解决问题、帮扶救助、思想疏导等工作，实实在在化解矛盾，防止矛盾激化。

2022年8月8日，县长楼鼎鼎（左二）接访并调研信访工作

矛调工作

2022 年 6 月 8 日，县委书记滕安达（左二）参加县委信访工作会议

【概况】 5 月，在原矛调中心基础上迭代升级，更名挂牌县级社会治理中心，完成“三定”方案制定，增加人员编制。8 月，完成“大综合执法一体化”1+8 执法单位入驻，壮大工作力量。9 月，开发建立“宁好租”应用平台，从网格员走访排查、信息采集到隐患发现、限期整改、验收销号，实现自建出租房消防安全隐患链条式管理、闭环式运行。“宁好租”应用平台已列入 4 个“全县最需”应用建设，入选宁波市基层智治系统“一本账 S1”。10 月，谋划县级城市大脑建设项目，探索推进综合行政执法指挥中心、应急指挥中心、大数据中心与社会治理中心融合，启动场地和信息化建设，梳理、明确项目定位、需求和设计方案，构建城市运行与基层社会治理“双线”监测、整体协同的基层智治体系。

对全县 637 名专职网格员开展“线上+线下”集中培训，针对安全隐患排查、社会治安、突发事件处置等内容开展实际案例讲解，全面提升专职网格员能力。全年开展线上学习 4 次，线下培训 2 次，累计培训人员近 2000 人次。首创出台《专职网格员星级管理评定办法（试行）》，以工作实绩为前提、结构薪酬为动力，对专职网格员实行一星至五星评级管理。

优化全县网格划分。每个网格内配备一支微网格治理团队，“1+3+N”模式推进网格管理职责由“大而全”向“小而精”转变，实现基层事务管理更精准、更迅速。

强化专属网格建设。坚持以实战为导向，明确划分单元标准，实现网格化服务管理全覆盖。全县专属网格 119 个，其中，行政事业军队类 33 个、工业企业类 31 个、商业楼宇类 17 个、拆迁地块类 27 个、大型基础设施类 6 个、其他类 5 个。

推进县域村社 368 个视联网点位全覆盖，常态化开展县、镇、村三级视联网点位在线联通，确保应急状态指令“一贯到底”。

县社会治理中心坚决贯彻党中央、省市县委决策部署以及“五强”领导班子建设，担当作为、争先创优，紧紧围绕“县域治理体系和治理能力现代化”建设总体目标，落实“五大革新”行动，统筹“141”体系建设、矛盾纠纷调解、疫情防控等基层治理工作，2022 年度考核取得全市第二。

【党建引领】 以党的政治建设为统领，不断加强中心班子的执政能力建设，践行服务人民、服务社会的根本宗旨。

强化党的理论武装。严格落实党组会议“第一议题”和理论学习中心组学习会“首要内容”制度，深入学习习近平新时代中国特色社会主义思想和习近平总书记重要讲话精神，不断增强“四个意识”、坚定“四个自信”、做到“两个维护”。按照县委学习实践活动安排，县社会治理中心理论学习中心组共开展集体学习 13 次，领导干部谈感悟体会 8 人次。特别是中共二十大闭幕后，第一时间召开专题学习会，全体党员干部开展集中学习，主要领导带领完整、准确、全面领会中共二十大精神，持续掀起学习贯彻热潮。

严明党的政治纪律。严格落实全面从严治党主体责任，主要领导认真扛起“第一责任人”责任，重点工作、重大事项做到亲自部署、亲自过问，班子成员较好履行“一岗双责”，切实做到管事与管人并重。紧盯“三重一大”“五小”等关键环节梳理形成廉洁风险清单，主要领导与班子成员、班子成员与科室负责人分别签订党风廉政建设责任书，层层传导压力，形成齐抓共管的良好局面。

抓牢党内作风建设。高质量召开作风建设组织生活会，逐条对照“五问五破”具体内容，开展自查自纠，梳理形成领导班子、县管干部、党员问题190个，明确整改措施9大项68条，压实责任，务求实效。中心领导自觉参加“三会一课”、主题党日活动和双重组织生活，用好批评和自我批评有力武器。主动开展谈心谈话，利用支部活动、干部调整等时机，共开展各层级谈心谈话10余次、廉政谈话6人次，及时了解干部职工思想动态，提升中心凝聚力、战斗力。

【三级联动作用】 始终聚焦中心发力，把服务全县重点工作作为最大价值追求。县级层面上，迭代升级县级社会治理中心，更名挂牌，完成三定方案制定，并在原有基础上增加人员编制，入驻“1+8”执法单位，壮大工作力量。谋划县级城市大脑建设项目，探索推进综合行政执法指挥中心、应急指挥中心、大数据中心与社会治理中心融合，启动场地和信息化建设，梳理、明确项目定位、需求和设计方案，构建城市运行与基层社会治理双线监测、整体协同的基层智治体系。开发建立“宁好租”应用平台，从网格员走访排查、信息采集到隐患发现、限期整改、验收销号，实现自建出租房消防安全隐患链条式管理、闭环式运行。“宁好租”应用平台列入4个“全县最需”应用建设，入选宁波市基层智治系统“一本账S1”。镇街层面上，出台制定《宁海县乡镇（街道）综合信息指挥室规范建设的指导意见》《宁海县乡镇（街道）综合信息指挥室工作规程》等文件，抓实从责任领导到执行主体的工作链，切实发挥“党建统领、经济生态、平安法治、公共服务”基层治理四平台的主干功能和枢纽作用。进一步推动镇街综合信息指挥室履行信息汇总、综合研判、流转督办、绩效评估等职责任务，确保其对上承接县中心，对下负责村（社区）、网格的管理考核，横向推动四平台（跑道）高效协同。村（社）层面上，推进县域村社368个视联网点位的全覆盖，常态化开展县、镇、村三级视联网点位在线联通，确保应急状态指令“一贯到底”。

变革重塑中提升治理队伍能力。通过理念、方法、机制的变革重塑，夯实基层治理力量，全面提升村（社）治理能力。强化专职网格员队伍。围绕网格信息上报、矛盾纠纷排查等内容，对全县637名专职网格员开展“线上+线下”集中培训，针对安全隐患排查、社会治安、突发事件处置等内容开展实际案例讲解，全面提升专职网格员能力。2022年共开展线上学习4次，线下培训2次，累计培训人员近2000人次。首创出台《专职网格员星级管理评定办法（试行）》，以工作实绩为前提、结构薪酬为动力，对专职网格员实行一星至五星评级管理。建立治保主任团队。在18个乡镇（街道）60个村（社）设置治保主任职位，建立师徒帮带工作机制，由派出所优秀民警“一对一”帮带，以工作实务形式进一步提升治保主任的业务水平、服务能力。出台《宁海县治保主任队伍工作手册》《宁海县治保主任工作考核办法》，明确职责范围、经费来源、人员管理，从重点人员管控、矛盾纠纷排查化解、消防安全等六方面进行考核，实现奖优罚劣。配备微网格治理团队。每个网格内配备一支微网格治理团队，“1+3+N”模式推进网格管理职责由“大而全”向“小而精”转变，实现基层事务管理更精准、更迅速。强化专属网格建设。坚持以实战为导向，明确划分单元标准，实现网格化服务管理全覆盖。全县专属网格119个，其中，行政事业军队类33个、工业企业类31个、商业楼宇类17个、拆迁地块类27个、大型基础设施类6个、其他类5个。

【队伍建设】 坚定落实市县各级指示要求，把疫情防控、“除险保安”等主战场作为锤炼干部党性的主阵地，深入开展一线活动，在大战大考中奋力攻坚冲锋。发挥榜样先锋作用。中心领导分四组带队下沉镇（街），深入排查化解矛盾纠纷，集中整治社会不稳定因素，重点关注疫情防控、“除险保安”、民生实事等中的倾向性苗头性问题，对群众反映强烈的突出问题，主动靠前、提前协调，最大限度将矛盾纠纷化解在基层。严格落实党管干部原则。贯彻执行《干部任用条例》，坚持“凡提四必”程序，严把政治关、品行关、作风关、廉洁关、形象关，形成风清气正的选人用人环境。全年提拔中层干部6名，干部职级晋升6名。注重干部锻炼培养。坚持多渠道培养锻炼干部，打造“培训轮训、导师帮带、实训锻炼、轮岗交流、上派下挂”“五位一体”的干部成长路径，力促干部成长成才。全年共举办基层治理“四平台”业务培训、“宁好租”应用平台专题培训等活动共计2次，选派2名干部赴市督考办和市社会治理中心挂职，1名干部下派村（社）挂职第一书记和农村指导员，1名领导干部挂职县防疫专班，做到在攻坚克难一线中锤炼干部，提升干部实战能力。

政务服务

【概况】 宁海政务服务中心民政窗口高标、高质、高效推进政务服务优化，实现“最多跑一次”再升级，梳理申报“一地创新、全省共享”工单3条，分别是优化社会团体变更登记、基金会变更登记、民办非企业单位变更登记办事材料，均被省厅采纳，位列全市民政系统第一，为全省政务服务工作作出贡献。

提升部门合力“一网通办”，让企业群众更舒心。贯彻落实省、市政务服务“一网通办”要求，提升宁海政务服务“一网通办”效能，全县依申请政务服务办件“一网通办”率达98.59%。落实政务服务“一地创新、全省共享”机制，从办事情形、表单字段、申报材料、业务流程等方面进行优化创新，通过工单系统提交创新工单，全年被省里采纳工单数共9条。大力推进政务服务“一网通办”向农商行网点延伸，截至年底，开通农商行网点22个，覆盖全县所有乡镇（街道），可代办政务服务事项135项。

强化部门协同“一件事一次办”，让便民利企再提速。从企业和群众实际需求出发，坚持协同高效，按照“一次告知、一表申请、一套材料、一窗受理、一网办理”的要求，统筹协调牵头部门和配合部门，将多个部门相关联的“单项事”整合为企业和群众视角的“一件事”，深入推进“一件事一次办”集成改革，大幅减少办事环节、申请材料、办理时间和跑动次数，相关做法获《中国社会报》、浙江新闻、《宁波日报》等中央、省、市媒体报道。全年完成地名联办、“商事登记+公证”、市场主体歇业备案、人力资源服务、涉路施工活动许可、环评报批和排污许可“两证合一”、水电气数“四窗合一”以及临时建设用地规划、临时林地审批和临时用地审批联办等8个“一件事”改革。

创新开发“养老待遇智发放”，让服务资源更集成。针对养老待遇发放涉及部门多、政策多、环节多，存在漏发、多发、错发风险等堵点痛点，通过数据共享、流程再造和制度重塑三大路径，推进养老待遇发放“一件事”集成改革，在“浙政钉”上线“养老待遇发放智管”应用，实现高龄津贴、职工基本养老保险待遇领取等8项补助精准发放、主动发放、“跑零次”发放，涉及人社局、民政局、卫生健康局和退役军人事务局等4部门。全年经系统筛选比对，新增享受改革红利群众157952名，4部门经各自业务系统累计发放8项补助共计38.67亿元，该应用获得宁波数据开放创新应用大赛二等奖。

规范开展事项清单编制，让行政许可边界更明晰。贯彻落实“放管服”改革工作要求，对照《浙江省行政备案事项清单（2022年试行）》《浙江省行政许可事项清单（2022年）》，牵头组织各部门开展行政备案事项和行政许可事项认领、清单编制、审核公布工作，确保事项同源、要素一致，并严格执行清单管理，切实落实清单之外不得擅自实施行政备案和清单之外一律不得违法实施行政许可。

【政务服务15分钟办事圈建设】 织密“县级服务网”。强化县政务服务中心与社保、税务、公证等专业大厅合作，推进“跨厅通办”和“一件事”“一窗通办”，县政务服务中心可办理证件证明类公证等128项公证业务的申请；社保大厅、税务大厅可办理市场监管、公积金等14个部门128项常办政务服务事项，同时税务大厅还实现企业开办、股权转让等“一件事”“一窗通办”。充分发挥金融机构网点分布广、离群众更近的优势，大力推进政务服务向银行、邮政等场所延伸，构建政银合作的基层政务服务新体系，更好地满足群众就近办、马上办的需求。全县有69个银行网点可代办不动产、营业执照、住房公积金、居民养老保险、参保信息变更等130项事项，17个邮政网点可代办16项交管业务，9个机动车销售点可代办国产机动车注册登记等4项业务。

创好“镇级标准化”。稳步推进乡镇（街道）便民服务中心标准化建设，对照甬政务办〔2022〕17号文件的创建标准，打造西店镇、黄坛镇、梅林街道等示范型便民服务中心3个，长街镇、深甽镇、桃源街道等标准型便民服务中心7个。扎实推进事项依法延伸基层，以西店镇为试点，梳理53项行政许可、公共服务等各类事项依法下放，逐步实现“就近可办、立等可取”。

拓展“村社服务站”。持续推进政务服务进村集士驿站布点，起草《政务服务进“集士驿站”建设标准》，着力打造服务新标杆，完成越溪乡南庄村、黄坛镇弘杨村、茶院乡许民村等10个站点建设。推进政务服务进村（社），以中心村、特色村为重点，整合村社便民服务站，谋划打造兴海社区、西店镇岭口村等服务综合体，推动现代社区建设。

【公共资源交易改革】 持续完善集中监管和共同监督新机制。深刻领会和贯彻执行《宁波市公共资源交易管理条例》精神，畅通信息渠道，把准改革方向，推动机构改革进一步落实到位。在市交管办和县委、县政府的指导下，加强行业主管部门间的沟通，进一步厘清公共资源监督管理与交易管理的关系，有效提升全县各部门间的公共资源交易管理统筹合力，促进构建统一开放、竞争有序的交易市场。

持续推进公共资源交易数字化改革。推出农村产权“掌端”全流程在线交易模式应用，打通系统和小微权力清单36条数据壁垒，实现村级项目在线决策、在线审批、线上交易到合同履约的系统闭环，大幅提升村级农村产权交易便利度，每宗可为村集体节省代理、评估等额外支出费用约3000元，同时，可为竞买人节约竞拍成本。拓展小型工程项目电子交易平台多领域应用，在现有实施的建筑工程等资质施工项目之外，探索在其他交易领域和勘察、设计项目的小型工程全流程电子交易。进一步配合完善市公共资源网上交易暨电子监察系统（二期）项目，跟进平台统一建设进度，加强与公共信用信息平台、项目审批系统的横向对接以及与省级平台、市级平台的纵向贯通，实现“主体一网登记、信息一网公开”，重点加快电子档案系统、交易见证等全流程电子化功能，消除电子招投标的盲点、断点、堵点。

持续创新公共资源交易监管。严格落实集中监管体制、工程建设“两个办法”、行政执法三项制度、评定分离、标准文本等规则制度，减少质疑投诉等事项的发生，实现监督主体、监督依据规范化，让监管更有力度。完善各项程序和制度，将监管各个环节的监管行为、监管步骤进行程序化、标准化，严格监督工程建设项目的进场备案、开标评标、交易结果公示、签订合同等环节，及时纠正、依法查处相关违法违规行为。依托网上交易暨电子监察系统，持续推进全流程电子化监管，通过将从项目进场到合同备案的全过程数据文件电子化，实现各方主体操作痕迹和交易过程信息全面记录、实时交互、来源可溯、去向可查；依托“数字侦探”系统，专家评标时，通过校验，自动比对电子投标文件并生成数据结果，系统所产生的结果为招投标活动监管部门查处串通投标违法行为提供关键线索和有效证据。

【组织堡垒建实建强】 凝聚思想动力，促进学以致用。始终坚持党建是统一思想、凝聚人心的第一抓手，从激发党员利用习近平新时代中国特色社会主义思想指导实践的能力、提升政治理论学习实效、深化党性修养教育等方面，筑牢守根脉践初心的忠实根基。通过开展“初心之旅”“理论宣讲”“思想铸魂”“廉政警示课堂”等系统性“店小二学堂”课程，提升干部政治维护力、廉洁力、凝聚力，构建上下齐心、协同作战的“荣誉共同体”。

激活组织动力，促进担当作为。充分发挥党建工作“龙头”和“武器”的作用，通过强化党组织体系建设，让党员和支部成为党群融合的“强力胶”。通过党建工作量化考核，抓深抓实“学习强国”学习平台学习、党员志愿服务、支部规范化建设等党建基础工作。切实根据人事调整情况，及时调整机关党委和各支部委员配备，通过人员结构优化，进一步促进党建和业务相融共促，推动干部队伍能力重塑、培养路径重塑、团队文化重塑。以清廉机关建设为抓手，谋深抓实干部队伍“靠实干争一流，凭实绩见真章”奋斗动力，获评年度宁波市清廉建设典型基层单位。

强化输出动力，促进知行合一。始终坚持企业群众呼声最高、期盼最强的就是最需要检视问题、最需要自我革命的领域，充分立足各办理区业务特色，探索更为有效的党建工作方式方法，进一步激活党建引领改革发展的动力。紧密结合省、市关于政务服务中心队伍建设的实施方案，持续完善“综合窗口”工作人员“差异化”收入分配机制，健全以业务技能等级定期考核、能上能下的考聘分离制。强化对职能部门（单位）派驻政务服务

2022年9月21日，副县长杨钻出席全县数字化改革专题培训开班式并作动员讲话

中心人员的日常管理、服务规范、考核评优，坚持“考党建看发展、考全局看党建”，切实将改革成绩作为党建工作考核的重要依据，层层抓好改革落实。

大数据中心

【概况】 大数据中心在县委、县政府的正确领导下，围绕省、市、县中心大局，认真履职，尽心做事。政务服务“一网通办”全市领先。宁海“一网通办”率和“一网通办”2.0占比达标率达90%以上，依申请事项“互联网+政务服务”5项指标均居全市前列。“互联网+监管”行政处罚事件处置率、数据归集准确率指标持续提升，整体向好。

数字资源利用成效初显。“小微权力36条”和“集士驿站”应用提炼的数据产品被编入省级数据产品案例集，该项考核居全市前列。其中“小微权力36条”构建“三纵七横”业务协同模式，形成工程项目、资产资源、村级采购等一本本不断更新的“大数据账”。“集士驿站”围绕“快递进村”一件事，利用城乡公交专线“村村必达”的富余运力，在全国首创“公交带货”城乡物流新模式，为城乡带货提供准确可靠的本地数据和物流信息。

创新应用注重实战实效。创新构建“公共视频一张网”，整合全县3.6万余路公共视频监控，精准提升防汛防台能力，受到省委常委、市委书记彭佳学点赞。搭建数据采集模块和安置测算系统，探索形成数字化高效高质拆迁安置新模式，助力清溪水库建设。该做法获县委书记滕安达批示肯定，清溪精神获省委常委、市委书记彭佳学激励表扬。

“两端”工作居于省、市前列。聚焦提升赋能基层能力、平台整合能力等核心需求，宁海行系统集成“宁好办”“监督一点通”“数字乡村”等子场景，入选共同富裕现代化基本单元应用，在城乡风貌样板区浏览量居全省前列。重点关注应用的易用、好用，有效提升“两端”活跃度，“浙里办”宁海频道“宁好办”入围“浙里办”年度高频优秀服务TOP20。“浙政钉”用户活跃率常态保持在90%以上，居于全市前列。

支撑打造一批优秀数据应用。助力村级小微权力上升为农村综合改革标准化试点，获省标准创新优秀贡献奖；艺术振兴乡村、党群同心圆入选全省“一地创新、全省共享”一本账S0，数量居全市第一；城乡客货邮、“在押后”人员精密智管分别获评全省数字法治好应用、数字政府优秀案例；民生实事项目人大代表票决制等10个项目成为省级以上试点。

【数字资源】 统筹推进浙江省一体化数字资源（IRS）系统应用，做好信息系统和数据编目动态调整工作，全面提升数据对应用的支撑力度。加快推进算法模型、特色专题库、组件等数据产品建设，归集各类省市回流数据和本地数据，通过清洗比对和业务梳理，进一步赋能各类应用场景。

【重点应用】 聚焦出租房整治领域，以小切口推动大提升，联合县委政法委、县社会治理中心搭建“宁好租”应用，助推全县出租房消防安全工作。为助推清溪水库征拆工作，按照“模块化、可配置”设计理念，首创数字赋能重大项目政策处理。“轩岚诺”“梅花”台风防御期间，充分利用“公共视频一张网”整合的视频资源优势，提升防汛防台能力。

【网络和数据安全防护网】 遵循最小范围使用原则，收缩用户及运维人员访问权限，确保授权可靠可控。利用市级态势感知平台，对流量进行24小时全面分析，及时封禁风险主机并第一时间落实隐患排除。在政务外网网络、视联网保障、政务数据中心和公共数据平台等方面，执行7×24小时值守。注

2022年1月20日，市大数据局局长戴云（左中）调研县大数据中心工作

重数据仓安全，完成重点应用接口实名认证，对公共数据接口实行重点监管。开展重大应用数据安全检查，及时完成上百个应用安全风险项“清零”。

外事工作

【概况】 坚持以习近平新时代中国特色社会主义思想为指导，深入学习贯彻中共二十大精神，落实省委、市委、县委外事工作委员会会议精神。在县委、县政府的坚强领导下、在市外办的正确指导下，紧紧围绕县委、县政府中心工作，立足服务“两个大局”，努力为建设现代化“双优”新宁海贡献外事力量。面对国内外形势，县外事办始终牢记“两个服务”根本宗旨，坚持把党管外事原则贯穿于外事工作各方面，主动担当、开拓创新，各项工作取得较好成效。

【思想引领】 聚焦思想引领，党管外事不断加强。召开中共宁海县委外事工作委员会第三次会议，传达宁波市委外事工作委员会会议精神，集中学习市外办下发的《关于发挥外事资源优势　服务加快建设现代化滨海大都市的意见》等4个文件精神，听取2021年以来外事工作情况及下一步工作思路，研究分析外事工作形势任务。学习贯彻关于外事发展的有关文件精神，进一步推进宁海县更高水平对外开放。全面加强出国（境）全流程管理，在职国家工作人员除发生确需本人赴国（境）外处理的重大紧急情况外，一般不予审批。

【对外交往】 服务总体大局，对外交往亮点纷呈。2022年是中日邦交正常化50周年，宁海县积极落实全国友协、省外办下达的举办“友好城市　共享未来”为主题的中日友城青少年线上“虚拟互访”活动任务，来自实验小学教育集团金桥校区与日本冰见市西之杜学园各30名小学生相约云端，以“我的城市”为主题开展互动交流，此次活动属全省首个，启动快、效果好，获省、市外办好评，全国友协也作了专题报道。邀请支持冰见市参加第三届浙江省国际友城交流展，展示当地特色产品及文化。在中国驻敖德萨总领事馆、乌克兰驻上海总领事馆支持下，宁波市、乌克兰基洛夫格勒州共同举办“中乌友好少儿画展”互展活动，由宁海县承办，乌克兰驻上海总领事夫人玛丽安娜·利休克女士为活动发来贺词。

【涉外营商环境】 践行“外事为民”，涉外营商环境持续优化。以“外事+”工作思路做好涉外管理服务，努力提高对外服务水平。

“外事+安全”。宣传境外安全保障和海外利益安全保障知识。组织44家民营企业参加“APEC商务旅行卡暨领事保护宣介进宁海”活动，让更多的涉外经贸企业“走出去”更加便捷和安全。

“外事+服务”。落实疫情防控期间企业邀请外国人来华“快捷通道”政策，以“一对一”方式为宁海县重点领域专家入境提供个性化服务，全年为外籍人员办理来华邀请函114人次。陪同市外办开展“三服务”调研活动，为企业邀请外国人入境以及“走出去”涉外安全等工作提供指导。持续推广APEC商务旅行卡，为宁海县商务人员出国（境）提供便利，全年累计42家企业119人次申办。做好2022年度茶花友谊使者申报，宁波乌中材料科学研究中心有限公司专家级工程师波塔别科·汉娜获颁2022年宁波市茶花友谊使者。

中国人民政治协商会议宁海县委员会

综　　述

2022年是中共二十大胜利召开之年，也是新一届县政协的起步之年。在中共宁海县委的坚强领导下，县政协高举习近平新时代中国特色社会主义思想伟大旗帜，紧紧围绕县委、县政府中心大局，全力助推“五大革新”决策部署，充分发挥专门协商机构作用，积极践行全过程人民民主，持续擦亮协商民主品牌，努力推动建言资政更有用、凝聚共识更有效、增进团结更有力，为建设现代化“双优”新宁海作出了积极贡献。

强化政治引领，把准履职方向。深入学习贯彻中共二十大精神。坚持把喜迎中共二十大、学习宣传贯彻中共二十大精神作为贯穿全年的重大政治任务，落实到履行职能的全过程和各方面，加强政治引领，积极正面发声，广泛凝聚共识。中共二十大召开当天，组织政协委员和机关干部集中收看开幕会盛况。中共二十大召开后，及时召开党组会议、主席会议、常委会会议和机关全体干部会议集中学习。开展政协党组理论学习中心组学习研讨，主席会议成员深入界别、企业、社区宣讲大会精神，引导广大政协委员和社会各界人士，深刻认识“两个确立”的决定性意义，深刻领会以中国式现代化全面推进中华民族伟大复兴的使命任务，增强“四个意识”、坚定“四个自信”、做到“两个维护”，为全面落实中共二十大确定的目标任务而团结奋斗。

切实加强党的全面领导。坚决贯彻落实县委重大决策部署，第一时间制定《宁海县政协助推“五大革新”实施方案》，着力抓好协商平台提升、民主监督提升、履职能力提升“三大工程”建设，切实把县委决策部署全面落实到政协各项工作中。严格执行重大事项请示报告制度，年度协商计划、常委会工作报告和全体会议等重要工作提交县委常委会研究决定，确保政协各项工作始终在县委领导下主动作为、协调一致。坚持县委、县政府主要领导亲自点题、政协破题，让“党委有部署、政协有行动”成为常态。积极争取党政领导对政协工作的重视与支持，主动邀请县委、县政府领导出席县政协常委会、政情交流会、民主评议会等各类活动。持续推进全县政协系统党的建设“两个全覆盖”，充分发挥党员委员示范引领作用，团结带领全体政协委员积极投身宁海改革发展事业。

持续强化思想理论武装。持之以恒学懂、弄通、做实习近平新时代中国特色社会主义思想，深入学习习近平总书记关于加强和改进人民政协工作的重要思想。认真落实“第一议题”制度，完善以政协党组理论学习中心组学习为引领，常委会会议集体学习、委员培训、专家辅导讲座、“周二夜学”等相配套的学习体系，推动理论学习常态化制度化。扎实推进“书香政协”建设，从推荐学习书目、确定交流主题、安排领学委员等多方面入手，灵活开展特色读书活动。全年共举办主题读书活动和网上专题研讨活动8次，共有1000多人次参与，交流发帖3000余条，推动了委员读书与思想进步、能力提升、履职增效的共融互促。

聚焦“五大革新”，倾力服务助推。助推重大决策落实。助力“五大革新”纵深推进，主席会议全体成员分6个组深入开展专项集体民主监督，提出的10条意见建议得到县委、县政府主要领导充分肯定。助推经济稳进提质八大攻坚行动，邀请县政府分管领导、各有关部门负责人与部分政协委员就国内国际市场拓展、模具企业降本增效、制造业企业转型升级、助企纾困政策优化等课题进行面对面协商，提出针对性对策建议，为宁海民营企业更好发展出实招。推进中小企业惠企助企政策落地见效，组织政协委员开展专项民主监督，提出意见建议35条。紧盯重点产业、重点项目建设，就光伏产业发展、两湾美丽经济带建设等开展集体视察和专题议政，许多建言成果转化为决策选项。针对全域国土空间综合整治、中医药事业发展、“宁海珍鲜”区域公用品牌打造等课题开展专题协商，形成一批高质量的协商议政成果。向县公安局、县经信局等6个部门派驻民主监督小组，以协商式监督帮助部门改进工作。

助推城市品质提升。聚焦城市革新目标，把助力中心城区风貌提升作为年度履职重头戏，组织4个课题组分别就城区的规划、建设、管理及天明湖中心区打造等方面开展深入调查研究。高水平召开“提升中心城区风貌 助推城市革新”议政性常委会会议，县委主要领导到会听取委员发言。报送的建议案得到县委、县政府主要领导批示，要求党政部门逐条研究并转化为抓落实的责任清单。特别是“加快环天明湖区域功能集成、业态植入”“实施‘连山成景’‘清水入城’‘串珠成链’工程”等建议被写入县委全会报告，成为2022年深化城市革新的重要举措。紧扣全国文明城市创建，深入开展创建工作专项督查，组织召开文明城市创建民主评议会，督促整改问题50多个。高度关注中心城区内涝防治，列为政协全体会议提案，由县长领办，县政协多次到相关部门、片区走访调研，组织主席会议成员集体视察，全程关注跟踪推进。推动关注森林活动持续健康发展，获评浙江省关注森林活动15周年成绩突出集体。

助推民生事业改善。着眼于“宁好学”教育品牌打造，高质量开展“推进‘双减’背景下家校社共育”常委会专题协商，围绕提升学校教育、落实家庭教育、激活社会教育等方面深入调研，形成的建议案得到县委、县政府主要领导批示肯定。着力助推“宁好育”民生优享品牌打造，省政协副主席周国辉率队到宁海调研普惠托育工作，并充分肯定了宁海“浙有善育”工作成效。关注城乡公共服务，围绕“数字宁海”建设、公益诉讼、避灾场所建设进行协商，就政务服务“15分钟办事服务圈”建设、体育健身设施建设、平安社区建设等开展专题视察，推进基本公共服务更加优质均衡。关心群众生产生活，主席会议专题听取残疾人服务保障、养殖塘规范化管理、电信网络诈骗等情况通报，就妇女就业创业、产业工人权益保障进行深入协商，促进民生福祉改善。重视民生类重点提案办理，居家养老服务、外卖食品安全、困境儿童保护等96件提案所涉及的民生实事得到了基本落实和较好解决。精心组织捐资助学、“六送下乡”等活动。

协商民主

【协商体系】 进一步巩固以一次政协全会、两次专题议政性常委会、N个特色协商活动为重点的“1+2+N”协商议政格局。完善专题议政性常委会会议协商方式，按照“精准切入、精深调研、精研细琢、精美呈现”的“四精”原则，全面改革创新调研协商和内容呈现方式，取得了明显成效，得到了党委政府领导的纷纷点赞、各部门的充分认可和广大委员的高度肯定。注重提升“宁海政协·掌上履职”数字应用的实战实效，先后就家校社共育、2023年政协协商计划等开展网上意见征集。全年共组织开展常委会专题议政2次、专题协商活动24次、网络议政5次。

【协商平台】 主动融入数字化改革大局，找准助推委员企业发展的政协跑道，创新打造全省首个企情协商平台，为政企共研问题、共商对策、共谋发展提供载体。平台以“线上+线下”的模式，通过常态化、数字化的协商，实现委员企业一般诉求的线上全过程流转处置，复杂疑难问题的线下定期协商，切实帮助企业解决发展难题。一年来，平台共收到委员企业的线上诉求877条，办结率为96.1%，满意率为99.3%；组织开展线下协商4次，提出建议28条，大部分被吸收采纳。企情协商平台得到了省、市政协的充分肯定和县各涉企部门的大力支持，受到广大委员的普遍欢迎。

【协商半径】 推进政协协商与基层民主协商相衔接、与基层社会治理相结合，通过乡镇（街道）民生议事堂、委员工作室、社情民意信息联系点的“三位一体”建设，让协商在基层，委员下一线，推动一批群众关心事项解决。

召开民生议事堂建设推进会，出台《关于推进落实“请你来协商·民生议事堂”平台建设的工作方案》，建立县政协领导分工负责、各办委联系指导机制，实现民生议事堂乡镇（街道）全覆盖。

搭建协商驿站，城区政协委员分别到36个社区就近参加协商活动，围绕文明城市创建、提升城市管理等开展协商，切实助推民生“关键小事”办实办好。积极引导委员工作室立足自身特长开展提档升级工作，科创委员工作室成功创建省级委员会客厅。全年开展基层协商活动86次，参加委员420人次，为基层民主协商建设增添一道亮丽的为民底色。

参政议政

【扩大政治参与】 支持和保障各民主党派、工商联和无党派人士参与政协履职活动，在政协各项会议和活动中优先安排发表意见建议，就共同关注的课题开展联合调研、协商议政和提案督办。政协全会由各民主党派、工商联报送的大会上台发言材料占总数的40%，提交的提案占重要提案总数的20%。完善县政协党组成员与宗教界代表人士联系制度，通过交心谈心、联络联谊、走访调研等形式，加强对宗教界人士的思想政治引导，帮助其解决实际困难。

【深化团结联谊】 坚持不忘老朋友、结交新朋友，扩大“朋友圈”，巩固发展最广泛的爱国统一战线。密切与党外知识分子、非公有制经济人士、新的社会阶层人士的沟通联络，积极为各界人士合理表达诉求创造条件。县政协主席会议成员认真完成县委统一安排的中心工作，深入联系企业、乡镇（街道）做好联系指导等工作。走访看望杭州宁海商会等异地商会，加强联络联系。拓展对外联谊交往，加强同港澳台委员的沟通联络。实施委员关心关爱工程，主席会议成员带队开展走访看望工作，一年来共走访看望委员280多人次，协调解决问题80多个，进一步增强了委员的归属感和凝聚力。

【强化文史宣传】 坚持以文化人、以史育人，加强对宁海传统文化的挖掘与保护，组织开展委员书画展、全县政协系统学习宣传贯彻中共二十大精神书画作品巡回展，在“书画会友、翰墨传情”中加强团结联谊。加强和改进社情民意信息工作。2022年，共向上级政协报送社情民意信息200余条，向县委、县政府编报社情民意信息专刊5期，其中关于自建房整治、工商职业学院建设、马路市场治理等建议都得到了县委、县政府主要领导高度重视并批示办理。支持政协之友社、宁海书画院、平调研究会、跃龙诗社等开展活动，促进对外联谊交流。

2022年9月29日，企情协商厅协商平台启动仪式举行

自身建设

【夯实履职根基】 提升履职能力素养。高度重视新一届委员队伍建设，举办政协常委培训班，组织全体常委、界别召集人、乡镇（街道）政协工作负责人等近100名委员进行专题培训。组织全体委员参加岗前培训、政协理论知识专题讲座、知情明政通报会等，帮助委员起好步、履好职。举办政协工作交流会，总结交流各界别、各乡镇（街道）履职小组的工作经验，进一步提高委员履职水平。

【激发履职活力】 制定《政协宁海县委员会协商工作规则》《进一步发挥界别作用的意见》《强化政协委员责任担当的意见》等制度，促进界别作用更好发挥，委员履职更显担当。

推进“一委一品”“一界一品”建设。工会界打造“职工说事”品牌，在委员所在企业建设4个“职工说事”工作室，帮助解决职工“烦心事”近200件；妇联界打造“幸福家”品牌，以11位委员领办7个“幸福家”项目为抓手，举办女性成长主题沙龙、素养提升培训等活动40次，惠及8300余人；农业农村界打造“助振兴 惠‘三农’”品牌，组织开展“增殖放流20万尾鱼苗”“为种业强县建设建言献策”等一系列“姓农为农”的特色活动，充分展现界别特色和风采。

持续开展年度优秀提案表彰工作，树好提案标杆，提高提案质量。加强委员履职情况量化考评工作，综合考评委员履职实况实绩，形成委员履职年报，作为本届委员评先评优重要依据。

【推进机关队伍建设】 在县委的关心重视下，设立政协办公室理论研究中心，增强队伍力量。实施主席月中碰头会制度，加强班子成员间的沟通交流与统筹协作，进一步提高工作效率。

完善重大事项通报会制度，就事关全县的重要决策、人事事项进行通报，促进机关干部知情明政。深入实施“五问五破、五比五先”机关作风专项行动，组织年轻干部下沉社区，参与全国文明城市创建、疫情防控等工作，着力打造政治强、业务精、服务优、形象好的机关干部队伍。

2022年3月9日，县政协主席叶秀高（中）参加督查创建全国文明城市工作

提案工作

【概况】 县政协十一届一次会议以来，县政协委员、政协参加单位和专门委员会紧紧围绕全县工作大局和人民群众普遍关心的热点、难点问题，深入调查研究，积极建言献策，以提案形式提出意见建议268件，其中，政协界别、民主党派、人民团体和政协专委会提案42件，委员提案226件。经审查，30件因内容相同并案为13件，不予立案作为意见建议转有关部门办理的18件，正式立案233件，其中重点提案6件。截至12月，提案所提事项已经解决或基本解决的107件，占45.9%；正在解决或列入计划解决的96件，占41.2%；因受条件限制，暂时难以解决或留作参考的30件，占12.9%。根据提案满意度反馈统计，提案者对承办单位提案办理工作表示满意的227件，占97.4%，基本满意的6件，占2.6%；提案者对办理结果表示满意的203件，占87.1%，基本满意的30件，占12.9%。提案的许多意见建议得到充分采纳，为服务科学决策、推进各方面工作发挥了积极作用。

【激发经济活力】 在激发经济活力推动高质量发展方面提出提案56件。

关于发展高端装备产业，促进制造业高质量提升的提案，为宁海加快推进“365”产业体系构建、做大做强新兴装备，提升优化传统装备、加快培育高端装备产业，高水平打造高端装备制造产业集群等提供了有益参考。

关于重视原种苗种行业发展的提案，从苗种龙头企业的培育、强化苗种品牌效应、做深苗种产业链条等方面提出建议，承办单位积极采纳，并加快了种苗繁育技术攻坚，在多项技术上取得突破性进展，为宁海养殖户后续养殖提供了坚实基础。

为推动宁海网红经济更快更好发展提案的落实，承办单位积极行动，加强政策资金保障，将“电子商务师”纳入县职业紧缺岗位补贴目录，完善配套基础设施，利用电商产业园和环球中心两个载体，大力发展网红经济相关产业的招商，搭建直播产业体系，开展网络公益助农服务活动，以直播电商的方式助推农副产品上线，促进共同富裕。

委员们还就后疫情时代助企稳企、深化品牌创建、提升企业管理水平、科技人才引进等方面提出自己的真知灼见，得到了承办单位的重视，促进了相关政策和措施的制定出台，助推宁海经济持续健康发展。

【提升城乡品质】 在提升城乡品质建设美丽宁海方面提出提案50件。

关于加快推进溪南片开发建设的提案，契合县第十五次党代会提出的抓好城南“三山两岸”整体规划建设目标，承办部门积极办理，有效推进城南消防站周边配套工程、桃源南路提升改造一期工程等市政配套设施全面竣工。关于大力保护森林资源管理力度的提案，引起承办单位的重视，开展“以案说法”普法活动，引导依法用林。

全面推行林长制落实巡护责任，开展森林督查保持高压查处，加强部门协调，形成整治合力，更加有力打击涉林犯罪。高水平推进“森林宁海”建设工程，实现生态环境高颜值与经济发展高质量协同并进。

委员提出的做好天明湖生态文章，助力宁海城市客厅打造的提案，承办部门加快天明湖公园二期建设，加速环湖绿道建设，加强核心区块亮化提升，培育运动休闲旅游项目，打造环天明湖商圈，加快推进城市风貌样板区建设，进一步推进天明湖核心区块的品质提升。

关于加快推进电动汽车充电基础设施建设的提案，在制定《宁海县“十四五”电动汽车充电基础设施规划》中，得到充分吸收。严控扬尘污染、加强水利运行管护、推进城市精细化管理等意见建议，通过承办单位的努力，得到了有效解决，有力推动了城乡人居环境品质的提升。

【加快社会事业发展】 在加快社会事业发展满足人民美好生活需求方面提出提案71件。

针对关于解决宁海尿毒症患者血透难的提案，承办单位专题调研县级医院透析资源扩容问题。县第一医院医疗健康集团北部医院透析项目完工，新增30张血透床位，并购置相配套的透析设备，配备专职医生和护士，有效缓解了尿毒症患者血透难问题。

教育“双减”后如何建立高质量的“四点钟课堂”是委员们十分关注的问题，承办部门依托公益组织、省教育共同体智慧服务平台等力量，为学生带来丰富的课后教育活动和服务资源，促进学生身心健康成长。

针对委员关心的非物质文化遗产保护工作，承办部门结合“艺术振兴乡村”行动，推出涵盖传统美术、传统技艺、传统美食等38项500余种非遗文创产品和衍生品，形成非遗“产、学、研、销”完整供应链条体系，有效推动了非遗文化在艺术振兴乡村中绽放新的活力。

委员提出的加强宁海体育设施建设的提案，承办部门依托《宁海县体育公共服务能力提升五年行动计划（2021—2025年）》，完成村级全民健身广场、笼式足球场、社区多功能运动场和百姓健身房建设，新增体育活动场地10万余平方米，推动体育事业高质量发展。

委员们还提出了加强家庭教育工作、拓展文体产品伴手礼建设、进一步加强乡村医生队伍建设等意见建议，在各承办单位的共同努力下，都得到了较好的办理和落实。

【保障和改善民生】 在保障和改善民生促进社会和谐方面提出提案56件。

委员提出要关注困境儿童，助力共同富裕的建议，承办单位及时调整困境儿童基本保障标准，并健全工作机制，定期研究困境儿童关爱保护工作，加强学校、家庭、社会之间的衔接配合，确保困境儿童不失管、不失散、不失护。积极培育慈善组织，引导其为困境儿童捐赠资金物资，实施慈善项目，提供专业服务。

关于加强新业态安全监管的提案，促成了《宁海县安全生产委员会关于加强新兴行业领域安全生产监管工作的通知》的形成，承办部门通过细化明确新兴行业领域安全生产监管责任，加强新兴行业领域安全生产源头把关和专业监管，及时弥补安全监管盲区。

关于提升农村干部履职能力的提案，承办部门通过实施“金雁”培育工程、后备干部“青蓝计划”，强化村干部绩效考核、权力运行监督，进一步促进村干部作用发挥，持续深化做好村社换届后半篇文章。

针对外卖食品安全隐患，委员提出相关意见建议，承办单位积极采纳，全面强化网络订餐食品安全监管，压实网络餐饮服务第三方平台提供者和入网餐饮服务提供者食品安全主体责任，打击网络餐饮服务违法违规行为，推广网络餐饮“红黑榜”制度，持续提升网络餐饮食品安全水平。

针对委员们关注的创新社会治理方式、加大法治民企建设、居家养老等问题，承办部门充分听取委员意见，主动办理，在保障民生、维护群众利益和解决实际困难中作出了积极努力。

全体会议提出的《关于防治城区内涝的提案》得到了县政府高度重视，县长专题研究部署，带队实地督导，全程跟踪推进。分管副县长多次组织实地调研，并召开专题会议，部署落实城区防洪排涝工作。全面排查隐患，强化风险管控。完成《宁海县第一次水旱灾害风险普查城市内涝风险普查报告》编制，提供城市内涝风险信息和科学决策依据；强化规划引领，推进系统治理。完成中心城区内涝防治规划初稿编制，该规划将进一步完善城市内涝防治应急预案，为构建“源头减排、管网排放、蓄排并举、超标应急”的城市排水防涝工程体系提供专业指导意见；坚持科学谋划，开展海绵城市建设。持续推进海绵城市建设工作，2022年建成海绵城市面积约2.48平方千米；突出重点、难点，推进河道环境提升。围绕颜公河和杨溪流域初步规划设计了32个防洪排涝治理项目。截至12月底，中心城区防洪排涝工程已完成投资69952万元；加强宣传引导，营造共治共享氛围。围绕河道保护、节水行动、地下水保护、水法律法规、美丽河湖等内容，开展宣传“八进”活动，接受群众咨询，广泛宣传教育，有力推动了城区内涝防治工作。

重要会议

【县政协十届二十六次常委会会议】 1月7日，县政协主席尤玲娟主持召开。会议协商讨论了《政府工作报告（征求意见稿）》、宁海县2022年经济社会发展主要指标和2022年县重点实事工程安排方案，审议通过了《关于召开县政协十一届一次会议的决定》。

会议听取《政府工作报告（征求意见稿）》起草情况的说明，政协常委会工作报告、提案工作报告起草情况的说明，宁海县2022年经济社会发展主要指标和2022年县重点实事工程安排方案的说明，县政协十一届一次会议筹备工作情况的说明。委员们进行了认真讨论，并提出了自己的意见建议。

会议审议通过《关于召开县政协十一届一次会议的决定》、县政协十届常委会工作报告及报告人名单、县政协十届常委会提案工作报告及报告人名单；审议通过关于政协第十一届宁海县委员会界别设置和委员名额的决定，以及委员名单。会议还审议通过县政协十一届一次会议其他有关事项。会议为16家新建委员工作室授牌，为十届政协委员颁发委员纪念章。

【县政协十一届一次会议第二次全体会议】 1月24日，在宁海国际会展中心举行。应到委员276名，实到委员254名，符合法定人数。大会审议通过尤玲娟代表政协第十届宁海县委员会常务委员会所作的工作报告和邬汝跃代表政协第十届宁海县委员会常务委员会所作的提案工作报告；与会人员列席宁海县第十九届人民代表大会第一次会议，听取并讨论楼鼎鼎代县长所作的政府工作报告及大会其他报告；会议举行委员参政议政发言，选举产生政协第十一届宁海县委员会主席、副主席、秘书长和常务委员。

叶秀高当选为政协第十一届宁海县委员会主席，邬汝跃、尤永成、石建军、何建春、童青燕、王宁芳当选为副主席，项汉明当选为秘书长，王景等48人当选为常务委员。

会议号召，县政协各参加单位和广大政协委员要更加紧密地团结在以习近平同志为核心的党中央周围，在中共宁海县委的坚强领导下，强化政治定力、增强责任担当、激发创新活力、提高自身建设，努力干出人民政协新样子、谱写为民履职新篇章，为建设现代化“双优”新宁海而不懈奋斗，以实际行动和优异成绩迎接中共二十大的胜利召开。

【县政协十一届一次常委会会议】 1月24日，县政协主席叶秀高主持。县政协副主席邬汝跃、尤永成、石建军、何建春、童青燕、王宁芳，县政协秘书长项汉明参加。会议审议通过县十一届政协设置6个专门委员会的决定；协商决定县十一届政协副秘书长，各办委主任、副主任等人事事项；审议通过《政协2022年工作要点》。

【县政协十一届二次常委会会议】 9月2日，县政协主席叶秀高主持召开。副主席尤永成、石建军、何建春、童青燕，秘书长项汉明出席。

会议审议通过县政协十一届二次常委会会议议程；听取并审议通过县政协有关人事事项；审议通过县政协《协商工作规则》《进一步发挥界别作用的意见》《强化政协委员责任担当的意见》等有关制度。与会政协委员还反映了有关当前经济发展、社会民生、疫情防控和政协工作等社情民意。

县政协常委会全体组成人员参加会议。县政协各界别召集人，乡镇（街道）政协工作负责人，不是县政协常委的政协机关副局级以上干部列席。县委组织部、县委统战部主要负责人应邀参加。

中共宁海县纪律检查委员会 宁海县监察委员会

综　　述

【概况】 2022 年是中共二十大胜利召开之年，是宁海各项工作实现新突破、取得新成效的重要一年。全县各级纪检监察组织在市纪委市监委和县委的坚强领导下，坚持以中共二十大精神为领航旗帜，通过“三会一课”、“周二夜学”、专题培训等，分层分类推进学思践悟，努力把学习领会中共二十大精神中焕发出来的极大热情，转化为狠抓工作、推动落实的强大动力。一年来，全体纪检监察干部忠诚担当、守正创新，以全面从严治党永远在路上的政治自觉，一刻不停推进正风肃纪反腐，充分发挥了监督保障执行、促进完善发展作用，为建设现代化“双优”新宁海提供了坚强保障。

【队伍建设】 忠诚为本锤炼过硬本领。县纪委常委会始终以党的政治建设为统领，以坚强的领导示范带动全县纪检监察干部队伍建设。立足保障党内生活质量，不断优化机关支部设置，扎实推进机关党组织规范化建设。持续锻造高素质专业化队伍建设，通过搭配导师带徒 28 对、开展青年干部读书会 9 期、组织跟班学习 9 人，不断提高履职能力水平。

干净为先争当作风表率。高质量开展“以案为鉴严约束、护航‘窗口’铸铁军”警示教育活动，全面组织开展“五问五破、六严六硬”作风建设专项行动，对标县委“五大革新”实施“赛马比拼”，全面激发干部干事创业活力。持续完善干部日常管理制度机制，分级排查纪检监察干部个人岗位风险点 352 个，开展廉政提醒谈话 118 次，受理涉及纪检监察干部信访举报 4 件，通过严管厚爱严防“灯下黑”。

监委主动接受人大监督，首次完成县监委向县人大常委会报告重点领域监察监督和提出监察建议专项工作。担当为要激发干事潜能。坚持推动干部到一线锤炼，选派 33 名“廉情观察员”到村社开展“一对一”联系服务，发现问题 68 个，提出意见建议 47 条；选派 11 名业务骨干投身清溪水库攻坚、疫情防控、消防安全等中心工作，努力打通联系服务基层的“毛细血管”，纪检监察干部不断在基层实践中体现担当作为。

主要工作

【政治监督】 围绕党的理论，坚定政治方向。坚持把学懂弄通做实习近平新时代中国特色社会主义思想作为首要政治任务，持续完善县纪委常委会第一议题制度，跟进学习习近平总书记系列重要讲话、重要指示批示精神，理论学习中心组、纪委常委会开展集中学习 18 次。

坚持学思用贯通、知信行统一，把督促各地各部门抓好中共二十大精神学习宣传贯彻作为政治监督主线，累计开展监督检查 42 次，持续提升压责任、纠偏差、促发展的综合效果，确保全县各级各部门将思想和行动统一到学习贯彻中共二十大精神上来。

聚焦经济稳进提质跟进监督，围绕“八大攻坚行动”组织实施监督检查 606 次，提出意见建议 614 条，推动各项助企惠企政策转化为发展动能。聚焦高质量发展建设共同富裕标杆县精准监督，组织实施“六大专项监督”，开展监督检查 94 次，发现问题 65 个，涉及金额 9000 余万元，查处案件 11 件，提出意见建议 48 条。

围绕“关键少数”强化主体责任。不断健全“五张责任清单”落实机制，严格推动意识形态责任落实，扎实推进“三书三查两报告”等制度，先后对 15 家单位党组织“一把手”进行面对面评议审查，对 42 家单位进行全面从严治党主体责任落实情况检查。持续深化

"三交底"廉政谈话制度并向基层延伸，共组织谈话120余人次。

围绕"争当廉内助、把好廉洁关"对130余名县管正职领导干部家属进行助廉谈话，不断夯实清廉后墙。

【惩贪治腐】 保持"惩"的高压态势。以"零容忍"的态度"去存量、遏增量"，实现反腐败工作质效全面提升。全县共处置问题线索749件、立案296件、党纪政务处分316人，同比分别上升7.2%、23.8%、36.8%。其中，立案查处县管干部6人，全年共留置4人，挽回直接经济损失1057.16万元。

全力推进超期未办结案件"清零"工作，成为全市唯一实现超期未结案件全部"清零"的县（市、区）。锚定"纠"的精准靶向。统筹推进上级纪委部署的各项专项整治，针对性开展农村资产资源、行政审批、教育卫生等23项重点领域腐败问题专项治理，发现问题128个，督促完善相关制度61个，党纪政务处分59人，其中，有2期问题专报得到县委、县政府主要领导批示肯定。

紧盯资源密集、权力集中、群众关注的廉政风险高发领域和环节，严肃查办了茶山林场应某丁、黄坛自然资源规划所蔡某震、县经信局王某伟等严重违纪违法案件，坚决铲除重点领域腐败问题。增强"治"的实际效果。严把案件质量不放松，全年审理的310件案件，无一提出申诉复查。深入实施"一案五必须"，制发纪检监察建议书49份，提出各类意见建议140余条，推动以案促改、以案促治。

持续强化纪法教育和警示教育，开展酒驾醉驾专项警示教育，全县6000余名党员干部参观"镜·鉴"——宁波市党员干部违纪违法典型案例警示教育展，通报曝光11批27人次违纪违法典型案例。扎实推进监督执纪"后半篇文章"，自查44名党员干部处分执行情况，恢复80名留党察看期满党员权利，努力实现纪法约束有硬度、处分执行不偏差。

【"四风"纠治】 突出纠治的常态化。持续推进"防隐身、防变异、防反弹"专项行动，坚决防止"四风"问题反弹回潮，共开展各类专项行动1386批次，发现问题1045起，处理人员462人。严肃查处违反中央八项规定精神问题34起，处理党员干部47人，党纪政务处分33人，持续释放全面从严、一严到底的强烈信号。

突出纠治的精细化。坚持以小切口推动大治理，持续组织开展违规吃喝、违规出入娱乐场所、违规用车等监督检查24批次，深入开展蟹卡蟹券、党员干部公职人员酒驾醉驾背后"四风"问题等专项整治32批次，处理党员干部23人，一批易发多发老问题和隐形变异新表现得到纠治。严格执行操办婚丧事宜"双报告"和公示制度，备案公示52人次，推动党风政风民风社风不断向善向好。

突出纠治的长效化。不断深化"7+N"清廉标杆引领行动，成功创建1家省级清廉学校示范校、23家县级清廉学校建设示范点，市委通报表扬7家清廉建设典型基层单位，培育市、县两级清廉民营创建示范单位15家，清廉单元建设实现多头并进。打造以红廉文化示范带为核心的"一带四路"廉洁文化矩阵，推动前童正德堂、县36条综合实践展示基地获评市廉洁文化教育基地，宁海廉洁文化品牌持续擦亮。积极探索清风教化载体，开展清白溪杯短视频大赛、廉政好书荐读、清廉家风系列主题活动等，在"润物细无声"中绷紧党员干部思想之弦。

【基层行权】 持续推动"宁海经验"迭代升级。原省委常委、省纪委书记、省监委主任许罗德专门赴长街镇连浦村、力洋镇海头村、桃源街道下桥村调研指导"36条"工作，中纪委党风政风监督室有关领导到宁海专题调研"36条"实践经验。迅速抓好学习转化，聚焦基层实践不断迭代重塑"36条"，主导修订的《村务管理》3项国家标准发布实施，获评浙江省标准创新优秀贡献奖。

高质量完成省纪委基层公权力数字化改革"揭榜挂帅"和中央纪委"监督一点通"试点任务，持续推动数字监督向村级巡察、审计、村级临时用工等领域拓展，"36条""线上+线下"全天候全环节一体监督模式逐步完善，获评浙江省改革突破奖金奖、省纪委公权力大数据监督应用2022年度"最佳场景"，国务院、中央纪委相关领导和市委主要领导分别作出批示肯定，相关经验得到了中央纪委网站、《中国纪检监察报》等媒体关注。

持续整治群众身边突出问题。共查处群众身边不正之风和腐败问题24起，批评教育和处理35人，党纪政务处分16人。深入推进漠视侵害群众利益问题专项治理监督工作，累计开展督导检查98次，发现问题63个，推动建章立制19项，查处相关问题12件，处理人员49人。扎实推进信访办理提质增效，共收到信访举报156件次，检举控告99件次，同比分别下降36.8%和30.8%，两项指标均为近五年最低。以重复检举控告"清零"专项行动为抓手，全力推进积案化解，共办结省级清零件38件、县级“清零”件82件，共签订息诉息访32件35人。

持续提升基层监督规范化建设。深入实施“36条”三年行动计划，累计创建完成“36条”“示范村”43个、“达标村”202个，“36条”制度执行不断规范；梳理形成违反“36条”行为负面清单及“第一种形态”处置建议，为规范处置违规行为提供依据和标尺；建立宁海县农村党员和农村干部负面清单制度，为基层党员干部行为规范划红线、明底线；试点实行村级劳务用工“六单”动态监管机制，试点以来同比减少务工派工费用近两成，一批特色做法和制度性成果有效助力了基层监督，一年来基层共处置问题线索613条，立案240件。

【日常监督】 精准运用监督政策制度。综合运用“四种形态”处理997人次，占比分别为68.3%、23.1%、4.7%和3.9%，“管住大多数”成为监督执纪常态。严把政治关和廉洁关，受理出具党风廉政意见79批次10420人次。严格落实“三个区分开来”要求，坚定不移为实干者担当，12名受到失实检举控告的党员干部得到澄清正名，办理的长街镇蒋某朝诬告陷害案入选“全省十大查处诬告陷害”典型案例。推进跟踪回访常态化，对252名受处分党员干部进行回访教育，帮助受处分干部重整行装再出发。协同联动提升监督合力。

修订完善纪检监察片区协作联动机制，“室组地”联动开展完成13个领域的项目化监督工作，进一步实现全系统监督资源共享。深入实施“联督联查联防”，会同公安扎实推进“四查清”工程，严肃查处党员干部酒驾醉驾案件107件，党纪政务处分125人，多部门联合联动机制不断深化。

探索实施派驻机构“清风卡”“十必谈”等制度，进一步发挥派驻监督“探头”作用。组织实施村监会干部队伍素质提升“三四五”工程，持续推进基层监督规范化建设。巡视巡察作用有力彰显。督促各地各部门扎实推进巡视相关问题整改，2020年省委巡视反馈问题全部销号，2022年省委巡视“回头看”问题整改完成率达96.8%。

全面开启新一届县委巡察工作，有序推进三轮常规巡察和第一轮村（社区）巡察，覆盖24家单位党组织及其基层站所、下属单位和9个乡镇68个村（社区），实现问题整改214个，建章立制64项，挽回经济损失98.48万元，责任追究61人次。出台《县委巡察整改和成果运用全周期管理实施细则》，扎实做好巡察“后半篇文章”，巡察工作闭环不断完善。

群众团体

宁海县总工会

【概况】 深入学习贯彻习近平新时代中国特色社会主义思想，以中共二十大精神，特别是习近平总书记关于工人阶级和工会工作重要论述为指导，在上级工会和县委的坚强领导下，紧紧围绕县委、县政府中心工作，以“五大革新”为载体，按照《宁海工运事业和工会工作“十四五”规划》，各项工作都取得了良好成效。

3月，宁海县总工会新时代文明实践点被评为宁海县第二批示范型新时代文明践点。4月，中共宁海县总工会总支部委员会、中共宁海县总工会机关支部委员会获宁波市四星级基层党组织荣誉称号。11月，宁海县总工会荣获宁波市第四届集体协商竞赛一等奖。

【职工思想引领】 加强顶层设计。以学习贯彻落实中共二十大精神为主线，组织发动全县110家产改试点企业开展“守好红色根脉　班前十分钟”活动，奇精机械股份有限公司和强蛟海螺水泥有限公司“班前十分钟”工作入围全市工会“班前十分钟”优秀项目。在岔路梅花村举办“学习二十大　奋进新征程”全省职工红色走读活动，通过重走革命路、齐唱革命歌曲等活动不断深化贯彻职工群众对中共二十大精神内涵的理解，进一步凝聚职工奋进力量。

坚持榜样示范。高标准高规格举办庆“五一”暨劳模工匠先进代表座谈会。结合“中国梦·劳动美”主题宣传教育活动，开展劳模工匠“六进”宣讲会18场，创新开展劳模工匠进校园讲“开学第一课”活动，职工之家劳模讲堂获评浙江省首批基层理论宣讲点。

突出文化浸润。建设“工字号”教育阵地，成立宁波工人大学宁海分院，宁海县职工之家职工书屋获评全国工会职工书屋示范点，培育宁海县岔路镇山洋革命根据地并入选产业工人思想政治教育基地，选树桃源街道兴海社区、东方日升新能源股份有限公司等5家职工书屋为“全市职工阅读漂流基地”，开展3场“爱阅读强职工素养，共富裕展产改力量”读书沙龙活动。联合县新闻中心开设《“双优”新宁海工会助共富》专栏，宣传工会促共富，开通“宁海工会”抖音号、视频号，建立网上文化宣传矩阵。劳模工匠技师服务队入企把脉，助企开门红工作受到《光明日报》、人民网、央广网等媒体关注，在全国级媒体上发表6篇专题报道。

【职工主力军作用】 着力推进产业工人队伍建设改革。履行产改协调小组办公室职责，做好产改试点企业扩面工作，在省级试点乡镇西店镇召开产改推进会，总结推广试点企业优秀案例，制订《宁海产业工人队伍建设改革乡镇（街道）园区工作标准》，编印《产业工人队伍建设改革资料汇编》，规模以上企业推进产改工作483家，产改覆盖率达92%。《宁海县深化产教融合育人模式助力产业工人成长成才》在省总工会产改简报刊出。

着力深化劳动和技能竞赛。以“建功‘十四五’、当好‘双优生’”为主题，做实重点工程立功竞赛，确保市级以上重点工程开工建设项目竞赛覆盖面达85%。通过典型引领，带动全县组织开展50场职工职业技能竞赛和50个项目劳动竞赛。跃龙街道总工会申报的高级西式面点师等12个技能项目被列入县级精英赛项目；岔路镇总工会申报的茶艺师等20个技能项目被列入县级群英赛项目。举办宁海首次快递员技能竞赛暨全市选拔赛，宁波市模具工（注塑模）职业技能竞赛被列入市级精英赛项目。

着力弘扬“三种精神”。成立宁海县劳模工匠协会，选树周龙塑胶模具有限公司苏周龙创新工作室等9家为“宁海县劳模和工匠人才创新工作室”，选树12名宁海县第六批“缑城工匠”，8名“缑城工匠”提名奖，6名“宁波工匠”，7名“浙江工匠”。依托工匠沙龙、劳模讲堂等平台，组织各类职工技能素质培训交流活动及志愿帮扶活动72次。

【职工队伍维稳】 集体协商品牌深入人心。大力推进集体协商工作，3家企业被评为年度市级工资集体协商精细化示范企业，已建会企业集体协商建制面动态率92%，新建企业集体协商示范点2家，新建行业集体协商示范点1家，完成能级工资试点企业2家，新就业形态企业集体协商1家。大力推进能级工资试点工作，培育能级工资试点企业2家，能级工资集体协商在省、市产改试点企业开展率达100%，县产改试点企业开展率达80%。在宁波市第四届集体协商竞赛中蝉联冠军。

争议化解服务品牌落实落细。不断完善县劳动争议联合调解中心工作制度，积极加大基层劳动争议调解组织建设力度和工会法律援助力度，全年县职工服务中心共接待信访166件，涉及职工169人，涉及金额1227.2万元。劳动争议“调裁诉”联动化解工作整体呈现调解成功率上升、仲裁和诉讼受理量下降“一升两降”良好发展态势。

普法宣传品牌叫响做实。推进《中华人民共和国宪法》《中华人民共和国工会法》《中华人民共和国民法典》等法律法规贯彻实施；持续开展“尊法守法·携手筑梦”公益法律服务行动，为职工提供法律讲座服务23场次，心理讲座等服务56场次。常态化做好法律咨询、劳动法律监督和心理咨询工作。

安全生产品牌提质扩面。发动700家企业13万余名职工参与开展安康杯竞赛活动。组织开展宁海县职工安全隐患随手拍合理化建议征集活动和百万职工“查事故隐患、保安全生产”百日集中行动。加强高温期间劳动保护工作，安排专项经费145.62万元，组织工会干部深入生产车间、施工工地等高温作业第一线，慰问高温企业338家。

【职工生活品质提升】 建立“1+N”职工服务阵地群。“1”即县职工服务中心，通过赋能增效工程，打造成为职工服务综合体聚集地，“N”即职工之家、妈咪小屋、宁好·健康之家、户外劳动者驿站等服务阵地，打通服务职工“最后一公里”。深入做好岔路镇高坛园区全国总工会职工生活品质提升试点工作，完成职工生活品质提升塑造幸福生活环境试点规划方案，助推高坛园区职工餐吧启动经营，持续提升职工获得感和幸福感。

拓展“四季送温暖”服务内容。在“春送健康、夏送清凉、秋送助学、冬送温暖”四项服务基础上，拓展留工优工、疫情防控、体检休养等专项送温暖服务，服务职工超4万人。召开“5·1”服务卡特许经销商座谈会，联动推出线上普惠活动近100项。

创新就业服务。以失业人员、外来务工人员和困难职工家庭高校毕业生为重点，防控开展工会就业服务工作，针对疫情防控期间的就业形势和防控要求，举办招聘会22场（其中，线上18场，线下4场），提供免费服务11188人。积极与市总工会就业网、宁海就业中心等对接，逐步建立求职指导、职业介绍、就业培训、创业扶持“四位一体”的就业服务机制。

扩大职工医疗互助保障覆盖面。通过资料发放、现场咨询、进企宣讲等方式，加大职工医疗互助保障政策宣传力度，2022年参保人数达到7.57万人次，其中，新业态劳动者为2597人，理赔人数达到457人次，共计赔付金额132.16万元。疫情放开后，第一时间发放爱心防疫包1200余份，通过“宁好健康之家”把脉问诊，开通“阳康”后健康服务热线，近2000人次咨询。

【组织建设】 工会组织体系织密建强。巩固全县100人以上企业动态销号“清零”、25人以上企业应建尽建、小微企业区域（行业）有效覆盖，会员发展全年计划完成率239%，处置完成率居全市第三。组建新业态新就业群体工会23家，全市率先探索成立了互联网行业联合工会、桃源街道谢豹桥商圈联合工会、跃龙街道商场信息员工会联合会、宁波创联物业服务有限公司工会等新就业形态领域特色工会。《宁海县“三个一”聚力增效　谱写新就业形态劳动者“共富”篇章》获得省人大常委会副主任、省总工会主席史济锡批示肯定。

工会发展格局整体跃升。在岔路镇总工会试点开展探索依托“小二级”工会组织助推小微企业党建工作，在桃源街道总工会试点开展基层工会组织规范化建设工作，在长街镇总工会试点开展探索乡村振兴共富工会联建联强工作。组织开展全县第三期“一会一特色”暨“工建共同体”基层工会品牌建设擂台赛，挖掘提炼更多可复制、可推广的改革成果，推动全县基层工会改革全面推进。

基层工会活力整体提高。7家单位获评市级五星级“活力基层工会”，3家单位获评市级示范基层工会。实施基层工会“精特亮”创建，结合“宁工家+”品牌服务阵地建设，推动宁海工会全域集成串点成线、“小二级”工会打造“会站家”一体化工建服务圈，企业工会形成“一企一品”，其中，“宁工家话”职工说事精品线入选市级精品线路、“职工说事”高坛社会治理现代化样板区等3个区域入选市级特色区域、“悦读悦青春、书香润心灵”等6个品牌入选市级亮点品牌。

基层民主管理建制扩面。1153家基层工会建立了“职工说事”工作室，1417家建会企业全面推行“三定二有”职工说事制度，三年来共收集各类诉求和建议10223条，办结10223条，办结率100%，职工满意率92.2%。组建工会志愿服务队伍480支，组织开展有效活动520个，活动总人次8138次，服务总时长达38111小时。供电公司工会、胡陈乡总工会志愿服务项目获全市工会志愿服务项目大赛铜奖，强蛟镇总工会志愿服务项目获优秀奖。

2022年11月，在宁波市第四届集体协商竞赛中，宁海县代表队获团体一等奖

【自身建设】 经审工作稳步推进。推进经审工作扩面提质增效，开展基层工会经费职工会员监督机制建设试点工作，制定乡镇（街道）总工会经审片组互审互查操作指南。探索创新建立乡镇（街道）总工会经审组织协作片区制度，经验做法在全国总工会主办的《工会信息》和省总工会经审专刊刊出，获省总经审会主任批示，在全市经审干部培训班上作典型交流发言。有序推进工会经审工作规范化建设，2项审计项目获市级表彰。在问题整改上求实效，切实做好经审工作“后半篇文章”。

职工阵地建设工作稳步推进。职工之家二期工程项目主体工程结顶，进入装修阶段。工会阵地“两化”试点工作成效显著，全市“两化”运营现场会在宁海召开，宁海作为全市省级唯一试点单位，在会上做经验交流。

数字化改革工作稳步推进。以实战实效推动数字化改革走深走实，探索开发“职工安全一键通”应用场景，并被列入省总地方性特色创新项目名录，相关工作经验在省总工会数字化改革工作例会上进行发言。

共青团宁海县委员会

【概况】 深入学习贯彻习近平新时代中国特色社会主义思想，忠诚拥护“两个确立”，坚决做到“两个维护”，学习贯彻中共二十大精神和省、市、县党代会精神，围绕县委和上级团组织部署要求，团结带领全县广大团员青年为建设现代化“双优”新宁海建设凝聚更多先锋力量。

【政治立魂】 坚定捍卫“两个确立”、坚决做到“两个维护”的政治自觉。团县委深刻领悟“两个确立”的决定性意义，把迎接中共二十大胜利召开、学习贯彻中共二十大精神作为最大政治任务，结合贯彻落实省、市、县党代会精神，常态化召开中心组理论学习会、重点内容研讨会、全体干部会议等，做到全员全面学深学实。

举办宁海青少年学习贯彻庆祝中国共青团成立100周年大会精神座谈会，班子成员会后带头宣讲，以上率下保持学习宣传贯彻热潮。

建成省级青少年红色基因传承基地，推行“红领巾学院”与青少年活动中心全面融合发展模式，规范少工委建设运行，将青少年活动中心打造成为少先队组织强化政治启蒙和实践育人的核心阵地，获得省“红领巾学院”思政微队课大赛一等奖。

建立市级名师宣讲工作室（“缑火”青年理论宣讲工作室），深入学校、企业、社区等基层一线开展宣讲，全省首创“共富青年说”线上宣讲模式，作为全市唯一，被《中国青年报》主刊推送，作品获得省委宣传部优秀调研作品奖，党的二十大精神系列宣讲视频成为县域标杆。

【一线立功】 推进奋力打造中国式现代化县域先行的使命担当。“青”字号品牌建设稳步推进，成功创建省、市级青创农场各1家，县级命名5家；2家集体被认定为“一星级全国青年文明号”，2家集体获评浙江省青年文明号，市级青年文明号获评12家；推选31名青年入围省级青年工匠名单；青年陈仲被评为“全国乡村振兴青年先锋”（全市仅2位），并获“之江创客”全球电子商务创业创新大赛农村电商一等奖、2021—2022年中国宁波青年大学生创业大赛金奖；2人获得“宁波青牛奖”10强称号，1人入围省“青牛奖”30强；做好市级青年安全生产示范岗申复评，2家单位参与省级青安岗创建。

2022年8月2日，中国共产主义青年团宁海县第十八次代表大会召开

完善与象山、三门团县委共同签署的环三门湾青年发展联盟合作框架协议书，举办首届三地创新创业创意大赛，被列入2022年宁波市长三角一体化重点活动。创新“团支部第一书记”选派做法，结对一批“集士驿站”站长，助力农村客货邮改革。主动促进志愿融合、阵地融合、数智融合，赋能“双减”工作，开展“亲青课堂”暑托班项目，获团省委专项调研好评。

推动县委、县政府联合出台《宁海县中长期青年发展规划（2021—2025年）》，将中长期青年发展规划制定和县党代会部署相结合，将青年发展型县域建设上报列为县委“五大革新”项目之一，10项政策举措和11个实事项目作用凸显，社会关注度持续增强。依托“甬爱e家”（小哥驿站）平台常态化开展快递物流行业青年的联系服务活动，举办2022年宁波市快递行业青年职业技能竞赛暨宁海县首届快递小哥技能大比武。严格贯彻落实《中共中央关于全面加强新时代少先队工作的意见》，全面强化学校少先队、辅导员队伍、校内外少工委等组织建设。“社区小主任”成为全市唯一全国优质校外少先队活动课参评品牌，创造近三年全市最好成绩。完善“红领巾奖章”激励机制，开展主题教育。举办庆祝中国少先队建队72周年主题活动，授牌一批“红领巾奖章”创建示范学校。打造全省首个农村“红领巾e站1013”阵地，获得浙江省成绩突出少先队员、少先队辅导员各2名、4个集体获得浙江省成绩突出少先队集体荣誉称号。

2022年8月15日，中国少年先锋队宁海县青少年活动中心第一次代表大会召开

坚决做到“疫情要防住、经济

要稳定、发展要安全”。按照以点扩面原则，发布“团结青蜂”关爱成长计划，建立“百团千蜂”团干部联系小哥工作机制，打造“青蜂学堂”等品牌项目，专题调研文章入选《浙江省青年发展报告》，相关经验做法下一步将向其他社会团组织延伸。联合相关部门发布《志愿服务礼遇激励办法（试行）》，以量化积分让广大青年志愿者享受更多政策性回馈。培育如忆汉服馆等3家筑梦空间，为新业态、新就业群体创新创业提供有力支撑。稳步推进青少年权益维护和预防犯罪工作，创建省级以上青少年维权岗8家。深化社区青春行动试点工作，启动“百团进社区”行动，精准助力文明创城。召集青年突击队投身防疫一线，相关做法专报获团省委书记何黎斌批示。

2022 年 3 月 5 日，2022 年宁海县学雷锋志愿服务主题月启动仪式暨志愿服务礼遇激励办法（试行）发布活动举行

【自身建设】 以自我革命精神纵深推进全面从严治党的韧劲定力。落实全面从严治党主体责任，健全常委会、书记会议等议事工作机制，持续推动党委巡察反馈问题整改落实。认真履行对下级团组织的双重领导职责，严格团内重大事项请示报告制度，制度化落实市级团委派员列席县级团委领导班子民主生活会要求，获评2022年度“清廉机关、模范机关”创建示范单位。

以县第十八次团代会召开为契机，充分发挥基层优秀青年骨干作用，进一步优化团的代表大会、委员会、常委会人员结构。严格按照规定以“专挂兼”方式配备团的领导班子，强化落实团干部协管制度，团干部管理使用更加规范。团县委机关干部带头遵守改进作风“十严禁”“十带头”，在常态化上讲台、密切联系青年、深入调查研究等方面做好表率。

团干部能力和作风建设不断推进，直接联系青年制度、约谈制度、轮训制度等不断健全，2人获得市级优秀团干、2人获得市级先锋团干，参与青少年工作的4个集体和9名个人受到市委、市政府发文表彰，1个基层团组织获评宁波市五四红旗团委。

开展“向青年报告”共青团工作年度述职评议会，倒逼形成争先进位的干事氛围。突出政治性标准和先进性要求，在中学领域全面建立和落实推优入团、积分入团制度。

科学精细调控团员规模，合理优化团员结构，加大社会领域团员发展力度，常态化开展违规发展团员核查处置。以区域化团建为统揽，深入实施基层团建“双百双提升”工程，推广使用智慧团建系统，团员发展程序进一步规范。团青比例得到严控，拥有团员23000余人，占14~28周岁宁海户籍青年的1/3。

2022 年 5 月 22 日，共青团县委联合跃龙街道银河社区、光影剧社共同举办“小手拉大手，‘青’力助创城”亲子志愿服务活动

宁海县妇女联合会

【**概况**】　宁海县妇联机关妇委会25个，村、社区妇联369个，村（社）、社区妇联执委2745人，街道妇联执委270人。“两新”领域妇联组织2个。成立县三八红旗手（集体）联盟，有各级三八红旗手56人，三八红旗集体10个。成立1个枢纽型女性社会组织服务中心，共有女性社会组织35个。每年评选各级荣誉家庭，共有全国省、市级最美家庭63户、文明家庭219户，巾帼文明岗322个。县级层面巾帼志愿团队9个，志愿者3200余人（其中姊妹护航巾帼志愿者2200余名）。共建成省、市、县级儿童之家369个，家长学校467个。

县妇联围绕省市妇联“共同富裕巾帼在行动”总指引，以全力打造“宁好·暖心娘家”为主基调，聚能牵好“五大主线”，努力在“两个先行”实践中奏响巾帼共富奋进曲，荣登2022年度《中国妇女》杂志宣传舆论阵地建设光荣榜之先锋榜、2022年度妇女宣传舆论阵地建设先进榜。

【**宣传工作**】　突出宣讲引领，推进“百千万巾帼大宣讲”建设，广泛开展“巾帼心向党　喜迎二十大”群众性主题宣传教育活动50余期，建成市级巾帼爱国主义教育基地，建成“她言·行走践学”市级理论宣讲员工作室。

突出实践引领，“姊妹护航”纳入宁波“We志愿”平台，在全县新时代文明志愿服务中排名前列，2个项目在市巾帼志愿服务项目大赛中获奖。突出榜样引领，评选推出全县“十大最美”“三好”等系列典型并集中展播45期。培育12名省、市级建功标兵、13个市级巾帼文明岗，引领5个优秀集体争创国家级巾帼文明岗。

突出宣传引领。以新媒体宣传为引领，发挥主流媒体、传统媒体宣传平台作用，着力构建妇联系统内、县域内、县域外各大媒体协同推进的立体式“大宣传”格局，成功打造“线上+线下”妇联融媒体宣传矩阵，《人民日报》、“学习强国”学习平台、《中国妇女报》等国家级媒体报道儿童友好、巾帼共富等工作36篇，妇联工作更具辨识度、更有传播力。突出榜样引领。评选推出129例最美妇联人、最美巾帼新农人等“十大最美”系列女性典型、60例“好婆婆”“好媳妇”“好邻里”等家庭系列模范，并通过“看宁海”“宁海女性”微信公众号等平台集中展播45期。

【**创建工作**】　特色化开展“美丽庭院+”系列创建。深化庭院增效扩面，艺术赋能模式开展美丽庭院县、镇、村三级联创，全年完成美丽庭院创建8000个，评选产生最美庭院（阳台）60户；加强庭院示范引领，区块培育模式打造县级特色主题式“美丽庭院特色带”5条，省级美丽庭院特色村2个；盘活庭院美丽经济，融合助推“双学双比”基地、“妇”字号农家乐、巾帼民宿等项目，成功打造桥头胡双林村“艺院·艺宿”、岔路镇湖头村“艺院·艺食”巾帼共富路2条，共打造美丽经济庭院示范户108家。

高质量建设“双创平台”帮扶体系。整合乡镇街道成校、女性职业技能培训学校、女性社会组织等机构优势，相继推出中式面点师、月嫂、西烹师、花艺师等女性就业群体技能培训68期，受惠女性4000余人；女性创业融资帮扶高效推进，印制专题折页深入开展各类女性创业融资扶持宣传，全年发放贴息担保贷款610万元，贴息38.4万元，受惠妇女113人；推出全市首项助企纾困稳进提质“九大行动”，提振女企业家发展信心；发动开展“助企纾困百岗在行动”活动，借力巾帼文明岗资源强化企业政策业务服务；举办全县首场线上女性专场招聘会，助力女大学生充分高质就业；创新开展“巾帼创业荟”素质提升系列活动，有效搭建发展期创业女性交流平台。

全方位培育“宁海巧娘”巾帼品牌。启动宁海巧娘培育计划，拓展“巧娘”群体，新培树“望府茶娘”等品牌队伍6支，孵化“巧娘”阵地4个，研发“巧娘”创富产品33个，举办首届“宁海巧娘”产品包装创意设计赛，入选11件作品，促成2对产品包装成果转化洽谈。扶持“巧娘”创业，启动“宁海巧娘”云创培育特训营计划，选聘精英创业导师针对有志于“云上”发展的“宁海巧娘”开展专题型培训和实战，自6月开营以来开展特训12场次。提升“巧娘”素养，专题开展“宁海巧娘”综合素养专训班，针对演讲与口才、艺术素养、构图技巧、策展实训等内容，进行“订单式”的精准培训，全年共开班2期，受惠巧娘40余人次。

【**家庭建设**】　文明家庭创建有回音。制定出台《关于进一步加强家庭家教家风建设的实施意见》，全面实施“缑城家事”家庭文明建设五大行动，常态化开展特色家庭选树，选树推荐18户市级、2户省级、1户全国级文明家庭、最美家庭等先进家庭典型，集结成立“最美家”联盟，20户省级以上优秀家庭成为宁海首批“榜样家庭志愿者”；整合资源建立特色家庭礼遇机制，端午节期间慰问县清溪水库工程77名攻坚小组成员家属，有效促进家庭文明建设良性循环。创新建立文明家庭走访联系和退出机制，每两年对县级及以上先进家庭进行一次复查，确保文明家庭先进性。

家庭教育体系有支撑。贯彻落实《中华人民共和国家庭教育促进法》，与高校合作升级宁海县家庭教育指导中心，加强家庭教育指导服务顶层设计，配合政协做好家校社共育调研工作，完成县家庭教育指导服务供给优化策略研究。开展科学家教送基层系列活动，联合县教育局举办首届县家庭教育名师讲师选拔大赛，新选聘名（讲）师52名，线下推出名（讲）师团点单课程，线上开设家长智慧课堂，联动开展家庭教育讲座进村（社区）、企业110余次，惠及12000余人次。做实做强家庭教育阵地，依托家庭教育指导队伍，推动家庭、学校、社区“三位一体”家庭教育模式向纵深发展，全市首推“幸福来敲门”社区家庭教育服务三年行动，全市首试家长学校法治副校长聘任制，全市首建“家长说事”工作室，成功探索多条“社区（村）、校共育家长学校”新路径。全年开展“家长说事”活动18场。家风传承宣传有平台。以“陪读妈妈”“好爸好妈”故事团为典型的亲子阅读宁海模式掀起全民阅读热潮，全年开展“线上+线下”公益阅读推广活动160余场。

家风阵地建设提档升级，以寻找家风家训故事会、红色根脉打卡地等多种形式，开展“传承良好家风”宣传入户，建成县级家风馆，自9月开馆以来，开展“小小家风宣讲员”选拔大赛、家风馆研学参观等活动26场；选树家庭家教家风实践基地10个。抓住党员干部“示范”关键，联合县直机关党工委出台《关于加强宁海县机关党员干部家庭家教家风建设的实施方案》，联合县纪委县监委开展“好家风助清廉”活动，涵养党员干部清正作风。

【妇儿关爱与维权】 以儿童友好城市建设为契机。突出“空间”上友好，抓好单元建设贯彻“儿童优先”理念，在梅林花园社区试点打造全市首个村级“儿童友好公园”；有序推进儿童之家建设三年计划，建成2个省级、63个市级、369个县级儿童之家，实现儿童之家建设全覆盖。突出“服务”上友好，抓好项目建设推动“关爱服务”常态化，借鉴胡陈国叶村试点成功经验，在胡陈梅山村、茶院许家山村、桑洲镇小学等6个试点深入开展“守望乡村·儿童精神成长”项目。突出在“制度”上友好，抓好组织建设推动“内在精神”落实，探索儿童议事会建设，培育以儿童为主体的议事组织，制定儿童议事组织章程，畅通儿童意见表达渠道，提高儿童参与社区、学校“微治理”的意识和能力，在全县中小学、幼儿园及社区建立27个儿童议事会。

以妇儿关爱项目实施为契机。通过部门联动，高质量推动妇女儿童发展“十四五”规划有序落实，深入实施妇女健康提升工程，向千余名低保家庭女性免费发放公益保险卡，为已婚育龄妇女免费提供“两癌”筛查；筹措康乃馨救助金28.38万元，募捐数位居全市第一。妇儿关爱服务常态化推进，结合春节、“三八”国际妇女节、寒暑假等特殊时间，开展“暖心娘家·情系女性”“把爱带回家·让孩子健康成长”系列关爱行动180余场次，走访慰问妇女儿童千余人。倾心打造“益心为她”品牌公益项目，筹措妇儿关爱基金90万元，全新推出“麦田里的守望者”“情暖高墙少年”“支援困境单亲妈妈”等公益项目10个，惠及6000余人。依托县妇儿活动中心，根据不同妇儿、儿童群体需求共开展各类公益服务活动1600余场次，惠及近3.3万人次。

以妇儿维权品牌推进为契机。深化基层三级调解机制，推进平安家庭建设，强化与公、检、法、司等相关部门联防联动，落实家暴警情联动机制，特设家事共享法庭，同步开展集“法律咨询、纠纷化解、家暴庇护”于一体的综合维权服务，形成家事纠纷源头预防长效机制。深化春风化雨婚姻家庭纠纷调解工作品牌，创新项目化运作模式，联动女性社会组织承接家事纠纷预防化解项目，推动形成维护妇女儿童权益合力。深化维权宣传矩阵体系，整合乡镇、学校、司法部门等资源，抢抓“三八”国际妇女节、“反家暴日”等时间节点，通过入户帮教、开设维权热线、线上微课宣讲等形式，开展法治宣传活动，不断提升妇女儿童权益的意识和自我保护能力。

【党建工作】 体现巾帼力度。提升妇联组织向心力。坚持党建带妇建，指导成立县快递行业、县商贸行业妇女联合会，通过打造“雁阵享学课堂”有效激活“四新”领域妇联组织内生动力。排摸组建三八红旗手（集体）联盟组织阵地，结合“三八”国际妇女节，慰问省级以上三八红旗手9人。重视女性社会组织培育服务，动态建立宁海县女性社会组织基础档案，以枢纽型女性社会组织为中心辐射带动核心组织25家，定期指导开展评级创品、资源共建等服务。成立妇联界政协委员工作室，创新推出“幸福家”品牌领办项目，全力搭建委员履职平台。构建妇儿社会工作体系，尤其在疫情防控中，万名妇联干部执委、女性社会组织、巾帼志愿者捐款捐物，为一线防疫工作者策划提供送清凉、心理热线、有声故事等各类暖心服务50余次，相关防疫事迹在“宁波女性”公众号单独推送。

提升工作机制有效力。融入数字化改革大局，认真落实“浙里家·连心桥”“四必访四必应”应用场景系统数据贯通工作，推动妇联工作融入基层社会治理全局。全面建立妇联基层联系制度，线下建立常态化走访机制，线上推广“四必访四必应”应用场景，共发动三级妇联干部、执委走访家庭近4.2万户（次），响应需求清单1500余条，协调解决问题619条。系统整合妇女之家、儿童之家、家长学校等妇联基层工作阵地，培育形成县级一星级驿站27个、市级二星级驿站3个、省级三星级驿站1个，用心用情构筑服务妇女儿童的“坚强阵地”和“温暖之家”。创新成立“姊妹护航”巾帼志愿服务品牌，队伍活跃程度在全县新时代文明志愿服务排名中位于前列，选送的2个志愿服务项目分别荣获市首届巾帼志愿服务项目大赛铜奖和优秀奖。

提升干部队伍战斗力。高质量完成18个乡镇（街道）妇联组织换届工作，新一届基层妇联队伍呈现出“高学历、年轻化、职业多”的特点，基层妇联干部队伍结构进一步优化。全市试点开设“巾帼学院”，创新实施宁海县女性素养提升三年计划，将原先短期、零散的教学培训整合成为期三年的常态化、项目化帮带培训，以县管女领导干部、乡镇（街道）妇联干部、村（社）妇联干部、女村干部以及创业女性等五个层面为主体，分层、分级、分类开展大轮训。全年开展女干部主题课堂12课时，普训班送课下乡218课时，打造赋能实践基地27处，创设“一镇一品”实战促共富项目18个。

宁海县科学技术协会

【概况】 核增县科协事业编制1名，编制挂靠在县科技局下属的科技开发服务中心；及时调整县科协班子成员分工，确保组织领导有力，各项工作开展有序。对乡镇（街道）科协进行换届选举，并对领导班子人员的配备和职责进行明确。

充分发挥实施《全民科学素质行动规划纲要（2021—2035年）》办公室工作的牵头、组织、协调作用，根据工作需要和人事变动，及时调整宁海县全民科学素质工作领导小组成员名单。

开展“三长带三会”试点工作，建设生产服务类科普协会、生态服务类科普协会、生活健康类科普协会简称“三会”，以“三长”为纽带带动“三会”建设，开展面向基层的科技、科普服务。加强科技服务，深化落实《关于组队开展科技服务助推“双优”宁海》实施方案，整合力量提供针对性的科技服务，成立服务队37个，拥有骨干队员500人以上，开展各项服务达150余场，其中宁海县中医医院的“杏林红·医心向党”志愿服务宣讲团被评为2022年度长三角优秀科技志愿服务项目，受到表彰。

根据《中国科协关于命名2021—2025年度第二批全国科普示范县（市、区）的决定》，宁海县获全国科普示范县称号；根据《中国科协办公厅关于对2022年全国科普日有关组织单位和活动予以表扬的通知》，宁海全国科普日系列活动——科普知识进新时代文明实践中心活动评为全国科普日优秀活动。

【科普行动】 全国科普日行动。组织县全民科学素质工作领导小组成员单位、各乡镇（街道）召开2022年度科普相关工作部署会、学习中共中央办公厅、国务院办公厅印发《关于新时代进一步加强科学技术普及工作的意见》。印发《关于征集和举办“2022年全国科普日活动”的通知》，协调各成员单位，动员科技工作者和社会力量开展科普联合行动，共征集活动40余场。

五大类重点人群科学素质行动。针对老年人，连续5年开展智能手机操作技能培训，2022年培训人数达22461人次；针对务农人员，依托农函大开展特色技能培训，全年累计农民培训近2万人次，其中，农村实用人才培训1850人，高素质农民371人；针对青少年，联合教育部门开展青少年科技节、科技选拔赛、科普夏令营和多场次科普进校园活动；9月县教育局发文成立“宁海少年科学院”，推进学校科普工作深化；拓宽“互联网+科普”的线上阵地，县科技局、县教育局、县科协会同县传媒集团，推出科普专题栏目《科普向未来》；推动优质科普资源向偏远地区延伸，推出“留守送教”贴心帮扶、“空中飞课”远程支教、“科普风车”下乡等活动，直接服务受惠师生达1万余人次。

科技宣传活动。组织开展“全国科技活动周暨全国科技工作者日”活动，表彰宁海县“十佳”优秀科技工作者和学校科技活动项目、宣读创建全国科普示范县倡议，聘任首批“宁海县科普导师”；50多块科普宣传展板进农村文化大礼堂巡回展出，支持举办各类科普活动、科普图书出版、种植培训，助力乡村振兴；县科协因在全国科技活动周活动中，积极参与、表现优异，获得2022年全国科技活动周先进单位荣誉。选送科普导师参加2022年宁波市第四届科普讲解员职业技能竞赛，吴欣芳导师的“无色透明奶茶”“腾云驾雾”分获科学辅导赛二等奖、科学实验赛三等奖。

【科普基地建设】 宁波青华科技培训学校被认定为省级科普教育基地，宁海县海洋生物博物馆、佳田绿色学校被评为宁波市优秀科普教育基地；新增“诗路竹韵”竹编馆、眼视力保护等科普馆2个，新建宁海杜鹃山生物多样性主题文化绿道，新培育示范基地5个，新建科普标准画廊2个，新建省发明协会青少年科创委员会会员学校7家，新建科技创新示范实践基地10个，新建县社区科技创新教育中心4个。

发挥政策引领，修订《宁海县科普工作专项资金管理办法》，制定《关于开展2022年度优秀科普教育基地评选工作的通知》，并资助科普教育（示范）基地共42万元，评选县级优秀科普基地6家，资助共10万元。

【科普信息化建设】 建立宁海科普e站14个，其中，学校e站9个，镇乡（街道）、社区e站3个，乡村e站1个，进一步拓宽了科普资源的供给渠道。注册科普信息员3918人，科普内容传播量超2万次，把“科普中国”的优质资源向社区、学校精准传播。举办全国科普日云上科普有奖问答，1万多人次参与。开通微信视频号，每周推送2期宁海科普导师原创作品。“科普宁海”微信公众号、微信视频号、抖音粉丝量达2万余人，截至年底发布各类信息1800余条，受益群众达74.5万人次。微信公众号科普文章每天推送2篇以上，全年推送700多篇。

【学（协）会工作】 高端智力集聚稳步推进，新建市级院士科技创新中心（院士工作站）2家、新建市级博士创新站2家，县级博士创新站4家；推进企业科协建设，新吸收企业（园区）协会5家；开展全国科技工作者日庆祝活动，并挖掘宁海科技人坚韧不拔、务实创新、克难攻坚的科学精神，通过“今日宁海”“宁海发布”“看宁海”等媒体，予以宣传，中新网、央广网、新华社、《光明日报》、“浙江新闻”客户端等集中报道宁海科协助力民间人才“破土冒尖”出圈新闻。吸收宁海县知识产权协会为科协团体会员，入选2022年宁波市“最美科技追梦人”提名1名，鼓励县级学会、协会举办各类学术交流会、技术研讨会、学术沙龙及讲座60余场，“科创中国”浙江宁波半导体照明产业科技服务团在中国照明学会刘正雷理事长带领下到宁海开展科技服务活动，年底由中国照明学会和宁波市科学技术协会主办的2022年中国（宁波）半导体照明产业发展高峰论坛在宁海举行。

归国华侨联合会

【概况】 围绕以宁海县高质量发展建设共同富裕标杆县为主题，以县委“五大革新”目标任务为抓手，坚持国内海外工作并重、老侨新侨工作并重，各项工作扎实推进，思想共识进一步凝聚，作用发挥更加有力。

【建言献策】 聚焦“政治领航”，凝聚思想共识。

不断强化侨界人士参政议政工作，提交增强海外留学人员爱国主义意识等提案5件。

组织侨联界政协委员开展“侨爱永行·同心助共富”座谈会、组织县留联会理事开展“凝聚海归力量·汇聚共富动能”座谈会，围绕侨界助共富开展建言献策，提出相关意见建议19条。

【助力共同富裕】 聚焦“五大革新”，彰显侨界作为。

在助力共同富裕中发挥侨力。深化百个侨团（企）帮百村行动，引导4家重点侨企、1个侨团结对5个经济相对薄弱村，帮扶解决村庄民生基础设施建设资金50余万元，向村民提供就业岗位200余个，在养老助困助医、村容村貌改造等乡村振兴项目方面提供资金、智力帮扶。

开辟“我和我的家乡”专栏，宣传12位乡贤助共富典型，将侨元素积极融入各个同心共富示范带重要节点，为共富目标贡献侨界力量。

在促进创新创业中汇集侨智。利用侨梦苑平台的资源优势，举办“智享侨梦苑·同心助共富”百名侨商走进侨梦苑宁海中心活动。重要侨商代表现场分享了创业创新经验心得，表达了为宁波、宁海发展贡献侨商力量的愿景。宁海县政府与宁波市侨商会签订了招商引资战略协议、“宁海珍鲜”推广战略协议，同时，新型水产养殖用功能性饲料及动物保健品项目、红外荧光编码高通量体外检测等3个项目现场签约。

在深化联谊联络中广聚侨心。采用“线上+线下”相结合的模式，加强与海外社团、人才工作联络站负责人、海外侨领乡情乡谊的联络沟通。在庆祝香港回归25周年之际，组织香港同乡会会员线上参加“甬同心·港澳汇”庆回归活动，邀请部分在港宁海人谈回归25周年感悟。开展“学习中共二十大·同心向未来”宁海籍在港青年线上交流会、“同缘同心·共创共富”香港青年走进港企等活动，让港澳青年同胞了解宁海港企的发展，并对企业在疫情形势下如何加快发展提出了意见建议，进一步凝聚侨心侨力，共促家乡发展。

2022年7月13日，张明养纪念馆中国民主促进会会史教育基地揭牌仪式

【为侨服务】 聚焦“以侨为本”，深化为侨服务。

关爱侨胞送温暖。在春节、清明节等重要节假日前后为在外宁海人寄送家书，开展“侨干代你看家人”暖侨活动，走访慰问重点侨界代表人士及困难归侨侨眷200余人。

落实侨胞捐赠工作，积极开展“香港浙妇爱心助学活动”，宁海33名贫困学获得资助。

维护侨益解侨忧。依托县侨联法顾委，在全县各乡镇（街道）建立“涉侨纠纷多元化解工作站”、“涉侨纠纷多元化解工作点”，形成县、乡镇（街道）、村居（社区）三级联动，为侨界群众提供更便捷、高效、优质的法律服务。

及时回应侨胞侨眷的各种诉求，向县留联会上海分会、海外联谊会、在港宁海人及时发布最新政策，解决实际难题。助企纾困促发展。开展“侨爱永行，帮企一把”“深化‘三服务’、助企开门红”等活动，察实情、破难题、促发展，加强政府与侨企的双向沟通频率，有效化解侨企存在的困难与问题。累计走访侨企19家，协调解决侨企各类难题5个。

【基层基础建设】 聚焦“变革重塑”，夯实基层基础。

强化数字赋能，打造“线上线下”为侨服务平台，线下通过建设“宁波帮·帮宁波”家园宁海分园，建成一处集宁波帮文化展示、书吧、会议、活动等功能为一体的海内外宁海人学习交流、联络联谊的活动场地。线上通过建设“宁波帮·云家园”（会务活动）应用场景，打造集信息排摸、宣传展示、联谊交流、会务活动等功能为一体的线上综合平台。

升级侨文化基地建设，提炼前童古镇和宁海非遗产业园中传统文化元素和侨文化内涵，获批省、市级“华侨国际文化交流基地”，使其成为向海内外侨胞展示地域特色文化、传播弘扬传统文化的重要窗口。推进侨界“双创基地”建设，宁波中加低碳新技术研究院获评市级侨界创业创新基地。

激发组织活力。提升基层侨联组织建设，指导西店镇侨联创建精品“侨胞之家”，为其他基层侨联组织提供好的经验做法。打造县级“侨胞之家”，丰富侨胞活动，做深做实侨联服务，县留联会组织建设、队伍建设、作用发挥进一步提质升级。策划“七个一”的年度活动，由七位班子成员认领组织完成，吸纳5名素质高、有活力的海归人员进入理事会班子，被评定为2022年度统战社团四星级社团。进一步做好海外留学人员服务工作，成立全市首家留联会海外分会县留联会英国分会。

宁海县工商业联合会

【概况】 宁海县工商联被评为2022年度全省工商联服务“两个健康”工作成绩突出集体。“打好商会调解组合拳、编织和谐劳动关系网”

案例被评为省2022年度全省工商联服务“两个健康”最佳工作实践创新成果；2022年新建宁海县桑洲商会。

紧扣“两个健康”，抓实“五大革新”中的“亲清政商关系构建”和“尊企爱企助企暖企环境营造”，获得“较为满意”评价，“坚持政企联动　强化双向互济　系统构建‘三维’清廉民企创建体系”获得第三季度全省工商联服务“两个健康”最佳实践案例，“打好商会调解“组合拳”　编制和谐劳动关系网”获得第二季度全省工商联服务“两个健康”最佳实践案例并被评为2022年度全省工商联服务“两个健康”最佳实践创新成果，县商会调解委员会获全国金牌调解组织，桃源街道商会获全国“四好”商会，县工商联被省工商联评为工作突出集体。

【畅通政企沟通】　制定“亲清直通车·政企恳谈会”制度。由两办发文，形成深入调研—确认议题—恳谈交办—督办反馈的政企沟通的闭环工作机制。

开展政企恳谈。全年召开7场政企恳谈会，1场综合性恳谈会和6场专题性恳谈会。综合性政企恳谈会由县长参加，对企业提出的29个问题，现场答复8个，21个问题逐一同相关部门对接深化落实，并对企业反馈，得到县长的批示肯定。

开展大走访。走访380余家企业，收集意见建议200余件，协调落实60余件。

建言献策。根据企业提出的人才问题，开展300家规模以上企业调研和4场专题座谈会，形成《关于加强企业产业人才的建议》，作为政协会议发言提案。

【建设清廉企业】　从企员、政企、企企三个维度制定《宁海县推进“三维”清廉民营企业建设实施意见》《清廉民企建设风险防范指导手册》和《清廉民企建设参考范本》。联合公检法司等部门，创新建立“涉稳事项处置”“案后回访诉源”“容错纠错”“亲清约谈”“法治体检”等“护航民企五大机制”。2022年培育清廉民营企业23家。

【推动共同富裕】　开展招商引资。全年签约14个项目，其中，慈善基金、乡村振兴、宁海珍鲜品牌推广等6个共富项目，8个招商引才项目，涉及金额32亿元。在疫情防控期间，购买7万元物资驰援上海商会。

开展“二会一镇促共富”项目。组织异地、基层二个商会共同结对一个乡镇，例如，杭州·力洋养老产业共富项目，上海·长街种植养殖共富项目等。开展定向招工的“共富工坊”的创建行动，全年完成10家。

开展结对帮扶。结对四川普格县大槽乡，引导企业捐赠33万元，进一步改善人居环境、夯实乡村振兴基础，实施厕所改造、垃圾池建设等项目。助力景宁县高质量发展，在旅游、食品和酿酒等产业进行对接，提供技术支持，促进宁海县在相关产业方面提升。

【提供集成服务】　8月，联合金融部门开展“金融服务周”，纾解企业融资困境，初步帮助企业和银行达成2亿元左右的融资意向。9月，联合公检法司开展“法治服务周”，推动企业加强内部合规建设。10月，联合县人社局开展“人才服务周”，为企业和高校做好牵线搭桥工作。11月，开展宁海专场的宁波产教融合校企合作供需对接会，5所市高职院校和近20家企业达成产业合作意向。

【加强组织建设】　高质量完成县工商联换届。5月26日，高标准召开县工商联（商会）第十二次代表大会，选优配强新一届领导班子和领导机构。此项工作被写入县委十五届二次全会报告。

加强阵地建设。在县委、县政府重视下，5月搬到桃源商务楼，办公场地得到极大改善。

开展新生代企业家培养。举办9场“宁新学堂”，6月举办同心共富主题活动，11月组织赴四川开展“创新驱动高质量发展”专题研修班，引导新生代企业家思想学习展现“新”精神，开拓创新中展现“新”风采，在共富慈善中展现“新”担当。

指导杭州市宁海商会换届和上海市宁海商会成立，开展宁海县商会异地分会筹备工作。

设立协作片区活动机制。探索基层商会协作片区活动机制，按照区域相近、方便活动原则，划分五大基层商会协作片区，通过经济相对发达区域的商会带动其他商会抱团发展。

建设数字化平台。启动集用工体检、日常管理、商会调解功能于一体的“和谐用工一件事”平台建设，完成初步开发。

宁海县文学艺术界联合会

【概况】　宁海县文联坚持以习近平新时代中国特色社会主义文艺思想为指针，坚持以人民为中心的文艺创作导向，紧密围绕中心，服务大局，找准立足点，发挥思想引领、舆论推动、精神激励的重要作用，紧紧围绕县党委、政府中心工作，紧扣“共同富裕”示范区建设、喜迎二十大、伟大建党精神等主题，切实有效地抓好宁海县文艺各项工作。

【队伍建设】 强化理论武装，提升文艺队伍政治素养。

利用中心组理论扩大学习、“三会一课”和周二学习夜等载体学习，通过“宁海文艺”微信公众号发布的音频、视频等学习内容认真学习收看，“与人民同行”——纪念毛泽东同志《在延安文艺座谈会上的讲话》发表80周年特别活动、开展县文联青年微型党课宣讲，紧扣“幸福、拼搏、创新、奋进”4个关键词，围绕“五大革新”的112项任务，不断提高青年文艺干部的政治觉悟和理论素养。学习习近平总书记在中国文联十一大和中国作协十大开幕式上的重要讲话精神等，努力提高政治站位，发挥自身优势，进一步强化党员干部队伍思想政治素质。

加强文艺队伍建设，强化思想引领和业务提升。

抓好协会队伍培训。以习近平新时代中国特色社会主义文艺思想为指导思想，开展基层组织协调管理能力、文艺综合素质提升和专业业务知识的培训。常态化开展各协会自行组织的各类文艺培训，对培养宁海县文艺新人，普及文艺工作起了积极作用。

抓好基层文艺社团培训。将中共十九大、十九届五中、六中全会、“七一”重要讲话和专业知识进行全面有针对性的宣传教育，分层面对乡镇（街道）文联班子、社团开展指导培训，使他们成为开展群众文艺活动的“领头羊”，把学到的才艺传授给热爱文艺的群众，丰富老百姓的精神文化生活，争当新时代文明实践文艺志愿服务排头兵。

【文艺创作】 坚持以人民为中心，抓好文艺精品创作。

围绕中心工作，精心组织策划，引导和组织广大文艺工作者深入基层，深入群众，创作出一批弘扬主旋律、凸显本土特色的优秀文艺作品。

周毅《塔鹿呈祥》入选第七届全国青年美术作品展，赵晓静《Alex的乐队》入选第四届全国（宁波）综合材料绘画双年展。陈肖颖、俞伟文、王亚明、王苍龙、胡强等15人入选2022年“年度百家”，陈肖颖、陈丛烨获浙江省第七届女书法家作品展暨第六届女篆刻家作品展优秀作品提名，叶静超、褚丽黎等10人入展入选，王巍获“潘天寿杯”浙江青年书法篆刻展优秀作品，王银荣、仇潮辉、冯美玲、赖云标、陈肖颖、陈肖华、章建伟、李卫平、冯弘烨、吕红霞、金凤翔（篆刻）入展。

葛招龙民间工艺《人生·戏台》、何晓道学术著作《江南内房家具绘画》和周静书团队《宁波传统村落田野调查》系列丛书获第八届浙江民间文艺“映山红”奖，葛招龙作品《人生·戏台》获第十五届中国民间文艺山花奖、优秀民间工艺美术作品奖。

县戏剧家协会邬再飞、胡琼琼等创作的越歌《潮起东方》、县曲艺家协会葛圣明、邬再飞创作的曲艺说唱《喜迎二十大　寻美新宁海》在“宁海文艺”、“宁波文艺”、“浙江省戏剧家协会”微信公众号、“学习强国”学习平台等平台播出。

【主题文艺活动】 围绕重大时间节点，举办主题文艺活动。

认真践行习近平总书记重要讲话精神，以文艺的形式反映时代精神，弘扬主旋律。通过纪念潘天寿125周年诞辰系列活动之首届“潘天寿奖”浙江省青年书法篆刻大赛和“三山两岸　天寿翰骨”浙江省美术作品展览等省级大赛品牌提升宁海的知名度和影响力。致敬大师——宁海县书画名家作品系列展已展出7期14名老师的作品。

2022西泠印社童衍方书法篆刻暨鉴藏工作室开班，以西泠印社雄厚的学术资源为依托，名家开班授徒，创新书画篆刻艺术传承方式，促进世界级非遗“篆刻”项目传承保护，推动书画篆刻教育发展，培养高起点、高标准、高质量的当代书画篆刻学术研究和创新型高级艺术人才。吸引来自全国的顶级篆刻艺术大师和书法、绘画、篆刻方面的艺术家在宁海汇集，通过开班、授课、交流、研究，形成艺术门类的风向引领，了解宁海，宣传宁海。

加大力度运营“宁海文艺”微信公众号，关注人员增至3059人，全年发布66篇微信公众号文章，年阅读量62892人次。

汇集编撰《早春》杂志，加强线下展览宣传工作，紧扣新时代主题，开展丰富多层次的宣传。

在中共二十大召开之际，县文联、县曲艺家协会、县戏剧家协会共同策划创作曲艺说唱《喜迎二十大　寻美新宁海》、越歌《潮涌东方》，以文艺形式礼赞百年大党的初心和丰功伟绩，描绘幸福中国的瑰丽画卷。发动乡镇街道文联指导多支民间曲艺队伍以长街走书《全民欢庆二十大》、岔路道情《二十大精神指方向》等丰富多彩的形式做好二十大精神宣讲工作，随着学习二十大精神的深入，举办第四届青年歌手大奖赛等活动。根据各协会的专业优势，以推新人、出作品的形式讴歌新时代，奋进新征程，以接地气的文化形式，让中共二十大精神在基层开花结果。开展纪念柔石120周年诞辰系列活动之《柔石文集》《柔石二十章》出版工作等；开展省第十五次党代会精神宣讲、中共二十大精神宣讲等有关活动。

【文艺惠民】 当好文艺模范生中的“双优生”，将文艺惠民走深走精。聚焦“南文化”，有序推进老城区保护与复兴，推进“三山两岸”整体规划和开发建设，打造缑城老文脉、城市后花园。东美丽，南文化，传承中华优秀传统文化，满足人民日益增长的精神文化需求是文联的首要任务。县文联立足文联职能，发挥文艺优势，紧扣县委中心工作，持久、深入、有效地开展文艺惠民活动，加强协会、驻村艺术家与重点村的结对联系、指导，在服务中提高文艺工作者的能力水平，在服务中密切文艺工作者与人民群众的血肉联系，在服务中培育文艺工作者德艺双馨的高远情怀。

广泛深入开展文艺志愿服务活动。组织引导更多文艺志愿者参与新时代文明实践中心建设，把更多精力投入种文化上，不断满足基层对文艺指导的需求，助力打造基层文艺特色品牌，大力营造“德艺双馨、潜心创作，做有信仰、有情怀、有担当的新时代文艺工作者”的良好氛围，凝心聚力，激发干劲，为“共同富裕”宁海建设贡献宁海文艺力量。

在县文联的组织下开展“春蕾计划”下基层走进岔路镇帮扶文艺团队项目。宁海县舞蹈家协会副主席陈盈锋以“西乡麦饼”为主题结合宁海特色量身编排舞蹈动作，以文艺教学的形式弘扬优秀传统文化，增强老百姓的文化自信。宁海县文联原主席袁哲飞作词、宁海县音乐家协会原主席严再望作曲的歌曲《共富山海图》，以农村山海特色为背景，歌颂了党的乡村振兴、共同富裕政策和人民群众满满的幸福感。

县文联组织开展宁波市、宁海县文艺志愿者“学雷锋·留影像”敬老拍摄活动、县文艺乡建小分队进行艺术振兴乡村“三服务”活动等创作采风、交流、展览文艺活动，共计26场次。组织骨干文艺志愿者走进农村、社区、校园等基层进行文艺志愿指导、联络活动110余场次，参与群众6万余人次，其中胡琼琼、陈盈峰等文艺骨干走进岔路镇、大佳何镇、长街镇、强蛟镇、一市镇等村落进行相应的艺术指导和培训，有广场舞、民间舞、戏曲、舞龙、摄影、剪纸等等，共计45次，书法家协会骨干在元旦和春节前下村进社区写书法、送祝福30余场次，18个乡镇在“We志愿服务”平台点单县文联志愿服务团队30余次。

法 治

政法委与综治

【概况】 严格对标省、市要求，聚力聚焦平安护航中共二十大主线，扎实推进“除险保安百日攻坚”行动，一体落实“除险保安”、涉稳风险闭环管控和平安隐患“四查”联动等工作机制，实现“六严防、六确保、六个零发生”目标，全县社会面持续平安稳定，被推荐为全省平安护航二十大先进集体。统筹推进平安法治工作，“在押后”人员精密智控应用被评为省数字法治第四批好应用。

【政治统领】 坚持将党的政治建设放在首位。依托政法委全体会议、理论学习中心组学习平台，持续深化“海晏学堂”“法治讲堂”等特色载体，组织全体党员深入学习习近平新时代中国特色社会主义思想，通过领导领着学、大家讨论学等方式，组织学习中共二十大精神，做到始终在政治上同党中央保持高度一致。认真落实《中国共产党政法工作条例》，严格按照条例规定，要求全县各政法单位落实重大事项请求报告制度，进一步强化党对政法的绝对领导。

【改革创新】 聚焦“五大革新”重点任务，推进涉稳风险闭环管控机制建设，细化信访积案“清零”化解等14个领域子方案，全年排查化解各类涉稳风险47492件次、重点不稳定问题66个次。

数字法治改革迭代升级，“在押后”人员精密智控、“数字档案共享”、“司法拘留高效协同”等场景纳入2022年数字法治系统一本账S2，“在押后”人员精密智控被评为2022年数字赋能社会治理现代化场景揭榜认领项目、2022年数字法治第四批“好应用”。

【社会安全】 对标出台并压责落实“平安护航二十大”系列方案，一体联勤、全时运作县维稳安保指挥中心，一鼓作气打赢维稳安保硬仗。深入开展“除险保安百日攻坚”行动，综合运用全县政法月例会和“5+X”会商平台，“啃下”振明市场（市级挂牌督办件）“硬骨头”。

探索构建“1+N+18”塔形晾晒责任体系，集中通报工作开展、隐患整治和考核排名情况，压责推动属地部门即查即改。

协调县公安局、县道安办等部门开展专题晾晒，定期通报电信诈骗、道路交通安全等行业领域重点任务和指标完成情况，电诈发案和案损同比分别下降27.49%和36.9%，道路交通全量死亡人数同比下降13.51%。

【从严治党】 聚焦“七张问题清单”，牵头推进涉法涉诉信访“治重化积”专项行动，会同公检法对76件信访积案严格落实领导包案制度，确保案结事了。全年75件化解，1件分离。

聚焦省委巡视“回头看”，会同县公安局、县社会治理中心高质量按时完成电诈打击治理三大问题整改。始终将党风廉政建设列入重要议事日程，坚决落实“三书三查两报告”制度和《关于新形势下党的政治生活的若干准则》，及时调整2022年党风廉政建设和反腐败工作组织领导与责任分工文件，班子带头示范，履行“一岗双责”。

严管中层干部，针对各实际岗位和不同职责开展岗位风险防范点查找工作，拧紧全面从严治党、从严带队伍的螺丝。推动“建设清廉机关，创建模范机关”活动，参加全县清廉机关示范案例大比拼，以“擂台比武”的形式，全面展示政法委清廉机关建设的经验做法和特色亮点。

【全县建设平安宁海暨政法工作会议】 5月19日上午召开。县委书记滕安达，县委副书记、县长娄鼎鼎，时任县委副书记、政法委书记汪志参加会议。会议明确了要以平安护航中共二十大为主线，坚决有力打好“除险保安”攻坚战，全力争夺“一星平安金鼎”，加快建设更高水平的平安宁海。

公　安

2022年5月19日，全县建设平安宁海暨政法工作会议现场

【概况】 深入贯彻落实习近平总书记对公安工作重要指示精神，在上级公安机关和县委、县政府的坚强领导下，以中共二十大安保维稳为主线，以“警源治理”为抓手，一体落实战疫情、防风险、保安全、护稳定、促发展各项措施，笃行实干，履职尽责，有力维护全县治安安定和社会大局稳定。

全年接报有效警情数11.68万起，同比下降20.41%，其中，刑事警情3353起，同比下降5.68%，治安警情1.70万起，同比下降11.93%，交通警情5.43万起，同比下降12.08%。刑事发案数总量同比下降1.94%，治安发案数总量同比下降26.01%，未发生命案，七类案件1起，同比下降90.9%，打处犯罪嫌疑人2043名，同比上升23.8%。

县公安局获评全省公安机关执法质量优秀单位、全市优秀公安局。全局有1名个人荣获全国优秀人民警察称号，2名个人荣获全省优秀人民警察称号，1个集体获评全省优秀公安基层派出所，113个集体和个人获得各类先进荣誉。

【惩治违法犯罪】 严打严重刑事犯罪。坚持“生命至上、命案必破”理念，全力维护县域安全稳定。协助侦破一起江苏省南通市通州区2017年命案积案，七类案件1起，破案率100%。

严打涉黑涉恶违法犯罪。以黑恶必除、除恶务尽的态势，常态化开展扫黑除恶斗争，强化线索摸排，专案专办，累计打处恶势力集团2个，移送起诉恶势力犯罪集团涉案人员71人，九类涉黑涉恶罪名采取刑事强制措施415人，破获案件207起，扣押、冻结涉案资产1743万元。

严打侵财犯罪。坚持情报引领，结合盗抢骗等侵财类案件季节性高发特点，全警投入、全力以赴，累计破获侵财案件428起，抓获侵财犯罪嫌疑人734人，起诉335人，进一步提升群众安全感和满意度。

严打涉黄涉赌违法犯罪。持续推进黄赌治理专项行动，综合运用线索摸排、跨区域用警、专案经营等手段，严打黄赌突出违法犯罪，累计查处涉黄赌案件261起，移送起诉黄赌犯罪嫌疑人270人，治安处罚黄赌违法行为人591人。

严打电信网络诈骗。全面加强电诈案件打防机制建设，坚持“打、防、管、治”并举，在严打电诈案件的同时，分析梳理发案形势，积极创新宣防体系，根据受害群体特征精准开展宣防，全力压降发案，全县电诈发案数和案损值同比分别下降22.24%和22.03%。依托“96110”反诈热线、“65396110”反诈理赔热线，累计开展预警劝阻8万余人次，紧急劝阻诈骗案件114起，止付或拦截转账资金522万余元。高压严打电信网络诈骗案件，全年共破获案件268起，以偷越国边境等罪名，主动挖掘、打处缅北回流人员38人，抓获电诈犯罪嫌疑人409人，判决115人，追回被骗赃款700余万元。

严打涉出入境违法犯罪。开展部署“獴猎2022”专项行动，以涉缅人员为重点，坚持“打蛇头、堵通道、断链条、摧网络”四项举措，协助核查被羁押人员持证及出入境记录2100人次，侦办妨害国（边）境案件15起，抓获犯罪嫌疑人72名，移送起诉82名，劝阻可疑办证人员595人次，查处“三非”案件15起，处罚21人。

严打毒品违法犯罪。始终保持对毒品违法犯罪严打态势，全力防毒戒毒，强化线索整合研判，坚持线索必查、深挖打击，共抓获毒品

2022 年 1 月 8 日，县公安局欢迎支援北仑抗疫警队凯旋

犯罪嫌疑人 26 人，移送起诉 20 人，摧毁 6 人以上团伙案件 2 起，打处“笑气”非法经营案件 3 起 12 人。查处吸毒人员 21 人，强制隔离戒毒 2 人，铲除非法种植毒品原植物罂粟 26 处 880 株。

严打经济犯罪。强势推进“云端”“猎狐”“蓝剑 2022”“歼击 2022”等专项行动，累计破获经济犯罪 30 起，打处各类经济犯罪嫌疑人 79 人，移送起诉 86 人，挽回经济损失 1500 余万元。发起“云端”集群战役 2 起，数据协同战役 2 起，清理涉企积案 12 起。

严打食、药、环领域违法犯罪。深化运行打击食药环犯罪联席会议和联合执法机制，对食药环领域犯罪实行高压严打态势，全年共侦破食药环案件 99 起，其中，省标大要案件 4 起，采取刑事强制措施 168 人，移送起诉 160 人，打掉团伙非法采矿、非法捕捞水产品、非法狩猎等团伙 10 个，有毒有害食品团伙 1 个。

会同渔政、海事、交通等部门开展联合执法 8 次，累计检查港岙口码头 52 次，船舶 85 艘次，查获非法捕捞案件 2 起 2 人，无证驾驶机动船舶案件 4 起 4 人，破获走私国家禁止进出口货物案件 6 起，抓获嫌疑人 21 人，查扣冻品 718.86 吨，船舶 5 艘，车辆 39 辆。

常态化、高标准运作“122”机制，打集团、打头目、断通道、断资金，全年共发现赌博线索 40 余条，挖掘打击本地参与跨境赌博赌客 150 人，打掉网赌、跑分等涉“122”情报打击案件 15 起，采取刑事强制措施 132 人，涉案金额 700 余万元，追赃 30 余万元。破获 1 起省督目标案件，抓获犯罪嫌疑人 61 人，采取刑事强制措施 55 人，打击赌客 80 余人。

2022 年 5 月 20 日，县公安局开展西溪户外青春跑活动

以推进派出所办理刑事案件负面清单为契机，开展“刑事打击勤务机制调整”，成立 6 个刑侦大队片区中队，专职刑事打处工作。11 月底，为进一步做强警种、构建专业化打击队伍，县局在前期改革基础上，将部分业务大队整合，进一步成立“两个中心”，即刑事犯罪侦查中心和治安基础管理中心，集中优势警力、资源，侦办疑难案件。自成立以来，有力提升违法犯罪打处质效，全年累计打处犯罪嫌疑人 2043 名，同比上升 23.8%。

【行政管理】 维护社会政治稳定。紧扣中共二十大安保维稳主线，谋划部署一系列安保维稳措施，累计出动警力 3300 余人次，相继完成“5·19”开游节、各级“两会”、中共二十大等各类安保活动 28 场次。

服务经济社会发展。主动融入党委政府中心工作，一手抓服务、一手抓打击，靠前一步护航重大项目重点工程，对各类大型会议、重要活动开展“全程安保”，全面推进经济稳进提质工作。助力文明创城，全局27个副局级干部包干全县27个文明创城责任区，系统开展车辆违停大整治行动，为全县创城贡献公安力量。

2022年2月16日，副市长、公安局局长王顺大（左三）到宁海调研公安工作

加强道路交通安全隐患治理。持续推进“除隐患、降事故、遏重大”专项行动，累计查处各类交通违法行为为60.3万余起，查处酒后驾驶928人，查处醉驾237人。以推进交管治理体系和治理能力现代化为主导，以深化警务体制改革为引擎，道路交通安全综合治理能力不断提升，全面排查道路交通安全隐患1189处，整改1161处。全县共发生全口径道路交通事故死亡人数同比下降10.52%。

持续深化烟花爆竹专项整治。全面开展集中整治违法违规烟花爆竹专项行动，对烟花爆竹“产、销、运、放”等各环节安全监管和隐患整治。共侦办烟花爆竹案件2起，行政拘留2人，查扣各类烟花爆竹397箱，走访商户、小店2700余家，走访居民小区96个，张贴禁燃禁放公告3000余张，发送宣传单11万余张。

开展警源治理工作。牢固树立强基导向，不断优化警力部署，推动警力下沉、警务前移，将公安工作从事后被动兜底，向事前事中主动治理转变，扎实做好警情压降、矛盾纠纷排查化解、交通管理“三篇文章”。2022年，县局有效警情同比下降20.41%，受理治安刑事案件数同比下降18.7%，县域基层基础不断夯实。“警源治理”相关做法被《浙江政务信息》《平安时报》、人民论坛网刊发报道，并获得副省长、公安厅厅长王成国，市委副书记、市长汤飞帆批示肯定。

2022年2月1日，县委书记滕安达（右二）看望慰问一线执勤交警

推进交所一体化改革，在全县除城区派出所外的17个派出所推行“交所合一”，推动交所勤务深度融合，在提升交通警情处置效率、加强交通违法查处等方面发挥了重要作用。通过改革，偏远地区交通事故类警情出警时间较改革前平均缩短30分钟，现场交通纠违数同比增长101%，全年道路交通事故亡人数同比下降10.52%。

净化营商环境。全面推进经济稳进提质工作，充分发挥警企服务中心优势，倾听企业声音，护航企业发展，高压严打涉企、涉众等经济犯罪。先后侦破周某等人生产销售假冒得力测温仪案、“湖西花园”

非国家工作人员受贿案、陈某等人非法吸收公众存款案等案件30起，抓获犯罪嫌疑人73人，有力净化宁海金融营商环境。

纵深推进数字化改革、“公安大脑”建设，“在押后”人员精密智管获评省数字法治好应用，入围2022年全省数字赋能社会治理现代化场景项目。跨境赌博参赌人员治理、酒驾智慧预警被市局纳入数字化改革场景库，作为重点应用场景统筹推进。统一基础信息采集标准实践子场景成功“揭榜”省厅第一批“公安大脑”建设项目。2022年12月，省厅确定宁海县公安局为县级公安机关系统性重塑整体性变革试点单位。

2022年10月27日，县公安局党委理论学习中心组学习（扩大）会召开

【警务保障】 全年有效警情11.67万起，同比下降20.41%。刑事案件3353起，治安案件17009起，群众求助11275起，举报线索2719起。

加强执法规范化建设。坚持实战引领，依托体制机制变革、数字改革赋能、监督体系构建、法治服务保障等举措，全力推动执法规范化建设再上台阶。累计有967名民警通过基本级执法资格考试，43人通过高级执法资格考试。

推进智能防控体系升级。深化推进“雪亮工程”建设，配合县大数据中心建成全县视频监控运营中心。持续推进智慧海防建设。

2022年8月31日，“五比五先”暨“警源治理”警务工作论坛会（第二期）召开

夯实基础设施建设。扎实推进基础设施建设，切实提升警务保障效能，不断改善民警办公条件。跃龙派出所、桃源派出所、深圳派出所、黄坛派出所的“五小”工程建设和警营文化提升工作按期推进，桑洲派出所完成前期征地和设计工作，越溪派出所和茶院派出所完成前期征地工作，一市派出所完成初步设计工作，各项工作有序推进。

【队伍建设】 聚焦“建设现代化‘双优’新宁海”的使命担当，持续深化“三能”主题教育，教育引导全警在全面学习、全面把握、全面落实上下功夫，通过“缑警学堂”“青警学习小组”“周二夜学”等平台，综合运用集中学习、观看视频、讨论交流等形式，开展专题学习、浓厚学习氛围，做到知行合一、学以致用，不断提升政治敏锐性和鉴别力。

纪律作风建设。坚持严管就是厚爱，开展“思想大教育、履职大检视、警纪大督查”专项教育整顿活动，结合“五问五破、五比五先”机关作风建设，不断巩固党史学习教育和队伍教育整顿成果。始终保持严的主基调，持续深化纠治“四风”，常态开展警示教育，严管民警“八小时以外”生活，保持监督执纪“零容忍”。

维护民警执法权威。以警为本，创新运用“加减乘除”工作法，有效维护法律尊严和公安机关执法权威，全年快侦快破侵犯民警执法权威案件25起，其中，以袭警罪、妨碍公务罪立案11起，抓获犯罪嫌疑人11人。查处阻碍执行职务案14起，行政处罚16人。

组织全警实战练兵。以全警实战大练兵为抓手，扎实开展四项基本练兵科目测试和“练兵月”相关工作，100%通过省厅、市局组织的各类测试；组织参加新警、中层干部及业务警种比武练兵，中层干部执法办案比武获全市第四名，2个警种部门代表市局参加省厅比武获一等奖和二等奖，比武成绩列全市第一。

抓好队伍文化建设。找准警营文化与学习教育的契合点，充分发挥文化育警、文化塑警、文化律警、文化励警的作用，突出特色，丰富载体，举办书法、摄影等展览及演讲、征文等公安文化活动，以文化“软实力”打造过硬队伍，不断增强队伍凝聚力和向心力。

紧紧围绕电诈防范、疫情防控、犯罪打击等方面，开展主题宣传工作，全年在省级以上主流媒体刊登各类报道80余篇，其中，被《人民日报》《人民公安报》等国家级媒体录用26篇；不断做强做大新媒体，“宁海公安”2个新媒体账号入围全省榜单，2部新媒体作品获全省“三微”大赛二等奖和三等奖。强化典型宣传，3个集体和4名个人被市局推荐参评全省“最美浙警”。

检　察

【概况】 在县委和上级检察机关坚强领导下，在县人大及其常委会的有力监督下，在县政府、县政协及社会各界的关心支持下，坚持以习近平新时代中国特色社会主义思想为指导，深入贯彻习近平法治思想，围绕检察工作“质量建设年”活动，全面履行法律监督职能，各项工作取得新发展。

【保障发展大局】 依法助力平安建设。围绕平安护航党的二十大胜利召开，聚焦“除险保安”，维护社会稳定。全年批准逮捕各类犯罪嫌疑人298人，不批准逮捕169人，不捕率36.19%；提起公诉1009人，不起诉406人，不诉率28.69%。推进扫黑除恶斗争常态化，认真开展“一案一整改”，深化查防并举、以案治本，杀人、抢劫、聚众斗殴、寻衅滋事及毒品犯罪均同比下降，社会治安平稳有序。受理监委移送审查起诉4件4人，将心比心妥善处理各类信访188件，积极参与依法维护信访秩序专项行动，从严打击信访中的违法犯罪行为，依法批捕起诉涉嫌敲诈勒索、寻衅滋事犯罪嫌疑人4人，助推信访生态持续向好。强化溯源治理，针对涉众型经济犯罪、性侵未成年人犯罪、安全生产事故等频发多发案件形成专项分析报告，当好县委、县政府法治助手。

服务优化营商环境。紧扣县委“五大革新”行动工作部署，出台能动履职服务保障17条举措。在县委、县政府鼎力支持下，推动建立营商环境投诉监督中心，“一站式”办理市场主体投诉监督事项，合力破解涉企社区矫正对象反映的经营性外出请假难问题。成立知识产权检察联络站，在110家企业（商会）设立助企联络员，进一步加强宁海“制造、文旅、生态”等特色产业和知名品牌的综合司法保护。扎实推进涉案企业合规改革，协同市工商联选聘6名第三方监督机制专业人员，督促1家涉案企业作出合规承诺并积极整改。集中开展涉企刑事案件“挂案”清理，通过面上精准减存量、点上联动控增量、线上用好监测点，督促清理涉企“挂案”15件，让企业轻装前行。

筑牢生态安全屏障。持续深化“两湾（三门湾、宁海湾）一溪（清溪）”生态环境司法保护协作体系，综合运用刑事处罚挂钩生态修复机制，敦促犯罪嫌疑人赔偿矿产资源损失、缴纳生态修复资金1514万余元。在宁海湾狗山岛建立野生动物（鸟类）公益保护教育基地，引导非法狩猎者主动加入护鸟服务队，实现惩处与教育双佳效果。围绕“非粮化、非农化”“古树名木”“农业文化遗产”保护等开展专项监督，以能动履职破解保护难题，守好青山绿水良田沃土。

【践行司法为民】 打造检察服务品牌，让群众更舒心。积极培塑“检察在身边”法治服务体系，建立“一镇（街道）一部（检察部门）、一村（社）一员（检察人员）、一企一站（检察联络站）、一校一长（法治副校长）”检察服务模式，让检察干警全方位“走出去、沉下去”。在62个行政村（社）入驻检察官团队，94所中小学校实现检察人员担任法治副校长全覆盖，开展送法活动560余次，发现监督线索182条，协助妥善处置矛盾纠纷92件。该项工作获评县高质量发展建设共同富裕标杆县最佳实践（第一批）。

迭代升级监督模式，让群众更暖心。围绕提高人民群众生活品质，聚焦农产品质量安全突出问题，通过“人大+检察”闭环联动监督模式，由县人大常委会牵头，联合相关职能部门开展专项行动，对监督中发现的农产品溯源、农贸市场使用“生鲜灯”等问题，制发检察建议，让人民群众的关切和期盼有回音、有着落。持续强化与人大代表的联络互动，对反映强烈的“人猪冲突”“校园安全”等事关群众切身利益的问题，积极回应、依法履职，解决了一起困扰某校20余年的噪声污染烦心事，为莘莘学子营造良好的学习环境。

切实办好民生小案，让群众更安心。开展打击整治电信网络诈骗、养老诈骗等专项行动，帮助多名老年被害人追回诈骗款37万元。重视未成年人综合司法保护，决定不起诉涉罪未成年人30人，创新帮教新模式，联合关工委对15名涉罪未成年人开展取保候审阶段的帮扶教育，有效降低再次犯罪的风险。坚持情理法贯通融合，组织检察听证36次，将听证会开到山里面、家门口，让公平正义可触可感可信。强化民事支持起诉，通过远程讨薪等方式，帮助8名农民工讨回薪资30万元。坚持司法救助应救尽救，助力巩固脱贫攻坚成果，为39人发放司法救助金46.8万元，纾解困难群众燃眉之急。其中帮助因案致困的一家三代缓解生计难题，重燃生活希望。

【履行监督】 稳步做优刑事检察。严把批捕起诉质量关，经审查对证据不足的，不捕55人，对经补充侦查仍达不到起诉标准的，不诉11人。贯彻少捕慎诉慎押刑事司法政策，用足用好认罪认罚从宽制度，规范设立侦查监督与协作配合办公室，联合实施刑拘逮捕少用慎用机制，审查批捕受理人数同比下降27.4%，对能不捕和能不诉的决定不捕113人、不诉415人，提起公诉前处于羁押状态的占比21%，认罪认罚从宽制度适用率88.9%，量刑建议采纳率99.7%。全力攻坚积案顽疾，快速削减存量、精准遏制增量，有力提升办案质效，案件审结率从60.4%提升至86.6%，超6个月积案持续7个月“零纪录”。加强刑事诉讼活动的全过程监督，共办理各类监督案件111件。建立文证审查、技术复查、实地核查、跟踪检查“四查”监督机制，对85件暂予监外执行案件开展联动监督，对应当收监的建议提请收监执行，杜绝“纸面服刑”的脱管、漏管现象发生。

精准做强民事检察。坚持“求极致、重质效”精神，办理各类民事诉讼监督案件137件，5件案件获评省级优质案件。从一起涉嫌诈骗犯罪案件中，发现医保基金存在“一案双赔”问题，牵头法院、公安局、医保局等单位在全省率先建立医疗保障机构作为第三人参与诉讼制度，从源头堵塞监管漏洞，相关做法在全市检察机关推广，获宁波市副市长批示肯定。围绕劳资纠纷领域虚假诉讼，与人社局、公安局开展联动对接，逐一筛查273条线索，提请抗诉的29件均被市检察院采纳，让打“假官司”者无所遁形。

高效做实行政检察。常态化开展行政争议实质性化解，有效化解4件行政生效裁判监督案件。关注城中村征地拆迁纠纷，通过以诉促改、以诉促调、以诉促治，妥善处理陈某某与某行政机关、所辖街道10余年的拆迁矛盾，实现受损公益恢复、纠纷协调解决。持续推动开展砂石场专项整治，恢复非法占用农用地300余亩，经验做法被最高检以专刊形式、视频授课方式向全国行政检察条线推广。

全面做好公益诉讼检察。坚持把诉前实现维护公益目的作为最佳司法状态，受理公益诉讼案件67件，其中办理重特大案件18件。积极探索妇女儿童权益保护新举措，在全省率先开展规范母婴室建设专项行动，督促职能部门依法履行职责，新增、改造9间标准化母婴室，工作经验被省检察院推广。扎实开展民营加油站违规销售、使用成品油专项监督活动，督促追缴税款1768万元，移送涉嫌违纪违法线索11人。该案件获评全省检察机关公益诉讼精品案例、全国检察机关公益诉讼五周年“好案件”。

【引领创新】 抓数字检察全面贯通。坚持“数字赋能监督”，推动县委政法委在全市率先实施执法司法信息共享机制，实现10项政法领域核心业务数据、30余家单位信息归集共享贯通。以法律监督年度报告为载体，打破13家行政单位信息壁垒，推动18个执法司法问题、社会治理短板整改到位。围绕17个全省数字检察专项监督活动，建立“专班化推进、项目化实施、清单化落实”工作机制，激发干警对标对表、赛马比拼，有力推进专项监督取得明显成效。

抓类案监督集成突破。围绕数字检察与“三查融合”同向发力、功效叠加，形成“四大检察”融合监督新格局。办理的工程领域非法采矿刑事附带民事公益诉讼类案监督，追回矿产损失132.3万元，开展非诉执行活动监督追回罚没款28万元。办理的期货平台非法经营类案监督，监督立案的38人被判处刑罚，办案经验入选省检察院检察长贾宇主编的《大数据法律监督办案指引》（系宁波市唯一），并延伸应用到网络赌博、现金贷类案监督，进一步提升检察监督办案质效。

抓治理成效集中呈现。牢牢把握“监督促进治理”这一价值追求，形成了一批标志性治理成果，3个数字监督案件获检察长贾宇批示肯定，3个案件被全国、全省推广，5个案件获评数字监督模型“十佳办案应用”等荣誉，5人入选省、市检察机关数字检察办案骨干，3篇数字化应用调研在最高检刊物上发表。其中，办理的医保基金“一案双赔”类案监督，推动县域开展专项治理288件，数字化场景被列入全省数字化改革重大应用一本账S3清单。

【队伍建设】 政治建检，加强机关党建。弘扬伟大革命精神，在学百年党史中筑牢理想信念之基，扎实推动习近平新时代中国特色社会主义思想、党的二十大精神入脑入心、走深走实。建立院党组定期研究“四大工作”机制，每季度专题听取并研究党建工作、党风廉政建设、干警思想动态等工作。选举产生第六届党组织班子，机关党总支和各支部班子组织结构更加合理，核心力、凝聚力、战斗力进一步提升。持续深化“五色党建”品牌，组织干警参加市、县两级微型党课比赛，6名干警荣获优异成绩，第六检察部获省“青年文明号”称号。

从严治检淬炼优良作风。压紧压实全面从严管党治检主体责任，部署开展“五问五破、五比五先”机关作风建设专项行动，加强和完善内外监督力量与各业务部门之间的协作配合，常态化开展监督执纪，提升事前预警、事中监督、事后追责的全链条监督效能。严格执行防止干预司法“三个规定”，紧盯长期“零报告”填报，对被记录人进行甄别研判、督促提醒。创新实施“红黑榜”管理机制，有效促进办案超期、案卡填错等顽瘴痼疾整改。

人才兴检提升整体素能。采取“集中式+点单式”教育培训，推行政治素养提升、业务素能淬炼、综合素质培训系列活动，全方位多维度提升干警综合能力。优化队伍结构，大胆培养使用优秀年轻干部，选拔中层干部13人，岗位交流8人，选派骨干挂职锻炼10人，选派7名年轻干警参与疫情隔离点、指挥部工作，干警主动作为、勇于担当的潜能进一步激发。聚焦赋能助跑，组建信息写作、数字检察、“三查融合”专班，开展以老带新、实战实训，1人获评省级优秀办案检察官，2人入选全省检察理论研究人才，3人获全市“十佳公诉人”、业务标兵等称号。

法　院

【概况】 2022年，县人民法院以习近平新时代中国特色社会主义思想为指导，在县委领导、县人大及其常委会监督和上级法院指导下，在县政府、县政协及社会各界支持下，以司法为民、公正司法为主线，忠实履行宪法法律赋予的职责，各项工作蹄疾步稳、成效明显。全年新收案件10118件，办结10360件（含旧存，下同），未结案994件，同比分别下降20.9%、20.33%和19.58%，同期结案率102.39%，审判执行工作良性循环，主要质效指标位居全市法院前列。荣获“全省突出贡献法院”荣誉称号，民事审判一庭（综合审判庭）被省高级人民法院荣记集体二等功，3名干警获评第二届“最美甬法人”，3名干警被市中级人民法院

2022年4月21日，宁海、象山、“三门三地”法院联合举行环三门湾海域生态司法保护协作机制“云签约”仪式

荣记个人三等功，个人或集体获得市级以上嘉奖33次，1篇调研论文被最高人民法院评为第三届人民法庭高质量发展论坛征文活动一等奖。

【固本强基】 严惩刑事犯罪，守护家园“平安久治”。受理刑事案件673件，审结657件，判决1012人，其中，判处三年以上有期徒刑151人。常态化开展扫黑除恶斗争，审结涉黑恶案件14件46人。坚定不移惩治腐败，审结贪污、贿赂、渎职等职务犯罪案件2件2人，组织预防农村职务犯罪教育培训95场1034人次。开展打击整治电信网络诈骗、养老诈骗专项行动，审结该类案件36件，其中1件作为典型案例在宁波“四明”云法庭宣传。重视未成年人审判及宣教工作，审结未成年人犯罪案件19件20人，性侵未成年人犯罪案件13件13人，开展校园“云课堂”、普法进校园活动22场，2万余人次观看直播。

保障民生权益，促进社会“和谐共治”。受理民商事案件5763件，审结5819件，民事调撤率达56.83%。妥善化解民生类纠纷，审结生命权、身体权、健康权纠纷案件67件，婚姻家庭、继承纠纷案件669件，劳动类纠纷案件187件，稳妥处置涉1800余户业主的“自在城”外墙脱落相关建设工程合同纠纷。完善法院、工商联、商会、企业多方联动机制，为经济发展注入更多司法活力，审结涉企案件2666件，执结1309件，执行到位1.30亿元。持续开展打击虚假诉讼、扰乱诉讼秩序专项行动，查处虚假诉讼24件、虚假陈述24件，罚款37人83.65万元，拘留14人62天，训诫13人。强力兑现胜诉权益，开展7场集中专项执行行动，全年执行完毕1267件，执行到位3.52亿元。建立联合打击拒执犯罪机制，发布《关于联合打击拒执犯罪实施细则》，向公安机关移送拒执线索35件37人，立案7件，6人被判处有期徒刑。

2022年1月12日，县法院召开“拒不执行判决、裁定罪案件办理业务培训会”

助推依法行政，府院协同“共创法治”。受理行政案件135件，审结112件，行政机关败诉率降至8.93%，同比下降3.44个百分点；支持行政机关依法行政，裁定准予强制执行非诉行政案件140件。县委政法委牵头组建县滥诉联合甄别专业委员会，出台《关于建立滥诉联合甄别机制联席会议制度的意见》。加强司法行政良性互动，县委法院工作会议、府院联席会议高规格召开，发布宁海行政诉讼案件审理情况通报、司法审查情况报告等，邀请150余名机关单位干部旁听庭审，行政机关负责人出庭应诉率保持100%。集中攻坚腾退宁海同乐歌舞厅场地，服务保障县幼儿艺术培训中心工程推进。联合启动涉重大工程项目补偿安置协议司法确认工作，助推县域重大项目依法推进。选派资深法官进驻清溪水库攻坚专班指挥部，司法保障清溪水库移民安置。协同象山法院、三门法院构建“环三门湾海域生态司法保护协作机制”，联合市中级人民法院在前童镇柘湖杨村设立宁波市首家环境资源普法教学基地，打造生态保护工作新格局。

【服务大局】 聚焦重点，有力保障经济大局稳进提质。出台《关于优化法治化营商环境护航经济稳进提质的十五条措施》，多部门共签知识产权保护合作框架协议，1件案例获评宁波法院优化法治化营商环境典型案（事）例。深化个债清理工作，出台《关于个人债务集中清理的实施细则（试行）》，共立案审查10件，结案12件，该项工作被纳入2022年宁波市省级以上重大改革试点项目，1件案例被评为浙江法院个人债务集中清理十大典型案例。靶向精准打好助企纾困“组合拳”，灵活运用“预惩戒+修复”模式、保全财产临时解封融资等措施，帮助受困企业恢复“造血能力”。对具有拯救价值和可能性的企业，通过破产重整、和解程序，激活再生动力，在宁波某电子公司破产清算案中，引导当事人将破产清算程序转为破产和解程序，双方以1200余万元的债权达成和解。出台《破产管理人工作规范的补充规定》，发放破产援助专项资金40万元、管理人报酬自助资金31余万元，规范和保障管理人依法履职。共审结破产案件24件，盘活房产约9.73万平方米，土地538.82亩，清理债务9.78亿元，安置职工383人。

深度融入，聚力密织诉源治理基层网络。主动将法院工作置于党委政府大治理格局中，依托县社会治理中心、镇街村社调处网格，形成“信访打头、调解为主、诉讼断后”的多元解纷格局。共诉前调解成功3202件，诉前纠纷化解率53.93%，位居全省第16位、全市第4位。推进人民法庭现代化建设，启用西店法庭新审判综合用房，桃源法庭改建和长街法庭新建工程正有序进行，桃源法庭审执工作已实质化运行。全县域覆盖镇街村社“共享法庭”388家，特设“共享法庭”22家，以“15分钟司法服务圈”，突破时空限制，满足人民群众“家门口”的司法需求。联合长街镇党委政府对万人成讼率最低的3个村颁发“无讼村”铜牌，上线运行的“无讼村”诉源分析系统被列为“宁海县高质量发展建设共同富裕标杆县”。联合检察院、公安局、医保局出台《关于建立医疗保障基金监管协作机制的实施意见》，保障医保基金安全规范使用。

“除险保安”，全力护航党的二十大胜利召开。开展涉诉信访稳控、风险隐患排摸化解，完成信访积案“清零”专项活动，终结报备6件信访案件，为党的二十大胜利召开贡献力量。依法处理信访活动中违法犯罪行为，维护正常信访秩序。落实全省三级法院院领导下基层大接访、大走访活动，省、市两级法院院领导到宁海接访群众7批10人次，法院领导接访69批82人次。成立房地产领域涉诉风险防控工作专班，审慎办理涉群体性案件。加强重大会议期间24小时舆情监测、预警、评估和“零报告”值班制度，维护稳定和谐社会环境。

2022年4月26日，县法院与县检察院、县公安局、县市场监督管理局、县知识产权协会共同签署知识产权保护框架协议，并在县知识产权协会挂牌设立法官服务工作站

【探索“四治融合”司法新路径】

持续提升诉讼服务规范化体系。落实立案登记制，发布《立案指引》《“一次办好”立案清单》，畅通线上线下和跨域立案渠道。完善诉讼服务中心软硬件设施，推出适老、助残等诉讼服务，释放司法温度。优化在线诉讼服务，确保疫情防控期间司法服务“不打烊”，运用人民法院在线服务平台高效调解一起横跨中国和俄罗斯的离婚纠纷案件，前后用时仅5天。全年网上立案率75.07%，共在线审查12841件。全面优化道交一体化中心，打造“一站式”“优处置”“快办结”道交纠纷化解“宁海样板”，中心共受理道交纠纷案件1588件，其中，诉前调解成功1172件，诉讼立案311件，立案数同比下降14.79%，仅占受理总数的19.58%。

持续深化司法体制综合配套改革。深入推进“当事人一件事”集成改革，通过“合并诉讼”实际解决纠纷1213件，1件案例被市中级人民法院评选为优秀案例；以1件典型案件作示范性审判，妥处海锦苑201户业主拖欠250余万元物业费问题，192户业主主动缴纳了物业费。全面推进四级法院审级职能定位改革试点工作，加强案件提级管辖的对接联络，全省首例经当事人申请的案件成功被市中级人民法院提级管辖。高效推进审判辅助事务集约化改革试点工作，集约化中心运行以来，共送达案件2510件，送达成功率达94.46%，院本部公告送达率5.54%，比改革前下降4.71个百分点，带动全院公告送达率同比下降3.68个百分点，在全市排名上升6位。

持续推进审判执行领域数字化改革。优化司法拍卖不动产登记“零次跑”机制，扩大执行联动范围，司法网拍成交额达4.07亿元。上线金融机构协助执行“一件事”“零次跑”应用，增设保险公司、证券公司在线办理业务，向全县银行发起账户查询、冻结、扣划等2370次，向全县保险公司发起收益性保险查询、冻结、退保等248次。迭代升级“审判取证一网通”“司法拘留一件事”多跨场景应用，“审判取证一网通”项目被确定为全市法院数字化改革首批10个“最佳应用”项目之一，运行以来累计完成线上取证7314次；“司法拘留一件事”试点成功后，省高级人民法院在全省法院推广。

2022年1月14日，县法院和县检察院召开首次法检联席会议，并签订宁海县人民法院、宁海县人民检察院协作协议

【激活司法新动能】 以新思想引领，永葆忠诚品格。将旗帜鲜明讲政治贯穿法院工作始终，全面推进“两个确立”主题教育，迅速掀起学习宣传贯彻党的二十大精神热潮，开展“礼赞二十大　奋进新征程”主题作品征集活动等，将全院干警的思想统一到二十大精神上来，进一步拥护“两个确立”、增强“四个意识”、坚定“四个自信”、做到“两个维护”。大力实施“红色根脉强基工程”，坚持民主集中制，全面加强和规范党内政治生活；发挥党支部战斗堡垒作用，完成党支部改选，认真落实“三会一课”、民主生活会和组织生活会制度，开展志愿服务、谈心谈话等活动，涵养良好政治生态。

以高标准淬炼，砥砺干事本领。出台《队伍建设“三大提升”工程实施方案》《关于加强干警依法履职保护工作的意见》，修改《2022年度岗位目标管理考核办法》，完善人员分类管理和履职保护机制。规范有序组织法官职前培训和实务导师结对，开展司法理论与实务研究沙龙9期，并转换为调研成果在市级以上刊物发表，组建“宁法青年”和“百名青年干警百场法治宣讲”活动宣讲团，开设《悦读悦分享》学习专栏，精准赋能干警政治能力、职业道德、专业技能。

以严纪律约束，锻造过硬铁军。深入落实“四项建设”工作和“五问五破、五比五先”助力“五大革新”机关作风建设专项行动，排查问题、整改落实。严格执行防止干预司法“三个规定”、新时代政法干警“十个严禁”等铁规禁令，常态化开展审务督察和司法督查，创新党风廉政提示单制度。推进清廉法院建设，落实“清廉单元”培育工作，在开展“廉政家访”活动基础上出台《关于开展家属助廉“五个一”系列活动的通知》，拧紧法院、家庭“双保险”。

【接受监督】 接受人大、政协监督更全面。坚决贯彻落实县人大及其常委会的决议和决定，认真执行重要工作情况报告备案制度。配合人大常委会调研家事审判、执行等工作，并专题报告家事审判、行政审判工作情况。注重“请进来”共商良策与“走出去”解决问题相结合，开展“代表委员进法院”和百名代表委员体验百家“共享法庭”活动，共邀请代表委员视察座谈、观摩庭审、见证执行43人次，体验“共享法庭”102人次，为代表委员深入了解、广泛参与和有效监督创造条件、搭建平台、做好服务。

接受检察监督更主动。召开法检联席会，“两长”共签协作协议。认真办理检察建议，审结抗诉案件

4件，支持配合检察机关法律监督工作。邀请检察长列席审判委员会2次，副检察长列席4次；邀请全市检察系统20余名检察官观摩庭审、监督法院工作。

接受社会监督更广泛。充分发挥新闻媒体传播优势，积极回应人民群众关心关切，各类媒体刊发工作报道114次，其中，省级媒体32次、市级27次；参加“百姓事马上办”民生热线活动，接听市民热线电话近30个，解答网友提问近40条，4000余人次在线观看直播。深化法官律师行业互评，2022年法官评价律师应用率位居全市前列。推动法律职业共同体建设，协同开展公检法等“法律共同体”同堂培训活动。

2022年6月29日，县司法局在潘天寿广场开展“法援在身边”主题宣传活动

司法行政

【概况】　在县委、县政府的坚强领导和上级司法行政部门的有力指导下，全县司法行政系统立足“一个统筹、四项职能”，齐心协力、主动担当、攻坚克难，全面依法治县和司法行政工作都取得了一定成效。

一法律援助案例入选中国法律服务网司法行政（法律服务）案例库；连续2年创建“枫桥式”司法所；市级“双普”教育基地和青少年法治教育基地创建再添新成员；在全市首推行政检察与行政执法监督衔接机制；县商会人民调解委员会三和调解工作室获评省级金牌人民调解工作室。县司法局联合宁海县检察院在全市首推行政检察与行政执法监督衔接机制。县商会人民调解委员会三和调解工作室获评省级金牌人民调解工作室。

【协调联动】　发挥法治固根本、稳预期、利长远的保障作用，紧扣县委“五大革新”行动，部署开展“四大争先”工程。当好政府决策“法律参谋”，搭建合法性审查线上平台，开展合法性审查934件，出具审查意见838条，意见采纳率达100%，其中为全县重大项目提供法律意见建议51条。推进执法证件申领，全县拥有量达到2321本，乡镇（街道）行政执法证件拥有量居全市前列。围绕政府重点项目，提供财产保全、证据保全等公证服务62件次，有效防范和化解重大法律风险。

在法治建设“六大抓手”基础

2022年10月28日，宁海县司法局在深甽镇组织召开全县乡镇（街道）合法性审查平台应用推进会

上新增《宁海县法治保障全过程人民民主实施方案》《宁海县共同富裕制度体系建设实施方案》，持续深化全面依法治县工作。先后提请召开法治宁海建设系列工作会议，系统研究部署推进法治宁海建设和满意度调查工作。修订完善“两规则一细则”，制定《2022年度法治宁海建设重点工作》，确定66条法治建设年度工作重点。举办全面依法治县工作专题培训班，开展“一把手讲法治”专题活动，为法治政府建设建言献策。

创新推行全周期打造法治宁海建设“创新集群”，持续培育法治建设“最佳实践项目”1个，新培育“最佳实践项目”6个。将法治督察纳入党委巡察内容，累计反馈被巡察单位“法治问题”23个。发挥万人法治志愿者参与法治建设作用，累计开展志愿服务1.5万人次。

2022年4月15日，县司法局行政执法监督科对县市场监管局开展的隔离点供餐单位全覆盖检查行动进行现场执法监督

【标本兼治】 编制出台全市首个县级公共法律服务“十四五”规划，公共法律服务满意率高达99.78%。深入实施法治惠民十件实事，指导建立企业合规化管理法律服务，为2365家企业提供法治体检，帮助解决困难问题793个，为群众提供有效法律服务21774次，相关做法被新华网等宣传报道。

2022年8月5日，市委依法治市办成员、市司法局副局长毛利奇（中）带队赴宁海县调研法治乡村建设工作

在全市率先推进“商事登记+公证”“一件事”改革，公布涉企轻微违法行政“首违免罚”清单130条，办理免罚案件94件，营造更优法治化营商环境。推进法律援助“四化”工作机制，办理法律援助797件，为受援人挽回经济损失2040.92万元。

持续开展“乡村法律课堂”，新培养“法治带头人”“法律明白人”1063人。创新推出“剧说”普法系列36期，全市首发县域法治地图，新建宪法、民法典阵地34个，成为全市首个实现宪法阵地乡镇（街道）全覆盖的县（市、区）。

推进民主法治村（社区）创建，新创省级12家，市级97家。全市首推行政检察与行政执法监督衔接机制，提醒督促整改问题35个，相关做法编入全省行政执法监督经验。编印《基层常用法律知识

100问》，有效运行“3+N+X”行政争议化解机制，行政复议直接纠错率和行政诉讼败诉率同比分别下降5.79个和5.17个百分点。

【公共法律服务】 推行项目化工作机制，确定31项年度创新创优项目，实施乡村“法治诊所”迭代升级行动，获评全市司法行政系统2022年度创新推进项目，各“法治诊所”累计提供各类服务3378次。

持续深化“枫桥式”司法所建设，发挥跃龙所“头雁”示范带动作用，桃源所成功创建“枫桥式”司法所，力洋所、岔路所创建市级文明规范公正司法所。

在城区成熟小区试推“法治楼道长”，探索设立民商法律服务驿站，进一步优化公共法律服务供给。

不断推进法律服务队伍建设，建成全县第一家20人以上律所，新增专职律师14名，全县律师万人比达2.16，超额完成年度目标。大力加强人民调解组织和队伍规范化、专业化建设，县商会人民调解委员会三和调解工作室获评省级金牌人民调解工作室。

【队伍建设】 坚持以党的政治建设为统领，把旗帜鲜明讲政治自觉贯穿于司法行政工作各方面全过程，认真学习贯彻中共二十大精神，做深做实“第一议题”制度、“会前学法”制度，坚定捍卫“两个确立”，坚决做到“两个维护”。

不断深化和巩固作风建设成果，县委巡察反馈和基层站所巡察问题全部完成整改。高标准开展司法行政系统“五问五破、五比五先”助力“五大革新”机关作风建设专项行动，严格落实中央八项规定精神，分层分类签订党风廉政建设责任书，持续发力纠治“四风”，多部清廉文化作品获奖，“清廉机关”“模范机关”建设更上台阶。

制订年轻干部学习成长计划，建立全生命周期培养体系，创立“思想者·午间学堂”特色讲堂，全力推进学习型机关建设，风清气正劲足的干事创业氛围日益浓厚。

2022年8月18日，县司法局以“践行两个先行　助力五大革新”为主题，举行第一期“科长论坛”履职大比拼活动

军　事

综　述

【县委议军会议】 11月17日，宁海县委议军会议召开。会议强调，要深入学习贯彻党的二十大精神，以习近平新时代中国特色社会主义思想和习近平强军思想为指导，以强烈的使命感、责任感，高质量落实好各级议军会议精神，着力开创党管武装工作新局面，为实现建军一百年奋斗目标作出宁海贡献。

会议在充分肯定过去一年党管武装工作后强调，要全面扛起党管武装的政治责任，切实把牢政治方向、压实主体责任、抓好制度落实，坚持用习近平强军思想武装头脑，忠诚拥护“两个确立”，坚决做到“两个维护”，贯彻军委主席负责制。要全面提升国防动员和后备力量建设质量，切实抓好练兵备战，提升征兵工作质量，加强全民国防教育，持续提升国动援战能力，营造关心国防、支持国防、建设国防的浓厚氛围。要全面巩固军政军民团结的良好局面，真情关爱军人军属，巩固深化拥政爱民，不断增进鱼水深情，合力共创省级“双拥模范城”。

会议传达市委议军会暨党管武装工作会议精神。各乡镇（街道）党（工）委书记述职。会议还审议了《关于落实浙江省〈关于加强和规范基层人民武装工作的意见〉的措施》。

【宣传活动】 5月，县双拥领导小组办公室在全县组织开展2022年度“最美军属”“最美双拥人物”选树宣传活动，旨在充分展示宁海县广大军民推进强军兴军、巩固军政军民团结的先进事迹，广大军属爱军爱家、敬业奉献的时代风貌，在全社会营造尊军崇军的浓厚氛围。面向全县征集故事线索，广泛寻找推荐身边的先进典型。

【双拥会议】 7月29日，县委退役军人事务工作领导小组暨县拥军优属拥政爱民工作领导小组（扩大）会议举行，回顾2021年以来宁海县退役军人和双拥工作情况，部署下一步重点工作。副县长黄崭参加。

会议指出，2021年以来，宁海县落实上级部署要求，扎实推进退役军人和双拥工作，通过抓政治引领，不断增强退役军人向心力，全县有200余名农村“兵干部”活跃在乡村建设的第一线；通过抓示范创建，织密筑牢退役军人服务网，创建94个全国示范型服务站、32个省“枫桥式”服务站，并首创企业和公益服务中心服务站各1家；抓安置就业，组织各类对接会、招聘会11场次，持续提升退役军人就业率。着力构建拥军优属好风尚，紧扣“八一”建军节、春节等重要节点，开展走访慰问，全面落实退役军人优待政策，发放各类抚恤金、补助金。此外，宁海县还在全省首创《宁海县帮扶就业退役士兵管理实施细则》，规范完善帮扶人员的日常管理，维护退役军人合法权益。

会议表彰“全省首届社会化拥军百家成绩突出单位”如意公司，发放首批优待证；举行中国银行宁波市分行、邮储银行宁波市分行退役军人关爱基金捐赠仪式。邮储银行宁海县支行、宁波市农业融资担保有限公司分别与县退役军人事务局、宁海县军创农业企业代表签订军创农业项目扶持协作协议和贷款合同。

【“国防双拥”书画艺术展】 10月27日至11月6日，由县人武部、县委宣传部、县退役军人事务局、县文联联合举办县首届退役军人“国防双拥”书画艺术展开展，以“退役不褪色，奋进新征程”为主题，旨在深入学习贯彻中共二十大精神，弘扬“拥军优属、拥政爱民”的光荣传统，讴歌党领导下的无坚不摧、攻无不克的现代化人民军队，展示新时代退役军人的优良传统，谱写宁海军民赤诚报国的拳拳丹心。

活动前期征稿历时2个月，得到广大退役军人书画爱好者的热烈响应，共收到全县退役军人书画爱好者书画作品85件，其中，书法作品68件、绘画作品17件，最终选出61件书画作品进行展出。入选作品围绕“双拥”和国防宣传，主题特色鲜明，题材广泛，反映宁海“双拥”工作多年来创新发展的光辉历程，讴歌军民团结一家亲的鱼水深情。活动不仅展现退役军人新时代昂扬向上的精神风貌，更充分体现退役军人退役不退志，永远听党话、跟党走的满腔热忱和坚定决心，进一步营造“拥军优属、拥政爱民”的良好社会氛围。

【宁海预定兵员投身创城“大会战”】 3月14日，即将奔赴军营的预定兵员，在县人武部的统一组织下，齐聚徐霞客大道十里红妆广场，开展文明城市创建活动。此次活动旨在激发预定兵员爱国家、爱社会、爱家乡“三爱”热情，培养他们的团结观、协作观、吃苦观“三观”精神，也是预定兵员在入伍前的一次重要锻炼和考验。活动中，准新兵们手持铁铲、扫把等工具，对徐霞客大道附近的社区楼道、周边绿化带以及道路排水沟等进行清理，并劝导住户不要在过道上堆放杂物。准新兵们纷纷表示，希望在即将入伍之际为家乡再做点力所能及的事，到部队后也一定会努力拼搏为家乡争光。

自宁海开展创建全国文明城市工作以来，县人武部紧抓落实，定期出动民兵应急队伍、骨干队伍到文明创城网格责任区开展志愿服务，将创城常态化工作向纵深推进，为争创全国文明城市作出积极贡献。

退役军人事务

【概况】 2022年，在县委、县政府的领导和市局指导下，宁海县退役军人事务局（以下简称县退役军人事务局）干部立足岗位，奋发有为，各项工作有序推进，完成各项任务。

【完善保障体系】 全年县财政投入136万元，按市局要求新创建“新时代‘枫桥式’退役军人服务站”33个（待验收）。配齐配强基层队伍，落实好轮值站长制度，让退役军人发挥自我服务、自我管理作用，其中涌现出一批像胡炳强、吕松松等优秀典型，胡炳强调处工作室获宁波市总工会命名，跃龙街道退役军人吕松松创建“流动调解室”，累计调处各类矛盾纠纷2600余起、流动调解200余起，涉案金额达到千万余元，调解成功率98%。

【思想政治引领】 上好“入伍退伍第一课”，联合市“不忘来时路”红色故事宣讲团，向准入伍的新兵、退役军人讲述本土革命烈士事迹，厚植家国情怀。

挖掘宣传先进典型，通过当地媒体宣传创业、服务社会的优秀退役军人。深挖助力乡村振兴“90后”新农人胡强强、救火“孤勇者”林平飞、5次进出火灾现场灭火的郑红满和致力慈善帮困退役军人戴红灯事迹，拍制《你记得我　我就活着》《军魂不褪色　银辉映初心》宣传片，组建“老兵帮帮团”“以身边的人和事”感染带动广大退役军人形成忠诚、踏实、奉献的价值导向。

【优军优属】 按时发放各类抚恤、补助金2977万元，惠及5428人。建立困难退役军人每月联络制度，完善困难援助兜底保障机制，发动社会力量扩充退役军人关爱基金，扩大关爱覆盖面，对困难退役军人实施精准帮扶。高质量推进建档立卡和优待证发放工作。做好“崇军联盟”商家增量提质工作，全年新增50家。用心用情解决好官兵退役安置、随军家属就业、军人子女入学等问题，推出事业、国企、社工等岗位，定向招录退役军人。

落实军地需求“双清单”，投入资金为长街海军雷达站修建应急停机坪，为大佳何光缆维护站、海警工作站解决营区场地，为长街香花山部队解决伙食补助，配置营房防护设施、电视机、电动巡逻车，协调社会力量为武警某部捐赠价值5万元的健身器材。组织协调文化、教育等部门进军营送文化、送技能。为驻训部队提供保障，投入资金，主动为驻训官兵提供训练场地和住宿点，举办“奋进新征程　军民一家亲”联欢活动，丰富官兵精神生活。

深化“军人退役一件事”，在火车站开展“迎送老兵”活动，在出站口设立专门窗口，为返乡退役军人提供“一站式”服务，通过“线上+线下”方式，为退役士兵办理退役报到、信息采集、组织关系转接、保险转移等手续，并分发《退役军人服务手册》和《技能培训相关须知》，帮助退役士兵更好地了解相关政策。开展形式多样的拥军优属和军民共建活动。为三等功现役军人家庭、“四有”优秀军官（士兵）家庭送立功喜报，开展“丰富军嫂生活　关爱军娃成长”活动，宽慰官兵顾家之心。用好“缑城老兵宣讲团”，开展国防教育进校园系列活动，邀请退役军人进校园为小朋友开展国防安全教育，共开展活动63次。举办“国防双拥书画展”，作品均由辖区内退役军人创作，抒发老兵情怀，展示家乡风采。

军人就业创业。组织对接交流会、专场招聘会等4场，参会企业152家次，实现退役军人高质量就业。累计走访企业、个体工商户，助企纾困，企业通过招录退役军人累计享受税费优惠减免。开展适应性培训2次，退役军人实现全员培训。8月1日，与县邮储银行、农业融资担保公司合作推出面向退役军人农业创业项目免担保费、低利率的融贷优惠，截至10月20日，为多家农业军创企业发放贷款，为退役军人创业提供有力扶持。

【“拥军贷”圆退役军人“创业梦”】 为进一步激发退役军人创业活力、促进退役军人就业，8月，县退役军人事务局联合邮储银行宁海支行和宁波市农业融资担保有限公司，面向广大从事农业生产经营的退役军人群体及现役军人亲属推出“拥军贷”系列产品。其中，邮储银行宁海支行充分发挥网点辐射范围广、高效便捷服务优等优势；市农业融资担保有限公司则为创业退伍军人提供10万元~300万元的融资担保服务，并给予3年担保费免收政策。

【就业创业促进会筹备会】 11月，由县退役军人事务局组织的退役军人就业创业促进会筹备会在宁波如意股份有限公司举行，如意公司、宁波林立、台精数控、明洁环卫机械设备等9家企业负责人参加筹备工作。

会上，9家企业负责人均表示吸纳退役军人就业的意向，并就如何做好退役军人就业创业进行座谈。多家企业负责人表示，退役军人就业必须要尊重退役军人的择业意愿，并根据退役军人的特长和爱好，尽量设立相对应的就业岗位，为其提供良好的发展平台和空间。同时，要加强岗前业务技能培训，在适应期内帮助他们尽快熟悉岗位工作和掌握业务技能，争取早日成为岗位精兵和业务骨干。企业还要熟悉和关心关爱退役军人及其家庭的生活情况，尽力解决居住地偏远的退役军人住宿、子女就学等后顾之忧，为他们安心工作创造条件。

【退役军人就业创业促进会成立大会暨第一届理事会】 12月9日，宁海县召开退役军人就业创业促进会成立大会暨第一届理事会，这也是全省首家县级层面组织的退役军人就业创业促进会。市融贷公司、市农担公司、县邮储银行、县退役军人就业创业促进会等4家单位签订战略发展四方协议，邮储银行向促进会授信10亿元。

退役军人是宝贵的人力资源，是建设“两个先行”的生力军。近年来，县委、县政府尤为重视退役军人就业创业工作，出台诸多利好政策，社会崇军拥军氛围空前浓厚，广大金融机构、社会组织热心支持退役军人就业创业。宁海县成立就业创业促进会能促进会员交流合作、互通有无、互助互利，实实在在推动解决部分退役军人就业创业的急事难事。同时，致力把宁海退役军人就业创业促进会打造成优秀的“军字头”社会团体品牌，扩大在省、市乃至全国的影响力，推进宁海县退役军人工作再上新台阶。

经济管理

发展改革

【概况】 在市发展和改革委的关心支持和县委、县政府的正确领导下，紧紧围绕高质量发展这条主线，扎实履行参谋、服务、协调职能。主动担当、积极作为，各项重点工作稳步推进，取得积极成效，为推动现代化“双优”新宁海建设，服务经济社会发展大局作出贡献。

【政策落实】 经济调度精准有力，大力实施稳进提质攻坚行动，强化联席会议制度，盯紧盯牢重点领域、重点企业、重点项目，实施高频调度、五色图晾晒，全力挖潜补缺，推动经济加快企稳回升向好，地区生产总值突破900亿元，按可比价计算，同比增长4.3%，排名全市第四。

参谋助手作用凸显，以问题导向和目标导向为原则，做好全县经济运行监测和形势分析研判，形成各类材料近30篇。实施稳企惠企政策。

统筹推进疫情防控和经济社会发展，开展助企政策研究，及时统筹稳链助企纾困“30条”和稳经济一揽子政策措施“15条”出台，千方百计稳住经济高质量增长。

加强政策宣贯，会同行业协会和工商联，组织线下政策解读，共兑付补助资金4.7亿元，完成兑付率100%。

【项目建设】 项目管理更加有效，探索实施项目前期“背书”机制、项目编码管理，强化全生命周期管控，统筹重大项目、政策处理、土地出让、资金保障等“四张清单”，确保项目后续顺利推进。研究制定《宁海县政府投资项目全流程管理办法》，切实提升政府投资项目管控水平。

项目建设提质提效，全面落实“1244”重大项目推进机制，全年完成有效投资255.3亿元，民间投资占比59%，5个结构性指标增长率均高于省、市平均，荣获年度全省投资“赛马”激励。全县重点工程完成投资211亿元，10个省重点建设工程实现投资36.2亿元，超额完成年度投资计划。

项目保障更加有力，针对小型政府（国企）投资项目和企业投资低风险项目，创新推出“出诊式、急诊式、会诊式”三服务体系，全年共受理并办结642个固定资产投资项目，总投资约221.88亿元。

抢抓政策窗口期，获批国家专项债资金13.3亿元，清溪水库项目获国家政策性开发性金融工具基金额度5.33亿元。能耗保障持续加强，成功争取能耗指标86.8万吨标煤。

【重大战略】 共同富裕扎实推进。“集士驿站”富民工程、艺术振兴乡村被列入市共富标志性成果，“集士驿站”入选全省高质量发展建设共同富裕示范区最佳实践（第一批）名单，艺术振兴乡村入选全省宣传文化领域共同富裕最佳案例名单和第二批市级共富试点项目，并在市共富领导小组例会上作典型发言，强蛟“金苹果”模式入选全省首批乡村旅游促进共同富裕案例为全市唯一；“宁好育”托育服务入选市级共同富裕首批培育案例名单。

海洋经济稳步发展。贯彻海洋强省以及宁波全球海洋中心城市的决策部署，出台海洋经济发展行动计划，在宁波建设全球海洋中心城市推进会上作典型交流发言。

积极融入甬台一体化。甬台一体化合作先行区探索统一的生态环境保护制度，列入2022年浙江省复制推广一体化示范区第二批制度创新经验任务清单。

大花园建设成效显著。全域旅游发展经验入选第二批全省大花园示范县建设优秀典型案例，全域大花园建设经验在浙江新闻、央广网、人民网和新浪财经等媒体宣传报道。

【产业培育】 促进服务业扩量提质。先进制造业和现代服务业加速融合，重点项目进展顺利。得力智慧物流公共平台通过国家验收，文具设计研发公共平台通过国家发改委一期考核，二期资金拨付到位。甲贝医药项目被评为市3315资本引才项目，可获市级补助1500万元。服务业增加值突破400亿元，同比增长4.6%，排名全市第三。

培育新兴产业发展动能。推进战新项目闭环式管理，成立县人才项目管理综合评价小组，定期委托第三方开展项目综合评估。全年实现战新产业增加值47.45亿元，同比增长7%，战新增加值占规模以上工业增加值比重为17%。推进光储产业发展。打造千亿级光储产业，强化规划引领，编制完成《宁海县“十四五”及中长期可再生能源规划》，实施光储全产业链发展。

【深化改革】 数字社会稳步推进。数字社会专区累计上架“智慧托育”“艺术振兴乡村”等4个应用，“浙里办”数字社会专区上架7个未来社区、乡村省级试点，应用活跃度和访问量位于全市前列。“宁有善育”和“城乡客货邮参”项目参加全省数字社会路演评审。

推进“关键小事”重大应用建设，宁海体验员数量位列全市第一。营商环境进一步优化。出台《宁海县健全营商环境“无感监测”工作机制》和宁海县2022年优化营商环境重点任务清单，建立宁海县优化营商环境工作联席会议办公室，形成9个指标优化专项行动方案，营商环境优秀案例数量位居全市第一。

信用体系不断完善。加快打造信用应用场景，排摸梳理“信用+社会救助”“信用+医保监管”等8个应用场景，“信用+市场主体”应用场景被列入市级重点应用场景清单，“宁渔促富”数字化平台参加全市信用应用场景观摩活动。

【保障民生】 强化粮食安全保障。开展粮食“五优联动”1.3万余亩，建立省外粮源基地超10万亩，首次在“长三角”建立粮食产销合作基地。在全市率先推广使用“浙江粮仓”应用。

积极探索“放心粮油”进校园，获省、市级部门高度认可。完成新增储备任务，年底粮食储备规模达4.99万吨，全年预计收购地产粮2万吨，其中，早稻2932吨，创历史新高。

能源保障持续加强。兼顾经济社会发展和能耗“双控”要求，1—9月单位地区生产总值能耗同比下降0.5%，低于全大市平均水平。1—10月新增光伏装机容量达9.23万千瓦。家庭屋顶光伏累计装机容量5.4万千瓦，累计户数5325户，居全市首位。建成充电桩108个，完成全年任务的309%，强化民生保障服务。

加强价格监测预警，密切跟踪重要民生商品、工农业品市场供应和价格变化情况。完成客运出租汽车运价调整，霞客体育公园二期、工人文化宫公共体育设施服务收费标准核价工作。推进公办幼儿园保教费调价前期工作。开展水电气领域涉企违规收费自查自纠。

国资管理

【概况】 截至2022年底，全县国企资产总额2055.19亿元，同比增长13.20%；负债总额1438.09亿元，同比增长16.40%；净资产617.10亿元，同比增长6.39%；资产负债率69.97%，同比增长1.92个百分点。全年国企累计实现营业收入56.63亿元，同比增长2.04%；利润总额-18.17亿元，同比增亏12.27亿元；净利润-18.48亿元，同比增亏12.36亿元。

全年国企承担重点工程125个（市级5个），完成固定资产投资65.6亿元，完成率109%。探索实施股权投资，4家县属集团合作设

2022年2月25日，2021年度县直属企业基层党建工作述职评议会召开

立宁海兴泰合股权投资产业基金，注资规模60亿元，落地3笔基金投资业务。

全县政府出资国企总数249家，国资系统出资企业167家，其他部门出资企业16家，镇街出资企业55家，另有传媒集团3家，供销联社集体企业8家。全县国企共有员工3224人，其中，合同制1835人，劳务派遣或临聘1389人。国资系统企业职工2513人，其中，合同制1311人，劳务派遣或临聘1202人。

【改革举措】 优化布局结构。按照“找准定位，分清赛道，深耕专业，逐步转型”目标，推动县直属国企及托管企业的功能定位和主业认定工作。完成宁海县七大集团经营赛道划分、公司整合兼并重组、出资人关系梳理精简、集团化建设的建议方案。完成对委托监管企业、各行政机关事业单位和乡镇街道下属国企平台基础信息梳理和赛道划分调整规划方案工作。

加强平台建设。抓好国企主体信用评级，信用评级达“AA+”的共5家，信用评级AA的共8家。

推进国企混改。对标市国资委“三江汇海”混改计划，2022年新组建3家混改企业，其中县城投集团携手特来电公司共同组建智慧充电网混改公司，致力打造“光伏储能+智慧充电”项目，投资5000万元建成50个充电站，运营500根充电桩，可满足新增1万辆纯电动车的充电需求，充电量市占率超50%。

深化国企人事薪酬制度改革。开展定岗定员工作，全覆盖推行工资总额预算管理；改革优化考核体系，采取扩大经营业绩考核范围、对直属企业副职领导人实行差异化考核方式；修订劳动用工管理和公开招聘办法，探索试行职业经理人制度。

国企荣誉再创佳绩。水务集团成为全省唯一参与制定国家污水处理领域首个低碳团体标准单位；城投启迪公司全市首创“车辆年检与欠费催缴”联动机制；国投国贸公司被认定为全省外贸综合服务示范企业；县公交公司的“集士驿站”项目入选交通运输部客货邮融合发展九大典型案例。

【国资监管】 加快制度重塑。6月出台《国有企业投资基金管理办法》，8月印发《宁海县国有企业投资信息化项目管理实施细则》，9月印发《关于进一步加强县属国有企业生产经营保障用车管理的指导意见》，10月《宁海县国有企业经营投资合规尽职容错实施办法》经县委常委会会议通过，企改办发文。国资立足“抓两头、促中间”，强化顶层设计和绩效考核，适度放宽国企权责空间，激活国企自主经营决策运行，减少事务性干预，简政放权。印发中心监管事项清单（2022年版），按照“能省则省、能减则减、能降则降”原则，简化流程，精减审批事项7个。

加速数字赋能。实施国资国企数字化改革5年行动计划，加快数字化项目统规统管，完善国企投资信息化项目管理实施细则。全覆盖运用“乐采云”平台，运行1年来，帮助节约采购资金0.86亿元，节资率超13%。推进121家国资出资企业数据服务器统一接入县大数据中心，提升数据统一性、安全性。着手全县26家企业财务系统统规工作，实现县内国企财务的数字一本账、一系统。复用国资监管平台和“一区一屏”可视化场景技术，向大数据中心进行申报通过。

加强融资管理，拓宽融资渠道，严控融资成本，持续推进国企账户整改，注销低效无效账户106个。

【党建工作】 制定《关于全面实施

2022年8月4日，第三届七夕文化节暨“我们的村礼”文创夜市活动举行

“锋领国企”工程　加快推动国有企业党建整体建强的工作方案》，推进党的领导全面融入公司治理。开展宁海县国企基层党组织基本情况调研，拟定《宁海县国企党建工作统一归口管理实施方案》，按省、市要求推动国有企业党建工作归口国资监管部门管理。加快“覆盖提质”“一企一特”，开展党委下属26家党组织星级授牌，其中，四星级以上12个，五星级占比由11.5%提升至15.4%；新培育国资品牌党建领航新“资”态。深化国企“双培”工程，新发展党员8名，选派2名机关干部驻村锤炼，3人获评“宁海县担当作为好支书”称号。举办新时代基层干部推动共同富裕暨国企中层管理人员综合素质提升专题培训班、学习贯彻党的二十大精神暨国资国企系统党员骨干示范培训班等，参训290余人。

财　政

【概况】　全县财政总收入97.10亿元，扣除留抵退税因素后同比增长3.6%，按自然口径计算同比下降9.9%；一般公共预算收入62.47亿元，扣除留抵退税因素后同比增长1.7%，按自然口径计算同比下降9.0%，占财政总收入的64.3%，占地区生产总值的6.9%；一般公共预算收入中税收收入45.17亿元，占比72.3%。非税收入68.68亿元，其中，纳入一般公共预算管理的非税收入17.29亿元，同比下降3.9%。一般公共预算支出102.49亿元，同比增长9.6%。全年财政收支平衡。

【开源节流】　继续坚持过紧日子。强化“三公”经费预算管理，从严控制一般性支出，重点保障刚性支出、急需支出，加强政府购买服务“负面清单”管理，获评市级党政机关坚持过紧日子优秀案例；优化支出结构。始终兜牢“三保”底线，全年民生支出77.77亿元，同比增长10%。巩固拓展脱贫攻坚成果，优先支持“十四五”规划重点项目，加大对疫情防控、科技攻关、生态环保、基本民生、现代农业等领域重大战略的支持力度；盘活闲置资产。开展全县国有房产调查摸底工作，清理出闲置资产78处，已盘活闲置资产6处，账面价值2.01亿元，为扩大有效投资奠定基础；加快专项债券发行使用。新增专项债券13.30亿元，主要用于支持市政和产业园区基础设施、交通设施等23个项目，促进总投资约154.54亿元，有效发挥专项债券“四两拨千斤”作用。

【服务经济发展】　落实组合式税费支持政策，全年办理退减缓税34.61亿元，其中办理增值税留抵退税17.98亿元；全年共兑现产业政策资金4.60亿元；政府性融资担保扩面增效。安排5000万元专项资金用于企业增量贷款贴息，全县1454家企业可贴息贷款20亿元，新增增量贷款28.35亿元。用活用好“薪资保”金融工具，授信全县351家企业，惠及职工3.3万人，争取到市级放款资金3.68亿元；充分挖掘消费潜力，发放消费券2400万元，直接撬动消费5.58亿元；政府采购精准发力。通过提高预付款比例、调整小微企业价格评审优惠等方式，切实为企业添订单、增动力、稳预期。全年中小企业中标额占采购总规模的81.6%，其中小微企业中标额占采购总规模的54.7%。

【增进民生福祉】　围绕建设高质量发展共同富裕示范县，进一步加强财政基础性、兜底性、保障性支持。促进基本公共服务优质均衡。大力优化“一老一小”服务，落实居家养老服务补贴，进一步加大托育机构建设及运营补助。支持县域

2022年9月2日，联合宁海县纪委监委进行政府采购领域专项抽查整治

医共体建设，进一步提高基本公共卫生服务标准。持续做好各类困难群众救助提标扩面工作，强化财政兜底性保障；支持留工优工稳就业。扩大社保费缓缴政策范围，实施阶段性缓缴养老、工伤和失业三项社保费政策，共办理社保缓缴1013万元，惠及全县85家企业。优化失业保险稳岗返还政策，共发放补贴5008万元，惠及全县10416家企业。发放一次性留工培训补助和留工优工补助，累计拨付资金1619万元；支持社会民生事业发展。累计投入20.62亿元用于支持发展高水平现代化教育，推进城乡优质教育均衡发展，打造特色职业教育体系。建立覆盖全体居民的基本养老保险制度，城乡居民基础养老金标准达到每人每月330元。完善多层次医疗保障体系，城乡居民医保人均财政补助标准达到1617元。

【财政改革】 深化绩效管理改革。共有106个预算单位参与自评，涉及自评项目769个、预算资金40.74亿元，实现绩效自评项目全覆盖。全生命周期绩效管理试点项目入选省深化预算绩效管理改革试点优秀案例；深化涉农资金整合改革。全年共整合涉农资金4.27亿元，同比增长15%。建立粮食安全保障机制，获评全省唯一全国级制种大县。打造美丽乡村典型样板，做法入选浙江省乡村振兴十大模式；加强单一来源采购管理。根据限额标准对单一来源采购项目进行集体审议，加大对第三方中介机构的监督考核，全年审批100万元以上项目4个，涉及金额1604万元，100万元以下项目8个，涉及金额500万元。

【防范化解风险】 防范财政运行风险。制定财政运行应急预案，根据数据排摸和刚性支出节点，结合每月税收收入预测数及非税、土地出让金缴库等库款流入情况，合理调度资金保障增值税留抵退税和重点项目支出、政策性支出等资金需求，必要时启动应急预案压减和延缓支出，确保库款支付安全。始终坚持“三保”在财政支出中的优先地位，细化落实“三保”预算编制审核、预算执行监测、风险预警处置三项机制，确保资金分配、拨付、使用全链条监管；强化债务风险管控。严格实施政府投资项目立项前财政承受能力和债务风险评估，开展防范化解债务风险领域整治行动。保障重点项目建设，坚持“资金跟着项目走”，做深做细项目储备，重点支持在建和能够尽快开工的项目，切实扩大有效投资。

【队伍建设】 坚持党建引领。严格执行党委学习“第一议题”制度和党委理论学习中心组学习制度，常态化开展“周二夜学”，获评“周二夜学”十佳精品学堂。做实做细清廉财政建设的颗粒度和饱满度，荣获省级清廉财政建设成效突出单位。

坚持以财辅政。配合做好“七张问题清单”整改工作，全年整改完成省级问题2个、市级问题1个，县级问题1个。

配合做好人大建议件、政协提案件答复工作，全年办理建议提案主办件2件，协办件22件。全年完成县委、县政府督办件17件，深入学习重要批示件28件。

做好监督检查工作，配合财政部开展涉企违规收费专项检查，配合县级部门做好“三公”经费检查、巡察等工作。

积极服务群众。开展文明城市创建，形成全员发动、全面参与的浓厚攻坚氛围。接力“寒窗计划”助学活动，选派党团员代表赴宁海中学看望贫困学子，共捐赠助学金21000元。

2022年8月2日，开展“重走习近平总书记走过的路”主题党日活动，参观梅林街道花园社区党建村史馆

税　　务

2022 年 6 月 1 日，赴桑洲镇中心幼儿园开展“六一”慰问活动

【概况】　贯彻执行党的路线、方针、政策，加强党的全面领导，履行全面从严治党主体责任，负责党的建设和思想政治建设工作。负责贯彻执行税收、社会保险费和有关非税收入法律、法规、规章和规范性文件。组织落实国家规定的税收优惠政策。负责研究拟定本单位税收、社会保险费和有关非税收入中长期规划，参与拟定税收、社会保险费和有关非税收入预算目标并依法组织实施。负责本单位税收、社会保险费和有关非税收入的会统核算工作。组织开展收入分析预测。负责开展税收经济分析和税收政策效应分析，为国家税务总局宁波市税务局和宁海县委、县政府提供决策参考。完成国家税务总局宁波市税务局和宁海县委、县政府交办的各项工作。

【组织收入】　全年组织税费收入164.16亿元，同比增长23.3%，其中税收收入81.66亿元，同比下降10.8%，社保基金和其他非税收入82.50亿元，同比增长98.0%，为宁海经济社会发展提供坚实财力保障。全年办理出口退税30.65亿元，同比增长0.7%。

【政策落实】　贯彻落实组合式税费支持政策，切实助企纾困，提振市场主体信心。2022年，为企业办理增值税留抵退税17.98亿元，落实制造业中小微企业延期缴纳税费政策10.40亿元，落实“六税两费”减半征收、小规模纳税人阶段性免征增值税等新出台税费优惠政策6.23亿元，3项合计为宁海企业减轻税费负担34.61亿元。

2022 年 5 月 23 日，第一税务所国家级“青年文明号”代表参加宁海青少年学习贯彻庆祝中国共产主义青年团成立 100 周年大会精神座谈会，并接受县委书记滕安达（前排左四）接见并赠书

【征管工作】　坚持做好申报征收、催报催缴、定期定额户管理等日常税收征管工作。持续贯彻落实中办、国办印发的《关于进一步深化税收征管改革的意见》（以下简称《意见》），以项目化管理为抓手，牵头推进“精确执法、精细服务、精准监管、精诚共治”各项工作，全年共设立《意见》落实项目15个。

做好全面数字化的电子发票推广上线工作，7月宁海县纳税人作为受票方开始接收全面数字化的电子发票。创新税源管理模式，打造主辅岗“1+N”团队，重新梳理征管业务岗责体系，在力洋税务所试点运行并取得良好成效。在全局范围内开展信息化专项整治，对近5年来共81个信息化项目进行全面核查，对发现的问题逐一整改，进一步规范局内信息化项目运行。

2022 年 4 月 1 日，县税务局开展税收“慕课展播”活动

【纳税服务】 连续 9 年开展“我为纳税人缴费人办实事暨便民办税春风行动”，总结形成具有宁海本地特色的“宁好智税”税费服务体系。进一步升级“宁好智税厅”，总结形成“简事快办、难事易办、网事合办、一事协办、特事特办”五星服务特色，优先引导纳税人“网上办”“自助办”，23 项高频办理的简易事项即到即办即走、一分钟快速办理，电子税务局 9 大类事项通过后台集中受理提升网办效率。

为解决偏远乡镇办税缴费难、时间成本高、服务资源少的难题，在长街镇便民服务中心建成全市首家入驻乡镇便民服务中心的 24 小时办税服务站点——“宁好智税站”，将当地纳税人办税路径缩短至 5 千米，本地纳税人办税效率提高 50%以上。

依托“甬税助”平台，成立宁海县“甬税助”远程协办中心，以“远程帮办”“办问协同”实时帮助纳税人缴费人解决电子税务局等软件操作问题、异地办税难题，累计解决问题 580 个，纳税人、缴费人体验感和满意度得到“双提升”。

发展新时代“枫桥经验”，建设“公职律师涉税争议咨询调解中心”，在办税服务厅首设调解专室，调解矛盾纠纷 14 起，保障合法权益。

创新探索基于出口企业主信用和纳税信用的融资新模式，与建设银行合作创新推出“退税担贷”“退税快贷”“退税云贷”系列产品，充分发挥出口企业分类管理的信用甄别和激励作用，实现以税促信、以信换贷、以贷助发展。

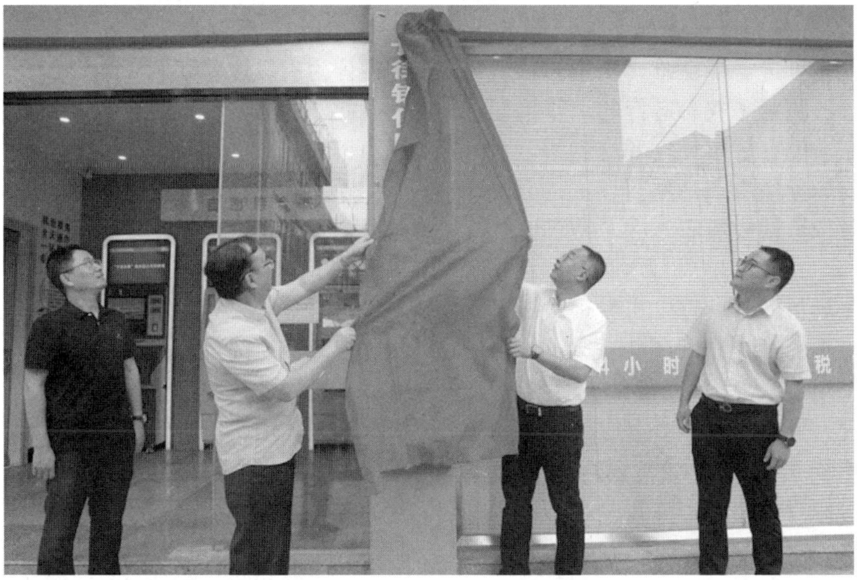
2022 年 9 月 28 日，县财税局和长街镇政府联合打造的“宁好智税站”揭牌

审　计

【概况】 县审计局在县委、县政府和上级审计机关的坚强领导下，围绕县委“五大革新”行动，全年完成审计项目 145 个，审计发现主要问题金额 12.74 亿元，管理不规范金额 12.07 亿元，移送案件 10 件，促进审计监督提质增效，发挥审计“免疫系统”作用，有力助推现代化“双优”新宁海建设。

【政治强审】 “红色根脉”铸魂。以习近平新时代中国特色社会主义思想为引领，着力强化理论武装，做到政治上绝对忠诚，思想上高度认同，行动上坚决有力。“三全”方式学习党的二十大精神。专题组织“聚焦党的二十大　奋进审计新征程”学习活动，收看党的二十大开幕式直播，以领导党课讲、8090青年讲师团宣讲、网络视频讲、专家专题讲方式，做到全局推进、全员参与、全时学习。“三课”联动传承红色基因。上好思政理论课、活动提升课、历史传承课，以“五学”方式，巩固拓展党史学习教育成果，开展“七个一”活动，传承红色基因，赓续革命精神。

党的领导导航。切实加强党对审计工作的集中统一领导，构建“3+X”会议议题机制，突出审计委把握全局的作用。县委审计办做好传达员，向上级审计委员会及办事机构报告报备37篇次。由县委审计办牵头对上级决策部署等12个领域审计发现的问题进行梳理，编写宁海版的《审计发现常见问题清单》，既提供审计指南，又推进领导干部防范廉政风险。在县政府常务会议上，作题为《强化审计意识　切实依法履职》的工作汇报；为近200名全县纪委监察干部作审计专题培训，推进纪检审计联动。

组织建设创优。推进标准化规范化建设，深入开展“九个到支部”工作，严格落实“三会一课”、谈心谈话、主题党日等制度，有力发挥支部战斗堡垒作用。党建服务基层治理，下派“第一书记”和农村指导员，推进“百家机关村村帮”工作，做好发展参谋员、帮扶指导员、矛盾化解员、共富宣传员，同走共富道路。

【质量强审】 强化底线意识和安全意识，发挥审计“吹哨人”作用。聚焦政策措施落实。开展宁海县储备粮专项审计，省审计厅采纳“查出储备粮购销、储存和轮换业务不规范”等2个问题，促进政策落到实处，守住风险底线，为百姓“米袋子”保驾护航。聚焦资金管理主线。实施财政预算执行和决算草案情况审计、县国投集团2021年度资产负债损益审计，关注资金绩效、债务风险、企业隐性风险等，强化风险防控。推进百村审计工程，首度开展村级工程项目专项审计，抽样115个村，紧盯程序规范、资金流向、工程效用等，助推村社和谐稳定工作。聚焦内审首道防线。学习贯彻《浙江省内部审计工作规定》，坚持分领域分行业指导开展内部审计工作，对99家内审单位实施“1+1”清单式服务指导，内审干部20多人次参与国家审计项目，切实发挥内审“首道闸门”作用。

紧盯权力运行正航向。自检培训纠偏。113名领导干部填报履行经济责任自检表，对新提任（转任）县管正职领导干部开展“一书一单一培训”工作，抓“关键少数”，强源头防控，及时校准纠偏。经责审计正轨。按照“审计服务换届工作”要求，对13家乡镇（街道）、部门领导干部实施经责审计，同步推进4个乡镇（街道）决算审计，收紧了权力运行的“紧箍咒”。派员配合省审计厅开展的缙云县主要领导经责审计项目，推进领导干部依法依规履职。

紧盯民生项目增福祉。精选民生项目。开展竹口三村地块改造居住小区四期工程竣工决算审计等5个项目，揭露政策执行、工程管理、资金绩效等方面存在的问题。连续5年开展G228线宁海西店至桃源段公路工程项目全过程跟踪审计，撰写专报，分管副县长作出批示，推进项目提速。保障人才安居。开展人才用房保障情况专项审计，推动人才政策有效落实落地，助力营造良好的人才安居环境。提升资金绩效。在二审基础上，审计核减工程款368万元。

紧盯整改推进强清障。抓问题清单闭环整改。紧扣省委“七张问题清单”，建立专班领导、专网推进、专人负责“三专”机制，日沟通、周汇报、月督查，推进整改落实。“重大审计发现问题清单”中纳入县级清单的19个问题，纳入市级清单11个问题，全部办结销号。抓联合督查协同整改。对2017—2021年期间审计发现的971个问题整改工作开展“回头看”行动，866个问题完成整改，100个问题采取措施推进整改，修订完善各项制度规定65项。结合省、市审计机关审计整改督查工作，拉紧整改责任链条，“清零拔钉”严整改。抓规范管理长效整改。建立健全管理机制，制订《重大审计问题清单工作机制》《关于进一步规范审计报告反映问题整改情况报告》文件，将“七张问题清单”同日常审计相结合，做到提前谋划、全程跟踪、闭环管理，提升成效。抓制度创新促整改，推进举一反三工作，出台12项制度，清溪水库案例被评为省级优秀案例。

【管理革新】 重整体智治促数字赋能。硬件升级强基。建设标准化数据分析室，出台《网络安全事件应急预案》，做到有领导、有专人、有设备、有场所、有经费、有机制。智慧审计提效。探索大数据审计，推进内外数据联动分析，在同级审和人才用房审计专题推进大数据审计，40%问题来自大数据审计，提升审计效率。能力提升进阶。推进计算机审计能力提升工程，9名干部通过初级能力测试，实现40周岁以下审计人员全部通过的目标。

重机制创新促管理塑形。抓制度化护航。县委审计委出台成员单位协调制度、整改联合督查办法、重大事项督察督办办法等 3 项制度，促进工作制度化、规范化。抓研究型审计。强化审前调查，摸清底数，下好“先手棋”；加强学习培训，开展“同舟奋楫·农审协审论坛”2 期，专题组织粮食、人才安居工程等相关政策法规学习，练好“基本功”；做到法规审理全程动态跟踪，发挥优秀项目引领作用，专题组织评分标准解读讲座，增强“牵引力”；推进审计调研，建立课题 6 个，撰写专报，促审计工作创新，为领导提供决策参考，做好“参谋员”。抓联动式审计。探索“国家审计主导+社会中介协助+内部审计助力”模式，50 个农审项目推进社会中介协助审计；派员参加县委巡察工作，提供审计报告 35 份，借助县委巡察、纪检监督、组织监督等力量，做到计划联动、工作共进，提升审计效率。

重赛马机制促队伍变革。党建品牌争先。全面压实全面从严治党主体责任和意识形态工作责任制，落实“三书三查两报告”制度，党组理论学习中心组学习 19 次。推进“为民用权型”清廉机关建设，获得全县“清廉机关　模范机关”称号。项目提速创优。开展“审计大提速、作风大提标、工作大提质”主题研讨活动，局领导带头宣讲，科室专题推进，干部撰写心得。实施项目进度督查制，由主要领导抓落实，会议强调 8 次，约谈提醒 6 人次。紧抓优秀审计项目工作，同级审项目获市优秀项目三等奖。队伍建设培优。实施“三跑三做”工作，分层分类赛争先。深化审计实务导师制，“青蓝”结对强引领。服务中心大局，12 名中层干部结对 50 名困难群众；积极参与“党群同心圆”，人均近 10 次，开展“创城”活动 113 次。

2022 年 3 月 30 日，十五届县委审计委员会第一次会议召开

【十五届县委审计委员会第一次会议】 于 3 月 30 日召开。县委书记、县委审计委员会主任滕安达主持，县领导楼鼎鼎、周初波、陈锦杰、柳正维参加。县委审计办主任、县审计局局长戴华飞报告 2021 年审计工作主要情况和 2022 年审计工作总体安排。

会议深入学习贯彻习近平总书记关于审计工作的重要指示精神以及省委、市委审计委员会相关会议精神，严格落实新修订的《中华人民共和国审计法》，听取和审议 2021 年审计工作主要情况和 2022 年审计工作总体安排，审议审计项目计划及有关文件。

滕安达在充分肯定 2021 年全县审计工作成绩后指出，全县审计战线要坚持政治立审，强化党管审计。强调，要坚持质量强审，优化审计质效；要坚持人才兴审，加强队伍建设，为全县系统推进“五大革新”、加快建设现代化“双优”新宁海保驾护航。

统　　计

【概况】 坚持以习近平新时代中国特色社会主义思想为指导，全面贯彻党的十九大和二十大精神，深入贯彻县委、县政府重大决策部署，牢牢把握新形势、新任务、新要求，不断深化统计数字化改革，提升全县统计工作水平，为建设现代化“双优”新宁海提供有力的统计保障。

罗琳获全省统计系统“贯彻党代会　喜迎二十大　数海当先锋”主题征文和党建工作创新案例评选三等奖。

【思想政治建设】 始终把政治建设放在首位。创新载体，党建业务同频共振，2022 年创设并挂牌成立了“数海学堂”，授旗成立了“阳光统计青年学习小组”，持续做深“阳光统计　数海争锋”党建品牌。3名党员干部在省、市统计系统主题征文和党建工作创新案例评选中均获得好成绩。

持续压紧压实“两个责任”。严格落实全面从严治党主体责任和班子成员“一岗双责”，严肃政治纪律规矩，扎实开展“五问五破、五比五先”作风建设专项行动。全年，党组书记与班子成员开展谈心谈话15次，班子成员和科室负责人开展谈心谈话26次。

着力强化党风廉政建设。自觉接受派驻纪检监察组的全方位监督和纪检业务工作指导，高质量完成各项工作任务。深入开展警示教育，签订了“拒绝酒驾”承诺书，参观了“镜·鉴”——宁波市党员干部违纪违法典型案例警示教育展，进一步增强党员干部不敢腐、不能腐、不想腐意识。省、市、县党建联建构筑三级学习平台，进一步增强统计系统党建合力，建强党支部战斗堡垒。围绕疫情防控、文明城市创建、党群同心圆等工作，开展志愿服务1600余人次、完成党群同心圆390余次，充分展现了清廉机关建设的担当作为。

【统计数据】 强化依法统计意识。县委、县政府分别在5月19日常委会会议、6月9日常务会议上，对习近平总书记关于统计工作重要讲话指示批示精神、《防范和惩治统计造假弄虚作假重要文件选编》等进行了再学习、再深化。

实战能力稳步提升。全局累计被抽调业务骨干15人次参加省、市数据核查工作，被抽调的业务骨干勇担使命、履职尽责，出色完成各项任务，专业能力得到进一步提升。先后接受省局到宁海开展工业、农业、名录库数据核查工作，受到了数据核查组的充分肯定，持续保持防范和惩治统计造假高压态势。

聚力统计执法监管。加强“互联网+监管”，全面实施“双随机、一公开”“掌上执法”“网上办案”工作，全力推动统计监督与纪检监察深度融合，形成监督合力。全年完成63家（其中“双随机”45家）统计执法检查，立案2家，其中，当场警告1家，警告并处罚款5000元1家。

【统计服务】 数字化改革实现统计工作“一指减负”。推进投资领域数字化改革，承接高分国家统计遥感应用示范系统投资试点项目。建立统计基层网格体系，通过“统计e家”推广浙企“最多报一次”应用，注重收集企业的使用意见并及时提交市局，共同推动应用迭代升级，努力实现高效协同的统计数字化改革新局面。

入库纳统实现企业排摸“关口前移”。坚决做到“先有库、后有数”，加强部门登记信息资料共享，建立“四上”企业培育库，实时跟踪监测，有效掌握“下转上”潜力企业，及时跟进对接入库纳统。做好名录库维护工作，及时完成名录单位变更、注销等工作。全年月度调查单位申报成功86家，新增一套表调查单位142家，完成新入库投资项目294个。

监测预警实现宁海发展“定时体检”。面对严峻的经济发展形势，提高监测效率、增加预警频次，聚焦全县经济社会发展中的热点、难点问题，密切关注工业、投资、贸易等主要经济指标运行态势，及时发现经济运行过程中的趋势性、苗头性问题，切实提高统计工作的预见性、针对性和有效性。

分析研究实现经济指标“晴雨播报”。立足宁海实际，加大对全县经济运行态势及重大问题、重要课题的分析研究，形成有价值、有深度的统计分析报告，充分发挥“智库”作用，为县委、县政府决策提供有力的科学依据。全年共发布《宁海统计》15期，有5期获得县主要领导批示，《2022年1—10月宁海县固定资产投资运行情况分析》《宁海县1—10月规模以上工业经济运行情况分析》《前三季度宁海规模以下工业经济运行分析》等获得县主要领导批示。

【统计基层基础】 着力打造“保姆式”基层统计服务。围绕统计“三服务”2.0版，加强职能部门业务指导，深入工业、服务业、投资等企业（项目）一线结合业务指导主动服务、上门服务，开展“点对点、面对面、手把手”的业务指导，提升企业统计数据质量，全年“线上+线下”指导企业1000余家，助企纾困解决问题10余个。

着力构造“立体化”统计培训体系。建立健全业务培训长效机制，有效提高全局干部职工及基层统计人员综合素质。采取召开专业年报会、个性化培训会“请进来”与利用走访调研“走出去”相结合的培训方式，切实提升统计队伍素质和业务水平。全年共举办50余场培训，受众1500余人。

着力筑造“交叉式”规范统计档案。各专业推行AB交叉模式严把数据质量关，深化统计数据档案规范化建设。以企业或项目为单位，A岗人员指导企业按要求建立完善统计数据档案；B岗人员则结合调研走访、核查检查，现场核实台账，交叉印证，实现数出有据。全年实现统计数据档案全覆盖。

着力锻造“综合型”统计干部队伍。选派1名优秀年轻干部，赴市统计局工业处挂职锻炼，拓宽工作视野，进一步提升统计工作能力。公开招聘2名专业人员，进一步提高队伍专业化水平。严格落实乡镇街道统计人员变动情况报备制度，进一步保持基层队伍稳定性。加强线下阵地拓展，全县已建设19个“统计之家”，开展网格成员培训、交流、探讨、分享等互动活动和面对面统计服务，着力夯实统计培训基层基础。

【国家统计局宁海调查队】 扎实开展统计调查，监测主要民生统计调查指标，包括城乡居民收入消费、居民消费价格（CPI）指数、粮食生产面积产量、畜牧业生产情况等。做好月度劳动力调查数据采集，反映全县就业和调查失业率等真实状况。同时按照要求完成主要农产品生产价格、企业采购经理、工业生产者价格、小微企业跟踪调查等统计调查任务。

精心组织完成全县新一轮住户调查大样本轮换工作，确定2023—2027年居民收支调查样本网点，2022年12月正式启用，电子记账水平进一步提升。完成粮食产量调查检查样本轮换，抽选确定新的调查网点并正式启用。

强化法治建设，提升统计法治工作能力，组织开展统计法治宣传和执法监督检查，夯实依法统计调查基础。扎实推进《关于更加有效发挥统计监督职能作用的意见》贯彻落实，切实提升防范和惩治统计造假弄虚作假工作水平。

强化政治建设，切实加强理论武装。强化机关党建，推进工作提质增效。队党组过去4年3次被评为志愿服务先进党组织，队党支部连续2年获评“五星级基层党组织”；年度各有1名被评为先进志愿者和先进工作者；1名获评全县“学习之星”称号；4月获“模范机关、清廉机关”建设示范单位和“先锋支部”授牌表彰。强化党建品牌意识，继续培育“守统计初心、做调查标兵”品牌，积极打造党建活动示范点。

强化数据质量，夯实调查基层基础。全年共开展业务培训25次，培训400余人次；走访调查网点152次，覆盖调查对象近500户，其中队领导带队走访37次；开展基层基础和数据质量检查11次。

强化组织实施，完成住户和农业调查样本轮换。县政府印发《关于做好住户调查大样本轮换工作的通知》。召开全县住户调查暨住户大样本轮换工作会议，全面部署推进，财政部门足额落实所需经费，各有关部门乡镇全力支持配合。住户调查新一轮调查网点全部落实，11月开始试记账，电子记账率达90%，业务人员通过点对点的形式完成对全县30个调查小区全覆盖记账培训，12月正式启用；按要求完成农作物对地抽样调查样本轮换前期试点和全县分村摸底，确定调查网点，12月开始“双网点”样本运行，确保数据有效衔接。

强化统计服务，努力提升工作水平。加强组织实施，建立信息分析工作例会机制，修订信息分析考核办法，分解落实任务计划，每月通报信息分析完成情况。加强课题研究，完成队内立项课题5项、承接上级单独立项课题2项，承接实施县委重点调研课题1项，与部门联合开展调研课题1项。加强调查资料和数据管理，规范调查资料刊物编印报送，及时公开发布调查数据。

强化法治建设，提升统计法治工作能力。队党组专题听取法治工作汇报2次，制定“八五”普法方案和年度法治工作要点；聘请常年法律顾问和公职律师。队党组和中心组专题学习4次，全队学习4次，执法流程培训1次。日常走访普法宣传200次，覆盖1000余人次；业务培训宣传20次，覆盖400余人次；结合样本轮换等业务工作开展专项宣传。制作发放最新法治宣传资料，印制以案说法读本，提高法治宣传效果。加强执法队伍建设，完成10家样本企业现场执法。

强化责任落实，推进全面从严治党。强化能力提升，加强干部队伍建设。开展能力提升专项行动，持续深化青年干部走一线，推出业务干部上讲台活动，参加上级专业技能培训。抽调1名年轻干部担任驻村指导员，1名干部参与文明城市创建工作，11人次参与上级专项工作。完成3名中层岗位选任。

强化服务协调，提升保障支撑水平。坚持月度队务会议集中分析研究工作机制，听取汇报，队领导点评指导具体工作。制定年度重点工作责任清单，从8个方面明确60项重点任务，实施月度细化和落实对账。制订重点工作督查计划，开展多形式的督查，定期公布结果。建立党组会议研究事项交办机制，提醒督促落实。加强财务管理，合理编制预算和经费支出计划，有效保障调查工作顺利开展。

海　关

【概况】 海关注册备案企业共2473家，新注册企业237家，注销76家，变更112家；属地货物出口监管5550批次，目的地事中进口查验41批次；签发原产地证1.38万份，签证货值14.17亿美元，签证金额同比增长22.31%；审核进出口报关单124份，货值2465.90万元，征收税款580.27万元；设立加工贸易手册201份，核销226份，辖区加工贸易企业内销征税货值2024.46万元、征税225.58万元；监管公共保税仓入仓337.05万元、出仓447.05万元。

2022年11月4日，宁海海关优化进境粮储备库后续监管，为粮食供应安全护航

【政治建设】 坚持“第一议题”制度，深入学习贯彻习近平新时代中国特色社会主义思想，第一时间把习近平总书记重要讲话精神贯穿到党委工作始终，将其作为长期重大政治任务抓紧抓实。组织开展9次党委会学习、50次党委理论学习中心组（扩大）学习，中心组坚持“每周一学、每学一议”。全员通过党的十九届六中全会精神网上培训考试，形成学习党的十九届六中全会心得体会5篇。认真学习贯彻党的二十大精神。组织党员干部多种形式收听收看党的二十大开幕式盛况。召开党委会议专题研究学习宣传贯彻党的二十大精神工作方案，制定13项任务、细化19条措施；深化学习研讨，中心组深入思考开展专题学习研讨10次，党委书记面向全关宣讲1次，党委班子开展宣讲13人次，各党支部书记开展宣讲19人次，各党支部开展学习29次，青年理论学习小组学习4次。

扎实推进政治机关专项教育和“学查改”专项工作。将捍卫“两个确立”、做到“两个维护”、强化政治机关建设专项教育活动和“学习研讨、查摆问题、改进提高”专项工作统筹开展，成立领导小组扎实组织推动，制定实施方案和任务分工安排，党委班子专题研究3次、学习研讨32次，细化专项教育任务分工22项，梳理各项业务政治要求50条，查摆问题17个，上报专项教育活动工作月报9期，形成专项教育活动学习体会文章3篇。

持续抓好巡视巡察整改工作。每月工作督查例会对巡视、巡视“回头看”等举一反三整改任务以及巡察整改落实情况进行阶段性检视，认真做好巡察“回头看”整改，全体党委委员对各部门相关整改任务落实进行跟踪督查调研4次。涉及巡视整改7个方面19个具体整改任务、巡视“回头看”5个方面27个具体整改任务，以及巡察整改3个方面17个具体整改任务、巡察“回头看”2个方面7个具体整改任务已全部落实。

【进出口监管】 严格进出口安全监管。落实食品安全“四个最严”，全年完成出口食品化妆品监督抽检和风险监测16批次，全部检测合格；加强对进出口敏感商品检验监管，检出7批次出口危险包装使用鉴定不符，2批次出口危险化学品不合格，查获3批次进口旧机电不合格；向法治部门移交进口货物未报经检验而擅自使用案件线索2起。截获检疫性有害生物4种类、7种次，一般性有害生物18种类、43种次。

提升稽核查业务效能。全年开展稽查作业14起，办结13起，查发10起，其中大要案1起，稽查查发率76.92%；查发行政案件6起，其中移交缉私行政立案4起，首次查发涉检行政案件1起，自主办理快办案件1起，追缴税款共计301.09万元；开展核查作业41起，办结41起，查发31起，核查有效率75.61%。

【服务发展“助企工程”】 制定15条助企纾困促进外贸保稳提质工作举措，推动辖区外贸保稳提质，全年宁海县货物贸易进出口总值364.8亿元，同比增长10.9%；建立关党委牵头对口联系重点企业机制，全年共走访调研企业31家，收集解决企业问题27条；推广跨境电商B2B（B2B：也有写成BTB，是Business-to-Business的缩写，是指企业与企业之间通过专用网络或Internet，进行数据信息的交换、传递，开展交易活动的商业模式。）

出口监管模式，全年辖区新增海外仓备案企业21家；组织开展RCEP（RCEP：区域全面经济伙伴关系协定 Regional Com-prehensive Econom-ic Partnership 的英文缩写。东盟十国以及中国、日本、韩国、澳大利亚、新西兰15个国家签署于2020年11月15日。）原产地规则和关税减让政策线上宣讲，全年共签发RCEP原产地证书金额2.89亿元，减免关税金额约288.25万元；强化重点企业信用培育工作，建立“8+4”企业培育三年梯队台账，培育成熟企业2家。

加强技术性贸易措施应对。发挥宁海文具产品技贸措施研究评议基地和质量安全风险监测点作用，面向15家“技贸服务直通车”企业做好技贸服务对接，全年发布技贸预警信息53条、分析文章40篇，提出对欧盟玩具安全指令有关致敏香料要求的关注议题、对日本G/SPS/N/JPN/1028号SPS通报的评议意见均被总署采纳并用于国际磋商。

【提升管理效能】 深化全国文明单位创建。召开宁海海关全国文明单位创建动员会，制订三年工作计划，明确创建工作具体任务。创新调整完善报关大厅窗口布局设置，有效统筹集约人力资源，优化提升办事窗口功能。常态化运作“海关学苑·道德讲堂”，一体化深化文明窗口建设和机关文化建设。广泛参与宁海县全国文明城市创建及国家卫生县城复审志愿服务活动，开展志愿服务10余次，参与150余人次。

推进法治海关建设。全年党委中心组开展学法6次，开展各类对内普法学习、纪法教育共计15次；开展“国家安全教育日”“知识产权宣传周”“民法典宣传月”等一系列对外普法宣传活动12次，营造浓厚的海关法治宣传氛围，提升法治宣传效果。

完善工团妇联席会议机制。发挥工团妇组织优势，在关区组建篮球、羽毛球、乒乓球等活动小组，共开展活动5次；坚持每月“关长接待日”制度，做深做细做实思想政治工作，团结、紧张、和谐、向上的工作氛围日益浓厚。

深化督审内控机制建设。落实关、科两级内控工作责任制，形成“科室自控、部门监控、关内监督”的立体防控体系，查检科获评总关“内控示范科室”；强化科技控权，利用新海廉平台动态开展业务运行监督，及时处置提示警示信息。全年共处置异常数据量129条，处置异常数据有效率93.023%，纠正业务差错16次，补证58件，补征税款32次，补征税款金额164.0966万元，移交稽查线索4家，移交缉私立案线索3条，案值569.3万元，开展专项核查14次，形成专项成果3.5条。

【队伍建设】 党建责任链条不断拧紧，党建基础愈加扎实。党委层面，将党建业务一体推进纳入每月关务例会议程，实现党建和业务工作同部署同推进；总支层面，建立和完善党建工作检查、研究、落实的月度工作闭环制度，每季度对各支部开展活动和相关记录的完整性和规范性开展专项检查；推进各支部党建品牌迭代升级，推动“一支部一品牌”创建充分体现“三特”，推动“支部建在科上”向“支部强在科上”转变；“助企纾困促进木质包装扩大出口”工作案例获评关区第二季度“我为群众办实事”优秀案例；完成海关基层党建品牌创建如何“体现工作特点、反映支部特色、展现党员特长”的创新路径研究“书记项目”课题。

着力提升队伍综合素养。坚持把政治标准放在首位。新提任正科级领导干部1名、副科级领导干部2名，副科级领导干部试用期满正式任职2人，内部交流正科级领导干部2名，内部轮岗交流职级关员2名，新关组建以来首次接收2名

2022年11月22日，宁海海关举办“海关学苑·道德讲坛”，党组书记王军开展党的二十大精神宣讲

新入职关员；协助完成2名高级主办干部职级晋升，3名科级干部交流至兄弟海关工作。加强准军事化纪律部队建设，抓好“内务规范强化月”活动，严抓每月1次内务规范督察并强化问题点名通报，持续推进纠治酒驾醉驾工作。

提升业务能力水平。深化AB角师徒制机制，推进实施“选苗育苗”工程，培养植检、审计、巡察等岗位业务专家骨干；以干代训强化“跟班培训”实效，全年完成跟班培训6人次；完善岗位资质管理机制，2人通过进出口危险货物及其包装检验监管岗位资质考试，1人获全国海关动植物检疫高级签证官资质，5人参加全国海关稽查岗位练兵比武。

加强党风廉政建设和反腐败工作。常态化开展纪法教育，组织好“警示教育月”活动，落实好弘扬海关清廉家风主题宣传教育“五个一”活动，征集家风家训29条；全年召开2次党风廉政建设专题联席会议，共排查出21个党风廉政风险点，制定66条防控措施；切实巩固深化“现场监管与外勤执法权力寻租”专项整治工作成效，做好“海关重点项目和财物管理以权谋私”专项整治工作，对2012年以来相关情况开展全面梳理排查，形成宁海海关7个重点整改项目并全部整改完毕。

提升行政运转效能。紧扣全关重点工作，围绕目标导向、问题导向、结果导向，强化督查检查。紧盯条线各类绩效考核要求，对标对表查漏补缺，瞄准各类考核指标排名奋力争先进位、加油发力的氛围不断增强；持续落实改进会风八项措施，提升会议效率，全年会议同比下降18.4%；进一步强化建章立制工作，修订完善7项全关制度。

提升安全保障水平。认真落实安全生产三年行动收官之年各项部署，全面防范化解安全风险。在新业务用房全面启用的同时，严格落实过“紧日子”要求，做好预算统筹管理，针对通勤车老化维修费用增加以及新大楼基础运维支出攀升的实际情况，主动向总关职能部门报告，得到了上级部门支持；深入推进后勤保障综合协调机制，统筹做好新老大楼综合保障工作；制定宁海海关节能减排八项举措，强化节约型、节能型机关建设，被国管局评为2022年“节约型机关”。

提升科技保障能力。强化科技运维能力提升，做好新业务用房启用和原业务楼的网络信息化同步保障；进一步增强关区网络安全意识，定期组织开展网络安全检查和网络安全宣传周活动，举办网络安全培训1次；做好全国两会、中共二十大等重要时期的网络安全保障工作。全年共完成视频联调40余次、开展网络安全风险排查30余次、进行风险提示10余次，对各类设备开展维保250余次，耗材更换40余次。

农业·农村

综　　述

宁海县农业农村局在县委、县政府的坚强领导下，在省、市主管部门的关心和指导下，坚持以“五大革新”为统领，紧扣农业农村现代化先行和农民农村共同富裕两条主线，全力革故创新、争先进位，在多个领域实现突破性进展、取得标志性成果。

农林牧渔业总产值77.52亿元，同比增长5.9%，高于市平均1.4个百分点；一产增加值54.52亿元，同比增长5.6%，2项增幅均列全市第一；农村居民人均可支配收入42165元，同比增长5.8%，城乡收入比1.72∶1。

全市唯一列入国家现代农业产业园创建名单，全省唯一国家级制种大县（水稻）。6度蝉联省深化“千万工程”建设新时代美丽乡村（农村人居环境提升）和农村生活垃圾分类处理工作考核“双优胜”，获评省渔业健康养殖示范县、省级特色产业农业“机器换人”高质量发展先行县（水稻），全省渔业安全生产工作考核优秀（排名全省第一）。

种 植 业

【概况】 2022年，全县种植业产值21.99亿元，与2021年持平。

【种植业】 总产值约12.05亿元，比2021年同期增长0.29亿元，同比增长2.5%。

粮食生产由减转增。大小麦收获面积3.2万亩，比上年增长0.2万亩。小麦由2021年“三减”转为“三增”。单产同比减少20千克，总产值2517万元，同比增长1.9%。水稻面积14.02万亩（包括早稻0.76万亩、连晚0.22万亩、单季稻13.04万亩），比上年略减，总产7.28万吨，总产值2.22亿元，比上年略增。其中，晚稻平均单产530千克，同比减少20千克，早稻单产430千克，总产值328万元。

蔬菜面积略减。蔬菜面积7.6万亩，比上年减少0.2万亩。蔬菜总产值3.35亿元，比上年略增。西甜瓜面积3.75万亩，与上年持平，总产值1.77亿元，同比增长25.5%。

油料作物面积增加明显。油菜种植面积0.9万亩，比上年增长0.4万亩，单产120千克，比上年减少31千克，总产值605万元，比2021年增长44.0%。油茶林面积0.33万亩，其中油茶籽产量230.4吨，年加工茶油46.08吨，产值达1105.92万元。

【林特业】 总产值为14.13亿元。

果品产业略有起伏。全年全县果品产量产值较上年持平。

枇杷产量4100吨，产值6640万元，同比增长11%。

杨梅产量7400吨，产值5926万元。

桃子产量10500吨，产值8990万元。

猕猴桃产量900吨，产值1250万元。

梨产量1500吨，产值1140万元。

葡萄产量3150吨，产值2756万元。

柑橘产量43060吨，产值16892万元。

小水果：李600吨，480万元；樱桃40吨，230万元；梅150吨，90万元；蓝莓180吨，540万元；果桑80吨，110万元；柿子、枣子、火龙果等165吨，320万元。

竹产业发展稳步提升。全年竹笋总产量34910吨，同比增长3.3%。竹笋总产值11564万元，同比增长3.3%。

茶产业发展略有下降。宁海县茶叶面积5.45万亩，其中投产面积5.2万亩。全年茶叶总产量5250吨，总产值24510万元，产量同比下降9.8%，产值同比下降8.7%。其中，名优茶产量750吨，产值18140万元。

宁海县香榧林面积2.05万亩，其中投产面积1.2万亩。全年香榧青果产量1100吨，产值2640万元，产量同比增长14.3%；加工干果220吨，产值5280万元，产值同比增长14.3%。

宁海县中药材种植面积2000亩，产量300吨，产值1500万元。其中，黄精种植面积1500亩，产量260吨，产值1050万元。

花卉产业下降明显。全县林业育苗产值约为8000万元，相较于2021年9000万元，同比下降11.11%。

2022年11月，宁海农发牧业有限公司（国家级生猪产能调控基地）

畜 牧 业

【概况】 畜牧业产值7.42亿元，同比下降16%。

【收成】 通过落实生猪稳产保供综合措施，有效防止宁海县生猪产能大幅波动，保障畜产品“菜篮子”供给，相较于2021年全县能繁母猪存栏、生猪出栏均有所增加。养殖户为降低养殖成本，多为自繁自养模式，能繁母猪数量稳步增长，宁海县陆续出台能繁母猪临时补助、生猪产能调控相关文件，进一步激发养殖场提升种猪自给水平；全年生猪平均出栏价处于低位，且饲料价高居不下，部分规模养殖场为降低养殖成本，缩短养殖周期大量出栏。

生猪养殖效益下降。全县生猪存栏10.5388万头，同比下降10.36%，其中能繁母猪存栏0.9955万头，同比增长3.62%，全年累计出栏商品猪12.6522万头，同比增长7.92%。虽然随着生猪稳产保供工作落实，生猪出栏有所增长，但猪肉全年平均价格（33.4元/千克）相较于2021年平均价格（38.68元/千克）同比下降13.65%，导致生猪产值相应下降。

牛羊养殖小幅盈利。牛存栏0.3462万头，同比增长1.64%，全年累计出栏0.1503万头，同比增长1.08%。羊存栏0.7126万头，同比增长8.3%，全年累计出栏0.4846万头，同比增长8%。

家禽市场略有回暖。宁波振宁得农种禽有限公司改变企业养殖结构，于3月、8月先后引入12万羽海兰蛋鸡置换肉鸡，并于8月开始蛋鸡集中产蛋，禽蛋产量大幅增长，全年肉鸡出栏大幅下降；家禽总存栏37.5082万只，同比增长5.09%，全年累计出栏102.7188万只，同比下降12.82%；禽肉总产量1229.555吨，同比下降16.5%，禽蛋产量2134吨，同比增长24.43%。

【亮点】 指导3家规模养猪场成功申报国家级生猪产能调控基地、6家规模养猪场成功申报市级生猪产能调控基地；完成1家省级美丽牧场以及1家数字化牧场创建；切实加强全县畜禽养殖场沼气设施安全生产监管；坚持动物疫情监测，提供科学疫情防控依据；开展养殖场畜禽产品质量安全培训；新中心屠宰场投入运行；加强动物卫生监督，筑牢畜产品安全防护墙；开展严厉打击生猪屠宰违法行为专项行动；做好重大动物疫病防控工作；加强畜牧领域安全生产监管。

为稳固生猪基础产能，有效防止生猪产能大幅波动，确保宁海县生猪产能总体稳定。指导生猪养殖企业申报国家级和市级生猪产能调控基地，并督促基地准确报送存出栏等生猪生产信息；当生猪产能异常波动时，及时引导和督促基地采取相应措施，合理调控生猪产能，为稳定生猪产业高质量发展夯实基础。

2022年度市级生猪产能调控基地一览表

表6

序号	县（市、区）	养殖场名称	养殖场地址
1	宁海县	宁波新世纪农牧业开发有限公司	宁海县茶院乡后坑李村
2		宁波三鑫牧业有限公司	宁海县长街镇大青村
3		宁波市海联畜牧有限公司	宁海县长街镇青珠村
4		宁波瑞农牧业有限公司	宁海县岔路镇高塘村
5		宁波玉林牧业有限公司	宁海县长街镇长胜村
6		宁波市绿生牧业有限公司	宁海县力洋镇古渡村山后塘

完成省级美丽牧场和数字化牧场创建。指导宁波森丰牧业有限公司围绕生猪产业高质量发展“六化”规范，依据万头以上规模猪场的现有基础条件，以实际需求为导向，遵循实用性、兼容性、经济性原则，以高标准美丽牧场为目标，加快推动数字技术装备的综合运用，完成省级美丽牧场和数字化牧场创建。

切实加强宁海畜禽养殖场沼气设施安全生产监管。为深入贯彻习近平总书记关于安全生产重要指示批示精神，树牢“人民至上、生命至上”理念，从行动上真正落实安全责任，坚守农村沼气安全生产底线，严格坚持“安全第一，预防为主，综合治理”的方针，开展农村沼气工程安全生产与监管培训、组织沼气工程安全现场督查等工作，切实加强全县畜禽养殖场沼气设施安全生产监管，做到“除险保安”，将安全隐患消灭在萌芽状态，保障人民群众生命财产安全。截至2022年年底，宁海县共有沼气池场户82户，共有沼气池127座，沼气工程厌氧池容积19810立方米，70户（116座）正常运行，12户（12座）停运。全年共填埋沼气池15户（33座），总容积1800立方米。

2022年11月，省级美丽牧场、数字化牧场宁波森丰牧业有限公司

坚持动物疫情监测，提供科学疫情防控依据。组织开展动物疫病监测与流行病学调查工作，全面掌握非洲猪瘟、高致病性禽流感、口蹄疫、小反刍兽疫、布鲁氏菌病等优先防治病种分布状况和流行态势，有效评估动物疫病免疫效果，推进种畜禽场主要动物疫病监测净化与评估工作，科学研判防控形势，为防控决策提供科学依据。全年开展动物疫病日常监测和各项动物疫病专项监测工作。

开展养殖场畜禽产品质量安全培训。为进一步提升全县规模养殖场生态养殖水平，保障畜产品质量安全、生态安全和公共卫生安全，助力畜牧业高质量发展，开展畜禽产品质量安全培训。

新中心屠宰场投入运行。为了提高宁海县屠品质量，县国投集团投资建设新屠宰场，采用机械化程度极高的现代化屠宰流水线，于2022年5月20日启动运行，原山河岭屠宰场停止屠宰业务，新生猪定点屠宰厂由宁海县华统食品有限公司负责运行。新屠宰厂位于宁海县力洋镇文正村叶家320号，总用面积约70亩，现一期用地51亩，19亩为二期预留发展用地，概算总投资1.54亿元，建筑面积约22200平方米，具备年生猪屠宰量36万头的生产能力。

加强动物卫生监督，筑牢畜产品安全防护墙。按照动物卫生监督操作规程，制定工作目标管理考核办法，加强产地检疫和屠宰检疫过程巡查监管，完善动物检疫监督工作痕迹执法、记录可查的管理制度，坚守执法严明，从源头严厉打击危害畜产品安全违法行为，消除畜产品安全隐患。

开展严厉打击生猪屠宰违法行为专项行动。为切实维护全县生猪屠宰行业秩序，保证生猪产品质量安全，保障节日期间猪肉消费安全和人民身体健康，开展打击全县生猪屠宰违法行为，督促县食品有限公司落实质量安全主体责任，有效维护生猪产品质量安全，确保百姓吃上“放心肉”。

做好重大动物疫病防控工作。认清重大动物疫病防控形势，牢固树立防疫优先理念，做好重大动物疫病防控工作，周密部署、精心组织，切实落实好各项防控措施，严防发生区域性重大动物疫情，保障畜牧业高质量发展、维护公共卫生安全。

加强畜牧领域安全生产监管。组织开展生猪定点屠宰场、养殖场、动物诊疗机构等场所安全生产大检查。检查内容包括消防安全、生产安全、布局及设备设施、台账记录、制度管理、无害化处理、消毒卫生等10余项内容，检查涉有安全隐患的，要求相关责任人立即整改，落实各项安全防灾减灾措施，彻底消除安全隐患，杜绝安全生产事件的发生，切实保障全县畜牧业生产安全稳定。

2022年8月，宁海县畜禽产品质量安全培训班开班

海洋与渔业

【概况】 宁海县渔业局紧紧围绕县委县政府“建设生态名城，打造两湾明珠”的总目标，以渔业水域及资源保护为出发点，严格落实渔业健康发展、为“渔”服务理念，狠抓渔船安全生产管理，全年渔业安全及渔业经济发展形势平稳。全年水产品产量178468吨，产值301933万元，同比分别增长2.8%和3.6%，其中，海水养殖产量165935吨，同比增长2.94%，淡水养殖产量6650吨，同比增长3%，海洋捕捞产量5540吨，同比减少1%，淡水捕捞产量443吨，同比增长1%。

【水产养殖】 谋划产业规划。委托浙江万里学院编写《宁海县渔业高质量发展（2022—2025年）》，通过广泛征求意见多稿修改，于10月与县发改部门联合印发。规划坚持绿色发展原则，围绕虾、蟹、贝三大主导品种，提出构建“一园五区”的总体发展格局，明确以水产种业硅谷为引领的任务方向、重点工程和具体实施类建设项目，确立2022—2025年渔业高质量发展理念和总体目标。

全面做好省级健康养殖示范县创建工作。按照创建要求，对标对表，逐项进行落实，将创建工作贯穿渔业产业全过程，并在上级规定时间内完成材料整理，11月3日高分通过省厅组织专家组验收。

推行养殖尾水处理和监测工作：完成7家尾水处理示范点建设，其中5家采用“贝类平面流”模式、2家采用“三池两坝”模式进行尾水处理和利用。开展养殖尾水连片治理，安排777万元分8个片区开展养殖尾水连片治理，实现规模养殖主体尾水治理实现全覆盖。8月，完成省环保督察反馈问题销号闭环材料上报。开展尾水监测600余批次，从监测结果看，总体合格。

智慧引领，规范养殖行为。推进“宁渔促富”数改项目建设。此项目是宁海县智慧水产养殖管理系统的升级版本，入选省农业农村系统重大改革（重大应用）场景第一批“先行先试”名单，为宁波市唯一入选区县，全省仅德清县、三门县、宁海县3个县入选。宁海县将重点围绕“养殖档案”“养殖积分”“养殖监管”“养殖服务”等4个子场景，在全省率先探索积分制智慧管理，通过农业农村等6个部门和乡镇（街道）多跨审核，形成养殖户信用体系，实行全流程全方位监管，有效化解矛盾纠纷，提升水产品品质，全面推进养殖促富。

【惩治违法违规行为】 登船检查774艘，拆解涉渔“三无”船只91艘，查处违规作业渔船22艘，涉嫌刑事犯罪移交公安机关4起，移送司法人员4人，罚款7.1万元，检查陆上市场餐饮饭店、码头488个点。组织开展“清网”行动，收缴海上禁用渔具5503顶，清理串网2000余米；发挥乡镇、街道属地作用，共清理滩涂网具上千顶。清理非法养殖牡蛎2000余亩、违规滩涂养殖1130亩，悬挂宣传横幅30条，张贴宣传海报3700余份；结合“党群同心圆”活动平台，组织行动21次，参与人员105人次，累计查获渔获物106千克，起到“以点带面”的作用，打开了宣传的宽度。

【海洋渔业安全源头监管】 1月，全省部署开展“春雷行动”以来，“三渔科”认真按照上级文件要求，对标对表，全面抓好各项工作落实。

强化机制建设。通过强化机制建设，建成异地渔船停靠共管、二级渔港驻港机构、“乡镇+基层”船管组织等管理机制；创新信息中心应急值守管理模式，建立“渔业干部+劳务外包”渔业应急指挥值班模式，实现领导带班、3名值班员24小时值班，强化值班力量；探索渔船“三线管理”模式，创新打造“严而细”的风险管控体系。

规范养殖船舶管理。印发《宁海县海洋养殖自备船舶管理办法（试行）》，在全县沿海乡镇（街道）开展养殖自备船纳管工作，截至5月底全面完成养殖自备船纳管，累计纳管养殖船1984艘。

推进精密智控建设。完成185艘小型渔船及60艘休闲渔船北斗设备升级安装，在市内率先实现太阳能北斗定位设备全覆盖，全域打造“专而准”的精密智控体系。

开展隐患排查。委托第三方专业机构作为技术支撑，结合涉海涉渔领域“除险保安”相关工作，定期开展渔船隐患排查，按照“一船一档”要求，建立渔船隐患问题清单、整改清单、责任清单，实行分类整治，限期销号，截至10月，完成每季度安全隐患排查全覆盖任务，共计排查渔船733艘次，排摸出渔船隐患790处，整改完毕790处，实现检查覆盖率100%，整改率100%。全面完成渔船隐患排查全闭环，有力夯实渔业安全生产基础。

强化渔船提质固本。2022年共拆解“病老”渔船53条，其中拆旧建新46条；减船转产6条，削减功率469.4千瓦。全面治理渔船违规跨区作业行为，成功倒逼全县唯一一艘大型高危笼壶作业渔船同步实现“清零拔钉”。通过与海洋渔业执法队共同努力，在全省18个重点渔业县（市、区）斩获涉海涉渔领域“春雷行动”首次联合督查评价第一名，最终考核阶段宁海县被宁波市以全市第一的成绩推荐省专委会。

【养殖设施建设】 推动项目建设落地。宁海县申报2022年渔业发展补助资金（市级统筹部分）项目5个，项目总投资2017.3万元，获市级补助资金709万元，基本完成主要工程建设。

水产育种能力稳步提升，现代种业快速发展。有水产苗种企业27家。育苗水体超7万立方米，年产南美白对虾苗38.6亿尾，中国对虾1.5亿尾，日本对虾8000万尾，缢蛏、花蛤、青蛤、牡蛎、泥蚶等贝类苗种10万千克，青蟹、梭子蟹等苗种2000万只，海淡水鱼苗400万尾，可以满足全县水产养殖绝大多数品种的苗种需求，并向上海、福建、江苏、山东等地辐射，成为全省重要的底栖贝类苗种生产基地，被评为省级水产种业阵型企业和国家水产种业阵型企业。

加强水产种苗质量监管。水产站联合宁波市海洋与渔业研究院，一共开展374个批次虾苗检测工作，主要检测对虾肝肠胞虫、对虾虹彩病毒、急性肝胰腺坏死综合病毒、对虾白斑综合征病毒4种病原。全年苗种标粗企业共14家，引进各种品牌优质苗种38.15亿尾，检测不合格苗种16批次，苗数为12352万尾，占总苗量的3.17%。所有不合格虾苗均在协商沟通后进行了无害化处理。

继续做好青蟹种业文章。加强宁波市海洋与渔业研究院的科技合作，进一步推进青蟹苗种繁育工作，全年华大海昌和一市牛台惊天水产苗种场累计出苗1500万尾，惊天水产苗种场成为宁海县第二个掌握规模化青蟹育苗关键技术的企业。6月，中国科学院东海所与宁波市海洋与渔业研究院共同申报的拟穴青蟹良种“东方1号”在农业农村部官方网站上完成公示，通过水产良种认定。

【廉政建设】 开展“大学习，大调研，大抓落实”活动，强化海洋与渔业系统干部队伍能力作风建设。深入推进“清廉宁海”建设，严格履行“一岗双责”，层层落实全面从严治党主体责任，深化推进“反腐倡廉无盲区”活动，继续开展“党群同心圆”志愿服务之星评选。

农业产业化

【概况】 农业品牌建设再结硕果。“胡陈洋芋、西点牡蛎、宁海白枇杷”成功注册国家地理标志证明商标；“望府金毫”连续3年获浙茶杯金奖，被授予“浙江名红茶”；获“三品一标”255个、面积达42.9万亩，绿色优质农产品比例提高至60.6%；发挥“宁海珍鲜”背书“土字号”“乡字号”产品，成立县农产品区域公用品牌发展协会，白枇杷、青蟹、蛏子等9个特色农产品入选首批“宁海珍鲜”推荐产品。

【农业龙头企业】 评选农产品优秀购销大户20名、县级农业龙头企业73家（省级4家、市级31家、县级73家）。农业龙头企业完成产值50.72亿元，同比增长2%，带动农户11.77万户，带动原料生产基地10.88万亩。展示宁海县农业独特资源，展现现代农业发展成果，组织48家次农业企业、合作社参加8个国内外农产品展示展销活动，主要包括义乌森博会、浙江省农博会、绿博会等。

【现代农业转型】 强化产业发展顶层设计。按照“1+X”乡村产业规划体系要求，高标准完成了《宁海县现代种业强县建设发展规划（2021—2025年）》《宁海县香榧产业发展建设规划（2021—2025）》《宁海县茶产业高质量发展“十四五”规划》《宁海县渔业高质量发展规划（2022—2025）》等专项规划编制。

扎实推进乡村产业建设。全面落实366乡村产业建设工程，重点突出现代种业发展、农产品销售、品牌建设等关键环节，加快“3+X”农业全产业链发展，强化一、二、三产业融合，推进农业高质量发展。认定省、市两级数字农业工厂2个，市级数字化种养基地6个。强化农业政策性保险，全县开展农业政策性农业保险参保品种41项，涵盖水稻、渔业、种植业、畜牧业、林特业、设施农业、海洋捕捞等主导产业，保额达到25.8亿元，投保农户2.1万户，总计保费8054万元，同比增长27%；试点开办猕猴桃气象指数保险，参保1200亩和黄精干旱气象指数保险，参保3000亩，开启罗氏沼虾综合保险，参保1720亩。

【金融服务】 涉农资金整合改革持续推进，推动财权整合转向事权整合，优化资金投向，集中财力抓重点、补短板、强弱项。完成年度涉农资金整合农业产业化类项目申报、评审、立项和实施方案批复工作，农业农村、科技、供销等3个部门整合财政资金4513.5万元。

农业机械化

【概况】 落实强农惠农政策，全年发放购置补贴435万元，补贴农机370台套，惠及农户302户。新建全程机械化应用基地3家，农机创新试验基地1家和3个水稻产业数字农机应用点。创建市级功能培育基地2个，市级农机区域中心1个，农机作业服务公司农机区域服务中心2个，市级示范合作社3个，县级特色农机专业合作社4个。共办理农田拖拉机、收割机注册上牌39台，变更2台，转移16台，报废老旧农机21台。驾驶证换领37本，补证2本。智能自动化控温控湿，出苗时间短、秧苗粗壮整齐，成活率同比提高10%。自动化水平高，社会化服务能力强，年度育秧能力达到35万盘。“安全生产月”、消防安全大检查，共悬挂横幅13条，发放宣传资料1600余份，通过信息平台发送温馨提示1万余条。农机安全事故实现“十五连降”。

【机械化生产】 以建设粮食生产功能区为重点，以水稻机械化种植为突破口，采取政策倾斜、项目扶持等措施，狠抓水稻机插和粮食烘干机械化技术推广，确保水稻生产全程机械化水平。全年水稻种植面积15.2万亩，耕种收综合机械化率达92.68%。

创建水稻产业“机器换人”先行县。县委、县政府把水稻产业“机器换人”先行县创建工作纳入年度工作目标管理考核范围，成立宁海县创建浙江省农业“机器换人”高质量发展先行县工作领导小组，由分管农业的县长任组长，县政府办副主任、县农业农村局局长为副组长，县财政局、县农机管理站、县统计局等相关部门和各乡镇（街道）分管领导的创建工作领导小组，为先行县创建提供坚强有力的组织保障。分解任务指标，开展完成情况和质量的督查，使先行县创建工作层层落实、步步到位，顺利推进。通过水稻产业“机器换人”先行县创建验收并被命名表彰。

特色农机推广。以加快推进粮食生产全程机械化的薄弱环节为重点，以发展特色产业关键环节机械化为突破口，开展农机新技术、新机具作业演示与推广。全年共推广41台先进、适宜的特色机械，下达新型农机补贴资金84.56万元，2022年重点推广粮食输送设备和稻田开沟机。

全年完成设施农业项目建设20家，补贴金额241.6321万元，补贴面积26.18万平方米，主要涉及草莓、西瓜、葡萄、火龙果、蔬菜等经济作物的钢管大棚种植，补贴类型主要为连栋、单栋大棚。

5月，长街镇2022年度拖拉机、收割机年检审及农机安全培训工作会议召开

【农机服务】 在农时季节，抽调技术骨干深入作业生产一线，宣传农机新机具、新技术，检修调试作业机具，排除故障隐患。全年累计组织人员检查320余人次，检查合作社80余家次、农机410余台次。

农机购置补贴。根据全县农业发展急需，联动补贴，出台宁海县购置补贴监督管理办法，提高了补贴专项整体效能，实现了项目效果的最大化，加大了轨道运输机和植保无人机的补贴力度。全年共补贴各类农机具424台，农机购置补贴资金总额755万元。

农机市场整治。监督农机销售厂商、农机维修网点规范经营，从源头上保障了农机产品质量安全。开展农机维修网点的审核审验，2022年对全县13家农机维修网点进行了全面的安全检查，整治安全隐患2条，整改2条。

【平安农机建设】 在巩固全国平安农机示范县、12个省级平安农机乡镇（街道）、88家农机安全示范村和16家市级平安农机示范合作社创建的基础上，继续培育一批镇、村、合作社，使平安农机创建工作的示范效应继续延伸，农机安全事故实现“十五连降”。

广泛开展农机安全宣传教育，在长街镇开展拖拉机、联合收割机驾驶员和农机合作社从业人员农机安全宣传培训，围绕全省道路禁止变型拖拉机通行通告等管理规定等内容进行宣传，对农机典型事故进行剖析警示，签订安全责任书，进一步增强广大农机从业人员的安全意识和责任意识。结合春运春节、农忙、节假日、“安全生产月”、消防安全大检查，共悬挂横幅13条，发放宣传资料1600余份。充分利用农机安全信息平台，特别是在台风、暴雨等重大气候变化时节及重大节假日期间，发送农机安全警示信息，全年共发送温馨提示1万余条次。

积极与各辖区乡镇站、交警中队开展联勤，严查外省籍变型拖拉机、本地残余变型拖拉机。开展农机安全生产隐患排查，对农机合作

11月，宁海县植保无人机技术培训会场

社、农田作业农机开展全面体检，严防有安全隐患的合作社带病运营、农机带病作业。共组织人员检查320余人次，检查合作社80余家次、农机410余台次，共查处无证驾驶1人，未发现存在外省籍变型拖拉机、本地残余变型拖拉机，全县无发生农机死亡事故。

强化农机驾驶人安全教育培训，做好农机管理及从业人员业务能力及素质提升，进一步推进设施农业及新型农业机械技术的推广应用。加快培育新型职业农民从业素质，开展植保无人机、拖拉机、收割机等操作技能培训，邀请相关专家授课，切实提升农民业务水平。全年共开展4期120人次，培养了一批善管理、有技术、会操作的人才队伍，为农机服务组织提供了人才保障。

农村经济工作管理

【概况】 深化善治示范村创建。打造党建引领坚强有力、村民自治充满活力、法治理念深入人心、德治教育春风化雨、智治形式有效多样、民生福祉不断提升的善治（示范）村。做好2022年度善治示范村创建，根据《浙江省善治村认定暂行办法》，下发《关于开展2022年年度“浙江省善治示范村”认定工作的通知》，年初获评省级善治（示范）村45个，累计达137个，指导各地及早筛选培育，年底再推荐50个以上，累计达187个以上，实现省级善治（示范）村达50%以上。

【基层治理体系建设】 推进清廉村居建设。做好牵头抓总工作，协调各方职能优势，把清廉村居建设作为县委一号文件单独一块内容，压紧压实清廉村居建设主体责任。相继下发《宁海县2022年深化清廉村居建设实施方案》《关于开展2022年度清廉村居评价认定工作的通知》，构筑清单制度、清廉体检、清正队伍、清风宣教工作体系，联合各有关部门协同推进清廉村居建设。把清廉村居建设纳入年度目标管理考核，予以考核加分。全县评价认定清廉村居86个以上，累计达到138个。开展清廉村居专题宣传，西店镇岭口村在凤凰网宁波频道发布清廉村居典型报道，取得较好的宣传效果。

完善“四治融合”城乡基层治理体系。建立专班化工作机制，明确相关协同单位，组建工作群，及时组织召开联络员会议。认真梳理建设内容，形成完善“四治融合”城乡基层治理体系建设基本架构，明确各个工作体系的具体政策体系、评价体系及进度安排。“宁渔促富”应用场景和“数字赋能村级小微权力清单36条”纳入宁波市“四治融合”基层治理系统建设特色应用。

【培育新型农业经营主体】 做好数据库录入工作。全县工商注册的家庭农场数共2742家，新型农业经营数据库录入1460家，超额完成新型农业经营数据库录入任务，完成省级目标任务。

完成培育新型农业经营主体项目。验收通过县级示范性农民专业合作社6家；县级示范性家庭农场37家、市级示范性家庭农场4家、省级示范性家庭农场1家。

开展新型农业经营主体监测。填报新型农业主体数据库系统，做好国家、省、市级示范性合作社监测，监测通过省示范合作社11家；市示范合作社14家。

做好贷款贴息工作。经主体自主申报，乡镇（街道）网上平台初审、县农业农村局会同县财政局复核，并报请市农业农村局和市财政局核定，全县主体贷款贴息共333.38万元。

【维护和谐稳定】 加强农村承包土地管理。做好做细农村土地承包经营权档案移交扫尾工作。为确保全县农户的档案资料齐全、准确、签章完整，落实专人负责制，对于缺件、缺章等问题逐级落实责任，进一步完善存档要求，确保全部档案移交工作顺利完成。妥善化解农村土地矛盾纠纷，维护农村稳定。及时受理群众来信来访，深入分析研究，做到不回避、不推诿、不拖延，严格按照农村土地承包方面的法律法规要求做好调处工作，全年处理农村土地承包地经营查询及纠纷60余件，接待来访群众50余人。

加强农村宅基地管理。推进落实农民建房“一件事”网上审批改革，强化农民建房“一件事”审批管理，完成各乡镇（街道）宅基地审批情况月报表报送，举办农民建房“一件事”审批管理系统操作培训，配合推进农房“浙建事”全生命周期综合管理服务系统应用和自建房安全“百日攻坚”专项整治工作。

做好农村闲置宅基地（农房）盘活工作。开展农村闲置宅基地（农房）盘活工作，做好基础数据调查，排摸全县闲置宅基地3415宗631.38亩；推动“浙农富裕”应用农房盘活数字化场景应用贯通，全年盘活闲置宅基地（农房）610宗。

【“消薄”攻坚行动】 高度重视村级集体经济内生动力提升工作，将集体经济内生动力提升工程列入宁海县“五大革新”工作，同时作为实现“强村富民”集成改革重要抓手来抓。相继出台《宁海县消除村级集体经济相对薄弱村攻坚行动方案》《宁海县村级集体经济持续提升行动计划》《关于进一步做好村级集体经济发展扶持项目管理工作的通知》等政策文件。县委书记滕安达在全市村级集体经济“消薄”攻坚推进会上作重要讲话，县农业农村局牵头组织召开全县村级集体经济发展推进会、全县村级集体经济相对薄弱村“五个一”“三百”落实会等。同时把村级集体经济经营性收入纳入“两高”强基量化指标体系，每月发布“红黑榜”，对相对经济薄弱村进行组团帮扶。截至年底，全县337个行政村集体经济总收入、经营性收入分别达到4.46亿元、2.32亿元，所有村集体经济总收入和经营性收入全面迈上50万元和30万元台阶，经营性收入50万元以上村188个，占比55%。

新农村建设

【概况】 有机融合美丽城镇、美丽乡村、美丽河湖、美丽景区、美丽庭院建设成果，建成省级未来乡村5个、新时代美丽乡村达标村43个、小集镇式中心村2个、乡村振兴示范带4条、梳理式改造村55个、示范乡镇4个、美丽庭院8000户。获评全省深化“千万工程”建设新时代美丽乡村（农村人居环境提升）工作优胜县等。全县城乡同网同速，建成5G基站1212个，重点乡镇5G全覆盖，社交电商、直播电商、直播购物等新业态、新模式蓬勃发展，村级小微权力36条多跨场景应用等大批宁海特色涉农场景应用稳步推进，数字红利不断释放。创新实施“艺术家驻村”“艺术提升品位”“设计改变生活”等艺术振兴乡村三大行动，成功打造葛家村等35个文化艺术村，《唤醒集体意识　激发内生动力——艺术振兴乡村助推共同富裕的宁海探索》入选《“三农”决策要参》第3期，并获中央农村工作领导小组办公室领导批示。城乡基础设施大幅提升，获评首批浙江交通强国试点县（城乡交通一体化方向）；新改建农村公路14.8千米；“‘集士驿站’+公交邮路”协同联动模式入选交通运输部农村客货邮融合发展典型案例；完成7座山塘整治和病险水库除险加固；建设气象防灾减灾标准化村34个；推进城乡一体化优质供水，更新发展农村供水管网130千米；筑牢乡村振兴电力基础，建成新时代乡村电气化村10个。构建“15分钟健身圈”便民体育设施，建成国家登山健身步道500千米、各类体育场所135个，人均体育面积达2.56平方米。

启动小集镇式中心村建设。以小集镇式中心村建设为载体，加快推进“人口集中、产业集聚、要素集约、功能集成”集聚类村庄和集中居住区建设。全年完成长街镇岳井村、一市镇东岙村项目建设。

启动乡村振兴示范带建设。按照“有一个规划、一条干线、一个主题、一链产业、一批美村”要求，突出加强主题策划，营造特色韵味，高起点谋划，把沿线的山水风光、特色村庄、产业园区、景区景点，“串珠成链”、连线成片，让山、水、林、田、路、房焕发新的活力。全年完成前童镇农旅融合示范带、强蛟镇宁海湾滨海休闲示范带项目建设。

启动梳理式改造村建设。以拆、改、建、保相结合，按照“宜建则建、宜耕则耕、宜绿则耕”，稳定推进梳理式村庄改造。全年完成55个梳理式改造村创建任务。

启动品质提升村建设。围绕“底色清、特色明、成色足”要求开展创建。全年启动7个品质提升村建设。

启动本质巩固村建设。以展现村庄良好的人居环境，充分挖掘村庄鲜明的地方特色、深厚的文化底蕴、突出的产业优势等方面，全年启动9个本质巩固村建设，扎实开展品质提升村创建。

【提升艺术振兴乡村行动】 艺术振兴乡村是“十三五”深化实施乡村振兴战略的重要抓手，宁海创新推进艺术振兴乡村，探索校地合作的人才培养模式，为宁海农村的艺术振兴提供人才支撑。全年共创建7个艺术特色村。

提升村庄文化底蕴。有效推进历史文化村落建设。加强对历史文化村落的保护与传承，守住文化根脉，留住乡韵乡愁，将历史文化村落保护与旅游开发相结合，与传统文化继承相并举，与生态保护相协调，让新农村与古文化相得益彰、相映生辉。将历史文化村落建设与梳理式改造村等创建载体相结合，确保历史文化村落得到有效保护开发。全年完成1个省级历史文化村落重点村创建工作。

提升未来乡村成效。在规划上注重系统性，实行多规合一，实现规划“一套图”，设施“一张网”，行动“一盘棋”；在建设上注重协同性，创新片区化、组团化建设理念；在用地上注重集约性，合理规定农村生活生态用地空间，集中打造高效、集约的乡村发展新格局；在投入上注重多元性，发挥涉农资金改革整合优势，将多种项目整合到未来乡村，集中打造美丽乡村精品名片；在手段上注重智能性，广泛运用信息化技术，打造数字化平台。全年完成5个未来乡村创建工作，宁海县胡陈乡梅山村获评浙江省未来乡村创建成效优秀等次，茶院乡许民村、力洋镇海头村、岔路镇湖头下畈片区、深甽镇南溪村均为合格等次。

【环境整治】 提升农村环境面貌。出台城乡环境卫生保洁一体化管理、建筑垃圾处置等一揽子制度，打破条块分割、多头管理，实现“一把扫帚扫城乡”。安排2380万元资金，用于环境卫生和垃圾分类长效运维。深入实施第三方卫生保洁督查活动，对18个乡镇（街道）每个季度检查一次，完成4次检查。每次检查结果进行通报，并与年底绩效考核挂钩。

提升垃圾分类处理。宁海县在垃圾分类实现行政村全覆盖基础上，构建形成了“智分类、云回收、源处理、循利用”的宁海模式，建立智分类数据管理云端平台，信息化贯通农村生活垃圾分类处理“户—村—乡（镇）”全主体和“分类—收集—处理—利用”全流程，推动农村生活垃圾治理进入2.0时代。全县108个村开展农村生活垃圾智分类工作。

【乡村振兴】 认真贯彻“五级书记抓乡村振兴”，县主要领导领衔挂帅县委、县政府农业和农村工作领导小组、乡村振兴领导小组，出台“三农”综合性政策文件，推进乡村全面振兴。全面贯彻落实中央和省委、市委关于乡村振兴的决策部署，不断深化“千万工程”、优先发展农业农村，积累了经验做法、形成了典型案例、打造特色品牌，乡村建设和群众受益的均衡性、普惠度走在省市前列。创建小微权力清单“36条”、艺术振兴乡村、“集士驿站”、农村生活垃圾智分类、财政涉农资金整合改革、村务管理国家标准、人大民生实事工程票决制等一批“三农”金名片，获评国家级制种大县（水稻）、国家现代农业产业园、国家卫生县城、农村综合改革标准化试点、交通强国试点县、结对帮扶优秀县、农业“机器换人”高质量发展先行县等，列入部省共建乡村振兴示范县、六度蝉联省级“千万工程”建设新时代美丽乡村（农村人居环境提升）工作优胜县。

截至年底，农林牧渔业总产值77.52亿元，同比增长5.9%，高于市平均1.4个百分点；一产增加值54.52亿元，同比增长5.6%，两项增幅均列全市第一。村集体资产总额84.27亿元，农村居民人均可支配收入42165元，同比增长5.8%，城乡收入比1.72：1。低收入农户人均可支配收入20754元，同比增长15.5%，增幅列全市第一。全县332个行政村集体经济总收入4.28亿元，同比增长10.88%，村经营性收入2.17亿元，同比增长32.32%，实现村集体经济总收入50万元和经营性收入30万元全覆盖。其中，经营性收入50万元以上村达185个，占比55.72%。建成省级未来乡村5个。

【稳产保供】 夯实稳产保供，种植粮食面积24.52万亩、综合生产能力1.835亿斤，居全市前三，获省“河姆渡杯”粮食生产先进县；能繁母猪保有量0.992万头，生猪活体储备4500头、冻猪肉储备150吨、豆类原料储备120吨、蔬菜经营性储备1500吨、水产品储备100吨。严守32万亩耕地面积，全县开展耕地功能恢复整治面积3.46万亩，完成恢复整治验收面积1.2万亩，投入整治资金3.6亿元；完成百千万亩永久基本农田集中连片整治项目5个1万亩；完成2.2万亩三门湾现代农业开发区下洋涂片万亩立项工作；升改造农业灌溉泵站机埠、堰坝水闸75座；完成新增水土流失治理面积2.3平方千米。

调优产业结构，出台加快现代农业转型发展政策26条，着力构建“366”乡村产业发展体系，做强做精“6+6”主导特色产业，形成柑橘、茶叶、水产养殖为主打的“3+X”10亿级农业全产业链，创成桑洲茶叶、胡陈水蜜桃2大省级特色农业强镇。率先出台了种业强县专项规划和人才政策，引进落户万里学院海洋生物种业研究院、中国水产科学研究院东海所等种业创新平台，集聚院士、甬江引才工程专家等高层次人才27人；抢滩布局岔路黑猪省级原种场、5G技术智慧对虾养殖、100万平方米数字化设施种植等一批数字种植养殖基地，建成全省最大产能专业化种子加工中心，主要农作物耕种收综合机械化率达92%、茶叶各环节机械化均达70%以上。农业品牌打响，认证“三品一标”255个、面积达42.9万亩，拥有地理标志证明商标8个、农产品地理标志2个，培育出浙江“十大名茶、名瓜、名禽、柑橘、猪肉”等特色名品，望海茶品牌价值超10亿元，“宁海珍鲜”成为全市首个全品类农产品区域公用品牌。支持主体技术改造、精深加工、仓储冷链、培训指导、担保贴息等，大力培育高素质职业农民、新农人、农创客，拥有县级以上农业龙头企业73家、示范性农民专业合作社296家、家庭农场168家，打造市级以上农业产业化联合体4个。

【共同富裕】 农民持续增收，在稳定工资性收入基础上，搭建“农创客”“青创联盟”“星创天地”等创业平台，开展实用技术、职业技能等培训2万人次/年。发展乡村旅游，建成AAA级景区村庄30个，民宿（农家乐）426家，床位超1万张。集体经济不断增收，制定出台《宁海县消除村级集体经济相对薄弱村攻坚行动方案》，完善192个相对薄弱村，探索成立“强村公司”，谋划联建联购标准厂房、购买街面房等项目，实施集体经济项目26个，总投资3500万元，实现所有行政村级集体经济总收入50万元，经营性收入30万元全覆盖。

全面健全“两不愁三保障”，建立低收入农户动态发现机制和“一户一策一干部”制度，严格执行医保精准扶贫“3个100%”、残疾人各项补贴、家庭医生签约服务，C、D级危房改造和农村饮用水达标提标行动。18个乡村振兴重点帮促村派驻工作组全覆盖。公共服务不断均衡，深化全民参保计划，户籍人员医疗保险参保率99%以上；城乡居民养老保险保障水平达12.7%；建立全覆盖养老服务三级网络，建成乡镇居家养老服务中心18个、村级服务站365个，农村居家养老服务覆盖率达100%；实施健康宁海行动，获评全国卫生县城，村级卫生室规范化率达86.42%；提升建设规范化残疾人之家2家；城乡教育共同体运转逐步推进，跃龙、桃源两个街道除外农村幼儿园一、二级幼儿占比69.5%。

【乡村治理】 紧抓村级小微权力这个关键，建立健全自治、法治、德治、智治“四治融合”的乡村治理体系。基层党组织建设，在全市率先建立“第一书记”全职驻村制度，连续7年选派5批255名“第一书记”，行政村覆盖面达50%以上。完善网格设置，全县划分网格、微网格分别为1025个、4709个，27名县级领导挂点联系、134家共建单位结对帮扶、6600余名在职党员和退休党员“码上报到”下沉居住地社区领岗认责。迭代升级“基层治理四平台”架构体系，全科网格规范化建设达标率93%以上。小微权力清单36条获中央纪委领导批示肯定，主导编制的《村务管理》3项国家标准正式发布实施，填补了全国领域标准空白，为全国村务管理工作提供了理论依据和实操指导。

扶贫工作

【概况】 2022年以来，宁海深入学习贯彻习近平总书记关于对口工作的重要论述重要指示精神和中共二十大精神，坚决贯彻中央、省、市关于对口工作和山海协作工作的决策部署，尽职尽责、全力以赴，持续发力，以排头兵的姿态推动对口工作和山海协作工作提质增效、整体提升。

【脱贫攻坚】 组织领导有力。全年落实对普格县东西部协作财政援助资金6000万元，共实施项目14个。两地党政主要领导带队互访3次，召开县委常委会会议1次，县政府常务会议2次，领导小组专题会议各1次。推动宁海18个乡镇（街道）和普格县13个乡镇（街道）结对全覆盖，发动6所学校、5所医院开展组团式帮扶，动员11家结对企业、宁海四川商会、宁海新生代企业家联谊会等社会组织参与结对帮扶，并开展交流互访、捐款捐物等活动。

助力普格县巩固拓展脱贫攻坚成果。开展劳务协作培训6期530人次（脱贫人口324人次）。帮助农村劳动力到东部结对省份就业5295人（脱贫人口543人），省内就近就业1039人（脱贫人口816人），到其他地区就业412人（脱贫人口322人）。四川农村学生就读职业学校110人。完成消费帮扶6199万元。

加强区域协作。新增引导落地投产企业16个，实际到位投资额4.9846亿元，吸纳劳动力202人（脱贫人口69人）。共建产业园1个（其中农业产业园1个），引导入园企业1个，实际投资额0.07亿元，吸纳劳动力22人（脱贫人口5人）。援建扶贫车间7个，吸纳劳动力285人（脱贫人口71人）。

促进乡村振兴。派出党政干部2人，专技人才16人（1—6个月4人，12个月以上12人）。普格县派出党政干部3人，专技人才4人。举办党政干部培训班7期519人次，人才培训14期998人次。社会力量投入帮扶资金488万元（其中捐物折款124万元）。打造乡村振兴示范点1个。

【山海协作】 2022年，宁海县对景宁县投入山海协作财政援助资金264万元，共实施项目8个，全部完工。召开县政府常务会议1次，领导小组会议1次，研究部署山海协作工作；共派出2名干部和2名专技人才在景宁挂职；引导落地产业合作项目（含3年续建项目）9个，实际到位资金12.24亿元；宁海—景宁山海协作“消薄飞地”产业园项目，完成收入分成393.75万元，带动景宁70个经济薄弱村实现跨区持股增收，增收人数达4200人；实现消费帮扶总金额

746.48万元；落实社会帮扶资金290.99万元。

【结对合作帮扶】 2022年，召开县政府常务会议1次，领导小组专题会议1次，研究部署甬蚌结对合作帮扶工作；共引导3家浙企甬企赴龙子湖区投资兴业，总投资达5亿元；全年共帮助销售龙子湖区农特产品56.2万元。

【对口支援】 2022年，宁海县安排4个乡镇（街道）结对帮扶新疆库车县4个村和重庆万州区2个乡，共投入帮扶资金120万元。

【特色工作】 “国企引领”畅通消费渠道。为进一步拓宽帮扶农产品的销售渠道，着力打通帮扶农产品在流通环节的难点和堵点，宁海县积极探索，创新销售模式，引导县交通集团下的“集士驿站”统一采购消费帮扶产品，发挥国企引领作用和县到县“两地仓”优势，统筹管理资金使用和商品销售，有效降低帮扶农产品在流通环节的运输成本，为消费帮扶企业提供质好价优的帮扶农产品，不但解决消费帮扶企业的后顾之忧，而且提高了市场接受度，更有利于销售市场的稳定和谐。

“乐业组合拳”服务劳务人员。宁海县打出“政策补助+精准对接+人文关怀”系列“组合拳”，政策补助，出台《关于做好东西部协作就业帮扶工作的通知》，明确10项补助内容，扎实做好东西部协作就业帮扶工作；精准对接，组织重点企业带着2000余个岗位奔赴普格县，举办“宁普劳务协作”专场招聘活动；人文关怀，建立普格之家、普格县党群服务工作站、普格县劳务人员工会组织，专门为普格县的专技人才和务工人员提供政策宣传、心理辅导、健康咨询等保障服务，让普格人到宁海学习、工作、生活也能感受到家的温暖和城的温馨。举办火把节，让在宁海的普格籍务工人员欢聚一起，体验家乡的“激情七月”。

“艺术赋能”推动乡村振兴。宁海县立足普格县螺髻山镇德育村特有的彝族阿都支系文化和自然资源旅游优势，共投入东西部协作资金3579万元，以打造农文旅融合发展的东西部协作乡村振兴示范点为目标，建设彝族“阿都”音乐文化第一村。加快推进东西部协作项目的同时，整合普格县财政资金建设螺髻山镇旅游环线；多次组织宁波大学、中国人民大学、南开大学、中国美术学院、“乡建艺术家”等专家团队深入德育村搭脉问诊艺术赋能之路，同时邀请55名彝族村民（大部分为德育村村民）赴宁海县参加艺术振兴乡村带头人培训班；引入宁海民营企业赴普格投资大棚工厂化水产循环养殖项目，并发起“爱暖普格·书香未来”捐书行动，为德育村募集图书千余册，设立“未来书架”。

“数字+”搭建未来乡村。宁海县努力创建“数字+”工程，助力景宁县走上山区高质量发展共同富裕之路。“数字+教育”。以景宁县澄照乡澄和社区为试点，打造儿童之家智慧服务场景，保障社区内782户异地搬迁居民实现“幼有所管，幼有所乐”。借助线上教育平台，开展直播互动教学、教研合作，在“结对”中实现“资源共享、优势互补、相互促进、共同提高”。“数字+养老”。依托居家养老中心，引入医生远程在线坐诊服务，搭建“云药房”帮助药品配送，同时设立“健康小屋”，建立养老服务电子化档案数据库并定期开展检测评估，帮助老人获得更优质便捷的养护服务。“数字+旅游”。通过手机小程序平台，对杨绿湖村的文旅、农旅、康旅资源进行整合推广，打造自身线上营销推广平台，发展数字经济，实现精准引流，改善当地民生，助力乡村振兴。

【民生保障】 为切实减轻低收入农户看病就医和人身意外负担，开展低收入农户综合性保险工作。2022年继续实行低收入农户综合性保险政策，沿用2021年度低收入农户综合性保险方案，确保全县低收入农户综合性保险覆盖率100%，参保10030人（特困户除外），参保金额188.0625万元，2021年8月15日到2022年8月14日期间，共计赔付4120人次595.56万元，理赔率为102.21%。

【富民增收】 根据低收入农户统计监测数据显示，2022年低收入农户可支配收入为20754元，同比增长15.5%。为充分发挥低收入农户主观能动性，促进其实现稳定增收，增强内生发展动能，支持低收入农户同步基本实现现代化行动，推动更多低收入群体迈入中等收入群体行列。开发村级公益性岗位，为低收入农户提供就业岗位。在同等条件下，优先安排有劳动能力且有劳动意愿的低收入农户从事村庄保洁、护林巡查、养老服务等岗位，累计带动低收入农户93人就业，让无法离乡、有劳动能力、有劳动意愿的低收入农户实现就近就业。发挥“第一书记”、农村工作指导员的重要“尖兵”作用。第十三批农村工作指导员共计派驻干部573人次，其中，市派农村工作指导员40人，县派农村工作指导员113人，乡镇（街道）派农村工作指导员420人。驻村干部发挥各自优势、抱团优势，助推村级集体经济发展，在实现较薄弱村人员选派全覆盖的基础上，派驻干部共帮助落实经济发展项目 126 个，争取扶持资金 1523 万元。精心谋划试点项目，完善利益联结机制。为创新产业帮促增收方式，支持低收入农户同步基本实现现代化行动，提高财政资金使用绩效，组织开展 2022 年低收入农户同步基本实现现代化项目试点工作。

【数字帮促】 依托“浙农帮扶”数字化应用系统，充分依靠联村干部、第一书记、农指员、村干部等基层工作力量，对低收入农户实行动态监管，进一步提高精准化识别和动态化管理水平。截至 12 月底，结对干部累计开展日常走访 8 万余次，通过系统红黄色自动预警累计处理低收入农户风险预警 310 次，风险预警化解率 100%，累计解决农户诉求 249 次，处理率 100%，有效解决低收入农户诉求，实现帮促工作向精准靶向立体式帮促、开放式帮促转变。

水　　利

【概况】 宁海县水利工作分别在省、市综合绩效考评中以位列全省第五、全市第一的成绩再登新高；宁海县“河长制”工作考核位列全市第一；县水利局副局长金军洪获评浙江省“人民满意的公务员”荣誉称号。宁海县“水利投资落实及增长幅度明显、防洪治涝八大‘千亿工程’推进有力、全域美丽河湖建设和水库系统治理工作成效明显”，受到宁波市政府督查激励。

【水利建设】 突出项目建设，重点水利工程全速推进。大力推进市县重点项目建设。2022 年市下达宁海县水利建设投资年度目标 14.5 亿元，全年实际完成投资 15.38 亿元，完成年度计划的 106%；县重点实事工程年度投资目标 8.15 亿元，全年实际完成投资 9.85 亿元，完成年度计划的 121%，全速推进东部沿海与中心城区防洪排涝、海塘安澜、小流域治理等重点项目建设，完成双湖溪、五市溪美丽河湖创建。6 月 28 日，宁海县清溪水库工程正式开工建设。全力落实省、市民生实事项目任务。县水利局承担的省民生实事项目共 6 类，承担的市民生实事项目共 4 类，均提前完成年度任务。其中提升改造农业灌溉泵站机埠、堰坝水闸任务超额完成。9 月 27 日，宁海县下洋涂农田应急临时灌溉工程开工建设。

【水利管理】 着力行业监管，治水管水能力有效提升。强化水资源管理。全面落实水资源“双控”管理，年用水总量控制在 2.1 亿立方以内，年生活和工业用水量控制在 1.2 亿立方米以内，万元地区生产总值和万元工业增加值用水量下降率分别达 3%。开展水资源管理专项行动及地下水专项整治行动，对全县取用水户采取“拉网式”检查，共巡查检查取水户 120 余次，关停封闭地下水井 27 口。强化工程安全监管。建立安全监管责任清单和风险管控清单，2022 年对全县在建水利工程开展安全生产综合性检查 97 次，涉及安全问题 211 条，均完成整改。抓好水利建设市场监管，运用信用动态评价体系对设计、施工、监理等单位进行考核，通过信用评价结果与招投标挂钩，提高施工、监理、设计等单位的标后履行实效。强化水域安全监管。强力整治河湖“四乱”问题，全年共拆除河道乱占 7000 平方米，清理乱堆 3.89 万立方米，拆除乱建 1700 余平方米，移交综合执法部门非法采砂案件 3 件。开展河道清障专项执法行动，清理阻碍行洪砂石 3.1 万立方米。

【水利改革】 坚持创新引领，改革发展活力持续释放。2022 年“幸福水利”建设计划完成投资 5000 万元，至年底完成梅林—桥头胡、黄坛—跃龙 2 个片区创建，并开工前

2022 年 7 月 5 日，宁波市首个标准示范生态海塘——汶溪周塘除险加固工程完工验收

童—岔路、桃源 2 个片区。创新开展“水资源集约安全利用”专项试点。创新开展水库型水源取水权交易，被列为省第一批水资源集约安全利用专项试点，并获浙江省 2021 年度“节水行动优秀实践案例”及 2022 年度宁波市“节水行动十佳实践案例”，该项工作得到水利部专家的高度肯定。全省首创水利工程县级评选奖项。创新开展“水利工程安全文明施工标准化工地”和“‘白溪杯’水利工程优质奖”评选，进一步提升行业监管能力。

2022 年 6 月 15 日，宁海中心城区防洪排涝工程——竹溪作为宁海首个水利世行贷款项目通过验收

宁海县三门湾现代农业开发区

【概况】 在县委、县政府的坚强领导下，按照高质量发展的要求，以国家现代农业产业园创建为抓手，围绕年初制定目标计划，攻坚克难、狠抓落实，不断营造良好投资环境，夯实发展基础，有效推进开发区建设。

【双招双引】 紧扣国家现代农业产业园创建目标导向，围绕产业升级和全产业链构建，抢抓招商引资、招才引智，加快产业集群。全年接洽意向企业 40 余批次，外出考察意向企业 8 家，新落地项目 1 个，重点在谈项目 4 个。其中，新落地项目为宁海县工厂化海水养殖项目，占地面积 1832 亩，投资规模 8.7 亿元，为全国最大单体工厂化对虾养殖基地，建设完成后，年产量 1 万吨，年主营收入 3.24 亿元。完成现场勘测、土石方储备、项目公司注册，设计方案初稿评审等工作。4 个重点在谈项目分别为：独具种业优势的对虾种苗繁育基地及设施养殖基地项目、总投资 21 亿元的宁海国际（东盟）农产品创新发展示范园项目、投资强度超 40 万元/亩的现代设施种植产业基地项目和融合数字化的下洋涂农业综合体项目。

人才载体平台建设方面。宁海海洋生物种业研究院博士后工作站新入职博士后 2 名；种业研究院招聘入职硕士 1 名，教职工 33 人，其中专职科研人员 27 人。新增国家自然科学基金项目 1 项、省级科研项目 5 项，扩繁缢蛏“甬乐 1 号”41 亿粒。东海水产研究所宁海渔业创新研究中心获批设立，研究中心在银鲳人工养殖、育苗技术方面取得突破，创建了银鲳全人工繁育系列技术方法；研究中心选育的拟穴青蟹“东方 1 号”通过国家水产新品种认定；日本鳗鲡亲本室内保种技术取得新进展，为下一步日本鳗鲡繁育工作打下了坚实基础。

【重点工程】 以重点工程项目为抓手，进一步完善区内公共基础设施和提升产业水平，提升平台承载能力。全年完成固定资产投资 1.2 亿元。

重点工程有序推进。以“五大革新”支撑性项目为牵引，狠抓项目开工建设和投产。成立工作专班，落实“四大”运行机制，制定详细的项目建设推进时间表，倒排工期、挂图作战，按照时间节点加快推进建设。

下洋涂应急灌溉工程已通水；下洋涂农田引水灌溉及农业配套基础设施提升工程完成全过程咨询招标，其中，下洋涂农田引水灌溉工程、下洋涂农业配套基础设施提升工程（区间路网）开工建设。

完成蛇蟠涂整体景观及环境提升工程和双盘涂西堤西闸重建工程，蛇蟠涂综合服务中心项目房建内容基本完工。

强化主动对接和服务，宁波海洋生物种业研究院完成一期项目建设，已试入驻办公。全数字化南美白对虾育繁一体化项目完成 5 个生产车间及有关水电配套建设，并投入生产。

其他线上工作有效开展。为更好地服务区内企业生产生活和增强防灾减灾能力，切实做好其他零星工程及线上工作。完成下洋涂海堤安全鉴定预算及采购招标文件编制和下洋涂8座中型水闸维护整改方案，完成双盘涂河港清淤等3个项目。完成2023年房屋征迁项目计划申报，计划征收面积37639平方米。完成区内3家企业设施农用地审批管理，面积30042.68平方米。完成宁海县下洋涂片万亩永久基本农田集中连片整治项目规划设计方案，并上报省级；完成宁海县现代农业产业园青珠农场片区全域土地综合整治与生态修复方案。

【项目申报创建】 以资源禀赋和主导产业为基础，整合资源要素，积极争取国字号、省字号创建项目，拉高发展格局。国家现代农业产业园创建申报成功。克服了时间短、任务重等困难，在县委、县政府高度重视下，组织力量精心准备，最终凭借园区基础扎实、产业体系健全、答辩能力优异，成功入围2022年国家现代农业产业园创建名单，为全市唯一，全省仅2个。产业园首批3000万元补助资金到账，完成初次建设情况监测数据和绩效自评价。

省级农业科技园区通过验收。经精心准备，并积极对接省科技厅主要管理处室，省级农业科技园区完成综合评审，绩效评估小组第一，被认定为样板科技园区。

持续推进国家农村产业融合发展示范园创建。围绕农业内部融合、产业链延伸、功能拓展等多种类型，持续推进国家农村产业融合发展示范园创建。

成功申报宁波市乡村产业未来示范农业园区项目并完成部分验收。其中，全数字化南美白对虾育繁一体化数字化管理系统项目通过验收，获补助资金200万元；农业开发区（蛇蟠）整体景观及环境提升项目将于2023年1月验收，通过后将获500万元补助资金。

【融资与国有资产管理】 坚持所有权和使用权相分离，资产管理与预算管理、财务管理、融资管理相结合，规范财务和资产各环节管理。

严格控制融资成本。全年向银行融资3.7亿元，贷款综合成本均控制在5%以内。

严格执行预算管理，按照“二上二下”预算机制，开发区下属各公司均实行收支两条线预算管理，2022年预算执行情况总体良好。

做好国有资产收回和发包管理工作。稳妥开展蛇蟠涂北区养殖塘收回工作，收回养殖塘104口，2600亩。根据资产特点，对接县国资管理中心和县产权交易中心，因地制宜、分类做好资产发包管理工作。稳妥完成双盘涂养殖塘（养殖塘约1357.3亩，设施大棚约90.1亩）新一轮发包。为确保下洋涂已旱改水地块2023年如期种植早稻，完成下洋涂8号区块、7号区块、6号（部分）区块8332亩土地拍租工作。完成割草翻耕、土地平整、农作物种植（小麦和西兰花）等工作。发包蛇蟠涂种植地块土地1354.08亩，大黄泥港149.36亩。

及时收缴租金。总结历年经验，提前准备、及早部署，2022年收缴租金3629万元，其中，下洋涂区块收取租金1388万元、蛇蟠涂区块收取租金1034万元、双盘涂1227万元（三年一次性收取）。

【综合管理】 突出问题导向、目标导向、效果导向，坚持内外兼修，着力加强内部管理和日常管理。

完善内部制度。修订完善现有制度，实行工程项目预决算管理，起草《闸门管理人员考核办法》《开发区巡查办法》等多项制度，管理制度更趋完善。

全力做好下洋涂旱改水区块水稻试种工作。不惜代价，克服一切困难，全力以赴做好下洋涂旱改水项目二期3号地块517亩土地水稻试种，并完成水稻收割。开展养殖塘“一户一档案”信息摸底建档，配合做好养殖塘规范化管理工作。

组织实施“除险保安”专项行动。开展用电安全隐患排查，排查56处安全隐患，并完成整改；安装电瓶车充电桩8处，电瓶车专用接线板128个。开展特种设备安全检查，完成1家企业热水锅炉整改，全面完成热水锅炉无压化整改。开展闸门安全检查，拆除闸门龙门架、启调机9处。开展公共河港清网行动11次，共清除各类渔网1200余顶，劝离垂钓人员400余人次。区域内生产生活秩序和安全管理水平明显提升。探索实施网格化管理，建立长效管理机制，实现管理常态化、长效化。

全面落实安全生产主体责任。落实落细防汛安全措施。完善防汛预案、补充防汛物资、开展防汛安全检查和防汛应急演练，筑牢防汛防台安全屏障，有效防御11号台风“轩岚诺”和12号台风“梅花”。

加强干部队伍建设。聚焦干部职工业务短板、理论盲点，结合“周二夜学”，梯次学习宣传贯彻中共二十大精神和习近平总书记重要讲话精神，组织开展廉洁警示教育，引导干部职工树牢底线意识，筑牢心理防线。坚持苦干、实干加巧干，在养殖塘收回、防御台风、应对突发事件等实践中锤炼干部担当奋斗的本领，有效提升了干部职工的能力和服务水平。

工业·园区

工　业

【概况】 认真贯彻落实省委、省政府和市委、市政府实施经济稳进提质八大攻坚行动决策部署，推进“五大革新”一号工程，统筹推进疫情防控和经济社会发展，全力开展畅循环稳工业、强企业稳主体两大专项攻坚行动，全县工业经济企稳向好。

工业经济平稳运行。全年完成规模以上工业总产值1271.7亿元，同比增长8.8%，增速排名全市第二位；完成规模以上工业增加值279.24亿元，同比增长4.7%，增速排名保持在全市第三位。规模以下工业增加值同比增长3.1%，高于全市平均0.1个百分点。

工业投资有所回升。全年完成工业投资77亿元，同比增长45.9%，增速排名全市首位；完成制造业投资60亿元，同比增长35.5%，增速排名全市第二位。

新兴产业规模增长。全年数字经济核心产业（规模以上制造业）增加值同比增长10.2%，高于全市平均7.2个百分点，增速排名全市第二位。东方日升入围2022年度全国电子信息企业百强第58位，卡倍亿荣获年度“宁波市数字经济创新示范优秀企业”称号。

重点产业支撑发展。全年“246”产业实现规模以上工业总产值952亿元，同比增长9.7%，增速高于全市平均0.7百分点；全县“365”产业实现规模以上工业总产值1036亿元，同比增长8.6%，占规模以上工业增加值总量的81.5%，拉动全县规模以上工业增加值同比增长7个百分点。

企业培育持续推进。深入实施“215”企业培育工程，全年为培育企业供地1500亩，兑现培育资金1.1亿元，全年“215”培育企业合计产值占全县规模以上工业比重70%，较上年度提升7.7个百分点，新增1家产值破百亿元企业。支持企业走专精特新发展道路，因地制宜构建培育库，创设“专家分队”深入重点培育企业，助力企业“微成长、小升高、高壮大、大变强”，推动“小而散”向“专而精”集群发展，新获评国家级专精特新“小巨人”企业3家，获评市级专精特新中小企业28家；新增1个国家级单项冠军产品，国家级单项冠军企业实现“0”到“1”的突破。深入实施宁海版“凤凰行动”，持续深化“1+N”服务机制，推进企业上市加速奔跑，全年报会、报辅导、股改完成企业各1家；新增甬股交挂牌企业27家；推荐2家上市后备企业入选最具投资价值企业30强，3家企业入选市科创板，11家企业入选市青凤库、雏凤库。

宁海为迎合国家长三角一体化重点产业布局、契合省产业发展关键领域、紧扣市产业发展战略，立足现有工业发展基础，参考市“246”产业体系分类方式，结合宁海现有产业规模体量，“十四五”期间，提出要着力构建“365”工业产业体系，“3”即文体办公、电子信息、汽车制造及模具3个500亿级产业。“6”即节能环保、关键器件、智能家电、高端装备、生物医药、新材料6个百亿级产业。“5”即软件信息、智造服务、智能物流、“5G+”产业、通用航空5个重点领域新兴产业。

【文体办公产业】 全年，文体办公产业实现规模以上工业总产值337.6亿元，占全县规模以上工业总产值的26.5%。拥有生产企业500余家，全行业从业人员达2万余人。相继获“中国文具产业基地”、“国家外贸转型升级专业型示范基地”（商务部）、“浙江省文具商标品牌基地”、“宁波市精品文具产业基地”、文具行业三星级品牌工作指导站、省级出口文具质量安全示范区等荣誉称号，拥有中国驰名商标3件，省名牌5件。发明专利、外观专利、实用新型专利等各类专利2460项。行业门类齐全，主要有书写工具、纸品本册、五金文具、文件保管用品、化工类文具、教学用具、美术用品、学生用品、办公箱柜等近万种品种，产品远销欧美、东南亚等100余个国家和地区。

得力集团有限公司创建于1981年，是中国最大的办公与学生用品产业集团，多工作场景整体解决方案的领导者，法定代表人娄甫君，有员工1.6万余人。在业内建立中国第一的市场地位，并成为全球拥有广泛知名度的办公文具品牌，产业规模已从文具扩展至智能办公、数码打印、云科技、智慧互联等，成为国内首家同时掌握激光和喷墨两大打印品类的核心技术，并拥有全品类打印设备研发与生产制造能力的企业，全面打造“中国打印机国家队”，打破了国外跨国公司对打印机技术的垄断。在中国宁波、越南北宁等区域建有千余亩精品工业园，全力打造国际水准的“数字化工厂”，成为全球最大的办公文具生产制造基地。公司构建近千名研发精英组成的具有国际视野和行业领先水平的设计研发团队，分布在中国上海、武汉、深圳，韩国首尔，日本东京，德国斯图加特等地区的设计创新研究所和集成研发中心构成了得力创新的动力引擎，为全球消费者不断创造更加卓越的价值体验。公司布局分销、B2B、电商和海外四大业务渠道，建立了130余家国内销售分公司和10余个海外区域营销总部，各大电商平台上，持续保持办公文具类目市占率第一，在万亿级的中国B2B市场，通过自建B2B商城，打造集什品牌，抢抓风口，成为上海、广州、天津等政府及中国移动、国家电网、农业银行等大型央企办公物资集采首选平台。公司相继成为G20杭州峰会、厦门“金砖五国”、“一带一路”北京高峰论坛等重大国际会议的办公用品供应商，并成为联合国机构长期供应商，先后获得“国家级企业技术中心”“中国文教用品行业十强第一名”“中国民营企业500强”等荣誉。

宁波天虹文具有限公司始建于1996年，有员工1300余人，公司占地面积100余亩，厂房面积约8万平方米。是专业生产办公类文具的大型企业，主要生产长尾夹系列、电动削笔机、自动文具、直尺系列、矫姿系列、墨盒等办公文具产品。产品远销欧美、东南亚等世界各地，是世界上长尾票夹出口量最大的生产厂家之一。公司拥有自动冲压、注塑机、电镀、电泳、自动装夹等多工艺多台（套）设备，建有独立的研发中心，研发中心用房面积1200平方米，年均投入1000万元，并与浙江工业大学等外部机构开展联合研发。拥有140多项知识产权，其中，发明专利5项、实用新型专利70余项、外观专利60余项。公司先后被评为“国家高新技术企业”等。

海斯曼集团有限公司始建于2015年，法定代表人邬飞国，有员工800余人，公司占地面积70余亩，厂房面积近5万平方米。集团下设宁波海斯曼科技发展有限公司、宁波海斯曼商品混凝土有限公司等多家子公司。经营项目包括康复理疗产品、健身器材、嵌入式软件、智能办公系统、绿色建筑材料等多个领域，产品远销欧洲、美洲、东南亚等40多个国家和地区。海斯曼产品通过UL、GS/CE、PSE等欧美认证，产品90%以上远销国外。公司引进高性能加工制造设备，如倍速链输送线、螺杆压缩机、数控车床、无心磨床、烘道磷化加热系统、无铅热风回流炉、无铅波峰焊、多功能贴片机、双飞叉转子全自动绕线机、木工雕刻机等。公司建有独立的研发中心，研发中心用房面积1500平方米，年均投入近6000万元用于研究开发。拥有100余项知识产权，发明专利5项，实用新型专利60余项，软件著作权40余项，多项专利技术应用于实际生产，并形成产品、销售。公司相继获得“国家高新技术企业”等荣誉。

【电子信息产业】 全年，电子信息产业实现规模以上工业总产值171.2亿元，占全县规模以上工业总产值的13.5%。宁海正在全力打造光储产业集群制造业高地，重点聚焦宁海在光伏太阳能、智能仪表、电子元器件等领域的已有基础，以高端化、智能化、规模化为导向，推动技术创新、产品升级，加快形成产业集聚优势。“十四五”期间，力争光储产业投资累计达到150亿元，新增光伏组件产能18吉瓦以上，宁海本地总产能突破22吉瓦，宁海系全国总产能突破50吉瓦。

东方日升新能源股份有限公司创建于2002年，下属有40多家公司，主要包括浙江双宇电子科技有限公司、双一力（宁波）电池有限公司、东方日升（宁波）新材料有限公司等12家全资子公司。法定代表人林海峰，注册资金90430.1941万元，占地面积273.2亩，宁海县内员工3300人。2010年9月在深交所创业板上市，股票代码300118。公司主营产品为太阳能光伏电池与组件，产品已通过TüV、CE、UL、GS、ROHS、REACH、PAHS等国际认证。东方日升依托自主创新，构建了全球化销售格局，产品出口欧美、南非和东南亚等30多个国家和地区。拥有超过100项主营业务核心技术，设有国家级企业技术中心、国家级光伏实验室，省级研究院，省级博士后工作站，可按照IEC

61215，IEC61730、UL1703进行54个项目测试。公司获评2018年国家企业技术中心、2019年光伏产品质量十强企业，获得2019中国光伏电组件技术突破奖等行业奖项，稳居新能源企业第一梯队，行业龙头位置逐渐稳固；同时获评2019年电子信息百强企业、国家绿色工厂并跻身中国制造业500强。

宁波卡倍亿电气技术股份有限公司始创于2003年，法定代表人林光耀，总资产58594万元，占地面积35亩，建筑面积23170平方米，员工300人。2020年8月在深交所创业板上市。公司主要从事汽车线缆的研发、生产和销售，主要为德尔福、矢崎、住友、李尔、古河、德科斯米尔等国际知名汽车零部件线束厂商研发、生产中高级汽车线缆，汽车线缆终端客户有大众、奥迪、宝马、通用、本田、丰田等汽车整车制造商，部分产品出口到日本、美国及东南亚等国。拥有现代化的工程技术研发中心，配置完整的检测设备并根据ISO 17025标准建立高标准实验室。公司还是ISO国际汽车电线电缆标准化管理委员会成员，代表中国对起草、修订、建立汽车电线电缆国际标准行使表决权。公司拥有32项知识产权（其中，发明专利5项，实用新型专利27项）。曾先后获得国家高新技术企业等荣誉，并多次荣获美资德尔福、德资安费诺、日本古河等著名跨国公司客户的优秀供应商称号。

【汽车制造及模具产业】 汽车制造及模具产业实现规模以上工业全年总产值205.7亿元，占全县规模以上工业总产值的16.2%。先后被授予“中国（宁海）汽车橡胶部件产业基地”、“中国汽车零部件制造基地”、“中国模具产业基地”（中国模协）、“国家外贸转型升级宁海模具基地”（商务部）等荣誉称号。宁海有汽车零部件企业300余家，规模以上企业124家，国内主板上市企业5家；全县模具专业制造厂家500余家，模具加工企业和模具车间1500余家，年产模具近5万套。

建新赵氏科技有限公司创建于1984年，拥有宁海建新胶管有限公司、宁波建新华谊铝业有限公司、宁海建新自动化有限公司等10余家子公司。法定代表人赵国行，注册资金5000万元，占地面积300亩，员工5600人。主要研发、生产汽车零部件、汽车底盘件、门窗密封条、橡胶减震器，具有30余年的历史，在国内汽车零部件行业中享有良好的声誉与较强的影响力。产品配套于一汽大众、上海大众、上海通用、神龙富康等汽车厂家，并出口美国通用、克莱斯勒和德国大众、奥迪等，是国内唯一一家具备高档轿车密封条研发和生产能力的企业，在中高档汽车领域中市场占有率国内领先，整个密封条行业位居第二，国内市场占有率12%。拥有国内国际先进的205升的全自动炼胶线、德士马自动400T注橡机等、密封条自动挤出生产线、减震件自动装配生产线、天窗总成自动生产线等，确保了产品生产质量稳定性与生产效率最大化。建有美国、德国、日本研发中心，省级企业工程技术中心、院士工作站、博士后工作站，拥有研发人员400余人，同时投入上亿元引进美国MTS三轴向动静态弹性体测试仪、8通道整车试验台等一批国际一流开发试验设备，拥有国家专利121项。密封条、减震件等产品先后获得省科学技术奖三等奖，省科技成果转化奖二等奖，宁波市科学技术奖二等奖。公司先后通过ISO 9001质量体系认证、ISO 14001环境管理体系认证、GB/T 29790知识产权管理体系、两化融合产权管理体系、OHSAS 18001职业健康安全管理等体系认证。先后被评为国家高新技术企业、浙江省百强民营企业、浙江省技术创新能力百强企业等荣誉称号，并获浙江省名牌产品、浙江省著名商标和中国驰名商标。

宁波双林汽车部件股份有限公司始建于1987年，在上海、宁波、苏州、青岛、重庆、襄阳等地设有全资、控股子公司27家，分公司6家。法定代表人邬建斌，员工1000余人，总面积600余亩。2010年上市，证券代码300100。主要从事汽车部件的研发、制造与销售，产品包括汽车内外饰系统零部件轮毂轴承、精密注塑零部件、座椅系统零部件、变速器、新能源汽车电驱动等。自主研发生产的座椅水平驱动器，畅销国内，出口海外，跻身全球座椅驱动器供应商之一，打破国外企业垄断该市场的局面，国内市场占有率排名第一，全球占有率排名第二。拥有国家级CNAS认可资格实验室，建有独立的研发中心，拥有专业研发人员76人，研发经费年均4000万元左右。公司获有核心自主知识产权相关有效专利35项，其中，发明专利13项，实用20项，外观设计2项；公司先后被评为浙江省级高新技术企业研究开发中心、国家博士后工作站、省级企业研究院、制造业信息化科技工程应用示范企业、浙江省科学技术三等奖、浙江名牌产品、第十九届中国财经风云榜——潜力成长上市公司、浙江省隐形冠军培育企业、浙江省第一批云上企业、2021中国500强企业，连续数年跻身宁波市综合百强、制造业百强、竞争力百强企业。

宁波方正汽车模具股份有限公

司。成立于2004年，法定代表人方永杰，员工908人，占地面积120余亩，厂房面积72614.59平方米，公司注册资本10640万元，2021年6月2日于深交所挂牌上市，股票代码300998。从事汽车燃油系统多层吹塑模具、汽车注塑模具等大型精密模具的设计、制造、销售、服务，是国际知名汽车品牌宝马、奔驰、奥迪、大众、通用、本田等公司的核心模具供应商，是国内首家自主研发成功的汽车燃油系统多层吹塑模具生产企业，在全球范围内设立办事处、分公司、研发中心以及售后服务中心并且建立起全球销售网络。能够满足大型精密吹塑模具、注塑模具等的加工要求和测量能力。先后通过了ISO 9001、ISO 14001、ISO 45001、ISO 27001等认证；获得国家级高新技术企业，国家单项冠军、国家火炬计划重点高新技术企业、国家首台（套）产品、浙江省五一劳动奖等荣誉；连续4年被一汽大众、上海通用评为最佳供应商，新型汽车油箱吹塑模具等连续获得中国模具工业协会精模奖一等奖，浙江省首台（套）产品；汽车燃油系统（油箱及加油管）多层吹塑模具获得科学技术部国家重点新产品、中国机械工业科学技术奖二等奖，浙江省科学技术进步奖三等奖；“汽车加油管系列模具”被列为2011年国家创新基金项目；高精密高性能塑料注射成形技术及装备获得中国机械工业科学技术奖一等奖；公司主持制定JB/T 12647—2016《汽车塑料油箱吹塑模技术条件》国家行业标准。

电力工业

【概况】 国网浙江省电力有限公司宁海县供电公司，简称国网宁海县供电公司，为国网浙江省电力有限公司下属分公司，属国有中型企业。公司下设8个职能部门、3个业务支撑和实施机构、7个供电所以及1家下属集体企业，用工总量996人，承担着宁海县38.24万用户的电力供应与保障工作。

全年宁海全社会用电量46.94亿千瓦时，同比增长5.81%，其中工业用电量28.43亿千瓦时。全社会最大负荷96.28万千瓦，同比增长6.49%。公司全年完成售电量43.94亿千瓦时，同比增长4.72%，完成固定资产投资2.62亿元，其中电网建设投资2.23亿元，供电可靠性提升至99.9906%。

公司先后被授予全国模范职工之家、全国“安康杯”竞赛优胜企业、全国工人先锋号、浙江省五一劳动奖状、宁波市五星和谐企业等荣誉称号。

截至2022年底，宁海县境内拥有500千伏变电站1座，变电容量2500兆伏安；220千伏变电站3座，变电容量1800兆伏安；110千伏变电站17座，变电容量1710兆伏安；35千伏变电站6座，变电容量137兆伏安。110千伏线路41条，线路总长405.42千米；35千伏线路11条，线路总长172.73千米。10千伏线路372条，线路总长3582.682千米，其中，电缆线路1176.95千米；10千伏配变9917台，总容量411.394万千伏安，其中，公变4318台，专变5599台。

【人力资源】 加强人才队伍建设，举办“双抓双比”知识问答竞赛，完善“人人过关”考评制度，累计组织40期749人次专业培训考核，在宁波公司营配队伍“人人过关”11项考试中，公司总体通过率高达97%。

推广以工作票、操作票、工作场次等量化数据为主的绩效分配方式，在带电作业实施“保底工资+工作奖金”的无上限薪酬体系。

承办宁波市“一杆一线一台区”全流程自主作业职工技能群英赛，开展10千伏电缆头制作、10千伏杆上跌落式熔断器单相更换、标准台区的全流程施工等实操项目及理论考试，公司获团体第一名。

组织职工参加各级技能竞赛，公司员工在12项市公司级及以上技能竞赛中获奖，员工吴佩颖获评国网公司优秀共青团员，汪韶光获评宁波市首席工人，曹为接获评“甬电工匠”，5位员工获评宁波青年工匠。2022年全员劳动生产率184.54万元/人·年，人才当量密度1.2035。

【电网建设与发展】 电力项目建设加速推进，促成宁波公司与宁海县政府签订框架合作协议，编制完成县级数字化牵引新型电力系统落地方案。按期投运光大环保电站第二回路进线及35千伏震裕变用户变工程，开工110千伏铁场输变电及旗滨、日升用户变工程，220千伏泉水输变电、500千伏宁海抽水蓄能送出线路等7项工程前期取得突破。实施配网项目65个，完成山区电杆改铁塔131基，站间联络率提升至68.77%。智能化建设加快，配电自动化有效覆盖率提升至90%，新增全自动FA线路42条。坚持质量与速度并重，重编标准工艺样板7个，组织工程质量“回头看”，开展集中验收15场次。

线路设备状态持续改善，完成5座110千伏变电站综合检修，实现110千伏变电站精益运维全覆盖、周期检修全覆盖、接地选线装置全大市率先全覆盖。深入开展“党建+配网”强基固本专项行动，累计排查整改负面清单6829条。

完成19条高故障线路、13条重满载线路、30条高雷击率线路综合治理，29座小区地下配电房防涝补强，938处树障整治。

带电作业能力不断提升，作业量同比增长16%。组建无人机虚拟团队，通过“一人带一所、强所帮弱所”模式，实现架空线路全量首飞及航线规划。全年故障时户数同比压降41.68%。

【经营管理】 各项经营指标稳步提升，全年实现固定资产投资2.62亿元，完成售电量43.94亿千瓦时，同比增长4.72%；营业收入31.95亿元，同比增长27.44%；全员劳动生产率184.54万元/（人·年）。业扩报装容量80.57万千伏安，同比增长5.59%。公司获评宁波市五星和谐企业，宁海县第二批示范性新时代文明实践点，桃源、岔路供电所获评宁波市青年文明号。

管理基础不断夯实，实现提质增效1.1亿元，完成资产接收1.73亿元。常态化开展供电所关键指标评比，供电所对标初步扭转长期落后局面。创新成果进一步丰富，挂网运行国内首套配网侧就地型段域保护装置，省内率先应用智能送检容器，宁波大市内率先开具首张电费增值税电子发票，QC成果获评全国示范级成果1项。依法合规不断强化，编制形成公司合规管理负面问题“三色”清单，落实“经营合规督导”发现的9个问题整改，重大决策合法合规性审核率保持100%。

新兴业务不断拓展，实现综合能源营收1413万元，电能替代3245万千瓦时，智慧光伏接入33.2兆瓦，超额完成下达指标。完成全县73个快充桩和1414个慢充桩建设布点，实现县域公交领域充电站“镇镇通”。不断做强产业单位，完成智能化生产车间改造，实现电气安装试验、电缆终端等核心业务自主施工，促成省实业公司与县政府签订前童抽蓄项目前期开发合作协议，完成隔洋塘11.5兆瓦“渔光互补”光伏项目。

【安全生产】 持续夯实安全基础，全面梳理安全规程规范落地情况，明确各层级管理人员到岗到位要求，借助微信群加大到岗到位检查力度。督查13471次，查到违章352起，发现问题308项，违章人员83人次，总记分186分，违章处罚47300元。其中，一般违章71起，Ⅰ类严重违章1起，Ⅲ类严重违章7起。强化“低小散”工程管控，动员供电所全员当负责人，抽调6名“银发专家”补充督查一线。修订安全奖惩办法，提高一线作业人员安全奖基数，实施工作票3种人专项奖励。

制定触电压降专项方案，排查农排用户表后线路缺陷895个。根据国网公司及省公司要求，开展了专项排查整治工作，发现整改了一批安全生产管理上、运维上等问题，配套制定完善管理制度，为安全生产奠定良好基础。

开展安全生产三年专项整治行动，排查出问题隐患33个，全部整改。有序开展应急演练，全年按计划开展专项预案应急演练8场，各基层单位开展现场处置方案38场。通过宁波公司应急能力建设测评。截至12月31日，公司连续安全生产日达7058天。

【营销与优质服务】 营销基础持续夯实，老旧采集终端三年改造行动圆满收官，2022年累计完成17.98万户老旧采集终端改造，4.19万个老旧表计轮换，采集成功率提升至99.87%。基础数据持续归真，落实4762户同源维护套件表箱、1212户户变档案等异常数据治理。开展超容、电价执行等专项治理，累计查处窃电违约用电82户、超容用电71户。成立线损管理专班，对连续4天不达标线路、台区开展督办，线损管理位居全大市前列。

营商环境持续优化，严格执行疫情防控期间“欠费不停供”政策，跟办客户办电体验提升事项53个，推进水电气数“四窗合一”改革，实现“甬电小云”入驻微信社群341个。推动政府出台电力接入工程分摊机制，低压非居民用户投资界面延伸至表计、高压用户至红线，累计为用户减免各类费用387.52万元。高低压办电时长同比缩短38.4%和18.7%，推动政府印发《“新能源汽车充电难”问题专项治理工作实施方案》，充电桩报装时限压减至12天内。

全力保电彰显担当。完成中高考、中共二十大等14项重大保电任务。特别在迎峰度夏期间，面对长时间高温天气、全国性电源性缺电，通过负荷响应、错峰用电等方式，保障用户的电力供应。在防汛防台期间，得益于补强项目及时投产、隐患缺陷提前排治，台风期间停电时户数同比减少72%。做强保供电能力，政企合力出台《关于加强负荷管控能力建设的通知》，建成可控负荷约12万千瓦，各级响应容量21.25万千瓦。

【科技与信息化】 重视科技创新，构建青年创新载体，加大职工创新创效力度，“通用型低压穿刺线夹安装辅助工具”项目申报职工技术创新成果，“便携式通用型低压穿刺线夹安装工具的研制”获浙江省优秀QC成果一等奖、浙江省电力行业QC小组活动优秀成果一等奖，“智能型热局放仪的研制”获浙江省电力行业QC小组活动优秀成果二等奖等。

全面应用数字积木“明道云”应用，结合明道云仓储精益管理、送检管控、实物规范管理等应用，加强供电所专业仓和公司终端库6S精益化管理，提高物资基础管理水平。推广数字化能源监察系统，提升客户能源利用效率。推进电子专票全覆盖，推广增值税电子专用户发票，将14700余户专票用户全量转为电子专票，真正实现电子专票全覆盖、业务提质提速，提升了工作效率，降低专票丢失、损毁风险，每年减少纸质专票使用量约30万张，减少专票纸质印刷、邮寄等费用近百万元，真正意义上实现降本增效。

推进数字化供电所建设，深化“一平台、一终端”应用，全面应用i国网“掌上数供”开展业务工单化作业，低压数票应用实现全覆盖，各供电所通用工单占比均达20%以上，i国网掌上数供应用率均达100%。推广应用安全域，试点推广应用数字工作票，贯通运检、营销等系统，实现数据同源，减少工作量，提高工作效率。研制集成母线差动保护、弧光保护、自动旁路保护和小电流接地选线功能的一体化保护装置，并在35千伏一市变电站开展配网侧就地型继电保护优化集成关键技术研究与应用试点工作，运行情况良好。

开展新能源厂站治理，33座10千伏光伏站数据接入全部正常；应用“智能信息联调机器人”开展对点联调工作，完成全量23座变电站接入系统。

【党建与精神文明建设】 党建引领强化创业力量，完善领导班子联系供电所工作机制，开展“支部管用、党员合格”专项行动，制定公司“三管四抓”支部管用落地方案；探索党员工作量化评价机制，建立涵盖3方面8项指标的供电所党员指标体系。推进“党建+安全生产”等十大“党建+”工程落地，党员“红色地图”责任区案例入选中国能源传媒十佳党建文化传播案例。

构建良好的政治生态，通过党委班子专题研学、党组织书记宣讲领学、邀请马列专家召开报告会、“小绒课堂”党建理论直播等多种形式，推进中共二十大、时代楷模钱海军精神学深悟透。全面从严治党纵深发展，首次开展领导班子成员“廉政画像”，实现各部门单位负责人廉政约谈全覆盖。实施“一所一监督”专项行动，累计开展小微权力专项督查4次，整改问题47条。全年运用“四种形态”处理11人，扎实开展纠“四风”树新风活动，加强供电服务建设管理监督，持续优化营商环境。开展“清廉国企”专题讲座、“五分钟廉播”等警示教育活动，加强干部员工“不想腐”思想建设。

家园文化促进精神凝聚，举办“企业文化月”系列活动。积极为职工办实事，长街所新办公楼搬迁，西店智能化仓库启用，西店所新办公楼竣工，新生产综合大楼项目结顶，设立健康体检小屋，为34位职工子女开展暑假托管，实现疫情防控期间的“双零”目标，保障了放开后的后勤服务。丰富职工业余生活，举办气排球比赛、线上运动会等文体活动。加强意识形态和舆情管控，省部级以上媒体发稿128篇。

宁海经济开发区科技园区

【概况】 聚焦模具行业、汽车零部件产业、文具产业等传统优势产业转型升级，大力培育新能源、新材料、生命健康等新兴产业，不遗余力“抓指标、提质效”。年度园区377家企业，规模以上工业总产值737.83亿元，同比增长3.1%；规模以上工业企业营业收入894.85亿元，同比增长14.12%；进出口总额264.07亿元，同比增长2.83%；新增国家级高新企业14家；服务业营业收入30.52亿元，同比增长9%。园区12家直属规模以上工业企业完成工业产值28.33亿元，其中，6家申报技术改造项目，3家申报县数字化车间/智能工厂项目。

【招商引资引才】 利用现有的环球中心、物联大楼、汽车城综合服务中心等商业楼宇资源，以及跨境电商园，招引一些以数字经济产业为主，相关配套的三产类项目为辅的产业。

深挖零资源招商项目，强化开发区税源基础，做大税源基数，深入宁波、杭州、上海做好飞地项目对接，充分挖掘一些税源型企业到开发区注册落户。

受国际形势及新冠疫情影响，全年园区实际引进外资3005万美元，完成年度考核目标。浙商回归、市外内资、县外内资等内资考核指标分别完成27.8879亿元、27.2764亿元和27.2877亿元，超额完成年度考核目标。

全年园区推荐申报国家级引才工程8人，入围4人；推荐省级引才工程15人，其中，13人为海外人才合作平台推荐；推荐申报市“甬江人才工程”项目15个，入围3人；推荐申报县级引才计划18个；新获评茶花奖1人。完成年度引进硕士25人以上、博士2人。以海外人才合作平台为依托，入境15

位外方专家，其中2人在江西理工大学开展项目合作；以环球中心为依托，全年新入驻企业50家，形成人才集聚效应；以中瑞生产技术中心为依托，引进高端装备项目5个，柔性引进10多个博士团队，累计达成战略合作项目20余个。

为加强海外人才合作平台的后勤保障与服务，每年拨付55万元用于中乌平台开发建设、专家服务以及项目推进等工作，统筹资源建设国际交流中心，进一步拓宽区块服务功能。科创集团与宁大签订高性能轻量化制造研究院协议，协同中乌平台探讨并细化合作方向和模式，宁大与中乌平台的高强耐磨钛基齿轮及制备技术研究项目正在合作中。

【重点工程建设】 开发区成立以党工委书记为组长的工程建设领导小组，建立健全“每周一报告”“半月一例会”“每月一调度”等会商机制，加快推进重点工程建设。全年重点项目共19个：高铁站前周边道路提升改造（属“精特亮”工程）、宁海电厂循环经济项目、国能宁电配套产业项目、善科机械年产30万套注塑机配件智能制造项目、新龙医药健康产业中心项目、艾美卫信新型细菌性疫苗产业化二期项目、如意智能电动仓储物流项目等，计划总投资16亿元，完成投资16.0227亿元；其中，开发区自投建设项目9个，完成投资1.9229亿元；企业投资项目10个，完成投资14.0998亿元。

【工业全域治理】 加快拆旧建新，推进工业治理工作。工业全域治理面积38.62万平方米，涉及33宗地70家企业，待拆除总面积87460平方米，已拆除违建75230平方米，处置率为86%。新建企业共9家，其中，1家已建，1家在建已结顶主体完工未投产，6家正在启动，1家计划中。做好建新工作，原松鹤地块改造小微产业园提升工程，原华东厂房改造工程。多次开展强蛟镇临港工业安置园项目现场推进会，土地已挂牌。加快辛岭工业园区内绿化及相关配套设施建设，各规划道路已开工建设并完成雨污水管铺设。下一步将重点做好在建和拟建项目跟进服务，并持续做好企业“一企一策”改造方案对接、设计方案审批工作。

【文明城市创建】 开发区编制创建全国文明城市责任区“作战图”和“作战表”，确定创城包干责任区，明确分管领导、包干部门、包干干部，实行挂图作战。围绕全国文明城市创建，健全“日排查、周督查、月通报”制度，对标对表抓落实。成立区块巡查小分队及应急抢险小分队，“地毯式”、网格化排查并整改创城问题，扎实做好园区范围宣传道路保洁、绿化补种、路灯巡查，制定停车位划线方案等整治提升工作。开发区及下属科创集团下沉创城一线包干两个责任区，投入98人参加志愿服务活动，志愿时长达8000个小时左右；辖区内投入墙绘、旗幔、小品、喷绘布等广告70余万元；及时处理道路、管井、绿化、环境卫生等各类问题580件；辖区内道路保洁、绿化补种、路灯巡查等公共道路维护投入约650万元；创城重点项目工程投入约1700万元。

【历史遗留问题处置】 开展遗留问题专项治理，轻装上阵力促发展，本着“事要解决、人要稳定、案结事了”的原则，成立专项治理领导小组，逐一梳理基本情况、问题成因，建立问题台账，明确责任分工，强化督查问责。与有关部门、街道逐一对接研究解决方案，对推进过程中有难度的案件，通过诉讼途径协调解决，坚持分类施策、精准发力。通过清单化处理、专班化跟进，做好金山国际、桃源广场、大观园、蓝色慧谷等企业的遗留问题。全年共发起桃源广场、大观园、豪杉木业等相关法律诉讼案件7件，涉及金额3738.81万元，均已被法院受理立案。

【融资平台保障】 全年集团累计新增贷款为75.26亿元，平均综合成本4.64%。科创集团（含物流中心）外部贷款总余额为123.4亿元，平均融资综合成本从年初5.68%降至4.96%。银行已授信未放款金额7亿元，具体包括4家银行流贷；通过项目筛选、整理及各项工作对接，获取财政专项债2.1亿元。

【国企混改工作】 创联物业通过“大物业”管理模式，运用物业管理思维，创新服务模式，整合多方资源，搭建专业化、智能化、规范化、多维度的智慧物业管理生态圈。不断探索“打破”小区围墙，将城市公共空间作为“大物业”项目，让“大物业”成为解决群众、企业难题的“大管家”。创联物业公司不断完善公司各项制度建设，抓效益、重服务，抓管理、重培训，拓展新项目创造新的经济增长点。管理项目包括高新汽配产业园、宁海城投停车场、宁海人民法院、环球中心、县人民政府等20个项目，管理面积较2021年度增加20万平方米，产值较2021年度增加550万元，年营收4750万元，其中，物业费2246万元，利润605万元。10月，创联物业中标宁波市军人事务管理局物业管理项目，这是创联物业第一个县外项目。

【巡视整改工作】 制定出台巡视整改工作方案，及时转变招商定位、拓展领域，从数字经济向跨境电商、直播电商、文化创意、软件产业、现代商贸、总部经济、高层次人才创业区等多方位开展招商，通过政策引导、市场运作、内部挖潜、宣传策划、资源整合等手段，大力推进巡视整改“闭环式”工作体系，促使空置楼宇“重焕生机”，降低楼宇“空置率”。

开发区党工委采取“三天一碰头、一周一小结、半月一汇总”的递进式、精细化工作方法，促使整改工作心往一处想，劲往一处使，上下拧成一股绳，内外聚成一股劲，新增入驻企业50家，出租面积23810.86平方米，其中，填补空置入驻面积19109.935平方米，业态更新入驻4700.925平方米，空置率下降至8%。

【安全生产】 开展企业疫情防控宣传工作。向企业科普疫情防控措施的必要性，抓好常态化疫情防控。同时做好“送政策上门”服务，推动“政策找人”“政策找企业”，力求各项政策更快更精准地传递到企业。各部门政策文件“点对点”推送及指导企业620家次，累计走访企业295家次，主要涉及定期疫情防控工作落实情况检查、各阶段企业困难问题及各类需求排摸以及政策上门推送。协助企业申报和申请各项目服务工作，6家技术改造项目，3家县数字化车间/智能工厂项目，4家县节能补助资金申报，2家房租补贴申请及1家首次上规模奖励申请。

减轻企业因疫情造成的经营压力。为帮助企业减轻资金压力，落实纾困举措，成立工作专班，开展国有经营性房屋租金减免宣传工作及落实小微企业和个体工商户租金减免工作。已减免418家租金1831.20万元，其中，小微企业284户，个体工商户134户。

安全生产工作重拳出击。围绕小微企业园和区域风险评估情况，全面推进风险管控机制落实。完善并调整安全生产工作领导小组成员及职责分工，完成省级工业园区安全专项整治三年行动任务完成情况督导检查。通过各区块微型消防站，应急队伍建设和演练的开展，进一步提升了集团及相关单位现场应急处置的响应能力。每月对所有入驻企业现场走访检查，并通过第三方“安全服务”及时掌握企业安全生产现状和隐患整改动态，累计检查500余家次，发现隐患1200余条，全部下发隐患整改通知单并落实整改。针对存在风险较大的企业和场所开展专项治理。开展“除险保安”“特种设备检查”“安全月宣教演练”“临时慧谷企业搬离安全风险检查”“消防安全大排查大整治行动”“国庆节前安全生产大检查行动”“消防安全百日攻坚行动”“有限空间”燃气使用等专项整治行动，同时多次邀请应急管理局、消防大队、乡镇街道、综合执法局、市场监督局等专业部门对集团出租资产重点领域开展联合检查执法，督促企业的同时强化了指导工作，严格督促生产经营单位落实主体责任。强化安全生产宣教工作。借助微信、短信、安全标语、橱窗、电子屏幕等各类方式，努力扩大宣传阵地，大力宣传安全生产工作，营造大抓安全生产工作的浓厚氛围；完善集团安全管理体系建设。通过责任制，预案，工作流程等体系文件的制定修改，进一步明确了各职能部门的安全生产职责和工作要求，下一步将在各领域不断持续加大管理和现场检查整治力度，做到隐患“零容忍”，同时不断提升自身队伍的能力建设，切实护航集团安全平稳发展。

【“破难革新”专项行动】 园区体制机制革新大调研行动。完善利益共享机制，推动区域协同共建。按照工作分工，班子成员及正副局级干部带头到联系板块所属乡镇街道开展走访、座谈等调研，围绕“权责法定、计划统筹、项目代建、效率导向、利益共享”原则，统筹谋划有利于开发区与乡镇联动发展的体制模式创新，深入推进理顺权责关系、健全运行机制等重点任务，实现分工合作，优势互补。严格落实工作责任制，厘清职责范围内工作任务。各科室部门主动承担责任；对属于多个单位、部门共同负责的工作事项积极配合；建立健全沟通机制，在重大项目建设过程中，通过与项目所在乡镇街道建立工作联系组，采取“一周一结、一月一评、一季一判”的递进式、精细化工作方法，确保按期完成重点工程建设目标任务。制定《关于园区管理体制机制重塑的建议》，对园区发展所面临的问题进行了梳理，并对下一步的发展革新提出了明确有效的建议。

环球中心招商项目专项治理行动。狠抓环球中心省委巡视整改工作，优化产业布局，招引数字经济、电子商务、金融科技、文化创意等为主导产业的经济业态，发挥楼宇集聚要素和辐射带动作用。对原有的跨境电商产业园方案进行了调整，确定将环球中心大楼13层、14层、15层、17层、24层、25层、26层总共7层共计11390平方米作为产业园的运营场地（其中13、14两层作为电商直播区），形成产业集聚。通过降低房屋租金、调整配套优惠政策、加大宣传力度等一系列有力度有温度的政策组合拳帮助企业降低入住成本。

招商（才）引资（智）集中突破行动。搭建中乌平台，集聚高端人才，实现“引团队、落项目、带产业、强经济”的良性发展。聚焦企业合作，通过产业精准招商实现新突破。与宁波埃美柯集团共建院士工作站，共同建设“埃美柯”标准，致力于研究国际首创的可红冲锡青铜材料，填补新型锡青铜材料技术领域的空白。

机关与企业文化大提升行动。为推进体制机制革新，守牢“红色根脉”，扎稳“红色阵地”，锻造“红色铁军”，更好发挥党建引领作用，制定《机关与企业文化大提升行动方案》，成立机关与企业文化建设领导小组及活动协调小组，打造“红心管家”队伍，并立足内部开源挖潜，搭建三大平台推进机关文化建设；结合桃源广场商业综合体，引入高档酒吧、顶楼高品牌商务吧等，丰富楼宇业态，完善商业服务配套，提升楼宇品牌和附加值，打造时尚文化商业圈。

2022 年 1 月 21 日，县委常委一行检查华孚时尚总部

【国有资产管理】 加强国有资产制度建设，确保有效运营。结合集团资产管理的新要求，制定了资产管理部门职责、岗位职责，工作流程图、出租管理办法等相关文件制度，明确了部门的主要工作内容，各岗位的工作责任，具体的实施方案。同时收集、整理、更新了公司关于租赁合同条款，了解国有资产管理相关规定，积极主动地学习最新动态，掌握新的政策要求，以便于工作的有效开展。

加强资产出租管理，实现保值增值。实现台账管理，多举措解决共性问题，深入开展房屋可出租，摸清收集需要解决的困难和问题，并做好跟踪服务，促进出租面积和租金保持双增长。2022 年，新增承租企业 42 家，总出租面积 567354 平方米，新增面积 15183. 6 平方米，同比增长 2. 7%；年租金约 7706. 5 万元，新增年租金约 1821. 2 万元，同比增长 30%，实收年租金约 7255 万元。

强化信息动态管理，实现资产智能化管理。为推动国有资产资源共享，提高国有资产的资源配置效率，根据集团新的要求完成对资产管理系统初步设计，针对项目实际情况及发生的相关问题进行功能调整。夯实了国有资产管理基础，建立健全国有资产台账和数据库。掌握资产经营和收益入账情况，做到出租资产、权属、出租合同、租金收益、诉讼、保险台账等各类台账一目了然。租金收取情况及资产空置情况实时更新，资产管理更加规

2022 年 1 月 27 日，宁海经济开发区管理委员会一行检查桃源广场

范有序，确保资产安全。

做好公共道路维护，为群众办实事。扎实做好园区范围道路保洁、绿化补种、路灯巡查，制定停车位划线方案等整治提升工作。绿化完成大面积补种，正准备查漏补缺。全年道路绿化补种共约2万平方米；道路绿化修剪19处106株；道路绿化养护面积447588平方米，费用约204万元；道路保洁约266万平方米，费用约2550万元；路灯巡查维护1956盏，费用约102万元；窨井盖维护164个，费用约14.1万元；清理建筑垃圾约30处，约2000立方米，费用约49.3万元；新增停车场1处，约4376平方米；文明创城墙绘3处，约440平方米，费用约2.6万元。

2022年8月4日，县委副书记、县长楼鼎鼎（前右）调研中乌平台

宁波南部滨海经济开发区

【概况】 坚持以习近平新时代中国特色社会主义思想为指导，全面贯彻落实中共二十大精神和各级决策部署，在县委、县政府的坚强领导下，全力推进“五大革新”行动，加快打造光伏储能产业集群，实现有效投资放量增长，平台能级不断攀升。全年完成固定资产投资37亿元，同比增长48.2%；完成规模以上工业产值26.2亿元，同比增长17.4%；完成浙商回归29.5亿元、市外内资23.6亿元、县外内资25.3亿元、实到外资5761万美元，为实现“三年翻两番、五年五百亿”奋斗目标打下坚实基础。

【光伏储能产业】 围绕宁海县打造千亿级光储产业基地的战略部署，开发区坚持光伏储能首位产业优先发展，瞄准光储重大产业项目，主要领导亲自抓，仅用2个月招引总投资152亿元、占地1448亩的东方日升15吉瓦N型电池+15吉瓦高效组件项目，刷新开发区大项目招引纪录。储备建新年产60万件大型铝合金平流件、震裕年产7亿件新能源电池顶盖、慧冠年产200万套折叠休闲帐篷生产线等5个优质产业项目，计划2023年签约落地。斯威克年产10吉瓦pack电池胶膜生产线等一批光储产业链上下游项目正加快对接。

【项目建设】 开发区狠抓各类项目进度，5个新建产业化项目和5个新建工程类项目全部开工。成立东方日升、旗滨、震裕三大重大项目服务工作专班，全面强化项目保障，旗滨项目历时一年取得能评批复，实现开工建设；东方日升项目由专班会同发改、资规、生态环境、供电、水务等职能部门，系统制定推进方案，每月定期会商破难，实现拿地当月即开工；震裕项目由专班专人专门服务，高效协调解决了项目过渡厂房、职工住宿等一批企业急难愁盼问题，助推项目建成投产。给排水管网、交通路网、水利配套、霞客—东方日升外部线路等一批重点配套设施开工建设，加速推进。

【要素保障】 全年完成产业项目及配套项目地块农转用1161亩，出让土地7宗共计1213亩。明确主导开发边界规模15.76平方千米，新增前横片区2.4平方千米的发展空间，为后续重大项目落地提供了前提保障。持续强化顶层设计，明确“南工北居”发展格局，加快推进“园中村”“园边村”改造，区镇融合发展更趋深化。

强势推进历史遗留问题“清零拔钉”，顺利突破18-C地块、南滨北路等一些重大项目推进难点、堵点。全年完成融资总额81.62亿元，创新实施产业基金招商新模式，组建总规模60亿元的宁海兴泰合股权投资基金，6.5亿元首投助力东方日升项目落地。

【除险保安】 始终绷紧安全之弦。从严从紧抓实疫情防控、安全生产、环境保护等重点工作，落实常态化督查措施，严防各类风险隐患，有力保障企业正常生产和工程正常建设。有序推进知豆公司重整。主动对接市县有关部门，强化与法院、管理人会商研判，与吉利、银亿等开展谈判40余轮，推动完善重整方案8次，在确保国有资金安全的基础上进一步推进重整工作。平稳处置各类风险隐患。完善接访应对机制，依法依规妥善化解中昂地产项目施工、知豆供应商维权等一批历史遗留问题和新问题、新风险，为开发区平安有序发展保驾护航。

【党建统领】 持续加强学习教育。开发区党工委严格执行“第一议题”学习制度，全年开展理论学习中心组学习18次。开展党的二十大精神学习、“光储产业”讲座、党风廉政专题教育、“庆七一　喜迎二十大”等系列主题活动，营造班子带头学、干部全员学、形式多样学的良好氛围。突出党员攻坚作用。创新成立光储产业党建联盟，组建红色攻坚班组，持续发挥党员一线攻坚作用。织密拓宽党建网格。成立南滨集团党工委和巨杰公司党支部，进一步建强基层党组织，强化党建引领作用。深化开展作风建设。结合“五问五破、五比五先”机关作风建设专项行动，开展问题大起底、能力大提升、发展大提速等系列行动，推动作风建设常态长效开展。纵深推进全面从严治党，严格落实党风廉政建设主体责任和意识形态工作责任，大力推动巡视巡察问题整改和新问题自查自纠，营造风清气正的干事创业氛围。

宁海县生物产业园

【概况】 年计划投资4000万元，实际完成5995万元，超额完成年度投资计划。园区被授予“宁波市污水零直排工业园区”，园区环保水平进一步提质。

【项目投资】 招商展示平台，总投资约200万元，8月16日建成投入使用。

生物药中试公共平台，总投资约9500万元，8月19日建成投入使用。

生物医药研发公共服务平台，一期总投资约2000万元，12月9日竣工验收，产业平台能级跨越式提升。

【招商引才】 园区累计招引高层次人才100余名，其中，国家级人才11名、省级人才2名，市“甬江人才工程”项目16个。全年新引进落户生命健康类企业8家，其中包括3家入选2021年度市“甬江人才工程”项目。

动员申报国家级引才工程7人、省级引才工程5人；组织申报市“甬江人才工程”项目19个，入选1个；动员申报县级引才计划项目13个。

全年新签约合作中介2家，续签1家。借助中介机构力量，各有2位专家申报国、省级人才工程，5个项目申报市“甬江人才工程”，8个项目申报县级引才计划。

【搭建产业平台】 开展各项论坛活动。4月线上举办生物医药CDMO公共平台投产仪式暨“符合中美双报的生产厂房设计、质量体系建设和质量管理”论坛，观看人数超2800人次；9月举办第六届宁波生物产业发展论坛擦亮论坛品牌底色，成为行业内了解宁波生物技术和生物产业发展的重要窗口，成为集聚社会各界力量，共同促进产业健康发展的重要载体。共举办浙江大学大学生暑期活动等4次活动，其中30人以上活动2场。

2022年8月，宁波临床前新药评价中心项目签约仪式举行

经济贸易

商贸服务

【概况】 县商务局依托“两稳一促”专班，聚焦“对外开放新门户和区域性消费中心”，坚持“促消费与扩外需、引进来与走出去、促发展与惠民生”并重，全力推动商务各项工作向好发展。

【招商引资】 利用县级零资源招商等优惠政策，加大力度招引一批有实力有特色的市场主体充实宁海县企业体量，全年促成浙宸、乾特等17个商贸项目注册，其中11个批发业项目（浙宸、乾特、珩维、中隆、新协）实现销售额105.8亿元，拉动限额以上批发业销售额增长38.2个百分点；4个零售业项目（颜臻、颜妆、比亚迪、长美电器）实现销售额8.46亿元，拉动限额以上零售业销售额增长14.1个百分点；2个餐饮业项目（巴邑、明湖霞客居）1513万元，拉动限额以上餐饮业销售额增长3个百分点。加快二、三产分离项目，引导卡倍亿项目于9月入库，引导本地业务回归，新增璟特、事倍达等百余家出口实绩企业，累计出口超2亿元。

2022年宁海县商务主要经济指标完成情况统计表

表7

考评事项		目标任务	完成值	增速	排名	市平均
经济发展指标	社会消费品零售总额	9%	320.7亿元	5.2%	6	5.3%
	自营货物进出口总额	全国占比0.847‰	367.69亿元	10.9%	4	6.3%
其他发展指标	服务贸易进出口总额	13%	15.36亿元	48.4%	3	22.5%
	网络零售额	12%	202.9亿元	2.6%	7	6.6%
地区生产总值支撑指标	批发业商品销售额	22%	—	26.5%	4	12.1%
	零售业商品销售额	16%	—	12.2%	3	9.4%
	餐饮业营业额	15%	—	8.9%	5	8.0%

【消费市场】 开展消费活动。组织春暖涌动、汽车消费增长、“欢乐年中促”、“热力暑期”、“畅购金秋”、“惠享金秋”等7场消费券发放活动，通过提前预热、先购先享、分类定档、限时使用的办法，累计发放2400万元消费券，撬动消费超5亿元，有力刺激了餐饮、家电数码、汽车、文旅、体育等领域的消费复苏。

建设商贸品牌。鼓励企业申报商贸类品牌打响知名度，金海美悦成功申报国家四叶级绿色饭店，恒太宴会中心、海望府和金海美悦等3家成功申报国家四钻级酒店。鼓励荃优食品、宏飞大酒店、明港酒厂、兴宝华刷业、晨东、甜盼三通、大鱼馆等7家企业申报宁波老字号并全部通过验收。

创建特色街区。牵头做好“精特亮”特色街区创建工作，现有纳入创建的特色街区共8条，总面积超过160万平方米，总投资近70亿元。重点完善五街汇街景改造提升方案，项目设计、方案评审、立项等均按期推进，将尽快启动项目招投标及动工。

推进便民生活圈。推进钱岙、滨海、城西、南门4个邻里中心建设，其中，南门邻里中心完成建设在招商阶段，滨海邻里中心基本完成基础设施建设，城西邻里中心处于装修阶段，钱岙邻里中心处在政策协调阶段。制定《宁海县市级商务促进专项资金管理办法》，对成功创建“一刻钟便民生活圈”的运营管理单位，一次性给予补助20万元，邻距离（宁波）生活服务有限公司创建成为宁波市“一刻钟便民生活圈”。

加强主体培育。依托《宁海县服务业企业领跑培育工程实施意见》《宁海县促进商贸业发展专项资金管理办法》等新一轮政策，培育扶持发展一批行业龙头企业和成长型企业，发挥示范引领作用，全年上报服务业企业领跑培育工程企业6家，共兑现补助资金160万元。

【电子商务】 鼓励企业开展新业态。推动传统工贸型企业转型跨境电商，市综试区平台新增备案企业41家，9710、9810项监管代码下数据实现2.02亿元。累计实现跨境电商出口额12.4亿美元，同比增长9.7%。

推进跨境产业园打造。推进环球跨境电商产业园生态圈打造，完成项目选址，引进了宁波瑞元云仓等第三方服务型企业为园区企业提供海外仓储、拍摄、翻译、结汇、融资、法律顾问等“一站式”标准化和集约化服务，实现品一户外、创时宁为、赫姆斯特国际贸易等31家企业入驻，并申报成市级跨境电商产业园区。

推进直播电商发展。联合县供销联社、一市镇等单位举办“珍鲜杯”电商直播带货大赛，1.5小时内助力白枇杷线上销售3000单，销售额达40万元。推动宁海集士驿站电商运营中心和电商直播培训实训基地，加强直播人才培养，40余名“集士驿站”站长接受专业培训。组织申报市级培育类直播式电商共富工坊10家、省级示范共富工坊1家、市级培育类直播电商基地1家（环球中心）。前童荃优共富工坊入选2022年度宁波市直播电商式“共富工坊”优秀案例，荃优美食抖音旗舰店入选宁波市“绿色直播间”培育名单。

【拓市稳单】 加快政策兑现速度。组织企业开展各级外经贸政策申报，共接收申报项目963个，涉及企业466家，已兑现中央、市级外经贸专项资金1577.12万元，县级（含西店镇）扶持资金2777.63万元，比往年提前4个月。

鼓励企业参展拓市。编制年度重点展会推荐手册，组织300余家次企业参加线上广交会、宁波文具展等，组织48家企业、104人次赴境外开展商务活动，共有37家次企业参加22个境外展会。利用已上线的“展会通”数字平台，发布展会资讯151条，申报展会补助项目282条。完成省级应用项目“浙里探馆”的开发建设并通过验收，获省数字经济系统“揭榜”项目阶段性评估A类、浙江数字贸易创新应用优秀案例一等奖。

发挥出口信保作用。召开信贸协作工作座谈会，宣传外经贸和信保政策，全年新增小微平台投保企业60家，信保覆盖面达52.4%，支持523家企业出口20.14亿美元，报损39宗共1114万美元，帮助东方日升争取到9000万美元的出口买方信贷融资额度，是宁波制造业企业核批的最大额度。

推进内外贸一体化发展。帮助得力进出口获评省级内外贸一体化“领跑者”企业，文具基地获评内外贸一体化改革试点产业基地。开展国家外贸转型升级（模具）基地复评，鼓励企业申报出口名牌资质，共上报省级出口名牌企业3家、市级出口名牌企业5家。

推进外综服务平台建设。按照“五大革新”部署要求，全力推进外贸一站式综合服务平台建设，在宁海国贸公司落地运营，服务企业100家以上。同时鼓励企业探索服务新模式，国贸公司成功升级为省级外贸综合服务示范型企业。

强化企业精准服务。推进“百名干部助企纾困”精准服务活动，提供快捷通道，帮助20名外籍商务人士成功获批来华邀请函，为56家企业发放102张通行证，为104人出具商请函办理护照签证。

优化“走出去”队伍质量。梳理41家境内主体和64家境外机构，指导双一力在新加坡、众加升在马来西亚成功设立境外公司并落地，跟踪服务锦扬海运、星宏苍穹境外新设公司项目，指导做好尽职调查、可研报告等资料。摸排有服务贸易潜力企业，全年新增1家服务贸易企业。

发挥贸促窗口职能。全年办理一般原产地证1052份，签发优惠原产地证348份，代办商会认证367份、使馆认证46份。召开宁海国际商会第二届会员代表大会，共吸收会员单位75家，组织10余家企业参加跨境电商企业境外经营合规风险专项排查活动，帮助企业识别、评估风险点。利用法律资源，帮助梅林一企业解决出口美国价值250余万元的疑似涉及新疆原材料问题被美国海关扣押的货物问题。

【安全保障】 推进防控和安全工作。制定商贸领域消防安全百日攻坚行动、安全隐患排查整治、疫情防控大检查大培训等多个安全生产和疫情防控检查方案，分组分类对全县大型综合体（商超）、餐饮、加油站（点）、再生资源、电商、专业市场企业等商务领域企业进行常态化和专项检查，出动936人次，检查企业1986家次，现场整改各类问题2099处，下发整改通知书10余份。

推进文明创城工作。开展点位提升专项行动，动态调整小分队，按照测评标准对22个固定点位和40个统筹兼顾点进行督促指导，共制作公益广告、桌贴、公筷等4.5万件，新建无障碍停车位35个，增设信息无障碍服务点50余处，开展公筷公勺专项宣传128场。

推进行业监管工作。新创建县级“菜篮子”基地8家，申报市级“菜篮子”基地4家，推动2家基地与M6等连锁生鲜超市建立的长期协作关系。落实生活必需品动态监测和“菜篮子”商品评价性检测，100批次“菜篮子”商品合格率100%。制定《宁海县新版菜市场布局规划实施方案》，科学完善点位分布。开展60家加油站（点）成品油零售经营企业年检，1家加油站综合验收，1家加油站迁建。确定5家企业为宁海县非标电动自行车定点回收企业。推进再生资源集散站项目进度，完成办公区、活动中心主体工程建设。

推进专业市场管理。对13家专业市场进行全覆盖走访，建立“一户一档”台账摸清底数，多次召开专业市场专题研究会，对振明市场政策处理和改造提升工作进行专题研讨，促进现代家居广场D馆及振明市场现有项目的开发。现代家居广场D馆下一步改造提升方案正在设计中。妥善处理现代家居广场信访事宜，与信访人进行了多次沟通和约谈，对信访人出具处理意见书。

加强预付卡处理。全年共处理预付卡各类平台案件682件，其中信访件557件、百姓事马上办平台25件、报警100件。对美容美发行业、养生会所、烟酒店、足浴店等投诉集中领域加强提醒，其中对原曼哈顿理发店各分店的投诉情况，会同县市场监管局与消费者达成两类处理的调解协议，对家世界名烟名酒等企业违反消费者权益保护法的行为开具责令整改通知并移交市场监督管理局进行后续执法行动。

【商务事务】 推进机关党建工作。依托“周二夜学”、中心组学习、党日活动等载体，开展“五问五破、五比五先”系列宣讲和党课，参观山洋革命根据地、反恐中心等活动4场次，中心组理论学习12次，发放《中国共产党章程》、党的二十大报告、《习近平关于依规治党论述摘编》等书籍，学习省十五次党代会、中共二十大报告等重要精神。制定年度党风廉政建设责任制、“一岗双责”责任管理制度、《宁海县商务局创先争优星级党员评选方案》，明确评分标准，每季度开展“商务先锋”评比，累计评选出24人次。完成总支及下属党支部的换届选举，进一步选优配强成员，建立常态化离退休党员结对机制，推行“多对一”结对服务制度，送去书籍、上门党费收缴、困难帮扶等，开展“We志愿”活动40次，“党群同心圆”志愿服务活动36人次。成立青年学习小组，开展“宁青学堂”青年学习系列活动，开展“雁阵享学”手工课堂等工青妇主题活动3次。

配合做好巡察工作。2022年巡察组入驻商务局，对落实党的思想政治建设、组织建设、作风建设、全面从严治党、经济责任等方面进行了全面集中检查，并对意识形态、档案进行了专项巡察，召开动员会，并针对巡察反馈问题，立行立改，同时做好保密迎检工作。

落实议案提案答复工作。开展议提案答复办理，全年共完成15件政协提案、6件人大建议，其中主办占比近六成（12件），参加政协民主评议会，获得96分。

供销合作

【概况】 坚持以习近平新时代中国特色社会主义思想为指导，贯彻落实习近平总书记对供销合作社工作的重要指示精神，按照县委、县政府部署的产业、城市、社会、制度、自我“五大革新”目标任务，以“品牌强农促共富”“固本强基优服务”“项目强社增实力”“队伍强建树形象”四大举措为具体抓手，突出党建统领与政治引领，提升为农服务能力和水平，主动服务农业农村发展大局，不断推动各项供销工作取得新实效。

【提升“宁海珍鲜”共富价值属性】 品牌发展基础持续夯实。建立宁珍品牌发展有限公司，在一市镇设立共富直播站，制定出台“宁海珍鲜”品牌管理办法、门店建设补助办法等制度，商讨出台《“宁海珍鲜”品牌发展三年行动计划》。

供销合作体系初步形成。线上建立“宁海珍鲜”微信商城、抖音商城，在已搭建的“宁海珍鲜”数字化平台基础上，完善改进线上购买、支付、活动发布等功能，进一步完善品牌产品上行数字服务功能。在一市镇设立共富直播站，成立“一起富”网络公益助农服务队，开展线上直播带货活动6场、线上展示展销活动4场，与新农人协会直播网红合作推介产品，夯实电商销售渠道基础。

拓宽“宁海珍鲜”线下销售渠道，开展杭州（宁海）商会和上海（宁海）商会路演推荐并签订供销战略合作协议；合理布局宁波地区品牌形象门店建设，建成品牌旗舰店、专卖店、加盟店共13家。与宁波商贸国有资产控股有限责任公司签订战略协议，初步达成产品供应合作关系；与县“小小超市”达成供货意向合作。

质量控制体系有序推进。已授权本地合作供应商达86家，16大类初级农产品和60多款加工类产品纳入供应链体系。合理布局宁波地区品牌形象门店建设，建成品牌旗舰店、专卖店、加盟店共13家，其中在宁波市区首家开业的加盟门店，作为越溪乡田岙村696名村民的集体产权门店，仅11月25日开店当日，营业额突破万元，签订购销合同超20万元，为走好共同富裕的“供销之路”探索开辟新路径。成立宁波市首个“宁海珍鲜”共富博士工作站，聘请13名副高及以上专家完成蛏子、白枇杷、青蟹等16大类防伪溯源体系建设，防伪溯源码已升级至3.0版本，共发放10余万份。继续推进柑橘、力洋酒、泥螺、蛏子等“宁海珍鲜”品牌新产品包装落地，不断丰富品牌产品推荐种类。

品牌体系建设卓有成效。通过全方位立体式的品宣，有效提高品牌的社会影响力。加强新闻媒体宣传，“宁海珍鲜”围绕“品牌助力乡村振兴、推进共同富裕”主题的相关工作先后被《人民日报》、《光明日报》、“学习强国”学习平台、《浙江日报》、浙江新闻客户端、“甬派”等主流权威媒体宣传报道。合理布局广告宣传，分别在省政府正大门、宁波机场、高铁宁波站和宁海站、杭州和宁波地铁、宁波中高端写字楼等重要交通枢纽、重点场所投放广告。加强线下活动推广，策划组织网络大咖、新农人、乡贤等共同参与蛏子、白枇杷、水蜜桃、青蟹等“宁海珍鲜·寻鲜之旅”主题活动12次，启动“宁海珍鲜·助农共富”活动暨第二届“宁海珍鲜”电商直播大赛，吸引一批有销售影响力、带动力的电商主播、短视频爱好者将直播间搬进了柑橘基地，推荐“宁海珍鲜”好产品，讲好“宁海珍鲜”好故事。举办“宁海珍鲜”美食进省委党校、市行政中心主题推广活动，分别收到省委党校和市机关事务局的感谢信。

【服务“三农”】 突出运行机制完善。完成县农合联换届，共吸纳113名县级会员和967名乡镇（街道）会员，涵盖了全县主要农业经营主体和相关涉农部门、服务组织，优化会员结构比例和特色产业分布。修改规范农合联章程，进一步突显农合联农业社会化服务功能定位。

创新探索特色产业农合联建设。成立粮食农合联分会，打造产业服务综合平台，吸纳会员42名，涵盖宁海县粮食种植大户和相关部门、服务组织，开展粮食生产机耕机种、统防统治、烘干、收储、加工等服务。全年联合金融机构推动助农贷业务，为粮食种植大户和相关产业经营者发放贷款500万元。

突出功能配备强化。高质量建设集农产品直营推销、电商服务、农药残留速测、涉农政策咨询、农业技术指导、农情调查、金融保险办理、农资供应等十二大为农服务功能区于一体的前童镇现代农业服务中心，同时响应数字乡村建设，探索数字农业建设途径，围绕智慧农业、数字农业发展要求，在农合联现代农业服务中心内打造视频带货直播间，推广乡镇特色土特产及节令农副产品。

突出民生保障稳定。全力做好稳产保供，在疫情防控期间发挥供销社传统职能和特色优势，重点抓好以果蔬市场为龙头企业的粮油蔬果抑价保供职能，果蔬市场全年果品销售额达2.06亿元，同比增长6.2%，果品销售带动作用不断得到增强。加强全县农资供应保障和应急储备工作，切实扛稳全县粮食安全工作责任，丰庆农资公司全年供应农资1.2万余吨，完成防治服务面积约6.6万亩，相比2021年增加1.9万亩，举办各类新肥新药推广等培训班10余期，农技指导农民500余人次。

【社有企业整治提升】 统筹做好疫情防控。依托果蔬市场、再生资源交易市场2个专业市场平台，勇于担当作为，牢牢守住疫情防线，积极落地落实落细除险保安工作要求。积极响应、认真落实县委、县政府相关稳链纾困助企政策，为286户承租户减免3个月租金，退还租金450余万元，切实为小微企业及农户纾困解难。

加快产业革新推进。党委班子全力争取政策、用好政策，整体谋划推进模具城及再生资源综合市场产业转型升级。牵头拆除模具城违章建筑约 2.4 万平方米，为模具城发展提质增效创造新空间新机遇。推进梅林南路工业区块项目建设，预计 2023 年 3 月底可建成使用，每年可为社有资产带来 100 余万元的利润，将进一步助力社有经济增强实力。

自我革新持续加强。理顺社有企业管理体制机制，采取集团化管理运行，并参照国有企业管理办法管财、管物、管人，做到全面从严治社，一体推进不敢腐、不能腐、不想腐，着力推动解决一批历史遗留问题，不仅有效地维护了社会稳定，还促进社有企业发展质量明显提升。

【自身建设】 政治建设统领不断强化。坚持以党的创新理论和党章为根本，建立党委班子成员督导联系制度，每位班子督导联系 2~3 家重点企业，班子成员定期专题汇报企业联系情况和工作重点，有效传导压力，强化“一岗双责”主体责任落实。全年开展党规党纪专题学习 10 次以上、党委班子带头上党风廉政专题党课 4 次以上，全方面谈心 20 次以上，着力解决好干部思想“总开关”问题。

全面从严治党更加高效。借力县委巡察反馈问题整改及党建督导检查，坚持问题导向，下达硬任务、硬考核，整体攻坚，做实结果导向，全年出台并完善各项规章制度 7 个，助推工作标准化、规范化。巡察反馈 21 项问题，整改完成 17 项。在“叩问初心，与廉同行”第二届清廉机关示范案例展示大比拼活动中，选送案例“勤念‘六字诀’，筑牢清廉供销‘防火墙’”获评全县清廉机关建设“十佳示范案例”一等奖。

作风建设持续加强。严格落实中央八项规定精神，扎实开展“五问五破、五比五先”助力“五大革新”作风建设专项行动。全系统深入开展履职大比拼，建立工作专班，紧紧围绕“宁海珍鲜”农产品区域公用品牌建设、模具城全域工业治理、疫情防控等工作助力“五大革新”，全面提升全系统干部职工精气神。

国资经营

【概况】 宁海县国投集团有 28 家下属企业、7 家集团参股公司，有员工 388 人。设有 6 个党支部，党员 81 名。截至 12 月底，集团账面总资产 264.35 亿元，净资产 158.33 亿元，负债率 40.11%；本部实有资产 45.6 亿元，同比上升 46.25%；总营收 32.98 亿元，同比上升 7.78%。集团存量融资额度达 35.22 亿元，融资综合成本由年初的 4.56% 降至 4.45%，同比下降 0.11%，系全县 17 家融资平台最低。3 月发行第一期美元债 1.2 亿美元，向 7 家银行融资 18 亿元。

【国有资产经营】 助推国有资产盘活，促进资产保值增效。国有资产管理平台（一期），正式上线运行，实现底数清晰、管理智能、动态监管、便民服务等功能。5 月对平台进行升级扩容，建立公权力监管平台，纳入集团所有资产，主动接受审计、纪委的监督，主动公开国有资产信息。落实国有房屋租金减免政策要求，截至 12 月底，已为 1598 户市场经营户和公房承租户减租 1100 万元。

资产整合重组。根据县委、县政府工作部署，3 月收购宁海振明建材五金机电市场 1.7 亿元资产，并于 10 月底签订协议；以 7350 万元收购陈敏所属的振明市场资产。同时成立工作专班进驻振明市场，完成全面消防安全检查，做好拆违修复工作并配合街道妥善解决资产处置和信访问题。9 月完成浙江浙能石油新能源有限公司持有的宁海浙石油 51% 的股权收购工作，收购价 945.21 万元，集团实现全面控股。

市场运营管理。全年集团所属各市场实现主营业务收入 4726 万元，实现利税 1804 万元。同时，根据 2022 年“甬有食安”行动方针，投入资金，全面升级检测设备，完成西店市场、长街市场、梅林市场快检室提升改造和卤味一件事，12 月通过验收。市场创建工作有序推进，梅林市场和跃龙综合市场分别成功创建“省五化市场”和“党建引领市场”。县南门邻里中心于 4 月完成公开招租工作，10 月完成部分资产交付工作，12 月完成南门临时市场搬迁工作，投入试运营。完成西店禽蛋市场腾空关停工作，梅林综合市场、日用品市场关停、拆除工作，有序推进停车场改造工程。

【重点实事项目】 县中心屠宰场迁建（一期）项目于 5 月投入试运营。

县南门邻里中心项目于 6 月建设完成，累计完成投资约 1.2 亿元，该项目获县“跃龙杯”优质工程奖、市建设工程结构优质奖、市“甬江杯”优质工程奖，并争创浙江省建设工程质量最高奖——“钱江杯”。

县再生资源集散中心项目重点工程续建工作有序推进。按县政府统一部署，冠庄站、前童站综合功能服务站投产运营，溪南站竣工，西店铁江站一期工程于 11 月进场施工。

【现代服务产业】 县国贸公司实现进出口贸易额5100万美元，同比增长25.34%，位列全县进出口百强企业第10位，被省商务厅认定为省外贸综合服务示范企业；与南京东华能源公司大宗贸易新交易额共27.73亿元，其中，国贸公司完成交易额17.38亿元，国益进出口完成交易额10.35亿元。

县产权交易中心全年成交额2.86亿元，交易服务费收入346.62万元，实现利润193万元。

县机动车检测中心检测车辆4.89万辆，同比增长22.6%，实现营收816万元。

县国际会展中心完成县“两会”、团代会等接待任务，承接各类会议、展览19场，接待团队25批次，开展文艺、体育类培训活动等，实现营收513.92万元。

县物业公司实现营收1578万元，同比增长14.6%。集团下属165处国有资产标的，出租147个，出租率达98%，截至年底收取房屋租金1936.05万元，收租率100%。

【安全综治工作】 坚持“安全第一、预防为主”的工作方针，贯彻落实上级有关安全生产的重大决策部署，开展“安全生产月”“平安护航建党百年”“消防安全四大会战回头看”“消防与应急救援技能提升培训”“平安三率”等各类活动。全年组织召开安全会议18次，消防演练12次，并联合县应急管理局组织“119消防安全日”和主要企业负责人安全管理人员培训，培训人员近80人次；启动消防安全提升改造，全年安全生产累计投入资金约960万元。全力筑牢防汛防台屏障，各单位提前开展安全隐患排查，切实做到防患于未然。严把市场食品安全关，持续做好索证索票工作，每日对全场进行产品抽检，涵盖农残、亚硝酸盐、二氧化硫、肉类水分等9个检测项目，8家市场全年开展检测8.9万批次，保障老百姓舌尖上的安全。全力做好信访工作，有效化解矛盾纠纷，全年处理“浙里访”信访件25件，“百姓事马上办”39件，满意度达100%。

招商引资

【概况】 县投促中心以“五大革新”为统领，探索建立招商机制精准协同管理“361”体系，明确招商重点、提升招商精度，坚持内外并重、拓宽信息渠道，大力推进招大引强、招新招优工作，实现了招商引资质、量“双提升”。全年引进产业类项目42个，其中，内生型项目15个，全链式推进“光伏+储能”产业培育，集聚了一批龙头型基石型项目。2022年1—12月，实际利用外资12920万美元，市外内资131.2亿元，浙商回归100亿元，三项数据均完成市里下达的目标任务。

获评2021年度宁波市国内招商引资工作三等次、宁波市2021年度外资工作三等次、宁波市支持浙商创业创新促进宁波发展工作三等次。浙江省人民政府办公厅印发关于表扬2021年度稳外贸稳外资和开发区建设成绩突出集体和个人的通报，副主任张辉获评稳外资和开发区建设成绩突出个人。

【重点工作】 推进招商机制精准协同建设，实现招商项目闭环管理，提升招商引资实效。出台《宁海县招商引资项目会审制度（试行）》《宁海县招商引资项目落地后续管理与服务制度（试行）》《宁海县招商引资项目绩效评估办法（试行）》。

进一步把控招商项目质效。出台《宁海县招商引资项目负面清单指导性意见（试行）》《宁海县工业产业项目准入指导性意见（试行）》。

2022年1月28日，东方日升年产15吉瓦N型超低碳高效异质结电池片与15吉瓦高效太阳能组件项目签约仪式举行

2022年2月11日，宁海县人民政府与北京捷造光电技术有限公司举行签约仪式

2022年5月18日，旗滨年产70万吨光伏高透基板材料及配套深加工生产线项目开工仪式举行

【招商活动】 6月29日，宁海县高规格举办全县招商引资工作专题研

究会，会议由县委书记滕安达主持，县委副书记、县长楼鼎鼎等10多位县领导，县发改、县投促中心等10多个部门参加会议，会上围绕下一步招商引资工作“招什么、怎么招”各抒己见、碰撞思想，旨在破除招商工作中的问题和困惑，探索实现招商机制精准协同，以高质量招商为高质量发展注入强劲动力。

8月5日，全县招商引资工作例会在县委、县政府大会议室召开，会议旨在明确部分近期重点在谈项目的专班推进实施方案。与会县领导陈锦杰、王辅橡、杨钻、黄崭就相关招商项目进行了点评。县委副书记、县长楼鼎鼎出席会议并作重要讲话。

9月29日，宁波市侨商会会长薛惊理与县投促中心负责人李文斌主任在“智享侨梦苑　同心助共富”活动中进行项目现场签约。

11月12日，上海市宁海商会成立大会举行。上海市政协原副主席、上海市宁波经促会会长陈正兴，上海市社会科学界联合会主席王战、上海市工商联副主席杨茜、上海市合交办副主任强鹏程以及宁海乡贤代表到场祝贺。宁海县委书记滕安达为大会致贺信，宁海县委常委、统战部部长石雅洁到会致辞。上海市浙江商会党委副书记、执行副会长、秘书长吴仲春出席会议并参与见证共富项目签约仪式。

11月17日，市工商联产教融合校企合作供需对接座谈会在宁海召开。来自高校、企业、用人机构的嘉宾齐聚一堂，协同探索产教融合、校企合作新路径。李文斌参加宁波市工商联产教融合校企供需对接座谈会，宣传推介宁海投资环境。

12月15—16日与县委人才办联合举办2022年全县招商引才工作培训班，为期2天，安排了中共二十大报告中关于新时代人才工作新思路新举措、招商项目甄别评价、产业链招商实务解析、新形势下招商引资的思考与举措创新等课程，进一步提升“双招双引”工作队伍的专业知识素养及工作能力。

烟草专卖

【概况】 在县委、县政府的正确领导下，认真贯彻落实省市县工作会议精神，以“双优五新”宁烟建设为抓手和载体，形成一批具有宁海辨识度的数字化转型标志性成果和高质量发展变革性成效，全力服务现代化“双优”新宁海建设。

【经济运行与网络建设】 围绕“卖好一包烟”，挖掘数据价值应用，畅通资源要素循环，不断优化区域市场运行状态。

主要指标稳健上行。进一步健全市场跟踪、调查分析、研判预测等机制，全面保持供需动态平衡。全年销售卷烟3.67万箱，同比增长1.5%；实现销售额18.86亿元，同比增长3.51%；单箱销售额5.14万元，同比增长1.98%；实现毛利5.37亿元，同比增长3.56%。一类烟销量同比增长5.06%，重点品牌同比增长3.66%。元旦、春节期间销量6340.65箱，同比增长0.42%，销售额4.51亿元，同比增长3.63%，实现毛利1.33亿元，同比增长3.91%。

市场状态持续向好。主动参与卷烟市场容量调查，吸烟率接近25%，整体市场容量为3.5万箱，基本与往年销售数据契合。充分运用市场数据，精准匹配供需，维持终端社会库存在10.59天的合理区间内。

品牌培育稳步扩容。制定专项方案，优化品牌梯次，推动高档卷烟量价稳、结构升。云端系列累计销售86.75箱，同比增长50.27%，中支烟销量1938.6箱，同比增长30.56%。在消除“双反”风险基础上，全年非烟订单37469笔，销售额1602万元，实现高速增长。建成9家雪茄终端、组织5次现场品鉴会，国产手工雪茄累计销量62.51万支，同比增长4.28%。

终端布局持续优化。强化终端数字赋能，优化终端数采模式，共建成现代终端1266家，其中，香溢直营店1家、加盟终端83家、合作终端17家、三星级终端140家、二星级终端386家、一星级终端665家。挖掘数字工具，提高终端黏性，制作双屏机功能模块操作指南和教学视频，面向全市推送。

物流效率有效提升。扎实推进“1个班组长+7条线路+4个委送点”组合运转，深化降本增效，保持每日车均74.95千米、单车次平均送货户次118.43户、总户22.83万户。克服订货周期压缩和人员紧缺困难，全力保障“春供”，共安排出车480余次，单日送货量同比增长25%左右。

【市场监管与许可服务】 “依托党建联建”的联动作战体系，集中力量维护县域市场。

打假打私精准出击。在共建联盟的基础上，挖掘数据潜能，推动打假打私行动方向明确、路径清晰、战果显著。破获“交通站”运作模式的“3·18”网络案件，端掉假冒藏匿窝点4个，涉案假烟案值230余万元，5名犯罪嫌疑人已判刑。破获“9·26”专车运假案件，查获假烟1500条，以数据深挖查获嫌犯2名。

市场监管成效显著。建立县级情报指挥中心，紧盯重点对象、重点区域、重点环节，强化情报制导，有效提升情报研判和行动命中率。全年查获各类违法案件243起，同比增长5.1%；查获各类卷烟5.55万条，同比增长45.6%，涉案金额1109万元，同比增长52.9%；其中，查获假私烟1909条，同比增长154.5%，列全省同组第三；查获省外流入真烟1.69万条，同比增长220.9%；5万元以上案件60起，同比增长30.4%。

电子烟管理稳步推进。落实“一宣、二摸、三建、四联”工作机制，宁海县域原有既存非持证市场主体36户缩减为持证的16户。会同市监局查处的1起向未成年人销售电子烟案件被列为“宁波市面向未成年人无底线营销专项执法行动典型案例”。严把传统许可证进退关口，依托标签管理，落实异常证治理，实现许可证总量稳中有降，全年净减24本。

【内部管理与队伍建设】 坚持需求导向和创新驱动，加强“数、人、物、事、财”整合管控，持续推进企业治理现代化。

选优配强干部队伍。突出政治标准，严格落实程序，通过竞争性选拔提任2名中层副职、3名基层正职，民主推荐选拔2名中层正职，干部队伍年龄、知识、专业结构不断优化。以“提三能、促三力”专项活动为契机，分层分类开展数字化岗位实操和项目练兵，落实“导师下沉式”岗位数字服务，突出解决了基层员工年龄结构偏大、数字化素养偏弱等活力能力问题。

创新驱动提质增效。扎实推进创新课题、管理微创新等各类创新工作，“构建专卖预警指标体系”课题获全市系统微创新二等奖、“提高加盟终端双屏机满分率”课题获全市系统QC三等奖。选派业务骨干参加全市系统“数字绩效”项目和“专卖实时指挥调度升级迭代”项目建设，贡献基层智慧和一线方案。

项目挖潜效果显著。紧盯降费增效，重点抓好三项费用控制节点，抓紧抓好消防、污水和旧房改造项目进度，实现水电费阶梯性减量。严格落实“三关三审”工作要求，一体推动采购管理标准化高效化数字化。健全重大风险防控体系，持续抓好疫情防控、安全管理、舆情处置、信访和保密管理，确保单位持续和谐稳定。

交通运输·邮政·电信

交　　通

【概况】 2022年，省委书记彭佳学、宁波市市长汤飞帆等多位领导分别到宁海调研考察工作，并对宁海农村客货邮（集士驿站）建设及交通运输工作给予了充分肯定；县委、县政府主要领导高度重视综合交通发展，多次听取交通运输工作汇报，亲力亲为推动重大交通项目落地落实；乡镇（街道）和部门积极协作，对交通项目的政策、审批、要素保障等给予全力支持。

【交通强县】 由交通节点向交通枢纽转变。围绕“交通强县”蓝图，编制完成《宁海县“十四五”综合立体交通规划》，提出构建“三市六县通衢之地”的总体目标，将宁海交通从毗邻甬台绍区域重要交通节点向综合交通枢纽转变。G15沈海高速宁波段拓宽工程、G527线岳井洋大桥等项目前期取得重大突破；属地乡镇（街道）配合做好路网现场调查、方案评审等工作，助力宁波至宁海城际轨道课题研究、《宁海县农村公路网规划》《宁海县乡镇“15分钟上高速”行动方案》等专项规划取得重大成果；7个重大交通项目列入自然资源部批复的“三区三线”划定清单，全面保障“十四五”交通规划建设用地。

【项目监督】 由做大项目向做优项目转变。以“五大革新”专项行动为抓手，抓好高质量发展这个关键。提高建设效率。成立交通投资专项小组，建立“全过程监督”机制，属地乡镇（街道）合力破除G228线新山至三门段、甬临线桐洲至麻岙岭段改道以及G228线宁海西店至桃源段公路工程应家段和陈桥支线政策处理难题，推进项目进度，全年实现交通固定资产投资11.4亿元，同比增长11.3%，综合考评位列全市第三。其中，南部滨海新区港口物流与交通产业园（一期）建成投产，S38线（伍富）交通服务站主体完工，胡陈乡客运集散中心站建成完工。

规范建设市场。围绕转分包、专家评审、工程质量、项目招投标等内容，采取项目自查、专项检查和联合大检查等方式，开展交通运输领域突出问题专项整治行动，发现并整改问题25个，大佳何、黄坛镇第一时间组织做好整改工作。

推广品质工程。制定了《2022年宁海深入推进公路水运平安百年品质工程建设实施方案》，以S311线象西线宁海段路面提升工程为试

2022年7月20日，省交通厅党组一行到宁海县调研公路养护试点创建、“四好农村路”建设、“集士驿站”和电商运营中心建设等工作

点，提升养护工程施工标准化水平；以G228线西店至桃源段公路工程为试点，加大技术和工艺创新引领；以大佳何镇Y405线大佳何至里袁公路（K0+000—K5+869）路面提升工程为试点，探索农村公路品质工程创建。

【行业治理】 由行业管理向行业治理转变，着眼交通产业平稳发展和交通行业现代治理能力提升。全产业链结构基本形成。通过交通系统、国资国企内部资源共享，打破交通项目在设计、施工、监理和运营等业务板块间的壁垒。完成花山、伍富综合功能服务站建设；港口公司贸易业务实现“零的突破”；交通集团经营性收入实现跨亿元突破。

经济指标稳中有升。公路总周转量、邮政业务总量和限额以上相关行业营业收入同比分别增长1%、27.7%和19.8%。引进近三年首家航运企业落户宁海，水运固定资产投资实现“零的突破”。发放市、县助企纾困资金270万元。

交通执法能力提升。全面完成力洋、跃龙、岔路中队基层站所“四基四化”规范化建设；新增启用G527线2个点位8个车道非现场超限执法点；完成全县7家重点货运源头企业将计量称重数据和监控视频接入省超限运输监管平台；与公安、应急、市监、海事等部门建立路警联合治超、涉海部门联席、道路运输遏重大整治等常态化联合执法机制；赋权长街、岔路、前童、强蛟、西店、跃龙、桃源7个乡镇（街道）6项行政执法权，减少执法层级，提高属地精准监管。

【打造满意交通】 由为民服务向便民服务转变。想群众所想，努力解决急难愁盼问题。集士驿站硕果累累。新建网点29个，开通公交邮路6条，累计带货187.5万件，该项目获评交通运输部农村客货邮融合发展典型案例、全省高质量发展建设共同富裕示范区最佳实践（第一批）名单和全省农村客货邮融合发展五星级样板县。其中，与黄坛镇共同举办“双峰香榧”文化节，助力香榧销售250千克；越溪乡南庄村集士驿站获央视农业农村频道《振兴路上》专题报道；岔路镇高塘村借助美团平台，依托公交邮路助力山货销售。

深化“放管服”改革。设立“跨省通办”“长三角证照联办”专窗；探索涉路施工许可“一件事”改革，构建“一窗受理、分类办理、一窗出件”的全生命周期服务模式。2022年，共完成各类审批5500余件次，事项按期办结率和服务满意率均为100%。

发展公共交通多元出行。初步完成城乡公交一体化专项规划编制工作，拟定城乡公交票价调整建议方案；优化调整4条公交线路；新增、更新新能源和清洁能源公交车40辆；新建公交停靠站8个；长街、力洋等11个乡镇（街道）配合做好99条学生公交专线开通工作。

【构筑平安交通】 守住安全维稳底线。强稳控，圆满完成平安护航党的二十大、春运、“三防”等重要节点保障任务；完成海上遇险救援3起，营救落水人员15人，实现重大海上航运事故“零发生”。查风险，利用道路客运数字化监测监管系统和宁波非法营运靶向打击系统对“两客一危”企业和流动非法营运车辆开展打击，发现并处理异常信息132条。排隐患，对全县危化品运输、道路运输、水上运输、工程建设等领域开展全覆盖检查，发现并整改各类隐患1511个。促整改，完成省、市、县挂牌道路交通隐患整治6处，公路平交口治理

2022年2月16日，市交通局局长胡海达（中）一行调研宁海交通运输发展

27 处。

守住清正廉洁红线。坚持清廉交通建设与中心工作同部署、同推进、同考核。围绕转分包、专家评审、工程质量、项目招投标等内容，开展交通运输领域突出问题专项整治，发现并闭环整改问题 25 个；围绕“庸懒散拖”等工作作风问题，开展“五问五破”作风建设专项行动，印发《宁海县交通运输系统违反作风和效能建设行为处理办法》，开展效能检查 41 次，处理违规违纪干部 6 人；围绕巡视巡察“后半篇文章”，开展巡察问题闭环整改，完成中央、省巡视反馈问题整改 4 个，省委、市委“七张问题清单”1 个，县委巡察反馈问题 29 个。

【交通重点工程建设】 全年交通重点工程计划投资 5.7 亿元，完成 8.54 亿元，占年度计划 149.83%。

在建项目有序推进。G228 线宁海西店至桃源段公路工程、G228 线宁海下陈至三门界段公路工程（一期）等项目较好完成年度任务且超额完成年度投资任务。

拟开工项目实现开工。S314 线桃源至力洋段公路工程（一期）、格水王桥等项目开工建设，S314 线岔路至白溪段改建工程完成招投标。

一批项目完成质量评定和交竣工验收。甬临线岔路桐洲至麻岙岭段完成质量评定工作，城逐线宁海县南门（大桥）至前洋段二期除溪南许段外全部完工；沈海高速宁海南出口一期、甬临西改线景观整治工程、甬临复线公路景观整治工程、崇寺山 K0+100—K0+350 段边坡治理、崇寺山 K0+430—K0+500 段边坡治理、盛宁线力洋至胡陈段、慢行系统工程等 9 个项目完成交工或竣工验收工作。

清理 30 个事后变更。除 G228 线西店、沈海高速南出口、慢行系统等项目还存在 20 余个事后变更外，其余项目完成事后变更清理工作。

专项工作稳步开展。2022 年象西线桥头胡至深甽段获得三江杯和甬江杯，同时推进 G228 线宁海西店至桃源段公路工程、G228 线宁海下陈至三门界段公路工程（一期）品质工程建设，有力推进宁海县交通建设工程质量安全治理体系和治理能力现代化。

为确保宁海县交通重点工程安全生产处在可控范围内，紧绷安全弦，把安全管理的检查及整改措施落实到现场。形成责任落实体系。指挥部与 6 个在建项目的施工、监理等参建单位签订了安全生产责任书，明确年度安全生产目标和安全生产责任，并监督各参建单位内部层层签订责任书，强化了安全生产责任。抓整顿，多种手段并用。在日常工作中，通过项目汇报、现场检查，内业核查等形式，采取明察暗访，交叉检查等方法，累计检查 122 次，发现安全隐患 384 项，下达安全隐患整改通知单 122 份，并监督整改，整改率达 100%。针对重点环节重点检查，并聘请第三方安全生产机构提供专业技术支持，全年共进行 8 次专项检查，对 1 个项目的项目公司和一个标段施工项目部进行了约谈。另外，还按合同对 2 个标段的施工单位进行违约处理，通过以上方法，很大程度上促使各参建单位加大了安全管理力度，取得较好效果。抓宣传，强化安全生产意识。按年初制订的培训计划，每季度组织召开一次安全生产培训会，培训主要对象为施工、监理单位的主要管理人员和安全管理人员、指挥部相关人员。总计参与培训人数达 101 人次。并要求相关业务科室定期开展自我学习会，经常性开展学习探讨，如临边防护措施，临时用电、安全经费使用范围等，解决工作中碰上的问题。提高了科室人员的业务能力。开展各类专项行动，推动落实安全生产工作。组织“除险保安”、消防“百日攻坚”、临时用电专项整治、安全生产月等各种行动和活动，各参建单位根据指挥部方案的精神和要求，结合实际细化本单位的具体实施方案，较好地推动落实安全生产工作。

正确处理各种矛盾纠纷。在全县 6 个乡镇街道共完成土地征收约 368 亩，完成迁移坟墓 127 穴，完成苗木征收迁移约 139.05 亩，完成房屋拆除 1318.3 平方米，调查签约迁移杆线 109 根，实际迁移 68 根，完成 4 台变压器拆除移交，完成 4 个违法用地对接上报准备工作。有效保障了 2022 年交通重点工程建设。特别是 G228 线宁海西店至桃源段公路工程，开展了政策处理“百日攻坚”，除崔家段外基本完成；G228 线宁海下陈至三门界段公路工程遗留政策处理基本完成；S314 线宁海岔路至白溪段改建工程土地征收和地面附着物签约率 85%以上。

邮　　政

【概况】 全年宁海县分公司实现业务收入 1.85 亿元，同比增长 24.34%，完成年计划的 110.2%，增长率与进度均列全市第一。营业利润完成 2849 万元，达成年计划的 268.56%，位列全市第一。

【金融业务】 全年宁海金融业务收入累计完成 9130 万元，达成全年目标的105.75%，增长率18.4%，完成率和增长率均列全市第二。储蓄余额规模60.96亿元，全年增9.1亿元，全年完成率130%，列全市第三。代理保险累计折算保费14416万元，达成全年目标的112%，其中长期交累计3348万元，达成全年目标的108%。其他各项业务均完成市公司下达的目标，其中六大智慧场景取得突破。

【寄递业务】 寄递业务收入累计完成6836万元，同比增长41.79%，完成年度目标的119.93%。其中，特快业务收入完成1473万元，同比增长56.07%，完成年度目标的130%；快递包裹业务收入完成4762万元，同比增长38.80%，完成年度目标129%；国际业务收入完成76万元；物流业务收入完成525万元，同比增长42.45%。寄递业务量累计完成2510.15万件，同比增长44.57%。其中，特快业务量完成268.5万件，同比增长52.3%，快递包裹业务量完成2240.7万件，同比增长43.8%。

【渠道类业务】 农村电商累计完成批销业务收入1620万元，完成率101%；自营农品交易额完成1300万元，完成率106%。

支局同心圆方面，活跃站点完成585家，优质站点279家，完成率均为100%。

惠农生态圈方面，自营农品业务收入累计完成1130万元，全国农品基地销售常山胡柚、象山红美人以及端午粽合计60余万元，超额完成市公司指标计划，列地区第一。网络零售邮乐优险交易额280万元；传统分销“福至新春”项目完成41万元，超额完成计划指标。同时按照省、市公司要求，两个1000重点合作社三项业务合作，超额完成各项指标计划。

增值业务，主要业务收入来源于水电费代收代缴、警医邮、车险业务以及其他代理增值收入，完成收入70万元，达成全年计划的105%。

网点转型，完成13个网点转型目标，其中，前童支局为省标杆网点，获得省公司40万元补贴，同时被评为全省优秀示范网点的称号；胡陈中邮驿站作为三级物流体系建设邮快合作+交邮项目试点，得到行业内外一致好评，累计获得当地政府42.55万元补贴。

【集传类业务】 集邮业务收入累计完成193.8万元，完成市公司年计划的79.10%；函件业务完成207.8万元，完成年计划的109.37%；报刊业务完成726万元，完成年计划的108.36%。其中，集邮方面承接定制“5·19”第二十届徐霞客开游节宣传邮册《徐霞客邮记——徐霞客游线标志地（第四辑）》600册，实现销售收入15.6万元，2022壬寅年生肖贺岁季主题营销实现业务收入125.81万元；函件方面新媒体收入105.8万元、销售惠民产品幽幽管200支，实现收入2.16万元，开发宁海县禁毒办、宁海宣传部、梅林街道等单位的政务采购，完成政采云业务收入24.4万元。报刊方面政务图书《习近平浙江足迹》实现销售27301册，完成收入163.8万元，《习近平谈治国理政》第四卷实现销售17968册，完成收入115万元，超额完成市公司下达的力争目标，市占率超过当地新华书店。

电　信

【概况】 坚持以习近平新时代中国特色社会主义思想为指导，坚决贯彻党中央、国务院和省、市、县委、政府决策部署，传承“听党指挥、信念坚定、一心为民、变革创新、崇尚科技、安全畅通”的红色电信精神，勇担央企责任，充分发挥信息通信业的基础性、先导性、融合性作用，以全面助力宁海县数字化改革为重点抓手，在奋力推进建设现代化“双优”新宁海中勇担使命、勇当先锋。截至2022年12月，宁海县电信局移动网上活跃用户12.1567万户，其中，5G用户11.4961万户，宽带12.0851万户，固话6.9524万户，天翼高清8.5034万户。

宁海电信荣获省级文明单位称号，获浙江电信十佳服务满意单位，获宁波电信2022年度十佳单位、新闻宣传先进集体、中国电信企业形象传播推广劳动竞赛优秀单位、智家大赛团体二等奖、宁波电信员工第四届“最美翼家人”气排球比赛团队第五名。

宁海电信中心营业厅获宁波市青年文明号，浙江省巾帼文明岗；宁海县公共视频监控一体化运营中心采购项目获得宁波电信优秀项目团队；施顺武、冯一明、林志焕3人获得浙江电信优秀员工；尹亚红等22人次获得宁波电信优秀个人荣誉；黄建华、庄允益获宁波电信2022年度五四闪耀青年先锋；朱俊锦、黄建华获宁波电信2022年度新闻宣传先进个人；朱俊锦获2022中国电信企业形象传播推广劳动竞赛优秀个人、2022年度网媒运营管理先进个人三等奖；鲍为亮获宁波电信2022年家庭智家工程师营维技能大赛个人二等奖。2022年第三届“创智杯”宁波电信场景化销售大赛中，林莹获智家专员岗位大赛个人三等奖，郑楠楠获数字专员岗位大赛个人三等奖，赵璐璐获数字运营官岗位大赛个人三等奖，林志焕获智家工程师岗位大赛个人三等奖。2022年我为客户解难题优秀服务事迹演讲比赛中，张静霞获铜奖。2022年无线技能比赛中金靖翔获个人三等奖，2022年云网融合大赛张仁杰获个人二等奖，云网部在2022年营维技能大赛中获团体二等奖。桥头胡综合支局等9个团队获宁海电信先进团队，冯一明等68人获宁海电信先进个人。

【牢记初心使命】 党的二十大报告提出，加快建设制造强国、质量强国、航天强国、交通强国、网络强国、数字中国。这是当前和今后一个时期我国深入立足新发展阶段、贯彻新发展理念、构建新发展格局、着力推动高质量发展的重大任务，也是信息通信业奋进新征程、建功新时代必须围绕的中心和服务的大局。

宁海电信作为信息通信业的国有重要骨干企业，始终牢记习近平同志在浙江工作期间对企业提出的“数字浙江建设主力军”的重要嘱托，深入学习宣传贯彻中共二十大精神，全面对照中共二十大赋予信息通信行业的关于加快建设网络强国、数字中国的新使命新任务，胸怀“国之大者”，立足“红色根脉”独特资源优势，围绕建设现代化“双优”新宁海的目标，以更高质量加快发展、更高水平科技创新、更加全面深化改革、更大力度开放合作、更实作风团结奋斗，以助力数字化改革实战实效、奋力推进“五大革新”的实干实绩来检验二十大精神的学习成果。

【新型基础设施建设】 深入学习贯彻习近平总书记关于网络强国的重要思想，坚持“网是基础、云为核心、网随云动、云网一体”的云网融合思路，加快建设“高速泛在、天地一体、云网融合、智能敏捷、绿色低碳、安全可控”的综合性数字化信息基础设施，推动数据中心、网、算力、云、大数据/AI、安全、绿色等多要素聚合创新，进一步打通经济社会发展的信息“大动脉”，为宁海县经济社会运行提供坚强的网络支撑。

加快打造5G精品网络，深化5G共建共享，推进3.5G/2.1G/800M高中低频协同组网，实现全县主城区、重点乡镇的5G网络连片覆盖以及重点场景的深度覆盖。持续提升农村光纤和无线网络覆盖水平，确保城乡网络“同网同速”。全年宁海县域新建农村5G基站118个，5G网络基本覆盖所有乡镇和农村热点区域，新增4G基站89个，持续提升4G和5G网络覆盖。全面实现千兆光网乡镇以上全覆盖，农村千兆光网覆盖范围进一步扩大。全县天翼看家监控覆盖6219个点位，涉及228个行政村，公共点位项目签约29个。通过数字乡村示范点建设与省、市、县试点建设充分结合，以村级团购为切入大力推进千兆村建设，截至11月，已打造了西店岭口村、西店望海村2个千兆示范村。全面开展线路整治，助力美丽乡村建设。按照“有条件入地的线路入地，不能入地的线路保证统一路由、横平竖直、捆扎整齐、余杆拔除”的原则，重点参与整治深甽柘坑戴村、梅林河洪村、长街青珠村等7个村，整治线路约2800纤芯千米，迁移或清除线杆18根，宁海电信总投资达200万元。同时响应属地政府要求，申请144.25万元专项资金用于西店镇团船村专项通信网络建设与整治项目。

衔接国家云建设，布局“天翼云”一城一池，打造分级算力部署、高速互联的分布式云，全省全域覆盖，实现泛在计算，围绕工业、教育、医疗、交通物流等千行百业，已与震裕科技、东方日升、建欣精密模具、海格威等6家企业签约5G定制网项目与园区信息化项目1300万元左右，成功应用在智慧园区、数据采集等，使用5G网络代替传统的Wi-Fi网络。还有15个企业意向签订“5G+”数字化工厂，助推行业各领域提升自动化生产水平，大力推动智能化升级，以东方日升与震裕科技预估，使用AGV一项每年则可以节省人工成本上千万元。

统筹发展与安全，持续提升云网安全防护能力，构建“2+11”分布式、全覆盖的安全能力池，夯实网络、信息、数据安全底座；打造“云网端数用边”六端安全运营体系。坚持绿色低碳发展，贯彻落实浙江省政府“双碳”行动方案和中国电信集团公司“1236”双碳行动计划，多管齐下打造绿色云网。建设绿色新型信息基础设施，重点推进5G、数据中心等重点用能单元的节能降碳。

【深化信息通信技术】 充分发挥信息化资源禀赋优势，深度参与浙江数字化改革“1612”体系架构、共同富裕示范区建设“1+7+N”重点工作体系和“1+5+N”重大改革体系建设，为数字化改革迭代升级、提质扩面，提供管用好用、实战实效的电信智慧、电信方案。

以“大场景+小切口”打造标志性成果。加快推进5G、云计算、人工智能、大数据等为代表的新一代信息通信技术与数字政府、数字经济、数字社会、数字文化等领域的深度融合，聚焦市场监管、社会管理、公共服务、民生服务等领域的民生热点，以数字化手段为载体，助力打造数字化改革标志性成果。深度参与“大脑”建设，集合自研体系智能领域专家、AI能力，为党建统领大脑、基层大脑、安全大脑等积极输出能力，加快“大脑”落地进程。通过建设宁海县发改大脑项目，以“发改大脑”为突破口，推动宁海县发改业务流、决策流、执行流程再造，提升战略目标选择和管理能力、战术任务确定和落实能力，全方位系统性重塑组织机构和运行机制，努力实现发改系统整体智治，引领宁海县“数字发改”建设跃升。承接完成宁海县首个乡镇级大综合一体化社会治理平台项目——宁海县智慧西店一期项目。该项目整合深化数字化改革“1612”体系，深化县乡一体、条抓块统改革，迭代升级“141”体系，形成高效协同、整体智治的基层治理格局。承接完成宁海县公共视频监控一体化运营中心项目，使得宁海具备为全县政府服务的数字化基础设施和底座，为下一步视频监控资源的最大化集约应用、数据孪生场景创新打下基础。承接宁海县“在押后”人员精密智管场景项目，打造再押后人员精密智管体系，增强监所管理能力和辅助社会回归能力。该项目纳入2022年全省数字法治系统重大应用底账和省公安厅数字化重点改革项目，入围省2022年度数字赋能社会治理现代化场景项目揭榜认领并成功评选为省2022年度数字法治好应用项目。

以“专班+专项”融入数改“深水区”。积极响应宁海属地需求，充分发挥云网融合、安全可信、属地化支撑服务等优势，聚焦重大任务，梳理业务流程，精准编制重大需求清单，基于场景与电信自有能力，推动数字化应用快速落地。投入信息化专业人才，成立数字化改革专班，以地域交通发展、城市建设发展、城市治理管理的属地需求，结合平战结合、多中心融合、多部门协同办公等行业需求，主动参与到宁海县城市大脑项目中，构建城市“智慧大脑”基础，为城市智慧精细化管理提供手段，促进城市管理模式创新升级，助力打造宁海城市发展的新名片。

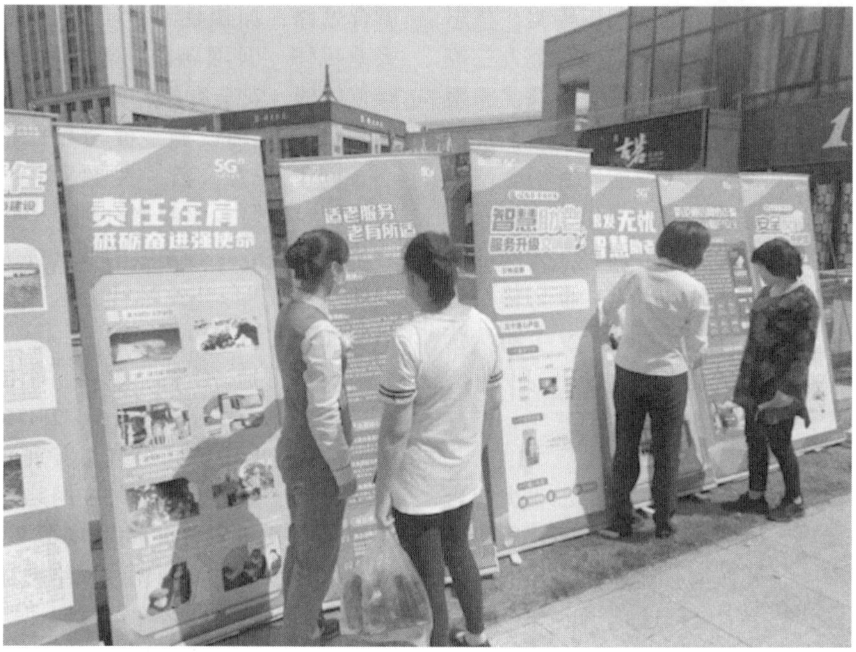

2022年5月17日，世界电信和信息社会日，宁海分公司在西子国际广场开展“面向老年人和实现健康老龄化的数字技术”宣传活动

以“可靠+专业”筑牢安全屏

2022年3月8日，中国电信宁海分公司在越溪南庄村开展“学雷锋志愿服务活动”

障。深刻把握红色电信精神中关于“安全畅通”的内涵，持续提升互联网信息传播管控、云网安全防护、终端安全管控、安全服务四大核心安全能力，统筹规划数据融通、能力聚合、架构统一、生态开放的云网端到端安全能力体系，为客户提供业界领先的定制化且网安、信安、数安的一体化安全服务；持续拓展安全产品和服务，推广天翼安全大脑、量子密话、网络反诈等系列产品与服务，建成“云堤”平台，为行业客户提供业界领先的定制化安全服务；打造拥有3000余名专业化、具备顶级安全资质、覆盖省市区县的安全工程师队伍。

【创新驱动发展战略】 坚持科技是第一生产力、人才是第一资源、创新是第一动力，深入实施宁海县科技创新和人才强县首位战略，深刻把握创新制胜工作导向，着力打造科技型企业，实现高水平科技自立自强，为宁海县推进创新型县和科技强县建设增添强劲动力。

加快推进人才强企工程。坚持党管人才，强化高素质人才队伍建设，省、市、县三级联动，建立四级（首席专家、高级专家、一级专家、二级专家）专家人才体系、三层（工程师、专家人才、专家委员会）金字塔式云改数转队伍成长体系，搭建六大人才工作站，在关键核心技术领域有一批行业领跑者，在新兴前沿交叉领域有一批开拓者，形成重点领域人才竞争比较优势。同时属地规模化培育卓越工程师队伍，建设研发工程师、云网工程师、产数工程师等百人队伍，持续提升属地化交付、安全保障核心能力。

营造良好的创新合作生态。充分利用中国电信集团科技创新平台的带动作用，积极争当“原创技术策源地”“现代产业链链长”，主动邀请并促进宁海县域内科技创新企业和科研单位参与5G技术创新、应用创新、科技创新活动，争取国家、省级重点研发课题和计划项目，实现高水平创新。

【人民邮电为人民】 持续推进乡村振兴工作。持续保持“助残、助老、扶贫、拥军”等政策惠民，结合5折基础通信服务资费折扣优惠针对性，开展专项行动，加大宣传普及；针对农村低收入群体开展精准惠民服务，联动乡镇，结合反诈宣传，帮助辅导低保户“浙里办”激活与使用。以节日为契机，结合反诈骗宣传、爱国主义宣传等开展走访慰问困难老人儿童，给他们送去温暖与关心关爱；结合手机智能辅导、信息化知识普及等服务，向村民普及信息化知识，提供适老服务。同时宁海分公司利用集团公司同福汇电子商务平台，结合工会福利、员工慰问、后勤采购等开展精准消费助农，累计消费金额达8.75万元，其中宁海分公司主动对接力洋古渡村采购西瓜，合计金额1.7万元。同时为力洋古渡村捐赠一台电视机，用于信息化应用平台的展示。

全力做好公益宣传及文明创城工作。结合“雷锋日”“5·17”等重要节点，配合相关部门做好反诈宣传、智能手机辅导等各类宣传，同时为广大市民免费提供手机清洁、贴膜等公益服务。组建志愿服务队伍，参与到创文明城市工作中，与属地街道开展环境整治、车辆管理等各项工作。配合应急管理局在老中医院周边建立线乱拉整治试点区域，完成跃龙街道银河社区、桃源街道浦西社区、长街镇区等6个村社的线路整治工作，出动人员3170人次，拆除废弃线2493条，整治线缆415.5皮长千米，割接光缆150处，整治分纤箱499个，宁海电信合计投资158.5余万元。同时宁海电信为防汛抗台做好充分的准备。建立应急预案，储备物资（其中，发电机9台，抽水机4台，卫星电话1部，移动电源车1辆，准备通信抢救物资价值5万元），及时响应需求，全力做好重要通信保障。

金　融

综　述

【概况】 对标建设现代化“双优”新宁海的使命担当，聚焦“五大革新”专项行动和“稳进提质”八大攻坚行动，积极推动金融服务创新、企业培育上市、金融监管稳定等中心工作，全力支持实体经济稳进提质高质量发展。

【融资服务】 截至12月末，本外币存贷款余额分别为1112.6亿元、1563.1亿元，同比增长17.1%、20.4%，位列全市第五和第一。

实施专项行动，强化金融保障。开展金融赋能“百场银企”行动，举办活动11场、服务企业320余家，制造业中长期、普惠小微贷款同比分别增长79.81%、30.57%。开展“首贷户”拓展行动，累计新增小微首贷户1440家，发放首贷金额45亿元，首贷率9.3%位于全市6个县（市、区）第二。实施绿色金融专项行动，成功发放全县首笔排污权质押贷款1000万元，贷款利率执行4.5%，全县绿色贷款余额162.45亿元，同比增长84.81%。

创新服务手段，畅通融资渠道。迭代升级“金融通”数字服务平台，线上对接企业2851家，帮助企业贷款16.94亿元。牵头宁波银行、企服通开发“容易贷”纯信用的线上预授信平台，累计向578名客户共计授信2.51亿元。

创新金融产品，优化普惠服务。创新推出全市首个全品类农产品区域公用品牌“宁海珍鲜”商标使用权质押融资服务，累计为102户授权主体授信1.6亿元，助力“宁海珍鲜”品牌振兴。全市首推隔离送餐综合险、猕猴桃气象指数险、黄精干旱气象指数保险、流动人口出租房综合责任保险，为餐饮企业、农业经营主体、流动人口提供针对性全方位保障服务。

多措并举助企，持续降本减负。专设财政贴息专项资金5000万元，实际撬动新增贷款金额28.35亿元，惠及企业1454家，2022年度兑付资金2135万元。充分发挥政府性担保机构效用，对中小微企业、个体工商户按0.5%减半收取手续费，惠及企业222家，累计减免122万元。

【凤凰行动计划】 以“量身定制法”，推动培育企业“加速蜕变”。组建县级上市精准服务顾问团，为梯队培育企业提供量身定制上市辅导服务，推进企业加快上市步伐，筛选业绩突出、科技含量高的30家上市后备企业，实现报会、报辅导、股改完成企业各1家，另1家企业正在股改，新增甬股交挂牌企业27家（其中1亿元以上规模的10家）。推荐并成功入选2家（永励、海格威）上市后备企业入最具投资价值企业30强；推荐3家（永励精密、双宇电子、盈峰光通信）企业入全市科创板；推荐33家企业上报市培育库，其中11家企业入市青凤库、雏凤库上市企业储备库。

以“问诊把脉法”，推动上市难题“提速解决”。改革上市领导小组服务协调机制，健全联动体系，进一步提速企业上市“绿色通道”，以“问诊把脉法”解决拟上市公司历史遗留问题，成功解决华平智控、永励精密、建新赵氏科技等企业历史沿革相关问题，针对12家重点拟上市企业存在的困难，以问题责任清单制分解任务、推动解决。深入推进“上市合法合规一件事”改革工作，为26家企业提供“一件事”服务64件。

以“宣导培训法”，推动上市理念“快速提升”。打造宁海“资本学院”，通过资本直播间、现场培训会等形式，打造“线上+线下”上市培训平台，强化企业家上市理念和企业资本人才队伍培育，提升经济部门和乡镇（街道）资本市场联络员业务服务能力，全年开展各类培训6次、近300人次参加。

【除险保安】 加强防非处非宣传力度。通过电信广播屏、微信公众号宣传、视频投放等线上宣传渠道结合“七进”、网点宣传等现场宣传活动，引导群众对非法集资能识别、不参与、敢举报。截至12月末，共组织“七进”等现场宣传活动44场，活动参与人次3400余人，分发海报、宣传册等宣传物料2万余份，并在全县340个电信宣传屏投放防非宣传短片。

完善地方金融组织监管。不定期开展现场走访检查，以查促改督促规范经营，年度实现地方金融组织全覆盖2次。配合市局完成年审及评级工作，重点做好存在问题的整改验收总结工作，2022年度3家小贷公司全部获得A+评级，创历史最佳绩。针对地方金融组织新设和变更申请，从严从细把好材料和实质2道关卡；同时引导长期不经营、经济效益差的地方金融组织主动退出，10月国润典当完成典当许可证注销。

强化部门协同处置机制，成立“4+X”金融风险联合整治研判小组，具体负责金融信访案件及金融风险事项的现场检查、研判会商、综合协调和处置工作。重点领域全面排摸风险底数，对第三方财富、车贷担保等建立风险隐患台账，制定专项清退压降方案，截至年底第三方财富已经清退1家机构和32个产品，存续金额6241万元，人数273人，暂未发生逾期未兑付风险；车贷担保年内压降1400万元，存续金额700万元，预计2023年8月前完成清退。

银　行

【人民银行宁海县支行】 2022年年末，宁海县银行业金融机构本外币各项存款余额1563.06亿元，同比增长20.36%，增长率为全市10个县（市、区）首位；本外币各项存款余额1112.59亿元，同比增长17.12%。各项存贷款全年增量均创历史新高，贷款较年初新增264.38亿元，同比增长102.18亿元；存款较年初新增162.67亿元，同比增长88.63亿元。

2022年7月7日，宁波市中支副行长王去非（左三）一行走访建新赵氏科技股份有限公司

普惠金融工作多措并举，政策“组合拳”精准发力。科技创新、交通物流等专项再贷款、支农支小再贷款以及政策性开发性金融工具、碳减排支持工具共落地政策资金73.27亿元。普惠小微贷款新增19.54亿元。对四季度普惠小微贷款进行阶段性减息1%，累计为辖内6042户普惠小微企业减息1373万元，进一步降低小微企业财务成本，缓解付息压力。

聚焦关键领域开展“个体工商户首贷户集中拓展”“金融支持新型农业经营主体”两大专项行动。拓展首贷更加精准。梳理3.8万户个体户名单，利用首贷服务站拓展个体工商户首贷户1440户，小微企业首贷率9.3%，居全市6个县（市、区）第二。服务农村更加有力。以“宁海珍鲜”集体商标作为质押给予集体授信2亿元，累计为102户授权主体授信1.6亿元，贷款余额0.96亿元，支持链上农业经营主体和农户721户，发放贷款2.93亿元。加大对乡村振兴领域信贷投入，年末，全县涉农贷款同比增长25.58%，落地全县首笔排污权质押贷款1000万元。

金融宣传覆盖更广，金融调解取得突破。在桑州、岔路等5个欠发达乡镇开展“走基层、送服务、促共富”主题实践活动，在全县60余家中小学校开展红色金融史宣传，“双百双千”工程实现全覆盖。建立宁波市首家存款保险宣传工作站，建设村级金融宣传专窗100个，打造农村金融知识宣传新高地。深化金融纠纷多元化解机制，推动调解工作室落地首笔金融纠纷案件。

惠民工程更加有力。持续推进征信查询“下乡”行动，西店、梅林、长街3家代理查询点累计查询量达3000笔。推动国债“下乡”，实现乡镇国债销售全覆盖。累计销售储蓄国债310笔，金额3766.07万元，农村地区销售占比36.70%。开展标准化样板国库创建，全力推进增值税留抵退税工作，为2692户企业办理增值税留抵退税2917笔，金额15.38亿元。

加强金融风险监测。积极应对新形势新挑战，加强风险监测和应对处置，维护区域金融稳定。12月末，全县不良贷款余额2.82亿元，不良贷款率0.18%，较年初下降0.19个百分点。

全面深化重点领域风险治理。开展互联网金融风险、“征信修复”、拒收人民币等违法金融活动专项整治。通过源头治理、联动打击、责任落实，全面打击治理电信网络诈骗。全辖累计涉案个人账户数410个，同比下降25.1%，每月新增涉案账户数量控制在50户以下。同地方联合研判打击可疑案件115起，上报异常风险事件46起，堵截涉诈交易14笔。

加强涉外金融管理，推动外汇便利化措施落地见效，践行金融为民理念。探索“主动服务，关口前移”的管理模式，累计开展企业外汇政策培训2期，“一对一”现场指导企业7家次；推进汇率避险服务，新增“首办户”签约企业95家，外汇套保比率33.58%，居6个县（市、区）前列；推动便利化试点扩容提质，以及贸易新业态发展和跨境金融区块链服务平台试点增量扩面。全年辖区企业通过跨境金融区块链服务平台获得出口贸易融资1119笔，12.22亿元，获得出口信保保单融资29笔，1696万元。

提升外汇监管力度和效率，维护外汇市场运行秩序。进一步加强跨境资金流动监测分析，提升监测主动性、精准性。强化事中事后监管，开展非现场监测1489家次，现场核查企业28家。查处外汇违规案件2起，罚款15.76万元。

【宁海农村商业银行】 全行资产总额291.54亿元，存贷规模突破440亿元大关。各项存款余额239.44亿元，比年初新增42.1亿元，同比增长21.33%。各项贷款余额200.86亿元，比年初新增38.86亿元。风险抵御能力持续增强。全年五级不良贷款余额10469万元，不良贷款率0.52%，比年初下降0.06个百分点。不良贷款拨备覆盖率797.49%，拨贷比4.28%，具备较强的风险抵补能力。社会贡献度逐年递升。整体业务经营稳中有升，经营效益保持平稳增长，整体盈利能力保持稳定；积极履行社会责任，全年各类捐款金额达250万元，累计超1000万元，彰显出地方金融主力军的担当。

第一时间响应县政府稳链纾困助企号召，推出金融助企“16条”，承办全县金融支持经济稳进提质动员会暨全省“百万市场主体大走访”宁海站启动仪式，按照“新增30亿元专项信贷资金，提供2.5亿元免息贷款，利率最高优惠150BP，完成市场主体走访全覆盖”的既定目标，全力以赴助力稳住经济大盘。用好用活用足贷款免息、普惠小微贷款支持工具、支农支小再贷款等政策工具，符合条件企业“应贷尽贷”“可贷能贷”“能贷足贷”，在县政府扎实稳住经济一揽子政策措施出台后，10天时间里发放专项贴息贷款724笔，金额8.5亿元。12月末，小微企业贷款余额96.46亿元，比年初增加28.61亿元，贷款户数3814户，其中，全社会小微首贷户新增1533户，占全县的近70%，申贷获得率超95%。开展“存贷联动”行动，提升支持普惠领域客户覆盖率，普惠领域贷款净增1.75亿元。腾出6000万元专项资金用于减费让利，年初以来减免29项涉企结算类收费，同比少收100余万元；新发放小微企业贷款加权平均利率下降160个BP，累计让利3500万元，连续3年获得“民企最满意银行”称号。

推进共同富裕共建共享。抓好“农户普惠小额贷款、新型农业经营主体”两大共富抓手，2022年累计发放新型农业经营主体贷款443户，提供信贷资金支持2.43亿元；强化政银企联动，与县农担公司、“宁海珍鲜”签署金融服务战略合作三方协议，授信2亿元信贷资金助力打造“宁海珍鲜”农产品区域公用品牌，为“宁海珍鲜”平台商户提供信贷资金支持1.35亿元，与县台胞台属联谊会签订战略合作协议，授信5亿元专项资金，授予金融助台服务主办银行。强化金融服务产品创新。建立国际业务联络员机制，创新推出进口押汇、活期宝等产品，助力外贸企业发展；推广票据池业务，丰富票据代保管、票据托收、票据入池、票据查询等一揽子服务，开展银行承兑业务营销大赛，推出线上银承服务；创新“医保贷”打造“医保—社保—养老金”资金闭环管理体系，提升资金留存率，全年共发放医保贷307户；联合市财政部门推出“薪资保”产品，以“财政+金融”助力稳就业，完成“薪资保”企业审核批复165家，投放帮扶资金4.67亿元。数字化赋能乡村治理。创新“数字+乡村+金融”场景服务模式，与双水、许民、海头等7个乡村（社区）建立未来乡村振兴战略合作；协同县市场监督管理局引入个体工商户信用分级激励惩戒机制，配备22名放心消费协管员，激活市场主体，为全县3602户个体工商户提供专项资金支持超10

亿元；推进智慧菜场、智慧医疗等商户群建设；做实社保卡发行工作，开通专项服务窗口，实现了“即时制卡、立等可取”，切实解决办理、激活社保卡“跑路多”“耗时长”等问题；推广数字人民币在代发工资、商户收付等领域的场景应用，让居民充分感受数字化支付的便捷。

党建和业务深度融合。坚持以党建为引领，创新党建工作模式，以党建促进业务，以业务检验党建，推进党建和业务发展深度融合，将“党建+金融”概念全面融入重点项目、特色产业、新农村建设，切实发挥党建助推金融服务实效。持续推进党建共建，有效开展“红色互动”，与县委组织部、县委老干部局合作，为县“共富工坊”授信2亿元，为农产品深加工、乡村旅游等方面解锁共富新模式；对接县总工会，创新“优才贷”，配套跟进新市民金融服务。

综合管理

市场监督管理

【概况】 县市场监管局在县委、县政府的坚强领导和省、市局的正确指导下，攻坚克难、砥砺奋进，各项工作有力有序落实，获省局考核优秀、市局考核综合优秀。

校园食材阳光配送、电梯安全监管、基层药品安全治理等特色工作得到各级领导批示肯定21次。县委、县政府主要领导听取市场监管工作专题汇报6次，并予以高度肯定，认为“市监工作有板有眼，有声有色”“非常时期，靠前举措更是有担当的表现”。

药械所获评全国药品监管系统先进集体，西店分局获评一星级全国青年文明号，县个体劳动者协会荣获全国个私协会系统先进单位，农贸市场改造提升、质量强县工作获得市政府督查激励，获得各级先进表彰76次。省级以上媒体录用宣传报道97篇次，省级以上期刊录用文章21篇次，短视频《我是街长》荣获第六届平安中国“三微”比赛短视频组三等奖和第三届全国市场监管“三微大晒”年度金质作品。

【创建省食品安全示范县】 以省食品安全示范县创建为抓手，推出食品安全治理十二项机制，完善督查、约谈、激励等措施。联合县纪委开展常态化食品安全督查，下发督查通报15期。创新打造校园食材“阳光配送”云管理系统，全县14家校园食材配送单位和117家公办学校食堂实现应用全覆盖，全市首设“共享实验室”并开展校园食材免费检测，纳入省局基层创新“一本账”，国家总局《市场监管信息交流》刊发宁海经验。

以前童镇为试点，重塑食品安全基层治理体系，实施古镇旅游景区餐饮民宿产业智慧化监管模式，全市推进会在宁海召开。岔路所在前童红盾驿站设立“红黑榜公示栏”，有效提升景区食品安全水平。

加强基层食药安办规范化建设，累计创建五星级乡镇（街道）食药安办1家、四星级5家，实现三星级全覆盖。坚决落实食品安全“两个责任”，包保对应关系、承诺书签订、食品安全员配备、食品安全总监配备完成率均为100%。

大力营造食品安全宣传浓厚氛围，开展《主播说·食品安全》和“乡镇领导话食安”访谈节目7期，新设基层食品安全科普宣传站点2处。宁海食品安全治理经验在全省市场监管工作会议上作典型交流。

【“双五”竞赛】 紧扣“五星”目

2022年10月14日，在桥头胡农贸市场开展食品“你送我检”活动

标，凝聚全局合力，全面落实各项任务指标。第一时间制定出台工作方案，成立工作专班，创新实施“三级三查三色”机制。每月召开工作推进会和专题推进会，明确100余项任务具体负责人，绘制“双五”竞赛推进表，“红黄绿”三色晾晒任务进程，在全局上下形成对标对表、比学赶超的工作氛围。全年累计获评7次“四星”、2次“五星”，最高排名全省第20。网络广告科提前谋划布局，得分连续6个月全省领先。餐饮科狠抓工作推进，得分连续8个月高于全市平均分。

【药品、特种设备监管】 推进基层药品监管标准化能力建设，探索制定药械集中专业监管标准手册，工作经验在全省药监系统推广。

建立健全电梯安全监管多元共治模式，制定发布全市首份企业标准《住宅小区电梯安全管理服务规范》，宁海入选全国市场监管特种设备安全监管数字化试点和全省现代社区建设电梯质量安全提升行动试点，为全市唯一入选县（市、区），国家总局《市场监督管理》杂志刊发电梯监管做法，宁海经验写入全国特种设备监察要点。

【提质增效】 积极打造乡村治理标准化宁海样板，村务管理3项国家标准正式发布，宁海县农村综合改革标准化试点项目获评省标准创新优秀贡献奖，《人民日报》刊发宁海乡村治理标准化经验。

持续推进品牌建设，新增“品字标”浙江制造标准4项、“品字标”企业12家、“市政府质量创新奖”企业1家、“县政府质量奖”企业3家，制（修）订国家、行业标准22项。标准计量工作取得新突破，全市首家专项计量授权水表

2022年6月24日，举行金融支持经济稳进提质攻坚行动动员大会暨百万市场主体大走访启动仪式，图为县市场监管局和农商行签订战略合作协议

检定实验室在宁海成立。

加大知识产权培育力度，新增地理标志证明（集体）商标4件、国家知识产权示范和优势企业5家、省知识产权示范企业5家，知识产权质押融资额大幅提升，首次突破10亿元。探索构建知识产权协同保护机制，法院、检察院、公安局、市场监管局、知识产权协会签订知识产权保护合作框架协议，共筑知识产权保护合力。

【优化营商环境】 全力推进市场主体量质双升工程，获评县委“五大革新”最佳单项。持续激发市场活力，市场主体总数达9.7万户，新设市场主体18650户，同比增长21.7%，增长率全市第一，市场主体变化情况连续4个月排名全省前十。

着力推进商事登记数字化，市场主体全流程网办率达98.59%，居全市第一。加速构建“最多跑一次”政务服务圈，在全市范围内率先开展“商事登记+公证”一件事办理，业务办理提速近50%。落实落细歇业制度，助力市场主体赋能蓄力，累计办理歇业登记79户，数量居全市前列。一市所与属地政府联动开展“一站式”服务，市场主体数量增长率全局第一。桥头胡所、深甽所组织干部深入偏远地区上门开展审批业务办理，实现便民服务“零距离”。

推动金融助企纾困政策落地见效，与农商行联合开展“首贷户拓展专项行动”，梳理重点行业“白名单”4.8万余家，发放贷款约14.77亿元。打造精准助企“市监金名片”，建立健全“1357”服务体系，开展“一站式”高质量发展服务团走进县新生代企业家联谊会活动。

持续提升信用监管效能，强化联合检查，“双随机、一公开”跨部门监管率达到36.9%，连续3年实现提升。梅林所采取“满意度调查+行政约谈”模式压实汽车销售经营企业主体责任，发布全市首期汽车4S店“红黄榜”。长街所探索

农贸市场信用监管新模式，制定实施《农贸市场经营户“红黑榜”评选办法》。

规范市场公平竞争秩序，扎实推进全省涉企优惠政策目录清单制试点工作，制定发布全国首个模具行业商业秘密保护指南，工作经验在全市联席会议上作典型交流。

着力营造放心消费环境，及时妥善处置各类消费投诉举报7425件，为消费者挽回经济损失338.8万元，累计培育放心消费单位2320家、无理由退货单位896家、放心工厂316家、放心消费商圈7个、放心乡村4个，工作经验在全省消费者权益保护工作视频会上作典型交流。

【深化执法变革】 全面实施市场监管执法运行八大机制，被市局行政执法队作为“局队合一”工作试点。大力推进疫情防控、民生热点、“四大安全”、公平竞争等重点领域专项执法行动，切实维护群众合法权益。常态化开展行政执法队月度队务会议和每周会商，制定《执法绩效量化考评办法》，对执法工作完成情况进行晾晒，每月制定工作提示单，每季度开展案件质量评查，形成比学赶超良好氛围。桃源所采取“以老带新、结对提升”方式狠抓执法办案，执法绩效晾晒和执法考核均为全局第一。西店分局主动靠前服务，专利侵权纠纷案件办理数居全局第一，群众赠锦旗点赞。全年共查办各类案件1133件，同比增长11.08%，罚没款1146.02万元，同比增长9.04%，其中非食药类大要案237件，同比增长23.4%，移送公安立案10件，同比增长400%。其中，入选长三角典型案例1件、省典型案例4件、省高质量案例1件、市典型案例8件。执法工作考核排名全市第二。

【严守底线】 食品安全方面，持续开展守护食品安全“铁拳”、食品安全“守底线、查隐患、保安全”等行动，累计查办食品案件541起，罚没款260.01万元，发布餐饮“红黑榜”17期。推动农贸市场提档升级，累计创成省放心市场20家、“五化”市场9家、四星级市场1家、三星级市场19家，二星级市场实现全覆盖。

加速落实阳光工程，建成“西子国际阳光餐饮街区”，1298家网络餐饮、142家农村家宴建成“阳光厨房”，79家食品生产企业建成“阳光工厂”，学校食堂“智能阳光厨房”覆盖率100%。食品抽检科创新方式方法，常态化开展“你送我检”活动，探索实施食品抽样合格备份样品捐赠制度。食品生产科牵头开展白酒行业风险隐患专项整治，有效规范白酒市场秩序。

药品安全方面，开展网络销售药品专项整治、含兴奋剂药品专项检查等药品领域整治行动，累计查办药械化案件82起，全市范围内首创并发布药械化领域“红黄榜”2期。特种设备安全方面，开展燃气安全、叉车安全、蒸汽压力管道等多领域治理行动，累计查办特种设备案件33起，罚没款101.4万元，发布特种设备“红黑榜”3期。

探索实施液化石油气充装“标准化+数字化”全过程监管模式，工作经验在全市特种设备安全工作会议上作典型交流。特种设备安全监察工作论文获评国家级特种设备学术论文二等奖，全县监察证（A类）持证人数达到6人，位居全省各县（市、区）第一。

产品质量安全方面，完成重点产品质量监督抽检215批次，对21批次不合格产品完成后处理，累计查办质量案件109件，罚没款116.03万元。全力推进备案非标电动车提前淘汰置换，安排“淘汰置换消费券”资金115万元，开展专场活动30余场，累计淘汰置换和注销非标电动车33.7万余辆，淘汰置换和注销比例排名全市前列。跃龙所积极发动协会力量，淘汰置换和注销数占全局总数近四成，工作成效显著。

【队伍建设】 坚定不移推进全面从严治党，深化“四责协同”，扎实推进“五问五破、五比五先”机关作风建设专项行动，对标一流找差距、明方向、定措施。

健全干部选拔任用机制，出台实施《公务员职级晋升量化排名办法》，以量化排名方式晋升干部职级，广大干部非常认可和信服。持续激发干部队伍凝聚力，深入落实“双向约谈”、临退干部关心关爱、指导员“七个抓”工作职责等机制，举行老干部荣誉退休暨新干部光荣入职仪式，组织慰问困难党员、优秀干部、临退休干部等22人次。

力洋所创新打造“同力莲心”党建品牌，助推“双百所”建设取得实效。民个协深化小个专党建引领，成立县小个专行业党委和县兴创小个专指导服务中心，新设“红盾驿站”7家。

积极构建干部队伍赋能平台，举办科所长论坛11期，组织开展“尖兵课堂”“蹲点调研”“共享微课”等活动10余次，60余名干部上台谈体会、说感受、展风采。

大力推进“活力市监”建设，建成“活力市监·健康加油站”，召开“活力市监·快乐运动”推进大会，组建跑团、登山队、足球队等8支运动队，干部职工文体生活不断丰富，局班子获评“五强”领导班子。

突发事件应对与消防救援

【概况】 在县委、县政府的坚强领导下，在市局的悉心指导下，紧紧围绕县委“五大革新”中心工作和“遏重大、降较大、保安全”工作总目标，全面深入贯彻落实安全生产“国家15条”硬措施和“省25条”“市29条”实施意见，从严从实推进“除险保安”行动，牢牢守住安全发展底线。全年发生生产安全事故8起、死亡7人，同比分别下降42.9%和36.4%；消防领域亡人事故1起、死亡7人，安全生产形势总体平稳。

【体系建设】 构建完善应急管理全覆盖责任传导和考评体系。宁海县按照全省安全生产责任体系和考核体系改革调整要求，全面梳理建立各级各类责任人的责任和履职两张清单“一本账”，依托省“应急管理全覆盖责任体系”应用系统，进一步贯通做实责任人数据底仓，1128名部门和属地乡镇（街道）责任人纳入清单，重塑责任清单4737条、履职清单9562条。企业方面，以省风险普查库企业为重点完成8个重点领域共8291家企业责任人的基础信息录入。

全面落实全省安全生产责任考核制改革要求，盯牢“省考县”指数动态晾晒排名，以责任考评统领推动各项工作落实落地，有效强化履职尽责动态跟踪，确保责任落实到岗到人、履职有效监督，切实化解责任落实空悬难题，

2022年1月20日，中共宁海县小个专行业委员会和宁海县兴创小个专指导服务中心成立揭牌

全年完成市县两级约谈3次，下发风险提示单7份。在全省“省考县”最新排名中得分84.925分，列第37位。

【重大安全问题】 着力推动县域重大安全问题发现整改。高站位认识“七张问题清单”，大力推动一批共性和难点重大安全问题有效解决。在全省最新一期“七张问题清单”指数晾晒排名中得分92.66分，排名第67位，全市第7位。本部门清单库共78条问题，已办结70条。其中，办结省级下派清单问题6条，市级清单问题12条，县级清单问题52条。清单问题主要涉及消防、道路交通、问题海塘除险加固、地质灾害防范以及危化、电镀、有限空间和涉爆粉尘企业隐患整治等多个方面。积极申报省市示范案例，全年申请上报市级示范案例3条。

【除险保安】 坚决绷紧安全生产“除险保安”整体防线。以“除险保安”为总抓手系统推进全领域安全隐患大排查、大整治、大化解。在最新一期“除险保安”指数晾晒排名中，列全省第28位、全市第四位。

坚持协同联动，全面开展隐患排查整治。聚焦8大重点领域，直击安全生产问题隐患，紧扣“三个100%”工作要求，依托全省“除险保安”“工业企业安全在线”等数字平台，全面深入开展“除险保安”隐患排查整治。截至2022年年底，8个重点领域部门检查覆盖各类企业（单位、场所）32932家次，排查隐患112683项，完成整改112115项，其中，发现重大隐患93项，均已整改到位；工矿领域累计监督检查企业27502家次，排查发现隐患66093项，整改完成65518项。省安委办共对宁海县开展10轮暗访检查，检查发现隐患248项，均已整改到位。

坚持抓本治源，纵深推进重点行业专项整治。开展重点企业火灾隐患排查整治，累计检查物流仓储、厂中厂、危化品使用等重点企业533家，排查整治隐患433项。

以“七张问题清单”为牵引，开展有限空间作业专项整治，完成518家“有限空间”作业企业全覆盖综合整治提升，县级挂牌督办4家。着力推进电镀、铝氧化企业专项整治，完成全县37家电镀和铝氧化企业的110条电镀线的危化品使用、工艺流程、环保设备等全覆盖排查，责令企业停止使用含硫处理剂（如硫化钠）处理废液，共排查发现隐患116项。全面完成“工贸25项重点任务清零”行动，累计检查深井铸造、涉爆粉尘等重点企业631家，并对涉爆粉尘作业10人以上企业落实专项检查全覆盖，对18家涉爆粉尘企业实施市县两级挂牌督办。开展深井铸造专项治理，邀请应急部专家对宁海县13家深井铸造企业隐患整治进行专业指导，帮助解决县级部门日常检查中专业问题难以发现难题，促进行业本质安全水平提升。交通、住建、市场监管、综合执法、文广旅体、农业农村等部门也结合各自领域实际情况深入开展专项整治。

坚持执法从严，梯次推进专项执法行动。压茬开展“铸安、护航”系列专项执法行动，确保执法行动有序衔接。聚焦危化品使用、化工医药、有限空间、非煤矿山、电镀等重点企业，突出重点岗位和重点人员，加大对问题多发复发、久拖未决等企业执法处罚力度。累计检查企业1128家次，立案处罚216起，立案率为19.1%，处罚金额519.2万元，案均值2.4万元，其中5万元以上的案件26起。

【基层应急管理】 持续夯实基层应急管理能力基础。围绕县委“五大革新”中心工作要求，不断加强应急管理体系和能力建设。整合乡镇应急所、消防工作站力量，在原应急管理所基础上设置应急消防管理岗，并纳入乡镇平安法治综合办公室，专门明确由乡镇（街道）分管副书记统筹抓属地安全，强化基层各条线共同抓安全的合力。按照省市要求，结合各乡镇（街道）任务轻重实际情况，明确应急管理标准化建设任务，共创建Ⅰ类乡镇2个、Ⅱ类乡镇10个、Ⅲ类乡镇6个，其中，8个乡镇完成标准化达标创建，梅林、一市、黄坛等3个乡镇完成标杆创建。

推进社区应急体系改革，全县371个社区全面建立由党组织书记任组长的社区应急管理领导小组，充分整合社区工作者、网格员、志愿者等各方力量组建社区应急突击队371支共3240人，编制完成社区应急预案371个，建成社区微型消防站151个、应急物资储备室1117个。

继续建强乡镇综合应急救援队伍，2022年新建3支乡镇综合应急救援队并全部通过验收挂牌成立，队伍总数达到7支。紧密开展应急管理校地合作，依托县应急研究中心平台，开展包含动火作业综合事故、有限空间作业等事故三维仿真应急事故演练，形成沉浸式的应急演练体验。通过“驻县进乡，驻街入企”深入一线为企业把脉问诊560余次，提供安全指导服务130余家，有效弥补宁海县应急管理专业能力欠缺问题。

【数字化改】 着力加强安全管理数字赋能。以数字化改革为牵引，创新打造系列应用场景。

打造“消防数能通”项目。针对火灾扑救时寻找水源慢、消防栓数据不共享以及日常巡检结果模糊、漏检、重复检等问题，开发“消防数能通”，利用物联网设备实时上传数据，以地图形式展示消防栓点位、巡查记录，极大提高火灾扑救和日常维护效率。全县6324个消防栓全部纳入系统监管。

建设“危化品使用单位储存场景”。作为宁波市危化品全链条安全风险智控应用子场景，开发“基础信息管理、风险管控、预警处置、应急管理、指数管理”等5大功能模块，实现危化品储存和使用场所全纳管、合规建、设施全、规范存，该系统已上线试运行，396家危化品企业被纳入系统监管。

【群防群治防线】 严密构筑自然灾害群防群治防线。全力确保平安度汛。以“八张风险清单”为指引，按照7个方面和39项重点隐患排查要求开展3轮隐患排查，共排查风险点2086处，累计发现各类隐患717处。压紧压实防汛防台各方责任，367个行政村4068名防汛责任人全部入库数字平台。推进基层防汛体系标准化建设，通过省、市防指验收，初步完成“六张网”建设，建成综合减灾示范社区1个，规范化建设避灾安置点18个，修饰张贴村级防汛形势图367个。打赢“轩岚诺”“梅花”台风以及强对流、雷雨大风等极端灾害天气防御“保卫战”。建成防汛防台公共视频“一张网”，将全县75个部门的公共监控整合打通，结合应急指挥平台，提升安全防范和应急救援精准性。台风过后，及时开展台风防御总结复盘，认真总结经验、查找不足，补齐短板漏洞，切实做到打一仗进一步。

全力防范森林火灾。加强跨区域联防联控，联合天台、三门等县制定实施《关于加强跨区域联防联控森林防灭火工作实施方案》，形成森林火灾整体防御格局。严格野外火源管控，及时督促公安、资规、属地等部门强化责任落实，基层护林员、网格员充分发挥“探头”作用，开展进山巡护和林缘区居住场所森林防火宣传。严格人员进山管控，在43个重要进山卡点和步道入口适时安排专人值守，严防人员私自带火进山。开展队伍拉练和实战演练，累计开展森林防灭火演练25次。

城乡建设和管理

城乡建设

【概况】 2022年，县住建局在县委、县政府的统一领导下，坚持以习近平新时代中国特色社会主义思想为指导，以“五大革新”专项行动为纲领，紧紧围绕年初制定的工作目标，细化举措、狠抓落实，全力建设现代化“双优”新宁海。

【住房保障体系】 公共租赁住房提质发力。公共租赁住房共惠及保障家庭2819户、5311人（其中实物配租1213户、1937人，租金补贴1606户、3374人）；加快推进非本地户籍一线环卫工人公租房保障工作，86户符合保障条件的非本地户籍一线环卫工人享受公租房租赁补贴；对承租公租房小区配套商铺的非国有小微企业和个体工商户（共17户），免收3个月租金，共计减免租金约17万元；辛岭老茶厂地块公租房项目正在建设中，涉及房源666套。

保障性租赁住房筹集持续推进。完成保障性租赁住房建设筹集的项目共18个，涉及保障性租赁住房3717套，其中，新建类项目8个（1547套），改建类项目6个（850套），盘活类项目4个（1320套），占市民生实事项目目标任务（3620套）年度目标的102.68%。

【房产市场运行】 完成房地产投资80.5亿元，同比下降14.1%；成交商品房面积约59.7万平方米，同比下降24.4%；全县商品房库存为130.95万平方米，同比增长35.6%，消化周期为28.6个月；商品住宅成交均价有所下降，成交均价为12981元/平方米。

坚决贯彻落实党中央、国务院和省委、省政府决策部署，坚持“房住是用来住的、不是用来炒的”定位，支持刚性和改善型住房需求，帮扶房地企业纾困，实现“稳地价、稳房价、稳预期”目标，保障合理居住住房需求，支持合理住房消费。累计排查39个楼盘、建筑面积约260万平方米，消除2个楼盘存在风险，确保11个楼盘、建筑面积88万平方米正常交付。

【城乡有机更新】 推动双水未来社区、塔山未来社区项目建设进度的同时，新增华庭未来社区、九倾未来社区、北星未来社区和县前未来社区等4个省级未来社区创建项目。在老旧小区改造方面。共实施86个，分布在7个社区，建筑面积约88万平方米，完成改造朝晖家园等20个老旧小区（涉及3320户、37万平方米），华庭家园等60个老旧小区正在改造中（涉及3700余户、41.36万平方米），五丰社区等6个老旧小区处于招标阶段。在城中村改造方面。共实施尤家村、半洋村等5个城中村改造项目，完成签约547户、9.98万平方米，完成拆除235户、4.95万平方米，开工建设黄坛镇溪边安置小区。

在美丽城镇创建方面。有8个乡镇街道创建美丽城镇，实施美丽城镇建设项目62个，完成总投资19.7亿元，年度创建乡镇全部通过省级考评，其中，西店镇、黄坛、桑洲、力洋、梅林街道获评省级美丽城镇建设样板镇，茶院乡和一市镇等2个乡镇为一般型乡镇。

在美丽宜居示范村创建方面。完成力洋孔、南溪等5个省级美丽宜居示范村创建，其中力洋孔村被评为省级优秀，并着力推进箬岙、湖头等5个村创建工作。

【城乡人居品质】 整治提升城乡风貌。立足实际，以点串线、以线带面，积极谋划创建城市和县域风貌样板区，天明湖商务核心城市新区风貌区、前童—岔路县域风貌区等2个风貌区入选浙江省首批城乡风貌样板区建设名单，并通过前期建设和风貌整治，前童—岔路县域风貌区被评为省级城乡风貌样板区。

致力绿色低碳发展。严格执行绿色建筑标准，把好民用建筑节能审查等环节关，新开工的民用建筑共29个，累计建筑面积59.44万平方米，一星级以上绿色建筑设计标准执行率100%，其中二星级以上建筑面积占比63.31%；新开工装配式建筑20个，装配式应用面积达72.27万平方米，还对30户农村钢结构住宅补助资金110.06万元；超低能耗建筑、（近）零能耗建筑试点——双水村未来社区展示厅项目开工建设。加深校地合作共促碳中和发展，与浙江大学共建的宁海生物质材料与碳中和建设联合研究中心，飞凤山（竹结构）住宅示范项目开工建设。

加大建筑光伏一体化应用力度，在16个新建房地产项目中推广屋顶光伏一体化应用，总建筑面积114.47万平方米，光伏板安装总面积13277.23平方米；4个老旧小区改造项目中推广屋顶光伏一体化应用，共安装太阳能光伏板389块。推进海绵城市建设，宁海县海绵城市计划建成面积为2.46平方千米，完成2.43平方千米海绵城市建设。

完善城市交通路网。完成市政项目投资10.7亿元，共实施市政基础设施项目32个，其中重点项目17个（新开工项目13个、含24个子项目，续建项目4个、含15个子项目），新开工建设城逐线辅道、中大街、北大街、兴宁中路等12条市政道路，建成纺织南路、唐安李周边道路等20个项目，城市阳台周边配套工程、梅林南路等9个项目基本竣工。

农村生活污水治理强基增效。2021年36个自然村农污治理设施续建工程全部竣工，2022年度计划新建的26个自然村农污治理设施全部实现开工，农污设施行政村覆盖率由上年的77%提高到84.03%，新增收益农户约3400户。

【住建行业发展】 建筑产业加快转型。完成省内产值135.02亿元，同比增长23.59%。通过建筑业发展奖励政策梳理，加大对“走出去”承接业务、创优夺杯、科技创新等方面的奖励力度，扶持企业进一步做大做强，提升建筑企业原生竞争力；通过修订完善招投标指导意见、建筑施工企业白名单制度，出台建筑施工企业白名单制度，形成大型项目由本地优秀企业承接的良好氛围，留住产值税收的同时，促进工程质量、安全生产、无欠薪等工作的更好落实。

物业管理更加规范。《宁海县前期物业服务费管理办法》修订出台，加快构建政策体系。现代社区建设扎实推进，无物业管理住宅小区清零攻坚行动深入开展，提前完成5个小区无物管清零，住宅小区专业物业覆盖率达100%，居全市第一。“红色物业”扎根拓面，成立3个物业企业和项目部党组织，党的组织和工作实现全覆盖。

鼓励企业开展争先创优创杯工作。企业申报数量和质量较往年提升，24个项目成功创建“跃龙杯”，27个项目成功创建县安全标准化工地，7个项目成功创建“市标化”，9个项目申报创建“宁波市结构优质工程奖”，5个项目申报创建“甬江杯”，3个项目申报创建“省标准化”。

印发《宁海县房屋市政工程安全生产重大事故隐患挂牌督办办法》。及时消除房屋建筑和市政基础设施工程生产安全重大事故隐患，有效防范和遏制群死群伤事故发生。

【城市发展格局】 根据宁海县“五大革新”对中心城区全面统筹发展构建的“东美丽、西通达、北时尚、南文化”新格局，按照既定目标，坚持高标准、高质量推进“东美丽”和“北时尚”。“东美丽”，完成总体规划方案编制，先行启动并完成星海小学东侧道路施工招标和后张村政策处理工作。“北时尚”，基于新城市中心区建设，建成天明中路、城市阳台周边配套工程，基本建成天明湖公园二期，天明湖商务核心区城市新区风貌区被评为市级城乡风貌样板区。

【环境污染防治】 深入推进市政道路雨污水管建设、生活小区和老旧小区雨污分流改造、建筑工地污水排放等，提高环境基础设施建设水平，提升城乡人居环境。全年市政道路雨污水管建设13个，解放北路等7个项目按时间节点完成改造，兴宁中路等5个项目于年内开工建设；生活小区和老旧小区雨污分流改造项目49个，均已完成；围绕建筑工地雨污管道安装、沉淀池设置、台账资料收集等方面专项制定工作措施，加强建筑工程污水排放管理。

【优化营商环境】 坚持“在审批上做减法，在服务上做加法”，跑出项目审批加速度，实现营商环境再优化。通过开展“三服务”活动，为企业定制项目审批、验收方案，助力项目早落地、早投产。通过加强消防审验事前指导、档案验收先办后验、竣工验收备案无纸化审批等方式，进一步提高审批、验收事项的办结效率，大幅度改善营商环境无感监测数据。宁海县建筑许可办理天数指标缩减至8.94天，消防验收备案办理天数指标缩减至3.57天，档案验收、竣工验收备案等3个先进指标事项仍保持0.5天办结。

【文明城市创建】 精心制定创城工

作计划，突出抓好老旧小区改造、市政设施建设、物业小区和建筑工地环境整治，对城区每个物业小区及建筑工地都落实点位长，动员全系统全体干部积极参与创城工作，凝心聚力、群策群力，扎实推动创城工作，取得了阶段性成效。结合老旧小区改造，开展楼道粉刷专项工程，完成粉刷老旧小区楼道95个，开放式楼道166个，总计粉刷面积10.8117万平方米。结合物业小区管理，开展创城补绿专项行动，对14个住宅小区突击补种草皮8310平方米；开展住宅小区楼道专项整治，累计发现楼道违规堆放1680处，全部落实整改。结合建筑工地巡察，适时更新、及时修复、更换破损公益广告约6.25万平方米；强化建筑工地文明施工和扬尘治理。

【政治理论学习】 把学习宣传贯彻党的二十大精神作为首要政治任务。加强政治理论学习，通过设立党建读书角、清廉读书角，以及采取“周二夜学”、建设讲堂、五分钟论坛等多种形式，促使干部系统学习党建理论、业务知识，有效提升干部综合素质。

加强机关党建工作，推动基层支部标准化规范化建设，出台建筑工地临时党支部活动制度，推动红色物业建设，培育住建党建工作新品牌。

推进清廉住建建设，强化工程质量、招投标等关键岗位和环节的廉政风险防控，超前化解权力运行过程中容易诱发腐败的风险；参加“叩问初心，与廉同行”宁海县第二届清廉机关示范案例展示活动，荣获二等奖。

激发干部内生动力，以“五问五破、五比五先”作风建设专项行动为抓手，通过“科长擂台”“中层述职”“骨干比武”等一系列活动，让干部紧起来、快起来、跑起来，进一步改善了工作状态，持续推进项目建设。

房屋征收

【概况】 全年全县计划房屋征迁项目55个，涉及征迁面积约28.3万平方米；计划集体土地征收政策处理项目229个。完成房屋征迁项目24个，征迁面积约21万平方米；完成集体土地征收政策处理项目141个。

【政策指引】 出台《关于调整宁海县房屋重置价格的通知》《关于宁海县国有土地上房屋征收补偿、补助、奖励规定的补充意见》《宁海县被征收国有工业用地产权置换实施办法（试行）》等征迁政策。

为提效机制，出台《关于城中村（旧村）改造推行竞争性拆迁的实施意见（试行）》《宁海县国有土地上房屋征收项目模拟征收指导意见（试行）》《宁海县国有土地上房屋征收项目涉及零星集体房屋模拟征收指导意见（试行）》。

出台《宁海县征迁项目督查工作方案（试行）》《宁海县房屋征收拆迁政策执行专项督查办法（试行）》《宁海县征迁项目档案管理办法（试行）》等管理办法。

为组织保障，出台《关于加强征迁项目管理的通知》《关于成立宁海县征迁项目管理工作领导小组的通知》《关于建立宁海县征迁工作联席会议制度的通知》。

【征收拆迁】 国有土地上房屋征收、集体所有土地房屋拆迁、集体土地征收政策处理等工作稳步推进。全年作出房屋征收决定项目7个，分别为：城区零星中小企业华联生活区地块、城区零星中小企业山河岭加油站地块、兴宁南路地块（西大街—环南西路）、原农业农村局办公楼地块、老客运总站北2号地块、营前路建设工程地块、跃龙山塔山路31号地块。发布拆迁公告项目2个，分别为半洋村（东西片）旧村改造项目、仙姬陈旧村改造项目。公布征地补偿安置方案项目3个，分别为桃源街道金水西路大金段改造工程项目、尤家村旧村改造项目、营前路拓宽工程地块。协助办理诉讼一审案件24件、二审案件及高院再审、检察院申诉案件17件，申请强制执行5件。

国有土地上房屋征收：计划项目29个，涉及面积约13.1万平方米。启动并完成签约项目12个，面积约8.4万平方米。具体项目分别为城区零星中小企业华联生活区地块、兴宁南路地块（西大街—环南西路）、原农业农村局办公楼地块、老客运总站南2号地块、西店镇区零星中小企业（七期）地块、一市镇徐家安置小区地块、营前路建设工程地块、跃龙山塔山路31号地块、原计生站地块、原中医院地块、宁海县食品有限公司力洋屠宰场地块、宁海县食品有限公司梅林配送站地块。东大街北地块、环南中路地块等2个遗留项目处于“清零拔钉”阶段。

集体所有土地房屋拆迁：计划项目26个，涉及面积约15.2万平方米。启动并完成签约项目12个，面积约12.6万平方米。具体项目分别为宁东新城南滨北路及桥梁工程地块、大佳何客运集散中心地块、双水村南侧道路（双水路）建设工程地块、尤家村旧村改造项目、西店新城陆域（前金村）地块、西店新城陆域（海口村）地块、跃龙派出所北地块环境整治提升工程、半洋村（东西片）旧村改造项目、九顷洋村（仙姬陈）旧村改造项目、营前路拓宽工程地块、金水西路（龙安路—凤安路）建设工程地块、G228线西店至桃源段公路工程。

集体土地征收政策处理：计划项目229个，其中，实施类项目149个，储备类项目80个。启动并完成签约项目141个，其中，实施类项目119个，完成率81%；储备类项目22个，为2023年重点工程推进夯实基础。

【拆迁安置】 全年完成安置套房120套。

【信访工作】 全年共接收信访件66件，答复率100%。其中，百姓事马上办39件，省信访平台来访来信来电25件，纪检信访2件。

【年度特色工作】 “机制革新”强质效。紧扣县委、县政府“五大革新”专项行动要求，首次承担征迁项目计划管理职能，从严从细规范科学制订征迁项目计划，着力谋划完善征地拆迁机制，新制定征迁政策3个，提效机制3个，管理办法3个、制度保障3个，确保征迁工作依法、规范、高效运行。强化项目督导，实行“一月一要点发布，一月一实地督查，一月一情况通报”，建立项目“红、黄、绿”三色亮灯制，推动项目按时落实。全年发布征迁督查通报10期，受到县主要领导批示7次。通过征迁联席会议解决房源安置等遗留问题9个。

“模拟征收”提速度。制定《宁海县国有土地上房屋征收项目涉及零星集体房屋模拟征收指导意见（试行）》，在启动法定程序时同步启动模拟征收“预签约”工作，破解同一地块内国有、集体两种土地性质下，因补偿标准、补偿方案不一，而导致的签约难困境。出台《宁海县国有土地上房屋征收项目模拟征收指导意见（试行）》，通过优化工作流程，法定征收程序与模拟征收程序穿插进行，解决征迁推进慢。15天实现营前路建设工程、老客运总站南2号等2个地块预签约率100%，新项目启动推进效率提速均超50%。

“货币回购”解民忧。为落实中央、省委巡视反馈问题整改要求，切实解决被征迁群众关心的回迁安置问题，启动东大街北拟建小区回迁安置货币化回购工作，涉及东大街北、水角凌等地块征迁户219户、安置套房289套。通过组建工作专班，编制攻坚清单，科学制定回购方案；实行“日夜商、周调度”，推行“限时结算”，建立“集成协作”，探索“不见面”或入户签约模式，依托“老娘舅”化解纠纷，试水“房中介”模式联动房产公司提供房源促签，80天实现货币化回购安置完成率99%，剩余1户正在攻坚中。

“竞争拆迁”激活力。首推城中村改造竞争性拆迁4项竞争机制，从启动名额、项目配合度、补偿兑现款、净地奖励额4个方面设置竞争指标，掌握拆迁主动性，调动被拆迁群众积极性，破解部分拆迁群众因漫天要价等行为导致拆迁慢、拆迁难问题。

“下沉服务”助征迁。组建一个个工作组，下派到乡镇街道助力开展征迁工作。全力以赴协助一市镇妥善解决了徐家安置小区地块多年未安置问题；13名征迁骨干下沉清溪水库工程建设一线，昼夜在岗，攻坚克难，与其他工作组一起，用12天完成先行动工区块269户移民户100%的签约，比原计划提前20多天。4名业务骨干派驻梅林圆满完成九顷雅苑安置房分房工作。11名骨干驻尤家村开展动迁，实干苦干，事不畏难，一个月实现签约率超99%。抽调4名干部挂职沈海高速公路指挥部、清溪水库工程、房治办，助力全县重大工程高效推进。

公共建设管理

【概况】 根据县政府年初计划安排，全年县公建中心政府投资项目18个，其中，续建13个项目，新建5个项目，已竣工移交5个项目。全年计划总投资5.5亿元，实际完成投资额度5.75亿元，占比全年计划投资额105%。

全面完成续建项目年度目标任务。宁海县浦西幼儿园新建工程、宁海县第一职业中学体育场改造提升工程、县高级职业技术中心中学建设工程二期、三期，城南消防站、第二医院急诊楼、宁海县精神康复中心暨深圳中心卫生院迁建工程等7个项目基本完成房屋竣工验收；宁海县桥头胡中心幼儿园新建工程、宁海县辛岭老茶厂公租房工程、宁海县桃源街道教育培训中心（桃源二小）等3个项目进入装修阶段；宁海县桃源街道体育文化中心工程（桃源二中）主体结构施工完成；大中山、生物产业园区三期等2个项目配合使用单位做好整改并交付使用。

全力保障新建项目启动建设。力洋幼儿园、宁海县银河小学改扩建工程等2个项目开始基础施工；长街幼儿园、中心粮库二期工程完成预算；幼儿艺术培训中心（闻裕顺幼儿园）等3个项目基本完成施工图设计。

全面推进竣工项目早日交付使用。县高级职业技术中心中学建设工程二期、三期，城南消防站、第二医院急诊楼、宁海县精神康复中心暨深圳中心卫生院迁建工程已完成竣工验收，并移交使用单位。

全效完成竣工项目彻底“清零”扫尾。11月底完成大中山项目的绿化、智能化以及配套道路，并通过消防验收和项目竣工验收，使相关单位在规定时间内入驻大中山商务楼。完成中国科学院上海药物所宁波临床前研究中心（动物房）后续招商单位的相关配套要求，使项目完成交付。

中心承建的宁海县妇幼保健院保健大楼、宁波海关宁海办事处检测机关代理服务工程、宁海县高级职业技术中心学校建设项目二期等3个项目均获2022年度宁波市“甬江建设杯”优质工程奖、宁海县“跃龙杯”优质工程奖、宁海县建筑安全文明施工标准化工地。宁海县县前文化产业区提升工程（中心幼儿园）、宁海县城南消防站工程获得宁海县“跃龙杯”优质工程奖、宁海县建筑安全文明施工标准化工地。

2022年7月20日，召开2022上半年度安全生产总结大会

【开拓创新】 充分发挥“项目责任组”的制度优势。增设全过程项目人制度，由全过程项目人统筹各专业管理人员，有效解决“大前期”运作和项目实施过程中工作责任落实问题，促进项目建设安全、优质、高效完成。深圳精神康复中心、桃源二小、桃源二中等项目都安排项目全过程负责人和AB岗责任人，前期管理和建设管理人员都互相介入，互相熟悉各自的工作职责、程序、要点等，为项目的顺利开展打造坚实的制度流程，确保所有项目进度有序开展。

充分发挥“精细化”的管理优势。加强对专业技术人员项目管理手册业务知识的培训，全面了解、掌握项目管理各项制度、工作流程、重点内容、关键环节的知识点，定期开展现场交流，确保现场质量安全检查标准化，并根据检查情况和反馈及时调整项目管理精细化手册，完善相关细节提升专业技术人员项目精细化管理水平。

充分发挥“引领创新”的技术优势。宁海县辛岭老茶厂公租房工程和县高级职业技术中心中学建设工程等项目中引进装配式技术，极大地提高了项目整体建造的质量和水平。同时中心承建的所有项目都按照宁海县住建局的要求采取绿色节能建筑标准，给项目带来社会效益、环保效益金和经济效益。

【投资管控】 严格执行国家、省、市、县有关招投标工作及政府投资建设项目管理办法等相关法律法规，通过学规范文件、抓标前程序、管标后履约，实现了“操作流程制度化，内部管理精细化，合同管理规范化，招标活动阳光化”，较好完成全年各项招投标及政府采购工作任务，2022年未发生一例违法违纪行为。

以科学化、制度化、规范化为目标，以建立健全规章制度、加强培训教育、合同审查管理等为抓手，进一步实现中心合同细化管理。截至2022年11月共签订各类合同230个，合同金额约34703万元，合同签约率为100%。

全力管理建设资金，保障项目建设需求。截至11月，实际到位资金38202.05万元，累计支付各类工程款31464.34万元。其中，国债到位资金22857.87万元，支出18761.1万元（不包括二中、二小项目）。

根据审计中提出项目竣工结算决算速度不快的问题，中心加大对问题的分析研究。针对决算资料收集难，缺失严重的现象加强管理，强化项目负责人资料收集、归档的责任意识。截至11月，完成跃龙中学、技工学校、大湖小学、金阳幼儿园、公共卫生服务中心、山水小学、档案馆、巡防中心、职工之家一期9个项目的竣工财务决算。

【党建工作】 坚持理论学习，强化意识形态。

理论思想学习。充分利用中心组理论学习、“三会一课”、“周二夜学”等学习平台，围绕习近平新时代中国特色社会主义思想、党中央决策部署以及上级党组织决定等重点内容深入开展政治理论学习，提高党员干部政治站位，强化规矩意识；通过集中收看开幕会现场直播、集体主题讨论、领导干部宣讲等形式，把中共二十大精神学习宣传好贯彻好。抓好专题学习。以集中宣讲、领导干部宣讲、主题讨论等方式，学习、传达和落实“五问五破、五比五先”机关作风建设专项行动会议精神；把袁家军书记调研宁海时指示精神作为重点进行专题学习，全年共组织各类集中学习36次。抓好警示教育。开展参观红色教育基地、观看警示教育展览等实践活动2次，以典型案例教育党员干部要守好廉政底线，力求做到廉政风险防控教育工作常态化、实效化进一步筑牢信仰之基、补足精神之钙、把稳思想之舵。强化党组书记的意识形态第一责任人责任，出台《2022年度意识形态工作要点》，多次在党组会上研究意识形态工作。召开意识形态研判会，进一步提高网络意识形态警惕性，对网民反馈问题的舆情风险展开了全面排查。

抓好党建主体责任，落实“一岗双责”。中心党组书记认真落实党建“第一责任人”职责，把党建工作摆上重要议事日程，纳入年度工作计划，全年专题召开2次党组会议分析、研究基层党建重要工作和重大事项情况，强化对党建工作的安排部署及工作指导；班子成员切实履行“一岗双责”，抓好分管工作内的党建工作；支部书记按党建工作任务要求，积极抓好落实，形成齐抓共管的良好工作格局。

抓好制度落实，严肃党内政治生活。坚持“三会一课”、民主生活会、组织生活会、党员民主评议、主题党日活动等制度，认真开展批评和自我批评。创新“主题党日”活动形式，通过请党员领导干部、专家为党员讲党课，组织党员到红色教育基地、党建示范点、警示教育基地等进行现场教学，开展志愿服务、走访群众等活动，着力提升主题党日活动的效果。积极参加志愿活动。中心3名党员多次被评为同心圆先进个人。全年中心共参加148次“党群同心圆”活动。制定文明创建工作任务分解表，高质量完成了年度文明城市创建相关任务。全年发布文明城市创建志愿活动35次，共有610人次党员干部职工参加环境整治志愿服务活动，活动时数875.98小时。

推动党建引领，抓好精准扶贫。在弘杨村受灾期间，党组书记带队积极协助并参与灾后重建工作，为村里争取补助慰问款项2万余元。拨付村建设资金27万元，支持弘扬村发展，积极推进美丽乡村示范村的建设。

【清廉公建】 在县委、县政府和县纪委监委的正确领导下，坚持以习近平新时代中国特色社会主义思想为指导，严字当头，强化政治担当，落实全面从严治党主体责任，从源头做好腐败防控，打造清廉公建，为中心各项工作开展提供坚强的政治和纪律保障。

严抓管党治党，强化主体责任。坚持把落实全面从严治党主体责任作为中心党组的政治责任、首要责任，与职能工作、中心工作紧密结合，做到同部署、同落实、同检查、同考核。在年初部署党风廉政建设工作、制定党风廉政建设工作要点，召开专题研究部署党风廉

2022年7月，县公建中心开展主题党日活动

政建设和反腐败相关工作班子会议2次，对党风廉政建设的重点问题进行分析研究，细化工作举措，明确班子成员的职责范围和具体工作内容，印发《县公建中心2022年党风廉政建设组织领导与责任分工》。层层签订责任书，形成一级抓一级，层层抓落实的工作格局，确保人人肩头有担子、项项工作有人抓、件件事情有落实，推动中心反腐倡廉各项工作的深入开展。2022年共发放落实全面从严治党主体责任分工告知书4份，签订落实全面从严治党主体责任工作承诺书14份。

严抓制度落实，强化权力监管。严格贯彻民主集中制。认真执行“三重一大”决策机制，重大决策、重大项目安排、重要人事任免和大额度资金使用必经集体决策的程序，做到会前充分酝酿，广泛听取意见，会上充分讨论，保证决策的科学和民主。落实干部选拔任用。严格按照《党政领导干部选拔任用工作条例》规定，坚持“群众公认、注重实绩”原则选拔任用中层干部，对廉政不过关的干部实行“一票否决”。2022年4月完成新一轮中层干部选聘工作，平级留任6人，调整任职岗位2人，推进了内部轮岗交流，激发了干部队伍活力。同时落实谈心谈话制度，开展谈心谈话12人次，任前廉政谈话2人次，进一步筑牢廉政防线。落实监管配合工作。积极配合第八纪检监察组开展工作，主动接受监督。对于项目变更、人事变动、重要制度制定等事项，做到事先向县第八纪检监察组报备，主动接受监督，全年共邀请26次，确保中心权力运行得到有效监管。

严抓作风建设，着力打造清廉公建。对照“五问五破、五比五先”机关作风建设专项行动开展作风自查，建立班子、科室、个人三张问题清单，共计210条问题，对发现问题及时进行整改，全部整改完成，切实做到立行立改，闭环整改，落实长效举措机制，确保整改工作取得实效。紧盯作风效能纪律，抓好公务接待、办公用品采购等工作，2022年公务接待费逐年下降；关注党员干部“八小时以外”生活圈，领导干部带头，严格要求亲属及身边工作人员，不利用职权为亲友或下属谋取私利，开展作风纪律督查24次，及时做好涉群众利益信访办理工作，办结纪检信访1件。深化清廉公建打造。开展“清廉机关、模范机关”创建活动，形成良好的政治生态。领导干部带头执行廉洁从政的各项规定，正确认识和行使手中的权力，特别是工程变更、资金拨付、工程小微权力行使等敏感问题上，坚持规范操作、阳光公开，绝不以权谋私。强化干部责任意识和担当精神，提升服务水平，严格遵守中心“五不”红线，构建和谐的“亲”“清”政商关系，注重清廉文化和阵地建设，形成清廉公建文化氛围，促进清廉公建加快形成。每位班子成员都能按要求做好个人重大事项报告，不存在利用职务之便谋取不正当利益等行为，同时未出现漏报瞒报情况，无违法违纪情况发生。

城市管理

【概况】 在市综合执法局的指导下，围绕县委、县政府决策部署和局“五大革新”框架图，聚焦综合执法、运行安全、精细管理、为民服务、锻造铁军五大板块，对标对表，坚持深耕细作、久久为功，坚持动真碰硬、实干巧干，城市环境面貌实现了新提升，城市管理水平实现了新升级。

【综合执法】 分4批100%完成1676项执法事项划转实施，实行“一支队伍管执法”，赋权7个乡镇（街道）实施494项执法事项，“综合查一次”成为常态，从“单兵作战”转向“融合作战”，发挥资源整合的聚集叠加效应，改革指数和效能指数排名位居全市第二。

首创“行政违法自我纠错与协同治理工作室”，进一步提升依法行政水平，成功入选省“大综合一体化”行政执法改革制度成果50例。

探索“党建+执法”模式，建立党员领办案件制度，发动基层党员成为日常违法线索的“吹哨人”，进一步强化基层治理水平。

做优“区域协作配合机制”，以力洋片为试点，通过完善联动机制，不断强化中心乡镇与协作乡镇的协同配合，进一步筑牢执法监管链条。全市5个做法入编全省《2022年度乡镇（街道）综合行政执法经验做法》，宁海县共2个入选，占全市总数的2/5，为全市第一。以行政执法改革为契机，以民生为导向，加大刚性执法力度，全年普通程序案件806件，简易程序案件5568件。

【安全执法】 完成2206户餐饮用户燃气泄漏报警器安装，实现餐饮行业单位动态安装全覆盖。开展管道燃气“镇镇通”“瓶改管”等专项工作，完成0.8千米城镇燃气管线更新改造，完成20户商业用气户瓶改管，更换金属管15927根，超额完成年度指标。加大燃气行业处罚力度，持续开展燃气领域安全生产专项执法检查142次，累计办理燃气类案件156起，同比增长3

倍，罚款金额36万余元。创新构建全省首个“瓶安热力图”，精准破解燃气钢瓶实时定位难题。系统上线试运营以来，已完成33万余次气瓶充装，新开户9000余户，并保持“零事故率”。

按照“宁可十防九空，不可失防万一”的要求，加快补齐城市排水体系短板。开展城区排水管网清淤检测，完成排水管网清淤检测150千米，修复排水管网缺陷320余处，完成城区20处积水点位，12处易淹易涝片区改造。台风登陆期，重点积水点开启24小时“人机值守”机制，做到人员和设备前置，提升内涝防御能力。

织密“防护网”。强化桥梁安全管理，完成2座大桥伸缩缝维修，3座大桥“桥头跳”整治，完成62座城市桥梁常规检测。开展人行道惠民行动，完成8条人行道净化整治项目，2条人行道靓化改造；加强道路隐患治理，完成4条道路沥青修复项目，2.7万平方米路面修复，整治道路坑洞、井盖破损等零星隐患9400处。

【市容环境治理】 聚焦文明城市创建，以问题为导向，开展市容环境全域提升十大专项行动，挂图作战、责任到人、建立“一周一通报、一月一评比”定期晾晒机制，提升工作实效。累计整治占道经营、占道乱堆放等各类占道违法行为2.9万余处；施划人行道机动车停车位430个，非机动车停放区域超3万平方米；安装隔离石柱2700余根；人行道违停抄告3.2万起；拖离违规停放非机动车1889辆；捕捉流浪犬只807只；日均出动机械保洁车辆58车次，128条主干道保洁机械化全覆盖；完成绿化补植3.8万平方米，修割绿篱200余万平方米，清理园林绿化垃圾350.2吨，市容环境治理成效凸显。

2022年3月9日下午，县综合执法局召开创城动员部署会议

【民生工作】 纵深推进“无违建”创建。累计完成“三改”面积59.45万平方米，处置“一拆”面积92.98万平方米，均超额完成市级目标。获2021年度“无违建县”和十佳清零示范典型，梅林街道老工业区改造项目获十佳拆改示范典型提名奖，温泉森林大道荣获省级精品特色道路和绿化美化精品道路。

持续推进垃圾综合治理。完成新一轮城区道路保洁及配套项目招投标工作；垃圾总量持续下降，全年累计处置生活垃圾25.2万吨，同比下降3.2%，连续4年负增长。源头机制逐步健全，创成省级高标准示范小区12个、示范片区1个。强化建筑垃圾处置，围绕“两点一线”，加强建筑垃圾管理全过程监管，共办理渣土类违法案121件，处罚金额120万余元，累计审批渣土约250万吨。

持续推进各类示范创建。成功创建省级绿化美化示范路1条，市级街容示范街1条、示范路15条，“席地而坐”城市客厅3个。以微改造、精提升、见效快为落脚点，完成“精特亮”工程——西子国际时尚街区创建，成功打造管理执法精细的城市客厅新名片。办好民生实事，提前完成3个“口袋公园”和3个“甬小园”建设。

【队伍建设】 坚持党建引领。全方位、多维度抓好理论学习，落实“周二夜学”学习机制，创新打造“城事讲堂”平台，实行“学习强国”学习平台学习情况每周督查通报制度，举办“喜迎二十大　奋进新时代”微型党课比赛。狠抓作风建设。上半年开展为期6个月的“四强四新”干部队伍教育整顿专项行动，下半年开展“五问五破、五比五先”作风建设专项行动，累计开展主题宣讲活动32次，开展主题讨论24次，做到班子成员100%覆盖，全体干部100%覆盖；开展作风效能建设专项督查48次，发现并整改问题33个。

科学合理调整中层队伍。合理调整队伍，优化干部队伍年龄、学历和经历结构，在中层干部调整中提任26名干部（其中35周岁以下的年轻干部本次调整中占比88.5%）。

激励党员干部担当作为，2022年涌现出宁波市综合行政执法先进中队（西店中队、跃龙中队）、宁海县新时代文明实践工作先进集体等先进集体，浙江省城市市容环境卫生工作成绩突出个人、宁波市“最美城市美容师”、宁海县担当作为好支书等先进个人。用心解决群众难题，办结省信访积案件2件，办理人大代表建议16件，政协委员提案11件，办理率满意率均为100%。

水务管理

【概况】 公司注册资本6000万元，宁海县城投集团有限公司占股83.33%，宁海县净源水处理投资有限公司占股16.67%。各类职工377人，其中，正式职工225人、编外129人。供水日设计能力18.86万吨，实际污水日处理能力13.32万吨。

全年集团营业总收入32621万元，同比增长16%。其中，自来水收入15170.45万元，同比增长2.5%；污水费收入5646万元，同比下降6%；工程安装收入14225万元，同比增长39%；其他业务收入359万元。累计完成投资25040万元。完成45个项目前期工作（其中，供水23个、排水22个）；完成一户一表安装7120户，铺设DN100以上供水主管16.2千米；宁东、长街、深甽等污水处理厂提标改造工程基本完工。宁海县农村生活污水治理项目完成工程量的35%；农村生活污水建设工程完成一期项目52%的工程量，二期项目开工建设。动工新建宁海县首座工业污水处理厂，为南部滨海新区绿色能源企业工业污水的有效处理和达标排放提供保障。

【提升服务品质】 开展稳链纾困助企。对供水公司供水区域的非居民用水户在执行期间实行用水“欠费不停供”的优惠政策，时长为2年；落实水资源费减征政策，4—12月执行水资源减征政策共有14986家企业用户获益，涉及64447笔水费，企业用水优惠金额68.8万元；落实缓缴涉及企业、个体工商户部分行政事业性收费政策，第四季度产生的污水处理费可相应延后3个月缴纳，共有13996户企业、个体工商户符合政策要求，截至12月，执行户数11903户，缓缴污水费金额472万元。

持续优化营商环境。以“精简流程、办事高效、群众满意”为目标，推出“221”惠企服务模式，即1份资料、2个环节、2个工作日（红线用户）通水，全年完成30家企业的营商环境用水任务。持续在“网上办”“掌上办”上有效发力，不断增强线上办件比例，让更多群众享受“零次跑”的便利。继续实行不动产登记与水电气过户联办“一件事”，全年共办理联合过户1915户。积极响应“放管服”改革，供水公司取得专项计量授权证书，成为市首家通过政府计量行政部门专项授权的供水企业，可独立完成授权范围内的水表检定任务，进一步提升为群众开展水表检定的工作效率。

全力护航特殊需求。加强值班值守工作和水质监测，有力确保县两会期间、中高考、节假日期间安全、优质、高效供水。开展低收入农户精准扶持工作，截至12月，补退2020年和2021年234户水费10903.70元。高效运行“双联中心110、12345”应急联动平台运行，全年共处理“110”应急联动件225件次，接听用户咨询及投诉热线电话18515个，处理各信访平台信访件111件次，处理及时率达100%。

【提升内控水平】 智慧水务平台建设有序推进。智慧水务建设一期项目完成申报，包括智慧供水、智慧排水、智慧农污农饮、工程管理4个子模块，智慧供水处于招标文件起草阶段，智慧排水和智慧农污农饮完成招标工作，工程管理囊括在财务软件中，已签订合同。

城市公共安全保障有效提升。全面启用智能消火栓系统，实现县域6201个市政消火栓动态监控；管网分区计量系统建设初见成效，全县已设置94处压力流量监控点，安装并上传分区计量远传水表累计265只，有力保障供水管网的安全、稳定运行。承办全县有限空间作业演练，时刻紧绷有限空间作业这根弦。举办安全生产培训、消防培训及应急演练、反恐应急演练、防疫应急演练等活动，有效提升突发情况下工作人员的应急处置能力。

污水设施运维管理成效显著。历时10个月，累计调查汇总污水管网381千米，形成宁海最为完善的市政污水管网清单。常态化养护污水管网，疏通和管道闭路电视检测污水管网各234千米，有力确保城市“静脉”畅通。利用管道非开挖修复技术，完成徐霞客大道、时代大道等14条道路污水管改造提升项目。携手浙大环资学院，启动浙江省“领雁”研发攻关计划项目，推进污废水高效处理与资源化关键技术、装备研发及示范工作，作为全省唯一单位受邀参与我国污水处理领域首个低碳团体标准《污水处理厂低碳运行评价技术规范》

的编制工作。

农污农饮运维范围不断拓展。截至2022年12月，全县累计接收305个行政村（649个自然村）617套（其中，纳厂157套，终端460套）的农污处理设施，受益农户数达14.87万户。其中，长街镇三岔村“华东低山丘陵区人口分散村庄——循环生物滤池处理+农业利用”入选全国“农村生活污水和黑臭水体治理示范案例”，全省仅2例。完成2022年度农污标准化运维任务442个。继续对90座介入运维的水站进行日常维护和水样送检工作，保持运维小组每月2次、属地水管员2天1次的巡检频率。

多方筹措资金强化运营保障。全年融资16亿元，比2021年同期增加融资额1.58亿元，同比增长4.75%。截至12月，水务集团融资余额平均综合成本为4.805%（不包括调剂城投的租赁借款），比2021年综合成本降低20.2BP。通过提前还贷、降低贷款利率等方式节约利息费用265万元。

2022年9月17日，省文化和旅游厅党组副书记、副厅长芮宏（左三）到宁海森林温泉调研国家级旅游度假区创建工作

宁海森林温泉旅游度假区

【概况】 贯彻落实县委“五大革新”工作部署，紧扣既定时间节点和目标任务，深入推进国家级旅游度假区和省级特色小镇创建工作。宁海森林温泉旅游度假区列入国创意向名单，宁海森林温泉小镇2021年度考评初评合格，宁海森林温泉景区成功创建市级智慧景区。

【国创工作】 7月列入国家级旅游度假区创建意向名单，完成宁海森林温泉旅游度假区规划调整，提交浙江省文旅厅；完成旅游集散中心一楼“宁海珍鲜”品牌门店和电子商务直播平台建设；完成景区游客中心、拾贰忆民宿改造提升；完成度假区网站改版和智慧旅游小程序升级。

【“微改造、精提升”试点工作】 持续推进省旅游业“微改造、精提升”试点工作，积极谋划引进社会资本盘活闲置资源，打造新的业态产品，推动产业多元融合。启动景区管理用房、玻璃球区块、加油站南区改造，着力构建多层次、特色化文旅体验产品体系，三处地块完成设计方案。

【市场营销】 旅游品牌加快打造。宁海森林温泉获评2021年度“浙江森林氧吧”，入选2021年度浙江省森林康养基地，获2022年“宁波市影视拍摄基地”称号，获评全

2022年9月27日，文旅局非遗专家到新旗山村指导非遗产业引进打造工作

国优质珍稀温泉。举办温泉文创节，发布新版宣传片《山水自在心间》，发布泡泡“泉”家福IP形象，推出“泡泡文创”自主品牌和10余款文创产品；举办温泉露营文化节，推出森林音乐会、草坪婚礼等活动，提出“漫享温泉，悦享生活”露营文化。

市场营销逆势增长。先后赴成都、湖州等地学习考察，组织温泉企业参加省温协年会、省旅游展销会，到余姚、镇海推介温泉产品，助力区域间旅游合作发展。汉雅开元度假酒店“双十一”销售业绩位列全国温泉泡汤酒店榜首位，获评2022全国金叶级绿色饭店。宁海安岚酒店荣获2022年度亲子酒店、中国文旅星光奖2022年度十大魅力酒店等多项荣誉。宁海温泉文化艺术村举办2022年六县市区围棋团体精英赛、2022年天明艺苑秋季藏品展、“水墨味”——邬永宁书画作品展等多个展会。

营商环境持续优化。出台干部联企制度，通过每周二下企下项目，联系服务重点企业（项目），协调解决酒店安全生产、疫情防控、建设发展过程中的有关问题。连续举办5期“泉心行业沙龙”活动，为各酒店提供业务交流平台。通过这一平台，助推宁海天明山温泉酒店有限公司引进第三方运营团队，打造月亮湾森野温泉营地，11月投入运营。

2022年12月22日，度假区管理中心举办第六期泉心行业沙龙，组织宁海多家酒店负责人到第一尖雪山欢乐谷现场考察，探索“滑雪+温泉”新玩法，促成“景+住”旅游套票的市场营销新模式

【重大项目】 大庄山谷·温泉乡根小镇项目总投资20亿元，占地2105亩，一期建设用地292亩，建筑总面积19.6万平方米。拟建成温泉度假疗养酒店、温泉养生中心、保健中心和商业、休闲、主题式餐饮相配套的综合型项目。引进洲际旗下的英迪格及皇冠假日品牌进行酒店区营运管理。自2019年底开工以来，受疫情影响，总体工期进度偏慢，累计完成投资11亿元，完成游客中心、展览馆、商业街前端主体建筑结顶，泉眼泵房完成顶板浇筑，11号地块主体建设完成80%、404亩新增建设用地供地。

燕山君澜温泉度假酒店项目总投资11.8亿元，占地约1600亩，其中建设用地80亩，建筑面积约15万平方米。建设度假酒店、大众温泉、水上乐园、户外运动相结合的经营性项目。受疫情影响，建设进度偏慢，累计完成投资4亿元。一期主体建设完工准备结构验收，二期山顶别墅酒店完成工程量的95%，其中，投资1亿元，建设度假区标识系统、度假区节点改造工程（长洋段）、温泉文化体验馆、度假区灯光亮化工程、智慧旅游相关配套设施、集散中心内部提升、宁海森林温泉大道提升整治、森林温泉景区提升整治、度假区综合管道提升改造。完成宁海森林温泉大道（梅林至深甽段）G527线交通配套工程完成；景区木栈道维修项目完成；集散中心商管团队招投标完成；温泉文化体验馆项目招投标完成。

【基础配套】 上半年南溪至三省段供水泵房项目、南溪路三线下地项目、旅游厕所二期项目等5个中小型项目完工；下半年大庄宅基地区块节点改造、客运驿站地块地质处理项目、盘山隧道口至大庄项目水管改造项目、景区自来水改造项目、安岚井抽水试验等6个项目完工。

环境保护·自然资源和规划

环境保护

【概况】 紧紧围绕各项任务要求，以提升区域生态环境质量、保障区域环境安全为核心，全面开启生态示范创建新征程，持续推进污染防治攻坚战，年度各项任务全面完成。宁海连续5年位列“绿水青山就是金山银山”发展百强县第二，连续2年获得“大禹鼎”银鼎和美丽浙江建设考核优秀县称号，荣获全省首批三星级“无废城市”并捧得“清源杯”，连续3年被市政府表彰为在生态环境保护领域真抓实干成效明显的县。分局荣获全国“人民满意的公务员集体”。全县生态环境质量考核目标基本完成，空气环境质量综合指数2.93，位列全市第二；空气质量优良率和PM2.5分别为93.2%和23微克/立方米，均达到市考核要求；臭氧为141微克/立方米，位列全市第二。市控以上断面水质优良率和功能区达标率保持100%。

【美丽宁海建设】 在收获国家级生态环境创建荣誉大满贯基础上，自我加压，提出“打造美丽中国建设样板县”工作目标，完成方案编制，共设置60个建设指标，谋划总投资约305亿元的30项配套重点项目。加强生物多样性保护，集休闲、娱乐、科普教育于一体的杜鹃山生物多样性保护主题文化绿道开通，宁海县海洋生物博物馆入选首批市级生物多样性体验地。

【优化服务】 率先在全市开展排污权抵质押贷款，高格卫浴以排污权为抵押成功贷款1000万元并享受绿色信贷利率。

优化环境执法监管方式，全县2批23家企业纳入市生态环境监督执法正面清单管理，企业家数占全市20%以上。提前4个月超额完成年度环保投资任务，1—11月共新入库项目5个，累计完成投资8542万元，同比增长322.2%，占年度任务的140%。

通过抓项目投资，推动再生资源集散中心、建筑垃圾填埋、工业固废处置等一批环保重点项目建设，环境基础设施得到进一步夯实。

【污染防治】 超额完成VOCs（挥发性有机化合物）源头替代和低效治理设施提升任务，海螺水泥完成超低排放改造；妥善应对负高压连续高温带来的不利影响，7—9月臭氧超标天数控制在8天，臭氧浓度列全市第二。

为有效解决城区雨污混流问题，在金海北、金水桥排污口涉及区块试点“街区长制”，“地毯式”排摸、网格化整治雨污分流问题，共形成问题清单1032个，除涉招投标项目外全部完成整改。

“循环生物滤池处理+农业利用”处理模式入选生态环境部农村生活污水治理示范案例。建设“无废细胞”77个，自主创新的“无废4S店建设标准”被推荐为“省定标准”；7750余家单位纳入收运管理，收运分拣工作领跑全市。

【环境信访投诉】 创新推出信访“五率”工作制，逐步推动生态环境领域重点难点信访问题处理，全年编制信访“五率”月报12期、周报48期，处置环境信访579件，同比下降40.4%，信访量创近十年来新低。公众对生态环境满意度连年提升、再创新高，2022年总得分89.48分，排名全市第一、全省第17。

【队伍建设】 宁海县委作出《关于开展向全国“人民满意的公务员集体”市生态环境局宁海分局学习活动的决定》，并通过“周二夜学”组织全县机关干部学习。分局主要负责人在市委党校作专题报告。在全市率先出台《行政处罚案件办理工作办法（试行）》，提高依法行政水平。开展环保领域“靠企吃企”中介服务专项整治，共征集意见建议25条，完成“一般工业固废收运服务”“环境评价服务”等两方面3个具体问题整治。

自然资源和规划

【概况】 县自然资源和规划局紧密围绕全县经济社会发展和自然资源年度重点工作，以国土空间规划为契机，以项目用地高效配置为牵引，以全域国土空间综合整治为抓手，聚力聚焦推进“五大革新”重点任务，全力统筹好保护与保障、发展与安全、改革与稳定之间的关系，各项工作取得积极成效，先后获评全省不动产登记窗口便民利民服务成绩突出集体、全省农村宅基地工作成绩突出集体、全省湿地保护修复工作成绩突出集体等荣誉称号。

【国土空间治理】 空间格局逐步优化。以构建“一核引领、两湾支撑、全域美丽”县域空间新格局为目标愿景，编制形成县级国土空间总体规划方案阶段性成果，力争省级、市级规划中宁海功能定位提升。积极向上对接、协调“三区三线”划定工作，优化全县发展空间，科学划定城镇开发边界121.33平方千米，为宁海未来可持续发展提供有利条件。全力推进全域国土空间综合整治，形成潜力整治数据库成果和县级整治规划成果；划定南部滨海新区、白溪、象山港湾底、“三山两岸”4个整治示范片区，示范片区南部滨海新区完成实施方案编制上报。

城市风貌稳步提升。统筹城市有机更新和历史文化保护，着力构建“东美丽、西通达、北时尚、南文化”的发展格局，深化完善宁海老城保护与复兴城市片区设计，推进城南“三山两岸”片区、城市美学等系列规划研究。系统谋划环三门湾、象山港两湾美丽经济带建设，完成环三门湾沿海绿道工程规划方案编制，建成30千米沿海绿道。完成强蛟镇旅游专线研究方案编制，助力象山港“尽享蓝湾”工程建设。有序指导长街西岙村、茶院后坑村等5村开展“多规合一”实用性村庄规划编制省级试点工作。

2022年7月，获全省首批三星级“无废城市”清源杯

城市功能不断完善。结合《宁海县中心城区综合交通规划》重点研究高速西改及城市道路连接线方案，优化城市空间布局，完善中心城区路网。以排水专项规划和地下管线综合规划为依据，严格审查市政道路方案，优化西山、乌石山、九炮龙等撇洪渠方案，避免管径管线交叉重叠。

【资源要素保障】 加大地方指标和省、市统筹指标争取。争取到地方

2022年7月20日，全市公益林管理及森林防火工作咨询会在宁海召开

规划新增建设用地指标量1751亩，上级统筹新增建设用地指标1598亩，全年林地定额615亩，指标数全市第一，并在全县补充耕地指标严重紧缺、水田指标严重倒挂的现状下，全力争取到东方日升项目补充耕地指标784.4亩，其中，省统筹指标315亩，系全省首宗争取到省统筹指标的工业项目。

强化资源要素供应。强化国有建设用地供应，已供应7147亩，超额完成年度供应3000亩以上的目标，有效保障了东方日升、双水未来社区等重点项目用地需求，落实重大基础项目清溪水库先行用地67亩。保障项目用矿用海需求，全县供应用矿520万吨，申请审批和挂牌出让海域海岛4宗，用海用岛总面积84.64亩。

加强存量土地盘活利用。全年共消化2009—2018年“批而未供”土地2207亩，盘活存量建设用地1992亩，完成城镇低效用地再开发944亩，闲置土地消化269亩。

完善土地管理机制。相继出台土地收回、延期办法及二级市场实施意见等土地管理机制，制定《宁海县国有建设用地出让流程》，明确在土地供应前由县投促中心会审（备案）或出具相关意见，强化土地供应前项目用地招商管理。同时，联合发改等相关部门做好项目准入门槛设置，确定工业用地的单位土地投入、产出、节能、环保等“标准地”具体控制性指标，做到“精准供地、前置招商”。

2022年9月1日，自然资源部海域海岛司副司长赵培剑一行到宁海调研围海养殖圈围海岸线等工作

【生态保护修复】 高效落实耕地保护要求。稳步推进耕地功能恢复工作，完成耕地功能恢复面积1.3万亩。大力开展千万亩方永久基本农田集中连片建设项目1.95万亩，其中，万亩方立项1片、千亩方竣工验收4片。全面建立三级“田长制”责任体系，组建520名田长、661人村级巡查员，做到土地违法违规行为“早发现、早制止、严查处”。

全面做好生态保护修复。深入推进林长制，研究出台县级实施方案以及六项配套制度，设立各级林长、林区警长、护林员1388人。加快推进新增百万亩国土绿化造林行动，完成绿化面积2.9万亩，提前2年完成五年行动目标。紧盯废弃矿山生态环境治理，全面完成焦头山北石料场等32个历史废弃矿山“青山挂白”清零。

强化野生动物管理。推进“清除禁猎工具、保护野生动物”专项行动，清除收缴各类禁猎工具53件，查办违法案件15起，打击处理违法犯罪人员26名；加大野猪危害防控，增强狩猎人员队伍力量，依法审批了深甽镇、长街镇、西店镇猎捕野猪的行政许可决定。

【改革创新提质】 加快推进越溪乡全域土地综合整治部级试点项目，项目包含的35个子项目已完成21个，其中，宜耕后备资源开发项目完成8个，新增耕地839亩。深入开展清理规范林权确权登记历史遗留问题试点工作，完成林权调查2166宗，发放林权证书424宗，单村最高申请率超85%，历史遗留问题纠纷率为0。持续推进省首批林业碳汇先行基地创建，探索“经营主体增汇+企业固碳”的创新模式。加快不动产登记数字化改革，深化不动产智治场景贯通应用，创新推出抵押登记全网办、不动产登记组合办，“交房即办证”网上办。持续优化涉企审批服务，实行临时建设用地规划许可、临时占用林地审批以及临时用地审批三事项“合并受理”，办理时长提速25%。

【督察整改销号】 全面完成中央省委巡视、自然资源审计、省委“七张清单”反馈问题整改，持续推进土地例行督察、耕地保护督察以及2021年度、2022年度卫片违法问题整改销号，严厉打击非法占地、非法采矿、非法毁林等各类自然资源违法行为，其中，2022年立案查处违法用地案件149件、矿产资源行政案件43件、涉林案件43件。积极化解土地征用、矿产盗挖、违法用地等涉土、涉矿信访，全年全省自然资源信访积案交办宁海任务数60件，化解率100%；省信访“一事双交办”积案化解清零行动工作清单29件，宁海主办4件，全部化解。

【自然灾害防治】 全面做好森林防火工作，完成6处视频监控基站、315个太阳能智能语音预警设备、31个监控抓拍系统建设维护，推广森林“防火码”应用，国有林场和自然保护地实现“零火情、零事故”。强化地质灾害风险隐患防治，扎实开展地质灾害风险防范区、切坡建房重点区域和在建、竣工工程隐患排查，进一步完善专业监测网络，完成28处专业监测点建设并上线运行。

强化海洋预警监测和海洋灾害应急防御，做好风暴潮灾害重点防御区管理、海洋精细化预警报、海洋生态监测与评价，加快建设海洋观测站。大力开展林业有害生物防治，强化病虫害发生趋势分析预测，组建专业除治队伍清理枯死松树2.23万株。

2022年4月28日，市自然资源规划局工作组到宁海胡陈乡召开“耕地智保”场景应用试点工作座谈会

文化·旅游·体育·传媒

文化和旅游

【概况】 全面预判文旅行业发展新态势，精准抢抓疫情好转“窗口”，全力全速推动文化和旅游高质量发展，助力文旅行业突围。全年旅游总人次 330.83 万人次，同比增长 3.07%，旅游总收入 52.12 亿元，同比增长 0.99%。全年全县限额以上住宿业营业额 2.2 亿元，同比增长 24.5%；全年全县住宿业同比增长 14.1%。

【增强使命担当】 强化学习贯彻理论体系。坚持思想建党、理论强党，认真落实意识形态责任制，通过中心组学习会、“霞客学堂”“周二夜学”等方式，学习贯彻落实习近平新时代中国特色社会主义思想、党的二十大精神。共计开展集中学习 42 次，其中，中心组理论学习 14 次，宣讲 17 次，激发党员干部干事创业的热情。

深化党风廉政建设。履行全面从严治党主体责任，坚决贯彻民主集中制，健全“三重一大”事项决策制度，层层签订党风廉政责任书，定期召开专题会议研究部署相关工作，风清气正的政治生态进一步形成。组织全体党员干部观看“四季清风”云舞台 2 期、学习观看《镜鉴》2 次。

实化机关作风建设。创新打造“抓检视强素质、抓比拼强斗志、抓突破强基础、抓绩效强品牌、抓安全强保障”的“五抓五强”载体，完成“对标找差距、先行必有我”主题大讨论、“五比五先”主题大宣讲、问题大检视，并创作《清溪人家》《五问五破出硕果》《五大革新谱新篇》等作品。其间共收集汇总问题 1170 个，全部整改落实。

【推动高质量发展】 创新载体加快项目进程。紧抓工业厂房“退二进三”契机，盘活城区老棉纺厂、深卿金海雅宝、前童海域地块等闲置土地资源，以及王干山、石头村、游艇俱乐部等文旅资源，通过入驻优质文旅企业、搭建文旅平台，加快文旅重点项目开发。并实行储备项目动态管理，重制文旅招商手册，分 5 大板块推出 32 个精品文旅项目，赴杭州、上海等地开展精准招商。其中，森林温泉正式入围国家级旅游度假区意向名单。全年宁海在库文旅

2022 年 8 月 8 日，宁海县文广旅游局召开“五问五破、五比五先”机关作风建设专项行动动员部署会

重点项目共52个，截至11月完成投资10.2522亿元。

创新方式增强产业品质。为破解财政资金紧缺问题，积极做好“巧干”文章，盘活现有资金推动旅游业“微改造、精提升”，全年续建及新增项目236项，竣工211项，累计完成投资4.44亿元。将涉农资金与产业资金融合，用于乡村旅游点基础设施提升和业态培育，骆家坑、下枫槎等成为网红打卡点。将基础设施完善与文化民生事实工程建设相结合，西门“霞客行”城市书房、黄墩文苑等一批“美而精”新型阅读空间深受市民好评。

创新模式提高管理水平。加快推进全域旅游建设，做大做强做优国有资本，文旅集团升格为一级集团，为全县首家国有企业改革。建立赛道制，立足资本投资、开发建设、运营管理三大赛道，强化对文化旅游产品投资开发和经营运作，推进全域型文旅融合发展，提升文化旅游产品供给质量。同时深化艺术赋能“微改造、精提升”数字平台建设，构建艺术供给、项目管理、产业分析、文旅共富四大应用场景，7月15日在“浙里办”的“浙里好玩”板块上线。

2022年5月27日，葛家村获评全省首批美育示范村单位

【全域旅游】 全面推进城乡旅游。以“AAAAA级景区城”创建为契机，通过基础设施完善、服务品质提升、优质业态培育等构建“东美丽、南文化、西通达、北时尚”城区旅游空间新格局，助推“城市革新”。实施乡村旅游促共富“十百千”行动计划，举办“诗意栖居·乡民共富”浙江省乡村文旅运营大讲堂，广纳乡村旅游运营团队加盟，促进乡村旅游向精细化转型。前童镇入选全国乡村旅游重点镇（乡），系全市首个和唯一；全县景区镇覆盖率100%，新增2座省级驿站，建成1座示范旅游厕所和6座AAA级旅游厕所。

2022年9月16—18日，第三期浙江乡村文旅运营大讲堂在宁海举行

聚力开发滨海旅游。立足宁海海洋、旅游、人文等资源，以宁海湾、三门湾两大湾区为主要范围，覆盖西店镇等11个沿海乡镇街道，通过“乡村+”“摄影+”“漫游+”三大策略，在生态海岸带建设基础上，融合乡村产业，塑造最美海景，构建漫游体系，以国内一流标准打造宁波最具代表性的乡村型海岸带，助力打造“共富蓝湾”，实现城乡共建共享共荣。宁海县滨海旅游总体策划初稿形成。

加快企业梯队培育。制定下发《宁海县旅游旺县人才保障专项办法》，出台文旅企业梯队培育计划，实施乡贤回归和“雏鹰养成”计划，重点对人才返乡创业、青年旅游人才创业，提供房租补助、金融贴息等支持。并组建文旅智库，深化与杨树锋院士工作站、省社会科学院等机构合作，开展“何以缑城、缑城何以”“宋韵宁海”“南文化”等研究。乡村运营团队培育初有成效，哩呀罗等5家企业入选浙江省首批“乡村文旅运营团队”培育名单，数量居全市第一，静城旅行社荣获市三星级乡村运营团队。全年限额以上住宿业年度新增2家，月度新增3家，汉雅开元温泉酒店成功创建省级金树叶级绿色饭店。1人入选2022年度乡村文化和旅游带头人支持项目入选人员名单。

2022年1月4日，宁海文化基因解码成果获评省级“优秀”等次

【文化供给】 文化阵地搭“平台”。加快建成潘天寿艺术中心、宁海文化中心、南宋红妆乐园等文化地标，稳步推进十里红妆文化园改建成宁海博物馆。完成“浙文惠享”省民生实事工程93个“15分钟品质文化生活圈”、城市书房和文化驿站等建设；葛家村获评浙江省首批美育示范村，系全市唯一；前童镇综合文化站、茶院乡许家山村和大佳何镇葛家村文化礼堂等3家单位获评浙江省文旅融合先行先试单位；前童书驿、温泉文化艺术村获评省首届最美文化空间；天明艺术工坊、K369书咖、荣安·凤凰城市书房等3家单位分别获评市“一人一艺新空间”和“天一书房”称号。完成长街镇图书分馆、力洋镇文化站等10家城乡新型公共文化空间建管用提升。

文化惠民强“供给”。宁海县公共文化服务现代化发展指数评估综合排名获2021年度全省第八，2年内共提升41名。“艺术大咖工作室”项目获评全省公共文化服务高质量发展典型案例。创办“缑城”艺校，开展公益培训1500课时，培训人数超60万人次。举办云春晚、潘天寿文化周、纪念柔石120周年诞辰主题活动、方孝孺读书节、全民阅读月等线下品牌文化活动超50场次，开展戏剧进农村、百姓大舞台、戏曲纳凉晚会、濒危剧种“三进”以及全民阅读推广等文化惠民活动1500场次以上，线上线下观众参与人次超40万人次。

文艺创作供“精品”。创作歌曲《阿拉村里的模特队》、小群舞《手心的歌》，分获宁波市原创音乐舞蹈大赛音乐类和舞蹈类金奖；舞蹈《桥畔人家》、歌曲《又到二十四道拐》分获宁波市舞蹈奖和音乐奖；《门外的守候》获浙江省摄影艺术展览金奖；《木偶奇遇记》获市绘本剧创意表演大赛金奖等。围绕中共二十大、“五大革新”、文明创建等主题创作《全民欢庆二十大》《二十大精神指方向》等群众文艺作品。创作排演完成平调折子戏《御笔楼》《梦嫁》《擂鼓战金山》《吕布貂蝉》等，整理平调传统曲牌200余首，并完成视频录制工作。其中《御笔楼》阔别60年再现舞台，宁海平调走进浙江音乐学院等多所高校，抖音头条获粉丝上千万人次。

产业发展增“活力”。实施文化产业“新势力”成长计划，做强做优传媒、影视、音乐、演艺等业态，提升文化产业园能级，打造一批县域文化领军企业，提升文化产业的发展活力和长久竞争力，其中“熊小米PARK”于10月1日在宁海环球中心开园。同时发放文化产业专项扶持资金69.55万元，惠及48家文化企业，通过云闪付线上平台发放文旅消费券325万元，带动千万元文旅消费。

【文化遗产】 基因解码挖“内涵”。充分挖掘宁海在宋韵文化、红色文化、非遗传承等方面的深厚内涵，善待历史遗存，推动地域文化的成果转化。其中宁海文化基因解码成果获评全省“优秀”等次，“十里红妆”等4个项目被评为“优秀解码项目”，《听，古镇的声音》等3个短视频获文化基因解码短视频省奖，宁海“十里红妆”项目参加省文化基因解码成果展。“古韵前童”入列首批“浙江文化标识”培育项目，并完成标识“1—3—10”（1个落地项目、3个项目的详细设计规划、10个项目概念性策划）建设。

落实文物保护修缮。完成4个国保古戏台修缮工程初验和国保古戏台安防工程招标工作。做好省级以下文物维修工作，完成10项涉及文保单位环境整治工程、修缮方案编制及评审、验收等工作。完成宋代文化资源核查，上报宋代不可移动文物13处、可移动文物234件；开展文物安全检查和文物违法事件专项督查，累计检查361次，共发现文物安全隐患累计54处，整治整改46处。

做好非遗保护传承。推进非遗“三位一体”建设，新增省级非遗代表性项目2个、省级非遗代表性传承人3名，完成传统戏台建造技艺、宁海狮舞代表性传承人抢救性记录工程。举办第二届非遗购物节、第四届少儿非遗故事大赛、参加非遗博览会等，推出38项500多种非遗文创产品和衍生品。其中，藻井工艺《人生·戏台》获第十五届中国民间文艺山花奖；《人生·戏台》和学术理论著作《江南内房家具绘画》均获第八届浙江民间文艺映山红奖；泥金彩漆等项目在全省工艺美术大赛上获8个金奖；朱金漆仿古木雕龙船《龙腾天下》获2022年非遗“薪传奖”传统工艺大展金奖。“红妆黛瓦·匠心工巧”入选浙江省非遗旅游主题线路。

推进博物馆事业发展。完成海洋生物博物馆、行舟致远海事博物馆等5个省级乡村博物馆创建任务，并通过省民生实事工程验收；完成宁海博物馆陈列大纲和概念设计初稿，并组织初步论证；完成缑城艺苑项目采购、藏品征集、陈展方案细化等工作。

2022年6月10日，宁海入选首批浙江主题非遗旅游线路

【宣传推介】 创新线上引流。邀请七大洲留学生拍摄开游篇、海湾篇、珍鲜篇等6条宣传片，其中，开游篇转发量、点击量超8万次，海湾篇中的骆家坑成为5月宁波网红打卡点。拍摄短视频32条，浏览量90万次，其中《湫》与《海头菊花》入选“学习强国”学习平台。与“诗画浙江”“浙里好玩”以及“美团”“同程”“去哪儿”等OTA合作进行推广2022霞客狂欢节，活动宣传曝光量1663708次。邀请全网KOL走进宁海，与腾讯合作开展“微度假 悦生活”活动，帮扶一市镇枇杷宣传，全网曝光量900万次。

加大线下推广。组织参加杭州旅游夜市、宁波南塘老街文旅集市、浙东南旅游联合体宁波推荐会等10余个推广活动，在各商圈中心、交通枢纽处、城市主干道设置宣传栏、KT板（是一种由聚苯乙烯颗粒经过发泡生成板芯，表面覆膜压合而成的一种材料，多用于广告宣传）、旗杆广告，加大宣传营销力度。并赴杭州、金华、嘉兴等地开拓疗休养市场，全年引进疗休养团队1472个累计85000余人。创建浙江省百县千碗体验店2家，市级体验店2家。在全省乡村旅游大讲堂开展“百县千碗霞客宴”主题活动、开展进省厅、进梁皇山、进高铁站等“六进”活动。

强化节庆效应。举办“中国旅游日”2022年浙江省主会场暨第二十届徐霞客开游节活动，首次启动“云开幕”，直播观看量超百万次，举办首届“美丽浙江”文旅短视频大赛、霞客文旅嘉年华、“5·19”线上秒杀等活动，并联合乡镇（街道）举办长街蛏子节、东山桃花节、海头菊花节等，进一步擦亮“天下旅游、宁海开游”金名片。

【市场管理】 抓好市场监管。结合文明城市创建，做好旅游饭店文明用餐、垃圾分类宣传，重点整治未经许可经营旅行社业务及“不合理低价游”，规范旅行社门市等分支机构经营行为，维护旅游者合法权益。健全广播电视安全播出指挥部运转机制，组织开展广电专项整治，制定乡镇安装及使用地面卫星接收设施整治工作的“属地管理”职责流程，实施动态整改。

抓细行业服务。做好行政审批工作，全面建设政务服务2.0，做到数据“应共享尽共享”，完善审批流程，加快构建部门联办模式，推进举办其他营业性演出审批“一件事”改革，并开展审批事项回访，提升群众满意度。探索“互联网+”执法新场景，3月发出全市第一份文旅领域的电子送达文书，电子送达结合电子支付，让普通行政执法案卷在案卷调查终结后的环节可以无接触办理。组织开展旅行社导游、景区讲解员、酒店、民宿管理人员素质提升培训，参训人次超200人。根据“双减”工作要求，摸排全县246家艺术培训机构，组织召开全县艺术培训机构负责人座谈会，分成10个工作组进行网格化服务和管理。

抓实行政执法。落实24小时值班值守和领导带班制，通过按组分配、联合执法开展假期、冬奥版权、校园护苗、文明创建、养老诈骗、取缔挖矿等专项行动。在7部门联合举办的全市文化市场行政执法岗位练兵技能竞赛活动中，宁海县获2个团队奖，4个个人奖。全年出动执法人员4178人次，检查各类场所2089家次，排查网络信息8200余条，收缴非法出版物1135册、非法印刷品499件，发现违规行为79起，办理案件43起，办理投诉举报74起。

抓牢安全生产。出台旅游新业态管理意见，开设安全咨询热线，利用安全生产月等渠道加强宣传教育，印制宣传材料5000册，培训900人次，并与170余名业主签订安全生产管理责任书。紧抓春节、全国两会、“五一”等重点时段，开展“扫黄打非”、“文化旅游市场安全生产日”、消防安全大排查大整治等活动，确保文旅行业安全有序。现共出动检查3773人次、检查文旅企业1886家次，违规72家次，其中，立整立改38处，限期整改24处，均整改到位。

【县文旅集团】 根据中共宁海县委文件，集团于9月30日建立中共宁海县文化旅游集团有限公司委员会。全面落实县委、县政府关于全县机关作风建设专项行动工作的决策部署，深入实施党风廉政建设制度体系，组织召开“践行两个先行 助力五大革新”宣讲活动，开展集团作风自查、连心服务、履职大比拼活动，对形成的问题清单进行及时整改，建立《文旅集团生产经营性保障用车管理制度暂行规定》《前童古镇古建筑维修补助办法》等长效机制。以集团办公地点搬迁为契机，着手打造文旅集团党建活动室、办公区域党建文化墙等，通过企业党建环境的优化促进企业核心凝聚力的构建，为集团的健康发展奠定基础。

加快项目建设，推进资源整合。坚持以项目融资为引领，项目建设为抓手、资源整合为保障，坚定不移地推动在建项目落地建设。融资能力不断提升。围绕年度融资目标，结合集团自身优势，加强银企合作，主动掌握融资信息和动态，进一步强化投融资能力。集团资产总额29.79亿元，负债合计19.07亿元，所有者权益7.07亿元。主要资产情况为：货币资金1.31亿元，固定资产原值3.46亿元，无形资产——土地使用权原值5.98亿元，在建工程13.44亿元，股权投资成本5.05亿元。积极储备银行授信，十里红妆建设公司获批10.4亿元固定资产授信、集团获批流动资金授信3.4亿元等。项目工程有序推进。2022年共有直接投资项目15个，PPP（指政府与私人组织之间，为提供某种公共物品和服务，以特许权协议为基础，形成合作关系）项目2个，参股类投资项目（宁波文旅）2个，纳入县重点工程的项目有9个。重大投资项目3个，为金海雅宝项目投资7亿元、“十里红妆”文化旅游开发项目投资15.57亿元、前童古镇创AAAAA级项目7亿元。2022年，重点投资项目为金海雅宝项目和十里红妆文化旅游开发项目。金海雅宝地块开发项目总投资约为7.46亿元，总建筑面积84367.76平方米，项目分为南北两块地，北侧1号地块为居住用地，南侧2号地块为商业用地，现南侧2号地块先行建设，该地块一期工程造价约为1.56亿元，12月开工建设。十里红妆文化旅游开发项目分三期实施：一期2月22日动工建设，项目造价约1.35亿元、建筑面积约35400平方米；二期9月26日动工建设，项目造价约3.11亿元；建筑面积约7万平方米；三期主要由室外工程组成，工程造价约3.3亿元，计划2023年6月发布招标公告。全年集团完成固定资产投资约3.5亿元。适度开展土地收储。强化国有资产整合划拨，着手准备胡陈梅山工业区、长街镇新塘村16-7地块土地储备事宜。根据县工业全域治理办公室2021年4号会议纪要，为加快胡陈乡转型升级，推进工业全域治理，胡陈乡梅山工业区块整体退出，由集团负责收购作为文旅资源土地储备。根据宁海县土局出让协调决策机制领导小组办公室意见，由文旅集团以210万元出资收购宁海县长街镇新塘村 16-7 地块，用地面积为 3887 平方米，用途为零售商业、餐饮、旅馆用地。为进一步开发前童古镇旅游业态，助推前童景区创建国家 AAAAA 级旅游景区，加快前童古镇东扩工程收购进程，截至 11 月 21 日，前童宅院收购土地面积 14636 平方米，支付金额 7146 万元。按照县统一部署，完成 37 宗 1016 亩批而未供用地的收储。

推进体系改革，划分经营赛道。明确集团职能定位。根据集团主业认定和赛道划分工作要求，文旅集团公司的职能为承接宁海县文旅体影视项目投资，开发建设及运营管理。本部职能为文旅体影视规划与下属管控、社会化服务承接、协调解决内部重大问题。加快各项制度改革。为充分激发集团发展动力，通过借鉴其他一级集团经验，全面启动实施薪酬分配体系综合改革。着手制定集团全员定岗定员、薪酬改革和量化考核等基础工作，要求以企业战略目标为导向，突出岗位绩效与贡献。创新竞争性选人用人机制，加强干部梯队建设，起草《文旅集团竞聘方案》。根据集团实际优化《文旅集团采购管理规定》《文旅集团加班制度》，积极探索无纸化办公、线上审批等流程。推进集团结构性调整。以集团股权架构和经营模式为基础，整合各乡镇（街道）旅游相关经营性资产或经营管理权，增强集团公司整体实力，同时对集团经营业务进行赛道划分认定，实行公司实体化运作。完成宁海县旅游集散中心有限公司变更为宁海县旅游运营管理有限公司名称变更事宜。同时加快推进集团公司收购宁海县科技工业园区公司持有的东海云顶开发有限公司 33.33%股权及收购宁海县科创集团有限公司持有的旅游开发有限公司 5.405%股权事宜。

体　育

【概况】 在县委、县政府的正确领导下，坚持以科学发展观为指导，贯彻落实上级部门的指示，围绕年初制定的目标开展各项工作，在群众体育、竞技体育、体育产业方面取得了新的进展，使全县体育事业呈现了新的面貌。秉承“体育是提高人民健康水平的重要途径”的理念，坚持优质发展、特色发展，不断提高体育公共服务水平。

【群众体育】 推进体育场地设施建设。完成 11 个省级民生实事工程建设任务，推进霞客体育公园二期工程建设，新建小区配套新增体育设施面积 10200 平方米。全年人均体育场地面积 2.73 平方米（按 70.8 万人口测算），增加 12 万平方米。

开展全民健身活动。组队参加宁波市社区运动会三人制篮球、五人制足球、健身气功等 13 个项目的比赛。承办浙江省健身气功站点联赛（东部赛区）、宁波市社区运动会围棋总决赛，中国门球冠军赛宁波分区赛等大型群体赛事。举办篮球俱乐部联赛、足球联赛、羽毛球混合团体赛、女子门球赛、醉美西溪水库 10 公里欢乐跑等 32 项赛事。

开展科学健身培训。结合赛事活动和百姓健身房，开展广播操、桌上冰壶球、广场舞等多个项目的“一人一技”体育技能公益培训，线下培训近 3000 人次，线上培训 160 余万人次。对 7 个乡镇（街道）开展了国民体质测试活动，累计测试 2510 人，国民体质监测合格率 94.2%。科技助力智慧健身。推广“浙里健身”综合应用平台，指导市民在平台实现全民健身“一站式”服务。探索尝试露营服务、百姓健身房远程控制服务，助力经营者节约成本。

【赛事活动】 构建融合发展格局，做强体育经济赋能城市发展。宁海越野挑战赛获评国家体育产业示范

2022 年 7 月，省体育局局长郑瑶（右二）在宁海县考察

项目，与国家体育总局合作首创中国越野金羚羊奖，将宁海越野挑战赛与中国越野金羚羊奖这一国内顶尖户外IP进行有效整合，推动宁海全域旅游及体育产业与品牌协调发展。完成环浙步道宁海段53千米、宁波步道145千米建设。胡陈永和飞行公园完成建设并正式投入运行。

【体育竞技】 深化体教融合机制，锻造金牌团队注入精神力量。加强训练基地建设。新增2所市级训练点校特色学校、3所市级体育传统项目学校、1所市级训练基地，新增2个训练项目。谋划宁波市青少年足球训练基地项目。

做好人才输送工作。通过对业训点校的科学管理，全年向上级单位输送举重、柔道等17个项目的168名运动员。

推进体教融合。甄选击剑、自行车、游泳、跆拳道、快乐体操等项目的6个优秀团队，选定10所学校，指导社会力量进校办训，促进体教融合发展。

以赛代练提高水平。组队参加跆拳道、射箭、足球等15个省市级比赛，承办市青少年跆拳道比赛、市青少年射箭比赛等4个市级比赛，举办县中小学生田径赛和篮球赛、青少年射箭大赛、青少年跆拳道阳光赛等6个县级赛事。比赛成绩有所提升。在省运会中取得柔道、摔跤、空手道、举重等项目的25.5枚金牌、6枚银牌、6枚铜牌，排名全省26位、全市第七位。2022年省阳光射箭比赛，取得团体第三名，省阳光跆拳道比赛获得团体第四名。

【体育产业】 加强赛事品牌建设，将宁海越野挑战赛、环中国自行车业余赛等品牌赛事进一步做大，申报宁海越野挑战赛成为省品牌赛事，使之成为宁海继登山步道之后又一张金名片，同时培育一批新的自主IP赛事，推进特色体育小镇建设。

2022年7月15日，2022年度全省体育宣传工作会议在宁海县召开

联合13家培训机构举行“热力宁波，体育培训机构惠民服务活动”。发放13万元体育消费券，直接促进体育消费100余万元。推荐20家次企业参加国家、省、市级体育用品博览会。全年体育彩票销售超1.6亿元，超额完成年度1.34亿元目标，列全市第一。

传　媒

【概况】 媒集团是一个集媒体宣传、文化产业经营、网络运营和大数据服务于一体的综合性新闻机构，旗下拥有报纸1份（《今日宁海》）、电视频道3个（新闻综合、文化生活、图文资讯）、广播频率1个（FM98.9）、传统网站1个（宁海新闻网）、新媒体主平台5个（“一端三微一抖”：一端是“看宁海”客户端，三微是“宁海发布”“宁海新闻”“听宁海”微信公众号，一抖是“直播宁海”抖音号）。其中，数字电视用户12.1万户、报纸发行3万份，广播电视日播放时长均为18小时，自办节目20余档。集团党委班子9人，干部职工399名，其中，事业在编145人，企业员工254人，有高级职称13人，有中级职称61人。上级核定内设科室24个，下辖8个乡镇广电中心站、3家公司（宁海县报业传媒发展有限公司、宁海县传媒文化有限公司、宁海广电网络有限公司），主要产业经营范围涉及数字印刷、广告经营、新媒体运营、视频制作、教育培训、会展服务、广电网络应用等板块，集团总资产3.5亿元，2022年产业经营收入近8000万元。

【主题主线宣传】 全力唱响党的二十大精神主旋律，策划推出《二十大时光》等7个栏目；围绕县委、县政府中心工作，开设优质专题专栏近50个。全年央视用稿100条，浙江卫视76条；中国之声10条，浙江之声40条；浙江新闻客户端120余条，中国蓝新闻客户端60余条，“学习强国”学习平台359条，荣获2022年度浙报集团“共享联盟·最具传播力奖”、浙江省县级融媒体中心优秀天目号等荣誉称号。有60件作品在2021年度省、市评奖中获奖，其中浙江新闻奖2件。

【巩固主流舆论阵地】 坚持移动优先策略，做好传统媒体向手机端、客户端转移，实施移动端优先发布机制，“看宁海”客户端用户超28万人，“宁海发布”微信号粉丝量超21万人，“宁海新闻”微信号粉丝量超28万人，“直播宁海”抖音号粉丝量超17万人，“宁海新闻”视频号粉丝量超万人。全力打造网红爆款，点击量超10万人次的爆款作品68件，超100万人次的12件。上线宁海新闻综合高清频道，完成融媒体高清演播中心、综艺演播中心建设并投入使用，通过技术革新，打破部室壁垒，创新融媒生产方式，做好融合文章，有力提升了融媒影响力。集团蝉联全省县（市、区）“融媒中心20强”，宁海新闻综合频道荣获全省县（市、区）“十佳频道”等荣誉称号。

【激发产业发展动能】 面对经济下行和疫情等因素影响，集团各产业经营部门瞄准目标，迎难而上，攻坚克难，挖潜增效。宁海县传媒文化有限公司充分发挥龙头带动作用，持续巩固全媒体宣传、活动策划执行、视频制作、户外旗幔广告、职业技能培训等多元化经营模式，完成年初确定的2075万元的经营目标任务；宁海广电网络有限公司深挖广电网络资源潜力，投身智慧停车、未来社区等信息化项目建设，全年实现产值2886万元；各乡镇广电站深化稳用户、促发展工作，全年数字电视用户流失率控制在5%以内，营收汇总累计2787万元。

【队伍建设】 完成新一轮中层干部选聘工作，扎实开展“五问五破、五比五先”助力“融媒传播提升”机关作风建设专项行动，深化完善绩效改革，融媒队伍的精气神进一步提振。班子团结心齐，始终保持干事创业、团结和谐、风清气正的氛围；干部气顺有干劲、担当有作为，特别在防御台风、文明城市创建等工作中，闻令而动、听令而行，坚决服务组织安排。共参与文明创城志愿服务6000余人次。

2022年4月10日，综艺演播中心建成并投入使用

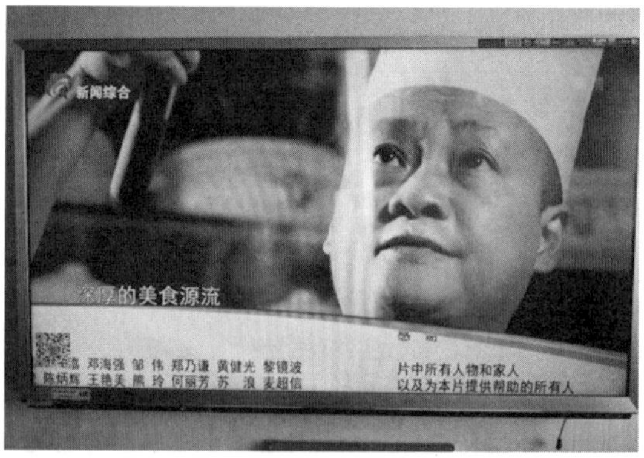

2022年4月18日，开通宁海电视台高清频道

2022年5月17日，县委书记滕安达到集团录制视频节目

2022年11月8日，县委书记滕安达（左二）到集团参加记者节系列活动并开展调研

科学技术·教育·卫生健康

科学技术

【概况】 县科技局、科协继续深入贯彻落实市委、市政府建设高水平创新型城市的总要求，聚焦聚力县委、县政府“五大革新”专项行动，带领全局干部职工埋头苦干实干，以争创全国科普示范县和省“科技创新鼎”为总抓手、突破口，加快推动科技创新研发投入、主体培育、项目攻关、平台建设、人才引进、成果转化、科普惠民，全面提升县域科技创新实力，全力推进县域科技自立自强，持续为打造高水平创新型强县、促进县域经济高质量发展提供有力的科技支撑。2022 年获评中国创新百强县（第 34 位），成功创建全国科普示范县，全市科技进步目标责任制考核排名前进 2 位。

【创新主体培育】 全年获评省科技型中小企业 239 家，完成率 170%，列全市第 1 位；年度省科技进步统计监测报告显示宁海县每千家企业中科技型中小企业数 98.67 家，列全省第三位、全市第二位。组织申报高新技术企业 149 家，其中，重新认定 66 家，新认定 81 家，完成年度目标；有效高新技术企业数 356 家，其中规模以上工业企业中高新技术企业 299 家，占比 39.7%，居全市前列；年度省科技进步统计监测报告显示宁海县每千家企业中高新技术企业数 19.29 家，居全市首位。

企业研发实力不断增强。年度全县规模以上工业企业研发费支出 36.6 亿元（2021 年全县规模以上工业企业研发费用支出为 31.4 亿元），同比增长 14.1%，列全市第三位；新认定县级企业工程（技术）中心 69 家，新认定省级高新技术企业研发中心 13 家、省级企业研究院 1 家，累计拥有国、省、市、县各级研发机构 477 家，同比增长 17%。

【多元创新活动】 年度全县规模以上企业新产品产值同比增长 19.7%，居全市首位。全年实现技术交易额 22.1 亿元，同比增长 121%，目标值完成率 164%，同比增长率及完成率均列全市前列。实现高新技术产业投资 46 亿元，同比增长 32.6%；实现高新技术产业增加值 147.8 亿元，同比增长 9%，列全市第二位；高新技术产业增加值占规模以上工业增加值比重突破 50%。

关键核心技术立项不断涌现，第一批宁波市重点研发计划暨“揭榜挂帅”项目申报 6 个，且已立项，争取市级财政资金 2400 万元。引进市级甬江引才科技项目 2 个、县级创新团队 2 个、县级创新个人 5 个。

【科技创新】 谋划出台《宁海县争创省“科技创新鼎”五年计划方案（2022—2026 年）》，在全市率先组建乡镇科技特派员联络专班，因地制宜构建属地科企梯度培育库，创设“专家分队”深入“专精特新”重点企业，合力推动科技创新工作，助力企业“微成长、小升高、高壮大、大变强”，推动“小而散”向“专而精”集群发展。

立足宁海县海水养殖优势产业，以现代信息技术与传统农业深度融合形成的数字化农业方式，打造“现代种业先行区，科技创新先导区，数字赋能发展区，高效养殖示范区和三产融合集聚区”，紧紧依托中国水产科学研究院东海水产研究所宁海实践基地、浙江万里学院宁海海洋生物种业研究院等重点高校院所，普及应用数字技术与装备，形成技术创新、种苗研发、渔光互补、绿色养殖、水产品加工、品牌创建闭环的产业链，年度“宁海县海产品农业科技园区”获省级考核优秀。

坚持科学普及与科技创新并重，深入实施《全民科学素质行动规划纲要》，引导社会资源力量参与科普活动，发挥特色优势打造科普亮点，实施重点人群科学素质提升行动，不断提升基层科普服务能力。已建成特色科普场馆 27 处、点位科普宣传橱窗 68 个、科普长（画）廊 439 处，基本实现“一社（村）一特，一街（镇）一品”规范科普阵地建设，以点带面辐射带动形成“15 分钟科普圈”，年底成功创建全国科普示范县。

2022 年 5 月 26 日，全县科技周活动举行

教　育

【概况】 全面贯彻落实县委、县政府“五大革新”战略，扎实推进“宁好学”工程，做好全国学前教育普及普惠县、全国义务教育优质均衡发展县创建准备工作。在年度省现代化水平监测中，宁海县教育满意度位列全省第四；2021 年，省基础教育教育生态监测宁海得分为 83.85 分，高于全省平均分 3.74 分，居 B 等上位；获得 2021 年度省教育工作业绩考核年度优胜奖。

“宁海教育”微博实现 2022 年浙江省市县教育新媒体传播力季度排名年度“全满贯”。同时，“宁海教育”微信公众号 4 次闯入浙江省市县教育新媒体传播力排名教育微信季度榜 20 强。在县市级及以上各类媒体报道 789 次，其中，市级 220 次，省级 54 次，国家级 15 次，前童镇中心小学的“古镇雄狮少年”相关图文相继被新华社、《人民日报》、《光明日报》等央媒报道。“学习强国”学习平台录用刊发 21 篇，数量居全县各部门第一。

【加强党的领导】 民办学校党组织和党的工作实现全覆盖。在 2022 年全市“清廉学校”建设推进会上，宁海作为唯一县（市、区）代表交流经验。城东小学入选省“清廉学校”建设示范校。

【提升教育质量】 坚持立德树人，聘请法治副校长 130 名，实现品行不良学生、中小学校结对全覆盖。

县教育局聘任来自法院、检察院、公安局、司法局等四个部门的 130 位工作人员为 18 个乡镇（街道）94 家中小学校法治副校长，推进校园法治建设，努力让学生更安心、家长更放心、学校更称心。进一步贯彻落实最高人民检察院“一号检察建议”，深入推进依法治校，加强学校法治教育工作。

高考再创佳绩，考上北京大学

2022 年 9 月 23 日，县委书记滕安达（右）在全县教育工作座谈会上

3人，其中2人位列省前30名，特控线人数、全省前5000名人数均创历史最佳。

7所幼儿园被评为省二级幼儿园。4所学校获评省现代化学校。推进职教中心模具制造技术、电子商务，一职高模具设计3个项目，获评2021年度省职业教育发展评估考核三等奖。特殊教育相关做法获肯定。

2022年2月14日，宁海县教育系统法治副校长暨“检察官担任法治副校长”聘任仪式在县教育局举行，县检察院检察长张飞忠（中）出席聘任仪式并讲话

【教育改革】 全力抓好教育“双减”，“校内托管”小学比例100%，学科类校外培训机构“再次转型”压减率100%。课后延时托管服务等3个场景，申报全省教育领域数字化改革延伸扩面试点项目。

规范开展民办义务教育改革，“公参民”学校转制工作平稳落地，民办在校学生占比降至2.66%。深入推进初中强校工程，A等学校增至17所。城乡教育共同体21对，覆盖全县所有义务段公办学校。2个研学基地申报市级认定。

【服务社会】 做好普惠托育服务，全年开展暑期托管服务的幼儿园97%，报名幼儿数13530名，占56.4%。

积极融入区域一体化，与嵊泗县4所学校签订跨区域教共体合作协议。配合健康宁海行动，增设中高职一体护理专业班。3月9日，宁海、嵊泗两县“心海相连　共赴教育远方”跨地区教共体云上结对仪式在县教育局举行。两地教育局分管局长、相关科室负责人、结对学校校长、教师代表等出席此次云端结对仪式。仪式上，两县教育部门及4对结对学校签订结对帮扶框架协议，确定教育帮扶内容，涉及两地师徒结对、异地跟岗锻炼、线上线下示范课、线上线下集体教研、线上拓展课程、学生集体交流活动等。

服务产业发展，与县人社局联合建立产业人才学院，累计培养各类技能人才2000余名，企业人才留用率提高至90%以上。

2022年12月21日，县委书记滕安达（中）一行开展食品安全督导

【优化师资队伍】 “名优师资五年倍增计划”成效凸显，全年新增省特级教师2名，新增市级以上各类名师骨干22名，引进硕士23人，均达历史最高水平。

【基建项目】 安排教育类民生实事项目8个、县重点项目3个。其中，学前教育提升工程推进有力，2022年3所配套幼儿园投入使用，新建

4所幼儿园。

【安全保障】 抓实落细“三航工程”，预防暑期学生走失做法在省厅《今日择报》、市局《教育参阅》刊载。

深入开展“护校安园”行动，校园食品安全闭环管理做法获肯定，县教育局获评2021年度市级学校安全稳定工作目标管理考核优秀单位。

卫生健康

【概况】 全县医疗机构数493家，其中，县级公立医院3家，县急救站1家、中心卫生院8家（包括县第二医院、县第三医院），乡镇卫生院9家；社区卫生服务站32家，村卫生室223家；民营医院9家，卫生所15家，门诊部23家，医务室11家，卫生站3家，个人诊所153家。其中，7家乡镇卫生院为甲等卫生院，10家乡镇卫生院为乙等卫生院。83家一体化村卫生室中，10家为甲等卫生室，63家为乙等卫生室。

全县卫生健康系统正式在编人员3424人，其中，专业技术人员3399人，占99.3%。卫生专业技术人员中具有高级职称的712人，占20.94%；中级职称1267人，占37.28%；全系统编外用工1472人。

县域内注册执业医师（包括助理）2497人，注册执业护士2636人，乡村执业医生156人。全县总核定床位2987张，实际开放3026张，其中，县第一医院为二级甲等综合性医院，核定床位850张，实际开放860张；县妇幼保健院为三级乙等妇幼保健院，核定床位300张，实际开放273张；县中医医院为二级甲等综合性中医医院，核定床位300张，实际开放300张；城关医院及分院核定床位196张，实际开放252张；乡镇卫生院673张，民营医院668张。

全年全县公立医疗机构门急诊总量537.53万人次，同比上升3.61%；其中，3家县级公立医院门急诊总量253.04万人次，占47.07%，同比上升3.73%；乡镇卫生院门急诊总量284.49万人次，占52.93%，同比上升3.5%。全县公立医疗机构总收住院66276人次，同比下降3.56%；其中，3家县级公立医院收住院56191人次，占84.78%，同比下降4.23%；乡镇卫生院收住院10085人次，占15.22%，同比上升0.33%。

全年人口出生3791人，同比下降12.6%，出生人口性别比114.54。年出生率5.14‰，同比下降14.76%，生育率0.89‰，同比下降11%。

【疫情防控】 全面聚力防控能力建设，完成县中医医院、北部医院后备医院隔离病房、县传染病负压病房、负压分娩室、负压手术室等设施的建设和改造；在全县范围内建立21个应急物资储备库，完成各级公立医疗机构核酸采样人员全员培训和储备，储备具有PCR上岗证人员190人、有证检验辅助人员147人。

全面聚力防控作战，第一时间开展应急处置工作。

全面聚力支援帮扶，紧急出动卫生应急队伍。坚持全省“一盘棋”，累计派出应急队员46人次，全力帮助周边省市、县区打赢疫情防控保卫战。

【医疗能力】 谋划开展“宁好医”行动，聚焦聚力推进“七大行动”21项任务。推进等级医院评审工作，完成县第一医院三级乙等现场评审。县中医医院创三级乙等评审前期准备工作持续推进，县第二医院、县第三医院改革升级工作再启动。

持续推进合作办医，继续拓展与上海同济十院、上海市中医院、浙江大学附属第一医院等医院的合作进程，新增省级名医工作室6个，新增县市共建重点学科6个。

稳步推进医疗质量提升，成立医疗质量管理控制中心27个，进一步细化质控考核指标。筹备创建全国中医药工作示范县，出台《关于促进中医药传承创新发展的实施意见》，着力提升中医中药服务能力。

持续推进健康大脑建设，完成全县公立医疗机构检查检验互认共享项目建设，5家互联网医院正式投入运营。

【生育环境】 全面完成“五大革新”“宁好育”行动全年计划，积极推动构建生育友好社会，孕产妇死亡率和婴幼儿死亡率等核心指标均在历史低位，妇幼专科联盟再深化，14名多学科专家下沉，“传帮带”培养30名基层妇幼人才，县妇保院在全省三乙妇幼保健机构绩效考核中排名第一。

“婚、孕、生、育”全生命周期健康服务更加深入开展，推进2家医疗机构开展“医防护”一体化儿童健康管理中心创建，新建公共场所母婴设施2家，38家公共场所母婴室达标率100%。推进3岁以下婴幼儿照护服务工作，开展普惠性托育扩容提质行动，新增托育机构4个，实现乡镇（街道）托育机构全覆盖，新增托位740个，托位总数2828个，每千人托位数3.99个，位居省市前列，普惠托育工作获宁波市政府真抓实干激励奖、3岁以下婴幼儿托育入选省卫生健康委基层创新实践优秀案例。在全省率先打造“智慧托育”应用场景V2.0版，“幼儿园办托”新模式在全省“浙有善育”领导小组工作例会上作交流发言（全省仅有2个县区发言），“入托一件事”“办托一件事”被纳入“浙有善育”重大应用，并进行全省推广。

【计生和老龄工作】 切实做好计生家庭工作，完成全县乡镇街道级计生协换届工作，建成宁波市首批国家级“向日葵亲子小屋”3家、建成市级项目点长街成塘村“小棉袄暖心家园”；开展慰问送关怀系列活动，对计生特殊家庭237户开展暖心慰问，发放慰问金25.57万元；对失独家庭19户进行关怀慰问，发放一次性救助金17万元。老年友好型社会建设扎实推进，新建2个示范性老年友好型社区、15个老年友善医疗机构。

【医共体和人才培养】 根据“双下沉、两提升”的总体要求，持续深化县域医共体工作，加强下沉专家团队管理，加快构建“基层首诊、急慢分治、上下联动、双向转诊”的分级诊疗体系。

加强人才培养，全年新增各类医疗卫生人才93名，其中医学硕士26名。继续实施农村社区医生定向培养计划，招录本专科医学生35名（包括首次定向培养村卫生室20名专科生）。积极推进“融合式”柔性引才，引进卫生领域拔尖人才2名，高级紧缺人才5名。实施名医和学科带头人培育工程，新增医学重点学科和扶植学科带头人18名、“宁海县首席医师”30名、“骨干医师”55名。

【重要民生项目】 民生基建进度有序推进，县精神康复中心暨深圳中心卫生院迁建工程，正在进行内部装修和附属工程施工；第三医院扩建工程年底投入使用；进一步完善县域院前急救体系，黄坛急救点于8月全面投入使用；不断强化基层服务能力，新建4家村卫生室（服务站），完成3家慢性病一体化门诊项目建设。县域就诊率91.29%，基层就诊率70.78%。

【传染病防控】 全县报告法定传染病13765例，系统报告质量综合率100.0%，无甲类传染病报告，乙丙类传染病报告14种13044例，报告发病率1878.68/10万，同比下降0.61%。报告3起突发公共卫生事件，报告率、及时报告率、病因查明率均100%。全县5家犬伤门诊和2家产科门诊切换至省SaaS（即软件即服务，是让用户能通过Intemet连接和使用基于云的一种模式）系统，全省接种数据实现共享。

【健康宁海】 坚持融合共促，群众健康水平日益提升。推进健康素养、健康环境、健康服务再融合、再提质，把健康融入所有政策，加快转变健康领域发展方式，2021年健康浙江考核位列全省第十、全市第一，为历年之最。

健康素养实现再提升。制定印发《2022年健康宁海建设工作要点》，全面实行考核月报制度，启动省健康促进县创建，持续推进健康教育“百千万”工程，加快开展健康素养“七进”活动，完成年度健康素养监测工作40.30%，加大健康素养进农村文化礼堂力度，实现331个文化礼堂全覆盖，着力巩固人均预期寿命81.57岁的综合基础。

健康环境实现再提升。统筹推进健康宁海26个专项行动，代表宁波市接受2021年健康浙江建设现场考核，考核成绩优秀。加强卫生创建再提升，实现省卫生乡镇全覆盖，长街、茶院等9个乡镇持续创建国家卫生乡镇，新创建省市县三级卫生村79个。全力巩固国家卫生县城创建成果，通过新一轮国家卫生县城省级暗访。

【公共卫生】 家庭医生重点人群在签率77.83%，续签率75.01%。高标准推进慢性病防治与监测工作，巩固国家慢性病综合防治示范区创建成果。推进“三免三优惠”健康体检活动，大力开展城乡参保居民同质同标健康体检，超额开展城乡居民体检165976人。超额完成65岁以上老年人流感疫苗免费接种4.15万人次。

进一步做实做细基本公共卫生服务项目，加强基本公共卫生项目管理，及时调整年度基本公共卫生服务项目年度绩效目标，优化项目管理运行机制。重点抓好居民电子健康档案规范管理，完成电子健康档案建设62.2万份。加强卫生综合监管，全面实行非接触式“数智”执法检查，加大职业病防治监管力度。

【党建工作】 持续推进“六讲六学六进”党的二十大精神学习活动，成立“理响宁海”宣讲团。选优配强党支部班子，43个支部全面完成换届选举。

率先制订卫健系统党支部工作标准化指导手册，推进4家公立医院与民营医院党建结对共建，谋划打造“宁好医　健康之声”党建品牌，累计推送医者讲健康微视频、健康宣讲团下乡宣讲288期、制作、播放健康面对面电视节目5期。新发展党员26名。

持续深化清廉医院建设，强化医共体小微权力清单49条刚性执行，实行医院清廉指数评价，开展医疗设备耗材采购、医德医风、漠视侵害群众利益问题等专项整治，落实监督执纪“四种形态”，全年诫勉谈话3人，党纪政务处分4人、刑事处罚1人、行政职务调整1人。

扎实开展安全生产大排查大整治、房屋安全隐患排查整治等专项活动，推行安全隐患有奖举报制度，开展安全生产“三交底”谈话，全系统安全基础更加夯实。加强信访、即问即办首问负责、保密等工作，全系统安全氛围更加浓厚。加强宣传，开办《宁好医·健康面对面》栏目，挖掘培育省优秀家庭医生、宁海好人等各级各类先进典型14人次，在省、市、县主流媒体报道1400余篇次。

2022年7月18日，2022年新时代基层干部推动共同富裕主题培训暨基层公共卫生能力提升专题培训班在宁海县党校会议室举办

社会民生

人事和社会保障

【概况】 紧紧围绕迎接党的二十大和学习宣传贯彻党的二十大精神这一主线，以打造服务优质治理优越的“双优人社”为发力点，开拓创新、苦干实干，交出一份靓丽的民生答卷。

【队伍建设】 把开展“五问五破、五比五先”助力“五大革新”机关作风建设专项行动作为贯穿全年的政治任务，制定出台“24 项行动清单”，通过组建成立“宁海人社青年先锋队”、组织“阅书香·悦青春”人社青年干部读书会等系列“自选动作”，全力打造“‘红’扬人社、为民先锋”党建品牌，一名干部获评浙江省人力资源和社会保障系统先进工作者。开展全县人社系统“岗位练兵提升”技能比武专项行动，以练兵比武为契机转变工作作风、提升服务质效，已连续 3 年在全市窗口技能比赛中获得佳绩。

【就业惠民生专项行动】 坚持把保障重点群体就业作为稳住全县就业大盘的重中之重，克服疫情影响精心组织新春万企引才月、“智汇宁海”全国引才、“五省八城”省际

2022 年 8 月 23 日，县人力社保局举办“宁海人社青年先锋队”成立仪式暨“阅书香·悦青春”青年读书会启动仪式

2022 年 2 月 10 日，2 辆载着 101 名陕西籍务工人员的大巴车驶出宁海高速出口

就业“飞地”引才等系列活动，擦亮“直播带岗”“共享技师”特色名片，全年线上、线下举办巡回招聘会24场，引才超万人。同时，及时出台留工优工促生产、加强企业用工保障、失业保险“降返缓补”等人社领域系列助企纾困新政，为促进充分就业提供有力支撑。宁海县“三举措”强化就业服务保障显成效。

2022年7月29日，宁海人社局和普格人社局协同组织2022宁海·普格彝族火把节晚会

【产业人才培育工程】 以技能人才引育行动为主抓手，高质量运作产业人才学院，实现“产才”全链融合。全年累计培养高素质产业人才1200余名，连续2年被教育部列为就业育人合作项目，获全省优秀就业服务成果二等奖，并获央视媒体多次专题报道。锚定“全国树品牌”总航标，组织举办产业人才发展交流大会，吸引来自全国各地20余所高等院校及50余家重点企业参加活动。深入实施“131”专技人才培养工程，健全青年人才阶梯式选拔、培养和奖励机制，着力打造宁海专技人才品牌工程。

【社保基金风险防控体系】 以日督办、周会商、月通报等机制，抓牢抓实养老保险全国统筹工作，社保中心获评市统筹规范企业职工基本养老保险工作成绩突出集体。同时，对社保经办业务事项进行全面风险梳理，共梳理出180项、9个大类495个风险点，并按风险防控等级形成社保经办风险地图，确保全过程细化风险控制。将“单工伤”参保范围扩大到所有新业态平台企业，全面推进新业态从业人员单险种工伤保险，有效兜起新业态从业人员职业保障安全网。

【维护劳动权益】 始终保持治理欠薪高压态势，巩固根治欠薪工作成果，全年“六项制度”平均落实率全市第一，安薪指数全市第三。秉承“立案受理有温度、案件调处有尺度”理念，推进乡镇（街道）劳动人事争议多元化解机制建设，实现仲裁调解、仲裁、诉讼一体推进、有机衔接。宁海县商会劳动争议调解委员会获评“百家金牌劳动人事争议调解组织”，宁海县劳动人事争议仲裁院获评省劳动人事争议案件处理工作成绩突出集体。

2022年9月28日，9家高校与宁海签订校地合作协议

【自我变革】 聚焦企业群众关心的高频需求事项和基层的痛点堵点问题，创新开发运行产教融合服务应用平台，“浙里办”上线“宁好办”专区；试点应用“智配直享·视频办”场景；试点“电子劳动合同”应用场景，网签平台合同量完成率位居全市前列；创新推出24项人社高频事项“码”上办清单，业务办理量2万余件；深化拓展社保卡“一卡通”应用服务，以数字化改革赋能人社服务提质增效。

医疗保障

【概况】 严格落实协议管理，完成新增定点医药机构纳入医保定点协议管理申请工作。2021年职工基本医疗保险和城乡居民基本医疗保险基金绩效评价，在全市排名靠前。充分利用智能审核监控平台，加大医保支付环节费用审核力度。推进医保支付方式改革，出台《2022年度门诊总额付费预算方案》和《2022年度住院总额付费预算方案》。深化药械集中带量采购，督促辖区内医疗机构及时完成各批次协议采购量，并按时支付款项，抓好药品耗材集中带量采购中选结果落地。

加快全面参保步伐，聚焦目标任务和时间节点，创新开展多层次、全方位的宣传，落实专项督导，做好全民参保登记工作。推进普惠型商业补充医疗保险。推进“天一甬宁保”工作走深走实，多次召开专题部署会，动员全县机关单位的在职人员和退休人员参保，倡导职工家属及周边人员参保。下沉基层，由点及面进行“甬宁保”的宣传工作，达到参保率的可持续增长，提升“甬宁保”的社会参与度。

【协作共享机制】 积极联合公检法三部门探索建立医保基金监管共享协作机制，出台《关于建立医疗保障基金监管协作机制的实施意见》，定期召开联席会议，互通案件查处以及行政执法与刑事司法衔接工作情况，研究医疗保险欺诈违法犯罪行为的规律、特点，实现信息共享。

【医疗救助】 建立健全防范因病致贫、因病返贫的长效机制，实现信息赋能、数字跑路、动态监测，整体提升医疗救助制度的托底性保障效能。推进高额医疗费用化解，确保困难群众高额医疗费用化解率100%。前期比对摸排62人，年底前全部化解到位。

【创新宣传】 出台《2022年宁海县医保基金监管实施方案》，切实加强医保基金监管，持续深化打击欺诈骗保违法犯罪高压态势。创新采用AI语音电话和微信朋友圈精准投放等方式，全面铺开医保基金宣传月活动。健全医疗保障基金监管体系，充分发挥社会监督作用，成立第一届医疗保障基金社会监督员，共26名，努力营造齐抓共管、全社会共同监督的基金管理氛围。

【保险参保】 为积极应对人口老龄化，解决长期失能人员的基本生活照料和日常护理问题，通过早部署、细摸排、严审核、新模式高效完成首批纳入长期护理保险定点护理服务机构工作。首批长期护理保险定点护理服务机构纳入21家。通过创新“协议+承诺”模式，居家护理服务机构签订宁海县长期护理保险定点居家护理服务机构优质服务承诺书，搭建“居家护理机构双约束平台”，确保居家护理服务机构高质量服务。完成全县长期护理保险59万元参保任务。

【医保种植牙项目】 积极开展医保种植牙项目，督导定点医疗机构开展好医保种植牙项目。宁海共有9家定点医疗机构签订医药种植牙服务协议（承诺书），已有6家定点医疗机构开展医保种植牙项目服务。不但使更多群众有了平价种牙的选择，同时也推动种植牙市场的进一步规范，确保参保群众享受到医保实惠。

【优化服务】 稳步扩大异地就医医疗机构范围，推进跨省异地就医直接结算，全县共有36家医疗机构实现跨省异地就医（含“长三角”门诊）直接结算，占比56%。前移意外伤害审批窗口，委托医院全程把关意外伤害核实，有效打通服务群众的“最后一公里”。

为切实减轻尿毒症患者医疗费用负担，方便尿毒症患者在宁海县内完成血液透析，打通服务群众的“最后一公里”。10月12日起，试行开通宁海县梅林街道社区卫生服务中心“重度尿毒症透析治疗”门诊特殊病种结算资格，成为宁海县首家基层医疗机构血透中心。血透项目收费执行基层公立医院标准，极大减轻患者就医经济负担。

“智慧医保”上线。成立工作专班，制定专项方案，召开专题会议解决堵点问题，切实加强各部门单位间的协作配合，采取“强宣传、控舆情、抓培训”等方式，多管齐下，多措并举，形成抓落实、重实效的强大合力，确保“智慧医保”系统如期平稳上线。实施经办事项标准化建设，实现个人和企业全生命周期“一件事”集成办理。实施经办事项标准化建设，实现个人和企业全生命周期“一件事”集成办理。

加快推动“互联网+医保”发展，促进医保数字化转型，推进医保业务在线办理，提高政务2.0网办率，办事大厅窗口设立了网上办理自助服务区，确保“网上办”“掌上办”达100%。开展医保电子凭证推广，促进医保方便快捷的“码时代”惠及更多群众，实现一“码”通行。

民　政

【概况】 围绕市县重点工作，求真务实，开拓创新，较好地完成年度目标任务。

【社会救助】 低保救助提标扩面。低保月标准从1005元提高到1181元，低边收入认定标准由低保标准的1.5倍放宽到2倍，低边儿童首次纳入补贴范围，年保障标准5100元；创新救助工作机制，“医疗费大额支出”一件事联办被市委改革办列为基层“一件事”集成改革项目，推广“物资+服务”救助新模式，探索“信用+社会救助”应用场景，实施救助审批权限下放，社会救助持续向精准、高效、个性化方向发展。在全省“助联体”规范化建设培训暨第二届“幸福杯”救助业务竞赛中，县民政局代表宁波市参加建设运营现场演讲获第一名。

100%落实困难群众探访关爱和幸福清单送达服务，9次启动物价补贴，切实解决好困难群众的“燃眉之急”。各部门配合联动，扎实推进慈善工作，按照“募得来、助得准、服务好”的工作思路，共救助困难群体1.5万余人次。做好流浪乞讨人员救助工作，深化救助管理机构服务质量大提升专项行动，全年共救助流浪乞讨人员155人次。

【养老服务】 完成省、市、县三级民生实事项目建设，实现19家乡镇街道居家养老服务中心无感化服务智慧终端全覆盖。

以力洋敬老院为试点的智慧养老院建成运行。每万名老年人拥有持证养老护理员数量已提升至31人，超过27人的年度目标。新建老年食堂16家，每天服务3000余人次，7家公办敬老院安装10部电梯，进一步方便入住老人出行。AAAAA级居家养老服务中心建成运行。

2022年2月23日，宁海县“智慧医保”项目建设工作专班召开专题会议

探索养老新模式，推广老年人“一人一艺”模式，经验做法登上央视《焦点访谈》，创新高山上养老、“1+N”等服务机制，进一步提升居家养老服务中心的辐射带动功能。

【基层政权和社区建设】 切实推进社区减负工作，出台《关于切实推进社区减负增效的若干意见》，召开全县社区减负增效会议，着力完善社区工作事项准入机制，切实推进基层减负。

完成新一轮城市社区布局规划编制工作，扎实推进2022年调整计划，优先完成全县6000户以上的融合型大社区大单元规模调整，重点城中村（社）改居工作，社区规模进一步优化。

完成227人专职社工的招聘任务，出台《社区工作者考核办法》，进一步建强社工队伍；加大社会工作者职业资格水平考试宣传力度，全年报名人数2569人，考取资格证书530余人，均创历史新高。

3个社区居民会客厅建成运行，实现乡镇（街道）社会工作站全覆盖，全面构筑基层专业社会工作综合平台。

强化标杆带动作用，全县有11名社区书记获评市级社区工作领军人才，3名社区书记获评省级社区工作领军人才。县社会组织党群服务中心经宁波市民政局推荐参评省级示范点。全力打造社会组织公益党建联盟，该工作被县委组织部推荐给市里作为宁海县基层治理的创新亮点工作。

【殡葬管理】 推进殡葬设施提升，按照《宁海县殡葬设施布局专项规划（2020—2035年）》，启动建设黄坛、桑洲镇级公墓，宁海公墓二期完成项目建议书和初步设计。

秉持争先创优意识，与民政部一〇一研究所签订创建绿色殡葬示范县战略合作协议。实现100%乡镇（街道）建有节地生态安葬点。

【移民安置】 会同相关部门及指挥部做好茶山抽水蓄能电站蓄水阶段

建设征地移民安置终验工作、清溪水库移民安置相关工作、天河抽水蓄能电站项目前期相关工作等；做好全县10052人大中型水库移民后扶直补人口的核定及直补资金的发放工作；重视水库移民安置村及库区村的项目扶持工作，全年落实安排扶持资金930万元，安排后扶项目19个，进一步提升相关村的基础设施水平，不断壮大村级集体经济，带动村民共同富裕。

【社会组织】 指导乡镇（街道）创建社会组织党群服务中心，截至年底，全县14个乡镇（街道）建立社会组织党群服务中心，建设覆盖率77.8%；筹建完成公益类社会组织党建联建服务站1家；引导24家公益创投项目实施单位有序开展社会组织党员公益日活动，在便民服务、文明宣传、医疗保健、“一老一小”服务等方面开展活动40余场次，参与志愿者436人次，服务群众3000余人次；积极培育民政领域社会组织，2022年成功培育3家老年人能力评估中心、3家公益慈善类社会组织；培育品牌选树典型，向省民政厅推荐2家品牌社会组织、3位社会组织领军人物。培育宁海县社会组织服务中心党支部的“益起来”社会组织党建联盟、宁海县岔路阳光公益服务社党支部“红社领航　阳光同行”、宁海县模具行业协会党支部的“红模云”等党建品牌。

【区划地名】 落实《地名管理条例》，推进地名命名工作。对照有关条例、法规，组织实施蒲湖花园、黄墩雅居、辰章府、文馨雅苑、清溪云山居5个住宅区的命名工作；5月1日新修订的《地名管理条例》实施后，协助住建部门推进九顷雅苑一区、潋江南里、红妆商业中心的命名工作。

完成国家地名信息库专项质量建设行动宁海数据的比对工作，有序推进宁波市标准地名“一址通”项目。

启动路、门牌破损及缺失的整治，排摸出1300个破损及缺失的沿街商铺门牌，160个破损及缺失的路牌，全部完成整治安装。

协助自然资源规划部门完成全县村（社区）的界线确定工作。

创新地名“联办审批”模式，通过部门间地名审批流程关联性整合、审核结果共享互认等举措，推动地名审批工作加速落实，相关经验被《中国社会报》等媒体报道。

【婚姻、收养登记】 完成婚姻登记5468件；持续深化婚姻家庭辅导工作，开展各类辅导1180件，数量位列全市前列；谋划将婚姻登记处搬迁至宁海县南宋红妆乐园，全力打造有宁海辨识度的AAAAA级婚姻登记机关；开展婚姻登记补证工作，截至年底，已补7000余对。办理收养登记申请9件，登记发证3件，解除收养登记2件，接受收养咨询108人次。

【福利彩票销售工作】 销售各类福利彩票9014.96万元，较2021年同期增加785.12万元，同比增长9.54%，为国家筹集福利彩票公益金约2800万元。

住房公积金管理

【概况】 在县委、县政府的领导下，在宁波市房委办、市住房公积金管理中心的精心指导下，宁海县房委办、市住房公积金管理中心宁海分中心以习近平新时代中国特色社会主义思想为指引，全面贯彻落实党的二十大精神、党的十九大和十九届历次全会精神，弘扬伟大建党精神，踔厉奋发、勇毅前行，按照“稳增长、促改革、惠民生、防风险”的工作总基调，坚持补短板、堵漏洞、强弱项，稳步推进住房公积金制度改革进程，积极发挥住房公积金服务民生、保障安居的作用，各项工作取得新成效，2022年实缴住房公积金人数、住房公积金缴存额、住房公积金贷款发放额、住房公积金支持住房消费额创历史新高，增长率位居全市前列。

县住房公积金业务完成良好，各项指标稳步增长、再创新高：住房公积金实缴单位1820家，比上年同期增加154家；实缴人数78071人，比上年同期增加8144人；全年归集住房公积金136667万元，完成年度计划的105.13%，同比增长8.12%；提取住房公积金107611万元，同比增长4.09%；住房公积金归集余额为256100万元，比2021年增加29056万元，同比增长12.80%；发放普通公积金贷款1372户、61354.47万元，完成年度计划127.82%，贷款余额233815.39万元，同比增长19.13%；公转商贷款转回383户、15489.47万元，公转商贷款余额42781.42万元，同比减少33%，余额为全市最低；普通公积金个贷比率为91.3%，同比上升4.86个点，既做到应贷尽贷，又较好控制在合理区间（90%≤个贷率<94%）；年末个人住房公积金贷款逾期率为0.000143%，达到市定逾期率控制在0.0055%及以下的考核要求。实现增值收益3477万元，完成年度计划的119.90%，同比增长13.22%。完成353名职工的住房补贴资格审核，发放住房补贴940.77万元。

【政务服务】 深入推进数字化改革。围绕数字化改革工作部署，全力推进住房公积金业务运行、资金管理与数字化整合发展。扩大在线办结事项覆盖面，通过拓展浙江政务服务网、“浙里办”、支付宝、住房公积金网厅、宁波自助服务一体机、全国住房公积金小程序等受理渠道，不断提高网办水平，2022年线上业务办理量分别为浙江政务服务网（网厅）16514笔、“浙里办”11274笔、宁波自助服务一体机4627笔，占所有业务的81.51%。依托住房公积金跨区域业务协同平台、全国住房公积金小程序，实现住房公积金异地实时转移，全年受理异地转出661笔，涉及金额576.65万元；异地转入705笔，涉及金额737.82万元。

增设通办专窗，落实住房公积金业务“跨（全）省通办”，推动“舟甬一体化”“长三角一体化”工作进程，全年受理“跨（全）省通办”业务34笔，支付住房公积金97.72万元。配合落实“一件事联办”，优化办事流程，全年受理机关公务员生命周期“一件事联办”132人次，事业单位工作人员生命周期“一件事联办”1049人次，机关事业单位退休“一件事联办”265人，企业退休“一件事联办”305人。

落实各项便民制度。始终坚持“便民利民”理念，努力创新服务机制和服务形式，切实做到首问负责制、限时办结制、服务承诺制、办事公示制等便民工作制度。充分利用“百姓事马上办”“民呼我为”等网络平台，倾听群众意见、了解群众诉求、回应群众关切，全年共处理“百姓事马上办”“民呼我为”等咨询投诉113件。并多次参与县政府办公室、县委信访局组织召开的涉及房改、公积金管理事项的协商调解会、听证会，为切实解决问题出谋划策，推动房改、公积金管理信访矛盾化解。

设立学雷锋志愿服务岗，每日安排工作人员在办事大厅内开展志愿服务活动，如窗口业务指引、协助群众办理业务、复印相关资料、维护办事大厅环境等，满足群众多元化需求，推动新时代学雷锋志愿服务担当使命、大有作为。

【建制扩面】 以惠民共富为目标，聚焦“三联动”，与县传媒集团合作，拓展宣传渠道，在宁海广播电台调频98.9上滚动宣传住房公积金政策法规；制作宣传动画片，生动解读住房公积金制度；将提高贷款额度、降低贷款利率等惠民政策推送至“宁海发布”微信公众号、“看宁海”客户端等，进一步增强住房公积金宣传实效；积极与县人社局、金融发展中心等部门对接，摸排规模以上企业名单，发掘扩面潜力非公有制企业，开展“进企业、送政策、送服务、解难题”活动，强化服务保障；联动业务承办银行，建立协作机制，跟踪扩面情况，用好银行“支点”，撬动住房公积金扩面工作。2022年住房公积金实缴单位1820家，比上年增加154家；实缴职工78071人，增加8144人；归集住房公积金136667万元，同比增长8.12%。

持续优化提取政策。认真贯彻“应提尽提”原则，优化完善住房公积金提取政策，科学合理安排资金，确保职工住房公积金提取平稳有序进行。全年住房公积金提取107611万元，月均支取8968万元，支取总量比上年增加4226万元，同比增长4.09%；住房公积金当年提取率为78.74%，其中，偿还购房贷款本息提取68385万元，购、建大修住房提取17225万元，租房提取6244万元，离、退休提取10416万元，与单位终止劳动关系及其他原因提取等提取5341万元。住房消费支出占总提取量的85.36%，有效体现住房公积金支持住房消费的作用。

适时提高贷款额度。为深入贯彻落实党中央、国务院决策部署，促进宁海房地产市场良性循环和健康发展，根据宁波市住房和城乡建设局等六部门通知要求，结合宁海实际，于6月6日起提高宁海县住房公积金最高贷款额度：职工按规定连续缴存住房公积金满2年，首次申请住房公积金贷款购买家庭首套住房的，最高贷款额度由40万元/户提高到80万元/户；职工按规定连续缴存住房公积金满6个月，购买改善型第二套自住房等其他情形申请住房公积金贷款的，最高贷款额度由25万元/户提高到60万元/户；按国家生育政策生育二孩或三孩家庭，住房公积金最高贷款额度在上述基础上再上浮20%。自新政策实施以来，共计发放贷款489笔、29339万元，其中，享受二孩或三孩优惠政策家庭共计57户，发放贷款4351万元。

有效落实阶段性支持政策。5月31日出台《宁波市住房公积金管理中心宁海分中心关于贯彻落实住房公积金阶段性支持政策的实施意见》，受新冠疫情影响的企业和灵活就业人员可申请缓缴住房公积金，贷款逾期的缴存职工经申请不作逾期处理；并自5月起，将租房提取月度限额提高至1500元。至年末，累计缓缴企业2家，累计缓缴职工12人，缓缴金额合计2.25万元；累计享受提高租房提取额度的缴存人数1376人，提取金额合计1913.61万元。

【住房分配货币化】 为加快住房商

品化、社会化步伐，稳步推进住房制度改革，满足宁海居民日益增长的住房需求，宁海分中心有序开展住房分配货币化工作，严把住房补贴资格审核关，确保补贴发放“公平、公开、公正”。全年完成353人的住房补贴审核，发放金额940.77万元。其中，全额事业编制新职工35人，发放补贴89.90万元；差额事业编制新职工4人，发放补贴10.78万元；自收自支事业编制老职工1人，发放补贴2.84万元；行政新职工80人，发放补贴210.4万元；教师新职工233人，发放补贴626.85万元。同时，针对宁海卫健系统住房补贴工作进展较为缓慢、卫健系统干部职工反映强烈的实际，为全面落实住房补贴改革，补齐宁海住房分配货币化工作的短板，关爱坚守在防疫一线“最可爱的人”，认真调研、积极配合县卫健局于11月底出台《关于做好2023年卫生健康系统事业编制工作人员住房补贴工作的通知》。

【贷款逾期管理】 防范资金流动风险。由于前几年贷款发放资金紧张，“公转商”贴息贷款成为贷款发放的主要形式之一，一定程度上缓解中心放贷资金紧张状态。资金流动性不足的情况好转，为使资金增值收益最大化，宁海分中心主动停止发放公转商贴息贷款，有序开展了4次“公转商”贴息贷款转回工作，共计转回383笔、15489万元，公转商贴息贷款年末余额为42781万元，贴息支出748万元，同比减少12.21%。

注重贷款质量。严把贷款申请人的资格关、抵押担保关、审批发放关和还款催收关等4个关口，推动贷款调查、审查、审批等工作流程化、制度化，杜绝人情贷款、变通处理。严格审查抵押房屋的合法性，对产权不明或抵押比例不清的，不予办理贷款手续；对期房抵押贷款的，严格按照楼盘准入要求审查相关资料，组织人员进入工地实地勘查，确保将贷款风险降至最低。严格落实“三级”审批制度，对有恶意拖欠贷款记录和不良贷款倾向的借款人坚决不予贷款，切实防范贷款风险。

强化逾期管理。在建立逾期预警催收机制并搭建短信、电话催收平台的基础上，要求各承办银行发现逾期必须及时催讨、及时反馈、及时处理。进一步加大逾期贷款催收工作力度，针对贷款数额较大、逾期时间长的欠款人采取上门催访、联络亲属等方式，促其尽快归还；对逾期严重、多途径多次催讨仍不归还的对象，充分发挥“钉钉子”精神，主动争取县委政法委、县法院、公安局、审计局的支持，与合作银行、法律顾问联动依法全力以赴收贷。全年通过司法程序清收逾期贷款2笔，回收贷款本息598943.93元，年末个人住房公积金贷款逾期率为0.000143%，比2021年减少0.010472个百分点。

【队伍建设】 加强意识形态建设。依托党组理论学习中心组、“甬习云课堂”、“周二夜学”、支部“三会一课”、主题党日活动等多种形式载体，在学思践悟中不断深化思想认识、提高政治站位。全年组织开展理论学习中心组学习13次，召集全体干部开展“周二夜学”活动39次，党课、宣讲16次，开展相关主题党日活动2次，组织调动全体干部职工利用“学习强国”等学习平台掌握当前新形势、新发展、新要求，通过牢牢掌握意识形态工作领导权和主导权，进一步提高政治敏锐性，切实扛起维护意识形态安全政治责任，进一步增强“四个意识”、坚定“四个自信”、做到“两个维护”，推动意识形态领域持续向好发展。

推进全面从严治党。积极配合县委巡察，把巡察整改转化为推动全面从严治党的强大动力。迅速成立巡察整改工作领导小组，强化对巡察整改工作的组织领导和指导协调，召开党组会议、主任办公会议、全体干部会议等，专题研究巡察整改事项。针对巡察组反馈的9个具体问题，领导干部带头逐项梳理、深刻剖析，深入查找症结，并亲自谋划整改措施，明确责任领导、责任科室、整改时限。截至年底，巡察组反馈的9个问题全部完成整改销号，并建立健全4项长效机制，补齐制度短板，将党风廉政建设融入中心工作总体布局，助推全面从严治党工作取得实效。

选优配强干部队伍。按照县委组织部要求，结合分中心实际，完成新一轮中层干部选拔聘任工作，新招录“95后”干部1名，把选优干部与配强班子有机结合，着力锻造专业化、一线化的干部队伍。

持续深入文明创建。切实巩固省级文明单位、“清廉机关、模范机关”示范单位创建成果，继续推进文明创建，被评为市级“青年文明号”、市级生活垃圾分类示范单位、县级巾帼建功先进集体。常态化开展“we志愿”服务活动，发动党员干部参与“党群同心圆”志愿服务，投身社会实践，支持社会公益。全年分中心组织开展“we志愿服务”活动时长3236小时；参与“党群同心圆”志愿服务活动281次，在全县单位排行榜中名列第一，连续多年被评为县“党群同心圆”志愿服务先进党组织。

残疾人工作

【概况】 保障水平不断提高。坚持应享尽享、应补尽补，全县4246名贫困残疾人享受困难残疾人生活补贴，8721名残疾人享受重度残疾人护理补贴，全年发放“两项补贴”4200余万元。全面构筑以“社会保险”为主体，“商业保险”及“二次救助”“临时救助”为补充的残疾人救助体系。落实残疾人参加城乡居民基本养老保险、基本医疗保险个人缴费部分补贴政策。全年投入55万余元为全县持证残疾人购买综合意外伤害险，发放大病医疗补助金38.5万余元，医保个人缴费补贴163.75万元。

合法权益得到保障。充分利用人大代表建议、政协委员提案、社情民意反映等方式，反映残疾人的生产、生活、就业等困难和问题。畅通信访接待、省统一政务咨询平台、“12385”服务热线等渠道，充分发挥残疾人法律救助站作用，支持残疾人代表和委员开展残疾人权益保障执法检查、调研、政治协商活动，全力维护残疾人合法权益。

民生实事项目高质量推进。按照省、市民生实事项目建设要求，提升建设规范化残疾人之家3家。完成县残疾人康复中心残疾儿童康复服务机构规范化提升。积极参与全国文明城市创建，结合省、市民生实事工程着力推进无障碍环境建设，开展无障碍环境建设知识宣传，全年创建省级无障碍社区1个，完成重点公共服务场所无障碍改造11个；完成125户残疾人家庭无障碍设施改造。

【提升残疾人基本公共服务水平】 完成残疾人精准康复服务2577人。包括髋或膝关节置换手术救助6人、自费人工耳蜗补贴3人、人工耳蜗处理器升级救助5人；配发轮椅、假肢、助听器、盲人智能阅读器等辅具器具627件，20人享受辅具租赁服务；残疾人儿童少年康复训练救助133人；成人肢体康复训练救助26人，脊髓损伤残疾人生活适应性训练2人；精神病人服药减免1513名，精神病人住院补助205名；为12名肢体残疾人提供“线上病房”服务。为6550名三四级残疾人城乡医保参保补助163.75万元；为90名符合条件的困难残疾人提供救助38.5万元；1249名“三大类重点人群”残疾人签约家庭医生补助5万元。同时优化儿童康复救助经办服务，推行县内机构承办制，实现少跑或“跑零次”。

【提升残疾人就业就学覆盖面】 联动合作共享。通过信息共享、权益保护，联合民政、人社等部门为残疾人提供就业服务和就业援助，全面构筑立体化就业服务网络。全年提供岗位200余个，300余名残疾人达成用工意向。开展“定单式”职业技能培训334人，选送残疾人参加市级各类培训10人次。

拓展就业渠道。落实残保金征收退抵、税收减免等各项优惠政策，积极推动“宁波市残疾人就业保障金网上抵扣申报系统”运用，并采取针对性措施，大力推进残疾人安置工作，全年实现按比例就业1288人、集中就业560人；进一步完善残疾人创业就业扶持政策，帮助958名残疾人实现灵活就业，194名残疾人实现个体工商就业，8家残疾人扶贫基地辐射安置116名残疾人；探索工疗机构新模式，21家残疾人之家吸纳281名精神、智力和肢体一二级残疾人实现辅助性就业；大力推进电商和文创助残，开展残疾人“订单式”培训班，149名残疾人实现电商创业就业。全县4663名有就业能力且有就业意愿的残疾人实现就业，新增就业358人，就业率达到65.25%。

保障特殊教育。着力完善以县特殊教育指导中心为核心的特教体系，配合做好残疾儿童特殊教育工作，推动特殊教育向学前教育和高中阶段职业教育“两端延伸”。残疾学生教育补助实现从幼儿园到大学的全覆盖。全年为残疾人大学生减免学费住宿费18人次21.8万元，为残疾学生和残疾人家庭子女提供教育补助554人次101.6万余元。

【丰富残疾人文化体育活动】 文化活动丰富。开展文化助残“五个一”工程和特殊艺术“六进”活动，不断丰富残疾人精神文化生活。借助全国助残日等系列主题活动，广泛深入报道优秀残疾人事迹，全面弘扬残疾人自强自立精神。

群众体育多彩。残疾人群众体育活动广泛开展，组织开展旱地冰壶等冰雪运动季活动，助力北京冬残奥会。开展特奥七月、残疾人健身季等活动。

竞技体育出色。选送22名运动员参与省级比赛，组织90余名青少年残疾人参与省运动员选拔。

【残联组织建设】 推进组织换届。按照省市换届工作部署，完成18个乡镇（街道）残联组织换届，选优配强残疾人工作者，完善服务残疾人组织网络，推动全县359个村社专职委员全覆盖，村社专职委员薪酬待遇保障得到落实，乡镇（街道）、村社基层残疾人工作者队伍力量不断充实壮大。

完善协会体系。充分发挥各级专门协会“代表、服务、维权、监督”作用，县级五大专门协会完成换届，县孤独症人士及亲友协会成立，建成乡镇（街道）残疾人专门协会 18 个，村社残疾人协会建成率 100%，形成“横向到边、纵向到底”的基层组织网络，凸显残疾人“权有保障、人有所为、事有人办、心有所依”的基层组织网络建设新常态。

完善助残体系。充分发挥社区助残志愿服务阵地作用，依托社区“两委”、社区便民（党群）服务中心、社区残协、专业社工服务机构、社会组织，围绕残疾人的居家生活、日常小事、微心愿等需求，就近就便开展常态化净居亮居、助医助行、生活照护等助残志愿服务。

【宁海县残联第七次代表大会】 10 月 27 日，县残疾人联合会举行第七次代表大会。县领导滕安达、范建军、郭文魁、王宁芳出席会议，市残联副理事长水国兴应邀参加并致辞。县残联党组书记、理事长刘军平代表县残联第六届主席团向大会作工作报告。

过去五年，全县各级残联聚焦高质量发展和以人为本，整体推进残疾人基本保障与公共服务，在各部门和社会各界的大力支持以及广大残疾人工作者的共同努力下，全面完成五年工作计划任务。宁海残疾人社会保障体系和服务体系建设全面推进，残疾人康复、教育、就业、扶贫、维权、社会保障、无障碍建设等各项工作取得显著成效，残疾人的幸福感和获得感持续提升，并涌现出陈懿、王心雨等一大批优秀人才。

县委书记滕安达向大会的召开表示热烈祝贺，并对宁海残联五年来的工作给予充分肯定。他指出，党的二十大作出“完善残疾人社会保障制度和关爱服务体系，促进残疾人事业全面发展”的重大决策部署，对做好残疾人工作提出新的更高要求。要深入学习贯彻党的二十大精神，深刻把握发展残疾人事业的新要求，不断满足残疾人对美好生活的期盼和向往，开创残疾人事业高质量发展新局面。

滕安达强调，要聚焦政策支撑，优化服务保障体系。进一步落实“全面普惠+精准特惠”的政策措施，不断加大残疾人合法权益和教育、康复、医疗、养老等保障力度，促进残疾人基本公共服务提质增效，同时加快助残服务迭代升级，深化“数字残联”工作，提升残疾人全周期服务、精准化服务水平，让改革发展红利真正惠及残疾人；要聚焦共同富裕，拓宽创业就业渠道。全面落实好省促进残疾人就业行动方案，以“扩中”“提低”为引领，加强兜底性保障、政策性扶持、辅助性就业，并发挥宁海民营经济发达的优势，组织企业对接残疾人就业需求，构建新型残疾人就业增收体系和保障服务体系，让残疾人在全县经济社会发展中展现新作为；要聚焦残健融合，不断凝聚智慧力量。各级党委、政府要切实把发展残疾人事业与经济发展、城市建设、乡村振兴、民生事业、全国文明城市创建等工作一体谋划、一体推进，建设实施一批残疾人急需的项目，引导动员更多企业、社团和市民加入助残队伍，全面构建友好包容助残社会环境。全县各级残联组织要进一步强化政治性、先进性、群众性，认真履行代表、服务、管理“三大职能”，精准对接残疾人的需求，因地制宜落实服务帮扶举措，从而推动全县残疾人事业取得新的更大成效，为建设现代化“双优”新宁海贡献力量。

大会选举产生新一届主席团委员，主席团主席、副主席，出席市残联第八次代表大会代表。郭文魁当选为县残联第七届主席团主席。

乡镇（街道）

跃龙街道

【概况】　宁海县人民政府驻地。地处宁海县中部，东接越溪乡，南连一市镇，西南接前童镇，西接黄坛镇，北邻梅林街道、桃源街道，东北隅抵茶院乡，因境内跃龙山得名。街道办事处驻人民大道75号，面积105平方千米，辖19个社区、15个行政村、32个经济合作社。户籍人口11.0万人，外来人口3.5万人。

城关镇古属广度里。自唐永昌元年（689）宁海县署设于此，向为宁海县治所在（宁、象两县合并初期，县治曾短暂迁至力洋）。自宋代起至民国分属朱开乡和连理乡。起初，县城城墙围六百步，筑四门，后废。明嘉靖三十一年（1552）重建，城围一千五百四十一丈，高二丈四尺，厚丈八尺，筑五门：东靖海、南迎熏、西登台、北拱辰、西北称小北门，皆有城楼。后增小南门，称小北门为望阙门，小南门为登赢门。民国24年（1935）置缑城镇。1949年9月设城关区，分立东城、中城、西城三镇。1950年5月撤销城关区以及东城、中城、西城三镇建制。同年8月，置城关镇。1951年设莘岭、双溪、水车、双港乡。1956年莘岭、双溪乡合并为莘岭乡，水车、双港、桂峰乡合并为水车乡。1958年10月撤城关镇，辖区属五星人民公社、黄坛人民公社。12月辖区改属象山县宁海人民公社。1959年8月重建城关镇，仍属宁海人民公社。1961年分设城关镇、城郊公社、辛岭公社、水车公社。1962年9月城关镇改为县直属镇。1964年白峤公社并入城郊公社。1983年改为城关镇、城郊乡、辛岭乡、水车乡。1989年城郊乡并入城关镇。1992年全市进行撤区扩镇并乡，回浦乡、竹口乡、辛岭乡、水车乡并入城关镇。2001年2月与梅林镇、桥头胡镇三镇合一，称城关镇。2003年10月撤城关镇，建跃龙、桃源、梅林、桥头胡4个街道。

【经济建设】　筑牢经济发展硬支撑，全面激活高质量建设新动能。经济增速顶压稳行。全面落实稳经济一揽子政策措施，各项经济指标稳中有升。全年实现财政总收入13.5亿元，超额完成年初预算；实现税收16.2亿元，逆境下创历史最高值；完成规模以上工业产值74.5亿元，限额以上服务业营业收

2022年7月19日，举办助企纾困政策讲解会，辖区规模以上企业代表参会

入10.6亿元；完成固定资产投资9.7亿元，工业投资同比增长80%。

工业发展强劲有力。新增高新技术企业10家，英友橡塑、吉义电子等生产线建成投产；深入推进檀树头、辛岭、项家等区块工业全域治理，拆旧8万平方米，凤凰小微企业园等项目新建14.6万平方米；加大助企服务力度，帮助申请"薪资保"贷款60家次，跃龙商会周转资金14.9亿元。

2022年8月，双水未来社区开工建设

【重点工作】 狠抓项目推进不松劲，全面塑造驱动发展新优势。政策处理攻坚克难。58个县重点项目和35个征迁项目顺利推进，提前完成以琳孤独症康复社区、溪南月光经济开发区配套工程等一批项目政策处理，双水未来社区、双水南地块项目全面开工建设。

民生工程稳步推进。北星、园丁、怡惠社区老旧小区改造工程9个标段、老城有机更新项目和塔山未来社区全面开工，直接受益居民7000余户；赵溪村农村生活污水改造项目竣工，Y418线梅林陈至辛岭公路路面提升工程加快推进。

水利设施更为完善。望府村草坦溪河道治理、雪坡水环境整治完工验收，水车防洪堤Ⅱ标项目、石舌章至马婆园防洪工程项目进入收尾阶段，白溪治理工程、莘村洪溪小流域整治工程等水利项目有序推进。

【生态文明】 聚焦城乡品质再跃升，全面扮靓区域发展新风貌。文明创建持续深入。以最强责任、最实举措狠抓全国文明城市创建工作，网格化做好卫生死角清理、基础设施修缮、文明素养宣传，让城市管理扎实有效，人居环境不断提升，高分通过第二次省测。

2022年4月27日，"红绿蓝"民间护水队成立

乡村振兴成效凸显。望府下枫槎村成功创建市艺术赋能村和县AAA级景区村，枫槎之夜甬凉创富集市、户外茶文化营地成功引流；"一户多宅"整治专项行动有序推进，完成1.37万宗房屋摸排登记造册工作。

生态环境优化提标。分级分段落实河湖长制，开展"找寻查挖""清四乱"和妨碍行洪突出问题排查整治，整治违法违规行为11次，清除白溪两岸违章建筑5处；巡查企业351家，排查环保问题278个，制止环境违法行为100余次；清运整治非正规垃圾堆放点工业固废3320吨。

【社区建设】 推动治理模式更优

化，全面焕发社区服务新活力。深化治理体系改革。全力推进“大综合一体化”行政执法改革，整合编排“1+8”部门百名干部，承接494项执法事项，建立综合执法指挥体系；划细划清网格和微网格，形成标准数字化地图，构建形成“力在网格聚、难在网格解”的社区治理体系。

夯实社区服务基础。优化社区布局规划，完成园丁、银河2个超大型融合社区调整工作，有效提升社区精细化服务水平；培育壮大专业社工队伍，新选聘社工100名，定期开设社工实务培训，持证社工人数146人；持续提升社区硬件设施，东观社区居民会客厅建成投用，正学、新桥、檀香等新分设社区办公用房全面落实，便民服务质效显著提升。

擦亮社区特色品牌。“一社一品”创建亮点纷呈，车河社区“社区小主任”、兴圃社区“无围墙的爱”创新社区基层治理模式；社会组织全面发力，全年累计培育孵化社会组织178家，市“三个百佳”总量位全市镇乡（街道）第一；滨溪社区获省无障碍社区称号，松竹社区获评市最美志愿服务社区。

2022年10月24日，县政府办公室副主任吴冰（中）、县纪委常委应小杰（右）、跃龙街道党工委书记夏智友（左）等为新设立社区授牌

【社会建设】 坚持民生优先不懈怠，全面绘就美好生活新画卷。社会事业持续发展。成功创建省市级卫生村3个，顺利通过国家卫生县城复评；以“一老一小”为重点，宁海首家AAAAA级居家养老服务中心规范有序运作，新增公共场所四星级母婴室2家；建设完成“甬爱e家”服务站点16个。

民生保障更加有力。精准落实困难群众帮扶救助政策，创新打造“连心家园”失独群体帮扶品牌，全年发放各类救济款1500余万元；组织献血38万毫升，城乡居民基本医保参保率99.5%；便民服务优质高效，处理“百姓事马上办”投诉283件，办结“12345”热线电话358件，群众满意率100%。

文化建设浸润人心。开展文化礼堂“六进”活动，成功组织“我们的节日”“百姓故事汇”等文体活动近千场；下枫槎“望府茶飨”入选省级“我们的村礼”项目；“缑城书院”建成运行，安装阅读数字墙点位27个，新建“15分钟品质文化生活圈”6个。

【平安建设】 消防排查持续深入。深刻汲取“8·11”火灾事故惨痛教训，全面开展自建房消防安全整治，成立工作专班，逐户摸清底数，累计闭环整改隐患8165处；常态化开展“一危两小”工矿企业、模具城、沿街商铺等重点场所消防安全隐患排查，完成隐患整改4682条。

社会稳定全力保障。强化底线

2022年5月19日，望府下枫槎村茶飨文化节开办

思维，做好中共二十大期间信访工作，紧盯初信初访化解，第一时间化解苗头倾向性问题300余个；紧盯食品安全风险防控，创新监管机制，提升治理水平，成功创建全县唯一的浙江省五星级街道食安办；防范电信诈骗不放松，阶段性实现“双下降”，案发率同比下降26.28%，案损同比下降31.02%。

【自身建设】 聚力担当笃行抓作风，全面塑造干部队伍新形象。思想建设不断加强。始终将学习贯彻习近平新时代中国特色社会主义思想作为首要政治任务，建立“四史”学习教育常态化机制，开展政治理论学习27次，专题研讨5次，“周二夜学”47次；建立跃龙青年理论学习小组，常态化开展“五学”系列活动。干部队伍锤炼锻造。

深入开展“红专比拼”行动，锻造一支“又红又专”的村（社）干部队伍；成立“小青龙”青年突击队，坚持选好、育好、管好、用好优秀年轻干部人才，提拔18名中青年干部充实到中层干部队伍，充分调动干部干事积极性，推进干部队伍新老交替、薪火相传。自身建设更加务实。

严格履行全面从严治党和党风廉政建设责任，不定期开展“三交底”廉政谈话、执纪问责；以“四种形态”为抓手，排查问题线索32件，运用第一种形态处理56人，达到警示震慑效应。

2022年1月30日，举行“小青龙”青年突击队成立仪式，跃龙街道党工委书记夏智友（右一）授旗

2022年跃龙街道基本情况统计表

表8

项　目	单　位	合　计
总面积	平方千米	105
耕地面积	亩	19512.05
村民委员会	个	15
经济合作社	个	32
社区	个	19

续表8

项　　目	单　　位	合　　计
户籍人口	人	110002
外来人口	人	34450
固定资产投资	亿元	9.7
财政收入	亿元	13.5

桃源街道

【概况】 位于宁海新城区中心，是规划中的市级政治、经济、文化中心。东邻茶院乡，东北与桥头胡街道接壤，北和梅林街道毗连，南通跃龙街道。以桃源路得名，办事处驻竹口路189号，距县政府驻地7千米。面积65.22平方千米，下辖10个社区、43个经济合作社、15个行政村。户籍人口4.15万人，外来人口9.29万人。

桃源街道旧属回浦、山水、竹口乡范围。自宋代起至民国隶属朱开乡，民国时亦称回浦。1951年为回浦、金桥、竹口、钱岙乡。1956年回浦、金桥乡合并为回浦乡，并划入原竹口乡之后丁、溪旁徐等村，竹口、钱岙乡与花山、泉水合并为竹口乡。1958年均属宁海公社。1961年析置回浦公社、竹口公社。1983年改回浦、竹口乡。1992年全市进行撤区扩镇并乡，回浦乡、竹口乡、辛岭乡、水车乡并入城关镇。2001年2月与梅林镇、桥头胡镇三镇合一，称城关镇。2003年10月撤城关镇，于其中部置桃源街道。

【经济建设】 全力克服经济下行压力，开展稳进提质专项行动，系统梳理疫情助企措施61条，包片联企、送策上门，商会互助贷、出口中信保、减费退税等各项纾困手段尽数出动，惠及各类经营主体超3000家，减负降本2000余万元。全年实现工业总产值128亿元，规模以上工业总产值84亿元，完成固定资产投资9.17亿元；全年实现一般公共预算收入10.72亿元，同比增长22.6%；破立并举推进工业全域治理行动，拆除违建面积14.2万平方米，引导方正模具、银衣织造等6家企业整治低效用地，提高容积率。新旧动能转换加快，新增高新技术企业14家、技改项目18个，总投资超1.5亿元。现代服务业蓬勃发展，零资源引进电商外贸企业2家，协助推进喜来登酒店、明湖霞客居酒店等项目落地运行，商贸服务业销售额同比增长9.8%。坚持做特一产，协同推进生态保护和林业经济，打造以毛竹山、茶叶、猕猴桃为主导的林业基地4万余亩。

【五大革新】 在攻坚突破中革故鼎新，发展动力更加磅礴。对标县委“五大革新”要求，立足实际打造桃源版“五大革新”，聚焦79项制度创新和38个支撑性项目精准发力，取得一定成效。

一批影响全局的项目强力推进，创新实施“一班两办三片”攻坚体制，用情用心用力推进71个重点项目，31个征迁项目。220千伏泉水变电站、集美特智能制造基地、艾美卫信、得力电商产业园二期等顺利落地，金水西路、中心粮库二期成功破冰，尤家村旧村改造、建设村旧村改造有序推进。

一批事关长效的机制体制相继完善，落地实施《桃源街道信访工作机制实施意见》，规范信访事项全工作流程，实现闭环管理。以考核为导向制定《桃源街道村（社）信访工作实施意见》，推动信访工作重心下移，发挥第一道防线作用。

一批示范先行的实践案例接连涌现，高标准推进现代城乡社区改革，打造财权分离下桥样板。成功创建省级文化强镇。

【社会治安】 在防范风险中坚守底线，社会大局和谐稳定。突出标本兼治，有效化解省级信访积案15件，妥善解决大金村、隔水洋等历史遗留问题。

纵深推进“一拆一建两整治”专项行动，闭环整改自建房安全隐患1.4万余处，排查建档“一户多宅”1231户。加快构建租赁用房多元保供体系，规划上桥、竹口储等长租公寓建设，有序推进石家岙自建房整合改造试点工作。

保持安全生产高压态势，动态检查各类经营主体1万余家次，处罚金22.5万元。压紧压实企业主体责任，上线“工业企业安全在线”系统，企业自查隐患2.5万余条，线上、线下开展安全员培训4000余人次。

扎实推进治理能力现代化，迭代升级基层治理四平台，优化调整网格、微网格，挂牌成立桃源综合执法队，治理效能全面提高。

【社会事业】 在为民服务中坚守初心，民生福祉持续增进。持续加大民生事业投入，实施民生实事工程5项，总投资超3400万元，居民会客厅、临时停车场等项目相继建成。重点聚焦“一老一小”，服务推进下桥养老中心、浦西幼儿园等项目建设，加快补齐公共服务短板。始终把文明城市创建摆在首要位置，统筹推进“五水共治”“三改一拆”“马路市场整治”等工作，累计发动志愿者4万余人次，开展各类整治活动上千次，助力宁海全国文明城市创建。

推进社保扩面提标，基本完成城乡医保、城乡养老全覆盖。文体事业繁荣发展，开展“千里走宁海”、纪念潘天寿125周年诞辰文化周等活动，极大丰富群众精神文化生活。

“双拥”工作持续加码，创建“枫桥式”退役军人服务站3个、全国示范性退役军人服务站6个。

【自身建设】 在全面从严治党中夯基赋能，政治生态风清气正。持续推进“青蓝计划”，选育村级后备干部25名，完善村干部管理制度，出台《桃源街道村（社）干部管理办法》《桃源街道村（社）工作目标绩效考核办法》，基层组织不断建强。深入推进自我革新，依托“周二夜学”、街道党校等学习平台，推进党员干部培训常态化。

全面打造“锋领网格”，推动2109名在职党员、122名银辉党员领岗认责，助力基层治理。提标建设“全域锋领”，平稳有序完成17个社区的党组织换届工作，新增阳光、湖东、湖西“大党委”3个，“甬爱e家”站点21个，共富工坊3个，建成高铁党群服务中心。

坚决压实管党治党责任，扎实推进农村巡查，抓好巡察反馈意见整改。严肃纠治“四风”顽瘴痼疾，保持整治腐败高压态势，严查各类违纪违法案件，清廉桃源建设深入推进。

梅林街道

【概况】 位于宁海县北部，东连桥头胡街道，南邻跃龙街道、桃源街道，西南抵黄坛镇，西毗深甽镇，北依西店镇。区位优势显著，交通十分便捷，属宁波市“半小时经济圈”范围。甬台温铁路、甬台温高速公路、S甬临线、象西线穿境而过，是宁波联系台州、温州等地的交通重地。面积97平方千米，其中耕地面积523公顷。以梅林村得名。梅林街道办事处驻梅泉路258号，距县人民政府9千米。下辖22个行政村，2个社区。户籍人口2.6万人，外来人口2.3万人。

自宋代起至民国隶属朱开乡，民国23年（1934）隶属梅林区，民国36年（1947）底，包括紫文乡、回浦乡。1949年7月，隶属深甽区和桥头胡区。1950年8月，深甽区改称梅林区。（1952年又新建深甽区。）1951年建花山、泉水乡。1956年下河、方前2乡并入，更名梅林乡；花山、泉水乡并入竹口乡。1958年属西垫人民公社、宁海人民公社。1960年析置梅林公社，1961年以原下河乡及方前乡区域，建凤潭公社，花山、泉水区域建山水公社。1963年九顷公社并入，1969年12月梅林、凤潭两公社合并称梅林公社。1972年11月梅林公社又分成梅林、凤潭两个公社，同年12月15日起分开办公。1983年9月实行政社分设，梅林、凤潭两公社改称梅林乡、凤潭乡。1984年12月28日，梅林乡改为梅林镇，梅林、花园、大陆周、梅林陈4村为建镇区。1992年全市进行撤区扩镇并乡，撤桥头胡区，将凤潭、山水2乡并入梅林镇。2001年2月与城关镇、桥头胡镇“三镇合一”，称城关镇。2003年10月撤城关镇，于其西北部置梅林街道，原梅林镇山水乡所在区域划出。

梅林街道既有城市依托，又有乡村延伸，具有独特的区位优势。街道党工委、办事处按照宁海县城规划要求，把梅林打造成集商贸、居住、休闲旅游于一体的组团式城市。围绕这一历史使命，梅林街道努力营造一个稳定和谐的发展环境，让“平安”成为创业软环境的重要一环。以“从农村向城市转变、从农业型经济向城市型经济转变、从农民向市民转变”为总体目标，突出“经济发展、城市化建设、生态环境建设”三大主题，全面推进梅林街道经济、社会协调发展。

【工业经济】 规模以上工业产值和工业增加值分别完成181.4亿元和30.9亿元，皆为历史最高；工业投资完成7.7亿元，同比增长51.9%，总量位居全县第一；进出口完成81.7亿元，同比增长44.4%，总量位居全县第一。

紧盯实效抓招引。招引项目优化产业结构，全年新入库21个工业投资项目中，19个为技术改造项目，其中，建新华谊加码产业革新，建成全球首条铝合金副车架低压铸造生产线；高规格运用“5G+”技术，实现年产60万套高端卫浴产品；双一力、振业、贝兹德等5个数字化车间项目被评定为智能工厂。面对梅林以新能源、橡塑汽配为主导的稳定产业格局，积极发展以精密钢铝制品、医疗器械、高端卫浴为代表的新兴产业，以抢滩智造蓝海的姿态实现内生企业多点开花。招商引资丰富经济效益，持续对接零资源招商项目，全年完成纳税7220.4万元，较2021年提高近3000万元，位居全县第二。

数字赋能抓创新。优势产业探索突破新路，高新技术产业增加值完成26.2亿元，居全县第一。11家企业通过国家级高新企业认定，29家企业获评省级科技型中小企业，65家企业完成省市县各级工程技术中心申报，皆创历史新高。

惠企纾困抓服务。持续深化助企服务，建成全市首个工业社区，覆盖网格化管理模式，配套党建阵地、孵化基地、企业服务中心等服务设施。为辖区企业解决融资、用地、环评、招聘、物流等问题2000余件，兑现各类企业扶持资金2086万元，惠及企业264家，扶持企业力度之大为历年之最。

2022年11月16日，省经信厅一行调研工业全域治理工作

【重点工程】 坚持高起点规划。统筹生活、生产、生态空间布局，着力打造宜居、韧性、智慧城镇，按照“三城联动、三片并举、多点共建、一体发展”思路，协同推进梅桥片区、核心片区和凤潭片区建设，全面提升重要节点打造，形成“东活力、中魅力、西美丽”的空间发展格局。持续构建内联外畅的大交通体系，益工路、三省西路、七星南路、柘洋中路等政策处理道路开工建设，笔架山隧道破土动工。

2022年11月11日，在梅林街道兰丁村联村干部、村干部开展环境卫生整治

坚持高强度攻坚。持续推进梅林核心区、九顷两大区块旧村改造工作，争取梅林核心区D地块土地实现挂牌、九顷D地块改造项目顺利开工、半洋村东西片和仙姬陈村整村搬迁，完成梅林核心区块旧村改造第三次分房。G15高速西改工作完成4处公墓新扩建，确保百亩洋隧道顺利开工，基本实现坟墓迁移、民房厂房拆迁并启动安置小区内的“三通一平”工程。

坚持高品质建设。以“一心三化九场景”为标准对九顷区块进行改造，做细做深文化广场、邻里中心、人才公寓等配套服务设施建设的前期工作，加快与梅桥园区融合，引导周边产业与社区之间形成互利互融局面。对振兴街路口至杨梅岭村约1.1千米的路段进行整体提升，对建筑立面统一进行改造，融入梅林文化元素，建成工业全域治理示范带，树立展现梅林形象的城镇发展新标杆。

【农业工程】 在水利工程中，完成槐路河甬临线至沈海高速段世行城区防洪工程、仇家山坑水库除险加固工程验收；整治上大溪工程，整治长度 1767 米，其中，主河道堤防长度为 1737 米，支流河道堤防长度为 30 米，加固堤防长度 550 米；梅林溪支流伍富东岙河道整治完成 70%，整治长度 1.2 千米。

在五水共治“污水零直排”工作中，开展对“五水共治”找短板、寻盲区、查漏洞、挖死角专项行动，自查发现轻微问题和一般问题 87 件，重大问题 5 件，对自查发现、上级交办督办和群众投诉举报的问题，按照“整改一个、验收一个、销号一个”的要求，实行闭环管理，对 9 个小微水体开展自查，杜绝黑臭水体反弹，对集聚区污水管道重点点位检测，及时查漏补缺，清淤疏通，促进“污水零直排”区的数据化系统管控。

在农产品质量安全工作中，完成全年送检农产品任务，总计 120 余批次，主要包括樱桃、杨梅及各类蔬菜。打造农产品安全追溯体系，新增农产品追溯主体 1 家，向辖区内规模以上农业主体发放用药记录本和产品合格证 10 本。

在造血式扶贫工作中，开展低收入农户帮促工作，扎实做好低收入农户精准帮扶，满足低收入农户的就业需求，新增 23 个村级公益性岗位（每年县级补助 5000 元/岗位）；全力做好东西部协作和山海协作工作，配合县扶贫办完成资金帮扶任务和消费帮扶任务。

【乡村旅游建设】 加强旅游环境建设，提升民众的幸福感、获得感。

加快建设涉农旅游项目：一宁府民宿项目、新顺民宿项目、五松村观景台、五松村和岙胡村 A 级景区、兰丁村 AA 级景区、雁苍山风景区安全防护栏杆项目等。

加强民宿行业全面安全检查，特别是要求新开张民宿各证齐全，包括食品安全许可证、特种行业许可证、卫生许可证和营业执照，同时做好补助工作，营造舒适、和谐的旅游氛围。

【社会事业】 筑牢“防疫”线，护航“发展”线。构建防疫“快、专、灵”体系，全面动员、全员参与、全链闭环。4 月 25 日，梅林街道在全省 1364 个镇街全覆盖首轮疫情防控执行力指数评价中被省委组织部、省防控办评为优秀乡镇（街道）。10 月，《梅林街道平战结合打好疫情防控仗》被宁海县“五问五破、五比五先”助力“五大革新”机关作风建设专项行动工作专班第 25 期简报录用。

谋好“美丽”篇，打造“宜居”城。美林街道结合全国文明城市创建、国卫复审两大核心创建工作，大力开展环境卫生专项攻坚，研究出台县首创的《梅林街道村级环境卫生管理员管理办法》，建立“日清理、月例会、季考评、年总结”工作机制，环境卫生首次实现县环境卫生督查评比环境卫生和垃圾分类全年四季度“双一类”称号，扎实开展省垃圾分类示范镇创建，严格落实环境卫生联村干部包村、村干部包片、党员包户“三包”网格化管理机制，实现环境卫生“一网整治”，2022 年度整改点位 2500 余处。

共行“健康”路，打造“幸福”园。着力推进“15 分钟体育生活圈”打造，全面启动并基本完成梅林老卫生院改建规划设计，开展“邮政杯”趣味篮球、“喜迎亚运会、全民来健身”跳绳比赛等各类活动 2 项，参与 2000 余人次；开展卫生创建，上报并完成 3 个省级卫生村、1 个市级卫生村、3 个县级卫生村创建；深入推动医疗健康工作，完成家庭医生重点人群签约 4284 人，家庭医生续签 2633 人，以主动作为的姿态全力保障百姓生命健康。

共建“关爱”圈，提升城“温度”。始终把教育、医疗放在民生首位，在医师节、护士节、教师节发放各类补助，针对街道 7 所学校开展一线解难，协调解决学校门口交通安全隐患、污水满溢、道路设施落后等多个问题。全年完成献血 110465 毫升，完成全年任务的 139%；开展婚育新婚进万家宣传活动，共发放宣传品 200 余份，宣传册 300 份，慰问辖区内 11 户失独家庭，通过内外共同“关爱”推进“有爱”梅林建设。

【治安工作】 除险保安工作。开展道路交通“除隐患、降事故、遏重大”专项行动，加强重要时间段在重要路口分组进行守法率、戴盔率、违法载人等执法，共出动 3000 余人次；持续开展扫黑除恶常态化工作，发放宣传海报 3500 余份和“扫黑除恶专项斗争致全街道人民群众的一封信”5000 余件，组织网格员入户签订反诈承诺书 2 万余份，发放反诈宣传资料 5000 余件。涉稳隐患化解 16 件，落实护航党的二十大等重大活动或重要时期安保措施。

禁毒工作。街道成立禁毒工作领导小组，明确各村支部书记为治理工作“第一责任人”，制定下发《2022 年梅林街道毒品治理方案》《关于进一步加强禁毒铲种工作的通知》，利用专业无人机航拍面积 40 平方千米和出动网格员 423 人次拉网式排查种植罂粟情况，实现梅林街道“零种植”“零产量”的目标，举办禁毒宣传教育活动 26 场次，发放各类宣传材料 1.2 万余份，受教育群众约5万人次，并全方位打造禁毒宣传阵地，建设24个行政村禁毒宣传栏、禁毒公园、禁毒示范街、禁毒模范企业。

反邪教工作。通过每月挂横幅、讲座、发放宣传册、面对面宣教等形式开展反邪教宣传活动，共发放各类宣传材料1万余份，受教育群众约5万人次。此外，在下河村打造反邪教阵地，在九顷公园打造反邪教公园，设立关爱之家和关爱工作站。

司法工作。梅林司法所共调处各类矛盾纠纷129起，其中，包含3起非正常死亡案件（东方日升、高速服务区、奇精机械）。梅林司法所共组织各类普法活动18次，活动形式包括到梅林中心小学、花园社区进行普法授课，宣传内容涵盖防范电信诈骗、民法典、反邪教、宪法等。梅林司法所积极参与法治政府工作，共审查行政合同17件，参与行政复议案件答复1起，代写相关法律文书5份。

信访工作。完成各类信访案件568件，其中，来电190件、网信597件、来信11件、来访4件，对投诉反映的问题，做到事事有落实、件件有答复，处理结果均按要求在规定时间办结，回复率以及办结率100%。坚持领导接访制度，上半年街道本级接待信访投诉反映265人次，有效地将各类信访矛盾化解在当地。

【民生保障】 整合社保、医保、就业、民政、殡葬、残联、公共法律服务等民生事项实现进驻，全新打造24小时服务之窗，实现自助终端机全天候提供自助办理便利，同时联动便民网格，实现便民服务延伸至村一级，直接送便利到群众家门口，切实解决老年人“数字鸿沟”问题，实现“自助+帮办”办理服务新模式，凸显智能化服务新功效。接待服务群众约2万人次。

医疗保障工作方面，办理城乡居民基本医保参保10672人次，完成缴费10335人次，缴费完成率为96.84%，缴费完成率暂居全县第二；重点优抚对象、一级、二级持证残疾人、享受最低生活保障家庭成员（含困境儿童）、特困供养对象（含散居孤儿）、持有的低保边缘家庭成员，符合条件的困难群众共计351人，资助参保率100%；普惠型补充医疗保险产品（“甬宁保”）投保7866人次，年度投保率完成29.8%，投保率居全县第三。

社会保险工作方面，完成户籍人员养老保险参保扩面工作17人，实现以街道为单位户籍适龄人员参保率基本稳定在99%左右；完成社会保险精准扶贫工作，全面实现“应保尽保、应补尽补、精准动态”；完成养老保险待遇领取资格认证304人次，完成农民工基础信息采集11022人次。

政务服务工作方面，通过示范性便民服务中心创建验收；推进花园社区便民服务站的延伸工作，打造“15分钟政务服务圈”。

【自身建设】 强化政治建设。梅林街道始终坚持把党的政治建设摆在首位，引领各级党员干部在思想淬炼、政治历练、实践锻炼中增强斗争本领。依托梅林党校，建立常态化培训机制，制定并实施《梅林街道党校2022年度主体班次培训计划》，组织开展“千名党员进党校，锤炼党性铸党魂”助力共同富裕培训班、“万名党员进党校　同心奋进新时代”二十大学习培训班。街道党工委深入研究县委部署的“五大革新”，制定“锋领党员行动指引”“周工作闭环机制”“比学赶超机制”“‘五强’领导班子建设工程”“干部培育456优源工程”等共计108项梅林街道五大革新任务，切实地将制度向纵深推进、向基层延伸，有效地增强了各级党组织政治功能和组织力。

推进精神文明建设。组织开展“我身边的道德模范”评选活动、“我们的节日”系列主题活动，有效传承孝德礼仪，提升文明渗透力。将志愿活动常态化，做实做深文明实践，完成街道新时代文明实践所站点建设提升工作，同时新增实践点6处，在全县新时代文明实践阵地第三方测评工作中全县排名前三。积极培育新时代文明实践志愿服务项目，成功推荐社区矫正“阳光·榕树湾”项目和“四季有爱·艺起筑梦”志愿服务项目参与2022年宁海县新时代文明实践志愿服务项目大赛，其中“四季有爱·艺起筑梦”志愿服务项目获评全县优胜奖。用好“志愿浙江”平台，陆续开展文明实践活动共计60余次，内容涵盖文化、科技、教育、卫生、体育等各方面服务。

全面落实党风廉政建设。按照党风廉政建设责任制的要求，认真贯彻落实领导干部廉洁自律“五不准”规定，定期组织对党员干部特别是领导干部进行教育，促进党员干部自觉做到廉洁自律。制订党风廉政建设工作考核办法，对各科室及各村进行量化考核，分析研究部署党风廉政建设工作，以街道纪工委为主，定期、不定期开展督查，发现问题及时纠正。形成“一把手”负总责、一级抓一级、层层抓落实的良好工作格局。

2022 年 10 月 16 日，梅林街道全体干部职工在梅林街道办事处影剧院开展党的二十大学习活动

2022 年梅林街道基本情况统计表

表 9

项　　目	单　　位	合　　计
总面积	平方千米	97.00
耕地面积	公顷	523
村民委员会	个	22
社区	个	2
常住人口	人	26291
外来人口	人	22934
第一产业产值	万元	7591
第二产业产值	万元	2284871
第三产业产值	万元	179000
工业销售收入	万元	2242324
工业利税	万元	101541
固定资产投资	万元	127456
财政收入	万元	25702

2022年梅林街道（规模以上）企业基本情况统计表

表10　　单位：万元

序号	单　位	产　值	营业收入
1	东方日升新能源股份有限公司	751369.3	2254448.7
2	东方日升（宁波）新能源有限公司	354136.6	334608.5
3	建新赵氏科技股份有限公司	180098.1	293097.2
4	双一力（宁波）电池有限公司	111060.6	97736.5
5	东方日升（宁波）新材料有限公司	107786.5	107280.3
6	浙江双宇电子科技有限公司	75905	86860.7
7	宁波永信汽车部件制造有限公司	44887.2	43540.6
8	康迪泰克传动系统（宁海）有限公司	40508.0	46662.9
9	宁波市高格卫浴产品有限公司	40461.7	27731.9
10	宁波捷豹振动控制系统有限公司	39362.2	44309.4
11	宁波永信钢管有限公司	28112.2	38060.2
12	宁波途兴汽车部件有限公司	24917.8	30199.7
13	宁波翰文电器有限公司	24466.9	22779.5
14	宁波光明橡塑有限公司	21211.2	23510.1
15	宁海县振业汽车部件有限公司	17167.1	15239.7
16	宁波建新华谊铝业有限公司	15877.4	16794.5
17	宁波市锦泰橡塑有限公司	15421.4	15143.9
18	宁波世纪东港机械有限公司	14217.4	14340.5
19	宁海县东昊铝业有限公司	13860.8	13496.7
20	宁波宏科汽车部件有限公司	13675.6	13208.8
21	宁海建新胶管有限公司	12319.9	12046.9
22	宁波浩柏铝钢有限公司	12216.9	12514.7
23	宁海厚德包装有限公司	11765.5	12397.0
24	宁波国琅机器人科技有限公司	11338.4	10404.1

续表10

序号	单　位	产　值	营业收入
25	宁波世辰汽车部件有限公司	9965.4	10350.4
26	浙江优逸科汽车部件有限公司	9749.898	9632.3
27	宁海县梅乐铝业有限公司	9178.0	9300.3
28	宁波捷豹传动系统有限公司	8741.52	9399.8
29	贝兹德智能科技有限公司	8487.3	8119.4
30	宁海永大混凝土有限公司	8442.6	8455.4
31	宁波南星汽车部件有限公司	8286.0	8727.1
32	宁波金鸟服饰有限公司	7969.7	8096.7
33	宁波市新一元铝业有限公司	7885.3	7984.6
34	宁波卓凡新材料有限公司	7428.1	7801.2
35	宁波吉海模具有限公司	7382.1	7670.7
36	宁波华东旭丰纺织品有限公司	7371.0	8319.0
37	宁波兴亚汽车零部件有限公司	7146.8	6625.1
38	浙江锦柏新材料科技有限公司	7054.7	7035.0
39	宁海新电电力开发有限公司	6934.5	12928.5
40	宁波建强汽车部件有限公司	6728.4	6406.5
41	宁波宏德众悦科技股份有限公司	6638.4	6595.7
42	宁海科发铝业有限公司	6621.5	6383.8
43	宁波美亚达汽车部件制造有限公司	6183.5	5537.0
44	宁海鹏里旅游用品有限公司	6181.0	6172.5
45	宁波翊熙汽车部件有限公司	6083.8	5893.0
46	宁波斗士油压有限公司	6014.1	6005.9
47	浙江永励精密制造股份有限公司	5717.5	5923.0
48	宁波华宝智能科技股份有限公司	5567.1	6433.6
49	宁波富海华压力容器制造有限公司	5528.0	6068.2

续表10

序号	单　位	产　值	营业收入
50	宁海建新自动化设备有限公司	5448.2	6047.8
51	宁海光启铝材有限公司	5348.0	5348.6
52	宁波正一模塑有限公司	5262.7	5209.7
53	宁波建新白马注塑有限公司	5220.3	5331.5
54	宁波旭琛实业有限公司	5103.2	4681.7
55	宁海县健牌汽车部件有限公司	4691.6	4717.7
56	宁海县久丰纱厂	4499.5	3690.5
57	宁海鼎宏沥青搅拌有限公司	4398.6	4238.7
58	宁波正霖文具有限公司	4355.5	4352.9
59	宁海县精欧铝业有限公司	4307.4	4159.3
60	宁波锦赛汽车部件有限公司	4223.4	4267.9
61	宁海永易五金有限公司	4046.6	3931.8
62	宁波兴亚橡塑有限公司	3957.5	6695.7
63	宁波权启科技有限公司	3876.3	3643.4
64	宁波市大磐精密机械有限公司	3706.4	3718.1
65	宁海县正达模塑有限公司	3420.1	3468.7
66	宁海纬博模塑有限公司	3388.1	3281.5
67	宁海华明机械有限公司	3280.6	3149.9
68	宁波益众金属制品有限公司	3247.8	2627.8
69	宁波永成蓝鲸模具有限公司	3238.2	3208.2
70	宁波金琪铝合金表面处理有限公司	3232.4	3289.3
71	宁海鸿浩塑业有限公司	3193.6	3193.5
72	宁海县开创机械工具有限公司	3155.2	3254.8
73	宁波天裕新材料科技有限公司	2984.2	2622.8
74	宁波嘉士博文具有限公司	2700.8	2700.8

续表10

序号	单　　位	产　　值	营业收入
75	宁波圣得雅化妆用具有限公司	2489.8	2499.8
76	宁海县风威工具有限公司	2403.0	2335.9
77	宁海县万里铸造有限公司	2363.6	2085.8
78	宁波华宝百顺模具制造有限公司	2208.8	2202.9
79	宁波永博印业有限公司	1982.4	1806.3
80	宁海县金益文具有限公司	1959.7	1903.1
81	宁波索勃光电科技有限公司	1694.9	1387.1
82	宁海万光金属制品有限公司	1511.3	1487.3
83	宁波博而特电器有限公司	1422.6	1404.5
84	宁波铭旭机械有限公司	1118.9	768.2
85	宁波万里春橡塑有限公司	0	0

桥头胡街道

【概况】 位于县中部偏北，象山港南岸西端、黄墩港口、沈海高速接口东侧，处于主城区与宁海湾循环经济区的连接地带。东与大佳何、力洋镇接壤，东南与茶院乡毗邻，南、西南与桃源街道相接，西与梅林街道相连，西北隔铁港与西店镇相望，北与强蛟镇相接，街道紧临宁海湾，与2个街道、5个乡镇接壤，是“一湾一区一带”的重要板块。曾获有浙江省体育特色乡镇、海水养殖强镇、省级森林城镇和国家级生态城镇等荣誉称号。区域面积59平方千米，办事处驻中新北街16号，距县人民政府东北11.8千米，距沈海高速公路宁海出口3千米。辖1个社区、18个行政村。人口2.9万人。

自宋代起至民国隶属朱开乡，民国23年（1934）隶属城区，民国36年（1947）底隶属久安乡。1949年7月，隶属深甽区。1951年建久安、黄墩、涨家溪、建设、龙潭乡。1956年五乡合并黄墩乡。1958年称黄墩管理区，建设、龙潭乡分出成立建设乡。1961年分别置黄墩公社、建设公社，1983年改黄墩乡、建设乡。1984年黄墩改名桥头胡，置桥头胡镇。1992年全市进行撤区扩镇并乡，建设乡并入桥头胡镇。2001年“三镇合一”并入城关镇。2003年10月撤镇建街道，成立桥头胡街道办事处。

桥头胡境内河道总长54.1千米，共有水体54个，其中，县级以上河道2条、街道级河道4条、村级河道3条。自推进“河长制”以来，该街道严格落实域内河库治理保护责任制，通过源头治理、疏堵结合、落实长效等措施，全面深化“五水共治”工作，加快补齐生态环境短板，查漏补缺，构建“醉美汶翠谷、居养桥头胡”的良好生态环境。2022年，成功创建省级“污水零直排区”，获评全省“五水共治”工作优秀乡镇。

【河道整治】 桥头胡街道对相应的河道进行针对性建设，把河道流域范围内的自然地形、河道特点进行综合考量，制定相应的方法进行改造建设，共计投资17587.7万元。其中，1500余万元用于对槐路河（桥头胡段）进行整治，槐路河北侧老河道比较狭窄，遇到雨量大时，街区的雨水都汇集到这里，得不到及时排泄，造成地势略低的老街区块经常出现内涝。该整治工程按50年一遇防洪标准设计施工，全长1.14千米，工期为1年，主要包括南侧河道整体清淤，北侧河道从原来的5米拓宽至10米，并新建箱涵150米、明渠500米及重建梅茶线公路桥和振兴桥，沿线增设花箱、绿化等。

对于汶溪河道的整治，街道投资10607.68万元，对总面积147439平方米的区域进行全面治理。其中，河道水利设施治理工程包括堤防加固工程，龙潭村段、双林村段、佛学院段堤防固脚长度共2035米；改造堰坝23座；河道景观绿化提升工程包括两岸景观绿化、水岸石景、各类硬质铺地、道路、电气照明、给排水以及景观小品的设置和植物的种植，绿化种植面积72306平方米。

对于汶溪周塘的治理，街道共投资5480.02万元，该工程起始于汶溪周大桥汶溪河口，止于乌石山山脚，首尾均与象西线相接。堤线全长加固2.7千米，并配套建设沿线交叉建筑物。其中，海塘除险加固内容包括拆除重建防浪墙及塘顶道路、加固塘前护脚、背水坡防渗处理及景观绿化、新建北坡道路等；沿线交叉建筑物包括3座水闸、1座堰坝维修加固，1座人行桥及14处穿堤涵管等。

街道中心区段按照城市景观绿化设计，融入旅游、休闲，非镇中心区段按自然、生态设计，总体来说，河道景观优美，人工景观与周边环境相融合，达到“水清、流畅、岸绿、景美”标准。

依托汶溪流域水环境治理，桥头胡街道大力保护水环境、挖掘水文化、做活水经济，打造了一条因水而兴、因水而美、因水而富的幸福游线，实现了“绿水青山”和“金山银山”的双向转换。按照“一河一貌”的设计理念，在充分利用河道现状资源的基础上，增加栈道、亲水平台等水利设施，进一步丰富滨水游憩体验，打造自然生态景观样板区。2021年，汶溪成功创建省级“美丽河湖”。

汶溪的美景“点靓”沿线村庄，位于桥头胡街道的双林村便是其中之一。双林村东依茶山，南拥铜岭岗，有汶溪、桃花溪穿村而过，村内青松翠竹、绿影婆娑，素有“十里生态沟”之美誉，曾入选“国家森林乡村”。在保护水资源的同时，当地政府依托当地民宿聚集区优势，做好水文章。串联沿溪双林、东吕、岙马等6个村庄和1条国家级登山步道，建设采摘基地，打造溯溪游步道，建成溪涧美术馆和哩呀罗水上乐园，启动乡村集市、花漾稻田……汶溪流域逐渐形成了一条集红色旅游、乡村旅游、养生养老、休闲度假等功能于一体的汶溪翠谷特色水韵旅游线。

开发“水之旅”品牌的双林村，在已经形成一条“水美+”衍生休闲观光旅游带的基础上，双林村以“汶溪明珠　艺宿双林”为主题进一步做活水经济。双林村成功创建省级民宿聚集区，并获得AAA级旅游村庄、艺术特色村等称号，成为宁海全域旅游示范标杆、长三角家庭休闲度假目的地和国家乡村振兴示范区。

【工业经济】 新增浙江首康生物科技有限公司、宁海县勇昊汽车部件有限公司等2家规模以上企业。全年全街道完成工业总产值74.66亿元，同比增长18.51%；其中，39家规模以上企业工业产值43.95亿元，同比增长22%，工业固定资产投资（工业技改）实际完成13177万元，同比增长61.21%。限额以上商品销售额196087万元，同比增长221%，限额以上社会消费品零售额3406万元，同比增长101%，限额以上批发业零售额192020万元，同比增长227%，限额以上零售业销售额4067万元，同比增长73%，各项增速领跑全县。

【农业重点工程项目建设】 槐路河水产城支流段整治工程、槐路河桥头胡段防洪整治工程项目等城区防洪排涝项目全面完工，城区防洪排涝能力全面提升。总投资3800万元的涨家溪小流域治理工程完成总工程量的30%，汶溪东吕段整治工程完成总工程量的95%，不日即可全部完工。汶溪周海塘除险加固工程全部完工并通过验收，草湖塘除险加固工程总投资3554万元，完成总工程量的55%，完工后将最大程度地消除海塘隐患风险。双林至龙潭、五联、金牛山蒲岭的大管网及泵房、五联村一户一表改造全部完成建设，金牛山村一户一表改造基本完成，切实保障了农村饮用水供给和品质安全。

【文旅产业】 以“旅游+”为发展理念，以文旅项目带动为发展基石，持续打造文旅产业转型升级。花间堂温泉度假酒店和拾贰忆 & 诗莉莉民宿完成主体建筑阶段，内外装饰装修工程即将开工，旅游集散中心项目完成基础验收。汶溪水乐园和哩想人精致烧烤营地2个项目投入运营，哩呀罗山水奇遇号、花漾稻田等项目将陆续开工，全面打造农旅融合实践平台。充分发挥“宁宿·双林”品牌效应，借智借力打造升级版乡村民宿，“闻溪阆苑”获评银宿等级称号，双林村入选浙江省首批民宿助力乡村振兴改革试点。成功创建铜岭村A级景区村庄、岙马村AAA级景区村庄，东吕村AAA级景区村庄完成验收，“艺宿双林·醉美汶溪”美丽庭院特色带喜评宁波市美丽庭院创建特色带。全年累计接待游客35万人次，实现旅游创收2750万元。

【城镇建设】 落实项目建设，加快靓化城镇步伐。快速跟进房屋征迁工作，全面完成老车站地块房屋征收拆迁、核心区B-1地块个人住宅腾空、黄墩公园二期项目政策处理、虹桥路、兴城路房屋拆除、胡氏宗祠迁建地块签约等多项重难点征迁项目工作。加速促进重大项目建设，核心区D地块工程（黄墩雅居）、核心区E地块住宅小区工程、敬老院项目房屋主体陆续完工，宁海县城乡公交物流一体化项目Y406线建龙公路2022年度储家至龙潭段大修工程完成招标。全速推进“三改一拆”力度，强势开展违法建筑查处和整治工作，累计拆除违章建筑面积13.935万平方米，完成率107.19%。加强“一户多宅”整治合力，整改完成200处，剩余“一户多宅”已按计划加快整改中。

落实城镇管理，改善提升人居环境。高强度助力全国文明城市创建行动，加大美丽集镇、美丽乡村环境治理力度，实施全天候保洁、日常管理和突击整治相结合。同时重拳出击开展夜间市容顽疾整治、户外广告整治、建筑渣土整治、流动摊贩整治、垃圾分类整治等“五大整治”行动，确保从根源上遏制各类不文明现象发生，最终实现街村面貌品质显著提升。

落实改革提质，着力驱动全域治理。进一步深化“亩产论英雄”改革，围绕“拆旧、建新、提标、提质”的要求，成立工业全域治理攻坚专班，以“周攻坚任务+月工作部署”模式，加快政策处理工作，累计拆除违建、危旧厂房123500平方米，其中拆除东园工业集聚区内违建80317.6平方米，全面跑出工业全域治理桥头胡加速度，拆旧速度领跑全县。搭建小微企业“孵化”成长平台，加快推进东园工业小微园区项目建设进度，以“空间优化、产业集群、要素集聚、绿色集约”的高质量工业发展为目标，以东园工业集聚区为核心，坚持工业集聚区整体推进，逐步向陆家、汶溪周村等周边区域辐射的工业布局，同时融合经济开发区北扩地块，推进城区布局不断优化。

【基层治理】 构建掌上平台，数字化办公有突破。探索破解传统联村工作中的难点、堵点，创新打造“浙里联心”数字化服务平台，构建设置“我来办、我来帮、我来访”3个场景，联村联户工作形成自上而下工作清单、自下而上诉求解决双闭环制度，构建“精准赋能、智治联村”的基层治理新模式。同时针对干部条线工作构建设置了“科室任务、下沉任务”2个场景，聚焦考准、考实、考出干部好状态的目标定位，推出适合乡镇街道的干部分类考核工作，实现工作过程可视化，让任务落实更有抓手，动态督办更有效果，管理决策和综合评价更为科学。

树牢底线思维，平安式街区有成效。围绕建设“平安桥头胡”目标，扎实推进各项工作，基层治理现代化能力水平显著提升。首办责任考核件抽查通过率及满意率、“110”系统平台流转处置、E宁波系统事件处置及时率、智慧城管平台案件解决率和按时处置率均达100%。不间断开展平安村、平安家庭、平安企业、平安校园、防电信诈骗、防养老诈骗等各类平安创建宣传系列活动，累计发放宣传册22000余份，张贴海报800余张，悬挂横幅260余条，实打实将平安法治宣传做细做精，群众防骗反诈意识入脑入心。坚持调处化解走在前，矛盾纠纷不上交，人员稳控在基层，全面推行调解“一件事一次办”工作，依托街道社会矛盾纠纷调处化解中心，完善“老何说和”、村民说事等平台载体，及时有效化解各类矛盾纠纷，全年共受理上级转办475件，按期受理、办结、满意率、核实率、抽查通过率均达100%；累计受理矛盾纠纷50起，全部调解成功。

狠抓闭环管理，安全式生产有保证。以“工业企业安全在线”和“除险保安”专项行动为抓手，督促辖区278家企业每月在“工业企业安全在线”平台上做好常普常新工作，每月自检出安全隐患并落实整改，实行隐患闭环管理。持续深化百万员工大培训工作，通过线上和线下双渠道开展培训，累计参训人数1700人次。在理论培训基础上，引入实操演练，先后组织森林火灾、企业自救逃生等多种类别内容演练6场次，切实帮助参训人员掌握防灾救灾和逃生要领，为保障生命财产安全打下坚实的基础。动真碰硬开展消防安全攻坚整治行动，累计检查企业、沿街商铺等重点行业领域274家，整改隐患365条，其中重大隐患“三合一”8条；督促225家工矿企业隐患自查发现并整改隐患611条。沿街商铺安装防火门加硬隔断103家，安装烟感报警器473家，其中83家餐饮店全部安装燃气报警器，实现全覆盖。

【社会事业】 强化社会保障，夯实民生补助基础。架起为民服务连心桥，精准落实“一户一策”帮扶政策，全年累计投入最低生活保障、困难补助、慈善救助等扶贫助困资金628万元，受益群众8953人次，让困境儿童、低收入农户、残疾人等群体帮扶力度持续升温，五联村网格员王晓浓获市级“最美儿童主任”荣誉称号。发放高龄津贴

95.35万元，惠及7256人次。

强化惠民福祉，增创利民实事项目。有AAA级居家养老服务中心1个；村级居家养老服务站AAA级1个、AA级8个、A级8个。为深入打造“15分钟居家养老服务圈”，投入20万元，对五联村、店前王村、丁家村、汶溪周村等4个居家养老服务站外部修缮房屋，内部增设桌椅、空调、图书柜等硬件基础设施，全面营造了良好适老养老氛围。同时管好“爱心食堂”，提高老人的用餐质量，健幸居家养老服务中心、东吕村、涨家溪村、汶溪周村“爱心食堂”累计日均助餐120人次，不断扩大送餐服务的覆盖范围。加强对第三方居家上门服务的监督管理，每月联合县民政局进行不定期抽查，确保服务按时、足量。每月邀请专业保健医生评估老年人生活自理能力并开展健康养老保健知识分享，让养老服务工作更真心、更暖心、更贴心。

2022年1月11日，桥头胡街道陆家安居工程项目举行5号楼主体工程结顶仪式

强化富民谋划，促进文卫事业发展。对照“文化礼堂、精神家园”的定位，进一步强化文化礼堂的功能，累计开展百姓大舞台、送戏下乡、公益电影等文艺活动16场。整合志愿服务资源，广泛开展志愿服务活动，推动志愿服务活动经常性、社会化。街道选送的“绽放爱心，温暖同行留守儿童防溺水自护公益项目”获得2022年宁海县新时代文明实践志愿服务项目大赛铜奖。规范化运行管理桥头胡文化综合体（黄墩文苑），全面接入市图书馆业务管理系统，无人值守数字化的引进，使图书馆服务更加便利和人性化，全面提升了流程化水平。累计开设古筝公益课堂、“遇见艺术——桥头胡艺术周”公益课等系列课程50余次，举办读书分享、非遗传承、高端绘画公益展览等活动10余次，极大程度地丰富辖区群众业余文化生活，提升了精神文明水平。

2022年6月18日，桥头胡街道双林村的哩呀罗水上乐园正式开业

【省级文旅特色型美丽城镇样板创建】 桥头胡街道创建省级文旅特色型美丽城镇建设项目总26项，其中，环境美项目4项，生活美项目8项，产业美项目2项，人文美项目12项，计划总投资14.51亿元，已完成16项，合计11.78亿元。

9月21日，省美丽城镇验收组一行到桥头胡街道开展省级文旅特色型美丽城镇样板创建考核验收。

验收组一行首先通过座谈汇报、观看视频、查阅资料等方式，听取桥头胡街道关于文旅特色型美丽城镇建设基本概况、工作举措及成效特色等方面的翔实情况。随后，验收组分2组，前往矛调中心、小微企业孵化园、眠牛山公园、黄墩文苑、北部医院、慈云佛学院、双林民宿等点位进行实地考核，详细了解桥头胡美丽城镇创建成果。并对相关创建工作表示肯定，提出意见和建议。

2022年10月20日，桥头胡街道孙升泰旧居迁建工程通过验收

长街镇

【概况】 长街镇是宁海县的工业强镇、农业大镇、商贸重镇、中心城镇。位于宁海县东部，镇人民政府驻长街，距县人民政府东27千米。东临岳井洋与象山县隔洋相望，南濒三门湾，西界胡陈港、力洋镇，北邻胡陈乡、象山县。辖区总面积207.01平方千米，辖42个行政村、1个社区和1个居委会，户籍人口8.5万人。

全镇河道总长300多千米，占全县总长的1/3；公路总里程230多千米，占全县总里程的1/8。拥有耕地11万余亩，海岸线长28千米。可养殖面积居全省第一位，蛏子、蛤蜊、泥螺等水产品享誉境内外，被誉为“中国蛏子之乡”。

自宋代起至民国初隶属朱开乡。民国23年（1934）隶属长亭区。民国36年（1947）底，包括长亭镇及湖青乡、水东乡。1949年7月，隶属东区。1951年分设为长亭镇、大湖、城塘、龙浦、新城、岳井、山前、大青、山头、平原、青珠、伍山等乡。1956年长亭镇、大湖、城塘合称长亭乡；龙浦、新城合并龙浦乡；岳井、山前、伍山合并称岳井乡；大青、山头、平原、青珠合并称青珠乡。1958年属长街人民公社。1959年青珠辖区从长街人民公社分出，划归青珠农场。1961年分设长亭、龙浦、岳井、山头、伍山、青珠等公社。1981年因重名，以公社驻地为名改称长街公社。1983年改长街、龙浦、岳井、山头、伍山、青珠等乡。1984年置长街镇，列长街本村及屋基园、石桥头等村为建镇区。1992年全市进行撤区扩镇并乡，前横、青珠、山头乡合并新置明港镇。龙浦、岳井、伍山等乡并入长街镇；2004年8月，将原明港镇的区域以胡陈港中心自然界线划分，分别与原长街镇、力洋镇的区域组建新的长街镇、力洋镇。

【工业经济】 围绕“三项行动”，始终把发展作为第一要务，以确定性举措应对不确定性，系统整体抓谋划、扭住龙头促提质，经济发展动能进一步凝聚。

工业提质添创新优势。坚持扩容优化与提质增效双管齐下，重新编制控制性详细规划，园区空间从1500亩提升至2500亩，进一步优化了产业集群空间发展布局；全面推进工业全域治理，坚持“退二优二”，拆违拆旧12.1万平方米，盘活“批而未供、供而未用”土地85.8亩，新开工项目7个、投产2家，完成工业固定资产投资1.1亿元。

推动服务企业高质量发展，奇精上榜省成长性最快百强企业，凯博入库拟上市培育库，新增规模以上企业2家，企业转型升级步伐进一步加快。全年实现地区生产总值59.2亿元，规模以上工业总产值36.4亿元，外贸进出口总额12.8亿元，税收收入1.8亿元。

加快园区基础配套提升，全力打造镇级工业园区样板，实施主干道路面拓宽改造工程，累计新增绿化及围墙美化1.7万平方米、改造提升停车位350个，基本建成园区“污水零直排区”，实现蓄潜力、添活力与创效益的有机结合。

项目接力开创新局面。狠抓重大项目建设，全力推动前期项目加快落地、在建续建项目提速提效，总投资23.7亿元的6个新建续建县重点项目顺利实施，完成固定资产投资6.5亿元（计算矿山投资）；2023年重点项目提前谋划，确保重大项目接续滚动、持续发力。加速项目前期政策处理，仅用30天全面完成164户涉及43亩土地的下洋涂农田引水灌溉工程政策处理；倒排时间推进东部沿海防洪排涝工程，基本完成红线范围内前期工作，完成主干线政策处理2134亩、兑现1.3亿元。

主动加压开展园区征地扩容“百日攻坚”，为下一步谋篇布局与产业发展提供有力的土地要素保障。招商引智谱写新篇章。加大招商引资力度，新增洽谈项目13个，成功落户企业6家，完成浙商回归2.7亿元、县外内资4.6亿元、市外内资3.1亿元；对接招引创新医疗、志邦等15家企业，完成零资源招商纳税额1.1亿元，位于全县前列。

充分挖掘内生型项目投资，建立重点在谈项目动态储备库，储备了奇精小微创业园、凯祥家居制造基地、天虹智能文具等总投资16.3亿元的6个项目。

深入实施“两进两回”，招引资金回归4400万元，投资机械制造、养殖业等领域，开创了乡贤助推产业发展新局面。

【农业经济】 围绕“三农”发展，全方位推动产业振兴，共同富裕步伐加快迈进。现代农业高质量发展。夯实农业基础设施，投入3000万元完成高标准农田、绿色农田示范点、海水池塘尾水治理等5个项目建设，规范化管理养殖塘，创建省级现代化农业服务中心和市精品绿色农产品基地，极大改善了农业基础设施条件。全年实现农业总产值10.3亿元、同比增长3%。

常抓不懈粮食生产，稳步推进耕地恢复面积8012亩、占全县的40%，集中连片建设4个总面积8200余亩的千亩方，制种规模和水平处于全省前列，获评省粮食增产保供成绩突出集体、市级耕地保护先进单位，并推荐申报为省耕地保护工作先进集体。

加快培育共富带头人和农业经营主体，创建县示范家庭农场、农业示范基地10家，流转土地9万亩、流转率82%，土地集约化经营步伐进一步加快。

品牌建设高标准推进。优化提升产品结构，充分发挥“宁海珍鲜”“长街味道”区域公用品牌作用，培育形成稻米、水产、蔬果等六大农产品；着力打响蛏子品牌知名度，投资770万元完成蛏子地理标志保护工程，研发溯源二维码，亩均效益提升4000元，可养殖面积达2.55万亩，产值同比大幅增长，经验做法登上央视及省级媒体。举办第十七届云上蛏子节，开幕式、网红大V走长街等直播浏览量达18.5万人次，“阿蛏嫂”累计助农直播268次、收看人次达100万人次，品牌富民效应不断彰显。可支配收入稳步提升。

发展壮大村集体经济，对岙洞民宿、总浦塘厂房光伏等项目通过验收，隔洋塘渔光互补项目进展顺利，全镇村集体经济收入均超50万元、同比增长10%。

深入实施就业创业服务质量提升工程，落实常态化援企稳岗帮扶机制，依托成人学校、现代农业服务中心开展职业技能培训56班次，持续加大小额低息贷款政策扶持及农业生产保险保障力度，获评全国最美工会户外劳动者服务站点、市安康杯成绩突出组织单位，推进了更高质量就业创业。

【城镇建设】 围绕“三美联动”，内外兼修打造宜居、宜业、宜游的生态福地，城镇品质内涵更加丰富。村镇新颜持续蜕变。美化亮化人居环境，培育西岙、对岙洞等一批艺术特色村，建成市美丽宜居示范村、中心村、本质巩固村各1个、梳理式改造村4个、景区村庄3个，完成河道清淤1.8万立方米、关停畜禽养殖场4家，实施垃圾智分类项目13个，环境卫生整治和垃圾分类进入全县第一梯队。

持续加大“三改一拆”和卫片整治力度，全年拆违14.5万平方米，拆改完成率均位于全县前列。美丽经济日益添彩。深入实施“四镇”联创工程，全国文明城市创建扎实推进，国家卫生乡镇复查顺利通过，省级美丽城镇成功创建，AAA级景区镇前期顺利。充分挖掘村庄资源，改造提升烈士陵园、象宁抗暴纪念馆，串联山头“欢乐佳田”、总浦塘“烟波人家”、对岙洞“青春文化”等资源，统一策划发布文旅项目12个，探索了“两山”转化新路径。全力打造大美南湾精品线，推进道路美化和村容改善，挖掘文化民俗打造特色景观节点，沿海大美风景通道魅力初显。

生活体验不断改善。拓展完善规划布局，镇国土空间总体规划编制有序推进，镇区近期行动规划取得阶段性成果，未来发展方向进一步明确。着力解决群众急难愁盼，海防执勤联网道路、东兴南路等4条总长22.6千米的道路投入使用，西片区农村道路硬化、大湖至双甲陡门等4条“四好”农村路即将验收，石桥路东段、学府路改造工程加紧施工；新建新塘至车西岙给水主管，改造塘里、大湖等片区老旧管网；改造优化10千伏新城、山头等线网、网架86.5千米；开足马力审批农村宅基地405户，占全县的35%；完成洋加田、娘娘宫等3个自然村农村生活污水和青珠、山头等7个村集士驿站建设并投入使用，打造了乡村生活便利新场景。

【社会事业】 围绕“三份答卷”，着眼推动社会全面进步和人的全面发展，民生幸福指数持续提升。帮扶兜底精准有力。持续扩大社会保险覆盖面，城乡居民基本养老与医疗保险参保率分别达99.0%和99.9%。不断完善社会救助体系，1028户低收入农户精准落实“一户一策”帮扶政策，发放低保、慈善、残疾人补贴等专项资金2077万元，建成全国示范型退役军人服务站8个，成为全县首个长护险试点乡镇，民政服务对象从特定群体向全体居民拓展，社会保障、救助及福利水平稳步提高。

完成东西部协作与山海协作，投入90.6万元为结对地区高质量发展增添新动能。

公共服务优质共享。提升基本公共教育服务质量，第二幼儿园前期顺利，中心幼儿园成功创建全县首批国家级“向日葵亲子小屋”，长街中学普高录取率44.1%、创历年新高，成人学校创建省现代化社区学校，“香花山”百万奖学奖教基金发放117万元、同比增长14.1%。

准确把握疫情防控新阶段面临的风险挑战，加强村社网格服务和药品物资保供，发放老年人及困难群众防疫包1.9万人份，中心卫生院“便利粘粘贴”获国家版权专利。

完善养老服务体系，新养老院投入使用并惠及周边乡镇，创建市AAA级居家养老服务站4家，助餐服务覆盖25个村，日助餐人数超600人次，多元化、立体式养老服务体系基本形成。

扎实推进新时代文明实践，建成三星级图书馆，挖掘“宁波好人”“宁海好人”5人，榜样的力量愈发彰显。平安建设走深走实。

扎实开展“除险保安”专项行动，推进全领域风险隐患滚动排查治理，规范运营安全管家，发现并全部整改隐患1530个，实现检查常态化、监管动态化、隐患清单化。

稳步推进社会治安打防管控一体化建设，调处矛盾纠纷220件、涉及金额585万元，实现刑事案件和治安案件“双下降”，完成平安护航二十大维稳任务。

提升突发事件应对能力，连续成功防御“轩岚诺”“梅花”台风，有效应对罕见高温干旱不利影响，建成省防灾减灾示范社区和规范化避灾安置点3个。

动真碰硬开展自建房综合整治，立行立改各类消防隐患1610个，腾退出租户和“三合一”场所124户，安装集中充电桩6处，人居环境安全感更有保障。

【自身建设】 围绕“三优政府”建设，以“五问五破、五比五先”专项行动为抓手，激发了争先进位的志气、攻坚克难的胆气、变革创新的锐气。依法行政更加规范。加强法治政府建设，审查各类涉法事项46起、合同28件，依法行政贯穿政府决策、执行、监督全过程。自觉接受人大、政协和社会各界监督，认真办理县、镇两级人大代表建议40件，5项民生实事票决项目全部实施，一批群众、代表关心关注的交通、水利、环境等问题得到有效解决。

坚持政务公开，依法公开各类政务信息105条，保证公权力在阳光下运行。作风锤炼更加严实。深化“最多跑一次”改革，民生关键小事实现“零跑腿”，便民服务中心全年办件量超3万件，建成全县首家“宁好智税站”，实现办税缴费不出镇。带头过“紧日子”，压减“三公”经费10%，有效降低行政成本。

从严从实加强机关内部管理，扎实开展“五问五破、五比五先”作风建设，以工作实际推动作风建设不断深入，机关干部的组织纪律观念进一步增强，执行力战斗力有效提升。

清廉建设更加深入。全面落实党风廉政建设，压紧压实全面从严治党“两个责任”，严格落实中央八项规定，持之以恒纠治“四风”。健全完善国资管理、公共交易等制度，镇公共交易站完成招投标项目92个，涉及金额1.25亿元，节约资金696万元，综合下浮率10%。

深化细化村级小微权力清单36条，推动“三资”管理和“三务公开”透明运行，创新应用临时用工线上审批系统，建成省善治村10个、“36条”示范村和达标村16个，基层权力运行得到进一步规范与深化。

力洋镇

【概况】 力洋镇地处县境中部偏东，以驻地得名，距县城20余千米，东与胡陈乡、长街镇毗邻，东南临胡陈港，与长街镇隔港相望，南向三门湾，与象山县交界，西与茶院乡、桥头胡街道相接，北越茶山与大佳何镇相邻，面积160.31平方千米。地势北高南低。北部有茶山盘亘，山峦起伏叠嶂。辖区东西最大距离7千米，南北最大距离26.69千米，总面积160.31平方千米，现辖18个行政村53个自然村、1个居委会、1个社区。

自宋代起至民国隶属朱开乡，民国23年（1934）隶属长亭区，民国36年（1947）底属儒雅乡。1949年7月隶属东区。1951年分属

2022 年 2 月 14 日，“我们的节日——元宵”主题活动

沥洋、西仓、古渡、前横乡。1956 年，沥洋、西仓合并称沥洋乡；古渡、前横合并称古渡乡。1958 年属沥洋人民公社。1961 年分立沥洋公社、古渡公社、前横公社。1962 年经省人民政府批准，沥洋改作力洋。1983 年改力洋乡、古渡乡、前横乡。1984 年置力洋镇。1992 年全市进行撤区扩镇并乡，古渡乡并入力洋镇。前横乡与青珠乡、山头乡置明港镇，2004 年 8 月，将原明港镇的区域以胡陈港中心自然界线划分，分别与原长街镇、力洋镇的区域组建新的长街镇、力洋镇。

地势北高南低。北部有茶山盘亘，山峦起伏叠嶂。力洋镇山环水绕，独特的地理环境和湿润性季风气候条件孕育了力洋丰富的水资源。力洋溪、西仓溪穿镇而过，另有毛屿港、胡陈港 2 大河港东西依偎，全镇有大小水库 69 座。

【经济建设】 坚定不移稳增长、提质量、促革新，经济发展企稳向好。

工业经济提质升级。积极应对疫情冲击和经济下行压力，在承压奋进中稳住经济基本盘，主要经济指标实现平稳增长，全年工业总产值 27 亿元，同比增长 8.5%；规模以上工业总产值 20 亿元，同比增长 13.9%，进出口总额 12.4 亿元，同比增长 8.8%；实现税收 1.74 亿元，同比增长 37%；商贸服务业指标创历史新高，新增限额以上服务业 2 家，全镇限额以上商品销售额达 6.37 亿元，同比增长 535%，限额以上社会零售额达 2.33 亿元，是 2021 年的 22 倍，增速全县第一。实施重点企业培育工程，全年新上规企业 1 家，培育“215”企业 2 家，专精特新企业 1 家，支持海格威液压完成上市服务协议签订。持续抓好扩资增效，海格威年产 1200 套桁架机器人生产线、迈拓斯数控年产 300 台高速铣洗机床生产线等 3 个 5000 万元以上投资项目顺利落地，天祺年产 1 万套空气净化器、余来五金年产 10 万套电动叉车金属配件等 5 个千万元以上投资项目成功投产，永迹年产 3000 套模具加工生产线等 13 个 500 万元以上技改项目完成。

零资源招商取得突破性进展，引入颜臻、颜妆 2 家年营收上亿元化妆品电商企业落户力洋，实现销售额 6.1 亿元，增加纳税额 1500 万元。积极引导企业向数字化、科技化转型，成功申报科技型中小企业 13 家，国家高新技术企业 1 家，海格威率先完成智能仓储建设，建林模具数字化工厂、迈拓斯数控数字化车间启动项目筹建。纵深推进工业全域治理“攻坚年”行动，累计拆旧面积 3.9 万平方米，淘汰低效企业 6 家，搬迁企业 2 家，新建企业 13 家。坚持政企同心渡难关，落实一揽子惠企政策，打好助企纾困“组合拳”，全年 4 家企业成功申领“薪资保”，共计 2240 万元。

农业发展基础夯实。严守粮食生产红线，超额完成耕地功能恢复 3344 亩（县任务 2400 亩），其中，古渡村千亩方项目被评为全市十大特色高效粮食基地，可年新增粮食产量 175 万千克以上。海通（宁海）获评省级农业龙头企业，新增 3 家县级示范性家庭农场。农业投资信心倍增，力洋酒厂等 3 家企业技改投入 1692.78 万元，占全县市级以上农业龙头企业投入的 90.3%，争取上级奖补资金 562.48 万元，位列全县第一。

区镇融合突破前进。制定《力洋镇重点项目专班工作方案》，为园区重大项目落地清障提速，建成了光伏新能源产业园、年产“15 吉瓦 N 型电池 + 15 吉瓦高效组件”、宁东新城水利基础设施二期等 5 个园区重点项目征地工作，累计征地面积 1148 亩，涉及 7 个村约 1200 户农户。聚力推进区镇融合（矿产综合利用）项目，完成项目勘探、边坡治理等前期工作及大洋山地块征地、移坟等政策处理工作，为后续开发建设医院、学校、车站、小区等项目提供坚实保障。顺利纳管 90 余家园区企业，负责安全生产、环保等管理职能，全面接管恒海金湾、宁河湾等园区小区，逐步落实园区河道管理等相关事项。

【城乡建设】 持之以恒补短板、理秩序、提品质，城乡面貌持续改善。

深入实施美丽乡村建设。海头村完成全省首批未来乡村创建，并获得省、市检查组高度肯定；力洋孔村完成省级美丽宜居示范村建设，被省建设厅评为优秀村庄；力洋村获评全县唯一“省历史文化（传统）村落保护利用重点村”。完成岭岭村、大塘村、盖仓村梳理式改造，支持平岩村、盖仓村文化礼堂建设，开展力洋村传统村落风貌提升、文正村省级美丽宜居示范村创建等。

持续发展村集体经济，通过镇村合作购置物业、发展培育村产业等方式全力推动村集体经济持续增收，全年行政村经营性收入达 30 万元以上，其中 50 万元以上村占比达 60%。试点推进全域国土空间综合整治，充分整合、盘活村零星用地，进一步为美丽乡村建设争取发展空间。持续改善人居环境。

通过“文旅特色型”美丽城镇市级样板认定，并被评为省达标城镇。坚决落实“一户多宅”整治专项行动要求，编制完成所有行政村房屋清册，试点推进小青、力洋孔等村“一户多宅”拆除攻坚，超额完成 30%的年度整治任务。

深入开展“三改一拆”、国土卫片整治等行动，累计拆除违法建筑面积 4.2 万平方米，完成率位列全县前列。全面完成 6 个村垃圾智分类工程及镇垃圾中转站改造，通过垃圾分类示范乡镇验收。全镇新增公共停车位 128 个，新增公厕 4 座，改造 17 座，完成 6 个村农村家宴隔油池安装、实现 18 个村电动车智能充电桩安装全覆盖。

全域布局特色旅游。深挖优势资源，倾力打造以力洋孔儒家文化、力洋村古宅文化为主的古韵文化游线，以十里桃溪、百亩菊花、万亩橘园为主的休闲观光游线以及以儿童诗研究中心、力洋古法酿酒工艺、青华科教研学基地为主的精品研学游线。同时，强化数字赋能，推出“码上力洋”智慧旅游小程序，通过全景 VR 漫游、图文轮播、音频等丰富功能形式实现旅游导览、人文介绍、特色展示一网通达。

【社会事业】 用情用力办实事、惠民生、求实效，民生福祉持续增进。

民生保障更为有力。持续做好社会救助，为 84 户 128 人困难对象办理低保、低边、特困救助，并纳入社会保障系统；帮助 48 户 74 人实现脱贫退出社会救助。针对性开展困难群众帮扶，累计为 42 位低收入家庭重病患者发放临时救助金 31 万元。全面提标社会保障，城乡医保参保率达 99.6%，“甬宁保”参保率达 32.5%。社会事业更有活力。积极发展教育事业，全面完成力洋小学、前横中学等学校提升改造，对接补充中小学教师 16 名，加快推进力洋公立幼儿园建设，谋划争取力洋中学新建项目。全力实施养老工程，力洋敬老院成功创建市级 AAA 级敬老院及省级智慧养老院，田交朱、路下施、凤凰山等 9 个村级居家养老服务站点顺利运营，并通过第三方机构合作，为村内老年人提供送餐、助医、生活照料等服务，实现老年人居家养老提质升级。

卫生健康事业蒸蒸日上，文正村完成省级卫生村创建，力洋中心卫生院获评国家级优质服务基层县推荐单位，并被“卫健委”通报表扬为“优秀单位”。“最美人物”不断涌现，雪野老师被评为“浙江省最美乡贤”，“功夫奶奶”荣获“最美浙江人”。文明城市创建成为全民共同行动，力洋综合文化中心不断拓展“城市书屋”公共文化空间。公共配套更加完善。水利基础不断健全，古渡塘海塘除险加固、西仓溪小流域（海楼渔—胡陈港

2022 年 3 月 22 日，“周二夜学”力洋镇青苗学院成立仪式举行

段）治理等水利工程有序推进，建成亲水平台3.6千米，河塘提标1.2千米，西仓董农饮水项目列入省民生实事工程。

交通路网日趋完善，力洋至茶山景区公路路面提升改造、力胡线至燕楼山道路硬化、力洋镇农村道路改造提升等重点道路工程全面完工，累计投资1285万元，完成路段改造25.5千米。农村生活污水项目顺利开展，完成石门、高洋地、石埠岙等3个自然村的污水提升工程。

【平安建设】 坚持不懈抓基层、打基础、保稳定，平安建设巩固提升。

"除险保安"从严开展。动真碰硬推进全域自建房综合整治大行动，推广"宁好租"出租房监管系统，基本完成自建出租房消防安全整治达标。

稳步推进社会治安打防管控一体化建设，有效警情、治安案件、电信诈骗、道路交通亡人数均呈下降态势。有效应对"轩岚诺""梅花"连续台风和罕见高温干旱不利影响，不断完善应急体系建设。

严格落实安全生产责任制，狠抓企业、交通、学校、工程建设等重点领域的专项整治和食品、药品、卫生等方面安全监管，坚决落实"发展要安全"的重大要求。社会治理创新推进。迭代升级"基层治理四平台"，构建"一统三合"基层治理体系，划分172个微网格，以精细化网格管理激活基层治理效能。系统重塑信访生态，化解信访积案5件，实现积案全面"清零"。强化基层治理力量联动，成立力洋片区大综合一体化行政执法队伍，通过"一支队伍管执法"有效承接24个领域494项行政执法事项；创新成立东园、跳头警务室，夯实社会治安防控体系末端建设，总警情同比下降15.5%。

【政府建设】 不忘初心重实干、强担当、守正气，政府建设走深走实。

坚持党的领导。深入学习党的十九大、十九届历次全会和二十大精神，深刻领会"两个确立"决定性意义，不折不扣落实党中央、省、市、县决策部署，坚决把"上级有部署、力洋见行动"贯穿工作全过程，高标准推进"七张问题清单"整改工作。

强化依法行政。畅通依法维权和化解纠纷法律渠道，坚决贯彻镇党委工作部署，依法接受人大监督，自觉接受政协民主监督和社会各界舆论监督，办理人大代表建议案18件。

深化"清廉力洋"建设。紧盯政府采购、工程建设、土地管理、村级"三资"管理等重点领域廉政风险防控，深挖严查、严厉惩治腐败问题。严格落实中央八项规定，坚持过"紧日子"，进一步加强预算管理。全面开展"五问五破、五比五先"助力"五大革新"机关作风建设专项行动，推动干部作风持续向好，并蝉联五星级单位。

一市镇

【概况】 位于县境南部，镇人民政府驻一市，距县人民政府东南11.1千米。东濒胡陈港，南与旗门港相畔，西连三门县沙柳镇，北邻跃龙街道和越溪乡，西北连前童镇。面积108平方千米。辖1个居委会、21个村委会，有69个自然村。户籍总人口2.3万人。

自宋代起至民国为永康乡，民国23年（1934）隶属海游区，民国36年（1947）底隶属旗门乡。1949年7月，隶属西南区。1951年隶属一市区，辖区分官岭、前岙、岭头、东岙、武岙、金板乡。1956年官岭、前岙、岭头三乡合并称官岭乡，东岙、武岙、金板乡合并称东岙乡。1958年属一市人民公社、旗门人民公社。1961年分出成立官岭公社、东岙公社。1981年，由于东岙与邻县重名改称旗门公社。1983年改官岭乡、旗门乡。1990年撤官岭乡，置一市镇。1992年全市进行撤区扩镇并乡，旗门乡并入一市镇。

全镇实现地区生产总值14.9亿元，同比增长6%；财政一般公共预算收入10089万元，同比增长18.8%。

全镇实现财政一般公共预算收入9828万元，同比降低2.6%。

【经济建设】 持续加大农业基础设施建设力度，有序推进17个水利工程建设。大力扶持农业龙头企业、专业合作社组织发展，白枇杷、青蟹、六个小海鲜、杨梅等特色农业主导产业持续壮大，"互联网+"农产品销售逐年递增，"蟹大人"连续2年获全国青年创新创业大赛金奖，"白枇杷"获国家农产品地理标志认证，一市青蟹成为国家级生态原产地保护产品。

特色旅游壮大成型，"宁海白"枇杷节、一市青蟹美食文化节等特色节庆反响热烈，箬岙古村入选第四批中国传统村落名录及省级美丽宜居示范村创建、东岙村被列入第四批浙江省非物质文化遗产旅游景区民俗文化村，古村保护与开发力度不断加大，总投资2200万元的箬岙村精品民宿完成设计，亟待开工，旅游的对外吸引力不断增强。

面对内外环境的持续波动，抓转型、稳增长，经济实力显著提升。生物医药、模具产品等主导产业日益壮大，规模以上工业总产值2.27亿元，工业增加值2.15亿元；进出口总额增长至3.3亿元；限额以上商品销售额实现7720万元，同比增长27%，限额以上批发额6600万元，同比增长24%；完成固定资产投资6.5亿元，同比增长136%，工业投资6.5亿元，同比增长176%。

【镇村建设】 进一步健全城乡规划体系，村庄规划编制覆盖率100%。持续改善城乡基础设施，G228线建设加快推进，累计投资3000余万元，建成农村联网公路14千米；建成供电塔基14座，蛇蟠涂99兆瓦渔光互补光伏发电项目成功并网发电。全面实施农村饮用水三年达标提质工程，累计完成14个村7.3万米大水网铺设、3681户“一户一表”改造。扎实推进“两美”建设，成功创建美丽乡村合格村9个、梳理式改造村小康村3个、环境整治提升村11个，特色村2个，森林村庄覆盖率逐年提升，新农村档次逐步提高。

维持城乡秩序井然。下大力气打好“三改一拆”攻坚战，“四边三化”“大棚房”整治等专项整治工作全面铺开，通过市、县两级无违建乡镇验收。强力推进“垃圾革命”，建成垃圾处理终端等生态工程，镇区环卫保洁服务外包，实现全镇域内垃圾收集清运全封闭式运输。“厕所革命”等补短板行动扎实推进，新建公厕36座，完成34座公厕升级改造。开展城乡环境大整治，全面铺开垃圾分类工作，建立健全治理脏乱差的长效机制，镇容村貌得到明显改善。

大力提升城镇形象，投资900万元完成镇区污水管网建设、垃圾中转站项目、一市港镇区段整治工程、一市车站改造提升工程等9个镇区改造提升工程，被评为市级小城镇环境综合整治示范样板镇。巩固整治成果，纵深推进镇区环境综合整治工程，大力实施镇区核心区块景观提升和亮化工程，完成国家级卫生镇创建迎检任务。全力攻坚“五水共治”，全面推进河道清淤、山塘整治、企业排污纳管、劣Ⅴ类小微水体整治、农村生活污水处理全覆盖等工作，创建全县首批“清三河”达标乡镇，“污水零直排区”通过市级验收，全面推进省级“污水零直排区”创建和一市镇区小流域治理工程，生态环境基础不断夯实。

【社会事业】 进一步完善民生保障，累计批准建房259户，镇区小流域治理、海塘提标加固、山塘水库等亿元级项目加速推进。社会救助体系逐步完善，扶老、助残、救孤等为重点的社会福利事业得到长足发展，全年发放低保特困金436万元，“慈善一日捐”累计筹集善款47万元，慈善救助362人次42.3万元。各类社会保险参保人数大幅增长，失土农民养老保险1275人，城乡居民养老保险户籍人口参保率（包含城居保、职保、机关保）、农保参保率分别为99.06%、99.70%。

进一步发展公共事业。不断优化教育医疗卫生养老资源配置，创办全县首家乡镇老年大学，并召开市、县两级社区老年大学建设经验现场交流会。累计创建9个省级、9个市级和3个县级卫生村。完成一市中心小学食堂改造、一市中心卫生院康复中心建设、敬老院改造提升等工程。实施文化惠民工程，创建省级文明村1个、市级文明村5个，创建18座新时代文明实践站，缆头村成为市级新时代文明实践活动现场会分会场，百姓大舞台节目历年覆盖所有行政村。

进一步加强社会治理。创新社会管理，深化重大决策、重大项目社会稳定风险评估，认真实施“四位一体”基层治理体系，着力抓好矛盾“大排查、大化解”。深化平安一市建设，成功创建省级民主法治村2个，市级民主法治村3个，市级“三治融合村”2个。法治建设水平稳步提升，“普法依法治理”“法治政府”等考核排名全县前列。完善镇、村两级调解组织网络，深化推进“老何说和”，累计调解各类矛盾纠纷346件。成功化解信访积案7件，有力保障了一市的和谐稳定。

【自身建设】 认真学习贯彻习近平新时代中国特色社会主义思想和党的十九大精神，落实全面从严治党主体责任，把增强“四个意识”、坚定“四个自信”、做到“两个维护”贯穿各领域各方面。

加强廉政风险防控，驰而不息开展作风建设，加大“四风”问题监督检查力度，深入推进政府班子党风廉政建设和反腐败斗争，不断强化制度意识，坚决维护制度权威，加强对制度执行的监督。

依法执政能力持续提高。牢固树立过“紧日子”思想，坚决压缩一般性支出，强化成本控制和绩效导向，提高镇、村两级财政资金使用效益。自觉强化法治思维，修订完善了“三重一大”议事规则及政府投资项目、财政资金使用、农村集体资产等相关制度，实行政府合同合法性审核制度，实现合同全流程管理，加强对重点领域、关键环节的制度性约束管理，依法全面履行政府职能。

自觉接受镇人大监督，认真执行人大决议决定，进一步提升建议提案办理质量。妇女儿童、武装、民兵预备役、老干部、统战、民族宗教、统计、保密、档案、防震减灾等各项工作取得新进步，科协、文联和爱国卫生、关心下一代、老龄、残疾人、慈善等事业健康发展。

2022 年一市镇基本情况统计表

表 11

项　目	单　位	数　量
全镇区域总面积	平方千米	108
海水养殖面积	平方千米	13.3
耕地种植面积	公顷	1030
山林面积	公顷	50
户籍总人口	人	22910
村民委员会	个	21
居民委员会	个	1
村民小组	个	211
地区生产总值	万元	无数据（由县统计局管理统计）
第一产业产值	万元	68356
第二产业产值	万元	85000
镇财政收入	万元	9828
村集体净资产	万元	14554
村集体可用资金	万元	3545

2022 年一市镇规模以上企业基本情况统计表

表 12　　单位：万元

企业名称	产值	营业收入	利润	税收
艾美卫信生物药业（浙江）有限公司	3850	3320	-14301	379
中广核（浙江宁海）风力发电有限公司	5436	5319	2702	727
宁海县赛跃金属制品有限公司	5245	5128	810	451
宁海县人和纺织有限公司	3026	2921	26	87

续表12

企业名称	产值	营业收入	利润	税收
浙江雅颜生物科技有限公司	31886	33983	5726	315
宁波海神救生设备有限公司	3480	3079	271	48
宁海强鑫五金制品有限公司	4553	4739	101	243
宁波鼎业预拌砂浆有限公司	9488	9968	462	653
宁波泰虎家居用品有限公司	2003	2019	2	13
宁海中联佳汇纺织有限公司	3710	4344	-155	29

岔路镇

【概况】 位于县境西南部，镇人民政府驻岔路，以驻地得名。距县人民政府西南18千米。东北与前童镇相接，东南与桑洲镇相连，西南与天台县相邻，北与黄坛镇接壤，面积108.04平方千米，人口2.8万人。辖1个居委会、21个村委会，有109个自然村。

境内地势西北高，东南低。北端之大短柱山，海拔917.9米，为宁海县第四高峰。大红山海拔806米，柴界山海拔665米，大松山海拔655米。西部望海尖海拔868米。源于天台华顶山学堂岗北麓，于庙下坑进入境内的白溪自西北向东横贯全境，溪上建有白溪水库，为宁波市境内最大的水利工程。境内主要支流有混水溪、大松溪、干坑溪。岔路镇为宁波市1小时经济区范围，沈海高速同三线、省道甬临线穿越南北，并在高坦工业园区西侧设有互通立交口。镇道有岔路—白溪—沙田公路，岔路—桑洲岭—王爱—上李坑公路。

自宋代起至民国隶属连理乡、永康乡。民国23年（1934）隶属桑洲区。民国36年（1947）底，包括拱西乡和登台乡。1949年7月，隶属西南区。1951年包括岔路、拱西、上金、白溪、王爱、冠峰等乡。1956年岔路、拱西、上金三乡合并为岔路乡；白溪、王爱、冠峰三乡合并为白溪乡。1958年除王爱、冠峰属岔路（东风）人民公社。1961年分出建立岔路公社、白溪公社。1983年改岔路乡、白溪乡。1992年全市进行撤区扩镇并乡，置岔路镇，同时白溪乡、王爱乡并入。辖区内有浙东山洋革命根据地纪念园、梅花村会议、上金建党纪念碑等三处市、县级革命传统教育基地。相继荣获中国美丽乡村“艾里缇斯”奖、省级森林城镇、省级卫生镇，入选浙江省法治化综合改革试点乡镇（全县唯一）、宁波市首批红色旅游融合发展示范区、宁波市文明镇、宁波市法治建设示范乡镇（全县唯一）。

2022年度，相继荣获省革命老区乡镇、省级清廉村居建设示范村（下畈村）、省级卫生村（梅花、吕家、上金、白溪、兆岸、泉峰）、市文明村（天河村）、浙江省美丽庭院特色村（下畈村），入选浙江省第三批青少年红色基因传承基地（梅花村会议纪念馆）、第四批浙江省关心下一代教育基地（山洋革命根据地青少年校外教育阵地）、省AAA级景区村庄（湖头、山洋、下畈、梅花、天河）。

【经济建设】 实现一般预算收入2781万元，完成调整预算的100%，与2021年持平。增值税-733万元，企业所得税1685万元，个人所得税820万元，城建税194万元，房产税338万元，城镇土地使用税152万元，土地增值税177万元，其他税收148万元。

财政支出10605万元，完成预算的100%，同比减少16%。其中，一般公共服务支出1122万元；公共安全支出（包括国防、消防、综治平安经费、信访经费支出）14万元；教育事业费支出3605万元；文化体育和传媒支出78万元；社会保障和就业支出为721万元；卫生健康支出105万元；城乡社区事务支出2592万元；农林水事务支出1528万元；交通运输支出220万元自然资源海洋气象支出297万元；住房保障支出（包括购房补贴）191万元；灾害防治及应急管理支出131万元。

按现行财政体制结算，年度财政支出基数为4472.31万元、超收分成 70 万元、财力补助 50 万元、教育费附加 36 万元、上级专项补助收入 5990 万元（一般公共预算 4995 万元，基金预算 995 万元），其他奖补 1200.80 万元，财政扣回低保配套 142.24 万元、扣回医保配套 157.44 万元，上年结余资金为 82.6 万元，2022 年实现一般预算可用资金为 10607 万元。支出为 10605 万元，收支相抵结余 2 万元。

政府性基金预算收入为 995 万元，完成调整预算的 100%。其中，城乡社区支出 892 万元、其他政府性基金安排的支出 103 万元。

政府性基金预算支出 995 万元，完成调整预算的 100%。其中城乡社区支出 892 万元，完成调整预算的 100%；其他政府性基金安排的支出 103 万元，完成调整预算的 100%。

政府性基金预算收入为 995 万元，政府性基金预算支出为 995 万元，收支相抵结余为 0 元。

“三公”经费预算调整数为 17.8 万元。包括安排公务接待费预算 15.7 万元，安排公务用车运行费预算 2.1 万元。

【城乡建设】 强势推进工业全域治理，坚持以拆开路，累计拆除 131077 平方米违章建筑，新建项目已动工 10 家。加大助企纾困力度，对外招商引进 2 家规模较大企业（千手阀门和富赢汽配），以工业治理倒逼和龙头企业引领助力园区产业转型。投资 1 亿元的省级岔路黑猪原种场投产运行。王爱片农村饮用水供水工程投入使用。

重大项目高效推进。上金国际商业文化旅游区景区风貌基本成形，“南寅钰府”养生住宅区开盘销售，高坦园区标准厂房项目完工。

县“五大革新”的 16 个支撑性项目中有 3 个大项目跟岔路息息相关。S314 线项目政策处理取得突破性进展，G15 高速公路扩宽工程启动拆迁安置地块前期准备工作，天河抽水蓄能发电项目完成全部 51 个孔位及预可研报告资料整理提交。岔路 110 千伏变电站项目完成全部政策处理工作。

【民生实事项目】 岔路镇 Y427 线桥头杨至岔路农村道路改造提升工程。项目全线长 1.2 千米，路面宽 4.5 米，概算总投资 240 万元。项目于 2022 年 3 月 9 日进行招标，2022 年 4 月 5 日开工。基本完成合同段规定的项目，道路风貌进一步提升，切实提升优化梅花村白岭根自然村与前童古镇的交通网络架构。

岔路镇 Y429 线白沙线大水路危桥改造工程。该项目计划拆除老旧危桥，并新建 46.28 米、宽 8 米桥梁，概算总投资 558.12 万元，现已完成初步设计批复，预计于 2023 年 1 月 15 日左右进行招标。项目建成后将解决山洋大水路车辆通行安全隐患问题，为山洋片区红色文旅深度开发提供基础保障。

岔路镇上金片区“污水零直排”主管网工程。该项目于 2022 年 12 月开工建设，概算总投资 838.81 万元，对前后娄段进行管道的开挖。项目完成后将有效解决上金片区村庄发展和项目建设的污水处理需要，进一步提升该区块的市政设施配套水平。

岔路镇昌盛路交通安全隐患点改造提升工程。该项目于 2022 年 3 月 24 日开工建设，至 4 月 24 日完工建设，审核价为 12.23 万元。项目完成内容包括绿化修复、混凝土路面修复、标志标牌安装、路面标线等，有效防范化解道路交通安全隐患，切实提升平安岔路交通安全建设。

岔路镇岔路南出口至白溪村突起路标改造工程。该项目于 2022 年 2 月 20 日开工建设，至 3 月 6 日完工，在岔路高速出口至白溪村桥头路段，道路两侧安装增强型预埋式凸起路面 2470 个。项目有效缓解城岭线交通压力，提高沿线村民夜间出行安全保障。

【自身建设】 结合全县“五问五破、五比五先”助力“五大革新”机关作风建设专项行动，全方位提升干部队伍建设。

坚持“学与行”共进。开展“大学习”活动，以一线攻坚、专班练兵、导师结对等方式，压担子、搭舞台、教方法，让干部“干中学”；开展“30 分钟领读”“小笔头”等活动，邀请专家上门指导，让干部“学中干”，化解工学矛盾突出问题。

坚持“学与干”并重。深入开展联村干部“走村联心”和村干部“包网入户”大走访活动，完善“141”微网格体系建设和“1+1+N”网格管理模式，创新推出“平安之家”平台，做到风险隐患源头感知、源头介入、源头处置，确保老百姓“只进一扇门，能解烦心事”。“梅下湖”党建联建，以党建引领、文化托底、艺术赋能、产业导入，推进革命老区的共同富裕步伐。坚持“整体和系统”并行。创新“三商两比一督查”闭环管理制度，对各项工作持续介入督查，逐级传导工作压力，形成闭环管理。出台《岔路镇村干部日常考核办法》，推出岔路“共富基金”，各村以项目路演的形式争取镇财政资金倾斜，倒逼村干部摒弃“等靠要”思想，形成“比学赶超”工作氛围。

2022 年岔路镇基本情况统计表

表 13

指标名称	计量单位	数　　量
一、基本情况	—	—
行政区域面积	平方千米	108.04
居民委员会	个	1
村民委员会	个	21
其中：通公共交通的村	个	21
通宽带的村	个	21
通有线电视的村	个	21
通自来水的村	个	21
垃圾集中处理的村	个	21
污水集中处理的村	个	19
二、人口与就业	—	—
常住户数	户	10864
常住人口	人	20242
户籍人口	人	28490
其中：农业户籍人口	人	28115
第一产业从业人员	人	3672
第二产业从业人员	人	6372
第三产业从业人员	人	3972
外来从业人员	人	1458
三、财政收支	—	—
公共财政收入	万元	3567
企业实缴税金	万元	3567

续表13

指标名称	计量单位	数　　量
公共财政支出	万元	12180
年末债务总额	万元	7200
四、农业	—	—
耕地面积	公顷	850
设施农业占地面积	公顷	4
有效灌溉面积	公顷	401.4
农作物播种面积	公顷	1370.4
其中：粮食作物播种面积	公顷	972.8
农业技术服务机构	个	1
农业技术服务机构从业人员	个	1
农民合作社	个	73
农民合作社成员	户	270
耕地流转面积	公顷	140
种植大户	户	13
畜禽养殖大户	户	1
五、乡镇机构	—	—
财政供给	人	125
1. 公务员	人	37
2. 事业编制	人	32
3. 其他人员	人	56
财政供给人员全年工资总额	万元	1971
六、工业及建筑业	—	—
工业企业单位数	个	158
其中：规模以上工业	个	18

续表13

指标名称	计量单位	数　量
工业总产值	万元	212600
其中：规模以上工业	万元	136300
工业企业从业人员数	人	4132
七、贸易及餐饮	—	—
社会消费品零售总额	万元	7900.2
其中：限额以上社会消费品零售总额	万元	1362.1
市场	个	1
50平方米以上的超市	个	10
住宿餐饮业企业	个	1
八、教育、文化、卫生	—	—
小学数	所	1
小学专任教师数	人	56
小学在校学生数	人	825
幼儿园、托儿所	个	2
图书馆、文化站	个	1
剧场、影剧院	个	/
体育场馆	个	/
医疗卫生机构	所	12
医疗卫生机构床位	床	20
执业（助理）医师	人	23
九、社会保障	—	—
各种社会福利收养性单位	个	1
各种社会福利收养性单位床位	床	107
各种社会福利收养性单位收养人	人	56

续表13

指标名称	计量单位	数　量
新型农村合作医疗参保人数	人	13129
新型农村社会养老保险参保人数	人	9528
农村居民最低生活保障人数	人	518
十、公用事业	—	—
自来水用水户数	户	8201
燃气用气户数	户	8114
金融机构网点	个	2
公园及休闲健身广场	个	21
十一、城镇基本情况	—	—
城镇规划区面积	公顷	500
城镇建成区面积	公顷	300
城镇建成区总户数	户	2482
城镇建成区总人口	人	6853
城镇建成区绿化面积	公顷	13.5

前　童　镇

【概况】 位于县境西南部，距县人民政府西南向10千米。东北接跃龙街道，东南连一市镇，西北毗连黄坛镇，西南与岔路镇接壤，南界桑洲镇、三门县。镇人民政府驻前童，以驻地得名。面积68.57平方千米，耕地面积1.2万亩，山林面积6.6万亩，水域面积0.35万亩，户籍人口2.5万人。

自宋代起至民国隶属连理乡，民国23年（1934）隶属桑洲区。1949年7月，隶属西南区，包括塔林、拱西、团结、竹林乡。1950年，拱西乡分为前童、竹林两乡。1951年隶属岔路区。1958年隶属岔路（东风）人民公社。1961年分出成立前童公社、竹林公社。1983年改前童乡、竹林乡。1987年置前童镇。1992年全市进行撤区扩镇并乡，竹林乡并入。2006年全县行政村合并，辖1个居委会、17个行政村。

前童镇是国家AAAA级旅游景区、中国第三批历史文化名镇、国家级生态镇、省历史文化保护区、省AAAAA级景区镇、省非物质文化遗产保护景区、省首批旅游风情小镇，先后被评为省旅游城镇、省旅游名镇、省旅游强镇、省体育强镇、省文化强镇、省卫生镇、省民间文化艺术之乡、美丽城镇建设省级样板、省农村文化礼堂建设示范乡镇、市级全域旅游示范区、市“十佳美丽乡镇”等。

2022年获得全国乡村旅游重点镇、“我心中的最美小镇”全省五十佳、省最美公共文化空间等荣誉称号，通过全省首批城乡风貌样板区试点验收。全年实现地区生产总值32.42亿元，固定资产投资2.63亿元，同比分别增长4.7%和21.8%。

【综合经济】 实施新型工业提质增效计划，推动工业产业加速转型，全年完成规模以上工业总产值22.1亿元，新增规模以上企业2家、“215”预备企业2家。加快推进11个重大技改项目，完成工业技改投资4000万元，宁波蓝宝石仪表公司、宁波鼎优食品公司、宁波辰江机电科技公司等3个生产线改造项目已投产见效。

打通招商引资绿色通道，年产100万套汽车传动及转向系统精密部件、年产3000万平方米可降解环保胶带等8个优质招商项目完成前期论证对接。以工业全域治理撬动工业“腾笼换鸟”，工业集聚区累计整治10.9万余平方米，黄洋市区块进入建新阶段，前溪区块全面签订整治退出协议，前童未来工业社区完成征地370亩，签约率95%以上。

农业发展基础更加扎实，梁皇溪整治、大郑月带河水环境整治、石枧水库除险加固等3个水利项目顺利完工，白溪景观提升工程完成投资约2000万元，幸福水利示范区建设已完成项目前期排摸工作。主动服务好种粮农合联成员，帮助3户农业大户落实了贴息贷款，大力开展“两非”整治稳定粮食生产，恢复400亩耕地功能，播种早稻1833亩、中晚稻3265亩。

现代商贸顺势而上，新增夏子文创、年糕大王、大车门等新业态6家，引入直播、抖音、视频号等数字化手段促进线上、线下消费融合，三产增加值3374万余元。同时，探索实施村集体经济壮大发展新模式，继续做好“五村联建”项目后续扫尾工作，加快大郑、上溪等4个村抱团联建异地置产。

2022年度前童镇规模企业基本情况统计表

表14　　　　单位：万元

单位详细名称	工业总产值	销售产值	利税总额
宁波靓界灯饰有限公司	43648.14	34186.82	3649
宁波新成鞋业有限公司	99599	80459	8432
宁波双德金属管业有限公司	220368	197687	931
浙江蓝宝石仪表科技有限公司	241100	165733	7678
宁波蓓蕾文具制造有限公司	29685	29228	1688
宁波市先平压铸有限公司	68868.97	60538.52	1413
浙江捷亚能源有限公司	243373	243373	5795
宁海太升电器有限公司	51458	46625	421
宁波建影电子科技有限公司	11670	11670	503
宁波新成包装有限公司	320239	221063	4488
宁海县远铭文具有限公司	65723	57511	4326
宁海县景翔压铸厂	65135	49758	1910
宁海县顺康压铸有限公司	41159	37449	4828
浙江峰利祥铜业科技有限公司	346336	303977	3144
宁波正伟金属制品有限公司	84359	76219	1827

续表14

单位详细名称	工业总产值	销售产值	利税总额
宁波禾茂服饰有限公司	35924	36383	3338
宁海县恒扬灯具有限公司	42847	42847	2685
宁波辰江机电科技有限公司	41477	37090	-641
宁波大硕文具有限公司	35117.48	35117.48	1234
宁波杰瑞活塞有限公司	31923	28097.44	439
宁海县正一铝业有限公司	26747.03	20817.26	-1657

【城乡建设】 持续加大基础设施投入，投入1.7亿元的乡村振兴基础设施提升EPC（设计、采购、施工3个词语的英文缩写）项目进场施工，镇村各类道路、管网、公厕、路灯、节点公园等硬件系统逐步更新提升，镇域路灯亮化完成工程量的50%，孝女路改造工程收尾。镇村路网内联外通，投入500万元，全面完成甬临线至梁皇山景区道路改造提升、梁书线沿线精品亮化等工程，投入600万元，建设横港桥、柘湖杨环村路等5条乡村互通路网桥梁项目。

推进风貌提升，融合打造乡村旅游“一核多点”美丽图景，累计创建景区村庄13个，投入700余万元推进农旅融合乡村振兴示范带建设，建成全省首批城乡风貌样板。纵深推进美丽宜居乡村建设，官地严家打造本质巩固提升村，塔山、上溪、竹林、鹿分实行梳理式改造，部分村庄主动开展外立面改造，村容村貌有效提升。

全域推进农村自建房综合整治，分类分批对村内危旧房进行“拆旧、盘活、利用、提升”，拆除危旧房230间近2.1万平方米，清理卫生死角200余处，滚动式排查一户多宅4322宗，推动人居环境从单点突击整治向全面长效治理转变。

持续推进厕所革命、“三改一拆”、垃圾分类、“五水共治”等专项行动，整治露天粪坑、简易厕所100余处，处置各类违法建筑6.59万平方米，妙宏、竹林、梁皇成功创建省级卫生村，栅下、上溪、柘湖杨、官地严家等4个村垃圾“智”分类正常运行，镇域污水处理基本全覆盖，完成3个村的生活污水运维移交工作，常态化执行“河湖林田”长制，创建浙江省森林城镇。

【旅游发展】 围绕国家AAAAA级旅游景区创建目标，科学谋划拉开旅游发展框架，多边延展扩充景区容量，继续投入2000万元全力推进古镇核心区东拓延伸，有序做好老宅院收储、修缮、保护，新增收储老宅院3000平方米，总收储面积1.5万平方米。进一步打通入口步行街，完成13户协议签订、2户拆除，配套推进鹿山安置小区建设，完成4户安置房建设和二期红线现场定位。启动实施北大街改造提升工程，进入方案论证协调阶段。

加快旅游项目建设进度，投入9000余万元，实施各类旅游基础设施项目8个，历史文化街区二期完成主体结构，梁皇山庄大酒店、开元名庭酒店等即将完成内部装修，游客服务中心和停车场改造升级项目完成方案设计，注重古镇及周边区域风貌营造，以市级“精特亮”工程——前童古镇历史文化街区创建为契机，投入4900万元全面完成天水路、鹿山路北段街景改造、鹿山路南段风貌提升、古镇亮化三期等工程，引导推动老街业态培育，积极创建省AAA级、AA级、A级景区村庄各1个，同步完成市乡村旅游共同富裕示范区创建。

“旅游+”活力不断迸发，数字化体验项目逐步植入古镇业态，投入3000万元，先后建成浙东唐诗之路诗路海韵数字馆、诗路竹韵竹编馆、锦煜堂木文化馆布展和民俗博物馆改造提升工程；千睿、听雨漫居、悦居书社等3个民宿全新“上线”，旅游带动致富增收效应扩大。

大力弘扬“五匠”文化，丰富拓展非遗文化体验载体，举办端午节、七夕文化节等传统民俗活动，促使宋韵文化、小桥流水、民居古宅等“乡愁记忆”历久弥新。

【民生保障】 注重基础性民生项目建设，加速推进文教卫功能区建设，前童小学、前童卫生院完成迁建并投入使用，双桥农民公寓三期完成主体结顶，进入摇号分房阶段。投入80万元构建“15分钟健身场地”建设，新建妙宏村百姓健身房，双桥村全民健身广场全面改造提升。

注重开展喜闻乐见的“家门口”文化盛宴活动，新时代文明实践活动丰富多彩，共开展百姓大舞台活动、优秀文艺节目展演、云上直播和各类文化礼堂活动1800余场次。文明典型不断涌现，雄狮少年志愿服务队负责人童攀峰被评为“宁波好人”，“古韵前童”列入首批浙江省文化标识培育项目。

注重兜底性民生保障，全面落实城乡居民养老和医疗保险政策，参保率基本实现全覆盖。统筹推进助残、救孤、优抚、居家养老等事业，真正做到“托底线”“救急难”，投入80万元，完成镇敬老院电梯加装工程，镇居家养老中心、竹林七贤养老服务站进行标准化改造提升，全年发放各类救助金530万元，惠及困难群体5805人次。

注重社会治理平安稳定，落实重点人员关心关爱、重点事项包保处置机制，试点配置村级治保主任，建立矛盾纠纷和信访多元调处机制，实施群众诉求分流引导。强化联防联控机制建设，整合力量统筹开展“大综合一体化”行政执法。深入开展数字化普及应用，投入40余万元新增智慧监控23个、安装大喇叭39个，不断落实安全生产闭环机制，实施宗教场所精密智控工程，实现自然村微型消防站全覆盖，完成全镇8968户自建房、126家企业安全隐患排查并整改。全力打造“放心消费”前童样板，保障人民群众“舌尖上的安全”，投入50余万元完成数字化食安系统建设和食品安全一条街打造。

【自身建设】 坚持效能为先，全面加强政府自身建设，努力建设人民满意政府。坚定捍卫“两个确立”、坚决做到“两个维护”，深入开展“五问五破、五比五先”助力“五大革新”机关作风建设专项行动，锻造过硬工作作风，营造良好为民办事环境，推动重大决策部署在政府工作中快落地、早见效。全面推动“数字化+政务服务”便民服务向基层延伸，自觉接受镇人大监督，全力支持工会、妇联、科协、慈善、残联、商会等团体工作不断取得新成效。

深入落实政府系统全面从严治党主体责任和“一岗双责”，严格执行中央八项规定精神，坚决贯彻民主集中制，坚持政府过“紧日子”，从严控制“三公”经费和一般性财政支出。

2022年前童镇基本情况统计表

表15

项　　目	单　　位	合　　计
总面积	平方千米	68.57
耕地面积	公顷	853.4
村民委员会	个	17
居民委员会	个	1
户籍人口	万人	25397
外来人口	万人	2976
第一产业产值	亿元	1.7079
第二产业产值	亿元	28.6
第三产业产值	亿元	1

续表15

项　目	单　位	合　计
工业利润	万元	2036
外贸出口交货值	亿元	1.27
村级集体净资产	万元	12800.96
村可用资金	万元	2068.98

桑　洲　镇

【概况】　是宁波市的南大门、国家生态镇，位于县境西南部，镇人民政府驻桑洲，以驻地得名。距县人民政府西南 18.2 千米。东南与三门县相邻，西南与天台县接壤，北面连接岔路镇、前童镇。面积 61.67 平方千米，辖 1 个居委会、23 个村委会，有 83 个自然村。耕地 8185 亩，山林 4.4 万亩，户籍人口 2.4 万人，常住人口 0.8 万人。

自宋代起至民国隶属永康乡，民国 23 年（1934）隶属桑洲区，民国 36 年（1947）底，包括秀屿乡。1949 年 7 月，隶属西南区。1951 年隶属岔路区，包括桑洲、屿南、屿东、麻岙乡。1956 年，桑洲、屿南、屿东三乡合并为桑洲乡，并划入原王爱乡之外岗村。1958 年，桑洲、麻岙二乡及白溪乡之一部分成立桑洲人民公社。1961 年，分出仍以 1956 年之桑洲乡区域建桑洲公社、麻岙公社。1981 年，麻岙公社更名为麻山公社。1983 年改桑洲乡、麻山乡。1984 年 12 月置桑洲镇。1992 年全市进行撤区扩镇并乡，原麻山乡并入桑洲镇。

获评“中国特色康养小镇”，成功创建省级卫生镇，成为全县第二个宁波市全域旅游示范区。

【经济建设】　全镇完成固定资产投资 6867 万元，实现规模以上工业产值 1.6 亿元，工业增加值 4303 万元，同比增长 10.3%，增长率稳居全县前列。实现公共财政预算收入 2049 万元。

深入实施工业全域治理，拆除 2 家违建企业，拆违面积 5600 平方米，“腾笼换鸟”引进宁波美琪工具有限公司等优质企业。

扎实做好企业服务，全力保障镇区企业正常生产，大力推广薪资保政策，贷款金额约 100 万元，惠及 13 家小微企业。

持续开展零资源招商，以优质服务，吸引 4 家企业落户桑洲。成功引进中信证券等平台下企业股权解禁类招商项目，产生税收 5033.05 万元，地方财政增收 1500 余万元。

特色农业赋能。始终将茶叶作为桑洲农业发展的主导产业，全力推进桑洲茶场低收入农户扶持项目。在桑洲茶场及周边辐射村，投资 325 万元实施机耕路硬化、游步道联通、茶叶展示展销中心改造等基础设施建设，打造集生产示范、休闲观光、加工配送、研学教育于一体的桑洲“望海早茶”产业链，推动茶旅一体化发展。新增租金收益全部用于低收入农户扶持。

稳定水稻种植面积 3488 亩，完成年度耕地地力保护提升补贴 9146.5 亩。建成县级示范性家庭农场 1 家，新流转土地 2 家。

村集体经济壮大。压实村级“消薄”攻坚主体责任，集体发包养殖塘 163 亩，流转闲置土地开辟茶叶油茶 400 亩，引进高山蔬菜项目、统一联购厂房等方式不断强化“造血”能力。全镇 21 个行政村集体经济总收入均达 50 万元以上，经营性收入 30 万元以上。

打造南岭村高品质高山蔬菜种植基地，投资 320 万元完成土地流转、场地平整、挡墙砌坎等基础工作，种植小番茄、青菜、萝卜等蔬菜 50 亩。

提高农村生活用水品质，投资约 1600 万元完成村级水站同质供水工程管网、水源改造提升，惠及 10 个村近万名群众。

强化水利基础设施建设，投资 1600 余万元实施外岗村上塘水库除险加固工程、桑洲村大坑小流域治理工程和塘山村方山坑河道治理等工程。争取涉农资金项目 15 项、资金 728 万元用于提升全镇农业基础设施，一批农业经营主体和村庄得到实惠，创建县级示范性家庭农场 1 家、新增流转土地 200 余亩、完成梳理式改造村庄 5 个。

【城乡建设】　项目借力，镇域环境更宜居。清溪水库项目。2 周完成移民户全走访，12 天先行动工区

100%签约，1个月推动召开已停开的村民代表会议，并于6月28日正式开工建设，4个月完成宁海库区881户政策处理，安置协议签约率99.1%，完成房屋腾空率62.54%。

G15沈海高速西改政策处理。已排摸拆迁范围内坟墓625座、农房111户；张贴严禁抢建、抢种、抢栽、抢修等行为的通告；做好沿线航拍视频采集备案，为后续政策处理提供相关依据。

借力G15沈海高速西改、甬临线改道等重大项目，升华“茶香花语、古驿桑洲”主题，加快推动桑洲从沿路进入沿溪发展。完成清溪云山居小区主体建设。先后完成下洋周、桑洲等8个行政村的农污整改移交工作，实现全镇行政村农污运维覆盖率100%，并建立形成长效运维机制。

破旧立新，镇区形象添新颜。获年度宁波市美丽城镇建设市级样板城镇称号。镇区功能布局进一步完善，将桑洲老卫生院改造成桑洲邻里中心，收回并改造新茶叶市场，桑洲菜场成功创建三星级文明规范暨放心农贸市场。强势推进“三改一拆”、“零容忍”重大项目抢建、一户多宅整治等行动，全年拆除违法建筑面积2.01万平方米，“三改”面积0.6万平方米，累计完成卫片整治16个。盘活镇区存量土地，将新甬临线和G15高速扩道工程的区块转移到镇区边缘，有效提升镇区用地能效。推进农村自建房综合整治工作，完成全镇19个行政村一户多宅农村住宅及宅基地底数排摸6252户，其中动态排查5户C级、D级危房并全部督促整改完毕。

共享便利，农村路网再优化。回应群众出行期盼，投入资金约5752万元完成麻岙岭顶至团结、大竹园至白石坑、桑洲岭顶至雪坑等9项农村道路工程。实施农村桥梁改造行动，C542线田洋卢至竹山头公路竹山头桥危桥改建工程全面完工，田洋卢危桥改建工程完成竣工质量评定。启动麻岙岭至山后翁农村道路改造提升工程、长田头茶场至二百央农村道路工程，完成桑洲至甬临复线公路以及桑洲至田洋卢村公路的前期工作。

2022年6月28日，清溪水库项目正式开工

【全域旅游】 多元发展，不断完善旅游资源要素。推动全域旅游示范镇建设，三福、塘山村创建A级景区村，屿中、屿东、长田头等村创建AA级景区村。注入乡村旅游发展新元素，新增奇瀑亭、周淘生活露营基地、桑洲游客集散中心、图书馆桑洲分馆、陈家三台等5项文旅资源预名录单体，清溪文史馆获评浙江省一级旅游驿站，桑洲屿南山岗被认定为首批宁波市民宿产业集聚区，周淘文化传媒有限公司获评首批宁波市乡村旅游运营团队培育单位，旅游资源价值获省、市认可。创新乡村旅游活动载体，推出2022年宁波乡村旅游季活动，举办露营基地活动20余场，进一步满足游客需求，同步助力农户土鸡、麦饼、茶叶等特色农产品销售推广，发挥旅游业致富效应。

【社会事业】 广泛惠民，民生关怀有温度。坚持政府救助为主体，社会力量参与救助为补充，全力保障困难群众的生活水平。足额发放各类救助金，全年共发放低保救助金、残疾人“两项补贴”、矽肺患者补助、高龄补贴等各类补助1172.33万元，惠及2518名困难群众，切实保障全镇困难家庭的生活水平；开展慈善救助帮扶，对政府救助无法覆盖或实施政府救助后生活仍有困难的家庭或个人给予慈善帮扶，全年共27.09万元救助帮扶266人次。

加大对“一老一小”的帮扶关爱，大力推进“宁好养”，针对养老设施不完善的问题，投入800万元完成桑洲镇敬老院二期主体工程建设，加装户外电梯1部，新增床位42个；投入43.89万元完成麻岙、田洋卢、三福、屿中村居家养老服务站改造提升，帮助老人实现老有所安。实施“宁好育”，整合资源在幼儿园开辟幼托床位，为有幼托需求的家庭提供日间照料，拓展校外课程开展“七彩课程”20余次，近百名孩童受益。中考成绩再创新绩，考入宁海中学5人，知恩中学5人，上普高线学生41人，完成县优质高中分配名额任务。

重视听取民声民意，组织清溪水库移民开展再就业培训，解决移民孩子转学、就学等群众切实关心的问题；深化“最多跑一次”、代办代跑服务，办事窗口不分类，村民进门即咨询，大大提高办事效率，切实提升人民群众的幸福感和获得感。

细查严管，护航平安有力度。重视民生安全，全年出动出租房排查54人次，登记出租房95处，严格按照一房一档纳入“宁好租”管理系统。重点保障水库移民租房安全，排查租房安全隐患102处，整改率100%。深入开展安全生产和消防安全工作，常态化排查企业共计24家282次，出动665人次，经营性单位排查729次，排摸危房845处，对所查处问题逐一登记，落实安全共性问题闭环处置，有力维护辖区的生产安全。高效安全处置应急警情，全年消防出警累计12起，做到人员零伤亡。完成屿中村家宴中心市级规范化创建，完成食药安办三星级创建工作，建立全镇食品生产经营单位主体动态信息库，入库率100%，守护“菜篮子”安全。

人居环境大幅提升。获2022年度宁波市美丽城镇建设市级样板城镇；创建三星级文明规范暨放心农贸市场。清溪云山居完成部分主体建筑；桑洲镇派出所迁建工程完成围墙圈建和清表；完成竹山头、田洋卢危桥改建，创建“四好农村路”示范乡镇。完成“三改一拆”2.61万平方米，累计卫片整治16个；做好一户多宅、自建房全域综合整治，完成7850户房屋确权前期调查工作，全镇有19个行政村已进入入户确权发证阶段。

公共服务更加完善。投资2000余万元建造桑洲岭镇级公墓和坑口村二期公墓。投资约1600万元建造村级水站同质供水工程，受益人口0.85万人。精神文明扎实推进。完成新时代文明实践所迁移；开展各类新时代文明实践活动200余场，道德评议村级好人70余名，章思滚获评宁波好人、浙江好人。

黄　坛　镇

【概况】　黄坛镇是宁海西部重镇，以所辖自然村黄坛命名。镇人民政府驻松坛村，距县人民政府西6.2千米。东连跃龙街道，西与天台、新昌两县交界，南邻岔路、前童两镇，北靠深甽镇、梅林街道，全镇地域面积188平方千米。辖30个行政村，常住人口近2.8万人，外来人口5600余人，大多集聚在镇区。

黄坛古称松坛，古代是台甬、台绍古道交会通衢，卵石古道、黄公桥等都是古代交通要道的有力见证。早在唐朝建中年间（780—783），黄坛就有村民定居，两宋显贵门间，明清儒商名流，代有人出。南宋绍兴元年（1131）进士杨景思，官至朝仪大夫，封临海开国男。黄坛街是元初义军首领杨镇龙之故里，也是清末指画家严源（远轩）故里。自宋代起至民国隶属连理乡，民国23年（1934）隶属城区，民国36年（1947）底，分属松溪乡、双峰乡。1949年7月，隶属城关区。其中逐步、大陈等21个自然村原为新昌“飞地”，澄深等4个自然村为天台县“飞地”，1949年1月划入双峰乡。1951年为松溪、峰山、双峰、大岩、逐步、西溪、留横、盈坑乡及三岙、峰溪二乡之一部分。1956年合并为黄坛、西溪、双峰等乡。1958年属黄坛、双峰人民公社。1961年为山岙、黄坛公社地及分出，另建双峰公社、西溪公社。1964年山岙公社并入黄坛公社。1983年改黄坛、西溪、双峰等乡。1988年置黄坛镇。1992年全市进行撤区扩镇并乡，西溪乡并入黄坛镇、双峰乡。2004年8月30日，撤双峰乡，并入黄坛镇。

省道甬临线贯穿黄坛镇区，甬台温高速飞越黄坛境内。特别是甬临线拓宽、洋溪综合治理等重点工程的完工，进一步改善区位优势。交通较为便捷，历来为宁波联系台州、温州的交通要塞区域，素有宁海“西大门”之称。境内环境秀美，山水资源丰富，山林面积21万亩，占全县山林总面积的1/8，宁海两大水缸西溪水库和黄坛水库、美丽的野鹤湫风景区和双峰国家森林公园均坐落于境内。

全年实现工农业总产值311亿元，同比增长10.3%。税收收入突破8.4亿元大关，同比增长12.4%。

【经济建设】　全年规模以上工业总产值突破300亿元大关，同比增长10.7%；规模以上工业新产品产值118.5亿元，同比增长12.6%。1—11月，完成限额以上商品销售额30.6亿元，同比增长11.4%；完成进出口总额43.3亿元，同比增长17.3%。

产业结构梯队更加优化。龙头企业领跑优势持续扩大，得力集团获得国家制造业单项冠军示范企业荣誉，投资8.32亿元的得力智能办公项目开工建设；华成阀门获评省级绿色工厂称号。经济增长“第二引擎”加快形成，得力科贝、万佳宁家居入围市级专精特新企业名单，太中实业入围县“215”企业。亩均效益撬动产业提质升级，依托工业全域治理“攻坚年”行动，关停“低散污”企业30余家，新建标准厂房7万余平方米。

数智转型步伐加快。加快促进数字经济和实体经济深度融合，得力5G工业互联网、得力办公用品技改、华成阀门数字车间、捷扬电器扩建生产线等一系列数改项目顺利实施，推动双轮驱动协调发展。引导昌华铜制品等3家企业完成市级数字化车间项目申报，助推传统制造业向数智化转型升级。1—11月，实现高新技术产业增加值7.1亿元，总量位居全县前列。博通塑业、灿烨塑业等2家企业入围市2022年第一批高新技术企业名单。

【城镇建设】 对标全域美丽要求，立足城镇发展定位，成功创建工业型美丽城镇市级样板，呈现出“宜居宜业、全域美丽”新格局。坚持在县域蓝图中谋定发展方向。以县“三山两岸”整体规划为指引，明确“拥溪发展”、连接城区战略布局，构建“东融、南接、西改、山移、中复原”城镇发展框架。科学做好“三区三线”划定，优化城镇规划、农业发展、生态空间布局，完善空间规划蓝图。

从宜居宜业双维度推进城镇有机更新，全年完成拆违拆旧11.4万平方米，集中攻坚小微产业园政策处理，全力推动溪边安置小区项目开工建设，完成穆坡旧村改造中67户老旧房拆除工作，产城融合发展框架逐步拉开。

坚持在老城蝶变中彰显新城风貌。抓好核心区块打造，全镇首个高品质住宅小区——松和园建成交付，先后改造提升菜市场、公交站、临时停车场等公共服务设施，创建市级示范型便民服务中心，精心打造小镇客厅，构筑起商业、生活、文娱一应俱全的“15分钟便民生活圈”。

加快镇区道路建设，黄坛路完成“白改黑”，庄士路、区间路建成通车，“两街三路”的镇区核心路网基本形成。聚焦历史文化传承，采用VR技术强化“黄坛三堂”保护，留住黄坛的乡愁印迹。

坚持在环境改善中提升城镇品质。投入450万元实施环境卫生保洁和垃圾分类工作，每季度环境整治和垃圾分类督查成绩均稳固在全县第一档次。加快完善污水管网建设，投入1600万元完成盈坑、王家染、张家山农村生活污水项目，新增铺设污水管网1500米，30个行政村的农村家宴中心雨污分流实现全覆盖，一户一表改造工程和饮用水达标提质工程顺利推进。有序推进龙眼溪新华段、杨家段及龙眼溪支流大坑溪整治工程，投入200万元实施洋溪两岸绿化提升，打造沿溪美丽风景带。

【乡村振兴】 坚持“绿水青山就是金山银山”理念，加快资源转换，迈向共同富裕。最深的感触是乡村更靓了。“一村一策”分批推进美丽乡村项目建设，弘杨村成功创建市级美丽乡村示范村，联溪村获评县级“安居宜居美居”示范村，峰山、杨家、盈坑、大塘山等村梳理式改造有序推进，里岙、澄深等村“一事一议工程”顺利完工。

6194亩高标准农田改造项目通过县级验收。全域自建房专项整治稳步推进，完成30个行政村宅基地信息采集和16个行政村的农房确权联审工作。

大力开展以香榧为主导的特色农业品牌建设，香榧年产值达5330万元。创新“抱孙果”品牌营销模式，举办第十一届双峰香榧（抱孙果）文化节，当日在线流量人数超5万人。因地制宜开辟逐步村“鲜笋专列”，做深做精弘杨村竹产品加工，借助集士驿站、网络电商等平台拓宽农特产品出山路，每年助农增收30万元。

集体经济“壮大拓路”亮点纷呈，由政府牵头、村企合作的700千瓦屋顶分布式光伏发电项目并网发电，为6个村创造稳定营收；以商业模式撬动集体经济新增长，新华村试点街面房收购项目，每年增收6万元；完成大塘山村190余亩的耕地恢复工作，为村集体争取到补助100余万元。里天河村作为国家级林权确权试点村，改革经验获自然资源部肯定批示，为林权流转奠定坚实基础。

【社会事业】 始终把群众满意作为政府工作第一目标，心系群众安危冷暖，用心用情办好每一件民生实事。以民生工程建设造福一方百姓。聚焦“宁好”工程，投资50万元改造提升镇敬老院基础设施，投入200万元打造双峰三星级居家养老服务中心，同步建设5个居家养老服务站，创新启动“1+N”综合服务模式，实现全域养老“软硬件”双提升。

投入260万元完成镇中心幼儿园省级示范校园改造，黄坛中学中考成绩居全县乡镇中学第一，重点高中上线人数创历史新高。

投入260万元建成“120”急救点并投入使用，卫生院医疗水平持续攀升。

兜准兜稳基本民生保障底线，全年发放残疾人、助医助困助学助老等各类补贴、补助316万元，动员镇属企业、村庄及群团组织募集436万元用于慈善救助事业。

加快扩面养老保险及农民失土保险，城乡居民医疗保险参保率达99.5%以上，“天一甬宁保”参保率全县排名第二。

不断深化乡风文明建设，全年开展百姓大舞台18场、电影下乡212场、“文化智慧云”周活动40场，文化活动氛围日渐浓厚。

突出人民主体，推进社会治理体系和治理能力现代化建设，推广村级治保委员会工作，激活基层网格“触觉神经”，将矛盾化解在萌芽状态。注重高效统筹，有效落实信访积案化解，洋溪治理三期延伸段政策处理等历史遗留问题完成“动态清零”。强化警民协作，探索公安力量深入基层事务初见成效，有效警情数同比下降22.18%，交通警情同比下降17.6%。获评市级二十大平安护航先进单位、市级防溺水先进单位。

【社会治安】 始终把安全摆在突出位置，坚持人民至上、生命至上，严守安全生产到每一环节。深入企业一线开展全覆盖、多轮次、滚动式安全生产排查整治行动，共计检查企业796家次，发现并整改隐患3952条，深度落实熔炉、涉爆粉尘、危废处理、污水排放等专项整治行动，共发现有问题企业44家，100%完成整改。组织重点岗位、企业负责人等群体参加安全生产专项培训，累计达1500余人次。

筑牢防灾减灾的人民防线。深入开展全县消防安全“百日攻坚”大排查、大整治行动，全覆盖排查自建出租房1184户，整改户合格率达100%，沿街商铺硬隔离达100%。创新“双指挥中心”打好“轩岚诺”“梅花”等防汛防台“阻击战”，动员镇村两级干部动态巡山，保障全年山林火灾“零发生”，应急小分队参与抢险救灾248人次，在多次驻派任务中受上级领导肯定。

【自我革新】 始终坚持使命在前、责任在肩，全面深化自我革新，奋力推动行政体系和行政能力现代化建设。

效能建设进一步优化。创新“专班会商攻坚制”，组建各类重点工作专班11个，每周三次会商研讨，高效推进重点工程、中心工作落实落地。探索机关内部扁平化协作模式，累计开展“周部署、月汇报、季总结”31次，畅通内部统筹协作。

深入推进“最多跑一次”改革，累计办理民生领域事项1100余件，其中“最多跑一次”事件850余件。

法治建设进一步深化。坚持尊法崇法、学法用法，不断致力于更高水平、更高质量的法治政府建设。自觉接受人大和社会各界监督，坚持重大事项向人大报告，高质量办理人大代表建议案和联络站社情民意112件，答复率100%。加强信息公开，累计公开政务信息136条。

作风建设进一步强化。坚决贯彻落实全面从严治党要求，严格落实中央八项规定精神及其实施细则，严格执行经费开支标准，推动廉洁政府建设取得新成效。深入开展“五问五破、五比五先”助力“五大革新”专项行动，形成比学赶超干事业、凝心聚力促发展的浓厚氛围。运用数字化村级小微权力清单“36条”智慧运行系统强化农村“三资”管理，处理各类村务红色预警765条。

大佳何镇

【概况】 位于县境东北部的象山港畔，距县人民政府东北19.5千米。东邻象山县，南依茶山，西南与桥头胡街道接壤，北与强蛟镇隔港相望，是宁海县东北大门。镇人民政府驻大佳何，以驻地得名。面积75.62平方千米，辖1个居委会、9个行政村，人口19591人。

自宋代起至民国隶属朱开乡。民国36年（1947）底，隶属孝薷乡。1949年7月，隶属东区。1951年建民主、和平、石门、柴溪四乡，分属梅林区、桥头胡区。1956年，合并四乡称民主乡。1957年12月析柴溪、蒋家岙、万金山3个村归象山县。1958年并入黄墩人民公社，1961年从黄墩公社分出，以原民主、石门、和平三小乡，析置民主公社，1981年改名大佳何公社，1983年易大佳何乡。1992年全市进行撤区扩镇并乡，1996年12月大佳何乡撤乡建镇。

【经济建设】 全力以赴稳增长，产业革新稳进提质。受多轮疫情和国际形势影响，全镇规模以上工业产值7.78亿元，同比下降5.5%左右，进出口同比下降近三成。

以保生产、推项目、育动能等确定性举措对冲下行压力，以小镇的“稳”贡献全县的“进”。力保经济企稳复苏，以提振工业经济为破局点，主动落实上级一揽子稳经济政策，开展“班子领导联企包干”纾困行动，解决企业诉求98个，帮助企业走出困境、发展壮大，培育新增亚晟照明集团、科普圣精密机械等5家规模以上企业。

大力开展平台招商、以商招商，实现浙商回归资金8.5亿元、市县外内资12.2亿元，提前一个季度完成2022年度考核目标，第四季度经济指标呈现明显复苏。

推进项目提速见效，创新项目服务员、问题调度单等推进机制，以项目建设带动经济发展，实现全社会固定资产投资12.4亿元，指标进度持续领跑全县。宁海抽水蓄能电站项目完成地下厂房和上下库大坝浇筑等，万洋小微企业园项目全面竣工，入驻企业超50家。泓谊塑胶科技和亚晟等2个技改项目、14个重点项目征迁工作全部提前完成，项目落地快、建设快、见效快的“佳何速度”全面提档。

攻克结构转型痛点，以壮士断腕的勇气深入推进工业全域治理，成立工业全域治理攻坚专班，累计拆旧拆违10余万平方米、处置率达89.7%，新建企业12家，攻坚完成三角塘区块违建处置和土地挂牌工作，轴承产业园项目取得实质性进展。

着力推进高新企业和高素质人口引入，新引进高新技术企业11家、硕士及以上研究生7名、高级工程师11名，有效发明专利拥有量10个，实现战略性新兴产业规模以上工业增加值同比增长48.7%，产业创新能力进一步提升。不断壮大现代农业，以保障粮食安全和农产品有效供给为基础，完成116亩耕地功能恢复、350亩早稻稳产保供、5600余亩耕地地力保护。总投资约1.9亿元实施水利基础设施提升，做到防汛安全和生产保障两不误。巩固发挥省健康养殖示范基地和市级海洋水产专家工作室作用，持续提升3100亩海水养殖业科研促产，实现产值1.2亿元，同比增长7%左右。

【城镇建设】 提速创优抓建设，城乡面貌亮点频现。按照县委、县政府“以城的格局谋划县的发展”思路，全面对标落实“五大革新”路径，突出城镇有机更新，提升品质促融合，绘出了城乡建设高颜值。发展空间拓展重塑，根据实际和发展禀赋，提出了“东崛起、南突破、西提升、北融合、中美丽”发展格局，为“十四五”重塑了生产、生活、生态的发展新形态。城镇功能日趋完善，以构建美好生活为抓手，全方位推进“佳好”系列美丽城镇建设。

聚力“佳好行”畅行工程，配合完成象西线“白改黑”提升、启动大佳何客运站新建项目、应家穿村路提升，布局“四好农村路”示范镇创建；聚力“佳好买”商贸振兴工程，原杰友升地块商住综合体项目地块完成环保检测，项目进程大大加快；聚力“佳好学”教育提质工程，中小幼3所学校全部建成“最美上学路”，小学迁建工程纳入县预备类前期项目库；聚力“佳好住”人居改善工程，全面推进文明创城工作，实施环境保洁和垃圾“智分类”一体化机制，新增AAA级旅游公厕1个，完成镇区水环境美化治理，试点建成“口袋公园”1个，进一步优化“生活美”人居品质。诗意乡村共美共富，完成艺术风景精品线验收，基本完成石门公路大中修、慢行系统建设和石门溪全流域治理工程，集中流转葛家—团联280亩抛荒土地，为下一步统一打造规模成片的大地景观打下基础。“一村一策”实施美丽宜居示范村、品质提升村、光伏发电等21个涉农资金项目，实现全部村村集体总收入超50万元、经营性收入30万元以上。

【社会事业】 持之以恒惠民生，社会事业殷实有力。深入践行以人民为中心的发展思想，持续把80%以上的财政支出用于民生，在社会管理上突出安民，做到了发展为人民、发展依靠人民、发展成果由人民共享。

保障底线牢牢兜住，全面推进社保医保等参保工作，城乡医疗、养老保险率分别达93%和95%，覆盖全民的多层次社会保障体系基本建立。完善社会救助体系建设，投入助医、助学、助残等慈善救助等561万元，发放高龄津贴、临时救助等各类补贴超600万元。

建成镇居家养老服务中心，村级居家养老中心实现行政村全覆盖。紧盯解决“两不愁三保障”突出问题，对400余户低收入农户精准落实“一户一策”帮扶。

社会事业不断推进，优先办好人民满意教育，配套奖教教学金同比增长25%，增至78.76万元，幼儿园趣味轮滑项目蝉联省一等奖“十连冠”，小学毕业考排名全县A档第一名，成人学校养殖基地获评省水产健康养殖示范场，教学质量持续向优。

培树挖掘文明风尚、好人事迹，郑瑗琳、林军飞获得“宁海好人”称号。正学文化日益浓厚。积极融入“浙东唐诗之路”，擦亮“天下读书种子之乡”的书香文化品牌，方孝孺纪念馆和正学书院正式开馆运行，行舟致远海事博物馆和江南民间艺术馆列入浙江省第三批乡村博物馆名单。乡贤馆已收录“两院”院士、高校教授、优秀学子等乡贤资源信息156条。

率先启动县级研学线路，将正学、婚俗、舟船、艺术乡村相融合，成为全县“乡根探寻”的重要节点。

【社会治安】 多措并举强治理，平安指数向好向优。整治性行动保安全，深入推进“除险保安”大排查大整治、消防安全“百日攻坚”等行动，组建了9个“1+1+X”专项工作组，对全镇企业、出租房、沿街商铺、重要场所等1038处重要场所开展安全排查，累计排查消防设备缺失、私拉电线等隐患2668条，整改2302条，形成全社会强势整改消防隐患的氛围。

开展全域农村自建房综合大整治三年行动，完成自建房消防达标896户，统筹开展“一拆一建两整治”。多举措用力促稳定。围绕护航二十大主题。

提级提档“1+1+1+N”网格（1个支部、1个指导员、1个网格员，N个志愿者），整合“治保团队”“阳光义警”“老何说和”等工作力量，在涨坑、石门试点推行村级一站式“治理服务中心”建设，实现5个信访积案全面“清零”，信访诉求总量近三年平均值同比下降14%，“老何说和”调解薪资、邻里等纠纷65件，挽回群众损失281.67万元。完成护航党的二十大安保任务，获评县级先进集体2个，市、县两级先进个人6个。

【自身建设】 慎终如始守初心，自身建设规范高效。以“五问五破、五比五先”作风建设专项行动为契机，聚力引导激励全镇干部以奋进者的姿态，营造奋勇担当、积极履职、大抓项目、大抓投资的浓厚氛围，提振了干事创业精气神。

坚决扛起全面从严治党主体责任，坚持把党的建设贯穿政府工作全过程、各方面，严格执行中央八项规定及其实施细则精神和省、市、区实施办法，坚定拥护“两个确立”，坚决做到“两个维护”。扎实推进法治政府建设，规范应对4个依申请公开、打赢2个行政诉讼案件，自觉接受人大、政协和社会监督，高质量办理人大代表建议18件，办复率、满意率均达100%。

强蛟镇

【概况】 位于县境北部，距县人民政府东北27.8千米。地处象山港畔，三面环海，东隔黄墩港与大佳何镇和象山县相望，南接桥头胡街道，西与铁江和西店镇相邻，北与奉化区海域相连。镇人民政府驻峡山，以长礁码头谐音取名强蛟。镇域面积65.28平方千米，其中海域35.79平方千米。辖8个行政村、1个社区，有21个自然村，户籍人口1.65万人，常住人口1.78万人。

自宋代起至民国初隶属朱开乡，民国32年（1943）属久安乡。1949年7月，隶属桥头胡区。1951年建峡山、薛岙、下浦乡。1956年三乡合并为薛岙乡。1958年属黄墩人民公社。1961年分出建峡山公社、薛岙公社。1983年改峡山乡、薛岙乡。1985年置峡山镇。1992年全市进行撤区扩镇并乡，峡山镇与薛岙乡合并成立强蛟镇。2003年强蛟镇设立临港开发区，薛岙、上蒲、下洋、王石岙、胜龙等村大部分土地被征用，耕地面积从8797亩减少到6682亩。2005年改称宁海湾循环经济开发区，实行区镇合一管理体制。2015年，县委、县政府作出战略调整部署，明确区镇管理体制分离，原宁海湾循环经济开发区职能划归县科技园区管理。

强蛟镇以发展循环经济产业为主导，民营企业发展蓬勃，综合经济实力强劲，人均收入及财政收入等各项指标均居宁海前列。先后获宁波市生态镇、宁波市循环经济示范区、浙江省生态镇、浙江省循环经济试点区、浙江省十大春意小镇、“两美”浙江特色体验地、全省小城镇环境综合整治行动突出贡献集体等荣誉。

强蛟半岛拥有丰富的海洋渔业资源和海洋文化资源，享有“东方普吉岛”“海上千岛湖”美誉。作为宁海县首个提出湾区经济发展先行镇概念的乡镇，主攻工业发展，积极争创“自在宁海湾”，将旅游观光作为未来发展的重要产业，立足海岛旅游资源，依托传统渔俗文化优势，结合新时代节庆活动，探索“节庆+文化+旅游”深度融合，不断丰富海洋旅游文化内涵，在“两美浙江”建设道路实践中逐渐凸显本地特色。

强蛟坚持以绿色化改造引领发展，深入推进“南游北工”战略，坚持推进产业基础高级化、产业结构绿色化，提高共富经济质量效益和核心竞争力。引导物流、仓储、新能源、汽配等行业落户，打造以国华电厂为龙头的“循环经济2.0体系”产业集聚区。变革重塑“一轴两核三环四景五业态”发展布局，推进峡山美丽宜居示范村创建及传统村落风貌保护提升。加快推进宁波市首个无人岛——铁沙岛项目的开发进度，全力谋划滨海四星级酒店、海湾乐园、客运索道、四岛环游等高端文旅项目。全力打造文旅特色共同富裕滨海样板，争创“自在蓝湾”风景线、漫步蓝湾特色街区。

2022年，“‘金苹果’模式力促全域村庄组团共富”做法入选省首批乡村旅游促进共同富裕案例，系全市唯一。获评2022年浙江省三星级乡镇（街道）、2020—2021年度市级文明镇、2022年宁波市无偿献血爱心单位、2022年度文物工作先进集体。全镇A级景区村庄覆盖率88.9%（A级1个胜龙、AA级3个下蒲、薛上岙、加爵科，AAA级4个下渔、上蒲、峡山、临港、王石岙）。

【农业经济】 农业基础设施不断完善，产业化进程不断加快，实现农业总产值16732万元。2022年有农民专业合作社16个，家庭农场16个。建成海上网箱养殖基地7家，大力实施海洋经济升级增效，引进新品种、新技术，引领种养结构调整优化。

2022年强蛟镇村级集体性收入统计表

表16 单位：万元

村（社）名	集体性总收入	经营性收入
合　计	1375.07	708.62
峡山社区	233.46	120.76
薛上岙村	147.98	103.84
下渔村	97.42	36.00
临港村	144.20	51.42
上蒲村	121.57	74.20
下蒲村	211.95	83.60
加爵科村	108.88	56.33
胜龙村	198.87	118.75
王石岙村	110.74	63.72

【工业经济】 全镇42家规模以上工业完成总产值53.08亿元，同比下降5.7%，规模以上工业增加值13.44亿元，同比下降2.8%，全镇企业出口额9.47亿元，同比增长9.9%。全年固定资产投资累计完成4.9亿元，同比下降13.4%，工业投资累计完成4.69亿元，同比增长5%。

全年涉及县重点工业新建项目有8个，分别是国能浙江宁海电厂光伏二期、石上天际基于物联网的智能LED照明系统、驰翔汽车部件生产线、捷顺宠物用品生产线、临港工业安置园项目（一期）、美丁年产600万套蓄电池壳生产线、强蛟镇全域旅游景区镇建设、宁海湾休闲运动旅游度假。续建项目1个，为华佑工具应用类绳索生产。其中，国能浙江宁海电厂光伏二期项目超前5个月完成计划建设任务；累计完成投资1.1亿元，其中本年完成投资0.43亿元；石上天际基于物联网的智能LED照明系统项目完成主体工程的100%，正在进行内部装修阶段，总体工程进度超前5个月完成计划建设任务，累计完成投资0.38亿元；捷顺宠物用品生产线项目完成土地招拍挂，正在建设施工中；驰翔汽车部件生产线项目完成土地招拍挂，进行施工图绘制及报审中；临港工业安置园项目（一期）完成土地招拍挂，在开始设计招投标；美丁年产600万套蓄电池壳生产线项目开始成片开发方案报审中；强蛟镇全域旅游景区镇建设项目包括宁海湾滨海旅游步道、宁海湾旅游集散中心、宁海湾滨海休闲示范带、旅游停车场地等项目建设。宁海湾游客旅游集散中心项目完成；宁海湾休闲示范带项目完成图纸调整工作，完成总工程量的50%。2022年度完成投资1700万元；宁海湾休闲运动旅游度假项目的岛屿开发部分旅游步道正在建设，立项前期工作正在进行；海域部分完成项目立项，进场施工；关于华佑工具应用类绳索生产项目（续建）于2022年度一季度试运行，超前完成2022年度计划进度。累计完成投资3500万元，其中2022年度完成投资1300万元。多角度、多渠道、多方位打通招商渠道，全年利用外资106万美元，位列全县前列；浙商回归完成2.49亿元，市外内资完成3.7亿元，县外内资完成4.3亿元。

【文旅发展】 投资1800万元建成集党群服务、博物展览、客运枢纽等功能于一体的新宁海湾游客集散中心。

坚持守正创新，打造强蛟首个文化IP人物“潮潮”，引入主题接驳巴士，推出12个品类衍生配套周边。引进国内头部露营装备品牌“挪客”，入驻长山岗露营营地。

发挥网红业态示范效能，推出直升机低空游览服务，引进汉服文化基地。承办2022年徐霞客开游节、浙江省文旅运营大会、海峡两岸乡村振兴等多项高规格现场会活动。

通过乡村全域旅游示范区培育单位验收，升级成为创建单位。静程旅行社、小森营地入选浙江省首批“乡村文旅运营团队”培育名单，入围数居全县首位。上蒲村获评省级引领型农村社区，下渔村获评省级AAA级景区村庄，全镇A级景区村庄覆盖率88.9%（A级1个、AA级3个、AAA级4个），位列全县第一方阵。海洋生物博物馆获评浙江省第二批乡村博物馆、市级生物多样性体验地。宁海湾获评宁波市首批民宿产业集聚区，花筑·蜃海湾获评省级金宿。

布局峡山滨海风情、骆家坑乡村美学空间、下渔村时光、加爵科余晖码头等4个村级文旅共富区块，全域旅游促共富成效显著。通过文旅项目带动，辐射成立2家村级文旅创业公司，开发海苔、风鳗等伴手礼8个品类，引育推出滨海集市摊位22个，累计培育、新建、改造三产服务业200余家，新增本地旅游从业人员1500余人。强蛟“‘金苹果’模式力促全域村庄组团共富”入选全省首批乡村旅游促进共同富裕案例，系全市唯一。

【镇村建设】 举全镇之力投资25.4亿元，推进“尽享蓝湾”6个子项目落地。滨海蓝湾度假酒店完成地块控规方案编制，滨海旅游专用道（象山港滨海公路一期）完成初步设计方案，薛岙地产完成控规初稿，海塘安澜一期工程顺利推进，二期相关工作有序落实，君泊云汀海上度假村项目涉及的铁沙屿无居民海岛局部使用权完成出让摘牌，系全县首宗无居民海岛使用权成功出让，水电上岛项目完成招投标，为推进宁海两湾循环美丽经济带建设提供硬核支撑。

以“精特亮”为抓手，做优集民俗文化、海岛旅游、产城融合于一体的“自在蓝湾风景线”，做亮以慢时光为主题，集休闲、娱乐、餐饮、住宿于一身的“漫步蓝湾特色街区”。完成陈桥线上蒲穿村段道路工程、蒋家薛岙小学北的地质灾害隐患点设计。完成峡山国家二级渔港升级改造项目的海域使用权审批和环保审批。

超额完成全年“三改一拆”任务指标，不折不扣抓好自建房综合整治大行动，稳步推进农房确权登记发证工作。全面启动峡山尤氏宗祠古戏台修缮工作，完成下蒲村魏氏宗祠古戏台和加爵科村林氏家庙古戏台消防及监控项目。

完成企业安全隐患整改1964条，拆除5处影响消防安全的违章搭建，合计面积5690平方米。持续开展消防安全“百日攻坚”行动，累计排查出租房1216户，闭环整改隐患521处，新安装电瓶车充电桩19处，共384个。全员推进海上安全生产，休闲渔船隐患排查整改全覆盖。

【社会事业】 严格实施“一窗受理”方案，52项公共事务纳入“最多跑一次”，先后获评全县人社系统窗口业务理论比武乡镇组第二名、巾帼文明岗等荣誉。投资200余万元建成强蛟镇居家养老服务中心。5年慈善募集善款超300万元，社会各类救助累计约发放286万元。全镇医疗保险推广顺利，参保率99.96%，养老保险扩面99.4%。

累计发放各类救助500余万元，募集慈善资金60余万元，为群众办结各类急难愁盼问题900余件。确保“老有所养，幼有所托”，镇居家养老服务中心建成投用，“两癌”筛查、老年人流感疫苗接种、家庭医生签约等工作有序开展。持续推进农村公益性生态公墓建设。下蒲村获评省级卫生村，骆家坑获评省级美丽庭院特色村，下渔村获评市级农村生活垃圾分类处理工作典范村。

社会主义核心价值观深入人心，新时代文明实践站（所）服务活动全面铺开。强蛟船员海上生死营救事迹，成为中央、省、市主流媒体聚焦关注的热点，“永大99轮”入围“最美浙江人·浙江骄傲”。

注重使用官网、微信公众号、百姓事马上办等政务公开载体，充分保障群众知情权，高效办理群众建议事项。始终保持担当有为、真抓实干的精神状态，咬定目标，坚定信心，攻坚克难，切实做到守土负责、守土尽责。旗帜鲜明为敢于担当、踏实做事的干部撑腰鼓劲，激发推动强蛟高质量发展的强大动力。

2022年强蛟镇基本情况统计表

表17

指标名称	计量单位	具体数量
一、乡镇基本情况	—	—
乡镇政府到本县政府距离	千米	27.8
居民委员会	个	1
社区居委会	个	1
乡镇行政区域面积	平方千米	65.28
年末常用耕地面积	亩	9252.3
1. 水田	亩	—
2. 旱地	亩	—
年末有效灌溉面积	亩	—
农业机械总动力	千瓦	7035
乡镇用电量	万千瓦时	—
二、人口与就业	—	—
乡镇户籍住户数	户	6523
乡镇户籍人口数	人	16502
乡镇常住住户数	户	6612
乡镇常住人口数	人	17772
其中：外来人口	人	6661
乡镇从业人员数	人	11207
其中：外来从业人员	人	—
第一产业	人	1155
第二产业	人	9143
第三产业	人	909
三、乡镇经济情况	—	—
农业经济总收入	万元	16732

续表17

指标名称	计量单位	具体数量
其中：出售产品收入	万元	13625
农民人均纯收入	元	—
固定资产投资完成额	万元	48951
其中：农业投资	万元	—
四、企业情况	—	—
企业	个	420
其中：工业企业	个	265
企业从业人员	人	8432
其中：工业企业	人	8215
企业实缴税金总额	万元	17799（规模以上）
五、乡镇机构	—	—
财政供给人数	人	70
1. 公务员	人	28
2. 事业编制	人	29
3. 其他人员	人	13
财政供给人员全年工资总额	万元	1686
六、财政与金融	—	—
财政总收入	万元	10849
一般预算内收入	万元	8739
预算外资金收入	万元	—
基金预算收入	万元	2110
上级财政补助收入	万元	5264
财政总支出	万元	10870
其中：农业	万元	865
科学技术	万元	10

续表17

指标名称	计量单位	具体数量
教育	万元	2408
年末资产总额	万元	8664
年末债务总额	万元	7177
其中：当年负债	万元	—
年末居民储蓄存款余额	万元	—
七、乡镇社区环境	—	—
储蓄所	个	2
本乡镇公路里程	千米	19.4
公园	个	5
市场	个	3
八、科技、文教、卫生	—	—
农技推广服务机构	个	1
农技推广服务从业人员	人	2
农业专业合作经济组织	个	14
农业专业合作经济组织成员	户	116
小学学校	个	2
小学在校学生	人	550
小学教师	人	45
中学学校	个	1
中学在校学生	人	248
中学教师	人	20
幼儿园、托儿所	个	3
图书馆、文化站	个	9
影剧院	个	—
体育场馆	个	2

续表17

指标名称	计量单位	具体数量
卫生机构数	个	11
其中：医院、卫生院	个	1
卫生技术人员数	人	40
其中：医生数	人	19
病床数	床	10
九、生活、社会福利	—	—
刑事案件立案数	件	0
敬老院、福利院	个	0
敬老院、福利院现收养人数	人	0
参加农村新型合作医疗人数	人	6755
参加农村社会养老保险人数	人	1020
享受居民最低生活保障人数	人	269
十、建制镇镇区情况	—	—
镇区总户数	户	6612
镇区总人数	人	16670
镇区占地面积	平方千米	28.94
镇区公共绿化面积	亩	24000

西店镇

【概况】 位于县境北部，镇人民政府驻地西店，以驻地得名，距县人民政府北21.5千米。东濒象山港，西邻深甽镇，西北与奉化交界，南连梅林街道。陆域面积102.3平方千米，海域面积26.64平方千米。S34线、沈海高速（G15）、甬台温铁路贯穿全境，区位优越，交通便捷。辖1个居委会（镇中居委会），22个行政村（海洋、铁江、紫江、集义、望海、前金、吴山、岊溪、樟树、滨海、王家、西店、尤家、石孔、团堧、崔家、溪头、香石、洪家、香联、岭口、吉山），户籍人口4.64万人，常住人口8.17万人。

自宋代起至民国隶属新宁乡，民国23年（1934）隶属梅林区，民国36年（1947）底，隶属义溪乡、紫文乡。1949年7月，隶属深甽区。1950年9月，建西垫乡。1951年建团堧、西垫、香山、仁合、紫溪、桥棚、岊溪乡，1955年2月，团堧、西垫合并为西垫乡，并划入原桥棚乡之邵家村；香山、仁合合并为香山乡；紫溪、桥棚、岊溪乡并称紫溪乡。1956年，西店乡、香山乡合并。1958年，属西垫人民公社。1959年12月划属奉化县，1961年12月复归宁海县。同年以原西垫、团堧二小乡区域并划入原属香山乡之皂坑、张家两个大队，建西垫公社。1962年经省人民政府批准，西垫改名西店，称西店人民公社。1983年5月，实行政社分设，称西店乡、香山乡、紫溪乡。1984年10月，经省人民政府批准，西店乡撤乡建镇，成立西店镇。1992年全市进行撤区扩镇并乡，紫溪乡、香山乡并入西店镇。

西店首创“公建民营”敬老院建设模式，西店卫生院升格为宁海县第三医院并与市第一医院开展全面托管合作，学前教育、基础教育普惠均衡，城乡公共服务优质便捷完善。深入推进“最多跑一次”“一件事”跟办改革落地见效，“村务厅”建设成功入选市级“最多跑一次”改革示范点，社保中心荣获全国人力资源社会保障系统优质服务窗口。西店文化底蕴深厚，是浙东诗表阆风先生——舒岳祥的故乡，境内佛教文化兴盛，阆风寺、明恩寺等古寺庙历史悠久，广德寺久负盛名。

西店镇为全国发展改革试点镇、浙江省小城市培育试点镇、宁波市卫星城市，先后获全国生态镇、全国重点镇、国家级特色小镇、国家级卫生镇、省级文明镇、省级森林城镇等荣誉称号。2022年完成地区生产总值95.21亿元，同比增长3%；财政总收入10.46亿元，同比增长5.7%；固定资产投资20亿元、同比增长31%；城镇居民可支配收入7.2万元、同比增长6%；农民人均纯收入5.3万元、同比增长7%。全国综合实力千强镇排名上升5位至284名。

【工业经济】 全面贯彻落实稳经济一揽子政策，广泛开展助企纾困行动，兑现补助资金超2840万元，减负降本1.2亿元，着力把利好政策转化为发展动能，推动经济质态更加优化。有规模以上工业企业141家，其中，年产值超亿元企业33家，拥有双林股份、震裕科技2家上市公司，国家高新技术企业56家，专精特新企业10家，形成模具——汽车零部件、智能家电、新能源三大主导产业，是全国最大的移动照明生产基地，其中手电筒产业占据全国70%的生产份额。全年规模以上工业总产值154亿元，规模以下工业营收收入26.2亿元，规模以上工业战略性新兴产业增加值15.7亿元，规模以上工业高新技术产业增加值28.5亿元，规模以上数字经济核心产业制造业增加值16.8亿元。

一批优秀企业脱颖而出，震裕科技产品入选国家单项冠军，索普橡塑成为国家专精特新“小巨人”企业，全年新增国家高新技术企业14家、省科技型企业44家、市单项冠军企业4家和市专精特新企业5家，“215”企业加快培育壮大。

聚焦工业园区建设和工业全域治理，加快传统产业转型升级，促进产业集聚化、智能化、高端化。大力开展招商引资，先后引进真谷、爱妻等重大产业项目，真和酒店、邻里中心等商业项目，开工建设光电产业园、智能家电产业园等一批平台项目。

【农业经济】 加大“两非”整治力度，出台专项扶持政策，复耕种植240余亩，落实水稻种植任务686亩，流转土地200余亩，山林抚育513亩，建成农业生产示范基地项目3个和农业科技项目2个。

全面落实河、湖、林、田长制，加大主要水系生态工程建设，投资近1.7亿元推进后门溪综合整治、五洞桥闸泵拓建、王家溪、红泉水库除险加固等水利民生工程，建设完成五市溪2期、紫溪等重点河道治理，成功创建省级河湖1处、市级美丽山塘3座。

加大地质灾害隐患治理力度，投资500万元完成废弃矿山复绿及生态环境治理工程。加大“三无”船舶违法违规行为打击力度，强化海洋养殖自备船舶管理，完成纳管养殖自备船708艘。农业生产总值6.5亿元。

【三产经济】 深化“零资源”招商，鼓励企业二、三产分离，引进电商企业5家，限额以上服务企业34家，限额以上社会消费品零售总额、限额以上餐饮业营业额同比分别增长9.2%和24.7%，全年三产增加值32亿元。

稳步发展房地产业，悦香园、山顶名苑小区建成交付，棠宁府、璟潮云庭小区主体工程基本建成，邬家庄园生态型休闲度假旅游综合体打造完成，三产服务效能显著提升。

【项目建设】 征地拆迁再发力。强化征迁政策统筹，出台相关政策方案，推行专班征迁机制，镇村联动重点攻坚新城陆域和滨海三期土地征收，征收土地2576亩，征收房屋149户，新城征地取得重大突破。统筹开展“三改一拆”、裁而未执处置、卫片“清零”等专项工作，新拆违建20.1万平方米。同时对29宗重点项目逐项开展“拔钉清零”。

项目推进再提速。坚持项目引进和项目推进同促，努力夯实高质量发展后劲。全年共排出重点项目134个，其中列入县重点项目34个；完成重大项目投资16亿元，投资总量位居乡镇第一。真和酒店、邻里中心、新城商业综合体等一批服务业项目谋划启动，真谷、爱妻等一批产业项目招引落地，中车、峰益项目开工，瑞鹏、能亮、高立等项目投产。

园区能级再提升。谋划滨海三期扩容提质，完成土地征收1400

亩，投资4亿元启动滨海三期基础设施工程，新园四路、工业大道、香岩路、光电产业园配套道路、电商产业园配套道路开工建设；投资11亿元推进光电等3个小微产业园建设。加大工业全域治理力度，出台《西店镇全域工业治理企业安置暂行规定》和《园区环保禁入负面清单》，拆旧10.8万平方米。鼓励企业向上要空间，通过原地拆改建等途径提高容积率，24家企业通过原地改造释放土地空间超过20万平方米。优化国企国资布局，成立北滨建设公司，扎实推进光伏发电、充电桩等项目，持续壮大国有资产规模和收益。

【城乡建设】 全力建设美丽城镇。完成《西店镇国土空间总体规划（2021—2035年）》编制，加强各类专项规划与县“三区三线”划定的有机衔接，争取可用规划用地面积240.53公顷。

加快推进新城陆域建设，启动新城“一纵五横”中央景轴线建设，107公顷海堤道路绿地公益部分已验收通过并换发国有建设用地使用权证，有序推进西店商贸城地块、锦海花园路口地块和西店邻里中心地块前期方案设计。

联动推进老城有机更新，加快推进甬临线两侧市政设施综合改造，完成10个交通安全隐患点整治，新增停车位2978个，设立“智慧停车”909个，新增公共充电位1145个。

铺设完成涉及西店路、五市溪路及滨海园区的天然气管网10千米，森海豪庭成为第一个通天然气的小区。修复污水主管网点位28处，完成王家北路、牛肚下污水整治点改造工作。成功创建美丽城镇建设省级样板镇、市美丽乡村示范乡镇。

全力提升人居环境。全域开展自建房整治，对全镇自建房屋结构性安全进行“地毯式”排查，累计完成农房确权入户调查核实2370宗、首批可发证1486宗，争取到保障性住房项目的中央财政补贴4743万元，启动9个地块2391间13.6万平方米新居民保障房建设。纵深推进美丽乡村建设，一批达标村、精品村加快打造，完成村庄梳理式改造4个，建成清廉村居6个、善治村5个。加快美丽风景线建设，观澜紫溪特色一条街进入收尾阶段，“阆风六和、梦栖岭口”艺术乡村建设、宋韵香山风景线工程全面推进。常态化开展环境保洁行动，垃圾就地减量“三新工程”在“浙江省生活垃圾治理十大优秀案例”中荣获第一。加大治气、治水、治土、治废力度，半数以上镇级河湖获评五星，五市溪成为省级美丽河湖。全面践行“绿色工地”理念，强化工地文明施工管理，严要求做好工地扬尘污染治理。

全力推进精细管理。完成“大综合一体化”行政执法改革试点，建立全县首个镇级综合行政执法队，“1+8”常态化开展城乡环境整治、自建房违章搭建、“门前三包”等顽疾问题综合性治理行动，梳理综合执法“一件事”13件、办理综合执法案件192件，有力提升了执法质效。迭代升级“基层治理四平台”，建强综合信息指挥体系，“智治西店”数字治理平台全面上线。

【社会事业】 共同富裕全面推进。有序推进村级集体经济发展和低收入农户增收“飞地”抱团项目，实现行政村经营性收入均50万元以上，低收入农户每户增收3200元，项目入选2022年低收入农户同步基本实现现代化市级竞争性试点项目。有序推进助医、助困、助学，每月按时发放各类救助金额55万元，全年共发放救济金700万元，各类慰问2000余人次。开展对口帮扶和山海协作，超额完成消费帮扶指标180万元。

公共事业全面发展。优先发展教育事业，投入1.6亿元用于辖区12所学校教育，中心幼儿园被评为省一级幼儿园，观澜幼儿园被评为市四星级幼儿园，全县首个国家级“向日葵亲子小屋”成功创建。加强校外培训、托管机构整治。公共卫生服务水平稳步提升，投资2亿元的县第三医院扩建工程完工，新增2个市特色基层专科，西店卫生院获全国百强乡镇卫生院称号。推进家庭医生签约服务工作，重点人群签约率76.07%。社会保障体系不断健全，养老保险、医疗保险参保率分别为99.3%和99.5%。公共文化服务水平不断提升，大力推进文化礼堂改造，西店“礼堂家”平台综合指数进入全省前20名，长三角米FA联合毕设基地揭牌，40所高校师生成功入驻。深入开展“喜迎二十大　聚力奔共富”等新时代文明实践活动，滋养文明新风，营造良好氛围。

除险保安全面深化。深刻汲取“8·11”火灾事故教训，全面开展自建房消防整治，实施出租房准入备案机制，制定出租房消防安全“十个一律”，加大消防安全执法检查力度，完成出租房消防安全达标整治8299户，完成团墺、樟树、香联、岭口4个村“一站一中心”建设，谋划镇消防救援站和培训中心建设。深入推进“除险保安”大排查大整治、消防安全“百日攻坚”等行动，统筹推进“三场所两企业”安全整治，全年共排查企业7448家次，闭环整改隐患32500条，3家市安委办挂牌督办企业成功摘帽，海洋小微工业园区完成挂牌整改。加大对镇域范围内食品安全监管力度，牢牢守住食品安全底线。各类涉安指标明显下降，交通警情同比下降30.64%，消防火警数量同比下降19.7%，电信诈骗案件同比下降16.44%，交通事故亡人数同比下降50%。中共二十大重大安保任务完成。加强应急体系建设，组建50人的镇应急综合救援队和84人的村、社区应急救援分队。建立镇领导主动接访和闭环工作机制，累计化解群众信访177件，12件信访积案全部化解，信访走访总量同比下降89.29%。

【党建工作】 法治建设全面提速。完善合法性审查机制，确保重大行政决策合法合规。加强法律法规业务培训，提高干部依法行政意识和能力。扎实做好政府信息公开，打造“阳光政府”。自觉接受人大监督，认真办理人大代表建议44件。

政务服务不断优化。广泛开展“五问五破、五比五先”机关作风专项行动，严格落实首问负责制，强化机关效能检查，推动干部作风转变。优化机关内设机构设置，进一步配强工作力量。深化数字化改革，建成镇便民服务中心24小时自助服务区，服务效能进一步升级，成为市级示范。

廉政建设常抓不懈。全面贯彻落实党风廉政建设责任制，筑牢防腐拒变思想防线。坚持以案示警，修订完善项目招投标、政府采购、村级财务、“三资”管理等制度，严格执行国库集中支付和公务卡制度，强化审计监督，防范廉政风险。着力提升资金使用效益，“三公”经费和行政成本持续下降。

深 甽 镇

【概况】 位于县境西北部，距县人民政府西北16千米。东邻西店镇、梅林镇，南连黄坛镇，北界奉化区，西接奉化区、新昌县。镇人民政府驻深甽，以驻地得名。面积174.6平方千米。辖1个居委会、1个林场、22个行政村，总人口3.39万人。

自宋代起至民国隶属新宁乡。民国23年（1934）隶属梅林区。民国36年（1947）底，隶属三省乡、双峰乡。1950年有长大乡。1951年，长大乡分为大蔡、三桥、甽水3个小乡，五美、胜联、柘溪乡、双湖乡、龙宫乡、蒋坑乡、马岙乡。1956年大蔡、三桥、甽水三乡合并称长洋乡，五美、胜联、柘溪乡合并建大里乡，双湖乡、龙宫乡、蒋坑乡一部分建双湖乡，马岙乡、蒋坑乡一部分合并为马岙乡。1958年属深甽人民公社。1959年12月划属奉化县，1961年12月复归宁海县。同年建深甽公社、大蔡公社、大里公社、双湖公社、马岙公社。1983年改深甽乡、大蔡乡、大里乡、双湖乡、马岙乡。1985年置深甽镇。1992年全市进行撤区扩镇并乡，双湖乡、大蔡乡、大里乡、马岙乡并入深甽镇。

深甽生态优美，全镇森林总面积近20万亩，森林覆盖率90%，素有“生态美镇”“天然氧吧”之美誉，是省级生态公益林示范区。凫溪、长洋溪、南溪贯穿全镇。南溪温泉温泉水质被评为AAAA级。是史学家胡三省、当代著名学者张明浩和“世知人”张明养的故里，拥有1个中国历史文化名村、2个中国传统村落、4处古戏台被列为全国重点文物保护单位、5个省级卫生村、2个市级历史文化名村、16个市级卫生村、县级卫生村22个，正在创建省级卫生村2个，市级卫生村1个。先后获得中国运动杖之乡、国家级生态镇、全国重点镇、中国温泉之乡、2016中国最美村镇生态奖、2017中国最美村镇50强、国家标准示范度假社区、省文明镇、省体育强镇、省级卫生镇“治水美镇·浙江样本”50强、浙江省首批AAAA级景区镇等荣誉。2020年8月，深甽镇成功列入第四批省级旅游风情小镇创建名单。

2022年实现工农业总产值48.12亿元，同比增长1.54%，财政总收入0.8亿元。

【工业经济】 全年实现工业总产值46.49亿元，进出口总额8.9亿元，同比增长1.5%、23.6%。完成浙商回归3.07亿元、市外内资2.45亿元、县外内资2.46亿元，完成固定资产投资4亿元。

创新能力明显提升，致安电子、金马铸造被评为国家级高新技术企业，沃特、五峰被列入省级工程技术中心企业，阿诺丹、兴达等6家企业被列入市级工程技术中心企业，利铭金属、创新旅游等9家企业被列入县级工程技术中心企业。

规模以上工业企业投入1.05亿元科研经费，完成发明专利授权2件、实用新型发明专利30件、外观设计发明专利21件。全力推进工业全域治理，累计处置违章建筑13.86万平方米，新建企业6家，新建厂房6.27万平方米。

【重大项目建设】 温泉小镇获得新提升。加快特色创建，全力推进省级特色小镇、省级运动休闲乡镇和国家级旅游度假区建设工作。宁海森林温泉旅游度假区列入国家级旅游度假区创建意向名单，宁海森林温泉获评全国优质珍稀温泉、“宁波市影视拍摄基地”等称号，宁海森林温泉景区创成市级智慧景区，省级运动休闲乡镇完成创建申报工作。

创新完善工作机制，定期召开重大项目推进工作专题例会，成立专班小组，每半月汇总分析项目工作清单，加快项目攻坚。燕山温泉度假酒店一期主体建设和二期山顶别墅酒店建设完工，“大庄山谷·乡根一叶”项目完成游客中心、11号地块主体、展览馆、商业街前端等主体建筑结顶，国家级旅游度假区景区提升工程、度假区旅游集散中心等项目完成年度任务，原金海雅宝地块文旅开发项目完成土地挂牌，一期项目准备进场施工，凤山北路、东紫路等改造工程完工。

全力扩大知名品牌影响力，汉雅开元度假酒店获评2022年度全国金叶级绿色饭店，宁海安岚酒店荣获2022年度亲子酒店、中国文旅星光奖2022年度十大魅力酒店等多项荣誉。

【镇乡建设】 按照全域景区化要求，以艺术赋能促进乡村振兴，举办温泉文创节等活动，发布泡泡“泉”家福IP形象，推出“泡泡文创”自主品牌和文创产品，打造月亮湾森野温泉营地。

以文旅发展促进乡村振兴，举办张明养纪念馆“中国民主促进会会史教育基地”揭牌仪式，推进宁波市新联会与马岙村结对助力共富项目。

以茶旅融合促进乡村振兴，茶叶、竹笋、高山蔬菜和精品水果四大农业主导产业持续引领，荣获“中绿杯”、浙茶杯、甬茶杯等多项茶产业荣誉，望海岗标杆性示范茶场建设逐渐成形，加快深甽现代农业综合体项目建设。

以精品示范村庄建设促进乡村振兴，完成柘坑张村和溪滨村省级美丽宜居示范村建设，完成大蔡村美丽乡村、品质提升村项目建设，完成岭徐等4个村梳理式改造项目，南溪村成功创建省第二批“未来乡村”、市农村生活垃圾分类处理工作典范村。召开书记擂台、共富论坛等，完成夏樟村樱桃基地、岭徐村樱花苗木基地等集体经济造血项目，实现各村集体经济总收入50万元和经营性收入30万元的总体目标。以改善农业基础设施条件促进乡村振兴，投入600万元完成深甽镇南溪小流域下游段河道治理工程，投入400万元完成马岙高标准农田项目。以镇区形象提升促进乡村振兴，完成凤山北路改造、东紫路改造、花田畈小区提升等工程，年前完成环城东路改造工程。

【社会事业】 民生事业取得新进步。始终坚持以人为本，大力发展各项社会事业，集中力量为民办实事，让群众共享发展成果。

继续加大教育资金投入，发放奖教奖学资金200万元，投资530万元的长洋小学已开学。教学质量不断提升，深甽中学中考成绩位居全县农村学校第一名。

聚焦“一老一小”优质服务，完成镇敬老院电梯加装工程，大蔡、龙宫、新旗山等9个村居家养老服务站建成投用，完成宁海县精神康复中心暨深甽中心卫生院项目。

高度重视社会保障工作，发放低保金718万元、残疾人补助259万元、临时救助和大病救助30万元、困境儿童补助127万元、特困老人补助212万元，基本实现应保尽保。慈善工作取得历史性突破，全年募捐967.14万元，大蔡村获评省级示范慈善工作站。

不断加大综合执法力度，优化人居环境，环境卫生和垃圾分类在全县考评中居第一序列。严格耕地保护制度，保障粮食生产安全，新增可用耕地180亩，新增早稻种植面积720亩，增加粮食产量约14万千克。开展“周二1小时”志愿服务行动，助力全国文明城市创建。加强和创新社会治理，开展“四个平台”建设，大蔡村获评宁波市社会治理创新示范点。

围绕平安护航党的二十大安保维稳主轴主线，建强安保组织体系、压实信访工作责任、优化应急处置流程、实行闭环动态管控。

提升防灾减灾救灾标准化能力，成功防御“轩岚诺”“梅花”两次超级台风影响，深入开展消防安全“百日攻坚”行动，完成1419户沿街商铺、出租房整治工作，完成问题隐患整改2925条，木结构出租房整体退出16家。

【党建工作】 在推动经济社会发展过程中，加强政府自身建设，通过破难攻坚常态化、苦干实干导向化、责任清单制度化、干部关爱全程化等举措，全力打造深甽实干型团队。以“七张问题清单”为牵引，高质量完成巡视整改任务，柘坑戴村高标准实施红旅融合等四大工程，经营性收入80余万元，大蔡组建工作专班，探索后进攻坚整转“六法”，募集乡村振兴公益基金506万元，千年古村迎来蝶变。确定重大项目清单18项，明确干部要想什么、要干什么。加快政府数字化改革工作。

自觉接受镇人大和社会各界监督，加大人大相关建议意见的办理力度，办理建议意见15件，办复率100%。从严治政全面落实，加强增收节支，促进厉行节约，严格预算执行，强化绩效评估。严格落实党风廉政建设责任制，全面推进村级小微权力清单“36条”，扎实开展农村巡察工作，进一步完善干部请销假、会议考勤、公务接待及公务用车等有关制度。不断争先进位，努力赶超，取长补短，广纳思路，听取群众呼声，全力打造开放型、服务型政府。

越溪乡

【概况】 位于县境东南部白峤港畔，乡人民政府驻越溪，以驻地得名，距县人民政府12千米。东临沿海，南连一市镇，西邻跃龙街道，北靠茶院乡。面积92.48平方千米，辖1个社区、15个村委会，人口约2万人。

自宋代起至民国初，隶属朱开乡。民国23年（1934），分属城区、长亭区。民国36年（1947）底，分属桂峰乡、茂林乡。1949年7月，隶属城关区。1951年，分属力洋区、一市区，包括越溪、亭头、信千、梅七、大林乡。1956年，越溪、亭头、信千三乡合并称越溪乡，梅七、大林乡合并称梅七乡。1958年，属一市人民公社。1961年，分立越溪公社、梅七公社、大林公社。1969年梅七公社、大林公社合并成梅七公社。1981年改称七市公社。1983年改越溪乡、七市乡。1992年全市进行撤区扩镇并乡，七市乡并入越溪乡。

省道盛宁线、县道亭柳线穿境而过，境内拥有1000吨位的梅岙货运码头，是一个地理位置优越、交通便捷、环境优美的沿海乡。耕地2.1万亩，山林4.4万亩，村民主要从事养殖业，是名副其实的养殖大乡。

人文底蕴深厚，有巡检司城遗址。全国劳动模范应四官、医学女科学家夏海英博士、国家重点学科带头人杨肖娥教授等都出生在越溪。境内有王干山、油盐寺等风景名胜，自2008年起举办宁海（越溪）跳鱼节，2016年起推出沧海桑田节，越溪乡知名度和美誉度与日俱增。先后获得国家卫生镇、省级小城镇环境综合整治样板乡镇、省级农业绿色发展示范区、省AAAA级景区镇、省语言文字规范化乡镇等15项市级以上荣誉称号，召开省、市、县各类现场会4场，被列为全域土地综合整治全国试点乡镇，整体呈现出较为良好的发展态势。

【工业经济】 规模以上企业10家，全年实现规模以上工业总产值3.4亿元，同比增长12.3%。外贸经济强劲复苏，实现进出口总额1.2亿元，降幅进一步收窄。置信智造谷逐步成形，29万平方米厂房售罄，交付入驻企业92家。

深入推进工业全域治理“攻坚年”行动，拆违拆旧17343万平方米，新开工企业7家、投产3家。持续优化营商环境，完善乡领导班子联企制度，引进浙商回归1.59亿元，县外内资1.59亿元。

实施重点项目对账销号、专班攻坚机制，完成固定资产投资2.9亿元，同比增长30%。

【农业经济】 守牢粮食安全底线，持续探索“一田两用”稻药轮种模式，全年粮食播种面积1.2万亩。

严格耕地保护，全域攻坚“两非”整治工作，实现耕地功能恢复面积1000亩，土地全域综合整治面积1600亩。

有力推进养殖塘规范化管理，组织2轮全面调查摸底，完成全乡873个养殖塘登记注册和系统录入。投资2.8亿元推进山塘水库、海塘等提标建设和养殖区、农田基础设施完善，有效提升乡域防洪排涝能力。

创建“宁海珍鲜·鲜在越溪”区域公共品牌，品牌运营中心投入使用。

【全域旅游】 首届沧海桑田云文化节线上直播浏览量超10万人次。做强“越”系列农文旅融合品牌文章，“共富工坊”助农直播带货6万元。

牢牢抓住党建联盟、艺术赋能乡村振兴契机，深挖渔耕文化和农旅资源，开启研学实践“流量密码”。

坚持标准化建设和特色化发展，打造浙江省AAA级景区村2个，AA级、A级景区村9个，致力于实现“一村一品”。

【镇村建设】 厚植生态优势，高质量完成全国文明城市省级测评，统筹推进镇村建设，宜居水平再上新台阶。

绿水青山不断增色。亭港工业园区成功创建市级“污水零直排区”，启动小微园区污水主管网建设，新建改造2个农村生活污水管网，水环境质量持续向好。

数字赋能生态保护，完善河湖长、林长、田长制度体系，成功创建省级森林城镇。完成双盘三山涂养殖整治工作，中央和省环保督察反馈问题全面整改。

基础短板不断补齐。强化项目建设要素供给，突破工业治理历史遗留难题，保障企业用地150亩，争取政府专项债5000万元。亭港工业园区“三线下地”基本完工，完成长洋岭、大林至茅山头、青屿山至塘坝的道路改造提升，开工建设海防道路，新建提升农村公厕17座，新增4个自然村（居住点）并入大水网。

美丽乡村不断扩容。启用“三区三线”划定成果，编制完成9个村庄规划，形成三角坛地块、乡区更新等规划方案。“三改一拆”累计拆违5.5万平方米，自建房综合整治深入推进，累计确权农房848宗，厘清15个行政村“一户多宅”底数，分批整治、集中攻坚。农村生活垃圾“智分类”与保洁一体化实现全域覆盖，城镇管理更加精细化。红色赋能村集体“造血功能”，行政村年经营性收入全部超过30万元，共富路径更加多元化。

【社会事业】 始终坚持把民生保障、社会安定、群众安全摆在重要位置，统筹风险防范、化解和应急处置各项能力建设。民生保障坚实有力。发挥社会保障、慈善分会救助解困作用，全年发放救助金733万元，慈善救助395人次42.77万元。

持续提升拥军优抚工作质效，“示范型”退役军人服务站10个。社会事业全面进步。充分发挥文化礼堂“文明有礼”地标作用，开展银辉志愿者、中小学书画大赛等多彩文娱活动6场500余人次。

越溪成人学校获宁波市成人教育服务乡村产业振兴创新项目第一名。施行《越溪乡奖教奖学暂行办法》，发放奖教金98万元，“匠心”奖学金4万元惠及18人次。

创建四星级母婴室1家、省级卫生村11个，新建体育公园2个，进一步提升健康保障水平。

完成党的二十大重大安保任务。深入推进“除险保安”大排查大整治、消防安全“百日攻坚”等行动，建成越溪乡消防工作站，完成自建出租房消防安全达标整治100%。免费发放金属燃气管292根、烟感报警器146只。连续成功防御“轩岚诺”“梅花”台风。

迭代升级“基层治理四平台”，网格管理更加完善。建立团队化信访化解体系，国家级、省级交办件成功化解。强化基层治理力量联动，试点“检察在身边”，实现共享法庭行政村全覆盖。

【党建工作】 着力重法治、强服务，为建设人民满意政府塑造了良好形象。以“五问五破、五比五先”机关作风行动建设为抓手，切实加强政府系统党的建设，高标准推进“七张问题清单”整改工作。

综合提升行政效能，基本完成大综合一体化行政执法改革，不断提升“一网通办”服务质量与水平，当场办结率近100%。

深化法治政府建设，充分提升法律顾问在乡村振兴、合法性审查等方面的全程参与度。自觉接受人大、政协和社会各界监督，办理县乡人大建议、政协提案43件。

打造“越讲悦听”理论宣讲品牌，乡领导班子成员带头开展宣讲31次，覆盖全乡2.5万人，推动各基层党组织和党员干部群众在传达学习中深化共富共识，在领会精神中明晰发展思路，在贯彻落实中推进乡村振兴，自觉把党的二十大精神、省委“两个先行”和市、县党代会决策部署落实到山海特色共富样板建设的实践中。

持续加强清廉政府建设，坚持过“紧日子”，深入推行政务公开、“三务”公开，严格贯彻落实廉洁自律各项规定，自觉抵制不正之风，树立清正廉洁形象。

茶 院 乡

【概况】 位于县境东部，东邻力洋镇，南濒白峤港，西接越溪乡，北靠茶山与桥头胡街道相邻。乡人民政府所在地下王村距县城22千米。面积81平方千米，其中，陆域面积70.57平方千米，海岸线长4.5千米，辖茶院、杜岙、毛屿、庙岭4片14个行政村，7794户2.7万余人。

自宋代起至民国初，隶属朱开乡。清雍正六年（1728），在柘浦村设立柘浦乡。清光绪年间（1875—1908）曾称茶院镇。民国23年（1934）隶属长亭区柘浦乡。民国36年（1947）底，隶属柘浦乡。1951年为茶院、杜岙二乡及庙岭乡之一部分。1956年以茶院、庙岭及杜岙乡、毛屿乡之一部分合并称茶院乡。1958年属沥洋人民公社。1961年茶院乡全部、杜岙乡大部及庙岭乡之一部分分立茶院公社；以原毛屿乡及庙岭乡之部分设立毛屿公社。1983年改茶院乡、毛屿乡。1988年乡人民政府驻地迁下王村。1992年全市进行撤区扩镇并乡，毛屿乡并入茶院乡。

茶院乡西北部为山地，东南部属平原，茶院溪纵贯全乡，清水长年不断。特产丰富，有大梁山啤酒、鹿茸、鹿茸酒、柑橘、杨梅、蜜梨、馨文名茶、宁友牌番薯面、山茶油、山黄金及虾、蟹、蛏、蚶、鱼等各类海鲜。1984年被宁波市划为15个贫困乡之一，1996年脱贫，并被评为宁波市脱贫致富先进单位。2018年获省级卫生乡镇、市级五好镇乡关工委、市级平安综治先进单位等荣誉。2018年、2019年获省、市级“美丽乡村示范乡镇”。2019年成功打造“石里水乡”文明示范县。2020年获评浙江省AAA级景区镇、省级森林城镇。2021年创建国家级卫生乡镇，获省“美丽乡村示范乡镇”称号。2022年成功打造“美丽城镇建设基本达标城镇”“浙江省农村文化礼堂建设示范乡镇”。

【经济建设】 工业经济提质增效。全年实现工业总产值10亿元，实现规模以上工业总产值5.4亿元，同比增长5.5%。拓宽资金来源渠道，引进内资浙商回归资金1.4亿元，市外内资1.67亿元，县外内资2.08亿元。大力实施零资源项目招商，2家平台公司、3家物流公司落户茶院。

农业发展持续巩固。全域攻坚“两非”整治工作，实现耕地功能恢复面积800亩。全力保障农产品有效供给，顺利完成835亩早稻、6000亩晚稻种植任务。有力推进养殖塘规范化管理，1014亩缢蛏已建立初级水产品质量追溯，发放1500吨水产品销售许可。多措并举壮大农村集体经济，成功实施11个村联购厂房项目。

聚力打好重大项目攻坚战，全乡上下加压奋进、攻坚克难，先后完成18-C住宅小区、宁东新城屿港西路、宁东新城水利基础设施二期、宁东新城基础设施七期等项目的征地工作，助推东方日升、旗滨、震裕等一批头部企业落户园区。

【新农村建设】 美丽城镇渐次推进。稳步推进乡域国土空间规划，启用“三区三线”划定成果，做好与园区规划的融合编制工作，后坑李村入选浙江省首批百村村庄规划试点名单。大力推动“四好农村路”建设，泥树岂、下徐至陈家山农村2条通村道路顺利施工。启动“一户多宅”专项整治行动，扎实推进农房确权登记发证工作，发证量处于全县首位。内外兼修推进乡域内涵式、融合式发展，全力配合“大美南湾”风景南线、北线创建，许民村进入浙江省第二批未来乡村创建名单，茶院乡创建美丽城镇建设基本达标城镇。

全域旅游多点开花。加强顶层设计，优化许家山旅游发展有限公司结构性调整，启动《许民村旅游发展总体规划》编制。补齐设施短板，推进游客集散中心、小庵停车场等工程，进一步完善“智慧停车”功能。加强业态培育，石村瓷坊主理人入选宁海县文化优才，石头博物馆上榜“省级乡村博物馆”。优化深度体验，设计举办蜡染、制瓷、茶事等一系列研学课程，浙江工商职业技术学院“留学生文化实践教学基地”在许家山签约揭牌。大梁山羊祜殿成为新的网红打卡点，“星星故事”登上各大社交媒体热搜榜，多家央媒聚焦报道。

绿色发展更可持续。牢固树立和践行“绿水青山就是金山银山”的理念，推动河长制、林长制、田长制常态化运行，持续打好蓝天、碧水、净土保卫战。扎实开展垃圾资源化、减量化处理，整治非正规堆放点9处，循环利用1000吨建筑垃圾、400吨生活垃圾。推进农村“厕所革命”，完成公厕改造12座。严格落实土地卫片图斑整改，处置违法用地52处76.67亩，提前超额完成“三改一拆”年度目标任务。开展工业全域治理“攻坚年”行动，拆违拆旧9118平方米，整体拆除2家老旧企业。

【社会事业】 全面完善兜底保障。深入推进民生保障体系建设，努力扩大养老保险、医疗保险覆盖面，全年城乡居民养老保险参保率99.6%、续保率98.63%。为全乡303户贫困户和34户边缘户办理了低保。加大残疾人救助力度，发放重度残疾人护理补贴124.98万元、困难残疾人生活补贴89.87万元。坚持以服务保障好退役军人为目标，全年为优抚对象发放生活补助资金135万元。

全面发展民生事业。强化养老公共服务，全覆盖建成乡、村两级居家养老服务中心14家，其中，AAA级1家、AA级11家、A级2家，公建民营养老院纳入县康养联

2022年11月2日，浙江工商职业技术学院留学生走进许家山文化活动暨浙江工商职业技术学院校企合作签约仪式举行

合体建设试点。重视义务教育办学，教育经费及时足额拨付，升学成绩名列农村学校前茅，宁中、知恩录取率逐年提高。提升医疗服务水平，为586名适龄妇女进行了免费“两癌”筛查服务。打通农村物流瓶颈，建成茶院、许民、庙岭、毛屿4处“集士驿站”。

全面实施文体惠民。加强公益性文体设施建设，全覆盖打造星级文化礼堂，获评浙江省农村文化礼堂建设示范乡镇。群众性文化体育事业蓬勃发展，组织开展“文化走亲”活动，积极动员参与“我们的村运”系列运动会，完成戏曲纳凉晚会、“我们的节日”、百姓大舞台等文艺活动18场次。

【社会治理】 响鼓重锤守牢安全底线。全乡上下众志成城、万众一心，成功打赢台风“轩岚诺”“梅花”防御战，又一次交出防汛防台高分答卷。深入推进“除险保安”大排查大整治、消防安全“百日攻坚”等行动，“安全在线”覆盖160家企业，自查自纠自报率、监督检查覆盖率、各类事故隐患整改率均达到100%。深刻汲取西店“8·11”民房火灾事故教训，开展全域自建房综合整治大行动，推广“宁好租”出租房监管系统，完成自建出租房消防安全达标整治。

革故鼎新重塑治理体系。全面完成“大综合一体化”改革，迭代升级“基层治理四平台”。网格化管理卓有成效，上报各类事件2万余件。系统性构建信访生态，化解信访积案3件。强化基层治理力量联动，成立运行南部滨海园区警务室。

2022年10月1日，东南溪村独臂猴“星星”走红网络

2022年3月30日，举行烈士陵园落成仪式暨烈士纪念活动

2022 年茶院乡基本情况统计表

表 18

项　　目	单　　位	合　　计
全乡总面积	平方千米	81
种植面积	公顷	2069.1
村民委员会	个	14
常住人口	万人	2.7
地区生产总值	万元	158507
第一产业产值	万元	18097
第二产业产值	万元	103978
第三产业产值	万元	36432
村集体总资产	万元	22007

2022 年茶院乡规模以上企业一览表

表 19

序号	企业名称	负责人	产值（万元）
1	宁波新大梁山啤酒有限公司	刘建华	4980
2	宁海南湾同盛纸业有限公司	周必对	12794
3	宁波大梁山彩印有限公司	陈因木	2087
4	宁海隆元铝型材有限公司	王龙元	8787
5	宁波金达汽车部件有限公司	叶金毛	4770
6	宁波卡利特新材料有限公司	胡鹏华	3710
7	宁海县华天休闲用品有限公司	赵建国	10966
8	宁波超笠家居用品有限公司	邱伟龙	2943
9	宁波雄辉机械科技有限公司	储碧辉	1723
10	宁波富瑞旅游休闲用品有限公司	赵羽飞	2017

胡陈乡

【概况】 位于县境东部，以原驻地胡陈得名（1998年乡政府驻地由胡陈村迁胡东村），距县人民政府东24千米。南连长街镇，西与力洋镇接壤，东北与象山毗邻，面积106平方千米。辖1个社区、18个行政村，有73个自然村。总人口2.2万人。

自宋代起至民国初隶属朱开乡。民国23年（1934）隶属长亭区。民国36年（1947）底，隶属梦鼎乡。1949年7月，隶属东区。1951年，建胡陈、梅山、西翁、东仓、岙里乡。1956年，梅山并入胡陈乡，西翁乡并入东仓乡；之后，三乡合并为胡陈乡。1958年隶属胡陈人民公社。1961年，以原胡陈、梅山二乡及西翁部分地区设立胡陈公社，其余分出另立东仓公社。1983年改为东仓乡和胡陈乡。1992年全市进行撤区扩镇并乡，东仓乡并入胡陈乡。

境内山水资源丰富，森林覆盖率76%，是国家级生态乡、国家卫生乡、省级森林城镇。荣膺中国最美村镇50强、中国美丽乡村创建先进镇、浙江省100个“最美田园”、省首批运动休闲小镇创建单位、第四批浙江省旅游风情小镇培育单位、省农业特色强镇创建单位、省级“平安农机”示范乡镇、省级“机器换人”示范乡镇、休闲农业和乡村旅游精品线路、省级示范性青创农场（青争果园）、宁波市乡村全域旅游示范区、宁波市多彩农业美丽田园示范基地等荣誉。2022年省级美丽乡村示范乡镇、宁波市乡村全域旅游示范区、美丽城镇建设市级样板镇。

【农业经济】 农业基础设施建设水平迈步提升，高标准农田通过验收，岙里王溪小流域治理主体建成，水环境整治、山塘除险加固等一批水利项目竣工使用，梅山生态拦截沟渠系统获评全县唯一省级优秀。以大食物观保障粮食安全，省级水稻绿色防控示范区基本建成，早稻种植面积超额230%完成考核领跑全县。

优势农产品培育加速，胡陈洋芋市级绿色示范基地和县级种质资源圃通过验收，胡陈洋芋获批国家地理标志证明商标，立新特莱浙樱粉1号获得市精品番茄推选金奖，华狄湖景蜜露获得市精品水蜜桃推选银奖。举办水蜜桃文化节、农特产品展销会，主要农产品价格均稳定上涨，农户增收形势喜人。120亩精品莲藕产业园建成生产，国元抹茶产业规模稳步提升，省特色农业强镇优势进一步显现。

【工业经济】 克服国内外环境和新冠疫情冲击影响，全力落实稳链助企纾困“30条”、稳经济“15条”和接续配套措施，推动工业经济质的有效提升和量的合理增长。实现规模以上工业总产值7.07亿元，规模以上工业增加值2.56亿元，同比增长1.3%。

深化零资源招商，新增限额以上服务业企业宏润家居，年营业收入1.5亿元。润禾入选县“215”工业企业培育工程，获县长质量奖，被评为国家知识产权优势企业和国家级绿色工厂。在全县率先完成工业全域治理，盘活低效工业用地11亩，“低小散”块状产业得到整治提升。

【新农村建设】 实施“微改造、精提升”工程，东山桃园景区引入市乡村旅游五星级运营团队象山蟹钳港公司，新增萌宠乐园区、彩虹滑道等15个游乐项目，疫情影响下游客人数突破10万人次，实现旅游收入150余万元，市场化探索初见成效。

借助中国美院，精耕丞相书院丞相文化，灵峰寺扩建、归云洞改造等项目有效推进。永和航空营地接待中心、降落场地、一级起飞平台等基础设施基本建成，航空系列产业链塑造成形。环中堡溪半马赛

2022年11月20日，由宁海县体育发展中心主办，胡陈乡人民政府承办的“2022千里走宁海——胡陈站”徒步活动举行

道、田园自行车骑行绿道、登山健身步道等全域式生态绿道联网成景。归云山居实质启动，海棠郡项目落地，仙珊海阁进入土地挂牌，溪溪里、一隅之地建成户外轻奢露营优质品牌，同时入选宁海四大宝藏露营基地，民宿产业跨入 3.0 时代。

城镇品质推陈出新。坚持规划引领集约发展，集镇区初步方案、“三线”划定和全域重点项目排布完成编制，大麦塘地块规划设计方案初步形成。百日会战专班化推进22个重点项目攻坚，乡客运中心、乡派出所、乡综合市场等一批重大项目基本建成，集镇区功能日益完善。梅山、联胜、东山新建改造旗舰型集士驿站通过验收，并获评“快递进村、山货出村”县级样板。新盛宁线连接线、黄山线胡陈段和下宅至茶山林场等道路建成通车，胡陈高桥改建项目主体工程基本完工，“四好农村路”越建越好。

乡村品质涤故更新。深化“千万工程”，美丽乡村提档升级，梅山村成为宁海唯一优秀等次，高分通过省未来乡村验收，胡陈乡成功跃升为省级美丽乡村示范乡镇。大美南湾风景北线建设深入推进，朝里湾、狮子山2处边坡完成生态复绿，永和村、联胜村、乔里王村实现梳理式村庄改造，大赖村启动美丽乡村项目创建。大水管网实现全域主管到村，胡陈村、长平村一户一表和生活污水处理工程建设基本完工，河长治河、公众巡河成为常态，全域水环境质量切实提高。联购厂房拓宽增收渠道，村集体“造血功能”赋能增强，行政村年经营性收入全部超过30万元，9个村超过50万元。

乡风乡貌与日俱新。深思破解农村建设用地难，“一村一策”订制方案，国叶等5个试点推进顺利，盘活闲置用地5200余平方米。“三改一拆”强势攻坚，累计拆违2万余平方米，一拆完成率居全县前列。自建房综合整治深入推进，梅山村、车家村率先全县完成“一户多宅”整治。5个新时代文明实践站所通过验收，农村文化礼堂实现全覆盖，梅山、东山成功打造艺术特色村，桃花源里文明示范县获评市大学生优秀社会实践基地，胡陈村、国叶村成为首批市级农家书屋示范点，得心坊艺术馆成功入选浙江省第二批乡村博物馆名单。志愿服务深入群众，全年活动2000余场3500余人次，工会志愿服务中队关爱小候鸟项目获评市总工会志愿服务项目大赛铜奖，守墓老人尤洪章先进事迹感动全城，获评宁海好人，胡东村代表全县参与全国文明城市省测实地检查，贡献满分答卷。

【综合治理】 除险保安成效显著。强势推进消防安全、交通违法、养老诈骗、自建房安全四项整治行动，“红黄绿”三色管理、“1+1+X”工作机制运转高效，百万员工安全大培训工作扎实有力，近千条安全生产隐患快速闭环完成整改，重点领域、重点环节保持安全。防灾减灾救灾标准化能力得到提升，成功防御“轩岚诺”“梅花”2次超级台风影响，森林防火、全民消防深入人心。

平安综治系统提升。聚力平安护航二十大，基层治理现代化能力水平有了明显进步。“大综合一体化”改革扎实推进，矛盾纠纷多元化解机制日益成熟，治保主任团队、兴村名师工作室、道德评议会、执业律师坐班制等制度平台效用突出，5件信访积案全面清零。全覆盖、全流程、闭环式法律服务体系架构成型，法治护航丰收季、法治联盟工作室等特色做法获群众点赞。盗伐林木、盗挖沙石、电网毒鱼等违法案件被持续打击，守法用法氛围日显浓厚。民兵营连部、退役军人服务站规范化建设深入推进，年度征兵工作完成，拥军优属工作不断增强。

【社会事业】 义务教育保持高水准，农村中考成绩位列全县第三，超额完成宁中、知恩招生任务。卫健事业实现新跨越，乡卫生院完成创三乙评审，契约式家庭医生全面推广，无偿献血任务超额完成，速度效率全县第一。垃圾分类减量体系成效显现，新增11个卫生村（其中，省级2个、市级4个）、3个健康企业单位、1条健康步道，3次上榜市人居环境检查优秀名单。环境卫生、农村公厕、垃圾分类三项考核均位列全县第一梯队，西翁村获评省级星级农村公厕达标村，胡东村、中堡溪村获评省级示范农村公厕示范村。

社会保障持续高效。推进全民参保，养老保险参保率、医疗保险参保率均达到较高水平。开展困难群众精准救助点题整治，符合条件人员全部纳入兜底保障，完成率位居全县前列。开展帮扶资金投资水稻东部片区全产业建设，入股多彩胡陈共富项目，低收入帮扶资金收益得到循环增长。推动慈善事业健康发展，募集善款38.5万元，救助群众52人11.25万元。

便民服务惠及全域。开展便民中心标准化创建，政务服务跃升2.0版新模式，成功进驻集士驿站，中心村“15分钟服务圈”布点建成。聚焦“一老一小”，居家养老服务中心、AAA级养老服务站点开启养老助餐功能，日均服务120余人次，高龄津贴、老年人优待证办理实现数智化。围绕儿童做亮名片，建成儿童之家7个（其中，省级1个、市级3个），永和村丞相故里“亲青课堂”暑托班成为宁海首个农村校外阵地暑托办班点。组织“千名基层妇联领头雁”培训，帮助留守女性实现家门口就业。

【党建工作】 政治信念更加坚定。纵深推进全面从严治党，落实落细“五张责任清单”，着力打造新时代党建高地和清廉建设高地。严格落实乡党委会“第一议题”和理论学习中心组专题学习制度，以“主题党日”“周一例会”“青锋论坛”等载体，持续深入学习贯彻习近平新时代中国特色社会主义思想，开展中共二十大精神理论宣讲，建立党史学习教育常态化长效化机制，系统推进意识形态领域建章立制，切实将党的创新理论学习成果内化于心外化于行，全乡党员干部的政治定力和党性修养进一步增强。

干部活力全面迸发。重视年轻干部培养，组建青年先锋支部，实行帮带导师跟踪培养，创新开展履职大比拼，压实青年中层干部联村主责，加大干部“一线”培养力度，推动干部在“一线”磨炼成长，完成党政机关职能配置、机构设置和人员编制调整。研究制定《胡陈乡行政村基本报酬制度和绩效考核办法》，出台村级工作目标责任制考核细则，开设“头雁领航·村社擂台”工作论坛，实施村社书记抓基层党建述职评议，选送优秀村干部参加学历提升班，村干部队伍素质得到提升，3名党组织书记获评县担当作为好支书。探索不合格村干部退出机制，及时调整不适任村干部。

基层基础更加扎实。全面落实红色根脉“两高”强基工程，深入推进党建联建、共富工坊建设，开展“百千万”示范创建，梅山村、胡东村入选首批创建对象。与《浙江共产党员》杂志合作探索党建美学，在梅山首站成功打造“共富芬芳”党建精品线。以点带面，整合党群服务中心、红色教育基地、“甬爱e家”等阵地资源，打造完成红色教育初心线、乡村振兴共富线、基层治理和美线和清廉村居示范带“三线一带”串联胡陈全域，绘制全域党建手绘地图，形成了可供党员学习教育的党建阵地。试点形成农村党员正面清单，并在全县推广。创新实施初心、红心、戒心、匠心、强心“五心提升课程”，党校工作高标准运行。深化百村立功竞赛活动，岔路村获评县级优秀竞赛项目二等奖，国叶村、岙里王村中央扶持“一事一议”项目通过验收。

作风建设持续深入。进一步压实“两个责任”，深入纠正“四风”，召开党风廉政建设大会，组织党风廉政建设集体谈话，以“七张问题清单”为牵引，不折不扣抓好巡视巡察问题整改，高标准完成县委专题情况调研30条。扎实开展“五问五破、五比五先”机关作风建设专项行动，抓好“十个一”工作落实，390个问题清单全部完成整改，培育形成“多氧胡陈”机关党建品牌。深入落实村级小微权力清单36条，获评示范村2个、达标村12个。调整升级乡村两级工程项目管理制度，做好“36条”多跨场景应用与农村“三资”管理数字化贯通先行先试工作，进一步织密村级小微权力风险防控体系。立案查处违纪案件，党员干部底线意识得到进一步强化。

2022年3月1日，胡陈乡青年先锋党支部成立

附　录

2022 年宁海县党政机关、群众团体与乡镇、街道负责人名录

【中国共产党宁海县委员会】

书　记：腾安达
副书记：楼鼎鼎
　　　　汪　志（12 月止）
　　　　方　勤（12 月始）
常　委：方　勤
　　　　王辅橡
　　　　周初波
　　　　曹继木
　　　　石雅洁
　　　　姚国中
　　　　陈锦杰
　　　　徐旭东
　　　　陈立蒙（12 月始）

【宁海县人民代表大会常务委员会】

党组书记、主任：徐真民
党组副书记、副主任：王能迭
副主任：赵秀萍（1 月止）
　　　　潘红月
　　　　柳正维
　　　　范建军
　　　　石道伟（1 月始）
　　　　王鸿飞（1 月始）

【宁海县人民政府】

县　长：楼鼎鼎
常务副县长：陈锦杰
副县长：王鸿飞（1 月止）
　　　　杨　钻（12 月止）
　　　　黄　崭
　　　　俞　其
　　　　王辅橡（1 月始）
　　　　郭文魁（1 月始）
　　　　龚　慧（2 月始）
　　　　葛仁元（12 月始）

【中国人民政治协商会议宁海县委员会】

党组书记、主席：尤玲娟（1 月止）
　　　　　　　　叶秀高（1 月始）
党组副书记、副主席：邬汝跃
副主席：尤永成
　　　　石建军
　　　　何建春
　　　　童青燕
　　　　石道伟（1 月止）
　　　　王宁芳（1 月始）
秘书长：项汉明

【宁海县直单位党政负责人】

县委办公室主任：徐旭东（1 月止）
　　　　　　　　葛仁元（1 月始）
　县台办主任：李海啸
　县委党史研究室主任：叶静霞
县人大常委会办公室主任：胡家标
　监察司法工委主任：葛永照
　财经工委主任：裘德亮
　教科文卫民宗侨外工委主任：
　　郑仕忠
　农业农村工委主任：蒋思才
　城建环保工委主任：陈剑波
　代表工委主任：严义靖
　社会建设工委主任：张晓桦
县政府办公室（外事办）主任：
　　葛仁元（1 月止）
　　陈伟荣（1 月始）
　县地方金融监督管理局局长：
　　葛仁元（1 月止）
　　陈伟荣（1 月始）
　县流动人口服务管理中心主任：
　　李恒贤
　县机关事务管理局党组书记、局长：娄筱庆
县政协办公室主任：叶良晓
　提案委员会主任：娄培宗
　经济和城建资源环境委员会主任：黄才向
　教科卫体文化文史和学习委员会主任：胡　军
　社会法制和港澳台侨委员会主任：娄　坚
　委员工作委员会主任：陈庆宇
　农业和农村委员会主任：杨东林
县纪委书记、监察委主任：周初波
县委组织部部长：方　勤（12 月止）
　　　　　　　　陈立蒙（12 月始）
县委宣传部部长：徐旭东（1 月始）
　县文明办主任：薛　冰（1 月止）
　　　　　　　　赖喜利（1 月始）
　县委网信办主任：章伟银
　县政府新闻办主任：
　　陈云松（12 月止）
　县社科联主席：周武军

县委统战部部长：石雅洁
县侨办主任、侨联主席：王日辉
县民宗局局长：郑尚奎
县委政法委书记：汪　志(12月止)
方　勤(12月始)
县人民法院院长：郑　松
县人民检察院检察长：张飞忠
县委政策研究室主任：
陈伟军(4月始)
县决策咨询办主任：陈英杰
县委编委办主任：邬海燕
县委直属机关党工委书记：
方　勤(12月止)
陈立蒙(12月始)
常务副书记：周绍宏
县委老干部局局长：
钱卫挺(4月止)
柴晓敏(4月始)
县委党校校长：方　勤(12月止)
陈立蒙(12月始)
常务副校长：葛建标
县信访局党组书记、局长：王家冕
县发改局(物价局)党组书记、局长：
黄建福
县经信局党委书记、局长：王宏伟
县教育局党委书记、局长：陈开南
县科技局党组书记、局长：
葛欢善(8月止)
应利勇(8月始)
县公安局党委书记、局长：俞　其
党委副书记、政委：秦乾大
县民政局党委书记、局长：储根荣
县司法局党组书记：叶天峰
局长：夏慧辉
县财政局党委书记、局长：庞建宏
县国资管理中心主任：
王照栈(1月止)
董宜春(4月始)
县人力社保局党委书记、局长：
胡小锋
县自然资源和规划局党委书记、局长：钱贤丰(5月止)
陈模曹(5月始)
县住建局党委书记、局长：章武科
县交通局党委书记：
陈伟荣(1月止)
马贤茂(1月始)
局长：陈伟荣(4月止)
章开望(4月始)
县水利局党委书记、局长：王永宝
县农业农村局党委书记、局长：
葛越胜
县商务局党组书记、局长：裘为民
县文广旅游局党委书记、局长：
张畅芳
县卫生健康局党委书记、局长：
李乃江
县退役军人事务局党组书记：
汪秀邦
局长：王宁芳(4月止)
汪秀邦(4月始)
县应急管理局党委书记、局长：
何称松
县审计局党组书记、局长：戴华飞
县市场监督管理局党委书记、局长：
王东海
县统计局党组书记：陈昌凯
局长：龚　慧(4月止)
陈昌凯(4月始)
县医保局党组书记、局长：葛华文
县综合行政执法局党组书记、局长：
张光乾
市生态环境局宁海分局党组书记、局长：章　哲(3月止)
王　巍(3月起)
县总工会主席：王能选(2月始)
党组书记：周永平
团县委书记：冉诗雅(12月止)
葛佳云(12月始)
县妇联党组书记、主席：
周　霞(9月止)
黄丽敏(12月始)
县工商联党组书记：林红
主席：葛体员(5月止)
何建春(5月始)
县文联党组书记、主席：王苍龙
县残联党组书记、理事长：刘军平
县科协党组书记：葛欢善(8月止)
应利勇(8月始)
主席：吴卫东
县贸促会会长：崔绍章
县关工委主任：方　勤(12月止)
陈立蒙(12月始)
常务副主任：季元法(3月始)
县慈善总会会长：尤永成
县档案馆党组书记、馆长：张华飞
宁海传媒集团党委书记、总裁：
何健军
总编：胡国光
县社会矛盾纠纷调处化解中心党组书记、主任：苏才品
县社会治理中心主任：
汪　志(6月始)
党组书记：苏才品(6月始)
县投资促进中心党组书记、主任：
李文斌
县体育发展中心党组书记、主任：
吴继盛
县供销联社党委书记、主任：
陈云苍(7月止)
任建平(7月始)
县公建中心党组书记、主任：胡海军
县房屋征收管理中心(城中村改造指挥部)党组书记、主任：仇存明
市住房公积金中心县分中心党组书记、主任：陈　飚
县金融发展服务中心党组书记、主任：夏方伟
县大数据管理中心党组书记、主任：
董宜春(4月止)
县政务服务办主任：李　元
宁海经济开发区管委会党工委书记、主任：叶　挺
宁波南部滨海经济开发区管委会党工委书记：王辅橡
主任：应利勇(7月止)
王彪平(7月始)
县通用航空产业基地建设指挥部党组书记、总指挥：张厚明
县生物产业园管理中心党组书记、主任：应利勇(7月止)
张　琼(7月始)

县双盘三山围涂工程指挥部党组书记：钱贤丰（4月止）
　　陈模曹（4月始）
县交通重点工程建设指挥部党组书记、总指挥：马贤茂
县三门湾现代农业开发区建设指挥部总指挥：黄　岽（2月始）
县清溪水库建设指挥部党组书记：
　　柳正维
宁海茶山抽水蓄能电站建设指挥部党组书记：陈锦杰（4月始）
县沈海高速公路改扩建工程建设指挥部党组书记：王辅橡（5月始）
县国有资产投资控股集团有限公司党委书记、董事长、总经理：
　　胡余泽
县水务集团党委书记、董事长：
　　袁顺生（9月止）
　　陈景滟（9月始）
县城投集团总经理：叶亦健
县文化旅游集团党委书记、总经理：
　　王伟强（9月始）
宁海海关关长：王军
县国税局党组书记、局长：吴　斌
人民银行宁海县支行行长：
　　吴林钗（7月止）
　　刘昌瑞（12月起）
县气象局党组书记、局长：
　　蔡春裕（8月止）
　　应建存（8月始）
县烟草专卖局局长、县烟草公司经理：马效军
国家统计局宁海调查队党组书记、队长：徐敏乐
国网宁海县供电公司党委书记：
　　任　雷（3月止）
　　裴传逊（3月始）
　总经理：张仕勇
中国电信宁海分公司党委书记、总经理：尹亚红
县邮政公司党委书记、总经理：
　　陈国栋

【乡镇、街道党政负责人】

长街镇
书　记：石　柔
镇　长：薛晓龙
胡陈乡
书　记：储杨洋
乡　长：孙　伟
力洋镇
书　记：陈模曹（4月止）
　　葛知宙（4月始）
镇　长：陈禧蒙
茶院乡
书　记：洪　永
乡　长：王伟峰
一市镇
书　记：胡　卿
镇　长：万崇文（9月止）
　　叶亦普（12月始）
越溪乡
书　记：钱卫挺
乡　长：朱　越
桑洲镇
书　记：夏　扬
镇　长：尤煜彬（4月止）
　　葛日长（9月始）
岔路镇
书　记：陈国军
镇　长：伍未望
前童镇
书　记：陈　剑
镇　长：王　莫
黄坛镇
书　记：葛军伟
镇　长：王　挺
大佳何镇
书　记：陈　威
镇　长：陈韬文
强蛟镇
书　记：吕　宁
镇　长：王明辉
西店镇
书　记：姚国中
镇　长：仇昌兴金
深甽镇
书　记：胡仁杰
镇　长：黄丽敏（12月止）
　　陈云松（12月始）
跃龙街道
书　记：夏智友
主　任：金　益（7月止）
　　周　霞（9月始）
桃源街道
书　记：葛海峰
主　任：施浩添
梅林街道
书　记：王彪平（7月止）
　　金　益（7月始）
主　任：王　雷
桥头胡街道
书　记：陈海涛
主　任：章肖琴

重要文件目录

2022年中共宁海县委部分文件一览表

表20

序号	文 号	文 件 标 题
1	宁党发〔2022〕1号	关于2022年高质量推进乡村全面振兴促进农民农村共同富裕的实施意见
2	宁党发〔2022〕3号	关于印发《宁海县中长期青年发展规划(2021—2025)》的通知
3	宁党发〔2022〕7号	认真学习贯彻《关于进一步加强家庭家教家风建设的实施意见》的通知
4	宁党发〔2022〕14号	关于促进中医药传承创新发展的实施意见
5	宁党发〔2022〕16号	关于印发《宁海县“五大革新”行动工作方案》的通知
6	宁党发〔2022〕21号	关于开展向“时代楷模”钱海军学习活动的决定
7	宁党发〔2022〕28号	关于忠实践行“两个维护”奋力推进“两个先行”共创宁海发展光明前景的决议
8	宁党发〔2022〕34号	关于印发《中国共产党宁海县委员会工作规则》的通知
9	宁党发〔2022〕35号	关于印发《宁海县消防安全“大排查、大整治、大宣教、大培训”攻坚行动实施方案》的通知
10	宁党发〔2022〕38号	关于推进“五强”领导班子建设的若干意见
11	宁党发〔2022〕43号	关于开展向全国“人民满意的公务员集体”市生态环境局宁海分局学习活动的决定
12	宁党发〔2022〕49号	关于印发《新时代美丽宁海建设实施方案(2021—2025)》的通知

2022年中共宁海县委办公室部分文件一览表

表21

序号	文 号	文 件 标 题
1	宁党办〔2022〕2号	关于印发《宁海县创建全国科普示范县实施方案》的通知
2	宁党办〔2022〕4号	印发《关于贯彻落实全面从严治党“五张责任清单”的实施办法》的通知
3	宁党办〔2022〕13号	印发《关于切实推进社区减员增效的若干意见》的通知
4	宁党办〔2022〕29号	印发《关于高质量推进花园社区、柘坑戴村、大郑村发展建设的行动方案》的通知
5	宁党办〔2022〕30号	印发《关于完善专班攻坚机制助推重点工作落实的意见(试行)》的通知
6	宁党办〔2022〕31号	关于印发《宁海县“基层治理提升年”专项行动方案》的通知
7	宁党办〔2022〕35号	印发《关于开展“五问五破”、“五比五先”、助力“五大革新”机关作风建设专项行动方案》的通知
8	宁党办〔2022〕41号	关于印发《宁海县“亲清直通车、政企恳谈会”制度》的通知
9	宁党办〔2022〕42号	关于印发《宁海县高水平推进新时代美丽乡村建设行动方案》的通知

续表21

序号	文　号	文　件　标　题
10	宁党办〔2022〕43号	关于印发《宁海县村级集体经济持续提升行动计划》的通知
11	宁党办〔2022〕49号	印发《关于推动党史学习教育常态化长效化的实施方案》的通知
12	宁党办〔2022〕59号	印发《关于全面推行耕地保护田长制的实施意见》的通知
13	宁党办〔2022〕60号	印发《关于加强“警源治理”工作进一步推进基层社会治理的实施意见》的通知

2022年宁海县人民政府部分文件一览表

表22

序号	文　号	文　件　标　题
1	宁政发〔2022〕1号	宁海县人民政府关于明确县政府领导班子成员工作分工的通知
2	宁政发〔2022〕2号	宁海县人民政府关于印发宁海县妇女发展“十四五”规划和宁海县儿童发展“十四五”规划的通知
3	宁政发〔2022〕3号	宁海县人民政府关于深入实施“凤凰行动”宁海计划促进经济高质量发展的意见
4	宁政发〔2022〕6号	关于调整县双盘三山围涂工程指挥部、县交通重点工程建设指挥部、县清溪水库建设指挥部和县通用航空产业基地建设指挥部组成人员的通知
5	宁政发〔2022〕7号	宁海县人民政府关于印发宁海县清溪水库工程建设征地补偿和移民安置办法的通知
6	宁政发〔2022〕8号	宁海县人民政府关于建立宁海县沈海高速公路改扩建工程建设指挥部的通知
7	宁政发〔2022〕9号	宁海县人民政府关于调整宁海县交通重点工程建设指挥部组成人员的通知
8	宁政发〔2022〕10号	宁海县人民政府关于印发宁海县贯彻落实扎实稳住经济一揽子政策措施实施方案的通知
9	宁政发〔2022〕11号	宁海县人民政府关于印发宁海县全民健身实施计划（2021—2025年）的通知
10	宁政发〔2022〕13号	宁海县人民政府关于印发宁海县新一轮制造业“腾笼换鸟、凤凰涅槃”攻坚行动方案（2021—2025年）的通知
11	宁政发〔2022〕14号	宁海县人民政府关于调整宁海县沈海高速公路改扩建工程建设指挥部组成人员的通知
12	宁政发〔2022〕15号	宁海县人民政府关于调整宁海天河抽水蓄能电站建设指挥部、县沈海高速公路改扩建工程建设指挥部组成人员的通知
13	宁政发〔2022〕16号	宁海县人民政府关于调整县交通重点工程建设指挥部组成人员的通知

2022年宁海县人民政府办公室部分文件一览表

表23

序号	文　号	文　件　标　题
1	宁政办发〔2022〕1号	宁海县人民政府办公室关于印发贯彻高质量发展建设共同富裕标杆县行动计划加快提升村（社区）数字化政务服务能力实施方案的通知

续表23

序号	文 号	文 件 标 题
2	宁政办发〔2022〕2号	宁海县人民政府办公室关于印发宁海县体育公共服务能力提升五年行动计划(2021—2025年)的通知
3	宁政办发〔2022〕3号	宁海县人民政府办公室关于公布宁海县2022年度第一批重大火灾隐患整改单位的通知
4	宁政办发〔2022〕4号	宁海县人民政府办公室关于印发2022年政府工作报告重点工作责任分解的通知
5	宁政办发〔2022〕5号	宁海县人民政府办公室关于成立宁海县“三山两岸”整体规划建设工作领导小组和工作专班的通知
6	宁政办发〔2022〕6号	宁海县人民政府办公室关于进一步规范整村集中办理林权确权登记工作的通知
7	宁政办发〔2022〕7号	宁海县人民政府办公室关于公布2022年度县政府重大行政决策事项目录的通知
8	宁政办发〔2022〕8号	宁海县人民政府办公室关于宁海县流动人口量化积分管理的实施意见
9	宁政办发〔2022〕9号	宁海县人民政府办公室关于宁海县开展居住证省内互认并与温州市平阳县开展积分互认工作的实施意见
10	宁政办发〔2022〕10号	宁海县人民政府办公室关于印发2022年县重点工程新建项目、县民生实事新建项目、县重点工程续建项目月度计划表和县重点工程预备类项目季度计划表的通知
11	宁政办发〔2022〕11号	宁海县人民政府办公室关于印发宁海县违法建筑分类处置办法的通知
12	宁政办发〔2022〕12号	宁海县人民政府办公室关于印发2022年宁海县“有效投资再提升”行动实施方案的通知
13	宁政办发〔2022〕13号	宁海县人民政府办公室关于印发宁海县现代种业强县建设发展规划(2021—2025年)的通知
14	宁政办发〔2022〕14号	宁海县人民政府办公室关于发布宁海县新增综合行政执法事项的通知
15	宁政办发〔2022〕15号	宁海县人民政府办公室关于鼓励推行出租房综合责任保险的通知
16	宁政办发〔2022〕16号	宁海县人民政府办公室关于明确县政府办公室(流管中心)领导工作分工的通知
17	宁政办发〔2022〕17号	宁海县人民政府办公室关于做好住户调查大样本轮换工作的通知
18	宁政办发〔2022〕19号	宁海县人民政府办公室关于全面推进基层统计网格智治工作的实施意见
19	宁政办发〔2022〕23号	宁海县人民政府办公室关于公布宁海县综合行政执法事项扩展目录的通知
20	宁政办发〔2022〕24号	宁海县人民政府办公室关于印发宁海县人民防空工程产权登记和使用维护管理暂行办法的通知
21	宁政办发〔2022〕26号	宁海县人民政府办公室关于印发宁海县畜牧业高质量发展行动方案的通知
22	宁政办发〔2022〕27号	宁海县人民政府办公室关于调整部分县政府议事协调机构成员的通知
23	宁政办发〔2022〕28号	宁海县人民政府办公室关于印发宁海县国有企业投资基金管理办法(试行)的通知
24	宁政办发〔2022〕31号	宁海县人民政府办公室关于印发宁海县招商引资项目会审制度(试行)的通知

续表23

序号	文 号	文 件 标 题
25	宁政办发〔2022〕32 号	宁海县人民政府办公室关于印发宁海县招商引资项目落地后续管理与服务制度(试行)的通知
26	宁政办发〔2022〕33 号	宁海县人民政府办公室关于印发宁海县招商引资项目绩效评估办法(试行)的通知
27	宁政办发〔2022〕35 号	宁海县人民政府办公室关于认真做好 2022 年由政府安排工作退役士兵和退出消防员接收安置工作的通知
28	宁政办发〔2022〕36 号	宁海县人民政府办公室关于印发宁海县“学清溪、促三提”重大项目“百日攻坚”专项行动工作方案的通知
29	宁政办发〔2022〕37 号	宁海县人民政府办公室关于印发宁海县创建省农业“机器换人”高质量发展先行县实施方案的通知
30	宁政办发〔2022〕38 号	宁海县人民政府办公室关于印发宁海县政府投资项目全流程管理办法(试行)的通知
31	宁政办发〔2022〕39 号	宁海县人民政府办公室关于公布宁海县新增综合行政执法事项的通知
32	宁政办发〔2022〕40 号	宁海县人民政府办公室关于印发宁海县健康县建设实施方案的通知
33	宁政办发〔2022〕41 号	宁海县人民政府办公室关于开展全县人居环境大提升暨全域自建房综合整治大行动的实施意见
34	宁政办发〔2022〕42 号	宁海县人民政府办公室关于印发宁海县县级储备粮轮换管理办法的通知

2022 年宁海县“三农”风云榜

2022 年,在县委、县政府正确领导下,通过各部门和乡镇、街道共同努力,宁海“三农”工作成绩瞩目,成果丰硕,农林牧渔业总产值、一产增加值的增幅双双位列全市第一,现将有关荣誉公布如下:获全市唯一列入国家现代农业产业园创建名单,全省唯一国家级制种大县(水稻),全国卫生县城,宁海县主导编制的《村务管理》三项国家标准正式发布实施,全省新时代美丽乡村(农村人居环境提升)工作优胜县,省级农村生活垃圾分类处理工作优胜县,省级渔业健康养殖示范县,省级特色产业农业“机器换人”高质量发展先行县(水稻),全省渔业安全生产考核优秀单位(全省第一),首批浙江交通强国试点县,第十一届水利“大禹杯”银杯奖。

一、典型案例

1.《“三农”决策要参》第 3 期

唤醒集体意识 激发内生动力——艺术振兴乡村助推共同富裕的宁海探索

2.《法治智库》第 16 期

数字赋能加强村级小微权力监督

3. 交通运输部农村客货邮融合发展典型案例

浙江宁海:“集士驿站”+公交邮路协同联动

4.《中国绿色时报》“一站一员一窗口”典型案例

宁海县黄坛林特站推进生态与经济高质量协同发展

二、地理标志证明商标

西店牡蛎、胡陈洋芋、宁海白枇杷

三、集体商标

长街味道

四、非主要农作物品种登记

“望海茶 1 号”

五、水产新品种审定

拟穴青蟹“东方 1 号”

六、浙江省美丽乡村

1. 示范乡镇:胡陈乡、力洋镇

2. 特色精品村:强蛟镇临港村、强蛟镇下渔村、岔路镇湖头村、跃龙街道望府村、一市镇锦绣村

七、浙江省未来乡村

1. 成效优秀村:胡陈乡梅山村

2. 成效合格村：茶院乡许民村、力洋镇海头村、深甽镇南溪村、岔路镇湖头下畈村（片区）

八、浙江省高标准农村生活垃圾分类示范村

力洋镇海头村、力洋镇力洋孔村、西店镇岭口村、梅林街道河洪村、梅林街道凤潭村、梅林街道五松村

九、乡村旅游

1. 国家级乡村旅游重点镇（乡）：前童镇

2. 国家级优质珍稀温泉：宁海森林温泉

3. 浙江省"浙里田园"休闲农业与乡村旅游精品线路：古镇乡韵精品线、胡陈灵动乡野"8"字形精品线

十、共同富裕

1. 省级农民培训促富品牌："农村电商学堂"

2. 市高质量发展建设共同富裕先行市第二批试点名单（成果展示类）：艺术振兴乡村

十一、"三农"文化

1. 省历史文化（传统）村落保护利用重点村：力洋镇力洋村

2. 浙江省第一批重要农业文化遗产资源名单：宁海长街蛏子养殖系统

十二、数字"三农"

1. 浙江省"一地创新、全省共享"项目："艺术振兴乡村"应用

2. 浙江省农业农村厅重大改革（重大应用）场景第一批先试先行名单：宁海县渔业养殖塘管理数字化应用鱼塘流转

3. 浙江省数字农业工厂和"未来农场"

①数字牧场：森丰生猪数字牧场

②"未来农场"：原坊智慧渔业未来渔场

4. 宁波市数字农业工厂和数字化种养基地

①市级数字农业工厂：宁海约农数字农业工厂、宁波森丰牧业数字牧场

②市级数字化种养基地：三鑫牧业数字化种养基地、绿港水产牧业数字化种养基地、茂林水产数字化种养基地、祥安农业数字化种养基地、方宽水产数字化种养基地、银聚园农牧数字化种养基地

十三、农业产业

1. 国家水产种业阵型企业、省水产种业阵型企业：宁波华大海昌水产科技有限公司

2. 国家级生猪产能调控基地：宁海农发牧业有限公司、宁波绿港水产牧业有限公司、宁波森丰牧业有限公司

3. "中绿杯"名优绿茶产品质量推选

①特别金奖：铜岭岗望海茶（桥头胡铜岭岗良种茶场）

望森望海茶（越溪白岩山茶场）

岳峰山绿茶（深甽镇太阳山茶场）

凌霄芽望海茶（俞氏五峰农业发展有限公司）

裕竺白茶（天顶山茶场）

望府绿茶（望府茶业有限公司）

②金奖：望海峰望海茶（望海茶业发展有限公司）

馨文望海茶（大江茶叶专业合作社）

岳峰山绿茶（深甽镇太阳山茶场）

兰盈望海茶（桥头胡兰茗良种茶场）

其间望海茶（其间家庭农场）

滋云峰望海茶（桑洲镇紫云山茶场）

③银奖：明雾望海茶（明雾家庭农场）

望府黄茶（绿茶）（望府茶业有限公司）

白刀锋望海茶（沙微农业开发有限公司）

4. 省级美丽牧场：宁波森丰牧业有限公司

5. 省级农机服务中心：宁海县奔田农机作业服务有限公司（水稻）、宁海县永丰水稻蔬菜专业合作社（水稻）、宁海县可省农机植保服务专业合作社（水稻）

6. 省级全程机械化应用基地：宁海县龙辉农机专业合作社（水稻）、宁海县长街镇田盛农机专业合作社（水稻）、宁海县胡陈连承农机专业合作社（水稻）

7. 省"一亩山万元钱"高质量基地：宁波道合农林科技有限公司（油茶林下黄精复合经营）

8. 省林下道地中药材种植基地：宁海县仙余粮家庭农场（黄精）

9. 省高品质绿色科技示范基地：宁海县新世纪水产养殖有限公司、宁海国元茶叶有限公司

10. 省低碳生态农场：宁海县立新特菜专业合作社、宁海县绿色城堡蔬菜种植专业合作社、浙江丰瑞水产科技有限公司

11. 2021—2022 年浙江省"千村万元"林下经济增收帮扶工程示范村：黄坛镇张辽村、茶院乡道士桥村；林下基地示范基地：浙江省回浦农业发展有限公司、宁波道合农林科技有限公司

12. 市级示范性青创农场：宁海县绿生杨梅专业合作社

13. 市级农业龙头企业：海通食品（宁海）有限公司、宁波林丰种业科技有限公司

14. 市级生猪产能调控基地：宁

波新世纪农牧业开发有限公司、宁波三鑫牧业有限公司、宁波市海联畜牧有限公司、宁波瑞农牧业有限公司、宁波玉林牧业有限公司、宁波市绿生牧业有限公司

15. 市种植业“六园”示范基地认定

①放心菜园：宁海县长街优农果蔬专业合作社

宁海县静涛果蔬专业合作社

②生态茶园：宁海县东腾茶叶专业合作社

③精品果园：宁海县绿紫源水果专业合作社

宁海县摇钱树家庭农场

宁海县中亿果蔬专业合作社

宁海县金海湾生态果业专业合作社

④道地药园：宁海县越溪禾顺中药材专业合作社

16. 市成人教育服务乡村产业振兴创新项目：宁海县越溪乡成人中等文化技术学校“越韵渔耕：助力当地海洋经济发展”、宁海县黄坛镇成人中等文化技术学校“香榧产业创新联盟”

17. 2021—2022 中国宁波青年大学生创业大赛“乡村振兴”专项赛金奖：“蟹大人”项目

十四、生态建设

1. 美丽河湖：五市溪、双湖溪

2. 省森林城镇：前童镇、越溪乡

3. 省乡村氧吧：黄坛镇弘杨村

4. 省气候康养乡村：桥头胡街道双林村

5. 省生态文化基地：县茶山林场

6. 省一村万树示范：桥头胡街道岙马村、黄坛镇里天河村、力洋镇前横塘厂村

7. 省森林康养基地：宁海县森林温泉养生基地

十五、美丽城镇

1. 美丽城镇建设省级样板镇：西店镇、梅林街道

2. 美丽城镇建设省级基本达标城镇：桥头胡街道、力洋镇、桑洲镇、黄坛镇、一市镇、茶院乡

3. 美丽城镇建设市级样板镇：西店镇、力洋镇、黄坛镇、桑洲镇、桥头胡街道、梅林街道

4. 省级美丽宜居示范村庄：

①优秀村庄：力洋镇力洋孔村

②合格村庄：大佳何镇葛家村、桑洲镇南岭村、深甽镇南溪村、前童镇大郑村

5. 省级城乡风貌样板区：宁海前童—岔路县域风貌样板区

6. 市级第二批村庄设计落地试点单位优秀设计方案：强蛟镇下渔村、前童镇柘湖杨村

十六、美丽庭院

1. 省美丽庭院特色村：岔路镇下畈村、强蛟镇骆家坑村

2. 市美丽庭院创建特色带：桥头胡街道“艺宿双林 · 醉美汶溪”美丽庭院特色带

3. 市美丽庭院创建示范村：力洋镇海头村、强蛟镇下渔村

十七、农村电商

1. 省电子商务示范村：西店镇集义村

2. 省农村电商示范服务站、点：茶院乡许民村电商服务站、岔路镇高塘村电商服务站、力洋镇凤凰山村电商服务站、梅林街道振兴社区电商服务站、强蛟镇下渔村电商服务站、一市镇一市振兴街电商服务站

十八、“三农”宣传

2022 年第二季度优秀国产纪录片：《美美乡村》

十九、“三农”领域先进集体

1. 浙江省农村宅基地工作成绩突出集体：县自然资源和规划局

2. 浙江省渔业安全生产工作成绩突出集体：县农业农村局

3. 浙江省林业科技工作成绩突出集体：县农业农村局

4. 浙江省工人先锋号：宁海县海塘安澜千亿工程专班

5. 浙江省水土保持目标责任制工作成绩突出集体：县水利局

6. 2022 年全大市供销社系统综合业绩考核优秀单位：县供销合作社联合社

2022 年度宁海县企业风云榜

【2022 年度服务业领跑企业】

宁波新协实业集团有限公司（上台阶奖）

宁波明众汽车销售服务有限公司（上台阶奖）

宁波得力物业有限公司（上台阶奖）

宁波景栋汽车销售服务有限公司（上台阶奖）

宁波麦粒网络科技有限公司（增速奖）

宁波国益进出口有限公司（增速奖）

宁波金海美悦酒店有限公司（增速奖）

【2022 年度宁海县制造业“亩均效益”领跑者企业】

宁海县集美特电器有限公司

宁波光明橡塑有限公司

宁波卡倍亿电气技术股份有限公司

得力集团有限公司

宁波震裕科技股份有限公司
宁波永和电子有限公司
宁波华平智控科技股份有限公司
浙江慧冠休闲用品有限公司
宁波如意股份有限公司
宁波华成阀门有限公司

【2022 年宁海县政府质量奖获奖企业】

宁波润禾高新材料科技股份有限公司
宁波市高格卫浴产品有限公司
宁波日安阀门有限公司

【民营制造业企业纳税十强】

得力集团有限公司
国能浙江宁海发电有限公司
奇精机械股份有限公司
宁波宁海农村商业银行股份有限公司
宁波震裕科技股份有限公司
建新赵氏科技有限公司
宁波如意股份有限公司
宁海强蛟海螺水泥有限公司
宁波吉德电器有限公司
宁波双林汽车部件

【规模以上工业总产值百亿级强镇】

黄坛镇(三百亿级)
梅林街道(二百亿级)
西店镇(百亿级)

【2022 年度宁海县金融服务优质奖名单】

宁海农村商业银行
工商银行宁海支行
建设银行宁海支行
杭州银行宁海支行
浙商银行宁海支行
农业银行宁海支行
中国太平洋财产保险宁海支公司
中国平安财产保险宁海支公司
中国人民财产保险宁海支公司
财通证券宁海营业部

【进出口五强企业】

东方日升新能源股份有限公司
宁波华成阀门有限公司
宁波得力进出口有限公司
宁波如意股份有限公司
宁波峰亚进出口有限公司

【出口成长型企业】

宁波卡倍亿电气技术有限公司
浙江慧冠休闲用品有限公司
宁波九隆五金有限公司
宁波吉德电器有限公司
浙江雅颜生物科技有限公司

2022 年度宁海县“215”工业企业培育工程入围企业一览表

表 24

序号	企业名称	培育类型
1	得力集团有限公司	头雁
2	东方日升新能源股份有限公司	头雁
3	国能浙江宁海发电有限公司	强雁
4	建新赵氏科技有限公司	强雁
5	奇精机械股份有限公司	强雁
6	宁波华成阀门有限公司	强雁
7	宁海强蛟海螺水泥有限公司	强雁
8	宁波卡倍亿电气技术股份有限公司	强雁
9	宁波震裕科技股份有限公司	强雁
10	宁波如意股份有限公司	强雁
11	奇亿金属有限公司	强雁
12	宁波吉德电器有限公司	强雁
13	宁海双林汽车部件股份有限公司	强雁

续表24

序号	企业名称	培育类型
14	宁波海斯曼科技发展有限公司	强雁
15	宁海县集美特电器有限公司	强雁
16	宁波天虹文具有限公司	强雁
17	宁波中镕新材料有限公司	强雁
18	宁波方正汽车模具股份有限公司	强雁
19	宁波润禾高新材料科技股份有限公司	强雁
20	宁波华平智控科技股份有限公司	强雁
21	宁波阿诺丹机械有限公司	强雁
22	宁波高格卫浴产品有限公司	强雁
23	宁波永信钢管有限公司	雏雁
24	宁波九隆五金有限公司	雏雁
25	宁波好孩子儿童用品有限公司	雏雁
26	宁波峰亚电器有限公司	雏雁
27	宁波沃特汽车部件有限公司	雏雁
28	康迪泰克传动系统(宁海)有限公司	雏雁
29	宁波崇期新材料有限公司	雏雁
30	宁波翰文电器有限公司	雏雁
31	浙江峰利祥铜业科技有限公司	雏雁
32	宁波捷豹振动控制系统有限公司	雏雁
33	宁波北新材料有限公司	雏雁
34	宁波新成包装有限公司	雏雁
35	宁海县第一注塑模具有限公司	雏雁
36	宁波吉宁汽车零部件有限公司	雏雁
37	宁波兴伟刀具科技有限公司	雏雁
38	宁波市天普橡胶科技股份有限公司	雏雁
39	宁波伟书文具有限公司	雏雁
40	宁波无边橡塑有限公司	雏雁
41	浙江雅颜生物科技有限公司	雏雁
42	宁波太中塑业有限公司	雏雁

续表24

序号	企业名称	培育类型
43	宁波嘉瀚环保建材开发有限公司	雏雁
44	宁波永和电子有限公司	雏雁
45	宁波光明橡塑有限公司	雏雁
46	宁波永信汽车部件制造有限公司	雏雁
47	宁波中天家居用品有限公司	雏雁
48	宁波长荣光电科技有限公司	雏雁
49	宁波博孚电器有限公司	雏雁
50	宁波美琪工具有限公司	雏雁
51	宁波万安股份有限公司	雏雁
52	宁海凯特立电器有限公司	雏雁
53	宁波市煌家吕业有限公司	雏雁
54	宁波富信模胚有限公司	雏雁
55	伟成金属制品有限公司	雏雁
56	宁波世裕金属制品有限公司	雏雁
57	宁波市凯博数控机械有限公司	雏雁
58	海通食品(宁海)有限公司	雏雁
59	宁海县鹰峤电器有限公司	雏雁
60	宁波亚达电器有限公司	雏雁
61	宁波威涛电器有限公司	雏雁
62	浙江盈峰光通信科技有限公司	雏雁
63	宁波日安阀门有限公司	雏雁
64	宁波五峰机械有限公司	雏雁
65	宁波环球输变电设备有限公司	雏雁
66	宁海县振兴汽车部件有限公司	雏雁
67	宁波步来特电器有限公司	雏雁
68	宁波双德金属管业有限公司	雏雁
69	华英伦科技(宁波)宁波有限公司	观察期一年
70	爱文易成文具宁波有限公司	观察期一年
71	浙江海格威液压科技有限公司	观察期一年

2022年度宁海县“215”工业企业培育工程上台阶企业一览表

表25

序号	企业名称	产值规模	培育类型
1	国能浙江宁海发电有限公司	首上100亿元	强雁
2	宁波卡倍亿电气技术股份有限公司	首上20亿元	强雁
3	宁波震裕科技股份有限公司	首上20亿元	强雁
4	宁波吉宁汽车零部件有限公司	首上5亿元	雏雁
5	宁波九隆五金有限公司	首上5亿元	雏雁

2022年度宁海县“215”工业企业培育工程年度定比增速达标企业一览表

表26

序号	企业名称	产值增速达标条件	培育类型
1	得力集团有限公司	年度定比增速15%以上	头雁
2	康迪泰克传动系统(宁海)有限公司	年度定比增速20%以上	雏雁
3	宁海县第一注塑模具有限公司	年度定比增速20%以上	雏雁
4	浙江雅颜生物科技有限公司	年度定比增速20%以上	雏雁
5	宁波永信汽车部件制造有限公司	年度定比增速20%以上	雏雁
6	宁波富信模胚有限公司	年度定比增速20%以上	雏雁
7	伟成金属制品有限公司	年度定比增速20%以上	雏雁
8	宁海县振兴汽车部件有限公司	年度定比增速20%以上	雏雁